HEYNE BIOGRAPHIEN

In der Reihe »Heyne Biographien« sind bereits erschienen:

1 Sieburg, Napoleon
2 Blunt, Ludwig II. König von Bayern
3 Gutman, Richard Wagner
4 Fraser, Maria – Königin der Schotten
5 Corti, Die Rothschilds
6 Lekachman, John Maynard Keynes
7 de Beer, Hannibal
8 Peters, Lou Andreas-Salomé
9 Eyck, Bismarck und das Deutsche Reich
10 Crankshaw, Maria Theresia
11 Sieburg, Robespierre
12 Gooch, Friedrich der Große
13 Oldenbourg, Katharina die Große
14 Heuss, Robert Bosch
15 Maser, Adolf Hitler
16 Castelot, Marie Antoinette
17 Pahlen, Johann Strauß
18 Brown, Der heilige Augustinus
19 de Madariaga, Kolumbus
20 Brion, Die Medici
21 Noyes, Voltaire
22 Jacob, Mozart
23 Shub, Lenin
24 Sieburg, Chateaubriand
25 Benoist-Méchin, Kleopatra
26 Cowles, Wilhelm II.
27 Hug, Schubert
28 Williams, Elisabeth I. von England
29 Guth, Mazarin
30 Clark, Albert Einstein
31 Fay, Ludwig XVI.
32 Maurois, Balzac
33 Auernheimer, Metternich
34 Lewis, Ludwig XIV.
35 Grant, Caesar
36 Wessling, Beethoven
37 Lavater-Sloman, Jeanne d'Arc
38 Wadepuhl, Heinrich Heine
39 Raddatz, Karl Marx
40 Corti, Elisabeth v. Österreich
41 Fox, Alexander der Große
42 Troyat, Tolstoi
43 Horst, Friedrich II. d. Staufer
44 Héritier, Katharina v. Medici
45 Manchester, Krupp
46 O'Connell, Richelieu
47 Jordan, George Sand
48 Payne, Stalin
49 Siegmund-Schultze, Johann Sebastian Bach
50 Charles-Roux, Coco Chanel
51 Ritzel, Lessing
52 Henderson, Prinz Eugen
53 Grant, Nero
54 Madelin, Fouché
55 Pisa, Schopenhauer
56 Drewitz, Bettine von Arnim
57 Wessling, Franz Liszt
58 Parkinson, Blücher
59 Brinitzer, G. C. Lichtenberg
60 Stern, C. G. Jung
61 v. Wiese, Eduard Mörike
62 Hiller, Friedrich Barbarossa
63 Bernard, Talleyrand
64 Bellonci, Lucrezia Borgia
65 Krause, Richard Strauss
66 Nadolny, Louis Ferdinand
67 Gervaso, Casanova
68 Herre, Freiherr vom Stein
69 Alvarenz, Karl V.
70 Gavoty, Chopin
71 Krischke, Ödön von Horvath
72 Wocker, Königin Victoria
73 Prause, Herodes der Große
74 Brook-Sheperd, Edward VII.
75 Wessling, Gustav Mahler
76 Bradford, Nelson
77 Lavater-Sloman, Annette von Droste-Hülshoff
78 Herre, Kaiser Franz Joseph von Österreich
79 Pearson, George Bernard Shaw
80 Wechsberg, Giuseppe Verdi
81 Otto, Gneisenau
82 Penrose, Pablo Picasso
83 van Taack, Königin Luise
84 Grayeff, Heinrich VIII.
85 Howell, Cromwell
86 Hiller, Heinrich der Löwe
87 Liepman, Rasputin
88 Hyde, Oscar Wilde
89 Mitford, Madame de Pompadour
90 von Schramm, Clausewitz
91 Stewart, Lawrence von Arabien
92 Haage, Ludwig Thoma
97 Brion, Johann Wolfgang von Goethe

Max Auer

ANTON BRUCKNER

Mystiker und Musikant

Wilhelm Heyne Verlag
München

Genehmigte, gekürzte Taschenbuchausgabe

Printed in Germany 1982
Die Zeittafel und Bibliographie wurden von
Dr. Hubert Fritz, München, erstellt.
Discographie: Paul Fugmann, München
Umschlagfoto: Archiv für Kunst und Geschichte, Berlin
Bildnachweis: Archiv für Kunst und Geschichte, Berlin
Umschlaggestaltung: Atelier Heinrichs & Schütz, München
Gesamtherstellung: Presse-Druck Augsburg

ISBN 3-453-55095-1

Inhaltsübersicht

Einleitung

Abseits vom Markte begibt sich alles Große,
Abseits vom Markte schufen von je die Erfinder neue Werte

FRIEDRICH NIETZSCHE

Mystisches Dämmerlicht im Innern des Sankt-Stephans-Domes. – Ein letzter goldiger Sonnenstrahl fällt durch die bemalten Scheiben eines gotischen Fensters und verklärt die Züge eines frommen Beters, eines Greises, der seine Rechnung mit dem Himmel abschließen will. In sich versunken, kniet er gesenkten Hauptes, unbeweglich. Ist wohl ein alter, ehrwürdiger Priester – doch plötzlich richtet sich die Gestalt empor. Vom Lichte der scheidenden Sonne wie mit einem Glorienschein umgeben, heben sich nun die scharfgeschnittenen Züge des frommen Mannes deutlich von dem hellen Hintergrunde ab. Dieser mächtige Schädel mit dem kurzgeschnittenen Haar, das glatte, bartlose Gesicht mit der kräftig geschwungenen Nase, die eine Herrschernatur verrät, kann das einem Priester angehören? Das wie zum Nachbilden in Erz geschaffene Haupt, gleicht es nicht dem eines römischen Imperators? Nun sendet er einen vollen, wahrhaften Sonnenblick nach oben, der uns die innere Erregung einer Vision erraten läßt. Geraume Zeit bleibt er in dieser Verzückung, dann verläßt er eilig trippelnden Schrittes das Gotteshaus, »ein Mensch wie alle«. Nun erst gewahren wir die ganze, etwas behäbige Gestalt, die in einer unsagbar zugeschnittenen Umhüllung, weiten Hosen, langem, schwarzem Rock, aus welchem ein blaues Schnupftuch hervorlugt, steckt. Der Hals ist frei, als sollte die einer Antike gleichende Büste nicht durch stillose moderne Umhüllung beeinträchtigt werden. Eine schwarze Krawatte und der breite Schlapphut machen wieder irre, wenn wir in dieser Gestalt einen biederen alten Landmann vermuten. Kaum berührt von dem abendlichen Treiben der Großstadt geht er seines Weges, ein Bild vergangener Zeiten. Doch welche Macht geht von dem unscheinbaren Manne aus! Die Flitterwelt, die ihn umbraust, sie hält einen Augenblick inne vor dieser Erscheinung – sie wendet sich, vorübergerauscht, nach ihr um und raunt sich zu: – *Anton Bruckner!*

Wir haben den Meister bei seiner Meditation im Gotteshaus belauscht. Nicht anders war es vor jeder seine Improvisationen an der Orgel und bevor er sich anschickte, die ersten Eingebungen seiner Werke zu Papier zu bringen. Immer bat er vorher den Herrn auf den Knien um seinen Segen. Sowohl seine Improvisation als auch die erste Konzeption seiner Werke geschah in einer Art Trance-Zustand, einer Entrücktheit vom Irdischen. Im Moment des Schaffens war er Künstler und Heiliger zugleich.

So unzeitgemäß die Persönlichkeit des Meisters der Welt erschien, so ganz fremdartig mutet auch seine Kunst im Vergleich zu der seiner Zeitgenossen an. Es fällt schwer, sein Schaffen in die Entwicklung einzupassen; ist es Abschluß oder Eröffnung? Ich neige der Ansicht August Halms zu, der da ausführt:

»Bruckners Kunst, sowohl dionysisch als apollinisch gerichtet, aber weit Höheres denn eine Addition von beiden, setzt sich gleich unmittelbar mit der Beethovens wie mit der Bachs auseinander, bezieht sich gleichermaßen auf beide, bezieht damit beide erst aufeinander. Sie eröffnet das endliche Zeitalter des großen Offertoriums. Die Natur, nicht verneint noch gebrochen, sondern in ihrer Existenz gesteigert, wird dem Göttlichen geweiht, weiht sich ihm selbst.«

Natur und Gott sind die großen Gewalten, die in der ganzen Musikentwicklung noch nie in dem Maße zum Ausdruck gekommen sind, wie in Bruckners Tonwelt. In diesem Sinne sind sie ein ganz Neues in der reinen Tonsprache.

Die Entwicklung der Musik ist keine so geradlinige wie die der anderen Künste. Die Marksteine der Musikgeschichte sind immer wieder *Grundsteine,* auf denen mit den überkommenen technischen Mitteln – und nur diese haben sich in der Musik geradlinig entwickelt – neu aufgebaut wird. Was vor *Palestrina* an polyphoner Musik geschrieben wurde, ist mit wenigen Ausnahmen technische Ausgestaltung der kontrapunktischen

Schreibweise, die, bis zur Spitzfindigkeit gediehen, das Material abgab für den *Meister* Palestrina, der daraus einen Dom des katholischen Geistes zu schaffen verstand. Alle Bemühungen der Fugenschmiede des 16. Jahrhunderts und der gleichzeitig sich entwickelnden Formen des monodischen Musikstils hätten in ihrer »Entwicklung« nie das gebären können, was wir in *Bach* erkennen, jenen Riesengeist, der, alles technische Rüstzeug vergangener Jahrhunderte zusammenfassend, den mächtigen Torturm einer neuen, verheißungsvollen Zeit erbaute. Die Bemühungen der Belcanto-Zeit, welche die sinnliche Schönheitslinie in die Musik einführt, fanden die geistige Vollendung in *Haydn* und *Mozart,* und obwohl auf ihren Schultern stehend, ist Beethovens Kunst wieder ein ganz *Neues,* das in seinem innersten Wesen ohne Vorbild vor uns aufragt.

Das Gebiet der Musik ist nun so groß geworden, daß von da ab die Zeit der universellen Komponisten eigentlich zu Ende ist. Beethoven hat der Kunst das Selbstbestimmungsrecht erkämpft; er ist der Revolutionär, der die Musik, die bisher aristokratisches Vorrecht war, zur demokratischen Kunst gestempelt hat. Nun ist die Bahn frei – nicht die Wünsche des Brotherrn bestimmen die Entstehung der Werke, einzig und allein das *subjektive* Empfinden des Künstlers treibt ihn zur künstlerischen Arbeit. Jede Persönlichkeit wendet sich nunmehr dem Gebiete zu, das ihrer Individualität entspricht.

Zunächst tritt eine deutliche Scheidung in zwei Hauptrichtungen ein: eine Linie, die aus dem nicht reflektierenden Empfinden fließt, die sogenannte »absolute« Musik, und die literarisch abhängige Richtung, die in der symphonischen Dichtung und dem Musikdrama gipfelt. Die äußere Entwicklung der ersteren Linie geht über Schubert, Schumann zu Brahms, letztere über Liszt (Berlioz) zu Richard Strauss in der symphonischen Dichtung, zu Richard Wagner im Musikdrama. In der ersten Richtung zeigen sich auch deutliche Trennungen zwischen süddeutschem und norddeutschem Empfinden, und dieser Gegensatz ist auch in der Beurteilung der Musik der beiden Antipoden Brahms–Bruckner ein Wesentliches. Wer sich in die Schönheit der norddeutschen Marschlandschaft eingesponnen hat, wird nicht sogleich die gigantische Pracht der Alpenwelt erfassen, wer aber diese liebt, braucht längeres Einleben, um jene ruhigere, melancholische Schönheit würdigen zu können.

Bruckner ist einer jener Riesen, die von Zeit zu Zeit anscheinend als Fremdkörper in das Weltgetriebe gesetzt werden, wie jene Marksteine der Musikgeschichte vor ihm.

Gewiß steht auch er innerhalb der Entwicklung in *technischer* Beziehung, die ihn als Fortsetzung des süddeutschen Zweiges der ersten Hauptlinie nach Beethoven erscheinen läßt, gewiß hat auch er sich den klanglichen Errungenschaften eines Liszt und Wagner nicht verschlossen; sicher ist, daß auch er unter der Einwirkung der Umwelt seiner Jugend zunächst noch im Dienste der katholischen Konfession schafft, und in seinen kirchlichen Werken den Geist des Katholizismus so hoch und rein gibt wie Palestrina und wie Bach in seiner Konfession; doch ist er selbst über diese Schranke hinausgeschritten in das absolut Religiöse, indem er den *Freilicht-Dom* seiner Symphonien schuf und im innersten Wesen sich von allen bisherigen Großmeistern unterscheidet.

Ganz im Gegensatz zu manchen unserer modernen Künstler, die *in der Welt* leben und subjektive, reale Bilder des physischen Lebens geben, *Abbilder einer Idee,* ist Bruckners Kunst im innersten Wesen *objektiv, unreal, metaphysisch, Idee an sich.* Sein inneres Seherauge erblickt den Wesenskern des Seins, es erblickt hellsehend die geistigen Urgründe aller Wesenheiten, es erkennt, »was kein Verstand der Verständigen sieht«. Seiner Kunst fehlt freilich die kaleidoskopartige Darstellung, »die raffinierte Glut und Technik, die wie mit Vipernzungen züngelnde Ausdrucksfülle der funkelnden und strahlenden Gegenwartsmusik« (Dr. Gustav Renker)*, welche die modernen Menschen in den Werken unserer »Weltkomponisten« so sehr fesselt. Sie komponieren eben »diese Seite der Welt«, Bruckner die »andere Seite«. Er ist der *Mystiker* unter den neueren Meistern der Musik, ein *Jakob Böhme,* ein *Angelus Silesius* seiner Kunst. Wenn Bruckner komponiert, so ist dies Meditation, inneres Schauen, inneres Erschauern vor dem Urgrund alles Seins, das ihn emporführt bis zur Ekstase, zur Verzückung, zum Schauen Gottes, den er als den *Urgrund* aller Dinge und Vorgänge erkennt. Der »liebe Gott« ist in seinem kindlichen Wesen das A und O. »Wenn mich der

---

* Diese Erkenntnis wird durch die in der »Kritischen Gesamtausgabe« erschienenen Originalpartituren mit ihrer lapidar einfachen Farbengebung auch der Richard Wagners gegenüber bestätigt.

liebe Gott einst zu sich ruft und mich fragt: Wo hast du die Talente, die ich dir gegeben habe?, dann halte ich ihm die Rolle von meinem ›Tedeum‹ hin, und er wird mir ein gnädiger Richter sein«, meinte er einmal, als von letzten Dingen die Rede war. Er ist nicht wie Beethoven *Skeptiker*, der sich endlich zu der Gewißheit durchringt: »Brüder, überm Sternenzelt *muß* ein lieber Vater wohnen«, nein, für ihn ist der »liebe Gott« von vornherein *ein Gegebenes*, wie ihm überhaupt die »andere Seite« der Welt als die eigentlich reale erscheint. Für ihn ist, wie für Dante und die Mystiker des Mittelalters, das Metazentrum nicht in der Welt der Erscheinungen, sondern in der geistigen Welt. Er ist der wahre »Theo-soph« unter den Musikern. Die literarische Strömung, die durch Liszt in das Musikschaffen eindrang, konnte ihm nichts anhaben; er schuf nach dem Programm seiner reinen Seele. Reflexion liegt seinem Schaffen gänzlich fern, und dort, wo er eine Art von Programm, wie in der IV. (romantischen) oder VIII. Symphonie, gibt, ist es sicher nicht ein vorher aufgestelltes, gewolltes, sondern eine aus dem Geiste des ursprünglich Geschaffenen hervorgegangene Auslegung, die noch dazu oft naiv und zum Verständnis des Werkes durchaus nicht nötig ist.

Wenn Beethoven in der »Eroica« das Geistige des Helden, das *Heldentum* in Tönen dichtet und nicht wie Richard Strauss den realen Helden vor uns hinstellt, so geschieht bei Bruckner ähnliches, freilich in genialer Unbewußtheit seines Schaffenstraumes. Ein geistiger Held, der im ersten Satze seine eigenen Seelenkräfte erprobt und sich zum Charakter ausbildet, der im zweiten Satz seine Beziehung zu Gott findet, im Scherzo die Welt »als Schauspiel« sieht, endlich im Finale den Kampf mit den Widerständen des Irdischen aufnimmt und »mit Gott« obsiegt, scheint mir immerhin auch bei Bruckner jeder seiner Symphonien zugrunde zu liegen. Eine innere, nicht intellektuelle, sondern, ich möchte sagen, unbewußte, geistige Logik liegt in diesen Werken, die eben darum rein intellektuell, rein verstandesgemäß nie erfaßt werden können: »Wenn ihr's nicht *fühlt*, ihr werdet's nie erjagen.«

Inmitten einer materialistisch gesinnten Welt kündet Bruckner, ob er nun Messen oder Symphonien schreibt, *das Leben des Geistes über das Irdische hinaus.* Wenn der Meister in seinem Adagio der VII. Symphonie (das er bekanntlich in der Vorahnung des Todes Richard Wagners schrieb, der für ihn neben Gott das höchst verehrte Wesen war und den er wie Bach und Beethoven »Meister aller Meister« genannt) dem Trauergesang die Töne des »non confundar« aus seinem Tedeum folgen läßt und am Höhepunkt des Satzes in strahlendem C-Dur einen Jubelhymnus anstimmt, so bedarf es keiner spitzfindigen Auslegung, um darin den Sieg des Geistes über die Mächte des Todes zu erkennen.

Bruckners ganzes Lebenswerk ist ein Hymnus an die Gottheit, ein Bekenntnis des Glaubens an eine *geistige* Höherentwicklung des Menschen. In diesem *geistigen* Gehalt seiner Kunst liegt aber auch die Ursache, weshalb sie noch vielen ein verschlossenes Buch ist.

Das geistige Ich, das, in die Persönlichkeit Bruckners gekleidet, in die Welt der Erscheinungen eintrat, hat sich dadurch mit einer unscheinbaren Schutzhülle umgeben und zunächst in eine Umwelt gestellt, wo es, seiner göttlichen Sendung entsprechend, sich entwickeln konnte. Bruckner war sich vollkommen bewußt, ein *Instrument Gottes* zu sein – »es ist der reine Idealismus, daß ich noch komponiere«, sagte er einmal –, und in dieser Demut hat er sich selbst aufgeopfert und hat so das Höchste erreicht: völlige Selbstentäußerung, reinsten Altruismus, um der geistigen Höherentwicklung des Menschen zu dienen.

Der Geist, der sich in Bruckner eingekleidet und der aus seinen Werken zu uns spricht, besaß unstreitig hohe Kultur, höchste Bildung, und wenn man die Persönlichkeit Bruckners ungebildet schilt, so mag dazu seine irdische Erscheinung Anlaß gegeben haben. Wenn man unter »Bildung« eine vorgeschrittene äußere Entwicklung, d. h. Zivilisation, meint, mag man recht haben, wenn aber »Bildung« die geistige Entwicklung des inneren Menschen bedeutet, dann gehört Bruckner wohl zu den höchst entwickelten Menschen. Kommenden Geschlechtern wird es jedoch erst gegönnt sein, die hohe Kultur dieses Meisters ganz erfassen zu können. »Ehe ihr ihn erkennt, müßt ihr ihn begraben.«

Wie in der Philosophie, kann man auch in der Musikästhetik und kritischen Wertung zwei Richtungen unterscheiden, die auf die ältesten Zeiten der griechischen Musiktheorie zurückgehen, eine *idealistische,* immaterielle, esoterische und eine *realistische,* materialistische, exoterische, formalistische Richtung.

Die ganz großen Meister, diejenigen, welche die Kunst vorwärtsbrachten, hatten stets eine idealistische Auffassung vom Wesen der Kunst, von der unter anderem Michelangelo sagt:

»Weh jedem, der vermessen und verblendet
Die Schönheit nieder zu den Sinnen reißt.
Zum Himmel trägt sie den gesunden Geist.«

Einen Beweis dafür, daß gerade das innerste Wesen der Musik *metaphysisch* ist, erkennen wir darin, daß die tönende Kunst Europas erst durch das *Christentum* ihren seelischen Inhalt gefunden und von da an sich zur Sprache der innersten Regungen der Seele entwickelt hat.

Bruckners Wirken in Wien aber fällt in eine Zeit krassester materialistischer Auffassungen über das Wesen der Musik, die der damalige Kritik-Papst *Eduard Hanslick* in dem Buch »Vom Musikalisch-Schönen« niedergelegt hatte und die in dem Grundsatz gipfelten: »Musik sei *tönend bewegte Form.*« Mit diesem Lehrsatz konnte man höchstens bei einzelnen Vertretern der niederländischen Schule auskommen, aber schon an Bach und manchen seiner Vorläufer mußte eine solche Ästhetik zerschellen. Obwohl Dr. Robert Hirschfeld in einer Schrift »Das kritische Verfahren Ed. Hanslicks« (1885*) scharf dagegen Stellung nahm, machte diese Art Kritik doch Schule, denn das Bestechende an ihr war nicht Sachkenntnis, sondern glänzende Dialektik und sprühender Witz. Mit solchen Mitteln konnte man jede unliebsame Erscheinung vernichten, und aus der exoterischen Tendenz der damaligen Kunstauffassung erklärt sich das gänzliche Mißverstehen der rein esoterisch gerichteten Kunst Bruckners von selbst.

Das Menschliche, Allzumenschliche des Naturkindes, das so plötzlich in die parfümierte Atmosphäre der Großstadt versetzt wurde und dort ein Original blieb, das dem Näherstehenden so rührend erschien, hielt Fernstehende ab, die Größe seines Geistes zu spüren; so ist die Persönlichkeit des Künstlers oft ein Hindernis für seine Anerkennung.

Wir bekennen uns zu Platos Auffassung von dem metaphysischen Ursprunge der Kunst und der göttlichen Sendung des

---

* Diese Schrift fand sich in Bruckners Nachlaß.

Künstlers. Nach der Schilderung dieses großen griechischen Philosophen »umkreist die Seele, bevor sie in den irdischen Körper eingeschlossen wird, im Fluge aufwärtsstrebend das Himmelsgewölbe. Mancher gelingt es, in dem überhimmlischen Raum die Gefilde der *Wahrheit* zu erschauen und einen Teil des Göttlichen zu erblicken, das dort oben thront. Anderen ist dieser Anblick nicht vergönnt. Gelangen die Seelen nun wieder zur Erde, so werden diejenigen, welche vom Wahren dort oben das *Meiste* geschaut, zu Philosophen und Musenlieblingen, die im Dienste des Wahren und Schönen stehen. Sie nehmen auch in der Rangordnung die *erste* Stelle ein.« Den vorletzten, achten Platz im Range weist Plato »den mehr nach *Volksgunst* als nach Wahrheit ringenden Männern an. Hinter ihnen stehen nur noch die Gewaltherrscher als die Letzten«*.

Die Auffassung Platos von der Präexistenz der Seele ist auch in dem alten Wunderhorn-Lied ausgesprochen, wo es heißt: »Ich bin von Gott und geh' wieder zu Gott«; sie ist ein Schlüssel, der uns das Wesen des Genies erhellen kann und gerade in unserem Falle die einzige Erklärung der so merkwürdigen Erscheinung unseres Meisters.

Bruckner ist das Genie an sich, und wer an sein Werk nur mit der Pinzette des Chirurgen herantritt, wer sich ihm nur als Ästhetiker nähert, wird zum Verständnis desselben nie vordringen können. Das *Ethos* dieses Meisters kann nur *esoterisch* erfaßt werden. Die neuere Zeit schürfte bereits tiefer nach dem inneren Werte der Brucknerschen Kunst. August Halm ist der erste, der in seinem Buch: »Die Symphonie Anton Bruckners« (1913**) das Überwiegen des »Ethos« in seiner Kunst gegenüber dem Pathos Beethovens hervorhebt, der metaphysisch und philosophisch wertet und in seinem Werk »Von zwei Kulturen der Musik« Bruckner als den bis heute Größten erkennen zu müssen glaubt.

Erich Schwebsch führt in dem Berliner Blatt »Der Tag« (1919, Nr. 223 A) unter anderem aus: »Als irdische Persönlichkeit war dieser Dorfschulmeister und Orgelspieler voll drolligster Hemmungen, als Künstler und Schöpfer aber von einer hemmungs-

---

* Diese Worte des Weltweisen charakterisieren treffend den gewaltigen Abstand der hohen sittlichen Persönlichkeit Bruckners von der des Demagogen Hanslick und seiner Helfer.

** Georg Müller, München.

losen Großartigkeit, ja nachtwandlerischen Sicherheit, so daß er selbst als ein überpersönlich Geleiteter, ein Inspirierter an einer entscheidenden Stelle in der inneren Entwicklungsgeschichte der Musik stehen konnte. Weil seine irdische Persönlichkeit frei von den Egoismen einer differenzierten Natur, reiner Durchgang und Sprachrohr einer ihn inspirierenden geistigen Welt war, darum ist seine künstlerische Wirkung so gänzlich ungetrübt durch irdische Unzulänglichkeiten.« »Bruckner ist der Musiker einer nervenentrückten Menschenseele, die ein neues, ruhevolles Verhältnis zum kosmischen Hintergrund aller Erscheinungen gefunden hat. Er ist damit der über Wagners vermenschlichte Musik noch hinausgeschrittene *kosmische* Musiker, der sich nicht mehr wie Prometheus-Beethoven diesen Weltenkräften titanenhaft gegenüberstellt, sondern im *Einklang* mit ihnen eine ruhevolle schöpferische Kraft in die Welt hineinsenkt, die sich darauf besinnen sollte, daß sie gegen diese kosmischen Kräfte nicht in selbstzerfleischendem Taumel wüten darf. Ihnen sollte jeder sich anschließen, um aus den Gesetzen einer geistigen Welt die Impulse für den Aufbau einer zertrümmerten irdischen Welt zu gewinnen.«

In unserer Zeit, in der sich die *aufbauenden* Kräfte mit Macht regen, in einer Zeit, in der die Sehnsüchte nach einer höheren Geistigkeit wacher denn je geworden sind, bedeutet uns Bruckners Kunst die Erfüllung.

Wie jede wahrhaft große Kunst ist auch die Anton Bruckners nicht Gegenwartskunst, sondern sie wird leben, auch dann, wenn so manches technische Riesenbauwerk bereits eingestürzt sein wird. Bruckners Sonderstellung als Mensch und Künstler beruht darin – und diese Sonderstellung hat eigentlich jeder ganz Große eingenommen –, daß er nie »modern« im Sinne der Zeitgenossen war, daß er seiner Zeit vorausgeeilt und *innere geistige Werte* geschaffen hat, an denen Generationen sich aufrichten werden.

Jede Darbietung Brucknerscher Werke möge zum Auferstehungsfeste, zum Erkennungstage seiner Kunst, seiner überragenden geistigen Größe werden. Jene aber, die ihn noch nicht zu fassen vermögen, sollten das Wort des Angelus Silesius bedenken: »Wenn dir beim Sonnesehen vergehet das Gesicht, sind deine Augen schuld und nicht das große Licht.«

Max Auer zum Gedächtnis

Der Name Max Auer ist schon seit langem ein festumrissener Begriff in der Musikwelt: dazu gehören Leben und Schaffen von Anton Bruckner, die Internationale Bruckner-Gesellschaft, ihre zahlreichen Feste und Veranstaltungen, dazu gehört auch die Bruckner-Gesamtausgabe. All dies und noch einiges mehr hat das Leben des Mannes ausgefüllt, dessen Bruckner-Biographie hier in der 6. Auflage vorliegt.

Max Auer hat sein ganzes, reicherfülltes Erdendasein (1880 bis 1962) der Erforschung Anton Bruckners gewidmet. In uneigennützigster Weise sammelte er für den vom Meister selbst als seinen Biographen bezeichneten August Göllerich das Material. Nach dessen Tode, 1923, hat er die große neunbändige Biographie 1936 vollendet. Für die breite Öffentlichkeit aber, für den Musikfreund, entstand schon 1908 jene Biographie, die 1923 in erster Auflage im Amalthea-Verlag erschien, den damals Heinrich Studer leitete. Sie hat sich durchgesetzt und ist ein wahres »Volksbuch« über Bruckner geworden. Man spürt aus jeder Zeile die innere Anteilnahme, die Max Auer Anton Bruckner entgegenbringt, aber auch die umfassenden Kenntnisse, die ihn befähigten, solch eine Lebensbeschreibung zu verfassen. Auers Begeisterung für Bruckner kannte keine Grenzen, besiegte alle Hindernisse und half überall dort, wo er erkannte, daß es um Ansehen und Würdigung dieses Meisters ging. Dafür gebührt ihm der wärmste Dank aller Verehrer der Musik Anton Bruckners. Mit Auers eigenen Worten aus der ersten Auflage seien diesem Dank die besten Wünsche für die weiteren Schicksale seines Buches angefügt:

»Möge das Buch als ›Gabe‹ eines von Bruckners Kunst Hochbeglückten, der in erster Linie der Sache dienen will, angesehen und gewertet werden, dann wird es auch viele an die Stufen des Brucknerschen Heiligtums führen.«

Leopold Nowak

I
Heimat, Jugend- und Lehrjahre (1824–1855)

Es bildet ein Talent sich in der Stille

GOETHE

In einer Landschaft, um die schon das Nibelungenlied im Zusammenhang mit der Reckengestalt des Rüdiger von Pechelaren seine sagenhaften Ranken flicht, im Winkel östlich der Enns und südlich der Donau liegt die Urheimat Anton Bruckners. Sie gehörte zum Herzstück der Ostmarck der Babenberger und der späteren österreichischen Erblande, bildete zur Zeit Bruckners den westlichen Teil des südlich der Donau gelegenen österreichischen Kronlandes »unter der Enns« und liegt heute im Raume zwischen den Städten Ybbs und Enns, der Linie der Westbahn und dem Donaustrom.

Das Gebiet war seit uralten Zeiten den mächtigen Geschlechtern untertan, die auf Schloß *Wallsee* herrschten, einer vom Donaustrom umrauschten, auf granitenem Felsblock thronenden Burg. Der Besitz ging von Geschlecht zu Geschlecht: die Grafen von Waldsee wurden abgelöst von den angesehenen Reichenbergern, den Grafen St. Julien, von Feldmarschall Leopold Daun, Eduard von Wimpffen und Matthias Wickenburg sowie dem Herzog Ernst II. von Sachsen-Coburg-Gotha, und er ging schließlich in den Besitz der Tochter des Kaisers Franz Joseph I., Erzherzogin Marie Valerie, und ihres Gatten Erzherzog Franz Salvator über. Die Gegend südlich von Wallsee ist ein üppiges Acker- und Weideland, das von sanften, laubwaldbedeckten Hügeln durchzogen ist.

Die Vortrefflichkeit des Bodens gewährt dem Landmanne bei nicht angestrengtestem Fleiße die reichste Ernte, daher er noch

Zeit gewinnt, auch die nicht mehr bestehenden Feiertage in gemächlicher Ruhe und Wohlsein durchzubringen und an dem religiösen Glauben seiner Väter zu hängen. Eine Folge dieses Wohlhabens ist daher auch die geringe Sorge für bessere Ausbildung durch Schulunterricht, als die der gewohnten Obst- und Ackerpflege.

So war es schon seit Jahrhunderten, wenn nicht Krieg, Unruhen und epidemische Krankheiten zeitweise rauh in dieses Wohlleben eingriffen. In den Märkten und Städten der Gegend hatte das ehrsame Handwerk einen goldenen Boden, und vor allem war die durch das Sandsteinvorkommen bedingte Mühlsteinindustrie bis zum Zeitalter der Eisenbahnen eine reiche Einnahmequelle der Bevölkerung.

An den Wänden der alten Kirche von *Sindelburg,* nahe Wallsee, berichten zahlreiche Grabsteine vom Kommen und Gehen der Geschlechter, die diese gesegneten Gefilde besiedelten, von den berühmten Geschlechtern, die auf Wallsee saßen, bis herauf zur Kaisertochter, deren Grabstätte sich an die Pfarrkirche anlehnt, von katholischen und evangelischen Pfarrern, die hier für das Heil ihrer Pfarrkinder sorgten, und von jahrhundertelang hier verankerten Bauerngeschlechtern. Die Pfarre Sindelburg betreute bis 1716 den ganzen Landstrich. In diesem Jahre aber wurde der Markt *Oed,* nahe der heutigen Bahnstation und Bezirkshauptmannschaft *Amstetten* an der Westbahn, eine selbständige Pfarre. Hier im Hause Nr. 8 wurde Anton Bruckners Urgroßvater *Josef Pruckhner* geboren.

Von vielen der deutschen Großmeister der Tonkunst haben andere Nationen versucht, irgendeinen Anteil an ihrer Abstammung nachzuweisen. Bei Bruckner würde ein solches Unterfangen von vornherein mißlingen. Es dürfte kaum einen zweiten Künstler geben, dessen Bodenständigkeit im *österreichischen* Raum auf so lange Zeit zurückverfolgt und erwiesen ist. Wir verdanken dies den tiefgründigen archivalischen Forschungen von *Ernst Schwanzara,* Wien*, der eine lückenlose Ahnenreihe der Familie Bruckner bis 1400 zurück aufgestellt hat. Als ältesten Träger des Namens gelang es Schwanzara einen *Henricus prucner* in einer Urkunde um 1250 nachzuweisen. Auch weitere Urkunden aus den folgenden Jahrhunderten wurden aufgefunden,

* A. Göllerich – M. Auer: A. Bruckner, Bd. IV, S. 135

worin die Schreibung des Namens als: Prucner, Prukkner, Prukgner, Pruckhner wechselt. Auch Adelige dieses Namens treten auf. Manche Anhaltspunkte deuten darauf hin, daß die Familie Pruckner um 1100 aus Franken eingewandert ist; auch zeigen sich Spuren aus der Oberpfalz. In späteren Jahrhunderten kamen auch Rückwanderungen aus Österreich nach Deutschland vor, so zur Zeit der Gegenreformation, da sich manche Familien dieses Namens dem protestantischen Glauben zugewandt hatten, dann aber wieder zum Katholizismus zurückkehrten.

Edle, Reisige, Ratsherren, Bauern, Binder, Gastwirte, Lebzelter, Lehrer usw. finden sich in der langen Ahnenreihe.

Von den zahlreichen Linien der Familie war die von Wallsee-Sindelburg die angesehenste. Mit dokumentarischer Sicherheit konnte als ältester Ahnherr Anton Bruckners *»Jörg Prukner auf seiner Hueb an der Pruck«*, geboren um 1400, festgestellt werden, der auf seiner Hueb »diente«. Er war also leibeigner Bauer der Herrschaft Wallsee, womit die Abstammung Anton Bruckners aus dem *Bauerntum* erwiesen ist.

Der Landstrich »An der Pruck«, auch »D'Pruck« genannt, ist eine Talsenke zwischen Teufelsberg und Tanzberg. Man erreicht sie von Markt Oed aus über das 2 km nördlich davon gelegene Pyhra, abermals nach 2 km in südwestlicher Richtung auf dem Weg vom Teufelsberg zum Tanzberg. Über den das Tal durchfließenden Bach führt seit vielen Jahrhunderten eine Brücke (Pruck), von der etwa 200 m entfernt der »Pruckenhof« liegt, einer der ältesten Bauernhöfe der Umgebung, der Sitz des ältesten Ahnen unseres Meisters.

Geschlecht folgte auf Geschlecht, Pest, Hunger und Krieg gingen durch das Land und wechselten mit glücklichen Zeiten des Friedens ab, bis sich einer der Nachkommen von der jahrhundertelang bebauten Scholle und damit von der Dienstbarkeit des Gutsherrn lossagte und den Handwerksberuf ergriff: *Josef Pruckner* (der Ältere), geboren 1715 in Pyhra bei Oed, unweit von Amstetten, der *Urgroßvater* unseres Meisters. Durch seine Verheiratung mit der Tochter Maria Theresia (geb. 23. März 1718) des reichen Bürgers und Mühlsteinbrechers Jakob Perger, aus dem Wallsee gegenüberliegenden Markt Perg an der Donau in Oberösterreich, wurde er Hausbesitzer, Bürger, Bindermeister und Gastwirt in Oed. Von den zehn Kindern, die dieser glücklichen Ehe entsprangen, wandte sich *Josef* der Jüngere, geboren am 23. November 1749 in Oed, zuerst der Binderei zu, folgte dann aber seinem inneren Drange, Lehrer zu werden. Im 16. Lebensjahr verließ er das Handwerk, machte den damals nur sechs Wochen dauernden Kurs für Lehrgehilfen in Linz durch und wurde dann zehn Jahre lang aushilfsweise an verschiedenen Orten verwendet, bis er 1776 als Schulmeister nach *Ansfelden* in Oberösterreich kam. Dort vermählte er sich am 1. August 1777 mit der Tochter seines verstorbenen Amtsvorgängers *Francisca Kletzer*. Von den zwölf Kindern wandte sich der am 11. Juni 1791 geborene Sohn *Anton* dem Lehrberuf zu, wirkte nach abgelegter Lehrbefähigung neben seinem Vater als Schulgehilfe und wurde nach dessen Übertritt in den Ruhestand 1823 Schulmeister von Ansfelden.

Am 30. September 1823 führte er die Tochter des Amtsverwalters Ferdinand Helm aus Neuzeug bei Steyr, *Therese Helm*, zum Altar. Ihre Ahnen waren durchaus begüterte, tatkräftige und umsichtige Geschäftsleute, von denen sie den praktischen Sinn fürs Leben, aber auch Eigenwillen, Strenge und Zorn übernommen hatte. Nachdem sie im Alter von 10 Jahren die Mutter verloren hatte, kam sie zur Erziehung zu des Vaters Schwester Rosalia Mayrhofer, die es verstand, die herben Anlagen des Kindes durch Förderung edler Triebe zu wandeln, so daß Theresia sehr fromm und mehr ernst als fröhlich wurde. Sie neigte zum Tiefsinn, und manchmal übermannte sie tiefe Schwermut.

Als sie bei der Tante im Pfarrhof zu Wolfern zur Dorfschönen aufgeblüht war, lernte sie der 32jährige Schulmeister von Ansfelden, Anton Bruckner, kennen, und bald schlossen sie in inniger Liebe zueinander den Bund fürs Leben. Das war aber gegen die Absichten der reichen Verwandtschaft, die für Therese bereits einen begüterten Bräutigam ausgesucht hatte. So zog sie mit dem armen Schulmeister nach Ansfelden, um ein arbeitsreiches, entsagungsvolles, aber auch von innerem Glück durchleuchtetes Leben als Gattin und Mutter einer zahlreichen Kinderschar zu führen. In der Ehe war Therese der energischere Teil. Vater Bruckner war dagegen vorwiegend heiter, gutmütig, leichtlebig und für hohe Ziele schwärmend. Im Schul- und Kirchendienst sowie in der Familie war er von musterhafter Pflichterfüllung und Opferbereitschaft.

Als erstes von elf Kindern entsproß dem Herzensbunde am Samstag, dem 4. September 1824, in der Morgendämmerung ein Knäblein, das bei der am selben Tag erfolgten Taufe die Namen *Josef Anton* (nach Großvater und Vater) erhielt. Einer der größten Geister, berufen, einst die Menschheit zu beglücken, war ins Irdische eingetreten!

Von den zehn Geschwistern Anton Bruckners starben die meisten bereits in zartester Kindheit. *Anna,* die Lieblingsschwester des Meisters, die ihm in den letzten Jahren in Linz und kurze Zeit noch in Wien die Wirtschaft führte, starb schon am 16. Jänner 1870 in Wien; *Josefa,* verwitwete Wagenbrenner, verschied am 13. Juli 1874 in St. Florian. *Rosalie,* die der Mutter charakterlich sehr ähnlich, äußerst fleißig und energisch, aber auch hinreichend eigensinnig war und den Stadtgärtner Joh. Nep. Hueber in Vöcklabruck heiratete, sowie der jüngste Sproß der Familie, *Ignaz,* überlebten den großen Bruder. Ignaz, ein einfacher, geistig bescheiden veranlagter, gutmütiger, frommer und edler Mensch, erlernte zunächst die Gärtnerei in St. Florian, mußte diesen Beruf aber wegen eines Augenleidens aufgeben und wurde Diener und Blasebalgtreter im Stift... Er sah wie Rosalie seinem Bruder sehr ähnlich, doch hatte er durch einen Sturz das Nasenbein gebrochen, so daß die Nase schief war. Er überlebte alle seine Geschwister und starb, beinahe 80 Jahre alt, in St. Florian.

Seinem großen Bruder stand er ursprünglich gleichgültig gegenüber, aber in den späteren Lebensjahren verband beide eine innige Liebe. Ignaz ließ später pietätvoll die in Wien begrabene Schwester Anna nach St. Florian überführen, wo sie gemeinsam mit Josefine Wagenbrenner ruht.

Mit dem Tode Ignaz Bruckners am 4. Jänner 1913 war der seit vielen Jahrhunderten so kräftige Mannesstamm der Bruckner ausgestorben.

Durch fast 200 Jahre saßen Anton Bruckners Vorfahren »an der Pruckhen«, 90 Jahre in Pyhra Nr. 9 als Bauern, 80 Jahre als Gewerbetreibende in Oed und schließlich durch beinahe 140 Jahre in Ansfelden und St. Florian. Es ist, wie Schwanzara sagt, als habe das Geschlecht »all sein Mark darangesetzt, um in Anton Bruckner jene gottvolle Frucht gedeihen zu lassen, die der fleischlichen Fortpflanzung entbehren konnte, denn sie brachte Schöpfungen zur Reife, denen ewiges Leben und Weitertreiben beschieden ist«.

Der kleine Tonerl, von seinen Eltern besonders umsorgt und umhegt, schien ohne Geschwister zu bleiben, da drei weitere Kinder bald nach ihrer Geburt dahingerafft wurden. Mutter Therese betete in ihrem Kummer innig zu Gott, daß ihr doch der eine Bub erhalten bleibe. Alle Liebe, alle Herzenswärme konzentrierten die Eltern auf den kleinen Tonerl, der in robuster Gesundheit gedieh und sich bald zu einem rechten »Hallodri« (Spitzbuben) auswuchs. Aber nicht nur von den Eltern, auch von dem 75jährigen Großvater und seiner Tochter, der blinden Tante Anna Maria, den Hausgenossen der Familie Bruckner, wurde der Knabe nach allen Richtungen hin verhätschelt.

Frühzeitig nahm die fromme Mutter, die, mit schöner Stimme begabt, bei den sonntäglichen Hochämtern auf dem Chore mitwirkte, den Kleinen mit, der, neben dem Vater auf der Orgelbank sitzend, Ohr und Herz den Klängen der heiligen Musik öffnete und des Vaters Behendigkeit auf dem Instrument nicht genug bewundern konnte. Bald versuchte er es, auf einer roten Kindergeige die gehörten Kirchenlieder nachzuspielen, und schon mit vier Jahren bereitete er dem alten Pfarrer Grabner, der ihn besonders ins Herz geschlossen hatte, gern ein kleines Konzert nach dem Essen, wofür ihn dieser reichlich mit Obst beschenkte. Nicht genug damit; bald begnügte sich der Knabe nicht mehr mit dem dünnen Klang der Kindergeige, es gelüstete ihn nach vollen Harmonien, die er »furchtbar« spielend dem alten Spinett des Vaters entlockte.

Nicht minder eifrig war der wie der Vater dunkelbraun gelockte Knabe beim Spiel mit seinen Altersgenossen in dem wohlgepflegten, mit bunten Blumen und vielfarbigen Glaskugeln geschmückten Garten vor dem von Bäumen beschatteten Schulhaus, an dem munteren Dorfbach, der daran vorbeifloß, und lieber noch in Feld und Wald, wo er sich der Aufsicht seiner allzu vielen »Erzieher« besser entziehen konnte. Am liebsten war ihm das »Räuber-Spiel«, später das Soldatenspiel, wobei er aber regelmäßig den kürzeren zog und als »Gefangener« oft tüchtig verbleut wurde. Bald wußte sich Tonerl gegen die Hiebe, die er da abbekam, dadurch zu helfen, daß er das Höschen an dem gefährdeten Teil besonders auspolsterte. Er konnte sich köstlich amüsieren, wenn der »Feind« sich mühte, ihn tüchtig zu schlagen und er davon kaum etwas empfand. Ebenso vorteilhaft erwies sich dies Verfahren, wenn er gelegentlich vom Vater eine Tracht Prügel verabreicht erhielt.

Gern erhob er sich schon damals über die Mitwelt, indem er, auf Gäulen reitend, den benachbarten Bauer ins Feld begleitete oder zu Hause auf den Kasten kletterte und wie der Herr Pfarrer predigte. Auch an landwirtschaftlichen Arbeiten beteiligte er sich mit Vorliebe; so bereitete ihm das »Heug'n« (Heu umwenden), das »Äpfel- und Birnen-Klauben« großes Vergnügen. Auf einem mit einem Bock bespannten Wägelchen führte er mit einem seiner Altersgenossen Heu in die Scheune; zum »Adeln« (Düngen) hatte er, wie einer seiner Schulgenossen erzählte, »keinen Faden«. Dieser berichtet auch, daß Tonerl immer etwas gepfiffen habe, »was man nöt kennt hat«, und daß ihm's »in der Musi glei a Alter nöt aber'tan hätt', so a Ausbund is' er g'wes'n«.

Einen ersten und ernsten, tiefen Eindruck empfing das kaum fünfjährige Kind, als es bei »Vater Grabner«, dem geliebten Herrn Pfarrer, 1829 zum Sterben ging. Dieser hatte Tonerl wegen seiner Wahrheitsliebe und Gottesfurcht so ins Herz geschlossen, daß er ihn, wie der alte Meister erzählte, »noch beim Versehen mit den Sakramenten zu seinem Bette rief« und ihm als Sterbender den Segen fürs künftige Leben mitgab. Zum erstenmal trat dem jungen Erdenbürger damals das Mysterium des »Abschieds vom Leben« schmerzlich entgegen. Im selben Jahr aber wurde die Familie Bruckner mit einem Mädchen beglückt, das den Namen seiner Taufpatin *Rosalie* erhielt und in der Folge das Familienglück mit Tonerl teilen sollte.

Dann kam die Schulzeit heran und damit die ersten Verpflichtungen für das bisher jede Freiheit genießende, lebenslustige Kind. Das Ruhigsitzen war durchaus nicht nach seinem Geschmack, und es mußte oft und oft hinausstehen. Gern ging es überhaupt nur zur Singstunde. Tonerls Eigenwillen, sein »oberösterreichischer Dickschädel«, machte aber auch der Mutter zu schaffen, so daß auch sie ihren Liebling oft durch handgreiflichen Nachdruck den rechten Weg weisen mußte. Schon mit sieben Jahren durfte der geistig Aufgeweckte in die Oberklasse seines Vaters aufsteigen, doch hielt ihn dieser an, »zum Einüben mit den unteren Klassen zu repetieren«. Während die anderen »Großen« nur am Vormittag Schule hatten, mußte Tonerl auch nachmittags seine Freiheit opfern, und nur die Stunde zwischen 12 und 1 Uhr blieb ihm für das Essen und Soldatenspielen. Er nützte jede Gelegenheit, am Nachmittag zu schwänzen, und erschien dann erst wieder um 3 Uhr, wenn »beim Herrn Vater das Singen begann«. »In d' Schul bin i nia gern g'angen«, bekannte er später, »desto liaba aber aufs Chor zum Singen. Das war ma allweil 's Höchste!«

Vater Bruckner, der »riesig für Musik begeistert« und Sänger, Geiger, Bläser und Orgelspieler war, fiel bald das große Interesse auf, das Tonerl an den Tag legte, wenn er in freien Stunden das Spinett spielte und für das sonntägliche Hochamt mit seinen Sängern und Instrumentalisten übte. Er tat alles, um diese schönen Anlagen zu fördern. Schon mit zehn Jahren durfte der kleine Künstler während des Amtes die Orgel spielen.

Das Orchester des Kirchenchores war freilich ein sehr bescheidenes und bestand gewöhnlich nur aus zwei Geigen, einer Baßgeige, einer Klarinette und einem Horn, die schlecht und recht gehandhabt wurden. Ein Festtag für den Kleinen war es, wenn der Vater jedesmal am Fronleichnamstag zwei Trompeter und einen Paukisten zur Erhöhung der Feierlichkeit aus Linz kommen ließ. »Der Tusch«, wenn der Priester an den Altar trat, begeisterte ihn. Der Glanz der Trompeten in Bruckners Werken geht darauf zurück.

Einen der tiefsten seelischen Eindrücke erhielt der Kleine schon frühzeitig durch die mitternächtige Christmette, zu der ihn die Mutter mitnahm und bei der es musikalisch hoch herging.

Da der Vater neben dem Chordienst auch den Dienst eines Mesners versah, mußte Tonerl auch in der Sakristei zugreifen, den Herrn Pfarrer zur Messe ankleiden, ministrieren, läuten und dergleichen. Er war nun auch groß genug, um den Vater, wenn dieser mit dem Pfarrer zu einem Sterbenden »versehen« gehen mußte, in der Schule zu vertreten. Darüber erzählte Schwester »Sali« dem Verfasser, daß er die Sache sehr ernst nahm, streng auf Disziplin hielt und die Widerspenstigen, zu denen vor allem sie selbst gehörte, auf die Tafel schrieb, was die Bestrafung durch den Vater nach sich zog. Nur ein Bauernmädchen wurde bevorzugt, es war wohl die erste »Flamme«, die das Herz des bis ins hohe Alter so Liebebedürftigen bezauberte.

Als Tonerl bereits in der Schule zu den »Großen« gehörte, nahm ihn der Vater oder die Mutter auch gelegentlich nach St. Florian mit, wo er das, was er bereits in dem schönen, mit einer freien Loggia geschmückten Pfarrhof seines Heimatdorfes bewundert hatte, unendlich größer und schöner wiederfand, wo er staunend in der hellstrahlenden Stiftskirche zum erstenmal dem Wunderklang der »großen Orgel« lauschen durfte. Frohe Tage waren es auch, wenn die Eltern den kleinen Tunichtgut für einige Zeit zur Taufpatin Rosalie Mayrhofer nach Wolfern bei Steyr schickten, wo er reichlicher als zu Hause leiblichen Genüssen frönen konnte. Ein großer Tag war es, als der Neunjährige vom Vetter *Joh. Bapt. Weiß*, dem Schulmeister von Hörsching bei Linz, am 1. Juni 1833 nach der Landeshauptstadt Linz zur Firmung geführt wurde.

Inzwischen war der Hausstand im Schulhaus zu Ansfelden um weitere drei Kinder, *Josefa, Maria Anna* und *Ignaz*, angewachsen. Das Nest war übervoll. Da mußte Abhilfe geschaffen werden!

Hörsching (1835–1836)

In tiefer Verantwortlichkeit, für die Pflege der immer mehr hervortretenden musikalischen Talente Tonerls sorgen zu müssen, wozu er seine eigenen Fähigkeiten nicht mehr ausreichend fand, sann der Vater nach Abhilfe. Der ihm musikalisch weit überlegene Vetter *Johann Bapt. Weiß* im nahen Hörsching bei Linz schien ihm dazu bestens geeignet. Dieser war, wie oben erwähnt, Tonerls »Firmgöd« und hatte an dem aufgeweckten kleinen Buben viel Gefallen gefunden. Er war denn auch auf die Bitte Vater Bruckners gern bereit, den Kleinen zu sich zu nehmen, um ihm den ersten geregelten Unterricht im *Orgelspiel* und *Generalbaß* angedeihen zu lassen.

Johann B. Weiß, am 14. Mai 1814 geboren, war der Sohn des Josef Weiß in Hörsching, der 1802 die erst 16jährige Schwester Vater Bruckners als 29jähriger Schullehrer geheiratet hatte. Von den zehn aus dieser Ehe entsprossenen Kindern war nun Johann B. Weiß als Nachfolger des Vaters Schulmeister und Organist in Hörsching.

Schon ein Bruder von Vater Josef Weiß im Stift Wilhering bei *Linz* galt als »phänomenaler Orgelspieler«, der selbst auf den größten Orgeln Wiens konzertiert hatte. Dieselben Fähigkeiten besaß nun auch Johann Weiß, und wenn er gelegentlich auf den Chor des Domes in Linz kam, trug ihm der dortige Domorganist und damals berühmte Kirchenkomponist *Schiedermayr* an, die Orgel zu spielen, mit den Worten: »Wenn ein Weiß da ist, bleibt ein Schiedermayr nicht auf der Orgel sitzen.«

Tonerl wurde also im Frühjahr 1835 im Schulhaus zu Hörsching liebevoll aufgenommen und von den beiden Schwestern des Schulmeisters betreut. Auf der Orgel produzierte sich der elfjährige Junge zunächst durch die Begleitung des Fastenliedes, wobei er bereits das Pedal behandelte und vom Vetter für diese Leistung einen Groschen erhielt. Daß er aber erst hier in Hörsching regelrechten Unterricht im Orgelspiel erhielt, bezeugte der alte Meister in einem Brief an den späteren Pfarrer von Hörsching, Ernst Lanninger, wo er schreibt, daß er hier »die ersten Anfänge zur Orgel« erlernte.

Von größter Bedeutung für des Knaben musikalische Weiterbildung aber war das Erlebnis der »Schöpfung« und der »Jahreszeiten« von *Joseph Haydn*, welche Werke der »Herr Göd« auswendig spielen konnte, und die Mitwirkung im Kirchenchor, wo sogar Messen von *Mozart* aufgeführt wurden. So wurde beim ersten Erntefest, wie der alte Meister selbst berichtet, »Mozarts große Fugen-Messe« aufgeführt. Da dazu aber die Altstimme nicht vorhanden war, mußte Tonerl diese »mit den Fingern am Klavier suchen« und dann aufschreiben.

Außer den »näheren Unterweisungen im Generalbaß«, die ihm durch Weiß zuteil wurden, versuchte sich Tonerl bereits in der Komposition von *Kadenzen* und kleinen *Orgelstücken*. In einem dieser Stücke ahnt der Komponist bereits die Weittonalität, die durch Schubert und die Neudeutsche Schule in die Musik eingeführt wurde durch kühne Ausweichungen in entfernte Tonarten und enharmonische Verwechslungen, und auch der in den späteren Werken des Meisters so geliebte Orgelpunkt mit Halbtonrückung (auf E in Es-Dur!) ist in dem Stück bemerkenswert. Diese Präludien beginnen alle mit den harmonischen Schritten des Anfangs vom »Requiem« von Joh. B. Weiß, das Tonerl zu Tränen rührte und das 1892 durch Ernst Lanninger veröffentlicht wurde.

In einer Sammlung von handschriftlich niedergeschriebenen Orgelstücken aus jener Zeit befindet sich auch ein »Präludium«, das mit Anton Bruckner überschrieben ist und wohl aus der letzten Zeit des Hörschinger Aufenthaltes stammen dürfte. Dagegen wird in dieser Sammlung das erwähnte Orgelstück mit den harmonischen Kühnheiten Joh. Weiß zugeschrieben.

Es kann mit Sicherheit angenommen werden, daß der kleine Organist in seinen schon damals mit Begeisterung gepflegten Improvisationen auf der Orgel bereits weit über diese ersten schriftlichen Aufzeichnungen hinausgewachsen war. Auch ein im Satz noch sehr fehlerhaftes *»Pange lingua«* für gemischten Chor in C-Dur mag zu jener Zeit, wenn nicht schon früher, entstanden sein, das der Meister 1891 aus Pietät verbessert hat. Die darin vorkommenden Satzfehler stehen in Widerspruch zu den von Tonerl damals fein säuberlich aufgeschriebenen »kurzen General-Baß-Regeln«, die dem Unterricht zugrunde lagen.

All diese Versuche sind nur in Abschriften überliefert; das erste Notenmanuskript von Bruckners Hand, das erhalten blieb, ist die Skizze eines »Domine ad adjuvandum« (also der Anfang einer Vesper mit dem später hinzugefügten Datum »am 14. July 1835 in Ansfelden«), das aus der Hörschinger Zeit stammt, jedoch unvollständig ist und auch möglicherweise von Weiß sein kann. Neben der musikalischen Fortbildung versäumte es der Vetter, der Tonerl innig ins Herz geschlossen hatte, auch nicht, für seine weitere Volksschulbildung zu sorgen, wofür eine von des Knaben Hand geschriebene »Sprachlehre« zeugt.

In der freien Zeit aber zeigte sich Tonerl im Überschuß seiner Jugendkraft bereits in den »Flegeljahren«. Hatte er in Ansfelden schon seinem Ministranten-Kollegen, der ihn darum beneidete, daß er rechts vom Priester seines Amtes walten durfte, angetragen, ihm diesen Ehrenposten zu überlassen, wenn er sich von ihm 15 »Watschen« (Ohrfeigen) herunterhauen lasse, so überraschte ihn gleich zu Anfang seines Hörschinger Aufenthaltes der dortige Pfarrer dabei, als er anläßlich der Renovierung der Kirche einen im Freien stehenden Betstuhl mit einem »Krampen« (große Axt) zerschlug, von welcher Beschäftigung ihn die vom Pfarrer verabreichte Ohrfeige endgültig trennte.

Ende Dezember 1836 fand Tonerls Aufenthalt in Hörsching ein jähes Ende durch die Nachricht von der schweren Erkrankung seines Vaters, an dessen Genesung nicht mehr zu denken war.

Johann B. Weiß wurde später irrtümlich wegen Unregelmäßigkeiten bei einer von ihm verwalteten Kasse verdächtigt und starb am 10. Juli 1850 durch Selbstmord. Mit welcher Verehrung und Dankbarkeit sein später so berühmter Schüler an ihm hing, beweist die Tatsache, daß sich Bruckner unbedingt in den Besitz des Totenschädels von Weiß setzen wollte, was ihm freilich nicht gelang.

Ansfelden (1836–1837)

Als Tonerl nach Ansfelden zurückgekehrt war, mußte er den Vater in Schule und Kirche unterstützen. Mit größtem Pflichteifer kam Vater Bruckner trotz seiner Krankheit, wenn es nur immer anging, seinen Verpflichtungen nach. Auch bei Überanstrengung in seinem Dienst reichten die überaus knappen Einkünfte kaum hin, um die nunmehr vielköpfige Familie ausreichend zu versorgen. Er war daher in diesen letzten Jahren immer mehr darauf angewiesen, sich durch »Tanz-Geigen« bei Hochzeiten und im Fasching, oft ganze Nächte hindurch, Nebenverdienst zu verschaffen. Müdigkeit und Schlaf wurden durch Bier und dann immer mehr durch Schnaps zu bekämpfen versucht. Dies untergrub seine bereits angegriffene Gesundheit bedenklich; schließlich ergriff ihn ein »schleichendes Nervenfieber«, das, wie der alte Meister selbst berichtet, auf »vieles Trinken« zurückzuführen war. Immer öfter mußte der Vater erschöpft das Bett aufsuchen, und damit war Tonerl in seinen Pflichtenkreis gestellt. Seine Jugendzeit hatte ein rasches Ende gefunden.

Er mußte nicht nur den Unterricht in der Schule, sondern auch alle Verpflichtungen des Kirchendienstes übernehmen, wozu außer der Kirchenmusik auch der Mesnerdienst mit Tag-Anläuten um 4 oder 5 Uhr früh und Versehgänge zu jeder Tages- und Nachtzeit gehörten; aber auch beim »Tanzel-Geigen« mußte der Bub einspringen.

Schließlich warf die Todeskrankheit den Vater ganz nieder. Sechs Wochen lang kämpfte seine Lebenskraft noch gegen die Tücken der Krankheit, bis eine Lungenentzündung zur Auflösung führte.

Bei den Versehgängen, die Tonerl in Begleitung des Pfarrers sehr oft machen mußte, hatte er schon manch armes Menschenkind mit dem Tode ringen sehen; als der Pfarrer nun aber seinem Vater die hl. Kommunion und die letzte Ölung reichte, brach der Kleine in übermächtigem Schmerz ohnmächtig zusammen.

Am 7. Juni 1837 war Vater Bruckner der »Lungensucht und Auszehrung« erlegen.

So sehr die Mutter sonst Anwandlungen von Schwermut und Niedergedrücktheit ausgesetzt war, in Zeiten der Not und Gefahr überwog stets ihre tatkräftige »resche« Art, und auch jetzt wußte sie sogleich, was zu tun sei. Noch am Sterbetag ihres Mannes machte sie sich mit Tonerl, der mit einer schönen Sopranstimme begabt war, nach St. Florian auf, um den Prälaten *Michael Arneth* zu bitten, ihn als Sängerknaben ins Stift aufzunehmen. In dem vom Ortspfarrer erbetenen vermeintlichen Empfehlungsbrief war aber an Stelle einer Empfehlung darauf verwiesen, daß die Mutter »ohnehin reiche Verwandte« habe. Nichtsdestoweniger erfüllte der Prälat die Bitte der Witwe Bruckner und versprach ihr, den Sohn ins Stift aufzunehmen.

»Dadurch«, erzählte Bruckner, »war der Mutter ein Stein vom Herzen gefallen.« In Wirklichkeit hatten sich wegen der Heirat Theresens mit dem armen Schulmeister die reichen Verwandten immer mehr zurückgezogen, und nur ein Vetter, Anton Helm aus Neuzeug, besuchte sie noch manchmal.

Die Schulmeisterin mußte froh sein, wenn sie für die von ihr gesponnene und gewebte Leinwand Eier und Butter als Nebenerwerb für die vielen hungrigen Mägen erhielt. »Zum Glück«, erzählte Bruckner weiter, »hatte der Vater auf ihr Zureden noch rechtzeitig in den Witwenfonds des Lehrer-Versorgungsvereines in Linz eingezahlt, von dem sie nun ›per Woche 13 Kreuzer Münz‹ bezog. Sechs Wochen nach dem Ableben ihres Gatten mußte sie das Schulhaus in Ansfelden verlassen und bekam von der Pfarre Ansfelden nun ›8 Kreuzer, für Ignaz bis zu seinem 13. Jahr 3 Kreuzer‹, für ›jed's von die drei Madl'n‹ bis zu ihren 12. Jahr 2 Kreuzer wöchentliche Unterstützung.«

Schon Anfang Juli bezog der Nachfolger des Vaters das Schulhaus in Ansfelden, und die Mutter verließ den liebgewordenen Ort, nachdem sie Tonerl schon früher zur Erholung zu Vetter Weiß nach Hörsching geschickt hatte, mit ihren vier Kindern, der blinden Schwägerin und den Möbeln »auf einem Leiterwagen« und schlug ihren neuen Wohnsitz in *Ebelsberg* auf. Dieser Markt an der Traun, in der Nähe von Linz, ist durch die Schlacht vom 5. Mai 1809 bekannt. Hier hatten die Wiener Freiwilligen den Vormarsch Napoleons gegen Wien aufzuhalten versucht.

Bei den überaus bescheidenen Bezügen war Mutter Therese angewiesen, sich als Helferin und Wäscherin zu verdingen und von guten Freunden Unterstützungen anzunehmen, bis ihr Ältester in die Lage kam, ihr das Leben zu erleichtern. Inzwischen war auch Tonerl, der sich bei Weiß gut erholt hatte, Anfang Juli 1837 ins Stift St. Florian eingetreten. Es war dies einer der wenigen Glücksfälle seines Lebens, denn damit wurde der Grund gelegt für sein ganzes künftiges Leben und Schaffen.

Hier stürmte eine ganz neue Welt auf den dreizehnjährigen, heißblütigen und schwärmerisch veranlagten Jungen ein. Zunächst allerdings mußte er vor dem wie aus einer anderen Welt vor ihm aufsteigenden Wunder stehen wie Parsifal im hohen Gralsdom, betäubt und taub, als reiner Tor!

St. Florian (1837–1840)

Über der 1493 durch Kaiser Friedrich zum Markt erhobenen Siedlung St. Florian, die zu jener Zeit etwa 900 Einwohner zählte, erhebt sich auf einer Hügelterrasse der riesige Barockbau des Stiftes, durch seine gewaltige Ostfront, die zahlreichen Fenster und die kunstvollen, am Dachrand angebrachten schmiedeeisernen Wasserspeier schon rein äußerlich einen überwältigenden Eindruck ausübend. Das Mittelstück der Südfront bildet die herrliche Architektur des Marmorsaales, überwältigend wirkt die eigentliche Hauptfront gegen Westen mit ihrer gewaltigen Länge, die von der zweitürmigen Stiftskirche gegen Norden abgeschlossen wird. Das ganze Gebäude umschließt drei Höfe, deren größter ein Joch (5557 m^2, die Maßeinheit des damaligen Flächenausmaßes) umfaßt. Das kunstvolle steinerne Hauptportal führt von dem vor der Westfront liegenden geräumigen Vorhof, an den sich der Friedhof schließt, in diesen Haupthof, in dessen Mitte ein skulpturgeschmückter, steinerner Fischbrunnen liegt. Von da aus genießt man einen einzigartigen Blick auf die architektonisch schönsten Teile des Stiftsgebäudes, die wundervolle Freitreppe der Hauptfront und den Marmorsaal gegen Süden.

Dieser Barock-Palast in seiner heutigen Gestalt wurde unter Propst David Fuhrmann 1686 von Carlo Antonio Carlone aus Mailand begonnen, später von dem Maurermeister Jakob Prandauer aus St. Pölten übernommen und unter Propst Franz

Claudius Kröll (1700–1716) 1715 mit der Kirche vollendet. Die reichen Stukkaturen der im italienischen Barock ausgeführten, in strahlendes Licht getauchten Kirche stammen von *Bartolomeo Carlone,* die bunte Freskomalerei von den Münchner Malern *Anton Gupp* und *Melchior Steidl.* Diese ganze steinerne Pracht ist umkränzt von den westlich aufsteigenden bewaldeten Hügeln und den fruchtbaren Gefilden des »schweren Florianer Bodens«, der je nach Jahreszeit in den Grundfarben der Natur prangt. Da blüht der Lein in hellem Blau, der Raps leuchtet in strahlendem Gelb, dann wieder das Weiß des reifen Korns und das Goldgelb des schnittbereiten Weizens, durchsetzt vom Hochrot des Mohns, zwischendurch prangt das saftige Grün der Wiesen und Wälder. Und wenn das Ganze von strahlender Sonne überglänzt ist, fühlt man sich in italienische Gefilde versetzt.

Wie herrlich aber auch die Innenausstattung! Die prachtvolle Architektonik des Marmorsaales, des Sommerrefektoriums, der Bibliothek mit über 100000 Bänden! Die Prälatur wurde von *Bartolomeo Altomonte* mit herrlichen Gemälden geschmückt. Die sogenannten Kaiserzimmer erfüllen die ganze Front des zweiten Stockwerks der Westseite mit ihren kostbaren Gobelins, Uhren, alten, wertvollen Schränken, Betten, Öfen, Spiegeln, Gemälden und sonstigen Merkwürdigkeiten, während der erste Stock die Gastzimmer birgt, die alle durch den riesigen, lichtdurchfluteten Prälatengang verbunden sind. Dazu kommen im Osttrakt die Gemäldegalerie mit einer Anzahl von Gemälden Altdorfers, die Antiquitäten- und Naturalien-Sammlungen, daran anschließend liegt die klösterlich einfache Klausur, der Teil des Stiftes, der das eigentliche Kloster enthält und für keinen weiblichen Fuß betretbar ist.

Das Prachtvollste von allem aber ist die Stiftskirche mit den bereits erwähnten Stukkos und Gemälden, der Kanzel aus schwarzem Marmor, den kunstvoll holzgeschnitzten Chorstühlen, den beiden seitlichen Musikchören mit den reichgeschnitzten Orgelgehäusen, der links vom gewaltig aufragenden, marmornen Hauptaltar stehenden sogenannten »Sonntagsorgel«, der rechts davon liegenden »Werktagsorgel« und schließlich dem Juwel der Kirche, der über dem Hauptportal auf dem großen Chor mit ihrem mächtigen Pfeifenprospekt aufragenden »großen Orgel«, deren Klang imstande war, über alle bauliche Schönheit hinweg in überirdische Höhen zu entführen.

Dieses Orgelwerk, welches Abbé Vogler als das größte Österreichs pries, wurde unter Abt Matthäus Gogl, einem weitgereisten und kunstsinnigen Mann, durch den krainischen Priester und weltberühmten Orgelbauer *Franz X. Chrismann* (Krismann) 1770 bis 1777 erbaut.

1837 wurde das Werk von dem Klosterneuburger Orgelbauer *Johann Georg Fischer* verbessert und neu ausgestattet. Aus jener Zeit stammt folgende Beschreibung des berühmten Werkes:

»Der Reichtum an verschiedenen Toncharakteren in den vielen Registern vom zartesten Flötengelispel bis zum energischen Ton der Gerichtsposaune, vom sanften, rieselnden Springquell bis zum Kataraktendonner machen es möglich, die Affekte des Hörers zu beherrschen und mitzuführen, bald zu dem Gefühle einer innigen, allumfassenden Liebe, zu einer sich hingebenden Andacht und Gottesbegeisterung, bald zu den heiligen, durchbebenden Schauern kindlicher Gottesfurcht, die in den zum Himmel strebenden, vollen Kraftakkorden der mächtigen Stimme eines Gottes lauscht; fürwahr, es kann nichts Feierlicheres, Ergreifenderes geben, als das Tongebrause eines so grandiosen Orgelwerkes, und das zu hören verlohnt es sich wahrlich der Mühe, an hohen Kirchenfesten die anmutige Partie von Linz nach dem stets als Asyl theologischer und historischer Gelehrsamkeit berühmten Augustiner-Chorherrenstifte zu unternehmen.

Nun zu der Mechanik des großen Werkes. Es zählt 59 Registerzüge, von denen aber mehrere mit 2 bis 3 Pfeifenregistern besetzt sind, ungerechnet die Mixturen, welche 3—4 × 6—8—10 und 12fach sind, daher wenigstens 74 vollständige, klangbare Register gerechnet werden können. Außerdem versehen 6 Nebenzüge die Kopplungen. Mehrere Register sind außerdem vom eingestrichenen C bis dreigestrichenen F mit 2- bis 3fachen Pfeifenreihen besetzt. Die Höhe der Orgel beträgt 45 Fuß Wiener Maß, die Breite 402/2 Fuß, und die Tiefe – ein seltenes Verhältnis – 23 Fuß. In diesem Orgelkasten stehen in schöner Ordnung gereiht 5230 Pfeifen (die berühmte Freiburger Orgel, Schweiz, hat 74 Register und 7808 Pfeifen), deren 4542 von Zinn, 688 aus Holz verfertigt sind. Die größte Pfeife von Zinn D von 32 Fußton steht im Prospekte und wiegt 490 Pfund. Ihr Umfang beträgt 54 Zoll, ihr Durchmesser 17½ Zoll; das Dis wiegt 450 Pfund. Alle Prinzipalpfeifen sind aus feinem englischen Zinn. Im Hauptmanual sind 2200 Pfeifen, im mittleren 1592, im oberen Manual 758, im Pedal 680. Die Orgel hat 6 Blasbälge, wovon jeder 12 Fuß lang ist.«

»Die orchestrale Wirkung dieser neben der Orgel von St. Stephan in Wien größten Kirchenorgel Österreichs nährte«, wie Göllerich sagt, »die musikalische Vorstellungskraft des Reifenden in mächtigster Weise. Die Klangwunder derselben befruchteten das Gemüt des stets nach Erhebung Lechzenden mit vollem Zauber.«

Wie der Meister selbst in alten Tagen berichtete, war »das Spiel des Stiftsorganisten *Kattinger* in der Christnacht einer der unvergleichlichsten Eindrücke« seines Lebens. So wurde die große Orgel die eigentliche Lehrmeisterin des jungen Bruckner, und wie wir später noch sehen werden, mit der Farbenpracht der Natur auch bestimmend und ausschlaggebend für die eigenartige Farbengebung seiner Orchestersprache.

Die Anfänge des Stiftes reichen in die Römerzeit zurück. Hier soll der römische Beamte und Krieger *Florianus* aus dem nahen Lorch, dem ersten Bischofssitz in dieser Gegend, während der Christenverfolgung unter Diokletian und Maximilian den Märtyrertod erlitten haben. An der Stelle, wo der Leib begraben wurde, entstand im Laufe der Zeit eine Klosteransiedelung. Reste einer frühgotischen Kirche liegen unter dem Hochaltar der heutigen Stiftskirche, »die Katakomben« benannt. In diesen engen, finsteren Gängen und pfeilergestützten Gewölben wirkten die Schauer der Jahrhunderte auf den empfindsamen Knaben ein; hier wurde der Grund gelegt zu den vielen mystischen, in die Urzeit zurücktauchenden Episoden seiner Werke.

In den Gängen, die sich unter der Stiftskirche befinden, sind in den Fensternischen die Sarkophage der Prälaten aufgestellt, während in das dicke Gemäuer die Särge der Chorherren geschoben und mit einem Steindeckel vermauert wurden. In dem von Säulen gestützten Raum unter der Eingangshalle der Kirche und der großen Orgel waren damals in wirrem Durcheinander die Gebeine von einigen tausend Menschen verwahrt, die in der Nähe in einem Massengrab gefunden wurden. Da viele der Schädel zerspalten sind, vermutet man, daß die Gebeine von einer Schlacht mit den Avaren stammen. In dieser Gruft erlebte der Knabe das »Mitten im Leben sind wir vom Tod umfangen«, das »Dies irae, dies illa«, hier empfing er die Grundstimmung für seine musikalischen Schilderungen des Jüngsten Gerichtes, seines »judicare«; hier haben die wortlosen Empfindungen ihren Urgrund, die er in Tönen so oft und vor allem im Adagio seiner IX. Symphonie, seinem »Abschied vom Leben«, gefaßt hat.

All die Pracht und all die Schauer wirkten zunächst auf des Knaben Empfinden unbewußt ein, ein ganzes Menschenleben dauerte es, bis sich ihre Wiedergeburt aus seiner Seele zu Werken unvergänglicher Kunst vollzog.

Zunächst war des Lernens kein Ende!

Die drei Sängerknaben des Stiftes waren außerhalb desselben in der Familie des Schulleiters *Michael Bogner* untergebracht und von Frau Judith Bogner wie ihre eigenen Kinder betreut und gepflegt. Nachdem sich Tonerl in den Tagen der Sommerferien eingewöhnt hatte, trat er am 27. August in die dritte Klasse der Volksschule ein; ein bedeutsamer Sprung von der einklassigen Schule in Ansfelden in die Oberklasse von St. Florian! Immerhin beweisen erhaltene Schulhefte, wie gediegen – allerdings auf die wichtigsten Fächer Lesen, Schreiben und Rechnen beschränkt – der Unterricht erteilt wurde. Die Schrift Tonerls, die der seines Vaters ähnlich war und das deutsche Kurrent bevorzugte, war schon damals völlig »ausgeschrieben«. Wie später in seinen Briefen, verwendete er die lateinischen Buchstaben nur zur Hervorhebung einzelner Wörter. Die Unterschrift treffen wir nur in dieser ersten Jugendzeit lateinisch an, wobei in Abkürzung eine Verzierung »manu propria« angefügt ist. Neben dem üblichen Schulunterricht – Tonerl war bereits im letzten Jahr desselben – wurden die Knaben in allen musikalischen Fächern gründlich unterwiesen. Lehrer *Raab* studierte ihnen die vom Chorregenten *Eduard Kurz,* einem Schüler Albrechtsbergers, jeden Montag zu Bogner gebrachten Werke für den kommenden Sonntag ein. Auch Violinunterricht erhielt der Knabe zuerst bei diesem, dann aber durch *Franz Gruber,* einem aus der Schule des berühmten Beethoven-Quartettisten Schuppanzigh aus dem Wiener Konservatorium hervorgegangenen ausgezeichneten Geiger. Klavier- und Orgelunterricht erteilte der Stiftsorganist *Anton Kattinger,* während ihn Bogner im Generalbaß unterwies; doch bald hatte der Schüler den Lehrer überflügelt und war angewiesen, sich autodidaktisch weiterzubilden.

Tiefe Wirkung übten auf den Knaben die um 6 Uhr früh in den kalten Dezembernächten abgehaltenen feierlichen Rorate-

Ämter, und vor allem die mit größtem kirchlichen Pomp zelebrierte Mitternachts-Messe dieser ersten Florianer Weihnachtszeit am 25. Dezember 1837. Wie hatte sich dieses Erlebnis seiner Kindheit hier ins Riesenhafte vergrößert, und doch war es dasselbe Geheimnis der Menschwerdung des Gottessohnes, wie dort in der kleinen Dorfkirche, das der Meister später in dem Mittelsatz seines Credo mit himmlischen Klängen besang! Die Hirtenmusik der Pastoral-Messe tönte nun voller als in Ansfelden, und vor und nach dem Amte brausten die Klänge der großen Orgel über ihn hinweg. Sein schöner Sopran klang jubelnd in die weiten Hallen des Gotteshauses hinaus, als wäre er im Himmel!

Frau Bogner hatte alles getan, um den Sängerknaben am Weihnachtsabend das Elternhaus zu ersetzen.

Im folgenden Sommer trat der Vierzehnjährige aus der Schule, und nun konnte er sich ganz seiner geliebten Musik widmen, vor allem dem Orgelspiel. Für seine Übungen diente ihm die Sonntagsorgel, und als eines Tages der Geigenlehrer Gruber, zufällig in die Kirche tretend, sein Spiel belauschte, rief er aus: »Jetzt gib' i dem Sakra alleweil auf der Violin Unterricht, und auf einmal is' a Organist draus word'n.«

Neben den technischen Übungen pflegte Tonerl vor allem die freie Improvisation, für die ihm das Spiel des wegen dieser Kunst weit berühmten Stiftsorganisten Kattinger Vorbild war. Er bewunderte das kraftvolle Orgelspiel dieses Mannes, den Zeitgenossen den »Beethoven der Orgel« nannten, besonders aber seine freien Phantasien und seine strenge Fugenkunst. Im Alter noch sprach Bruckner von dem »effektvollen« Spiel seines Vorbildes.

Als Tonerl mit 15 Jahren zu mutieren begann, wurde er auf dem Chor als Geiger verwendet und ihm gelegentlich auch das Orgelspiel bei kleineren Ämtern und bei deutschen Messen übertragen.

Als Sänger wurde er nun durch *Karl Seiberl*, Schulleiterssohn aus St. Marienkirchen im Innkreis, ersetzt, der 1839 nach St. Florian kam, also nicht gleichzeitig mit Bruckner Sängerknabe gewesen sein kann, wie es bei Göllerich und Gräflinger heißt. Sie wohnten aber gemeinsam bei Bogner, und beide verband bis zu Bruckners Tod innige Freundschaft. Der sechs Jahre jüngere Seiberl hatte vor seinem älteren Kollegen, der sich durch seine Leistungen besondere Vorrechte erworben hatte, einen gewaltigen Respekt, so daß er täglich für ihn die Schuhe putzte, und zwar, wie der alte Meister erzählte, indem er sie »nicht nur oben, sondern auch auf den Sohlen wichste«.

Von Tonerls Orgelspiel war Karl so begeistert, daß er ihn veranlaßte, einmal mit nach *St. Marienkirchen* zu kommen, wo er beim Hochamt nicht nur eine Messe von Preindl nach dem bezifferten Baß begleitete, sondern vor allem durch seine Präludien Aufsehen erregte. In späteren Jahren war Seiberl »Mozart-Exklusiver« und konnte dem Höhenflug seines einstigen Jugendgenossen nicht mehr folgen.

Tonerl war nun bereits zum Jüngling herangereift und stand vor der Entscheidung, was er werden wolle. Der Prälat hatte den Knaben längst liebgewonnen und ihn zu kleinen Diensten herangezogen. Als Tonerl dem Herrn Prälaten einmal die Schuhe ausziehen durfte und vor ihm kniete, fragte dieser: »Na, Tonerl, sag, was willst denn eigentlich werd'n? A geistlicher Herr oder a Schulmoaster, wie der Vater? – Oder möcht'st am End gar studier'n?« »Aus kindlicher Anhänglichkeit«, erzählte der alte Meister, »hab i glei g'sagt: wie da Vater!« Damit waren die Würfel gefallen. Den aufkeimenden Wunsch des Knaben, einmal Kapellmeister zu werden, hatte die Mutter als »hochfahrend« im Keime erstickt.

Der Prälat ließ Tonerl nun durch den Lehrer *Georg Steinmayr* für den Eintritt in die »Präparandie« vorbereiten, und am 1. Oktober 1840 legte er die Aufnahmeprüfung in Linz mit gutem Erfolg ab.

Linz (1840–1841)

Eine ganz neue Welt tat sich für den in klösterlicher Einsamkeit Aufgewachsenen nun in Linz, der Hauptstadt von Oberösterreich, auf. Wo sich das malerische, enge Donautal zwischen dem Kürnberg und dem Pöstlingberg weitet und mit der Welser Heide vereinigt, liegt Linz, das zu jener Zeit etwa 20000 Einwohner zählte und noch befestigt war. Eben begann es sich über die Wälle hinaus zu dehnen, und der große Hauptplatz leuchtete mit seinen schönen, alten, neu getünchten Häusern, während sich dahinter die engen Gassen der Altstadt in Düsternis verloren. In einer dieser engen Gassen, der Pfarrgasse Nr. 11, hatte der Jüngling Unterkunft gefunden, wovon heute eine Gedenktafel kündet. In einer noch engeren, zum Schloß aufsteigenden Gasse, Hofgasse Nr. 82, im »Landkanzley-Haus« war die »Präparandie« untergebracht, die der »kaiserl. königl. Normal-Hauptschule« angegliedert war. Der Kurs dauerte in Linz zehn Monate, während er anderswo nur auf vier Monate berechnet war. Die Hauptgegenstände waren Religion, Lesen, Schreiben, Rechnen, Sprachlehre und Geographie. Naturwissenschaften waren ausdrücklich ausgeschlossen, und der Lehrer durfte nur bei Behandlung von Lesestücken das Notwendigste darüber mitteilen. Von diesen Fächern gesondert, wurde großes Gewicht gelegt auf den Unterricht in Gesang, Harmonielehre, Generalbaß und Orgelspiel, da der Lehrer jener Zeit neben der Schule auch die Kirchenmusik zu besorgen und den Mesnerdienst auszuüben hatte.

Den musikalischen Unterricht erteilte ehrenamtlich der als Landesbuchhalter mehrfach ausgezeichnete, vielseitig gebildete, ungemein rührige *August Dürrnberger*, der einem alten oberösterreichischen Geschlecht entstammte. Geboren am 10. März 1800 in Pernstein bei Kirchdorf an der Krems, hatte Dürrnberger in jungen Jahren öffentliche Prüfungen über die wissenschaftlichen Musikstudien am Wiener Konservatorium abgelegt und wurde mit dem Titel »Professor« ausgezeichnet. Er leistete seine Arbeit an der Präparandie nicht nur durch 36 Jahre unentgeltlich, er stellte auch auf eigene Kosten die nötigen Instrumente bei, in deren Handhabung er die Kandidaten unterwies, so daß er mit ihnen beim Gottesdienst in der Minoritenkirche die schwierigsten Messen von Haydn und Mozart zur Aufführung bringen konnte. Bruckner spielte nicht nur die deutschen Schulmessen, sondern auch den Orgelpart bei Hochämtern und wurde dadurch mit der Kirchenmusik der Wiener Klassiker immer mehr vertraut.

Theorie erteilte Dürrnberger auf Grund eines von ihm verfaßten »Elementarlehrbuches der Harmonie- und Generalbaß-Lehre«, dessen sich Bruckner auch bei seinem späteren Unterricht in Wien bediente und von dem er, wie *F. Gräflinger* mitteilt, sagte: »Das Buch hat das aus mir gemacht, was ich bin.« Interessant ist, daß der junge Präparand immerhin zu den musikalischen Beispielen des praktischen Teils dieses Buches bereits kritisch Stellung nahm, wobei er einzelne Beispiele mit »klingt schlecht«, »unkirchlich« usw. bezeichnete.

Aber nicht nur die Lehre hat der junge Mann von Dürrnberger eifrig aufgenommen, auch von seiner überaus tüchtigen und moralischen Persönlichkeit ließ er sich dauernd beeinflussen und blieb mit dem verehrten »Herrn Professor« zeitlebens in freundschaftlicher Beziehung. Da der Besuch des Theaters, das man den jungen Leuten als »Brutstätte des Teufels« vorstellte, verboten war, besuchte Bruckner gerne auch die kirchenmusikalischen Aufführungen in der Pfarrkirche und im Dom, nicht ahnend, daß er die in letzterer Kirche von ihm bewunderte Chrismann-Orgel einst selbst besteigen und seine künstlerische Vervollkommnung durch sie erhalten sollte. Zum ersten Male hörte er in den Konzerten des Musikvereines unter *Karl Zappe* auch weltliche Kunstmusik, so *Webers* Freischütz- und Euryanthe-Ouvertüren und *Beethovens* IV. Symphonie, wodurch er zu größter Bewunderung hingerissen wurde. Oft und gern besuchte er auch das Museum »Francisco Carolinum«, um sich über die Vorgeschichte seines Volkes und Landes zu unterrichten. Wie im Flug war die Studienzeit für den überaus fleißigen und pflichteifrigen Jüngling vorübergegangen, was bei der Strenge des Direktors Pauspertl nicht allzu einfach war. Von den 37 Kandidaten, die mit Bruckner die Aufnahmeprüfung bestanden hatten, konnten jetzt nur 22 zu der Schlußprüfung am 16. August 1841 antreten. Lachend erzählte der alte Meister darüber, er habe im Zeugnis »neun: sehr gut« errungen, was »unerhört« war, »denn jeder hat dort'n einmal durchfallen müssen, damit er zwoa Jahr beim Herrn Direktor blieb'n is«. Es wird ferner bestätigt, daß der »Candidat sehr fleißig dem Unterricht beigewohnt und sich in den Sitten sehr gut verhalten« habe. Das Zeugnis erklärt ihn als »Gehülfe für Trivialschulen« geeignet. Vier Jahre später wurde das Zeugnis durch den Vermerk: »Kann als Lehrer in Vorschlag gebracht werden« ergänzt.

Am 30. Juli schon hatte die Prüfung über Harmonielehre, Generalbaß und Orgelspiel stattgefunden. Zu seiner größten Bestürzung erhielt er im Orgelspiel nur die Note »gut«, wofür ihm Professor Dürrnberger allerdings später Abbitte leisten mußte.

Das Erlebnis des jungen Bruckner während seines ersten Linzer Aufenthaltes waren die musikalischen Anregungen und die Persönlichkeit Dürrnbergers. Letzteres geht deutlich aus einem Gratulationsschreiben Bruckners an seinen ehemaligen Professor vom 16. Mai 1866 hervor, wo es u. a. heißt: »... Es ist ja das Drängen meines Dankgefühls, welches mir die Mühe vergegenwärtigt, die einst Euer Hochwohlgeboren als mein Professor mit mir hatten; es ist ferner die tiefe Verehrung für Ihre fast beispiellose Gerechtigkeit und Energie zur Durchführung des anerkannt Richtigen, es ist aber auch Liebe, die mir vorzüglich durch Ihre Gunst und durch Ihr Wohlwollen, deren ich so oft teilhaftig ward, eingeflößt wurde.«

So war er nun als »G'hülf«, wie er sich später erinnerte, »statt mit zwei mit einem Jahr durchg'rutscht« und bekam eine Anstellung in dem kleinen einsamen Ort Windhaag, unweit der böhmischen Grenze.

Windhaag (1841–1843)

Mit freudigem Stolz sah Mutter Bruckner ihren Liebling, zu dessen Studium sie ihre letzten Ersparnisse geopfert hatte, auf eigene Füße gestellt. An seinem Lebensende stellte der Meister fest: »St. Florian hat in Linz erst 'zahlt, bis der g'ringe Sparpfennig der Mutter, von Ansfelden her, auf'zehrt war.« Nicht wenig hatte zur Berufswahl des braven Kindes auch die Überlegung beigetragen, daß er dadurch rasch zu eigenem Verdienst kommen und bald die Mutter werde unterstützen können.

Außer in St. Florian mag der neugebackene »G'hülf« wohl noch einige Zeit bei der Mutter in Ebelsberg geweilt haben, bis er am 3. Oktober 1841 seinen ersten Dienst in Windhaag antrat.

Obwohl bedeutend kleiner als Ansfelden, war Windhaag schon 1641 zum Markt erhoben worden und zählte zu Bruckners Zeit rund 200 Einwohner und etwa 35 Häuser. Als Pfarre gehörte der Ort zu St. Florian, so daß Priester und Lehrer dem Prälaten des Stiftes unterstanden.

Der 721 m hoch gelegene Ort liegt auf einer hügligen Hochebene an der Grenze von Böhmen. Von Linz aus erreichte man den Ort über das alte malerische Städtchen Freistadt, das an der Strecke Linz–Budweis der unter Franz I. eröffneten ersten Pferde-Eisenbahn lag. Von hier aus ging es auf holprigen Dorfstraßen zweieinhalb Stunden bergauf, bis der Ort erreicht war. Weltfern und einsam lag der Markt inmitten ärmlicher Wiesen und Felder, drei Viertel des Jahres rauhen Winden ausgesetzt und im Winter so von Schnee und Eis umgürtet, daß es schwierig war, herauszukommen. Bruckner hat den Ort daher wohl auch selten verlassen. Der düstere Ernst dieser Landschaft mag den Grund gelegt haben für manche Episode der »Leere, Öde und Düsternis«, die uns in seinen Werken begegnet. Diese haben aber auch wie jene Gegend ihre eigenartige Schönheit. Unweit Windhaags zieht sich die Wasserscheide zwischen Donau und Elbe (Schwarzes Meer und Nordsee) hin, und die Maltsch, die da oben die klaren Bächlein sammelt, führt ihr Wasser der Moldau und der Elbe zu. Durch mehrere Brände wurde der Ort stark verändert, doch blieb das alte Schulhaus Nr. 7, ein sehr unansehnliches Haus, in welchem Bruckner noch unterrichtete, bestehen. Die ebenerdig gelegene Wohnung des Schulmeisters war schon im Juli 1840 wegen Baufälligkeit gesperrt worden, und der Schulleiter übersiedelte in das Haus Nr. 24 in der Nähe des Pfarrhofes. Ein kleines Vorhaus, das auf einen Korridor führte und dem Bürgermeister-Haus gegenüberlag, diente dem Gehilfen als Schlafstätte. Auch in dem neuen, unfertigen Schulhause Nr. 5 unterrichtete Bruckner noch in der letzten Zeit seines dortigen Aufenthaltes in einem kleinen Zimmer, dessen weiß gestrichene Tür innen – von Anstreichern bis in die neunziger Jahre des vorigen Jahrhunderts belassen – den vollen Namenszug Bruckners mit Bleistift trug.

Nach des Meisters eigenen Worten war seine persönliche Lage im Hause des Schulmeisters *Franz Fuchs* »keine beneidenswerte«, denn er wurde gehalten wie »ein niedriger Dienstbote«. Der Schulmeister hatte damals das Recht, einen Gehilfen zu halten, den er auch aus seinen Bezügen bezahlte. So erhielt Bruckner »12 Gulden Münz« jährlich, dazu »freie Kost«, wofür er den »selbständigen« Schul- und Kirchendienst sowie Feldarbeiten zu leisten hatte. Fuchs, ein sehr eigennütziger Mensch, nützte des Gehilfen Kraft vor allem zu seiner eigenen Bequemlichkeit aus.

Frühmorgens, im Sommer um 4 Uhr, im Winter um 5 Uhr, hieß es »Tag-Anläuten« (die apostrophierten Ausdrücke stammen vom Meister), dann »Wein-Holen«, »Pfarrer-Anziehen«, »Ministrieren«, »Orgelschlagen«, die »Kleinen practicieren«, »viel Notenschreiben« und »Speisen-Geh'n« (d. h. Versehgänge machen). Nach dem »Schulhalten« hieß es, je nach Jahreszeit, »Heug'n« (Heu umwenden), »Erdäpfelgraben«, »Dreschen« und »Ackern«; abends »Gebet-Läuten« und um 9 Uhr »Hussaus-

Läuten«, eine Gepflogenheit aus der Hussitenzeit. Das Essen mußte er mit dem »Mensch« (Dienstmagd) einnehmen, was er sehr entwürdigend fand. Das Frühstück bestand aus der landesüblichen »Sauren Supp'n«, sonst gab es wöchentlich nur zweimal Fleisch, im übrigen Brennsuppe, Mohn-Nudl, Hirsebrei mit Kraut, an Sonntagen Selchfleisch mit Kraut oder Rindfleisch mit Kren, auch Schweinefleisch, eine Kost, die ihm nach der zwar einfachen, aber immerhin verfeinerten in Linz wenig zusagte.

In der Schule hatte Bruckner die »Kleinen«, d. h die drei bis vier unteren Schulklassen zu unterrichten, wovon ein Teil vormittags, der andere nachmittags zur Schule kam. Eine seiner Schülerinnen erzählte dem Verfasser: »In der Schul' hab'n mir'n recht gern g'habt. Wia da Vollmond hat er ausg'schaut, und kindlich is' er g'wes'n, wie ma sagt. Und g'straft hat er wenig, dazua is' er z'guat g'wes'n.«

Große Freude bereitete es den größeren seiner Kinder in der »Sonntags-Schule«, wenn er ihnen erzählte, daß »die Erde eine Kugel« sei und sie auf die Tafel zeichnete, wenn er ihnen von der Entstehung von Tag und Nacht erzählte und sie mit den Erdteilen bekannt machte. »So was hat ma früher nia' g'hört«, meinte die Erzählerin.

Es kam natürlich dem Schulmeister zu Ohren, daß der Gehilfe solche verpönte Lehren über die Natur im Unterricht verbreite, und er kam oft unversehens, um seinem Unterricht beizuwohnen. Anderseits mußte der »G'hülf« in freien Stunden die Klasse des Schulmeisters besuchen und zuhören, wobei er an einem kleinen Tischchen saß und für die Kinder »Federnschneiden« (Keilfedern zurechtrichten) mußte. Der Neid und die Eifersucht des musikalisch schwachen Schulmeisters auf den G'hülfen wurde wach, als er durch sein Orgelspiel beim Gottesdienst Aufsehen erregte. »Schön hat er g'fantert« (phantasiert), erzählte man, aber »üabl's Mal is' g'scheg'n, daß er bei die Lieada die ganzö Kira-Gmoa ums Haar aus der Schanier bracht hätt'.« Dagegen meinte die erwähnte Schülerin Marie Sücka: »In da Musi is' er damals noch schwach g'wes'n, kam daß er 's Meßliead ordentli hat spiel'n könna. In Geigna hat er si' erst in Windhaag aus'bildt, aber weiter als bis zur zweiten Geig'n hat er's nia nöt bracht.«

Da Fuchs dem eifrigen Jüngling kaum Gelegenheit gab, auf seinem Spinett zu üben, so tat er dies um so häufiger auf der

Orgel, was Fuchs auch ungern sah. »Der haut mir noch die ganze Orgel z'samm.«

Durch absonderliche Gewohnheiten zog er sich bei der Bevölkerung den Namen »der verruckte G'hülf« zu; besonders vermochte man nicht zu verstehen, wenn er, auf Feldrainen schreitend, aus seiner Kappe Papier hervorzog und es zu beschreiben begann. In der Einsamkeit von Windhaag, wo er sich wie verbannt fühlte, war seine einzige Zuflucht das Vertrauen auf *Gott* – täglich empfahl er sich vor dem Schlafengehen vor dem Bild einer schwarzen Muttergottes, das über seinem Bette hing, seinem Schutze – und seine *Musik*. An *Bachs* »Kunst der Fuge«, die er in Linz abgeschrieben hatte, und den Fugen von *Albrechtsberger*, die er nach allen Richtungen durchforschte, bildete er sich theoretisch weiter. Und nun versuchte er sich selbst mit der Komposition einer kleinen *Messe* in C-Dur für eine Altstimme, Orgel und zwei Hörner im Tonsatz.

Das kleine Werk – Gloria und Credo sind stark gekürzt – hat der junge Komponist ganz den Chorverhältnissen von Windhaag angepaßt und der Alt-Solistin und Bürgerstochter *Maria Jobst* zugedacht. Bei aller Einfachheit des Satzes ist der kindlich reine Gefühlsausdruck bemerkenswert. Harmonische Ausweichungen, besonders in terzverwandten Tonarten, verraten bereits romantisches Empfinden, und Oktavsprünge der Singstimme sowie Unisono-Stellen weisen auf die spätere Eigenart des Meisters hin. Besondere Gefühlswärme zeigt schon das Benedictus mit Sequenzführungen der Solostimme, die sich in einer Jugendkantate von Schubert vorgebildet finden.

Die kleine Komposition, die in den Originalstimmen keinerlei Tempo- oder Stärkebezeichnungen aufweist, war von Bruckner wohl nur für den eigenen Gebrauch bestimmt. Die Stimmen schenkte er in der Linzer Zeit seinem Kollegen aus der Präparandenzeit *Josef Seiberl*, dem Bruder des mehrfach erwähnten *Karl Seiberl* aus St. Marienkirchen, der sie später dem Museum der Stadt Wels schenkte. Mit Mißvergnügen betrachtete der alte Fuchs solche hochfahrende Anwandlungen seines Gehilfen, der nun gar unter die Komponisten gehen wollte. In seinem Zeugnis, das er später dem Scheidenden mitgab, hat der Schulmeister denn auch über dessen musikalische Tätigkeit kein Wort erwähnt, während Pfarrer *Schwinghaimb* sie besonders hervorhob.

Das zweite musikalische Betätigungsfeld war der Tanzboden. Bei Kirchweihfesten, Hochzeiten und besonders im Fasching spielte der »G'hülf« mit seinem Geigenschüler Joseph Jobst während der ganzen Nacht zum Tanze die bodenständigen »Gstrampft'n« auf, Ländlerweisen, die noch in des Meisters Symphonien aus ferner Jugendzeit nachhallen. Das »Aufspiel'n die ganze Nacht durch, wia's der Herr Vater 'tan hat«, verschaffte ihm den so nötigen Nebenverdienst, den er in Bier, Notenpapier und Stiefeln wieder umsetzte. Eine Nacht brachte ihm mehr ein als eine Woche seiner eigentlichen Berufsarbeit. Freilich mußten sich die jungen Leute gefallen lassen, wenn sie der Schlaf übermannen wollte, daß man ihnen zurief: »Spielleut, ös Lumpen, spielts nöt so faul«, wobei sie durch Zuwerfen eines »Zwanzigers« zu neuen Tanzeln angefeuert wurden. Ein anderer Spielgenosse war der Weber *Sücka*, in dessen Familie Bruckner überaus freundliche Aufnahme gefunden hatte und wo er sich völlig zu Hause fühlte. Während Maria und Rosalia Sücka in Bruckners Klasse gingen, war der Sohn *Franz* bereits bei den »Großen« in der Oberklasse. Fuchs unterrichtete ihn wegen seines musikalischen Talentes im Violin- und Orgelspiel, um ihn später stets für musikalische Dienste zur Hand zu haben. Bruckner aber nahm sich der sonstigen Fähigkeiten des sehr intelligenten Burschen an und bereitete ihn für den Präparandenkurs in Linz vor, was dem Egoisten Fuchs sehr gegen den Strich ging und ihm den Gehilfen noch mehr verhaßt machte. Lange Zeit geschah die Vorbereitung geheim, schon »vor Tag«, also nach dem Taganläuten. Während der Schüler Aufgaben ausarbeitete, schrieb Bruckner fleißig Noten. Als es zur Prüfung ging, hatte Fuchs, der Taufpate des Franz war, diesem ein sehr schlechtes Zeugnis ausgestellt, so daß Bruckner meinte: »Na, mit dem Zeugnis schmeißen's di glei am ersten Tag wieder außi.« Da ging Franz zum Pfarrer und erhielt von diesem ein sehr gutes Zeugnis, und Fuchs mußte zusehen, wie Franz nach wohlbestandener Prüfung nach Linz ging, wo er, wie Bruckner, mit einem Jahr des Studiums davonkam. Aber auch musikalisch schlossen sich Franz und der Gehilfe zusammen. Fast täglich spielten sie abends Duette, wobei Bruckner die zweite Geige spielte. Großen Spaß bereitete ihm dabei das Anfeuern der Kienleuchte (Kienspan), doch aus lauter Eifer beim Musizieren geschah es oft, daß sie unversehens fast ganz zusammenbrannte. Wie Marie Sücka berichtete, wurde Mutter Zäzilia oft »grantig«, wenn's »so z'samm g'standen san und gar ka Art (Ende) nöt außa'gangen is«.

Für seine Bemühungen um Franz erhielt Bruckner bei Sücka ein »ordentliches Frühstück«, oft sogar den heißersehnten Kaffee, und die Mutter besorgte ihm die Wäsche und pflegte auch seine Kleider. »G'wand hat er nöt viel g'habt«, erzählte Marie, »g'wöhnli' hat er an Angina-Anzug trag'n und a Kapp'n, denn Hüat hat ma damals no nöt so kennt. Ins Wirtshaus is er selten gangen, weil er a allweil ka Geld ghabt hat.«

In der Faschingszeit war es Brauch, daß die Bauern- und Bürgersmädchen allwöchentlich abwechselnd in einem der umliegenden Bauernhäuser schon am frühen Nachmittag zusammenkamen und fleißig bei lustigem Geplauder und singend an ihren Spinnrocken arbeiteten. Diese Sitte, die in ganz Oberösterreich verbreitet war, nannte man die »Rocka-Roas«. Abends kamen die Burschen aus der ganzen Umgebung, und nun wurde bei frischen Krapfen und Most die ganze Nacht hindurch getanzt. In einer Ecke der Stube waren die Musikanten aufgestellt, von denen jeder drei Zehner und das Essen erhielt. Franz Sücka und Bruckner spielten Geige, und der »alte Weber« blies die Klarinette oder die Trompete. An diese ländlichen Vergnügungen mag der Meister später bei manchem seiner Scherzi gedacht haben*.

Aber auch bei Hochzeiten war dieses ländliche Orchester viel gesucht. Die drei Musikanten schritten dem Hochzeitszug

---

* Bei der »Rocka-Roas« spielte Bruckner auch gern Geige, begleitet von einem gleichalterigen Freund, Anton Preinfalk, aus dem nahen Leopoldschlag. Die beiden waren als Aufspieler besonders beliebt, weil ihre Weisen sehr anheimelnd waren (sie stammten, wie Preinfalk berichtete, von Bruckner), anderseits verlangten sie keine Bezahlung. An Samstagabenden musizierten beide oft im Gasthaus Höllein in Leopoldschlag, wo sich als dritter der Bauer Krackowitzer als Sänger dazugesellte. In großer Heiterkeit vergnügte man sich dort bis Mitternacht. Selbst aus Linz kam Bruckner noch manchmal zu diesen Abenden nach Leopoldschlag. Einmal nahm auch *Adalbert Stifter*, der die Schule inspiziert hatte, an einem solchen Abend teil. Er konnte den »Schulmeister« auch an diesem Abend nicht unterdrücken und hatte an der Aussprache der jungen Leute immer herumzunörgeln. Auch Bruckner blieb dabei nicht verschont, als er vom Wein sagte, er sei noch nicht »ausgegärt«. Stifter belehrte ihn sogleich: »Man sagt: Der Wein hat noch nicht ausgegorn.«

voran, wenn er die Kirche verließ und zum Gasthaus zog, wo der Hochzeitsschmaus stattfand.

Auch hier in Windhaag hatte der Gehilfe gelegentlich durch Zerstreutheit oder Übermut das Mißfallen seiner Vorgesetzten erregt. So kam es vor, daß er dem Herrn Pfarrer das Meßgewand verkehrt anzog, wodurch dieser stolperte und ihm bei den verschiedenen Kniebeugen am Altar das Meßkleid zum Kopf hinaufstieg, wofür Tonerl dann in der Sakristei eine Ohrfeige abfaßte. Ein andermal war er mit rotjuchtenen Stiefeln gekommen, was dem Pfarrer pietätlos erschien. Eines Abends aber wurden die Honoratioren des Ortes, die beim Stammtisch saßen, durch die Schreckensnachricht alarmiert, es »geistere« auf dem Friedhof. Tatsächlich sah man zwischen den Gräbern kleine Lichtlein, die sich langsam bewegten. Besonders Beherzte gingen der Sache nach, und es stellte sich heraus, daß mehrere Krebse zwischen den Gräbern verteilt waren, die auf dem Rücken Wachskerzen trugen. Dies soll ebenfalls der Gehilfe ausgeheckt haben, um sich seinen Spaß zu machen.

Anläßlich einer Inspektion der Pfarre durch den Prälaten Arneth fand es der Schulmeister Fuchs für angebracht, sich über den Gehilfen zu beschweren, der seinen Kopf nur bei der Musik habe und die Schule vernachlässige; einer weiteren Beschwerde, die Fuchs schriftlich an den Prälaten schickte, folgte die Vorladung Bruckners nach St. Florian. Hier konnte Tonerl seinem geliebten Herrn Prälaten sein ganzes Herz ausschütten und ihm seine Liebe zur Musik eingestehen. Prälat Arneth, der den jungen Mann schon von früher her besonders liebgewonnen hatte, veranlaßte nun, daß Bruckner aus seiner unwürdigen Stellung in Windhaag befreit und, bis in St. Florian eine Stelle frei werde, eine Anstellung im nahen *Kronstorf* bekäme, wo er wegen der Nähe der Städte *Enns* und *Steyr* Gelegenheit für seine weitere musikalische Ausbildung finden konnte.

Tonerls Vorgesetzte konnten bei dessen Abschied am 19. Jänner 1843 doch nicht umhin, ihm gute Zeugnisse auszustellen. Schulleiter Fuchs bestätigt, daß er den Gehilfen wegen seines »sittlichen Verhaltens und unermüdlichen Fleißes im Lehrfach« und »viel Geschicklichkeit« im Mesnerdienst empfehlen könne. Pfarrer von Schwinghaimb hebt außerdem noch »seine achtungsvolle Unterwürfigkeit gegen seine Seelsorger und Katecheten«, seine »gute Behandlung der Schuljugend und auferbauliches Betragen bey den Verrichtungen des Mesnerdienstes« hervor, sowie, daß er »seyne freien Stunden mit allem Fleiß dazu verwendet habe, sich in der Kirchenmusik immer mehr zu vervollkommnen und auch andere Kenntnisse besonders in der für den Text der Kirchenmusik nicht überflüssigen lateinischen Sprache zu erwerben«. So atmeten beide Vorgesetzte auf, durch diese Empfehlungen den »halbverrückten G'hülfen« und »Mükkenfänger«, wie man ihn zu bezeichnen pflegte, losgeworden zu sein.

Außer den Natureindrücken und den Lebenserfahrungen nahm Bruckner aus Windhaag noch einen Denkzettel fürs Leben mit, die Anlage zu einem Kopfleiden, das ihn bis ins Alter begleitete. Er hatte sich dieses Übel durch die Versehgänge mit bloßem Kopf im strengen Winter zugezogen.

Kronstorf (1843–1845)

Kronstorf, zwischen den Städten Enns und Steyr an der Enns, dem Grenzfluß zwischen Ober- und Niederösterreich, gelegen, war noch kleiner als Windhaag und hatte zu Bruckners Zeit nur etwa 100 Einwohner. Der Ort bestand nur aus der Kirche und einigen wenigen Häusern, die den Dorfplatz begrenzten, durch den die Straße von Enns nach Steyr führt. Die Schule war damals in dem einstöckigen Gemeindehaus untergebracht, und die Kinder kamen aus den umliegenden großen Bauernhöfen, den »Vierkanthöfen«, von denen jeder, inmitten ungemein fruchtbarer Felder und Wiesen liegend, ein kleines Fürstentum darstellte.

Hier, nur zweieinhalb Gehstunden von St. Florian entfernt, war Bruckner wieder in seiner alten Heimat. Er hatte die Strenge und Dürftigkeit des Nordens wieder mit der altgewohnten Fülle und Behaglichkeit seiner angestammten Scholle vertauscht und fühlte sich, nach eigenen Worten, »vom 23. Januar 1843 bis 25. September 1845 – wie im Himmel«; es war, wie er sagte, »in jeder Weise ein Avancement«, und bei der Berufung »fiel ihm ein Stein vom Herzen«.

Franz Seraph Lehofer, der kränkliche Schulleiter, und seine Frau konnten dem Gehilfen freilich nur einen Verschlag im Schulzimmer als Wohnung zur Verfügung stellen, der mit Bett, Tisch und Kasten so reichlich möbliert war, daß man sich darin kaum umdrehen konnte, und doch erklärte der Meister im Alter noch: »Dort, in mein' Kammerl, wo i a immer g'sessen bin, is ma alleweil guat 'gangen.« Dies hatte vor allem seinen Grund darin, daß er durch Lehofer und seine fürsorgliche Frau eine außerordentlich liebevolle Behandlung erfuhr. Pfarrer und Schulmeister, Handwerker und Bauern führten hier ein friedlich-behäbiges Dasein, und nach dem altösterreichischen Grundsatz: »Leben und leben lassen« hatte auch der »G'hülf« teil daran. Anfänglich waren seine Bezüge zwar dieselben wie in Windhaag, doch bald stiegen sie auf »20 Gulden Münz« jährlich, so daß er nun die Freude hatte, seine alte Mutter und seine Geschwister unterstützen zu können.

Besonders gern und häufig kam der Gehilfe in das »Hartl-Gut«, eine halbe Stunde von Kronstorf entfernt, das dem intelligenten und musikliebenden Bauer Josef Födermayer gehörte und wo wöchentlich einmal Hausmusik gepflegt wurde. Bruckner wurde nicht müde, auf dem Spinett zu improvisieren. Der Meister bezeichnete dasselbe später als »alter Scherm«. In der »Mentscher-Kammer« übte er mit einigen Burschen Scherz-Kanons ein, die dann in der Bauernstube zur allgemeinen Erheiterung gesungen wurden. Da Bruckner sich bald die besondere Zuneigung Födermayers gewonnen hatte, ließ sich dieser herbei, ihm das Spinett zu borgen, das heißt, es ihm in das Schulzimmer stellen zu lassen, worüber Bruckner überglücklich war, denn nun konnte er schon in aller Gottesfrühe sein musikalisches Morgengebet mit dem »Wohltemperierten Klavier« von Bach verrichten, und manchmal geschah es, daß ihn Frau Lehofer gegen Mitternacht mahnen mußte: »Aber, Herr Bruckner, hörn S' endli 's Spiel'n auf und gengan S' ins Bett.« Um aber Bruckners Improvisationen nicht entbehren zu müssen, ließ Födermayer an seine »Physharmonika« ein Pedal montieren, so daß der bereits als Orgelspieler bestbekannte Jüngling nun auf dieser Zimmerorgel improvisieren konnte.

War sich Bruckner in Windhaag in bezug auf die musikalische Fortbildung ganz überlassen, so bot sich ihm hier in der Person des Regenschori von Enns ein ausgezeichneter Führer auf dem Weg zu seiner musikalischen Vervollkommnung. *Leopold Edler von Zenetti*, den Bruckner schon von St. Florian her als »erpichten Mozartianer« kannte, da er bei Hochfesten dort gerne Violine oder Cello spielte, war 20 Jahre älter als Bruckner und hatte sich auf dessen Bitte bereit gefunden, ihn im Klavier- und Orgelspiel sowie theoretisch zu unterweisen.

Dreimal wöchentlich pilgerte der wissensdurstige junge Mann nach Enns, um dem verehrten Lehrer die ausgearbeiteten Aufgaben vorzulegen. An Sonntagen geschah es, daß er die vormittags erhaltenen Aufgaben nachmittags zu Hause ausarbeitete und schon am Abend Zenetti in Enns wieder zur Begutachtung vorlegte.

Dem Theorieunterricht legte Zenetti die Generalbaßlehre von *Daniel Gottlieb Türk* zugrunde, vor allem aber wurde der Klavierschüler in *J. S. Bachs Choräle* und die *»48 Präludien und Fugen«* eingeführt und damit das wichtigste und bleibende Fundament für den künftigen Tonschöpfer gelegt. Zenetti, der, wie Gräflinger berichtet, Bruckner in Figur und Gehaben, ja bis auf die Kleider ähnlich war (auch er trug weite, faltige Hosen und ein ungefüttertes Organdin-Sakko), hat gleich Karl Seiberl des Meisters Aufstieg bis 1892 miterlebt, doch konnten beide als eingefleischte Mozartianer sein Genie nicht erfassen.

Auch in Kronstorf war der »G'hülf« bei der Schuljugend sehr beliebt. Einer seiner damaligen Schüler berichtet, daß er, nachdem er die »Goas« (Geiß) der Schulmeisterin ausgetrieben hatte, um 7 Uhr nach der Messe den Unterricht begann, der vormittags bis 11 Uhr, nachmittags von 12 bis 3 Uhr dauerte. Er hatte zwei Klassen zu unterrichten. Als Lehrer war er »seel'nguat«, und die Kinder »hab'n a was g'lernt« bei ihm. Für das »Batz'n geb'n« (Rutenstreiche auf die Hand) mußten die Kinder selbst die Weidenruten mitbringen. In seiner Güte waren diese Züchtigungen aber nur »Tapperln« (zarte Streiche), und er mußte dabei selbst »pfugerz'n« (lachen). Die braven Kinder erhielten oft Fleißzettel und »Zuckerl« zur Belohnung.

Im heißem Schulzimmer sowie beim Klavier- und Orgelspielen und gar bei seinen eiligen Gängen nach Enns litt Bruckner sehr an »Hitzen«, so daß er oft mehrmals des Tages die Unterwäsche wechselte, wie sich Frau Lehofer noch im Alter erinnerte. Aber auch der greise Meister konnte oft noch mit Rührung der Herzlichkeit gedenken, mit der Frau Lehofer sich seiner mütterlich angenommen hatte, und wie köstlich ihre Küche war. Mit der Zunge schnalzend, berichtete er von seinen damaligen Leibgerichten, dem »G'selchten mit Knöd'ln und Kraut«, dem »Griaskoch«, den »Hasenöhrln«, »bachenen Mäus und Bauernkrapf'n«. Bedauernd fuhr er dann fort: »Dö alte Frau Lehofer dabarmt ma heut' no, wanns oft mitten in der Nacht aufg'standen is und mi vom Klavier wegg'jagt hat – nächsten Tag aber hab is akrat wieder so g'macht; i hab mi halt nöt dahalten könna.« Anderseits aber stellte sich Bruckner seiner lieben Herbergsmutter nachmittags nach der Schule gern für landwirtschaftliche Arbeiten zur Verfügung, zum »Heuaufladen, Ruab'nschab'n,« wobei es oft lustig herging und gesungen wurde, »daß kracht hat«.

Zwei Gehstunden südlich von Kronstorf, wo die blaue Enns und die grüne Steyr sich vereinigen, liegt die uralte Stadt der Waffenschmiede, *Steyr*. Auf der durch die beiden Flüsse gebildeten Halbinsel erhebt sich der Schloßberg, auf dem schon im 10. Jahrhundert die »Stirapurke« lag, zu deren Füßen sich die heutige Stadt Steyr, die zweitgrößte Oberösterreichs, entwikkelte. Wegen ihres altertümlichen Charakters und ihrer malerischen Lage hat man die Stadt das »österreichische Rothenburg« genannt.

Nach dem Erleben des Florianer und Linzer Barock konnte Bruckner hier zum erstenmal in die Seele deutscher Gotik untertauchen, die in verschiedene Häuser und Höfe, aber vor allem in den 1443 begonnenen Bau der von *Hans Puxbaum* errichteten Stadtpfarrkirche gebannt ist. Der Eindruck des auf sechzehn schlanke Säulen gestützten und von alten Glasgemälden in mystisches Dunkel gehüllten Raumes ist ein überwältigender. Hier wurzelt zuerst die hochstrebende, weitbogige, sich kunstvoll verästelnde Architektonik des späteren Meisters, wie wir sie schon im Kyrie und Sanktus der e-Moll-Messe, dann vor allem im Finale der Fünften und in der Neunten bewundern.

Ausgerüstet mit einem Empfehlungsschreiben seines wohlmeinenden Pfarrers an den Stadtpfarrer von Steyr, *Joseph Plersch*, war der Gehilfe von Kronstorf bald nach seinem Eintreffen dort nach Steyr gewandert, und der erste bleibende Eindruck für ihn war die Pfarrkirche, die ihn vor allem wegen ihrer großen Orgel, ebenfalls ein Werk von Chrismann, wie die in St. Florian, sofort angezogen hatte.

Vom Pfarrer liebevoll aufgenommen, war der an die uralte Stadtmauer angelehnte Pfarrhof neben der mit einem prächtigen Turm geschmückten Pfarrkirche ihm schon damals gastlich geöffnet und blieb es bis ins höchste Alter des Meisters.

Auf der herrlichen Orgel konnte der junge Künstler, dessen Spiel bereits von sich reden machte, sein Inneres ungehemmt ausströmen lassen, wozu die Architektonik und das Dämmerlicht des Raumes die Grundstimmung gaben.

Zu diesem für Bruckners Kunst ausschlaggebenden Eindruck gesellte sich ein zweiter, nicht minder bedeutungsvoller.

Steyr bot noch eine andere Erinnerung musikalischer Art, die Bruckner völlig erschauern ließ: Hier lebte *Karoline Eberstaller*, die Tochter eines während der Franzosenkriege hier herrschenden französischen Generals, die sich rühmen konnte, mit *Franz Schubert*, der in den Jahren 1825–1827 in dieser, wie er sagte, »himmlischen« Stadt weilte, musiziert zu haben. Sie führte Bruckner beim Vierhändigspiel in die Wunder der romantischen Harmonik Franz Schuberts ein, und so empfing er mittelbar den Weihekuß der Musen. Dieses Ereignis darf für das Schaffen des Meisters nicht geringer gewertet werden als die spätere Kenntnis R. Wagners, denn geistig steht Bruckners Musik der des Wiener Meisters näher als der des Bayreuthers.

Außer diesen musikalischen Anziehungspunkten der Stadt war der Gehilfe dort auch gern mit seinem Kollegen *Georg Pointner* beisammen, der in späteren Jahren langjähriger Bürgermeister der Stadt wurde und die Besuche des Meisters Bruckner entsprechend zu würdigen wußte.

Selbstverständlich kam Bruckner von Kronstorf aus häufig nach St. Florian, wo nun als Nachfolger des Lehrers Raab *Hans Schläger*, ein junger Komponist, wirkte, der sich auf dem Gebiet des Männerchores einen Namen machte und später Chormeister des Wiener Männergesangvereins wurde. Diesem Kollegen verdankte Bruckner die Anregung zur Männerchorkomposition. Am 19. September 1843 entstand in Kronstorf der »*Männerchor* für zwei Tenöre und zwei Bässe«, dessen biedermeierischer Text von Pfarrer *Alois Knauer*, dem Freund und Gönner Bruckners, verfaßt war und mit den Worten beginnt: »An dem Feste«: Das kleine Werk hatte Bruckner »auf das feierliche Geburtsfest« dem Dechant und Stadtpfarrer von Enns, *Josef Ritter*, gewidmet. Es mag damals wohl durch das von Bruckner in Kronstorf zusammengestellte Männerquartett, bei welchem er selbst den 1. Baß sang, aufgeführt worden sein. Erst fünfzig Jahre später wurde der von *Karl Ptak* umgedichtete und von Bruckner korrigierte Erstlingschor pietäthalber in einem Konzert des »Wiener akad. Gesangvereins« am 22. Februar 1893 in Wien öffentlich unter dem Titel »*Tafellied*« zum Vortrag gebracht. Die patriarchalischen Klänge aus ferner Zeit wurden damals mit Rührung angehört.

Ein anderes Werk für Männerchor und Orgel, ein »*Requiem*« aus dem Jahre 1845, das Bruckner, wie er erzählte, »anläßlich des Todes seines Freundes Joh. Nep. Leschl«, Schulmeisters in Kirchberg bei Eferding, schrieb und das dortselbst mit Bruckner an der Orgel zur Aufführung kam, ist leider verschollen.

Eine Frucht des Generalbaßunterrichtes bei Zenetti scheint das »*Libera*«, F-Dur (ohne Datum), zu sein, dessen »laufender« Baß auf die Kirchenwerke von *Michael Haydn* hinweist. Die Baßstimme wurde damals gewöhnlich vom Cello und Kontrabaß mitgespielt, während der Organist dazu die Harmonien nach der Bezifferung hinzufügte. Der Chorsatz bewegt sich in einfachen Harmonien und zeigt stellenweise noch mangelhafte Satztechnik. Die Haydnsche Schlußformel mit dem Oktavsprung begegnet uns gelegentlich auch in späteren Werken Bruckners als drolliges Überbleibsel aus dem Vormärz; nur bei »Quando coeli« weist die Wendung in die terzverwandte Tonart auf kommende Eigenart hin. Alle diese kompositorischen Versuche rechnen mit den bescheidenen Mitteln des Kronstorfer Kirchenchors, und es ist bemerkenswert, daß keine dieser Kompositionen irgendwelche Tempo- und Stärkegrad-Bezeichnungen aufweisen. Bei ihrer Aufführung war der Komponist selbst der Leiter, und an spätere Aufführungen durch andere dachte der bescheidene junge Mann wohl gar nicht.

Von jeher mit dem Kirchenjahr lebend und in der katholischen Liturgie erzogen, waren es die Zeremonien der Karwoche, die ihn stets zutiefst ergriffen. »Eines der größten Mysterien« war ihm, wie er selbst sagte, die »Gründonnerstag-Nacht, die Erinnerung an die Einsetzung des hl. Altarsakramentes, resp. des Abendmahles«. Im katholischen Ritus wird dies beim Hochamt des Gründonnerstag gefeiert. Dadurch fühlte sich Bruckner in seinem letzten Kronstorfer Jahr angeregt, eine Messe zu dieser Feier zu schreiben, die

Vierstimmige Choralmesse für den Gründonnerstag.

Über die Stimmen dieses bisher ausgedehntesten seiner Kompositionsversuche schrieb der fromme Jüngling, wie manche Meister der Vorzeit, die Buchstaben *O A M D G* (Omnia ad majorem Dei gloriam) – Alles zur größeren Ehre Gottes! Auch die d-Messe und das Tedeum tragen auf der Partitur diese Buchstaben, den Leitspruch des frommen Meisters fürs ganze Leben. Die eigentliche Gründonnerstag-Messe beginnt erst nach dem choralgesungenen Kyrie und dem feierlich mit Orgel begleiteten Gloria. Daher beginnt die Choralmesse mit dem Graduale, worauf die übrigen Teile der Messe ohne Orgelbegleitung folgen.

Welch ein ungeheurer Abstand klafft zwischen der kindlichen, mit Nachahmungen behutsam operierenden Vertonung des »Christus factus est« hier und der dritten Vertonung dieses Textes vom Jahre 1884! Und doch treffen wir auch hier schon die Kühnheit von freien Sekund-Einsätzen wie dort. Auch in dieser zweiten Messe ist das Credo textlich auf wenige Sätze zusammengestutzt. Das Sanctus enthält eine Stelle, die den Strekkungs- und Sturzwillen des schon vom Geist der Gotik erfaßten Meisters zeigt und an spätere Themenbildung gemahnt. Im ganzen zeigt die Messe bereits volle Beherrschung des vierstimmigen Satzes. Sanctus und Agnus sind wohl seine reifsten Teile.

Das beste Kronstorfer Werk aber ist ein »Tantum ergo« in-D-Dur, »ein Hymnus auf das hl. Altarsakrament«, welches vor und nach der Segenerteilung gesungen wird. Dieses Segenlied zeigt schon deutlich den Einfluß, den die Kenntnis *Schuberts* auf den Werdenden übte. Gegenüber den früheren Versuchen hat es geradezu bemerkenswerte harmonische Kühnheiten, und das kleine Werk ist in seiner andachtsvollen Haltung eine Komposition, die auch heute bestehen kann. Hier fühlte sich der Komponist schon weniger gehemmt, da er es für einen geschulten Chor, den von St. Florian, geschaffen hat. Es scheint, daß an seinen Intonationsschwierigkeiten der Kronstorfer Chor gescheitert ist, denn als Bruckner die erste Probe für die Choralmesse halten wollte, erschien dazu kein einziger Sänger, wohl in Erinnerung an die Schwierigkeiten einer früheren Probe.

Verschollen sind aus dieser Zeit eine *Litaney* mit Blechbläserbegleitung, deren sich der alte Meister noch erinnerte, und ein »Salve Regina«.

Das größte Werk, benannt »Musikalischer Versuch nach dem Kammerstil« über ein kurzes Gedicht für Sänger und Begleitung des Pianoforte, wurde zweimal umgearbeitet. Die dritte Fassung erhielt den Titel »Vergißmeinnicht« und wurde von Bruckner dem Kanzleidirektor von Sankt Florian, *Friedrich Mayr*, gewidmet, der ihm eine Lehrerstelle an der dortigen Schule in Aussicht gestellt hatte, sobald er die sogenannte »Konkursprüfung« gemacht habe. Das siebenteilige Werk besteht aus einem Einleitungs- und einem siebenstimmigen Schlußchor sowie Rezitativen, Arien und Duetten. Nur der Schlußchor deutet auf den späteren Chorbeherrscher hin, während die Mittelsätze etwa an das Vorbild von Mozarts »Bastien und Bastienne« erinnern.

Am meisten scheint Bruckner als Schaffender schon damals als Improvisator entwickelt und fortgeschritten gewesen zu sein, da Karl Seiberl noch in seinem Greisenalter mit Begeisterung von einer Improvisation Bruckners über das Haydnsche »Gott erhalte« erzählte.

Neben all diesen Arbeiten mußte Bruckner sich nun auch auf die Konkursprüfung vorbereiten, die jeder Gehilfe vier Jahre nach der Präparandenprüfung ablegen mußte, wenn er die Berechtigung zur Erlangung einer Schulmeisterstelle erwerben wollte. Zur vorgeschriebenen Zeit, am 29. Mai 1845, unterzog sich der Kandidat dieser Prüfung, die er mit sehr gutem Erfolg ablegte. Bei der damit verbundenen Prüfung über Musiktheorie und Orgelspiel bat Bruckner Prof. Dürrnberger, ihm ein Thema zu geben, das er sofort kontrapunktisch frei verarbeiten wollte. Bruckner erhielt ein Thema aus der Motette »Tres sunt« von *Joseph Haydn*, das er zum Erstaunen aller meisterhaft behandelte. Ein Thema von *Joseph Preindl* aber führte er schriftlich zu einer strengen Fuge aus. Dürrnberger war nun, wie der Meister berichtete, »ganz außer sich« über diese Arbeit, leistete ihm sozusagen Abbitte für das »Gut«, das er ihm seinerzeit im Zeugnis vom 24. Juni 1841 im Orgelspiel gegeben und erteilte ihm nun in allen Fächern die »erste Note mit Vorzug«.

Pfarrer Friedrich Mayr konnte nun sein Versprechen erfüllen und Bruckners Herzenswunsch nachkommen, in St. Florian eine »gesicherte Stellung« zu erhalten. Das Anstellungsdekret vom 25. September beruft ihn zum »1. systemisierten Schulgehülfen der Pfarrschule St. Florian für das zweite große Lehrzimmer«.

Der Abschied aus Kronstorf, wo er bei jung und alt so beliebt war, fiel ihm freilich sehr schwer. Als er am letzten Tag zu den Kindern sprach: »Pfüat eng Gott, liabe Kinder – heut hab i's letzte Mal Schul' g'halten«, begann in der Klasse ein großes

»Flennen« (Weinen). Eine seiner Schülerinnen erzählte noch im Alter: »Von dö Lehrer hab'n ma koan so gern g'habt, wia eam... So guat is er halt g'wes'n, so freundli'. Er is so a G'heischer (Schmächtiger) g'wes'n, gar so hübsch, mei schönster Lehrer.«

Ausgestattet mit glänzenden Zeugnissen von Pfarrer und Schulmeister konnte er nun seinem vorläufig höchsten Ziel entgegenschreiten, seiner zweiten Heimat *St. Florian.*

St. Florian (1845–1855)

Im Sinn des Spruches von Meister Eckhart: »Laß alles, so findest du alles« ging Bruckner auch in dieser zweiten Florianer Zeit unzersplittert, den Blick aufwärts gerichtet, den ihm vorgezeichneten Weg in treuester Pflichterfüllung.

»Mit 36 Gulden Münz nebst freier Kost und Wohnung« war der Überglückliche nun als Unterlehrer angetreten, wo er, wie er selbst berichtete, »vom 25. September 1845 bis zum vierten Adventsonntag 1855« verblieb. Von Familie Bogner freudig begrüßt, teilte er nun wieder die ihm von früher her liebgewordenen Räume des trauten Schulhauses mit der vielköpfigen Familie des Schulleiters, und bald wurde er den Kindern so vertraut wie ein großer Bruder. Noch in die letzten Jahre des Meisters klingt das patriarchalische Verhältnis jener Tage wie ein Märchen aus uralten Zeiten hinein, wenn eine Tochter Bogners, die Arztwitwe F. Pfeifenberger, in ihrem Glückwunsch zu seinem 70. Geburtstag schreibt: »Wie denke ich oft an die Zeit, da Sie mich als Kind auf Ihrem Schoß geschaukelt, ein Liedchen vorsangen und auf dem Klavier meines lieben guten Vaters spielten: Die Katz' hat in' Ofen g'schaut, hat g'schaut, ob's brinnt... Oh, wie habe ich das jetzt alles vor Augen, wie sehe ich Ihr gütiges Lächeln, wie verhätschelten Sie mich damals. Wie lauschten wir alle Ihrer ersten Komposition, meinem Brüderchen Karl zum Namenstag der Mutter. Es hieß: ›Leise zieht durch mein Gemüt liebliches Geläute.‹ Dann das Lied, das meine Schwester von Ihnen zum Geschenk bekam, der Schluß hieß: ›Ach, wie ist's möglich dann, daß ich dich lassen kann‹.«

Im Bewußtsein der ihm aufgetragenen Pflichten widmete sich der einundzwanzigjährige junge Lehrer zuerst seinen Obliegenheiten in der Schule. Bald erwarb er sich auch hier durch hervorragende Geduld und seltene Gerechtigkeit die Liebe der ihm anvertrauten Kinder, in deren Seelen er zu lesen verstand. In halbtägigem Unterricht betreute er die zwei unteren Klassen: vormittags von 8–12 die größeren, nachmittags von 1–4 Uhr die kleineren Kinder, wozu der Wiederholungsunterricht der vor dem Austritt stehenden »Großen« an Sonntagen nachmittags kam. Außerdem gehörte zu seinen Verpflichtungen der Gesangunterricht für die drei Sängerknaben und ihre Unterweisung im Violinspiel. Aus dieser ersten Zeit mögen die beiden deutschen Kirchenlieder stammen, die uns überliefert sind: *»Herz-Jesu-Lied«* und *»O du liebes Jesukind«*, die er wohl für die Schulmesse der Kleinen gedacht haben mag.

Hans Schläger, den Bruckner als Lehrer abgelöst hatte, dankte er durch die Widmung eines Männerchores: *»Das Lied vom deutschen Vaterland«,* welcher Männerchor gegenüber dem ersten aus Kronstorf (»Tafellied«) schon mehr feurigen Schwung zeigt. Die dunkle Tonart Des-Dur dieser beiden Chöre hat Bruckner auch mit Vorliebe anderen seiner Männerchöre zugrunde gelegt. Unisono, Ausbreitung der Stimmen aus dem Unisono in volle Harmonien und Sekundreibungen weisen hier schon auf spätere seiner Chöre hin. Eine weitere Komposition dieser Art widmete Bruckner seinem hochverehrten Schulleiter, den Männerchor: *»Der Lehrerstand«,* dessen unpoetischer, rein verstandesmäßiger Text den Tondichter nicht besonders zu beflügeln vermochte; immerhin ist das umfangreichere Tonstück durch größere harmonische Ausblicke ins Reich der Romantik bemerkenswert. Täglich von 4 bis 6 Uhr widmete sich Bruckner seinem Lieblingsinstrument, der Orgel, auf welcher er nach Anleitung des Stiftsorganisten *Kattinger* nun vor allem die Orgelwerke *Bachs* übte und sich dann der freien Improvisation hingab. Als Kattinger eines Tages unbemerkt dem Spiel seines Schülers lauschte, meinte er zu seinem Begleiter: »Dieser Bruckner wird einmal mein würdiger Nachfolger werden.«

Hand in Hand mit der technischen Vervollkommnung auf dem Instrument gingen nun ernste Studien im *Kontrapunkt,* »dem wichtigsten Standpunkt im Leben«, wie der spätere Meister einmal schrieb. In diesen ersten Florianer Jahren suchte Bruckner auch noch *Zenetti* in Enns auf, um seinen Rat zu erbitten. Als Leitfaden für das theoretische Studium verwendete er nun das von Sechter bearbeitete Lehrbuch von *Marpurg.* Als lebendiger Quell der Musik sprudelten ihm Bachs Orgelwerke (Präludien und Fugen), sowie die Werke der klassischen und zeitgenössischen Kirchenmusik entgegen, aus denen er sich besonders interessante kontrapunktische Stellen herausschrieb. Solche Studienblätter aus jener Zeit sind erhalten geblieben, so zum Beispiel Stellen aus Mendelssohns »Paulus«, welches Werk in Linz damals zur Aufführung kam, aus Eyblers großer D-Messe, Mozarts »Te Deum«, Preindls großer B-Messe, Haydns 6/4-Takt-Messe u. a. Auch Studienblätter über die Kirchentonarten, bezogen auf Werke von Spieß und Frescobaldi, sind von seiner Hand erhalten.

Bruckner versäumte auch nicht, die Aufführungen des Linzer Musikvereines zu besuchen, wobei *Mendelssohns* Kunst in seinen Gesichtskreis trat. Einige Zeit soll Bruckner in seiner Improvisation dem »galanten Stil« Mendelssohns gehuldigt haben, auch in seinen Männerchören merkt man in gewissen Wendungen Mendelssohns Einfluß, der später allerdings wieder spurlos verschwand*.

Bald aber ermannte sich Bruckner zu strengeren kontrapunktischen Formen. Eine erste Frucht des Kontrapunktstudiums, das er weiterhin autodidaktisch betrieb, ist Nr. 1 der *»zwey Asperges me«*, die wohl den ersten dieser Florianer Jahre entstammen; dafür zeugt auch die Namensfertigung des Meisters noch in *lateinischen* Buchstaben, die bald der Kurrentschrift des Namens weichen.

Diese liturgischen Gesänge waren zur Austeilung des Weihwassers an sonntäglichen Hochämtern der Fastenzeit bestimmt. Der Titel: Nr. 1 gewidmet auf die Sonntage Septuagesimä bis 4. Sonntag in der Fasten – Nr. 2. Auf den 4. Sonntag in der Fasten für vier Singstimmen und Orgel.

Das erste Asperges hat als cantus firmus eine viertaktige äolische Melodie, die in einer vollständigen Fugenexposition durchgeführt ist. Allerdings klingt der Satz noch etwas steif. Der Mittelteil, der Psalm Miserere, ist ein dem gregorianischen Choral ähnliches Unisono, worauf, beginnend mit einer einfachen Nachahmung, der harmonische Schlußteil folgt.

---

* Der alte Meister erklärte einem Sängerknaben in St. Florian: »Mendelssohn war ein großer Komponist«; mit erhobener Stimme jedoch fügte er einschränkend hinzu: »... aber ein *Klassiker* war er nicht.«

Das zweite Asperges ist ein rein harmonischer, einfacher Satz, der, wie im ältesten Kirchenstil, mit der reinen Quinte beginnt, in dessen weiterem Verlauf aber für den Kenner Einzelheiten auf den späteren Meister hinweisen.

Aus kindlich-frommer Seele eines Gott-Trunkenen sind die fünf Sakramentsgesänge *Tantum ergo* aus dem Jahre 1846 anzusprechen; vier, in Es-, C-, B- und As-Dur sind für gemischten A-cappella-Chor, das fünfte ist fünfstimmig mit Orgelbegleitung.

Es sind jene Kompositionen aus der Florianer Zeit, die der Meister 1888 für den Druck würdig befand. Sie sind »warme Gebete eines beschaulich hingebungsvollen Herzens«, sagt Göllerich, »die wie rührende Denkmäler längst vergangener Tage patriarchalisch in unsere erkaltete Zeit hineinragen«. Wie der gleichnamige Hymnus aus der Kronstorfer Zeit zeigen auch sie stark den Einfluß Schuberts in der stellenweise kühnen Harmonik und den Halbtonrückungen. Einer der Gesänge weist sogar schon die sogenannten »Grals-Sexten« auf, die aber 1846 unmöglich von R. Wagner stammen konnten; auch Mendelssohns »Reformations-Symphonie«, in welcher diese Sextenfolge vorkommt – sie stammt aus den Responsorien der Dresdner Hofkirche –, kann Bruckner damals nicht gekannt haben.

Eine weitere Frucht des Kontrapunktstudiums aus dem Jahre 1847 ist *»Vorspiel und Fuge, c-Moll«* für die Orgel. Zum erstenmal erfaßt hier den Jüngling die Dämonie des c-Moll, der er drei seiner Symphonien gewidmet hat. Die offenbar für pleno organo gedachte Introduktion zeigt schon die Pranke des Löwen. Sie nimmt Motive des Fugenthemas voraus. Bemerkenswert sind die kühnen Sprünge des Basses in Terzen, denen wir später im Agnus der e-Moll-Messe wieder begegnen. Das Thema der Fuge enthält bereits den Kern, der allen Brucknerschen Symphonie-Hauptthemen zugrunde liegt: die Verbindung der reinen Quint (resp. des Dreiklangs) mit dem kleinen Sextvorhalt. Diese Bildung mag auf die im gregorianischen Choral häufig vorkommende Wendung, wie etwa im Beginn des »Ite missa est« an Marienfesten, zurückgehen. Die Fuge ist nicht vollständig und wurde von dem jungen Künstler nur als »Versuch« bewertet. Aus demselben Jahr stammt ein (ebenfalls in c-Moll stehendes) *»Aequale«* für drei Posaunen, ein kurzer Tonsatz, der bei Leichenbegängnissen gespielt wurde.

Noch aber hatte er seinen »Beruf« als Musiker nicht erkannt. Er dachte vielmehr an eine höhere wissenschaftliche Ausbildung und versenkte sich in Studien für Physik und Latein, was Lehrbücher im Nachlaß des Meisters beweisen. Erstere bezeichnete der alte Meister als seinen »Lieblingsgegenstand«, letzteres studierte er »als Pensum eines oberen Gymnasiasten bei dem Novizen *Josef Rohm*«. Übrigens hatte er sich mit Latein schon in Linz und Windhaag beschäftigt. Dies schien ihm wohl nötig, um bei der Komposition lateinischer Texte richtig zu deklamieren. Wissensdurst und Lerneifer begleiteten ihn, dem man später so gern Unwissenheit und Interesselosigkeit vorwarf, durchs ganze Leben. Von der Kollegenschaft war er nicht nur als Musiker, sondern, wie vorhandene Briefe beweisen, besonders auch als Vertreter seines Lehrfaches geschätzt, und er war als »Instruktor« für fortgeschrittene Schüler zu ihrer Vorbereitung für das Studium gesucht. So gab er den beiden jungen Grafen vom nahen Schloß Tyllisburg Privatunterricht und war dort ein gern gesehener Gast bei Tanz und Schmaus. Dabei machte er sich besonders beliebt durch das von ihm zusammengestellte Männerquartett, das sich in den Pausen solcher Tanzabende produzierte.

Der zweite Lehrer von St. Florian, *Ludwig Ehrenecker*, war mit einer herrlichen Tenorstimme begabt, die er nicht nur in der Kirche zur Ehre Gottes erklingen ließ, sondern nun auch dem Männerquartett zur Verfügung stellte. Der Stellvertreter des alten Regenschori Kurz, Stiftsbeamter *Franz Schäffler*, sang 2. Tenor, Bruckner 1. Baß und der Gärtner des Stiftes, *Joh. Nepomuk Hueber*, der später Bruckners Schwager als Mann seiner Schwester Rosalie werden sollte, 2. Baß. Diesem bald auch in der weiteren Umgebung berühmten Quartett verdankt manche Komposition für Männerchor ihre Entstehung. Dazu gehörten wohl außer den schon genannten Chören das *»Ständchen«* für Tenorsolo und drei Brummstimmen, der Frau des Bürgermeisters Schlager von St. Florian zum Namenstag »in Ehrfurcht gewidmet«, »Das edle Herz«, ein *Fest-Lied*, und das Quartett »Sternschnuppen«, das schon voll auf der Höhe der damaligen Männerchorliteratur steht. Für gemischten Chor entstanden zwei Choräle: »In jener letzten der Nächte« für die Feier des von Bruckner so hochgehaltenen Gründonnerstag und »Dir, Herr, will ich mich ergeben«, die die Form des von Bruckner bewunderten evangelischen Chorals zeigen. Im Laufe der Jahre waren die Kinder der Familie Bogner herangewachsen. Der Liebreiz der »Loiserl« (Aloisia) nahm des jungen Mannes Herz immer mehr gefangen.

Auch diese Neigung regte Bruckner zu »musikalischen Opfern« an, die er der Verehrten verstohlen zwischen das Fenstergitter zu legen pflegte. Es waren zunächst säuberliche Abschriften von Volksliedern für eine Singstimme mit Klavierbegleitung – »für Fräulein Louise Bogner«, dann wieder »A. B. eigens gewidmet«. Gern spielte er zur Erheiterung der Mädchen auch zum Tanze auf und schrieb eine »Lancer-(Lancier)Quadrille« und einen »Steiermärker« für »Fräulein Louise Bogner«, die er im Alter als seine »erste richtige Flamme« bezeichnet hat.

Auch aus den letzten Florianer Jahren ist eine »Quadrille« für Klavier zu vier Händen erhalten, die Bruckner wohl für seine Klavierschülerin Marie Ruckensteiner, die Tochter des Stiftsrichters *Georg Ruckensteiner*, dem das Werk gewidmet ist, geschrieben hat.

Dieser Zeit der »jungen Liebe« entsprang auch das in dem angeführten Brief von Frau Pfeifenberger irrtümlich als »erste Komposition« bezeichnete »Frühlings-Lied« (Leise zieht durch mein Gemüt) für eine Singstimme und Klavierbegleitung – »gewidmet dem Namenstag einer aufblühenden Frühlingsrose«.

Das reinste jünglinghafte Empfindung atmende Liedchen hat der Glückliche zum Namenstag der sechzehnjährigen Angebeteten 1851 geschrieben. Zum erstenmal leuchtete ihm aus dem keuschen Mädchenauge eine ganze Welt entgegen, die in Töne zu fassen ihm damals noch nicht gelang. Als Bruckner aber eines Tages Mut faßte und – in seiner Ungeschicklichkeit zu Loiserl sagte: »Wenn S' mei Frau wär'n, tät i Sie einsperrn«, erwiderte diese schlagfertig: »Da mag i Eahna nimmer«, denn sie konnte dem Verehrer keine Neigung entgegenbringen. Der erste Traum von Liebesglück war zu Ende. In dieser Stimmung mag ihn die Dichtung von Oskar Redwitz »Amaranth« gefesselt haben, aus der er nun das Gedicht *»Entsagen«*, ein geistliches Lied für Chor und Solo mit Klavierbegleitung, komponierte. Das »zum hohen Namensfest seinem Gönner und Herrn« (Prälaten Arneth) gewidmete Werk besteht aus zwei in der Form des evangelischen Chorals gehaltenen Chorsätzen von engelhafter Reinheit der Empfindung, die einen Sologesang umschließen. Dieser Mittelteil ist ein linearer, dreistimmiger Satz rein kontrapunktischer Art, dessen Strenge in schroffem Gegensatz zur weichen Marienromantik der beiden Ecksätze steht.

Ein Verehrer von Bruckners Orgelspiel war der Gerichtsaktuar und Hofschreiber *Franz Sailer,* der den jungen Mann bald ins Herz geschlossen hatte und ihn oft zu sich einlud. Er kannte die Familie Bruckner schon von Ansfelden her, wo er beim Tod des Vaters als Schätzmeister tätig war und später der »Firmgöd« von Ignaz wurde. Als Sailer einen beim Welser Volksfest ausgestellten Bösendorfer-Flügel »neuester Konstruktion« kaufte, war Bruckner überglücklich und konnte nicht oft genug darauf improvisieren. Eines Tages entrang sich ihm der Stoßseufzer: »A solchas Klavier soll i mir halt a kauf'n können.« Sailer beschwichtigte ihn: »Wart'n S' no – Sö können ja bei mir eh spielen, so viel S' wollen.« Von seinem Talent, »schwierige Themen durchzuführen«, war Sailer, der Junggeselle war, so beeindruckt, daß er sich vornahm, ihn ins Wiener Konservatorium zu schicken, doch starb er plötzlich durch Schlagfluß am 13. September 1848. Bruckner war der Erbe des vor einem Jahr gekauften Flügels, an dem er künftig alle seine Werke schuf.

Inzwischen hatten die Umwälzungen des Freiheitsjahres 1848 auch im Leben Bruckners einen großen Umschwung herbeigeführt. Die Wellen der Revolution mögen St. Florian kaum stark bespült haben, doch war der junge Lehrer immerhin, wie Ernst Schwanzara mitteilt, National-Gardist geworden. Eine Folge des Umschwunges war die Aufhebung der Patrimonialgerichte, so daß *Kattinger,* der Beamter desselben war, enthoben und als kaiserlicher Steuerbeamter nach Kremsmünster versetzt wurde. Damit war die Stelle des Stiftsorganisten frei geworden, und es ging dessen seinerzeitige Prophezeiung in Erfüllung, daß Bruckner sein »würdiger Nachfolger« wurde.

Da Kattinger den Kunstjünger schon oft zur Begleitung »ganz klassischer Messen« nach dem bezifferten Baß herangezogen hatte und auch sein technisches und kontrapunktisches Können bewunderte, war es ihm ein Vergnügen, ihm nun darüber das Zeugnis vom 2. März 1848 ausstellen zu können. Darin wird bestätigt, daß Bruckner »nicht nur allein mit dem Spiel bezifferter Bässe entspricht, sondern er auch im Präludium, Ausführen kontrapunktischer Sätze immerhin jeden und besonders den Sachkenner zu befriedigen imstande ist«. Herr Bruckner wird die Feststellungen des Zeugnisses jederzeit beweisen können, wenn er sich »auf einem angemessenen Orgelwerk vor Kennern produzieren« würde, was er »in keinem Fall zu scheuen« brauche.

Auf Grund dieses und eines ähnlichen Zeugnisses des Stiftsorganisten und Komponisten *Jos. Pfeiffer* aus Seitenstetten ernannte ihn der Prälat zum provisorischen Stiftsorganisten.

Sailers Klavier bildete jetzt den schönsten Schmuck seiner nun im Stiftsgebäude (wahrscheinlich im sogenannten ›Neustöckl‹) befindlichen Wohnung, wo auch die Sängerknaben untergebracht waren. Einer dieser Knaben erinnerte sich noch, daß Bruckner damals schon um 4 Uhr früh zu spielen begann, was bis zum Kapitelamt um ¾7 Uhr dauerte. An freien Tagen geschah es, daß er selbst 10 Stunden sich von dem herrlichen Instrument nicht trennen konnte. In tiefem Dankgefühl für den edlen Gönner, der auch seinem Firmling Ignaz »40 Gulden vermacht« hatte, schwang sich sein Geist zur ersten großen Tat seiner musikalischen Begabung auf, zur Schaffung seines

Requiem in d-moll

für Soli, gemischten Chor, Streichquintett, Horn, 3 Posaunen und Orgel. Die unvollendete erste Handschrift trägt am Ende das Datum 11. März 1849; die zweite, 1894 vom Meister selbst verbesserte Niederschrift nennt den 14. März 1849 als Vollendungsdatum. Daß der Meister selbst diesem Werk seiner Florianer Zeit den Vorzug gab, es im Alter für den praktischen Gebrauch durchzusehen, beweist, daß er es als die bedeutendste Schöpfung aus jener Zeit schätzte. Er erklärte seinem Freund *Franz Bayer* in Steyr, der ihn dazu veranlaßt hatte und dem er das Requiem zueignete: »Es is' nöt schlecht.«

Bei der Komposition des Werkes ist Mozarts berühmtes Requiem Pate gestanden. Schon die gleiche Tonart beweist dies; darüber hinaus aber auch der Choreinsatz, dessen Sopranmelodie sich, abgesehen von einer kleinen rhythmischen Verschiebung, mit dem Baßeinsatz bei Mozart notengetreu deckt. So erbat sich Bruckner sozusagen den Segen Mozarts zu seinem ersten großen Werk.

Der Introitus und das Kyrie bauen sich über einem in Achtelbewegung auf- und absteigenden Baß auf, wie dies bei M. Haydn typisch war. Der Generalbaß, der Feind alles Neuen, beherrscht noch das ganze Werk, und trotzdem ist die Einleitung des Streicherchores mit den nachschlagenden Synkopen der Geigen von erhabener Größe und Einfachheit. Sie bereitet die Stimmung für den Eintritt des Chores trefflich vor.

Im weiteren Verlauf gelangt der Tonsatz zu einem Höhepunkt, dessen Haltung einigermaßen auf »Bruckner« hinweist. Auch der Beginn des »Dies irae« verrät schon die Geistigkeit Bruckners. Ebenso wie im Introitus tritt uns hier in der selbständigen Führung der Bässe und Geigen das kontrapunktische Denken des nun Fünfundzwanzigjährigen entgegen. Die Tonleiterfiguration der Geigen hat Bruckner auch in seinen späteren Messen und ersten Symphonien noch häufig angewendet.

Mit den einfachsten Mitteln sind hier die Schauer des Jüngsten Gerichtes in Töne gefaßt. Die Weiterführung bei »solvet saeclum« nähert sich wieder mehr dem Überkommenen, wie man es bei den Meistern der neapolitanischen Schule (siehe den neap. Sextakkord) überall antrifft. An Pergolesis Vorbild schließen sich die folgenden Solo-Partien an, beginnend mit dem aus der Melodie des »solvet saeclum« gewonnenen Alt-Solo. Dasselbe gilt auch von dem Duett für Sopran und Alt: »Qui Mariam absolvisti«. Kräftigere Harmonik und selbständige Haltung zeigt dagegen das »Confutatis«, dessen Violin-Figuration uns später als Hauptthema der sog. Symphonie Nr. 0, d-Moll, wieder begegnen wird. Aber schon das »voca me« und das schöne, kanonisch geführte »oro suplex« wandeln wieder die Bahnen der oben genannten Meister. Der Wille zu plastischer Formgebung zeigt sich in diesem Teil durch das viermalige Auftreten des Anfangsthemas.

Das Offertorium »Domine Deus« ist dreiteilig und huldigt größtenteils den klassischen Vorbildern. Das beginnende Baß-Solo, von wiegenden Geigenfiguren umspielt, gemahnt nur bei der Stelle »Rex tremendae« mit ihren Dezimensprüngen an diese auch später auftretenden heroischen Züge Bruckners, womit das Unermeßliche zum Ausdruck gebracht wird. In die barocke Grundhaltung mengt sich bereits der gotische Streckungswille! Beurteiler, die Bruckner so gern als Wagner-Nachahmer hinstellen möchten, könnten, wenn das Werk nicht schon 1848 entstanden wäre, in der Stelle »de poenis inferni« mit den charakteristischen absteigenden Sextakkorden und der flackernden, zackigen Violinfigur ein Zitat aus »Rheingold« erblicken (Loge-Thema). Hier züngeln die Flammen der Hölle! Der zweite Teil »Hostias« ist ein Männerchor etwa in der Haltung eines Jugend-Adagios von Beethoven, dessen dritter und vierter Takt an den Nachsatz des Andante-Themas der Sonate pathétique anklingt.

Der dritte Teil beschließt den Satz mit einer ausgedehnten Doppel-Fuge, wozu die Geigen mit gleichmäßigen Achteln figurieren. Im dritten Abschnitt der Fuge erscheint deren Hauptthema in Umkehrung, und die Posaunen bauen aus seinem ersten Teil einen Choral auf. Die Fuge zeigt bereits bedeutendes kontrapunktisches Können, lange bevor Bruckner den strengen Unterricht Sechters genoß.

Daß »Sanctus« ist, wie das aller seiner Messen, der liturgischen Situation entsprechend knapp gehalten und in breitspurigem 12/8-Takt in einem Teil fünfstimmig durchkomponiert. Es weist keine besonderen Eigentümlichkeiten auf. Auch das Benedictus ist völlig konventionell gehalten, es verwendet aber, der Weihe des Augenblicks angepaßt, den poetischen Klang eines Hornes. Wie bei der d-Messe tritt auch hier schon ein Orchester-

Vor- und Zwischenspiel auf. Dem Vorspiel folgt das Solo-Quartett.

Das Alt-Solo »Agnus Dei« wie auch die folgenden kurzen Chorstellen untermalt eine charakteristische Geigenfigur. Nach dem dritten Agnus beschließt ein Chorsatz »Lux aeterna« diesen Abschnitt.

Zum Anfang des Werkes zurückkehrend, beginnt der Schlußteil mit dem A-cappella-Satz des »Requiem aeternam«. Das anschließende »cum sanctis« vereinigt unter den Klängen eines Posaunenchorals und ruhiger Viertelbewegung der Streicher alle Stimmen in einem andächtigen Unisono-Gesang.

Das Werk beweist, wie sehr sich Bruckners Eigenpersönlichkeit in den Banden des hergebrachten bereits regte, wie sehr das Ethos seiner Empfindungen doch schon durchschlug.

Zum Jahrestag des Ablebens Franz Sailers konnte Bruckner sein erstes großes Werk, das gegenüber seinen bisherigen Versuchen ein gewaltiger Ruck nach vorwärts war, am 13. September 1849 zur ersten Aufführung bringen, und zwar, wie er besonders bemerkte, »mit der großen Orgel«, die bei Totenämtern sonst nur beim Ableben eines Abtes zur Verwendung kam. Eine Wiederholung erfuhr die Aufführung zum »Stiftertag«, am 11. September 1849, in der Stiftskirche zu *Kremsmünster*.

Schon früher hatte Bruckner aus Kremsmünster einen Brief erhalten, in welchem ihm die Klavierlehrerstelle am dortigen Stift und Gymnasium angetragen wurde. Er konnte sich aber von St. Florian nicht trennen, wo er als prov. Stiftsorganist nun eine Zulage von 44 Gulden erhielt, so daß er insgesamt jährlich 80 Gulden bezog. »Da hab i' glaubt, i' bi' a Fürst«, erzählte er später Göllerich. Als solcher fühlte er sich aber noch mehr, wenn er an seinem neuen Flügel saß und spielte, oder Freund *Ehrenekker* zu Liedern von *Schubert* begleitete, wobei sich oft zahlreiche Zuhörer unter seinem Fenster ansammelten. Das versöhnte den Stiftsorganisten wieder mit seinem Freund, der täglich zum Kapitelamt, zum Verdruß Bruckners, zu spät kam. Größtes Glück aber empfand der Stiftsorganist, wenn er nunmehr auf der »großen Orgel« seinen Eingebungen freien Lauf lassen konnte. Der Orgelstuhl von St. Florian war die einzig würdige Vorstufe für seine weiteren Höhenflüge.

In jener Zeit trafen sich der bereits erwähnte Stiftsorganist *Weiß* aus Wilhering, der wegen seiner Improvisationskunst berühmt war, *Kattinger* und Bruckner zu einem Orgelspiel auf den drei Orgeln der Stiftskirche. Kattinger gab auf der großen Orgel ein Thema an, das von ihm auf der großen Orgel, von Weiß auf der Sonntags-Orgel und von Bruckner auf der Werktags-Orgel in freiem Spiel durchgeführt wurde. Nach einstimmigem Urteil der Zuhörer gefiel damals der Wilheringer Weiß am besten. Bruckners Spiel war noch, nach *Karl Seiberls* Bericht, mehr »galanten« Stils. »Er bevorzugte mehr homophone, melodische Fortschreitungen mit ›imitierenden Zwischenspielen‹, die dann von plötzlichen ›kontrapunktischen Künsten durchblitzt‹ waren. Erst später, nach vollendeten Studien, ›überwältigte‹ er den Hörer nicht nur durch seine ›unvergleichliche Phantasie‹, sondern auch durch das ›fabelhafte kontrapunktische Können‹.«

Aber auch jetzt noch betrachtete Bruckner die Musik nicht als Hauptberuf. Emsig arbeitete er an der Vervollständigung seiner allgemeinen Bildung weiter. Nun waren es die Chorherren *Paulitsch* und *Eigner*, die ihn (beim Studium des Latein helfend) für den Besuch eines zweijährigen Kurses an der *Unterrealschule* in Linz vorbereiteten, den er 1850/51 dort »als Externer« besuchte und mit sehr gutem Erfolg absolvierte. Die Ablegung dieser Prüfung war die Vorbedingung, um zur Prüfung als Lehrer für Hauptschulen zugelassen zu werden. Auch dieser unterzog sich Bruckner noch am 25. und 26. Jänner 1855 in Linz. Aus den Jahren 1850/51, die er dem Studium des Lehrfaches widmete, sind denn auch wenige Kompositionen erhalten.

Inzwischen war Bruckner 1851 zum *definitiven* Stiftsorganisten vorgerückt; als solcher verfügte er jetzt über einen Jahresbezug von 80 Gulden, während seine Vorgänger nur 60 Gulden bezogen hatten, so daß sein gesamter Verdienst nunmehr 116 Gulden betrug und er zu seiner tiefen Befriedigung mehr für Mutter und Geschwister beisteuern konnte.

Durch die Großleistung des Requiems waren endlich auch die Stiftsherren und Ortsbewohner auf Bruckner als Komponisten aufmerksam geworden. Er wurde daher zu verschiedenen Gelegenheiten als Hauskomponist herangezogen, um oft recht hausbackene Dichtungen, u. a. des Hausdichters *Marinelli*, zu vertonen. Solche meist aller Poesie baren Erzeugnisse konnten auch Bruckner nicht zu besonderen Leistungen beflügeln. So komponierte er zum Namenstag des Prälaten Arneth eine Dichtung von

Marinelli: *Kantate in D-Dur* für gemischten Chor, Männer-Quartett und mit Begleitung von 2 Trompeten, 3 Hörnern und Posaune. Das mehrteilige Stück »Auf, Brüder, auf zur frohen Feier« wurde für weitere Anlässe mehrfach umgedichtet und ist ohne jede Eigenart. Die gemischten Chöre kommen aus den Hauptstufen der Harmonik kaum heraus, und die Männerchöre zeigen die damalige »Liedertafel-Weis'«.

Bruckners Kompositionen wurden nun für die Hauskonzerte des Stiftes, für Namenstagständchen u. dgl. immer mehr herangezogen. Aus dieser Schätzung seines rastlosen Strebens erwuchsen ihm aber auch Neider, die seinen Aufstieg mit Mißgunst verfolgten. Offenbar hatten auch andere Organisten gehofft, die Stelle des Stiftsorganisten zu bekommen, und man neidete ihm die Erhöhung seiner Bezüge, so daß der eben Ernannte um seine Stelle zu bangen begann und den Prälaten bat, ihm die Sicherheit seiner Stellung schriftlich zu bestätigen. Mit 13. September 1851 wird ihm durch den gütigen Prälaten die »Versicherung erteilt«, daß er, solange er den Organistendienst »ordentlich und zur Zufriedenheit versieht, die bisher genossenen Bezüge für diesen Dienst erhalten werde«.

Anderseits waren Kräfte am Werk, von denen die einen behaupteten, er vernachlässige durch seine intensive Beschäftigung mit Musik seine Fortbildung als Lehrer, andere wieder versuchten nachzuweisen, daß er den Pflichten des Schuldienstes nicht entsprechend nachkomme. Verzagt und hilflos wandte er sich an seinen Pfarrer und Beichtvater *J. Stülz,* der ihm am 6. September ein »Sittenzeugnis« ausstellte, laut welchem er sich nicht nur »durch Eifer in seinem Berufe, durch freundliche und wohlwollende Behandlung der Schulkinder auszeichne«, sondern auch »durch sein emsiges Streben nach weiterer Fortbildung im Schulfach und in der Musik, durch einen streng sittlichen, völlig tadelsfreien Wandel sich die allgemeine Zufriedenheit seiner Vorgesetzten, wie die Achtung und Liebe aller Pfarrgenossen erworben« habe. Dieses Zeugnis ließ der Zaghafte auch durch die Dekanats- und Schuldistrikts-Aufsicht bestätigen.

All das konnte seinem musikalischen Schaffen keinen besonderen Antrieb geben. Es entstanden damals ein *»Tantum ergo«* in A-Dur, zwei *»Totenlieder«, Motti* für die Liedertafel Eferding und ein den Einfluß Franz Schuberts verratender Männerchor *»Die*

Geburt«, welchen er seinem Freund *Josef Seiberl* in St. Marienkirchen zum Namenstage widmete.

Bruckners erwachtes Mißtrauen ließ sich nicht mehr beschwichtigen; er bangte noch immer für die Sicherheit seiner Stellung, und vor allem plagten ihn Zweifel im Hinblick auf seine musikalische Begabung. Auch diese wollte er sich nun von einer Autorität bestätigen lassen, die er in der oberösterreichischen Heimat nicht fand, und so entschloß er sich, (wahrscheinlich Ende) 1851 nach Wien zu reisen, um Hofkapellmeister *Ignaz Aßmayr*, einem Schüler *Michael Haydns*, dem er in St. Florian vorgestellt worden war, sein »Requiem« vorzulegen und von ihm ein Gutachten zu erlangen. Zitternd und zagend hatte er diesen Schritt gewagt und fand vor dem sonst Unnahbaren eine »freundliche Aufnahme«. Das Ergebnis des Besuches war allerdings nur der Auftrag: »fleißig fortarbeiten«.

Inzwischen hatte sich in St. Florian manche Änderung vollzogen, wodurch Bruckner völlig vereinsamte. Das berühmte Quartett war in alle Winde zerstoben. Ehrenecker war als Lehrer nach Steyr gekommen, Regenschori Schäffler am 11. März gestorben, bei dessen Begräbnis Bruckners Requiem zur Aufführung kam, und Hueber, der Bruckners Schwester Sali zur Frau nahm, übersiedelte nach Vöcklabruck. So war Bruckner aller seiner Freunde beraubt. Es blieb ihm nur Josef Seiberl übrig, und der war in St. Marienkirchen. Ihm klagt er sein Leid mit den Worten: »Siehst du, welch schauerliche Veränderungen! Ich sitze immer arm und verlassen ganz melancholisch in meinem Kämmerlein...«

Dazu kam ein neues Herzeleid. – Durch seine Schwester Sali, die im Stift kochen gelernt und dann bei Steuereinnehmer Werner Köchin war, hatte er dessen liebreizendes Töchterlein *Antonie* kennengelernt und war bald für sie in heißer Liebe entflammt, doch auch hier fand er keine Gegenliebe, und sein Herz war kummervoll.

In allen diesen Nöten blieb sein einziger Trost: sein von der Mutter ererbtes Gottvertrauen und seine Kunst. Ihr, seiner eigentlichen Liebe, vertraute er sich wieder an, und er schrieb eines seiner besten Werke aus dieser Zeit. Es ist *»Der 114. Psalm* für fünfstimmigen gemischten Chor und 3 Posaunen (Alleluja! Liebe erfüllt mich)«. Das Werk zeichnet sich »durch sinnvolle, freie melodische Erfindung und treuherzige Schlichtheit« (Göllerich) aus. Vereinzelt treten in dieser Arbeit schon Stellen auf, die den Gewaltigen, den Kommenden ahnen lassen. Auch hier begegnen wir einer regelrecht gebauten Doppelfuge des Schlußchores, die in einem echt Brucknerschen Unisono gipfelt.

Nachdem Bruckner dieses Werk im Musikzimmer des Stiftes hatte »probieren lassen«, wobei, wie er schreibt, »selbst sogar Wiener mitgewirkt« haben, »die sogar Kunstkenner sind«, und es »mit vielem Beifall aufgenommen« wurde, schickte er die Partitur seinem vermeintlichen Gönner *Aßmayr*, dem er es zueignete. In dem Begleitschreiben vom 30. Juli 1852, das er sich »erkühne« beizulegen, bittet er den Hofkapellmeister, die Komposition als »Beweis« dafür anzusehen, daß er seinen »heilsamen Auftrag, weiter zu arbeiten«, getreulich erfüllt habe. Er bittet ihn, den Psalm »als schwachen Versuch Hochdemselben zum hohen Namensfeste« widmen zu dürfen, und fährt fort: »Ich bitte, sich nicht vielleicht wegen meiner Schwäche beleidigt zu fühlen und in jeder Beziehung Schonung und Nachsicht zu haben. Es sei dies nur ein Beweis meiner großen Verehrung gegen Sie.« Dann heißt es: »Ich habe hier gar keinen Menschen, dem ich mein Herz öffnen dürfte, werde auch in mancher Beziehung verkannt, was mir auch oft heimlich sehr schwerfällt. Unser Stift behandelt Musik und folglich auch Musiker ganz gleichgültig – oh, könnte ich wieder recht bald mündlich mit Ihnen sprechen! Ich kenne Ihr vortreffliches Herz – welch ein Trost! Ich kann hier nie heiter sein und darf von Plänen nichts merken lassen.«

So hatte denn schon in diesen jungen Jahren die Tragik des Genius seinen Anfang genommen! Aus dieser irdischen Vereinsamung, aus den Zweifeln und Nöten seiner nach dem Hohen und Höchsten gerichteten Seele suchte er nun Zuflucht bei der Gottesmutter, die er schon von Kindheit auf in Seelennöten um ihre Vermittlung angerufen hatte. Er vertonte den Marien-Hymnus »*Magnificat*«, der den Schluß der Vesper bildet, für Soli, gemischten Chor und kleines Orchester nach dem Muster der Mozartschen Kirchenmusik. Die Sopran-Koloraturen und die ansehnliche kontrapunktische Arbeit weisen auf die Kenntnis der Vespern und Litaneien des großen Salzburger Meisters hin. In der Amen-Fuge erinnert die im weiteren Verlauf viermal sequenzartig aufwärts geführte Sechzehntelfigur des zweiten Thementaktes an die Stelle des Solo-Quartetts »Küsse gab sie mir und Reben« aus Beethovens IX. Symphonie, die Bruckner damals freilich noch unbekannt war. Von Bruckners späterer Eigenart ist auch hier nichts zu merken.

Die Aufführung des Werkes am 1. August und 25. Dezember 1854 sowie am 27. Mai 1855 bewiesen die praktische Verwendbarkeit desselben. Als weiteren Beitrag für die Hausmusiken schrieb Bruckner den *22. Psalm* (»Der Herr regieret mich«) für vier gemischte Stimmen und Klavierbegleitung, über den ein Hauch der Romantik gebreitet ist. Schuberts Einfluß ist besonders in der Klavierbegleitung unverkennbar. Auch dieses Werk, eines der reiferen dieser Zeit, schließt mit einer fließenden Fuge.

Schon in jener Zeitperiode war Bruckner geistiger Schwerarbeiter, wenn man seine Tätigkeit als Lehrer, Stiftsorganist, Komponist sowie die seiner Fortbildung betrachtet, und doch fand er noch Zeit, auch Privatunterricht zu geben. Als hätte Freund Sailer sich für ihn um einen Ersatz umgesehen, kam bald nach dessen Tod der Distriktskommissar und Bezirksrichter *Josef Marböck* nach St. Florian und suchte als begeisterter Musikfreund des Stiftsorganisten Bekanntschaft. Bald war Freundschaft geschlossen und Bruckner als Klavierlehrer seiner drei Kinder berufen. Für sie komponierte er zum Gebrauch für Familienfeste *»drei Klavierstücke zu vier Händen«*, die beweisen, wie der Lehrer es verstand, in die Kinderseele hineinzuhorchen und sich auch technisch dem wachsenden Können der Kleinen anzupassen. Diese Klavierstücke, das oben genannte Orgelwerk, zu welchem noch ein weiteres *»Vor- und Nachspiel«* für die Orgel kam, und die genannten Tanzstücke sind die ersten Versuche *absoluter* Musik des sonst kirchlichen und weltlichen Texten untergeordneten Schaffens Bruckners.

Da die von Hofkapellmeister Aßmayr erhoffte Förderung ausblieb, wurde er in seiner Absicht bestärkt, die Musik an den Nagel zu hängen und einen anderen Beruf zu ergreifen. Die Laufbahn, die seinem Freund *Karl Seiberl* bevorstand, wenn er nun bald seine Rechtsstudien an der Universität hinter sich hatte, erschien ihm glänzend und begehrenswert. Er wollte auch *Jurist* werden; als er aber endlich einsah, daß dies unmöglich sei, setzte er alle Hebel in Bewegung, im »Kanzleifach«, für das er schon von jeher Vorliebe hatte, unterzukommen und Beamter zu werden. Daher praktizierte er, offenbar ohne Wissen seiner Vorgesetzten, unentgeltlich in der Kanzlei des Bezirksgerichtes und ließ sich darüber ein Zeugnis (vom 20. Juli 1853) ausstellen, worin bestätigt wird, daß er »seit dem Jahre 1851 öfters aushilfsweise in der Bezirksgerichts-Kanzlei zu St. Florian gearbeitet und sich durch besonderen Fleiß und Geschicklichkeit den Kanzleidienst derart zu eigen gemacht hat, daß er in dieser Beziehung als sehr verwendbar empfohlen werden kann«.

Dieses Zeugnis diente ihm als Beilage für ein Gesuch an die k. k. Organisierungskommission für das Kronland Österreich ob der Enns um Verleihung eines Postens »bei der Besetzung der künftigen k. k. Gerichtsbehörden«. Das mit 25. Juli 1854 datierte Gesuch ist mit zahlreichen Beilagen belegt, unter anderem mit einem ärztlichen Zeugnis, welches die »vollkommene Gesundheit« des Gesuchstellers feststellt. Nun bangte Bruckner der Erledigung seines Ansuchens entgegen.

Da Bruckner in St. Florian niemand hatte, dem er seine geheimsten Herzenswünsche anvertrauen konnte, wandte er sich um Rat an einen älteren, ihm wohlgesinnten Herrn in Linz, Appellationsrat *Scharschmidt*, der ihm in einem Schreiben vom 30. September 1854 dringend abrät, jetzt noch seinen Beruf zu ändern und einen anderen Lebensweg einzuschlagen, zu dem er »nicht besonders vorgebildet« sei. Das wäre ein Irrweg. Ebenso irre er, wenn er »sich einseitig nach Mendelssohn« bilde. Er müsse »aus der Quelle schöpfen, aus *Seb. Bach,* den Sie gründlich studieren müssen...« Er müsse, neben seinem Enthusiasmus für Musik und namentlich für die geistliche, seinem bisherigen Lehrberuf treu bleiben, wenn er auch seinen »Neigungen nicht entspricht«. Er gibt der Hoffnung Ausdruck, daß es ihm vielleicht durch eine Fügung der Vorsehung gelingen möge, sich ganz der Kunst widmen zu können. Der Dornenweg sei nun einmal den Künstlern beschieden, und diejenigen seien von jeher die Tüchtigsten und Gefeiertsten geworden, die in sich die sittliche Kraft gefunden hätten, den Kampf mit diesen äußeren Schwierigkeiten nicht zu scheuen und sich besonders die gewissenhafteste Berufstreue »aneigneten«, der des Himmels Segen oft wunderbar gefolgt sei.

Diese wohlmeinend väterlichen, ja prophetischen Worte gruben sich dem jungen Mann tief ins Herz und schenkten ihm innere Ruhe und Festigkeit.

Erneut widmete sich Bruckner nun wieder mit erhöhtem Eifer seinen Berufspflichten, seinen musikalischen Studien und dem

Orgelspiel, und es reifte in ihm der Entschluß, sich später im letzteren Fach einer Prüfung in Wien zu unterziehen.

Als schweren Schlag empfand Bruckner das am 24. März 1854 erfolgte Hinscheiden des ihm so wohlgesinnten Prälaten *Michael Arneth.* Für die Leichenfeier komponierte er eine Dichtung von *Marinelli »Vor Arneths Grab«,* As-Dur, für Männerchor und drei Posaunen, deren weihevolle Vertonung mehr den Trost des christlichen Glaubens als die Trauer hervorhebt. Bei der Einsegnung des Leichnams nach dem Requiem erklang das zu diesem Anlaß geschaffene *»Libera«,* f-Moll, für fünfstimmigen gemischten Chor, Orgel (Cello und Violen) und drei Posaunen, das zu den reifsten Werken von damals zählt. Auch diesem Werk ist Mozarts Requiem Pate gestanden, doch ist stellenweise auch schon Bruckners spätere Schreibweise zu spüren.

Am 13. September 1854 wurde der bisherige Pfarrer *Friedrich Mayr,* der einst Bruckner nach St. Florian berufen hatte, zum Propst (Prälat) des Stiftes erwählt, und am 14. September kam zu seiner Inthronisation das bisher größte Werk des Stiftsorganisten, die

Misssa solemnis, b-Moll

für Soli, Chor und Orchester zur ersten Aufführung in der Stiftskirche.

Schon bald nach seiner Übersiedlung nach St. Florian hatte er sich an den Messe-Text gewagt. Es liegen Fragmente einer *»Missa ex g-Moll pro Quadragesima«* für gem. Chor und einer *Missa in Es* für gem. Chor, zwei Oboen, drei Posaunen und Orgel vor, die aber schon im Kyrie steckenblieben. Dagegen holte Bruckner nun Entwürfe eines Kyrie und Gloria aus der Kronstorfer Zeit hervor, die er wohl bald nach des Prälaten Tod ausarbeitete und durch die anderen Meßteile zu seiner ersten großen Messe in b-Moll ausbaute.

Das unverhältnismäßig knappe, stimmungsvolle Kyrie, das noch nicht die große Form Jos. Haydns zeigt, aber sehr geschlossen wirkt (obwohl im dritten Teil Kyrie und Christe durcheinandergeworfen sind), ist wohl der originellste Teil des Werkes, das sonst starke Anlehnungen an Haydn und Mozart aufweist. Hier tritt schon jener mystische Terzschritt auf, der dämonisch die IX. Symphonie eröffnet. Der sehr knappe Mittelteil des Christe ist dem Solo-Quartett zugeteilt.

Das Gloria hat die Haydnsche dreiteilige Großform mit dem langsamen Mittelteil bei »Qui tollis«, dem Wiedereintritt des Hauptthemas und der Haupttonart bei »Quoniam« und der Schlußfuge, die hier, wie später in der f-Moll-Messe, die Worte »in gloria Dei patris, amen« verwendet. Dem Ganzen fehlt noch die bei den späteren Messen durch die Instrumentaluntermalung hergestellte thematische Einheit. Wie in der d-Messe steht das Gloria in der gleichnamigen Dur-Tonart (B-Dur), wobei überhaupt auf das b-Moll des Kyries im ganzen Werk nicht mehr zurückgegriffen wird. Im Gegensatz zum klassischen Stil der Ecksätze zeigt das Baßsolo des Mittelteils mit der Gegenstimme der Oboe schon romantische Färbung und verrät Schubertschen Einfluß. Der Beginn des »Quoniam« erinnert stark an denselben Teil der B-Dur-(Heilig-)Messe von Haydn. Die ausgedehnte Schlußfuge über das Thema mit dem charakteristischen Septsprung erfüllt die Form im klassischen Sinn. Ein kleiner Solo-Quartettsatz darin über »amen« gemahnt stark an Mozart.

Das Credo zeigt noch nicht die konzise Form der gleichnamigen späteren Sätze, obgleich schon versucht ist, ihm thematische Einheit zu geben. Es ist die etwas veränderte Baßfigur aus dem »Recordare« des Mozart-Requiems, das den Außenteilen des Credos im Orchester zugrunde gelegt ist. Der langsame Satz »Et incarnatus est« ist ein schönes kanonisches Stimmengeflecht, dessen Thema später im gleichnamigen Teil der e-Moll-Messe verwendet wird. Der dritte Teil »Et resurrexit« wird durch ein dramatisches Vorspiel des Streichorchesters über einem Orgelpunkt, das Erdbeben charakterisierend, eingeleitet. Erst der vierte Teil »et vitam« bringt das Hauptthema in der Haupttonart wieder. Der Chorsatz bei »vivos et mortuos« wird uns im siebenstimmigen »Ave Maria« wieder begegnen. Das ganze Credo ist mit Soli reichlich durchsetzt und zeigt tüchtige kontrapunktische Arbeit, was besonders von der »et vitam«-Fuge gilt, deren mächtigem Thema die Hauptbaßfigur des Satzes als Gegensatz gegenübergestellt ist.

Wie die vorangegangenen Sätze steht auch das Sanctus in B-Dur und, wie das des Requiems, im Zwölfachtel-Takt. Es ist einheitlich durchkomponiert, was den klassischen Mustern im allgemeinen nicht entspricht. Bei »Domine Deus« nimmt es Schubertsche Färbung an, ist aber im Ganzen nicht sehr charakteristisch und mit dem »Benedictus« in Es-Dur, in dem an Stelle der zwei Trompeten zwei Hörner treten, wohl der schwächste Teil des Werkes. Das klassische Vorbild ist hier zu wenig wirksam und die eigene Note noch zu schwach.

Auch das »Agnus« beginnt hier, im Gegensatz zu allen anderen Messen, in Dur und besteht aus drei ernst-patriarchalischen A-cappella-Sätzen, die durch kurze Orchesterzwischenspiele (nur Streicher und zwei Hörner) in Mozartscher Haltung verbunden sind. Nun folgt das lang ausgedehnte »Dona nobis pacem«, wie bei Mozart noch ohne Beziehung zum Kyrie.

Hält das Werk auch nicht entfernt einen Vergleich mit den späteren Messen des Meisters aus, so hat er durch dieses doch die *große Form* und die Behandlung des *großen Orchesters* beherrschen gelernt. Im Vergleich zur zeitgenössischen Produktion steht die Messe auf ansehnlicher Höhe. Die Partitur trägt am Schluß das Datum: »8. August 1854, 12 Uhr nachts.«

Die Zeit bis zum Tage der Inthronisation am 14. September wurde zur Herstellung der Stimmen und zur Einstudierung der Messe eifrig benützt. Die letzten Monate hatte Bruckner Tag und Nacht an der Messe gearbeitet, und nun war der Tag der Aufführung seiner »ersten Festmesse« gekommen. Verklärt durch des Stiftsorganisten Werk, war das feierliche Hochamt prunkvoll verlaufen. Die Festgäste versammelten sich zur Festtafel – nur einer fehlte: der Komponist der Festmesse. Es ist bezeichnend dafür, welche Stellung damals ein Lehrer und der Stiftsorganist einnahmen, daß es sich der diesen persönlich außerordentlich schätzende Prälat nicht erlauben konnte, ihn der Tafel beizuziehen. Es gab eben auch eine Stifts-Etikette!

Diese Unterlassung kränkte Bruckner sehr, und er entschädigte sich dadurch, daß er für sich allein im Gasthaus Sperl »eine Tafel« mit fünf Gängen und drei verschiedenen Weinsorten bestellt, wobei er zu sich sprach: »*Die* Mess' verdient's!«

Damals, vielleicht zur ersten Aufführung des »Magnificat« am 1. August 1854, dürfte das *»Tantum ergo«*, B-Dur, für gem. Chor und Mozart-Orchester wie jenes Werk, entstanden sein. Die lieblich-patriarchalischen Klänge dieses Sakramentsgesanges tragen deutlich den Stempel des jungen Schubert.

Nachdem sich Bruckner im Herbst 1854 für die geplante Orgel-Prüfung genügend vorbereitet erachtete, fuhr er nach *Wien*, um diese vor dem berühmten Kirchenkomponisten Hofkapellmeister *Aßmayr* abzulegen. Nach eigenem Bericht wurde ihm am

Schluß der strengen Prüfung die Aufgabe gestellt, eine Doppelfuge zu improvisieren, welche er glänzend löste. Aßmayrs Zeugnis vom 9. Oktober stellte allerdings nur fest, daß sich der Kandidat »als gewandter und gründlicher Organist erwiesen« habe.

Nicht genug damit: Auch einer Fortbildung im Lehrfach wandte er alle Sorgfalt zu, und am 10. November meldete er sich bei der Direktion der k. k. Normal-Hauptschule in Linz zur Privatprüfung »für höhere Lehrer«, die er am 25. und 26. Jänner 1855 mit »sehr gut« in allen Gegenständen ablegte. Damit war er als Lehrer für Hauptschulen »besonders« befähigt.

Nun trat man an Bruckner heran, zum ersten Namensfest des neuen Prälaten, am 17. Juli 1855, ein festliches Werk zu komponieren, eine *»Kantate D-Dur«* für Männerquartett, gem. Chor, zwei Oboen, zwei Fagotte, zwei Trompeten und drei Posaunen, beginnend: »Auf, Brüder, auf und die Saiten zur Hand!«

Dieses beste jener Gelgenheitswerke zeigt bereits *thematische Einheit*. Schon die einleitende Horn-Fanfare nimmt eine später im »Germanenzug« auftretende (»Die Freiheit, die Einheit«) voraus und nützt die einfachsten Dreiklangsfolgen so ursprünglich, daß sie wie neu klingen. Die Haltung des Männerchorsatzes gemahnt schon an die spätere Art des Meisters. Auch rhythmisch und harmonisch birgt das Werk bemerkenswerte Einzelheiten, so die Stelle, deren Zusammenklänge im einzelnen genommen schon die Harmonien des Anfangs vom Scherzo der IX. Symphonie ahnen lassen, die sich dort infolge anderer Spannungsverhältnisse allerdings anders auflösen. Auch der mehrstimmige gemischte Schlußchor zeigt Energien, die den früheren Stücken dieser Gattung noch fehlen.

Im Frühjahr 1855 kam der angesehene Organist und Komponist vieler beliebter Kirchenmusikwerke, *Robert Führer*, der wegen seines leichtfertigen Lebenswandels seine gute Stellung in Prag verloren hatte und immer mehr moralisch sank, vagabundierend auch nach St. Florian. Für Bruckner galt dieser Mann, der unter anderem Schuberts G-Dur-Messe, der er bloß Trompeten und Pauken beigesetzt, als eigenes Werk herausgegeben und einer Erzherzogin gewidmet hatte, als Autorität.

Auch ihm legte er seine Kompositionen zur Begutachtung vor und ließ sich sein Orgelspiel bewerten. Auch erbat er sich ein Zeugnis, das ihm Führer am 27. April 1855 ausstellte.

Er bestätigt ihm die »gründliche und umfassende Kenntnis der Harmonie und des Kontrapunktes« und rechnet ihn »zu den talentreichsten, fleißigsten und geübtesten Orgelspielern« seiner Zeit. Außer seinem »eminenten Talent« hebt er die »rastlose Tätigkeit« hervor, mit der er sich dem Studium der »höheren und wissenschaftlichen Tonkunst« widmet, wovon bereits »mehrere Kompositionsversuche das rühmlichste Zeugnis liefern«. Herr Bruckner »sei unbestritten eine sehr beachtenswerte Persönlichkeit in der Reihe kräftig aufstrebender Künstler«. Trotz dieses sehr günstigen Urteils gab ihm Führer den Rat: »Gehn S' doch nach Wien und lernen S' beim Sechter die strengen musikalischen Regeln.«

Dieser Rat ließ ihn nicht mehr zur Ruhe kommen. Er erinnerte sich, daß ihm auch der Herr Prälat nach der Aufführung seiner Messe überrascht geäußert hatte: »Uh, Tonerl; du muaßt unbedingt zum Sechter nach Wien – 's war schad' um di'!«

Bruckner selbst bekannte noch 1855: »Über Viel's was i in mei'n damaligen Werk'n schon g'sagt hab, hab i ma koan rechte Rechenschaft geb'n könna.« In seiner ungeheuren Gewissenhaftigkeit entschloß er sich im Juli 1855, zu *Simon Sechter,* dem berühmten Kontrapunktisten, Hoforganisten und Professor am Wiener Konservatorium zu fahren und ihn zu bitten, sein Schüler werden zu dürfen. Er legte ihm seine »Missa solemnis« vor. »Die kontrapunktische Arbeit d'rin hat eahm so g'falln«, äußerte der alte Meister, »daß er mi auf der Stell' als Schüler ang'nommen hat.«

Sechter hatte das Talent des nun Einunddreißigjährigen sofort erkannt und riet ihm, sich von der Enge St. Florians loszumachen, da seine Entwicklung dort nicht weiter gefördert werden könne. Dieser Rat wühlte Bruckner innerlich gewaltig auf, und er beschloß bei sich, die nächste Gelegenheit zu benützen, um einen Posten in der Stadt zu erlangen.

Noch im Alter berichtete er über seine damalige Lage und schlechte Stimmung: »I hätt' eahna zu dö Festtafeln allweil Kantaten und all's mögliche Zeugs komponier'n soll'n, war aber sonst als reiner Diener g'halt'n, der nur am Dienertisch hat essen derf'n und den's so schlecht wia mögli g'halt'n habn. Dessentweg'n war i ganz melancholisch. Nur d' Muatta«, fuhr er fort, »hat ma allweil zuag'redt, i soll mei Trauer nöt so off'n zoag'n und ön Kopf ob'n halt'n.«

Eines Tages traf ihn der Prälat in dieser schlechten Stimmung an und sagte zu ihm: »I mag koane so kopfhängaden Leut', i wir di fortschick'n.« Als Bruckner darüber erschrak und noch trauriger wurde, beruhigte ihn Mayr mit den Worten: »I mag di ja eh!«

Bruckner aber drückte das schlechte Gewissen; er hatte, ohne es dem Prälaten zu melden, um die ausgeschriebene Domorganistenstelle in *Olmütz* angesucht. Schließlich hielt er es nicht mehr aus und gestand dem Mächtigen sein Vergehen. Prälat Mayr, peinlich überrascht, schrie ihn an: »Was, zu die Čechen willst gehn! Hast denn schon a mal g'hört, daß a Čech an Deutsch'n was Guat's 'tan hat? – Iatzt hilfst ma aber auf der Stöll' d' Schuach ausziag'n.« Als der Niedergedonnerte niederkniend dem Befehl nachkam, fuhr der Propst fort: »So, wirst du no a mal gegen mei Wissen was tuan?« – »Na, Euer Gnaden«, erwiderte zitternd der so Getadelte.

Die Bewerbung um die Stelle in Olmütz war ohnedies fruchtlos gewesen, und Bruckner mußte froh sein, weiter in St. Florian verbleiben zu können. Die Vorsehung hatte ihm einen anderen Weg vorgezeichnet.

Am 9. November 1855 war in Linz der Domorganist *Wenzel Pranghofer* gestorben. Für den 13. November war ein Probespiel zur provisorischen Besetzung dieser Stelle ausgeschrieben worden. Da der damalige Klavier- und Orgelstimmer *Alfred Just* mit Bestimmtheit annahm, daß auch Bruckner, der bereits als der beste Organist des Landes galt, sich daran beteiligen werde, fuhr er nach St. Florian, um die Orgel zu stimmen. Zu seinem größten Erstaunen aber traf er Bruckner dort an. Er redete nun so lange in ihn ein, bis sich Bruckner, wie er eben war, »im kurzen Röck'l« auf einen gerade nach Linz fahrenden Leiterwagen setzte, um zunächst seinen ehemaligen Lehrer Professor *Dürrnberger* aufzusuchen. Dieser war über den Besuch erfreut, da er voraussetzte, daß sich Bruckner zum Wettspiel eingefunden habe. Bruckner aber erwiderte: »Was fallt den Ihna ein! I hab ja in Florian draußen gar nix g'sagt. Dö wurd'n si was Schön's denken, wann i mi hinter eanan Rucken bewerben tät.« Dürrnberger versuchte ihn darüber zu beruhigen, indem er versicherte, das werde er schon machen.

Zur Prüfung in der Domkirche waren zwei Bewerber angetreten: der mit Bruckner befreundete Lehrer und Komponist *Engelbert Lanz* und *Raimund Hain*, Unterlehrer, beide aus Linz.

Dürrnberger gab ein Thema, das frei bearbeitet und dann zu einer Fuge ausgestaltet werden sollte. Während des Probespiels der beiden Konkurrenten kniete Bruckner an der Chorbrüstung und betete. Nachdem keiner der beiden die gestellte Aufgabe zur Zufriedenheit der Kommission durchzuführen vermochte, drang Dürrnberger in Bruckner, er möge sich auch der Bewerbung anschließen. Da sich dieser aber wieder sträubte, rief ihm Dürrnberger kategorisch zu: »Tonerl, du mußt!« Nun endlich setzte er sich auf die Orgelbank, begann zuerst das Thema ganz einfach vorzutragen, dann lebte er sich immer mehr hinein, um schließlich mit einer grandiosen Fuge zu enden. Alle waren ergriffen und überwältigt. Lanz aber trat auf seinen Freund Bruckner zu, drückte ihm die Hand und sagte: »Du bist der Tod aller!«

Bei der Konferenz im Bischofshof unter Vorsitz Bischof *Franz Josef Rudigiers* schlug Domvikar *Arminger* vor, *Lanz* die Stelle zu geben. Dürrnberger aber erwiderte, daß nach seinem besten Wissen und Gewissen *Bruckner* der Beste war, was auch die anderen Bewerber zugeben würden. Lanz sei ein guter Klavierspieler, aber kein Organist. Arminger meinte hierauf, aber er könne einer werden. Dürrnberger jedoch stellte fest, daß das Wettspiel die Aufgabe hatte, darzutun, wer ein guter Organist *sei*, nicht aber, wer ein solcher werde. Hierauf entschied der Bischof: »Das Urteil des Herrn Dürrnberger ist mir kompetent, und ich bin für Herrn Bruckner.«

Die Befürchtung eines Einspruches des Prälaten traf nicht ein. Als ihm Bruckner klopfenden Herzens berichtete, schlug ihn Mayr wohlmeinend auf die Schulter mit den Worten: «Das is' was anders, da sag i nix! Denn das is' a Aufbesserung. Das tuast freili', da kann i di' nöt z'ruckhalt'n. Ziag in Gott's Nam' hin nach Linz...«

Nach dem Anstellungsdekret vom 14. November sollte der Posten »allsogleich« angetreten werden. Da im Advent bei dem Hochamt aber die Orgel zu schweigen hat, leistete Bruckner zunächst nur die Angelobung, und erst am 8. Dezember, dem Fest Mariä Empfängnis, machte er den ersten Dienst; dann erst wieder, und von da an dauernd, in der Christmette am 23. Dezember 1855 um Mitternacht. Nun sah ihn die ihn so ergreifende Feier des Geheimnisses der Menschwerdung Christi am Orgelstuhl der ersten Kirche des Landes!

Sonst war Bruckner noch in St. Florian verblieben. Eine unerklärliche Scheu erfüllte ihn, in die Stadt zu übersiedeln, wo er zeitweilig im Florianerhaus auf der Landstraße Nr. 22 Unterkunft fand. Anderseits war er mit den Florianer Verhältnissen wieder ausgesöhnt, da er nun nichts mehr zu verbergen brauchte und der Gerechtigkeitssinn des Herrn Prälaten ihn hoch erfreut hatte. Wenn er immer noch mit du angesprochen wurde, so ist dies aus der Zeit zu verstehen. Dieses »Du« des Prälaten, des Lehrers Dürrnberger und anderer seiner verehrten Vorgesetzten war keineswegs etwas Erniedrigendes, sondern Ausdruck besonderen Wohlwollens, ebenso wie der Handkuß, den er seinen geistlichen Vorgesetzten und auch Lehrern leistete. Er galt dort der geistlichen Würde, hier der weisen Hand; es war der Ausdruck von *Ehrfurcht* und Dankbarkeit.

Das Ansuchen um Zulassung zur Bewerbung für die *definitive* Anstellung als Dom- und Stadtpfarrorganist mußte bis Ende Dezember erfolgen. Bruckner, der vor dem Stadtleben geradezu Furcht empfand, konnte sich nicht entschließen, das Ansuchen einzubringen. In Linz, wo man seine Bedeutung als Musiker besonders durch sein Spiel am Marientag erkannt hatte und ihn nicht mehr missen wollte, war man unangenehm berührt, daß gerade von ihm noch kein Gesuch vorlag. Am 17. Dezember erhielt er einen Brief aus Linz, in welchem ihm das Befremden darüber ausgedrückt und ihm mitgeteilt wird, daß, wenn er den Termin versäume, er die Stelle nicht erhalten könne. In dem Brief, dessen Namensunterschrift unleserlich ist, wird ihm ferner ausgestellt, daß er bei der Angelobung »im Oberrock, an dem noch dazu ein Knopf fehlte, mit einem Schal um den Hals und mit Überschuhen erschienen« sei. »So etwas schickt sich nicht«, heißt es weiter, »ich habe Sie entschuldigt. Ein zweites Mal dürfte so etwas nicht vorkommen«, außerdem riet ihm der Schreiber, »öfters nach Linz zu kommen und sich bei den Herren, die etwas zu entscheiden haben, in Gala zu präsentieren«, sonst werde er seinen Zweck nicht erreichen.

Am folgenden Tag schon kommt ein zweites Schreiben des Kirchenverwalters *Jos. Weichardt*, das ihn dringend ersucht, den Einreichungstermin nicht zu versäumen. »Auch rate ich Ihnen«, heißt es weiter, »daß Sie dem Herrn Stadtpfarrer und Herrn Bürgermeister in Gala, nicht mit Überrock, Überschuhen und Shawl usw., baldmöglichst die Aufwartung machen, damit

Ihnen nicht doch etwa ein Dritter das Ziel abläuft.« Er möge auch Herrn Landesgerichtsrat *Ruckensteiner* seine Aufwartung machen und um seine Verwendung bitten. Schließlich ersucht der Briefschreiber, Bruckner möge diesen Brief sogleich vernichten, »es soll niemand etwas davon wissen«.

Auch das konnte den Zaghaften nicht bewegen, und erst das Zureden seines wohlmeinenden Prälaten, der ihm zusagte, den Organistenposten in St. Florian für ihn zwei Jahre zu reservieren, falls es ihm in Linz nicht passen sollte, und ihm im Florianerhaus die erste Zeit eine freie Wohnung zur Verfügung zu stellen, konnte sein Mißtrauen beruhigen und ihn endlich zur Einreichung des Gesuches bewegen. Offenbar als Beilagen zu dem Gesuch hatte ihm Pfarrer *Jodok Stülz*, der wie kein anderer in die Seele seines Beichtkindes zu blicken vermochte, ein glänzendes Sittenzeugnis und der nun an Stelle Schäfflers getretene Chorregent und Chorherr *Ignaz Traumihler* ein ebensolches über seine Leistungen als Organist ausgestellt.

Kurz vorher hatte der Dankbare seinem Seelenführer, der ihn in trüben Tagen so oft aufgerichtet und getröstet hatte, *Jodok Stülz* und der ganzen Florianer Brüderschaft das letzte musikalische Opfer dargebracht: den zum Namenstag des genannten Pfarrers komponierten *»Festgesang«* für Soli, gemischten Chor und Klavierbegleitung. Die sechsteilige Kantate besteht aus Rezitativen, Arien und Chören, die wenig Eigenart zeigen. Stellenweise ist der Einfluß Schuberts und Mendelssohns bemerkbar, beim Schlußchor mit fugiertem Mittelteil der M. Haydns. Die Klavierbegleitung ist dünn und primitiv.

Nach den eingelaufenen Bewerbungen war kein Zweifel mehr, daß Bruckner auch bei der zweiten Konkursprüfung den Sieg davontragen würde, und man mußte nun ernstlich mit seinem Scheiden aus St. Florian und aus dem Lehrerstande rechnen. Da seine definitive Übersiedlung nach Linz am 23. Dezember, dem Vortag des Weihnachtsfestes, bevorstand, hieß es Abschied nehmen. Erst in den letzten Monaten hatte er wieder so recht erkannt, wie sehr er trotz allem mit St. Florian, dem Stift und seiner geliebten Orgel verbunden war. Aber dahin konnte er doch immer wieder leicht zurückkehren. Schwer fiel seinem kindlichen Gemüt vor allem aber der Abschied von den Kindern, die er für immer verlassen mußte und denen er zu seinem Gedenken Abschiedsworte an die Tafel schrieb, die ihnen leuchtende Wegzeiger fürs Leben wurden. In hohem Alter noch verwahrte eine Frau, die damals zu seinen »Kleinen« gehörte, das schöne Gebet:

»Heiliger Schutzengel – deinem Schutze
bin ich von Gottes Güte übergeben.
Erleuchte, schütze, führe mich
durch dieses vielbedrohte Leben.«

Den »Großen« aber, den Sonntagssschülern, schrieb er sozusagen ins Stammbuch, was eine alte Frau noch auswendig wußte:

»Liebe Sonntagsschülerinnen! Mit vieler Freude habe ich während meines Schulamtes für Euer Wohl gesorgt. Wir haben hier auf der Erde keine bleibende Stätte, und das fordert mich auf, diese Worte an Euch zu richten: – Bewahrt, was Ihr Gutes von mir gesehen und gehört habt, und vergesset bald, was dem Sittengesetze zuwider gewesen sein sollte.« (Dazu bemerkte die Frau: »Man hat aber eh nur lauter Guats g'hört von Herrn Bruckner.«) »Bewahret vor allem die Tugend der Reinheit, die Euch weit mehr ziert als alles Gut der Erde ... Betet für mich, wie auch ich für Euch beten werde. Vergeßt mich nicht und lebt dem Berufe treu, zu dem Euch der Herr zur Pflicht hingestellt hat.«

Die Liebe der Kinder, in deren Herzen er nur Liebe gesät, begleitete ihn nach Linz und durchs ganze Leben.

An ein halbes Hundert größerer und kleinerer Werke lagen vor, als sich ihr Schöpfer endlich entschloß, dem Lehrerstand Valet zu sagen und sich ganz der *Musik* zu widmen. Von allen diesen Kompositionen zeigt eigentlich der erste Versuch, das Präludium, Es-Dur, das in Kronstorf entstand, trotz der Unbeholfenheit des Satzes, die größte Originalität und ist ein Beweis seiner ursprünglichen Begabung für größere harmonische Weitungen innerhalb einer festgehaltenen Tonalität. Aus den weiteren Versuchen ist deutlich zu ersehen, wie der vom Autoritätsglauben erfüllte Jüngling durch den Einfluß strenger Lehrer förmlich in die Zwangsjacke des Regelrechten gesteckt wurde und die Werke kirchlicher Tonkunst, mit welcher ihn die Lehrer vertraut machten, nicht über Mozart hinausgegangen sind. Er, der innerlich schon so frühzeitig musikalisches Neuland sah, wurde durch die Abgeschlossenheit bis ins reife Mannesalter gewaltsam von jedem Fortschritt abgehalten; die Sprache, die ihm später die Zunge löste, hatte ihn noch nicht erreicht.

Anton Bruckner im Jahre 1868.

Josefine Lang. Freundin Anton Bruckners.

Was heute jedem Konservatoristen beim Studium dargeboten wird, die ganze Entwicklung der Tonkunst, hat Bruckner sich hart erkämpfen müssen. Gleich dem Herrn ging er in die Einsamkeit, um sich durch Fasten und Beten auf sein hohepriesterliches Amt vorzubereiten und zu warten, bis die *Berufung* an ihn erging. Oft freilich überkamen ihn Zweifel an seiner Sendung, doch immer wieder raffte er sich auf und kämpfte gegen diese Schwächen. Der junge Lehrer muß viel unter der Kollision der Pflichten als Pädagoge, die er sehr gewissenhaft ausführte, und denen, die sein Herz als Musiker erfüllten, gelitten haben. Selbst sein künstlerisches Schaffen war unfrei, fast nur Gelegenheitsarbeit. Er schrieb fast ausschließlich Vokalmusik, die, falls nicht lateinischer Text vorlag, meist auf mangelhafte deutsche Texte zu schreiben war.

Die lateinischen Unterlagen, deren Stimmungsgehalt durch die Werke der Vergangenheit sozusagen festgelegt wurde, ließen seinem musikalischen Vermögen freieren Lauf als die deutschen Texte, deren intellektueller Gehalt ihn am freien Ausströmen der Musik hemmte. Einzig bei der *Improvisation* auf seiner Orgel konnte er sich *frei* ausleben; hier durfte er schon damals ungehemmt in das Land seiner Sehnsucht fliehen! Alles, was Bruckner bis zu seinem Scheiden aus St. Florian aufgezeichnet hat, ist lediglich Zeugnis seines *Fleißes* und seiner *technischen* Entwicklung. Als Stufen zur geistigen Höhe, die wir in Bruckners reifer Kunst verehren, können sie kaum gelten. Nur blitzartig taucht in einzelnen dieser Werke die spätere Eigenart auf. Diese Jugendkompositionen zeigen uns den Weg harter Arbeit, den Bruckner gegangen ist; den steilen Pfad zu seiner Höhenkunst zeigen sie uns nicht und lassen uns so das Wunder seines späteren plötzlichen Reifens noch größer erscheinen. Nur Weniges aus dieser Zeit hielt der Meister einer Revision wert, alles andere erschien ihm nichtig. Die Unzufriedenheit und Melancholie der letzten Jahre in St. Florian war weniger, wie er selbst zu glauben schien, die Folge äußerer Verhältnisse (wenn er auch in seiner Stellung der Stiftsetikette unterworfen war, so wurde sein individueller Vorzug doch von den oberen Vorgesetzten durchaus erkannt und gewürdigt), sondern vielmehr begründet in dem *Zwiespalt hinsichtlich der endgültigen* Berufswahl. Wissenschaft und Kunst rangen um seine Seele, und nun hatte die Kunst gesiegt!

II
Vorbereitung und Berufung. Linz (1853–1868)

Es ist des Lernens kein Ende

R. SCHUMANN

Nun tritt der reife Mann im Alter von 32 Jahren aus klösterlicher Enge hinaus in die Welt. Er ist innerlich fertig, zum Charakter erstarkt. Nur als Glied der *katholischen* Welt erzogen, bleibt er auch weiterhin religiös im kirchlichen Sinn, wie es der andere Große der Musik, *J. S. Bach,* in seinem *protestantischen* Bekenntnis war. In ihrer Kunst, selbst in den ihrer Kirche dienstbaren Werken, sind sie aber beide ins *Absolut-Religiöse* hinausgewachsen, das alle Gläubigen, aus welchem Bekenntnis sie auch kommen mögen, unmittelbar erfaßt und beglückt.

Allen bäuerlichen und klösterlichen Gewohnheiten seiner Jugend, die ihn vor dem nivellierenden Einfluß der »Gesellschaft« schützten, blieb er bis ans Lebensende treu; *bodenständig, herb, kraftvoll* und *echt* war er als Persönlichkeit und wurde er als Künstler. Ohne die Abgeschlossenheit seiner Jugend wäre er nicht der Einsam-Große geworden, den wir nun als Mensch und Künstler gleich hoch verehren.

Als moralische Persönlichkeit stand er damals schon weit über dem Durchschnitt, und bei seinem ersten Schritt in die Welt, den er bang und zaghaft machte, mußte ihn ein Gefühl erfassen, das Goethe im Faust in die Worte kleidet: »Welch erbärmlich Grauen faßt Übermenschen Dich!«

Wie das harte Schicksal der Jugend den Heranwachsenden rein und echt bewahrte, so fügte es auch die Vorsehung, daß die Wirkung seiner Verpflanzung in die Weltstadt, deren er zu seiner Vollendung bedurfte, nicht unmittelbar erfolgte, sondern durch die Zwischenschaltung des Lebens in einer aufstrebenden Provinzstadt gemildert wurde. Linz, die Hauptstadt seines engeren Heimatlandes Oberösterreich, ihm schon aus seiner Studienzeit vertraut, nahm ihn nun zur *Vorbereitung* für sein hohes Amt der *Menschenbeglückung* auf und sah noch seine *Berufung* und *Einweihung* zu höchster Künstlerschaft. Die festlichen Gottesdienste der Weihnachtszeit gaben Bruckner, der nun zunächst sein Heim in dem zum Stifte gehörigen »Florianerhaus« auf der Landstraße gefunden hatte, reichlich Gelegenheit, seine Kunst der Improvisation einem großen Kreis darzubieten. Der Ruf, der ihm vorausgegangen war, veranlaßte auch viele Kunstfreunde und Fachleute, sich das Orgelspiel des neuen Mannes anzuhören. Alle waren von seinem Spiel hingerissen, und niemand zweifelte daran, daß aus dem Provisorium ein Definitivum für Bruckner werde. Man war sich bewußt, daß die für den 25. Jänner 1856 angesetzte »Concoursprüfung« zur definitiven Besetzung der Dom- und Stadtpfarrorganisten-Stelle nur eine Formalität sein konnte.

An dem um 2 Uhr nachmittags des genannten Tages abgehaltenen Probespiel im Dom (heute Ignatius-Kirche) beteiligten sich vier Konkurrenten: *Georg Müller,* Privatmusiklehrer in Linz, *Ludwig Paupie,* Stadtpfarrorganist und Komponist aus Wels, *Raimund Hain,* Unterlehrer und Organist in Linz, und *Anton Bruckner.* Müller spielte das ihm gegebene Thema in B bloß ab, ging dann in ein eigenes, freies Präludium über, das jede höhere kontrapunktische Bildung vermissen ließ, und entfernte sich darauf, ohne sich der Prüfung der Choralbegleitung unterzogen zu haben. Paupie wies das ihm vorgelegte Thema in c-Moll als zu schwer zurück, das neue Thema in d-Moll begann er zu bearbeiten, ging aber dann in freies Spiel über, das immerhin eine lobenswerte mechanische Fertigkeit bewies, jedoch ebenfalls höheres kontrapunktisches Können vermissen ließ. Die Begleitung eines Chorals war ihm völlig fremd. Hain hatte das von Paupie begonnene leichtere Thema in d-Moll übernommen und, wenn auch nicht im strengen Stil, so doch in lobenswerter kontrapunktischer Gewandtheit durchgeführt. Bruckner wurde nun gefragt, ob er das von Paupie als zu schwierig abgelehnte Thema in c-Moll übernehmen wolle, was er bejahte und worauf er sowohl das Thema »in einer strengen, kunstgerechten, vollständigen Fuge verarbeitete, als auch die ihm aufgetragene schwierige Choralbegleitung mit hervorragender Gewandtheit und Vollendung zum herrlichsten Genuß ausführte«, so daß seine »ohnedies in der praktischen Behandlung der Orgel, wie nicht minder in seinen bekannten, sehr gediegenen Kirchenkompositionen bewährte Meisterschaft sich neuerlich mit aller Auszeichnung fest erprobte«. Das Protokoll stellt einhellig fest, »daß unter allen vorstehenden Concourenten dem Anton Bruckner in vollster Gerechtigkeit entschieden nicht nur weitaus der Vorzug gebührt, sondern er auch durch seine Stellung an der ersten Kirche der Diözese der Ehre und des Ansehens dieser Stellung würdig sei«. Außer von den Vertretern der Kirche und Gemeinde ist das Schriftstück von Professor Dürrnberger und von Kapellmeister A. M. Storch gezeichnet.

Auf Grund dieses Prüfungsergebnisses wurde durch das bischöfliche Konsistorium und die Gemeindevorstehung an die k. k. Statthalterei der Antrag gestellt, Anton Bruckner zum definitiven Dom- und Stadtpfarrorganisten zu ernennen. In dem überaus warmen Empfehlungsschreiben, das die Tätigkeit Bruckners in dem berühmten Stift und seine hervorragende Moral hervorhebt, wird weiter festgestellt, daß er »als treu besorgter Sohn einer armen alten Mutter« seinen Dienstposten in St. Florian aufgegeben habe, »um früher in die Lage zu kommen, sie in ihrem Alter unterstützen zu können«.

Laut dem Anstellungsdekret vom 25. April 1856 bezog Bruckner nun aus dem Stadtpfarrfonds 128, aus dem Domkirchenfonds 20 und aus dem staatlichen Religionsfonds 300 Gulden (fl.), zusammen also ein jährliches, in Vierteljahrraten auszuzahlendes Einkommen von 448 Gulden, wozu noch die Stiftungsgelder und eine Dienstwohnung kamen. Eine Pensionsberechtigung war damals jedoch nicht verbunden. Die Übernahme der Verpflichtungen wurde am 14. Mai 1856 durch die Ablegung des Diensteides bekräftigt.

Nun bezog er auch im »alten Mesnerhäusl« am Pfarrplatz Nr. 162 seine aus Küche und zwei Zimmern bestehende Dienstwohnung im zweiten Stock. Im ersten Stock wohnte sein unmittelbarer Vorgesetzter, Domkapellmeister und Theater-Musikdirektor *Karl Zappe,* mit dessen Familie ihn bald herzliche Freundschaft verband. Außerdem wohnte in dem Hause noch der Domsänger *Lampl,* dessen Frau Bruckner oft in Harnisch brachte, wenn sie mit dem Geschirr »schepperte«.

Zunächst bewohnte der Junggeselle die Wohnung allein und war angewiesen, sich im Gasthaus zu verpflegen; erst in den letzten Jahren kam seine Lieblingsschwester »Nani« zu ihm nach Linz, um ihn zu betreuen.

Im ersten Zimmer stand das Klavier, über und über mit Noten bedeckt, und nach Jahren häuften sich die Stöße schriftlicher Arbeiten seines Studiums bei Sechter vom Boden des Zimmers bis herauf zum Boden des Klaviers. Hier gab er auch einen Teil seiner Privatstunden. Einer seiner ersten Klavierschüler war *Emil Fink,* der Sohn des Bürgermeisters, durch den er auch weitere Schüler empfohlen bekam. In späteren Jahren ließ er sich hier von einzelnen Musikern Stellen aus seinen Werken vorspielen, um ihre Ausführungsmöglichkeit und Klangwirkung zu erproben. Im Eckzimmer, gegen den freien Platz hin, war sein Arbeitsraum, von wo er einen schönen Blick ins Freie hatte und vom nahen Exerzierfeld und aus den Kasernen die schönen, von *Michael Haydn* stammenden Signale der österreichischen Armee hörte. Einige von diesen hat er später in seiner VI. Symphonie symphonisch verklärt.

Vom »Mesnerstöckl«, durch welches ein Schwibbogen von der Rathausgasse zum Pfarrplatz führte, ging Bruckner nur wenige Schritte in die Pfarrkirche, wo er in aller Frühe bereits die Segenmesse zu spielen hatte; unweit davon lag der Dom, die andere Stätte seines Wirkens, wo er vor allem die Sonn- und Festtagsämter mit seinem Orgelspiel verklärte. So war der Vormittag, besonders an Sonntagen, mit Kirchendienst reich besetzt, und die Nachmittagssegen raubten ihm an diesen Tagen die freie Zeit. Bruckner mußte daher, um den Dienst an beiden Kirchen versehen zu können, immer darauf bedacht sein, einen Aushilfsorganisten zur Verfügung zu haben, der ihn, besonders an Sonntagnachmittagen, vertreten konnte. Einer der ersten dieser Hilfsorganisten war Ferdinand Edelhart, ein talentierter Lehramtskandidat*, den Bruckner zum ermäßigten Preis von 50 Kreuzern für die Stunde unterrichtete und bald so weit gefördert hatte, daß ihn dieser bei kleineren Gottesdiensten vertreten konnte. Seine Dankbarkeit für solche Dienste bezeigte er oft in

* Joachim Berger, einem anderen jungen Helfer, der 1867 für Bruckner die Sonntags-Segenmesse spielte, verdanken wir die Abschrift des ersten Präludiums unseres Notenheftes.

origineller Weise. So sagte er einmal, als der Schüler sein Monatsgeld entrichtete: »Wissen S' was? Dös vertua'n ma heut'!« Sie mieteten einen Schlitten und kutschierten nach St. Florian, wo, wie Edelhart erzählt, seinem Lehrer im Gasthaus Ehrenbezeigungen gemacht wurden. Nach lustigen, im Gasthaus verbrachten Stunden kehrten sie erst um Mitternacht nach Linz zurück.

An Wochentagen, an denen der Dienst nur die ersten Morgenstunden in Anspruch nahm, saß Bruckner stundenlang an der Orgel des Domes, um sich zu vervollkommnen. Erst um ½1 Uhr verließ er, noch ganz von seinen musikalischen Ideen benommen und vor sich hinbrummend, das Gotteshaus. Die Leute, die an ihm vorüberkamen, aber meinten: »Der is' anbrennt!« Das Spiel fand bei verschlossenen Türen statt, nur einer war oft Zeuge dieser musikalischen Meditationen des Domorganisten: Bischof *Franz Josef Rudigier*. Das Spiel seines Organisten war ihm in Stunden der Trübsal eine Labung, und oft bat er ihn, im stillen Dom seinen Eingebungen lauschen zu dürfen. Bei Begegnungen auf der Straße erwies der Bischof dem Organisten einen besonders auszeichnenden Gruß. In der ersten Zeit war Bruckner noch sehr ungern in Linz und sehnte sich nach der stillen und geistlichen Atmosphäre von St. Florian. Dieser Stimmung gab er Ausdruck durch die Vertonung des Englischen Grußes: »*Ave Maria*« für gemischten Chor und Orgel-(Cello-)Begleitung.

Dieses am 24. Juli 1856 »für St. Florian« komponierte Werk hat Bruckner aus Dankbarkeit dem damaligen Musikdirektor des Stiftes, Chorherrn *Ignaz Traumihler*, gewidmet. Der Beginn, eine allerdings etwas freie Fugen-Exposition, beweist schon die intensivere Beschäftigung mit dem Kontrapunkt. Die noch im bezifferten Baß angelegte Orgelbegleitung läßt eine freiere Gedankenentwicklung noch nicht durchbrechen; erst wo die Bezifferung aussetzt, bei »Jesus«, schimmert die künftige Eigenart durch, wozu auch das Zurücktauchen in dunkle Regionen entfernter Unterdominanten gehört. Das »Schicksals-Motiv« R. Wagners, übrigens schon bei Schubert vorkommend, leuchtet bei »tui« vor dem dreimaligen Jesus-Anruf auf. Der liebliche, kanonisch beginnende Satz »Sancta Maria« erinnert an den Beginn des »Christus factus« der Gründonnerstag-Messe. Die Motette wendet sich zum Anfangsgedanken zurück und schließt konventionell.

Das Werk wurde zuerst beim Rosenkranzfest (Oktober 1856) in St. Florian zur Aufführung gebracht.

Obwohl Bruckner am Linzer Domchor ständig bei den guten Kirchenmusik-Aufführungen mitwirkte, blieben die weiteren fünf Jahre ohne ein kirchliches Werk aus seiner Feder. Nur einige *Klavierstücke* für seine Schüler, das Lied aus *»Amaranths Waldeslieder«* für eine Singstimme und Klavierbegleitung, der gemischte Chor *»Das edle Herz«* und die Ausarbeitung des wohl schon in St. Florian begonnenen »146. Psalms« für Soli, Chor und Orchester fallen in diese Zeitspanne. Bruckner hatte eben bereits das ernstliche *Harmonie-Studium* unter der Leitung *Simon Sechters* begonnen, wobei ihm *verboten* war, sich der *freien* Komposition hinzugeben. Dieses Verbot hielt Bruckner später auch bei seinen Schülern aufrecht. Noch 1862 schrieb er an einen Freund: »Nur mit Compositionen kann ich nicht ausrücken, da ich noch studieren muß.« Der Unterricht erfolgte zunächst auf schriftlichem Wege durch die Post.

Bald nach seiner Übersiedlung hatte man Bruckner auch eingeladen, der Liedertafel *»Frohsinn«* beizutreten. Zunächst wurde er dem 2. Tenor zugeteilt, doch bemerkte man bald, daß er, statt zu singen, häufig aufmerksam zuhörte, als ob er die Klangwirkungen prüfen wollte.

Er erwarb sich gute Freunde unter den Sangesbrüdern, die ihm besondere Achtung entgegenbrachten. Nach den Proben und auch sonst an jedem Abend – er kam meist spät – saß er mit jungen begeisterungsfähigen Freunden gemütlich beisammen. Gern nahm er, wie Edelhart berichtet, an naiver Fröhlichkeit teil, erhob aber sofort Protest, wenn die Unterhaltung aufs Schlüpfrige überzugehen drohte, oder entfernte sich plötzlich. Seine Bemerkungen in der Gesellschaft waren oft witzig und manchmal sarkastisch. Wenn man in vorgerückter Stunde aufbrechen wollte, sagte er oft: »Geht's bleibt's no a wengerl, es is so viel lusti«; dabei aber nickte er, ermüdet von der vielen Arbeit des Tages, selbst häufig ein und schnarchte.

Auf das Gasthaus angewiesen, besuchte er gern die »Kanone«, »Casino«, »Stadt Frankfurt«, »Bock«, »Mayreder«, später auch »Zaininger« und »Krebs«. Er war keineswegs Kostverächter und ließ sich schon damals, besonders abends, nachdem er mit leerem Magen fleißig studiert hatte, des öfteren Doppelportionen geben. Besonders liebte er »Gselcht's mit

Grießknödl und Kraut«, »gefüllte Kalbsbrust«, »Rostbraten mit braungerösteter Zwiebel«. An Freitagen bestellte er sich je nach Jahreszeit einen »Eierfisch« aus 8 Eiern, »Zwetschkenknödl«, »Grießschmarrn«, »Apfelschlangel« u. a. »Schinkenfleckerl« aber konnte niemand besser zubereiten als Frau Zaininger, deren Kinder er im Klavierspiel unterrichtete. Bier und Wein sprach er mit Behagen zu, und auch einer guten Zigarre war er nicht abgeneigt. Ein ständiges Genußmittel war ihm schon damals der Schnupftabak.

Im Herbst hatten die Sangesbrüder Bruckner als 2. Archivar bereits in den Ausschuß der Liedertafel gewählt, mit welcher er sich an der großen *Mozart-Zentenarfeier* in Salzburg vom 4. bis 6. September 1856 beteiligte. Während dieser Tage spielte Bruckner auch die große Domorgel vor einer größeren Zuhörerschaft, unter der sich auch *Robert Führer* befand. Dieser hatte nun an Bruckners Spiel allerlei auszusetzen. Die Triebfeder dieses Urteils war aber vor allem wohl der Neid, daß Bruckner die Linzer Domorganistenstelle erhalten hatte, die auch er erlangen wollte. Dies geht aus einem Brief vom 16. Dezember 1855 hervor, den Führer an Regenschori Traumihler in St. Florian schrieb. In unterwürfigsten Ausdrücken und unter ungeheurem Wortschwall erklärt darin Führer, daß es ihm ein leichtes gewesen wäre, die provisorische Domorganistenstelle in Linz beim Probespiel am 13. November zu erringen. Er habe aber den »Stumpfsinn der Stadtbewohner« satt und sehne sich nach Abgeschlossenheit und Ruhe. Es sei vorauszusehen, daß Bruckner auch bei dem zweiten Probespiel obsiegen werde, und deshalb bitte er um Verleihung der dann frei werdenden Stiftsorganistenstelle. Sollte er nicht in kurzer Zeit Antwort im bejahenden Sinne erhalten, so würde er sich an dem genannten Probespiel zur definitiven Besetzung der Linzer Stelle beteiligen. Über die Beantwortung dieses erpresserischen Schreibens ist nichts bekannt geworden, es scheint aber, daß Führer es nicht wagte, bei seinem Leumund in Bewerbung zu treten. Nun hatte er Gelegenheit, bei dem Spiel des beneideten Konkurrenten in Salzburg seiner üblen Laune Luft zu machen.

Bruckner war die Kritik Führers zu Ohren gekommen, und Freund *Lanz* übernahm es, *Führer* mit *Bruckner* in die Schranken zu fordern und ein Wettspiel beider Organisten zu veranstalten. Führer setzte sich zuerst an die Orgel und führte ein von einem

Priester aufgeschriebenes Thema in freier Phantasie und kurz durch. Bruckner konnte schon gar nicht erwarten, bis Führer schloß. Nun setzte er sich an das Instrument und führte das Thema in allen Registern der Orgel durch, dann gestaltete er es zu einer großartigen Fuge und schloß unter dem begeisterten Beifall der Umstehenden. *Aemilian Posch* aus Linz berichtete über Bruckners Spiel (nach Mitteilung des Biographen Führers, *August Jungwirt* aus Michelbeuern): »Bruckner berührte uns wie ein Gigant. Die unerhörteste Phantasie brauste uns entgegen. Als der Größere für die Zukunft erwies sich schon Bruckner.« Das allgemeine Urteil aber war geteilt, und ein großer Teil der Zuhörer hielt Bruckner für einen Narren.

Aus Salzburg heimgekehrt, lernte er durch den ihm befreundeten gleichalterigen Gesangslehrer am Gymnasium *Alois Weinwurm* dessen eben auch aus Salzburg zurückkehrenden Bruder *Rudolf* kennen. Bei einem Besuch desselben im »Mesnerhäusl« wurde Freundschaft geschlossen, und anläßlich eines gemeinsamen Ausfluges nach St. Florian hatte Rudolf Gelegenheit, Bruckners Improvisationstalent kennenzulernen. Bruckner führte ein von *Rudolf Weinwurm* aufgeschriebenes Thema sogleich in freier Phantasie auf der großen Orgel durch und krönte das Spiel mit einer grandiosen Fuge über das Thema. Dieses Ereignis bildete die Grundlage für die außerordentliche Hochschätzung, die Rudolf Bruckner weiterhin entgegenbrachte, und für die treue Freundschaft, die ihn durchs ganze Leben mit ihm verband. Der elf Jahre jüngere Musiker, der als Universitätsmusikdirektor in Wien 1857 den »Akademischen Gesangverein« gründete und später Chormeister des »Wiener Männergesangvereines« wurde, war auch bemüht, Bruckner den Weg nach Wien zu bereiten, und er besorgte ebenfalls auch die Übermittlung der schriftlichen Arbeiten während der Studienzeit seines Freundes bei Sechter, ebenso wie er bei den späteren häufigen Reisen Bruckners nach Wien für seine Unterkunft sorgte. Am 20. September nach Wien zurückgekehrt, schrieb Weinwurm einen Artikel über Bruckner als Orgelspieler, den er in der von Scheele herausgegebenen musikalischen Monatsschrift erscheinen ließ. Dies war die erste öffentliche Würdigung des Organisten Bruckner, der über »den äußerst freundlichen Bericht« sehr erfreut war. Immerhin schien ihm darin das Technische zu sehr hervorgehoben und das *Schöpferi-*

sche seines Spieles zu wenig betont zu sein, da es in dem Dankschreiben an den Freund vom 30. November 1856 heißt: »Übrigens, glaube ich, soll das doch nicht viel gesagt sein, in der *Technik,* d. h. Fertigkeit (wahrscheinlich Mechanik).« Auch die Sehnsucht nach all dem, was die Großstadt an Möglichkeiten für seine Ausbildung bieten konnte, kommt zum Ausdruck. So heißt es in dem Briefe weiter: »Freund, könnte ich bei Dir sein! Welche Genüsse, welche Ausbildung! Täglich heißer wird meine Sehnsucht und mein Vertrauen auf Dich! – – Ich bitte Dich, *sorge für mich.* Nie würde ich's vergessen.«

Noch immer schien Bruckner nicht ganz entschlossen, bei der Musik als Lebensberuf zu bleiben. Er setzte auch in Linz das Studium der lateinischen Sprache bei dem Gymnasiasten der 7. Klasse *Friedrich Thanner,* später Universitätsprofessor in Graz, und dem Gymnasiasten *Josef Aigner* fort und nahm sogar bei einem Geistlichen Unterricht in *Psychologie;* auch Aufzeichnungen aus der höheren Religionswissenschaft liegen noch aus dem Jahre 1856 vor. Seine Ehrfurcht vor der *Wissenschaft* war so groß, daß er seine jungen Instruktoren stets mit »Herr Professor« ansprach. Bei dieser vielseitigen Beschäftigung, die Bruckner bis in den späten Abend hinein in Anspruch nahm, ist es begreiflich, daß er in diesen ersten Jahren noch wenig öffentlich hervortrat. Außer seinen abendlichen Erholungsstunden – Theater besuchte er nicht – begnügte er sich mit dem Besuch der Konzerte, und im Fasching huldigte er, wie später auch in Wien, mit großem Vergnügen dem Tanz. So berichtet eine Nichte Professor Dürrnbergers, *Maria Madeleine Dürrnberger,* die spätere Frau des Dichters *Hermann v. Gilm,* am 11. Februar 1856 einem Onkel: »Schon glaubte ich während einer Quadrille sitzenbleiben zu müssen, doch ein guter Genius erbarmte sich meiner, sandte mir *Bruckner,* den Du wohl kennen wirst, und ich ward erlöst; überhaupt hat er sehr viel mit mir getanzt und ist ein ziemlich guter Tänzer.« So hatte sich Bruckner nun in die neue Umgebung gefunden; nur die Orgelverhältnisse schienen ihm gegenüber St. Florian verbesserungsbedürftig, und er richtete an das Bischöfliche Konsistorium am 14. Jänner 1857 eine Eingabe mit ausführlichen Vorschlägen zum Umbau und zur Vergrößerung der Domorgel, der aber Vorderhand nicht entsprochen werden konnte.

Die Domorgel war nun durch Bruckner außerordentlich in

Anspruch genommen, da er sich für die Ablegung der Maturitätsprüfung in diesem Fach am Wiener Konservatorium vorbereitete und daneben den ersten Band des Lehrbuches von Simon Sechter: »Die richtige Folge der Grundharmonien – – –« von den elementarsten Anfangsgründen an studierte. Das erhaltene Lehrbuch, das Bruckner schon bei seiner ersten Reise zu Sechter von diesem bekam, ist derart »zerstudiert«, daß kein Blatt auf dem andern blieb und jede Seite am Rand mit zahlreichen Bemerkungen und Zusätzen Bruckners bedeckt ist. Von den Studien bis tief in die Nacht hinein – Bruckner selbst berichtete, daß er damals »täglich sieben Stunden« für Sechter gearbeitet habe – ermüdet, kam es vor, daß er während der Klavierstunden, die er zu geben hatte, gelegentlich einnickte und einmal sogar vom Stuhl zu Boden glitt.

Mitte des Jahres 1857 war Bruckner mit seinen Arbeiten im Generalbaß so weit, daß er durch Vermittlung von Weinwurm bei Sechter neue Beispiele zur Ausarbeitung anforderte; aber erst Anfang Juli 1858 entschloß er sich, zur Prüfung über den durch Selbststudium angeeigneten Lehrstoff und zur Ablegung der Orgelprüfung nach Wien zu reisen.

Sein erster Weg war zu Rudolf Weinwurm, der gerade am Klavier saß und spielte. Mit den Worten: »Ah, das is' schön, von wem is' denn dös?« trat er ein. Es waren Lieder von *Robert Schumann,* dessen Kunst damit zum erstenmal in Bruckners Gesichtskreis trat und für die er sich begeisterte.

Am 10. Juli fand die Prüfung über »Die richtige Folge der Grundharmonien oder vom Fundamentalbaß« statt, in der sich der Kandidat als »tüchtiger Lehrer in diesem Fach« erwies, und am 12. Juli wurde die Orgelprüfung abgehalten, die mit einem öffentlichen Spiel auf der von Bruckner geschätzten Orgel der *Piaristenkirche* vor geladenen Wiener Musikern stattfand. Das Zeugnis Sechters bezeugt, daß Bruckner »viel Praktik und dadurch erworbene Gewandtheit im Präludieren und im Durchführen eines Themas zeigt und folglich unter die vorzüglichsten Organisten gezählt werden kann«. Unter den Zuhörern befand sich auch der angesehene Wiener Kritiker *Ludwig Speidel,* der diese zwar private, aber bedeutsame Darbietung »in dieser Zeit musikalischer Trocknis« als willkommenen Anlaß zu einer öffentlichen Besprechung im Abendblatt der »Wiener Zeitung« vom 24. Juli 1858 benützte. Es heißt da: »– – So ward uns unlängst ein ungewöhnlicher Genuß, als wir den Domorganisten von Linz, Herrn *Anton Bruckner*, der sich zum Zweck seiner Ausbildung einige Zeit in Wien aufgehalten, in der Josefstädter Pfarrkirche Orgel spielen hörten. Herr Bruckner besitzt über einen vollständig absolvierten Kurs in der Harmonielehre sowie über seine Fertigkeit und Kunst im Präludieren die glänzendsten Zeugnisse von seiten des Professors *Sechter*. Als er sich aber an das schöne Werk in der Piaristenkirche setzte und zu phantasieren begann, da merkten wir sogleich, daß er seine theoretische Schulpraxis weit überflügelt habe. Er schlug ein Thema an und führte es nicht ohne respektablen Aufwand an Phantasie und musikalischem Können durch; wie am freien, so zeigte er seine Tüchtigkeit auch am strengen Satz. Bei seiner Fertigkeit, seinem begeisterten Streben und bei dem so fühlbaren Mangel an gediegenen Orgelspielern dürfte ihm eine schöne Zukunft nicht fehlen. Daß ein jung und frei aufstrebendes Talent durchaus die Spuren der Mendelssohnschen Richtung an sich trägt, wird ihm schwerlich zum Vorwurf gereichen. Ist doch Mendelssohn der Orgel als Befreier erschienen, der sie vom Joch der Pedanterie erlöste und sie wiederum menschlich fühlen lehrte."

Dieser Artikel machte auch in Linz Eindruck, und der Domorganist, den man wegen seines linkischen und unweltläufigen Wesens belächelt hatte, wurde nun höher bewertet. Immerhin hatte schon vorher anläßlich des Hochamtes am Ostersonntag die »Linzer Zeitung« einen Bericht gebracht, in welchem die »hohe Meisterschaft« des Herrn Bruckner hervorgehoben wird, der am Schluß des Amtes eine großartige, teils freie, teils kontrapunktische Improvisation spielte. Auch »die Durchführung des Hauptthemas im *Osterlied*, verbunden mit einem herrlichen *Choral*, der mit freier Phantasie endete, war wahrhaft erhebend. Es dürften vielleicht nur wenige Kathedralkirchen solche Organisten aufzuweisen haben, wie Herr Bruckner einer ist.«

Das Spiel in Wien vor geladenen Gästen hatte natürlich Freund Weinwurm veranlaßt, dem Bruckner am 1. August in tiefbewegten Worten dankt. In dem Brief heißt es u. a.: „Wenn ich an Deine und H. v. Speidels Begeisterung sowie an die des Organisten und mehrerer denke, werde ich noch immer gerührt. Der Aufsatz aber brachte mich zum Weinen; ich mußte augenblicklich nach Hause gehen… Der Redakteur unseres

Abendboten, H. Hollek, hat aus irgendeiner Hand in Wien ein eigenes Schreiben schon früher erhalten, welches meldete, es hätte Aufsehen gemacht, was wir getan. Also *Du* bist es, der sich geopfert, *Du*, der für mich so treu sorgte, *Du*, der mich auch künftig nicht verläßt."

Weinwurm bezeugte damals Bruckner durch Widmung eines Orgelpräludiums seine persönliche Huldigung.

Wie sehr sich Meister und Schüler inzwischen nahegekommen waren, beweist ein besorgter Brief Sechters vom 25. August 1858, in welchem er, da er keine Nachricht erhalten, befürchtet, Bruckner sei erkrankt. Gleichzeitig kündigt er ihm an, daß die Beispiele vom einfachen Kontrapunkt, zwei-, drei- und vierstimmig, die er ihm versprochen, bereitliegen. Daraus ist ersichtlich, daß nun auch das Studium des Kontrapunkts, wieder von den ersten Anfängen an, in Angriff genommen wurde. Dieses schwierige Studium bedurfte aber einer persönlichen Leitung, weshalb Bruckner von Zeit zu Zeit auf mehrere Wochen nach Wien fuhr. Bruckner selbst berichtete darüber: »G'wöhnli' bin i' zwoa Mal jährlich -- meistens im *Advent* und in der *Fasten* oder im Sommer - auf sieb'n bis acht Woch'n zu eam nach Wien, wo i' nacha womögli' den ganzen Tag bei eam war. Alle Jahr hab' i in dera Zeit bei eam a Prüfung ableg'n müaß'n.«

Die Reisen und der Aufenthalt nahmen Bruckners Geldbeutel stark in Anspruch, so daß er, um diese Auslagen zu verbilligen, gelegentlich auch mit den Holzflößern auf der Donau nach Wien fuhr. Später mußte er sogar bei der Versicherungsanstalt »Anker«, der er wegen Altersversorgung beigetreten war, zu diesem Zwecke Geld aufnehmen. In Linz wurde er deshalb ausgelacht, denn man fand es höchst überflüssig, daß der bereits so bewunderte Meister der Orgel, der nun schon in der Mitte der Dreißigerjahre stand, noch Theoriestudien betrieb.

Mit ungeheurem Eifer stürzte sich Bruckner auf das neue Studium, für das ihm neben dem doppelten Kirchendienst und den zahlreichen Privatstunden der Tag zu kurz wurde. Um Zeit zu gewinnen, sann er auf Abhilfe. Schon lange empfand er es als unhaltbaren Zustand, daß er den Dienst an *zwei* Kirchen zu besorgen hatte, was nur durch Bezahlung einer Hilfskraft möglich war. Dieser Gehilfe, der aus eigenen Mitteln lebte und den Orgeldienst gegen billige Bezahlung leisten konnte, war alt geworden, und über sein Spiel waren mehrfache Beschwerden eingelaufen. Diesen Umstand benützte Bruckner, um beim Bischöflichen Ordinariat ein Gesuch (vom 14. September 1858) einzureichen, in welchem er Abhilfe in diesen Mißständen erbat. Bei den bisherigen Bezügen wäre es unmöglich, einen neuen Gehilfen anzuwerben, da dieser eine entsprechende musikalische Bildung haben müsse, damit er der Pflege des *deutschen Kirchenliedes* mehr Aufmerksamkeit widmen und auch davon leben könne. Er beantragte daher die *Trennung* der beiden Kirchendienste und die »Creirung von 300 Gulden« für den Domorganisten, so daß dieser mit den bisherigen Bezügen (an Stelle eines 5. Chorvikars) von 300 Gulden ein fixes Gehalt von jährlich 600 Gulden erhalten solle. Dies sei, wie an anderen Domkirchen, wegen des Mangels einer Vorrückungsmöglichkeit und einer Altersversorgung notwendig. Diese Bitte wurde vom Ordinariat als »verfrüht« zurückgewiesen mit dem Vermerk, sie könne später, wenn die Josefs-Pfarre mit dem Dom vereinigt würde, neuerdings vorgebracht werden. Somit mußte sich Bruckner bescheiden und eine große Arbeitslast mit sich fortschleppen. Es war ihm aber wenigstens gelungen, das Singen bei Begräbnissen abzubringen. Auch hatte er beschlossen, sich als ausübendes Mitglied bei der Liedertafel zurückzuziehen, um doch diese Abende für seine Arbeit zu gewinnen. Die *Not an Zeit* für sein ureigenstes Schaffensgebiet begleitete Bruckners Leben bis ins hohe Alter hinein.

Ganz zurückgezogen lebte er nun nur seinen Pflichten und dem Studium, dessen Denkarbeit er, wie er selbst sagte, »um sich vor Trockenheit zu bewahren«, durch fleißiges Improvisieren auszugleichen trachtete. Zum Abschluß der Studien im einfachen Kontrapunkt fand sich Bruckner wieder in Wien ein, um durch sechs Wochen bei Sechter zu arbeiten, wo er den ganzen Tag verblieb, um ihn jederzeit zu Rate ziehen zu können. Weinwurm hatte ihm, seinem Wunsch entsprechend, ein ruhiges, kühles Zimmer in der Nähe der Wohnung Sechters für die Zeit vom 30. Juni bis 13. August besorgen müssen. Um sich nicht zu zerstreuen, ging er nicht einmal in die Oper. So konnte er am 12. August 1859 das Zeugnis »über *den einfachen Kontrapunkt in allen Gattungen* und im *Harmonisieren gegebener Melodien*, endlich im *strengen musikalischen Kirchensatz* sehr ehrenvoll« erwerben und als »einsichtsvoller und redlicher Fortpflanzer dieser Kenntnisse« empfohlen werden.

Nun ging es an die schwierigen Aufgaben des doppelten und mehrfachen Kontrapunkts, in welche Bruckner bald wieder tief eingesponnen war. Über manche dieser Probleme quälten ihn oft Skrupel, die er seinem Lehrer, der ihm inzwischen zum wahren Freund geworden war, brieflich unterbreitete. Als Bruckner im Jänner 17 Hefte mit Aufgaben an seinen Meister sandte, war dieser über seinen Fleiß und seine Fortschritte voll Bewunderung. Es heißt dann in dem Brief vom 5. Jänner 1860: „Einzelne Bemerkungen werde ich Ihnen mündlich machen. Damit Sie aber in Gesundheit nach Wien kommen können, ersuche ich Sie, sich mehr zu schonen und sich die nötige Ruhe zu gönnen. Ich bin ja ohnehin von Ihrem Fleiß und Ihrem Eifer überzeugt und möchte daher nicht haben, daß Ihre Gesundheit durch zu große geistige Anstrengung zu leiden hätte. Ich fühle mich gedrungen, Ihnen zu sagen, daß ich noch gar keinen fleißigeren Schüler hatte als Sie. Zu fernerem Troste kann ich Ihnen sagen, daß das jetzt folgende Studium Ihnen viel mehr zusagen wird als das jetzige, was viel Trockenheit enthält und dennoch es überwunden haben...«

Die Fastenzeit, in der die Orgel zu schweigen hat, benützte Bruckner wieder zu einer Reise nach Wien, um mehrere Wochen bei seinem Meister zu weilen und die Studien der letzten Zeit zu beschließen. Unter den vielen Aufgaben, die Bruckner vorlegte, befand sich auch ein Beispiel, wo er mit Absicht von der geheiligten Regel abgewichen war, obwohl er wußte, daß Sechter darüber furchtbar werden konnte. Klopfenden Herzens legte er das Blatt vor. »Als nun der Lehrmeister«, so berichtet Bruckner selbst, »zu der gefürchteten Stelle kam, schüttelte er bedenklich den Kopf. Dann blickte er mich vorwurfsvoll an, erhob den Zeigefinger und sagte grollend: ›Mir scheint, Sie sind auch einer von denen – –!‹« Das freie künstlerische Empfinden mußte er in seinen Schularbeiten unterdrücken, nach dem pädagogischen Grundsatz Sechters: »Erst die Theorie, dann das freie Schaffen.«

Als letzte Stufe seines Studiums wandte sich Bruckner nun den Aufgaben über den »*Kanon und die Fuge*« zu. Dieser Stoff war nun nicht so schnell zu bewältigen, daß er wie sonst in den Sommerferien nach Wien ging. Er bat daher Weinwurm, ihn doch in Linz zu besuchen. In demselben Brief führt er Klage gegen eine Äußerung, die der derzeitige Chormeister des »Frohsinn«, Storch, bei einer Besprechung von Schumanns »Der Rose

Pilgerfahrt« in der »Linzer Zeitung« gemacht hatte. Dieser Aufsatz enthielt folgende Stelle: »Schumann war nie eine jener traurigen Gestalten, wie sie selbst jetzt noch in unserer Zeit mit *gesenktem Haupte herumschleichen* und glauben, wenn sie die Sache nur recht von der formellen Seite treffen, wenn sie nur den Kontrapunkt in trostloser Abstraktion recht tüchtig handhaben und in scholastischer Dürre herumirren, so haben sie der Kunst Genüge getan etc.« Diese Worte glaubte Bruckner auf sich beziehen zu müssen. Da er selbst keine Zeitung las, war er von Alois Weinwurm darauf aufmerksam gemacht worden, der einen Gegenartikel gern geschrieben hätte, wenn ein solcher in »gediegenster Art« nicht schon von dem bekannten Kirchenkomponisten *Karl Sandtner* in Steyr erschienen wäre. Bruckner wehrt ab mit den Worten: »In Linz bin ich der einzige, der den Contrap. studiert, aber ich senke weder mein Haupt, noch *schleiche* ich herum. Von mir soll Storch ja nicht voraussetzen, daß ich nach Vollendung meiner Studien glauben werde, der Kunst Genüge geleistet zu haben.« So regten sich denn auch hier wie einst in St. Florian die Neider, die Gehässigen, die »Armen im Geiste« gegen den, dessen Dämonie und Kraft sie bereits ahnten!

Am 23. August konnte Bruckner seinen geliebten Freund Rudolf in Linz begrüßen und mit ihm in der Zeit bis zum 19. September alle Gefühle austauschen, die ihn bewegten. Wie Weinwurm berichtet, war Bruckner damals »die Bescheidenheit selbst«, hielt sich gar nicht für einen Komponisten und hatte keine Ahnung von seinem Talent. Die Menschen aus der Residenz erschienen ihm als »Weltwunder«, die er kaum je erreichen würde.

Er arbeitete damals an dem wohl zum größten Teil schon in St. Florian komponierten *Psalm 146* in A-Dur für Soli, Doppelchor und Orchester. Das mehrteilige Werk nimmt die Form der Kantate »Vergißmeinnicht« aus der Kronstorfer Zeit wieder auf. Chöre, Rezitative, Ariosi und Duette wechseln ab. Die Orchestereinleitung lehnt sich an Mendelssohn an, die Rezitative an Haydn. In den Chören begegnet man stellenweise Vorahnungen der späteren Eigenart des Meisters. Bemerkenswert ist die konzertante Verwendung des Horns, der Geige und der Oboe. Die Streicherbehandlung nimmt Tonleiter-Figurationen voraus, die uns auch in den großen Messen noch begegnen. Durch den

Eingangschor zieht sich ein Cantus firmus des Solo-Horns, dem alles untergeordnet ist. Auch sonst treten Canti firmi hervor, die, wie die abschließende Fuge, bereits den Einfluß des Unterrichts bei Sechter erkennen lassen. Das bisher umfangreichste Werk seit dem Requiem und der Missa solemnis kam niemals zur Aufführung, und der Meister ist auf das Werk und dessen Form nie zurückgekommen.

In diesen Jahren des Studiums vermißte Bruckner eine geordnete Hauswirtschaft sehr. Gern hätte er seine liebe Mutter zu sich genommen, die jedoch jedesmal abwehrte: »Na, i paß nöt für d' Stadt.« Sie hatte auch seine Übersiedlung nach Linz ungern gesehen, und gar mit seinen Reisen nach Wien war sie nicht einverstanden, denn sie hatte, wie Ignaz sagte, keine Ahnung, daß Tonerl einmal etwas Großes werden könne. In diesem Herbst nun begann sie zu kränkeln, und nach nur zweitägigem Krankenlager erlag sie am 11. November 1860 ihrem Lungenleiden.

Der von diesem Schicksalsschlag tief erschütterte Sohn, der ihr stets in kindlicher Liebe ergeben war, ließ, um sich ein bleibendes Andenken zu sichern, einen Fotografen aus Linz nach Ebelsberg kommen, um die Tote, welche in ihrem Sonntagsstaat mit dem schwarzseidenen Kopftüchl aufgebahrt war, zu fotografieren. Das Bild fand sowohl in Linz als später auch in Wien einen Ehrenplatz in seiner Wohnung über einem Weihbrunnkessel und dem Betschemel. Da ihn der Anblick der Toten aber schreckte, war das Bild gewöhnlich durch einen grünen Vorhang verdeckt.

Wie er im Leben der Mutter jeden Kummer und Seelenschmerz eröffnete, so flüchtete er auch später zu ihr in allen Nöten durch das Gebet. Als übermütige Sangesbrüder, die ihn oft wegen seines sittlichen Lebenswandels neckten, einmal ein freches Frauenzimmer zu ihm in die Wohnung schickten, wurde seine sittliche Kraft auf eine harte Probe gestellt. Das Mädchen gab sich zuerst als eine Verehrerin seiner Kunst aus, wurde dann zutunlich und bedrängte ihn schließlich so sehr, daß Bruckner aufsprang, zum Betschemel eilte und vor dem Bild seiner Mutter kniend zu beten begann. Betroffen und höhnisch lachend entfernte sich die gedungene Dirne. – Diese heroische Selbstbekämpfung und Selbstzucht im Bewußtsein einer höheren Beauftragung und im Aufblick zu Gott hielt er fest bis ans Lebensende.

Gottesfurcht und treueste Pflichterfüllung waren das Erbe, das die Mutter ihm hinterlassen hatte.

Die intensive Arbeit für die letzte Etappe seine Studiums half ihm die erste Zeit des Leides überbrücken. Aber auch eine andere Ablenkung dürfte sich günstig für sein von Natur aus zur Melancholie neigendes Seelenleben ausgewirkt haben.

A. M. Storch, der Chormeister des »Frohsinn«, war nach Wien übersiedelt und sein Stellvertreter tödlich erkrankt, so daß die Liedertafel gezwungen war, sich um einen neuen musikalischen Leiter umzusehen. Nach Fühlungnahme mit Bruckner wurde dieser über Antrag des Vorstandes *Josef Hafferl* am 7. November 1860 einstimmig zum *Chormeister* gewählt. Bruckner nahm die Wahl an, da er bereits unmittelbar vor dem Abschluß seiner Studien bei Sechter stand und für das neue, im damaligen Linz angesehene Amt künftig die nötige Zeit erübrigen konnte.

Das musikalische Kulturleben der Stadt lag seit 1821 allein in den Händen des »Musikvereines«. 1845 wurde der Männergesangverein »Frohsinn« gegründet, der 1855 durch den seit diesem Jahre als Chormeister des Vereines angestellten ehemaligen Chormeister des Wiener Männergesangvereins *Anton Max Storch* mit einem selbständigen *Frauenchor* ergänzt wurde. Daneben hatten sich schöngeistige Kreise der bürgerlichen Gesellschaft in dem Verein »Kränzchen« zusammengefunden, der in die Sektionen Musik, Gesang und Deklamation gegliedert war. Aus der zweiten dieser Sektionen ging 1857 der Männgergesangverein *»Sängerbund«* hervor. Der unter der Leitung seines Gründers *Alois Weinwurm* stand und zeitweilig vertretungsweise auch von Bruckner geleitet wurde.

Nun widmete sich Bruckner mit dem ihm eigenen Eifer seiner neu übernommenen Verpflichtung im »Frohsinn«.

Bei den Proben im Refektorium des »Nordico« war er sehr genau. Er studierte zuerst stimmenweise, legte viel Gewicht auf die Aussprache, die Atmung und vor allem auf ein kultiviertes Pianissimio. Sein Gehör war ungemein scharf, so daß er auch die geringste Unreinheit sofort merkte. Das Piano konnte ihm nicht leise genug gebracht werden, immer sagte er wieder: »Dös klingt no alleweil wia a Trompeten.« In Schumanns »Ritornell«, wo die letzte Strophe äußerst leise zu singen ist, plagte er die Sänger so lange, bis sie sich bei einer Probe verabredeten, bei dieser Strophe überhaupt nicht mehr zu singen. Als es zu der Stelle kam, bei der der Dirigent, um das ppp besonders anschaulich zu machen, eine so tiefe Kniebeuge ausführte, daß er fast den Boden berührte, hörten alle auf zu singen. Bruckner aber dirigierte entzückt weiter und flüsterte geheimnisvoll: »Jetzt is' recht!« Sein inneres Ohr hörte Sphärenharmonien! Er war von den Klängen stets so hingerissen, daß alles an ihm zitterte, und beim Dirigieren kam er so in Eifer, daß er, obwohl er dies meist hemdärmelig tat, in Schweiß gebadet war. Immer hatte er Unterwäsche bei sich, um sich nach der Probe umzuziehen.

Schon bei der ersten von Bruckner geleiteten Veranstaltung, dem »Damenabend« am 20. Dezember 1860, hob die Presse die »präzise, vortreffliche Durchführung der Chöre« hervor. Selbst beim Faschingsabend am 9. Februar 1861 – Bruckner war bei einer der komischen Nummern als Napoleon III. maskiert – bot der Vortrag eines Chores der Heiterkeit Einhalt und rührte die Zuhörer, wie der Bericht der »Linzer Zeitung« vom 11. Februar besagt, »zu Tränen«. »Möge sich die Liedertafel«, so schließt der Bericht, »eng an ihren tief und gründlich gebildeten Chormeister, Herrn Bruckner, anschließen. In ihm erkennen wir den Mann, der sie zum Ruhme und zur Ehre führen kann.«

Die erste Erwähnung Bruckners in der Linzer Presse erfolgte übrigens schon 1856, als er bei dem alljährlich auch durch ein Hochamt gefeierten Gründungsfest des Vereines, am 30. März, das Orgelspiel auf der Domorgel besorgte. Es heißt im »Linzer Abendboten« vom 31. März u. a.: »H. Bruckner, der neu angestellte Organist, bewährte sich als ein mit dem Instrument vollkommen vertrauter Künstler, sowohl im strengen als im freien Spiel. In dem Präludio vor dem Agnus Dei, in welchem sich H. Bruckner der Koppelung sehr wirksamer Register bediente, erreichte die Bewunderung über sein Spiel den höchsten Grad...«

Bald hatte er auch hier wie in St. Florian »musikalische Opfer« zu bringen. Anläßlich des Todes der Frau des Kaufmanns und Liedertafel-Vorstandes *Josef Hafferl* schrieb Bruckner zu dem bereits in St. Florian vertonten Gedicht »An Arneths Grab« von *Marinelli*, unter Weglassung der letzten Strophe, eine neue Musik für Männerchor und benannte den neuen Chor mit dem Titel: »*Am Grabe*«. Der Vortrag des Chores am Grabe der Toten löste tiefen Eindruck aus, und zum erstenmal erklang ein Brucknersches Werk in Linz, das sogar in der »Linzer Zeitung«

erwähnt wird mit den Worten: »Durch die ganze Komposition weht der Hauch zarten Empfindends und frommen Gottvertrauens.«

Zwei Tage nachher, am 13. Februar, Aschermittwoch, traf Bruckner wieder in Wien ein, um dort bis 25. März zu verweilen und bei Sechter die Abschlußstudien zu machen. Weinwurm hatte wieder für seine Unterkunft gesorgt, die Bruckner diesmal nicht im Hotel wünschte, da er letztes Mal dort keine Ruhe hatte und oft vor 3 und 4 Uhr früh nicht einschlafen konnte. »Meine Sehnsucht war«, so schreibt er, »zu einer lieben, soliden Familie zu kommen; aber ich scheine meine Hoffnungen vereitelt zu sehen. Nun, *fügen* ist das Losungswort, wenn's nicht anders sein kann.« Aus diesen Worten ist Bruckners Sehnsucht nach warmer Häuslichkeit zu ersehen, die er zeitlebens nie erreichen sollte. Welch schlimme Erfahrungen er in Linz gemacht haben mußte, geht aus den weiteren Zeilen hervor, wo es heißt: »Ich freue mich schon herzlich, Linz hinter dem Rücken zu haben. Werde Dir manches erzählen, worin Du echte Krähwinkler-Charaktere ahnen, ja deutlich erkennen wirst...«

Die Tage in Wien waren von der Sonne der Freundschaft beschienen, und Sechter bestätigte in dem Zeugnis vom 23. März 1861, daß Bruckner die »strenge Prüfung über den Kanon und die Fuge vollkommen gut bestanden« und daher als Fortpflanzer dieses Studiums mit »wahrem Nutzen« gelten könne.

In nächster Zeit nahm ihn sein *Dirigentenamt* beim »Frohsinn« stark in Anspruch. Am 19. April sang der Verein bei einem Festkonzert anläßlich der ersten *Versammlung des vom Volk frei gewählten Landtages* neben Musikvorträgen des Musikvereines unter *Engelbert Lanz* mehrere Chöre, darunter »Meeresstille und glückliche Fahrt« von *Ludwig Fischer* mit Orchesterbegleitung. Die »Linzer Zeitung« beglückwünscht den Verein zu einem solchen Führer und fährt fort: »Herr Bruckner, der vollendete Techniker der Kunst, bewies sich als sehr guter Dirigent. Richtige Auffassung, feine Nuancierung, ruhige, energische Leitung sind die Kardinaltugenden eines Chormeisters.«

Gewaltig waren die Anforderungen, die Bruckner zu den Veranstaltungen des sechzehnten *Gründungsfestes* an seine Sängerinnen und Sänger stellte. Besonderes Gewicht legte er hierbei auf die *kirchliche* Feier, zu welcher er eine Messe von *Antonio*

Lotti, also ein A-cappella-Werk der altklassischen Kirchenmusik wählte. Eine für eine Liedertafel ganz ungewohnte und hochgegriffene Aufgabe! Die Aufführung am 15. Mai 1861 erregte denn auch die höchste Bewunderung aller Zuhörer, und der »Linzer Abendbote« stellt fest, daß »eine Wirkung zustande kam, wie sie in Linz mit einem derartigen kirchlichen Werk noch nie erzielt wurde«. Als Einlage beim Offertorium aber erklang ein neues Werk Bruckners, das er in inniger Dankbarkeit zum Abschluß seiner Studien geschrieben haben mag, das *»Ave Maria«* für siebenstimmigen gemischten Chor in F-Dur, das dem Stil der Messe wunderbar angepaßt war und tiefgehende Wirkung übte. Die »Linzer Zeitung« vom 15. Mai pries es als »ein religiös empfundenes, streng kontrapunktisches Werk«, das »einen glänzenden Beweis seiner großen Studien und seiner besonderen Befähigung für schaffende kirchliche Kunst geliefert« habe. Die »Abendpost« stellt fest: »Herr Bruckner trat mit diesem Werke in Linz zum erstenmal als Komponist vor das Publikum und in die Öffentlichkeit – und errang einen vollen Sieg.« Dieses kindlich fromme, den berühmten klassischen Madonnenbildern ebenbürtige Werk kann in seiner Palestrinensischen Erhabenheit und seinem doch so tief empfundenen Gefühlsinhalt wohl als das *erste* Brucknersche Meisterwerk angesehen werden.

Bald ergab sich die Gelegenheit, dem Männergesangverein »Frohsinn«, der damals 78 Sänger zählte, auch außerhalb von Linz zum Sieg zu verhelfen. Bei dem Festkonzert des *»Ersten deutschösterreichischen Sängerfestes«* in Krems (Niederösterreich), am 29. Juni 1861, erzielte Bruckner mit seinen Sängern durch die Chöre »Waldeinsamkeit« von *A. M. Storch* und »Jägers Aufenthalt« von *V. E. Becker* einen so durchschlagenden Erfolg, daß der Wiener Festbericht dem »Frohsinn« die »Palme des Abends« zusprach, da die Chöre an »Präzision und zarten Nuancen« nichts zu wünschen übrig ließen. Eine Broschüre über das Fest stellt die Leistung der Linzer sogar über die des »Wiener Männergesangvereines« unter *Herbeck.*

Die große Begeisterung, die schon in Krems das Fest befeuerte, schwoll bei dem *Deutschen Sängerfest* in *Nürnberg,* in den Tagen des 19. bis 24. Juli 1861, zu orkanartigen Begeisterungsstürmen an, besonders in den Gesamtchören.

Nach dem Erfolg von Krems hatte sich auch der »Frohsinn« zum Vortrag eines Einzelchores angemeldet. Als das kleine

Häuflein der 48 zum Fest fahrenden Sänger auf dem riesigen, für 6000 Sänger berechneten Podium stand, erfaßte sie fast Mutlosigkeit; doch der Erfolg des Chores »*Wacht auf*« von *Kücken* war ein überwältigender! Der Vortrag des Chores wurde zweimal durch anhaltenden Beifall unterbrochen, und am Schluß schienen die Begeisterungskundgebungen kein Ende nehmen zu wollen. *Johann Herbeck,* die erste musikalische Größe Wiens und Chormeister des »Wiener Männergesangvereines«, stürzte auf Bruckner zu, umarmte ihn und rief: »Lieber Freund! *Ich* kann den Chor nicht besser studieren.« Der »Frohsinn« wurde hierauf eingeladen, gemeinsam mit dem Wiener Männergesangverein das von einem kleinen Chor vorzutragende Solo im Gesamtchor »Ermanne dich, Deutschland« von *Storch* zu singen. Bruckner aber hatte von dem ersten Dirigenten Österreichs das Zeugnis seiner Dirigentenbefähigung erhalten.

Die Sänger waren beim Fest vielfach privat untergebracht. Bruckner wohnte bei dem Oblatenfabrikaten *Robert Zimmermann* in Fürth, wo es ihm sogleich dessen Schwester angetan hatte. Aber auch in einer Weinschenke vor der Stadt war er bald für die schwarzlockige Hebe Olga entflammt. Die übermütigen Sangesbrüder hatten nun einen Plan gegen ihn ausgeheckt. Man lockte ihn in vorgerückter Stunde auf ein Zimmer, ließ ihn allein und sandte Olga in verführerischem Aufzug zu ihm hinauf. Er aber flüchtete zum Fenster und wies sie hinaus. Der Vorfall zeigt, auf welcher Stufe sich die Fröhlichkeit seiner Sänger bewegte, und man begreift, daß sich Bruckner daraus zu befreien suchte, um so mehr, als er beabsichtigte, im Herbst am Wiener Konservatorium die Maturitätsprüfung abzulegen, wozu er Zeit und Ruhe zur Vorbereitung nötig hatte. Er trat daher im September aus der Liedertafel aus und begründete dies in einem Brief vom 3. Oktober an Weinwurm mit den Worten: »Im September bin ich *infolge zu arger Beleidigungen* von der Liedertafel ausgetreten.«

Inzwischen war am *Dommusikverein* und *Mozarteum* in *Salzburg* der Dirigentenposten, den *Alois Taux* bekleidet hatte, frei geworden. Schon bald nach Bruckners Übersiedlung nach Linz war ihm klargeworden, daß diese Stadt nicht der Ort sei, der für seine höheren musikalischen Sehnsüchte geeignet war. Nach den abgelegten Prüfungen und seinen Erfolgen als Dirigent glaubte er sich nun berechtigt, jenen Posten anstreben zu können, um so mehr, als er aus Salzburg hierzu wiederholt aufgefordert wurde. Als gefährlicher Mitbewerber kam *Hans Schläger* in Betracht, der inzwischen die Chormeisterstelle des »Wiener Männergesangvereines« innegehabt hatte. Anschaulich schildert Bruckner die Intrigen bei dieser Bewerbung Freund Weinwurm in dem Brief vom 3. Oktober 1861:

»Schläger ist Dictator unter Hillebrandt in Salzburg. Hierüber gäbe es viel zu schreiben. Hier nur einiges: Ich bekam Posten über Posten, das heißt mündliche Aufforderungen, nach Salzburg zur Probe-Direction zu reisen, nachdem ich von Schläger, der bei mir war, schon wußte, daß man ihn will. Ich ging daher nicht, und erst als ich zum Schlusse einen dringenden Brief erhielt und erfuhr, daß es nur um meine Ehre zu retten galt, entschloß ich mich noch des Nachts, Donnerstag, den 19. v. M., und dirigierte Freitag und Samstag und fuhr des Nachts wieder retour. Hillebrandt hatte sich nämlich beleidigend vor einer Gesellschaft über meine Tüchtigkeit, ja sogar verächtlich ausgesprochen. Womit ich zu kämpfen hatte am Freitag Abends, das bleibt mir unvergeßlich. Es läßt sich leicht denken. Die Mädchen der Sing-Akademie waren alle von den Hillebrandtschen gegen mich aufgereizt – es war schrecklich. Doch ich gab nicht nach und wurde zuletzt bei meinem Chor (7stimmig Ave Maria) großartig zweimal applaudiert. Hillebrandt gestand zuletzt viel, ja *zuviel* mir gegenüber. Doch Alles *das mündlich im November*, Schläger soll auf 600 fl. herabgestiegen sein. Alles Gute ihm!

Die Zeitungen wußten es schon, bevor in Salzburg eine Sitzung war. Ich erkundigte mich auch Deinetwegen. Wir werden hierüber großartig viel lachen. Über die Besetzung dieser 600-fl.-Stelle dürfte, ja sollte ein Roman geschrieben werden.«

Bruckner nahm das Mißlingen dieser Bewerbung nicht allzu tragisch. Er vergrub sich in musikalische Arbeiten und in die Vorbereitung der geplanten Maturitätsprüfungen und schrieb am 7. November 1861 für einen befreundeten jungen Priester eine *»Fuge, d-Moll«* für Orgel, zu dessen Primiz in Steyr, wo er das Stück in der ihm so vertrauten Pfarrkirche selbst spielte.

Am selben Tag vollendete er für St. Florian ein Offertorium *»Afferentur regi«* für gemischten Chor, welchem er dann die Begleitung dreier Posaunen beigab. Der imitierende Anfang daraus ging später in die d-Moll-Messe über. Ein Orgelpunkt mit schwelgenden Sextakkord-Folgen und eine kühne Baßführung künden den Werdenden an.

Das knappe Werk kam zuerst am 13. Dezember 1861 in St. Florian zur Aufführung und wurde 1867 in Linz und 1887 in Wien als Einlage zur genannten Messe gesungen.

Auch das anspruchslose gemischte Solo-Quartett: *»Du bist wie eine Blume«* dürfte damals auf Wunsch des Chormeisters des »Sängerbund« *Alois Weinwurm* entstanden sein, da es am 15. Dezember 1861 beim 1. Gründungskonzert des Vereines zur ersten Aufführung kam.

Im September hatte Bruckner die große Freude, seinen hochverehrten Lehrer Professor *Sechter* vier Tage lang bei sich in Linz zu haben. Damals widmete dieser seinem Schüler zum Abschluß der Studien ein musikalisches Gedenkblatt, eine *Fuge* mit dem Motto: »An Gottes Segen ist alles gelegen.« Im Oktober machte Bruckner eine schriftliche Eingabe an die Direktion des *Wiener Konservatoriums* mit der Bitte, dort eine öffentliche Prüfung über Harmonielehre und Kontrapunkt ablegen zu dürfen. Da einst Dürrnberger bei Ablegung einer solchen Prüfung ein Diplom und den Titel »Professor« erhielt, bat auch Bruckner darum. In der Erledigung des Gesuches wurde ihm zwar die Ablegung der Prüfung bewilligt, jedoch mitgeteilt, daß die *Gesellschaft der Musikfreunde,* die das Konservatorium unterhielt, nicht das Recht habe, den Professortitel zu verleihen. Daraufhin bat Bruckner, es möge im Zeugnis seine Befähigung als »Lehrer für Harmonielehre und Contrapunkt an Conservatorien« ausdrücklich vermerkt werden. Den Eingaben lagen die Zeugnisse Sechters und kontrapunktische Arbeiten sowie freie Kompositionen bei. Über die Prüfung, die am 19. November 1861 um 5 Uhr abends im Musikvereinssaal stattfand, erzählte Bruckner selbst seinem Biographen *August Göllerich* in Hochdeutsch, wie er es immer bei feierlichen und offiziellen Anlässen tat:

»Vorsitzende waren: *Direktor Hellmesberger, Johann Herbeck, Prof. Sechter, Otto Dessoff und Schulrat Becker.*

Im entscheidenden Moment erhielt ich keine Frage. Alles zauderte verlegen. *Sechter,* der diese Prüfung nicht wollte, weil er die Verhältnisse kannte, sagte, er wisse ohnehin, was ich kann, und forderte schmunzelnd die anderen Herren auf, Fragen zu stellen. Da stand endlich *Herbeck* auf und sagte: ›Wir haben *Bruckners* schriftliche Arbeiten durch die ganze Zeit seiner Studien seit 14 Tagen hier und gesehen, daß er die schwierigsten kontrapunktischen Probleme gelöst hat, was alles ihm keinen

Vorzug geben würde vor anderen, die mit Auszeichnung studieren. Sollte aber *Bruckner* imstande sein, ein Thema, welches wir ihm geben, *sogleich* auf einem Instrument als *Fuge* durchzuführen, so würde ihm das den Vorzug vor anderen einräumen.‹ Jetzt wurde ich gefragt, ob ich mich dem unterziehen wolle und auf welchem Instrumente, Klavier oder Orgel. Ich bejahte und erbat mir die *Piaristen*-Orgel. Daraufhin wurde die Sitzung aufgehoben, welche Dienstag abends war, und der darauffolgende Donnerstag als Prüfungstermin festgesetzt, wo ich um 1 Uhr bestimmt auf dem *Piaristen*-Chor erscheinen sollte.

Am Prüfungstag labte ich mich vorher noch bei den ›Drei Hackeln‹, wo ich auch *Sechter* traf und von ihm eine sehr drastische Bemerkung über das Nichterteilen der Frage am Dienstag hörte: – sie hätten sich alle nicht getraut, meinte er! –

Um 1 Uhr war pünktlich alles versammelt. *Herbeck* forderte *Sechter* auf, ein Thema aufzuschreiben, was er in vier Takten auch tat. Daraufhin sagte *Herbeck* zu *Dessoff:* ›Verlängern Sie ihm das Thema.‹ ›Ach nein‹, antwortete dieser. ›Nun, wenn Sie's nicht tun, tu's ich‹, erwiderte Herbeck und gab noch vier Takte dazu, worauf ihm Dessoff zurief: ›Ach, Sie Grausamer.‹

Dann wurde mir das Thema gezeigt mit der Frage, ob ich es aufnehmen wolle. Auf meine Bejahung wurde mir die Orgel angewiesen, deren Blasebälge bereits in vollem Gang waren. Da ich nicht gleich begann, wurde es unter der Kommission etwas heiter, da man vermutete, ich schrecke zurück. Nachdem ich mir das notwendige Material geistig zusammengestellt hatte, begann ich eine Introduktion über die einzelnen Teile des Themas. Endlich spielte ich, da das Thema im Baß lag, das Fugenthema frisch an und führte es in einer *freien Fuge* durch. Beim Orgelpunkt, der stets mein Lieblingselement war, nachdem sich dort die größten Steigerungen und Freiheiten anbringen lassen, ließ ich mich zum Erstaunen aller aufs kühnste aus.

Als ich geendet hatte, hat sich ein wahrer *Jubel* unter der Kommission effektuiert. Herbeck meinte: ›*Er* hätte *uns* prüfen sollen‹; und man verschaffte mir noch Gelegenheit zu einer freien Improvisation, worauf mir erklärt wurde: ›*Sie* haben viel mehr als Sie brauchen.‹

Das prachtvolle Zeugnis, das ich erhielt, stammte von *Herbeck,* wie man sagte, und als ich nach *Linz* zurückkehrte, las ich es im ›Fremdenblatt‹.«

Von da an ließ *Herbeck* Bruckner nicht mehr aus den Augen.

Das *Maturitäts-Zeugnis,* womit der Privatunterricht seine öffentliche Bestätigung fand, hat folgenden Wortlaut:

»*Zeugniß*

Herr *Anton Bruckner*, Domorganist in Linz, hat sich am *Conservatorium* einer Prüfung über seine musikalische Befähigung unterzogen, und es wird ihm von Seite der gefertigten Prüfungskommission bezeugt, daß er sowohl in der *Theorie* der Musik als im *Orgelspiel* Beweise seiner vorzüglichen Ausbildung abgelegt hat.

Aus den von ihm vorgelegten Arbeiten ergeben sich die umfassendsten Studien im *Kontrapunkt* und eine gründliche Kenntnis des *strengen Stiles* in seinen verschiedensten Formen. Die Leichtigkeit und Sicherheit, mit der Herr *Bruckner* die schwierigsten Aufgaben in dieser Richtung löst, bekunden eine gediegene Kenntnis der *Musiklehre* und einen für die Tonkunst von Talent und Neigung geleiteten Eifer für seine Fortbildung. Als Orgel*spieler* bewies Herr *Bruckner* eine bedeutende Fertigkeit und Kenntnis des Instrumentes und zeigte sich gleich geübt im Vortrag fremder Kompositionen, wie in der improvisierten Durchführung freier und gegebener Themen.

Mit Rücksicht auf die hier angeführten Leistungen verdient Herr *Anton Bruckner* nicht nur als ausübender Musiker von vorzüglicher Fachkenntnis, sondern insbesondere als *Lehrer der Musik an Conservatorien* und zur Unterweisung von *Lehramtszöglingen* allerorten bestens empfohlen zu werden.

Wien, am 22. November 1861.«

Die »Wiener Zeitung« bezeichnet dieses von den oben genannten Mitgliedern der Prüfungskommission unterzeichnete Zeugnis als »wahren *Meisterbrief*« für den bescheidenen Linzer Domorganisten, der »den randvollen Becher Simon Sechterscher Schulweisheit bis zur Neige geleert« habe.

Josef Hellmesberger war von den Leistungen Bruckners so begeistert, daß er ihn schon damals anregte, für sein Quartett ein Werk zu schreiben, was allerdings erst 18 Jahre später geschehen sollte, und *Herbeck* tat den Ausspruch: »Wenn ich den zehnten Teil von dem wüßte, was *der* weiß, wäre ich glücklich!«

In dem Gesuche vom 10. November an das Konservatorium

hatte Bruckner ausdrücklich bemerkt, daß er der »freien Composition während der Studienzeit (seit 1855) nicht die erforderliche Zeit« gönnte und »nur einige Lieder und Chöre für die Liedertafel« geschrieben habe. Dann heißt es weiter: »Erst jetzt, nach der Prüfung, will ich mich der freien Composition widmen. Durch *freies* Phantasieren auf der Orgel suchte Gefertigter sich vor *Trockenheit* zu bewahren, so wie durch vieles Anhören gediegener Musik in Wien.«

Nur bei der *Improvisation* fühlte er sich *frei* und überließ er sich ganz seinem Genius, der ihn erfaßte und ihn schon damals weit über sein theoretisches Wissen hinaus in musikalisches *Neuland* führte. Sein festliches Spiel im Dom hatte ihm auch das Interesse höherer Gesellschaftskreise erworben, so daß er gelegentlich gebeten wurde, außerhalb des Gottesdienstes seine Kunst zu zeigen.

Eines Tages, im Jahre 1859, lud der damals kommandierende Feldzeugmeister in Linz, *Graf Huyn,* seinen Oberstleutnant *von Himmel* ein, mit ihm und seiner Familie einer privaten Orgelvorführung des Domorganisten Bruckner beizuwohnen.

Bruckner, damals noch schlank, mit dunkelbraunem Haar und Schnurrbart, empfing die hohen Herrschaften am Chor des Domes mit vielen linkischen Bücklingen und bestieg dann sogleich die Orgelbank. »Mit einem vollen Blick nach aufwärts«, so erzählt Himmel, begann das Spiel. »Ein einfacher Hymnus, ohne alle Künstelei, mit ernster Ruhe vorgetragen, schien das Thema des nun folgenden Konzertes anzudeuten. Mir klang es wie das Bekenntnis einer in Glauben und Sitten gefestigten Seele, die mit ruhiger Klarheit, mit sicherem Hoffen auf das Jenseits blickt. Noch einmal ertönt der schöne Sang, aber da beginnen schon – gleich dem Kräuseln der eben noch glatten See – andere Klänge das Thema zu umspielen. Leise Melodien umranken und umweben wie eine schmeichelnde Versuchung den hohen Sang, und immer drängender werden die fremden Stimmen, denen aus allen Registern neue sich vermählen, bis endlich gewaltige, übermächtige Akkorde das einfach schöne Lied umrauschen. Bald ist's ein kurzer abgerissener Satz, dann kaum mehr einzelne Töne, die wie der Hilferuf eines Sterbenden den mächtig dahinrauschenden Ozean der Gott entfremdeten Mächte übertönen. Da fällt mein Blick auf den Meister an der *Orgel.* Das ist nicht mehr der einfache, schüchterne Mann von vorhin! Mit hocherhobenem Haupte und begeistertem Blicke thront der Künstler inmitten des tosenden und brandenden Meeres von Tönen, und mit gewaltiger Kraft und souveränem Willen beherrscht er die hochschäumende himmelanstürmende Flut. – Endlich durchbricht das grollende Wogen der *Fuge* ein wundersüßer Klang, wie wenn ein heiterer Sonnenblick durch finstere Wolken dringt. Und nun reiht sich Ton an Ton zu mächtig schwellenden Harmonien des anfänglichen Themas; es glätten sich dunkle Wogen, immer mehr verklingt das Dumpfe, und endlich jubelt laut und hell der *Triumphgesang*, mit dem die ganze Schöpfung ihren Herrn lobt und preist! – Die kurze Spanne einer halben Stunde hatte dem großen Meister genügt, die Geschicke der Menschheit in Tönen zu malen. Die ruhige Klarheit der Pläne Gottes, die Reinheit seiner Offenbarung, die Versuchung und der immer tiefere Fall der Menschheit, ihr Versinken in geistiger und leiblicher Not, aber auch das Erlösungshoffen und endlich die *Erlösung* selbst, die den Menschen der gottgeplanten Reinheit wieder entgegenführt – all das und noch mehr war der Inhalt des imponierenden Tongemäldes, das Künstlerhände uns vorgezaubert! Alle waren tief ergriffen. Graf Huyn war auf Bruckner zugeeilt und hatte den gottbegnadeten Künstler auf beide Wangen geküßt. Bruckner, wenn auch gerührt von solcher Anerkennung, war nun, da er sein Instrument verlassen, wieder der einfache, befangene Mann von früher, und ich glaube, er war froh, als wir mit herzlichem, aber wortarmem Abschied von dannen gingen. – ›Gedenken Sie dieser Stunde!‹ sagte Graf Huyn im Nachhausegehen, ›es ist ein großer Geist, dessen Offenbarungen wir eben gelauscht.‹«

Die Eindrücke dieser Schilderung von Bruckners Orgelspiel in so früher Zeit decken sich völlig mit denen seiner größten symphonischen Werke, die später in so vielen Besprechungen und Büchern niedergelegt wurden. Nicht das Einzelschicksal, das der *Menschheit* vermochte Bruckner damals schon in Tönen auf der *Orgel* zu sagen; er rang nur noch damit, seine Tiefschau *schriftlich* fixieren zu können – dazu aber war ihm Sechters Mathematik der Töne nicht genug; er merkte die Kluft, die sich zwischen Theorie und Wirklichkeit auftat. Es war das Alte Testament, durch das er bisher geschritten, nun aber entschloß er sich, das *Neue* Testament zu erleben, und dazu bedurfte er der Führung eines Mannes, der mitten im modernen Leben stand.

Dieser Mann war *Otto Kitzler*, der ausgezeichnete Cellist des Stadttheaters, der seit Herbst 1858 auch bei großen Messen auf dem Domchor mitgewirkt und Mitglied des von *Karl Zappe* gegründeten Kammermusikquartettes war. Der aus Dresden stammende, zehn Jahre jüngere Künstler war Schüler des Brüsseler Konservatoriums, dann Cellist an der Oper zu Lyon gewesen und durch Vermittlung seines bei der Bahn in Linz tätigen Bruders an das Linzer Theater engagiert worden. Diesem jungen, weltgewandten Mann vertraute nun Bruckner seine weitere Führung an. Kitzler erkannte sogleich die Lücken, die Sechters Unterricht offengelassen hatte, und er ließ seinen Schüler, der sich mit Feuereifer dem neuen Studium hingab, zunächst an der Hand der »Analyse der musikalischen Formen« von *Richter* alle Instrumentalformen von der achttaktigen Periode bis zur Sonate und Symphonie durchnehmen, wobei als lebendiges Anschauungsmittel *Beethovens* Sonaten dienten. Großes Vergnügen bereitete es Bruckner, wenn er dabei auf Stellen stieß, die den Dogmen Sechters zuwiderliefen. Die Gewißheit, daß das Genie *über* aller Regel stehe, daß die Theorien wandelbar und immer wieder neu aus den Werken des genialen Schöpfers abgeleitet werden müßten, ging ihm nun auf. Bei den raschen Fortschritten des Schülers war es bald möglich, zur *Instrumentationslehre* überzugehen, wobei Kitzler die Kompositionslehre von *A. B. Marx* (3. und 4. Teil) zugrunde legte, in welcher *Meyerbeer* und *Mendelssohn* als Modernste abschließend behandelt waren. Von größtem Vorteil aber war es, daß Kitzler den Schüler an das lebende Kunstwerk, an die Partituren klassischer und moderner Meister heranführte.

In diese erste Zeit der Studien bei Kitzler fällt die Komposition einiger Gelegenheitswerke, so die des Männer-Quartetts *»Abendhimmel«*, nach Worten von *Zedlitz*, das er im Jänner 1862 dem von vier seiner Freunde gebildeten Solo-Quartett des »Frohsinn« widmete, und eine größere Komposition *»Festkantate«* für Baß-Solo und Männerchor mit Begleitung des Blechorchesters.

Bischof *Rudigier* hatte anläßlich der Verkündigung des Dogmas von der »Unbefleckten Empfängnis Mariä« im Jahre 1854 seine Diözese zum Bau eines *neuen Domes* aufgefordert. Der reiche Zustrom freiwilliger Spenden ermöglichte es nun, an die Grundsteinlegung des großen Baues zu schreiten. Der Bischof als großer Verehrer des Orgelspiels Bruckners beauftragte ihn nun, eine Kantate für diese Feier zu komponieren. Die Dichtung stammt von *Prof. Max Pamesberger*.

Das festliche Werk steht wie seine Vorgängerinnen noch größtenteils im Banne der Klassiker, weist aber in Einzelheiten doch schon gewisse Merkmale der späteren Eigenart Bruckners auf. Der Unisono-Oktav-Absturz des Anfanges ist das bemerkenswerteste derselben und wird von den Singstimmen übernommen. Das dem Eingangschor folgende Solo-Quartett wendet sich mehrmals in die Dominante der Oberterz-Tonart (Cis-Dur). Ausgesprochen Brucknersches Gepräge trägt aber nur das durch Holzbläser und Hörner begleitete Baß-Solo. Die weitgeschwungene Baß-Melodie, die sich bis zur Tredezim erhebt, erscheint uns mit dem Dezim-Sprung und ihrer romantischen Harmonik wie eine Vorahnung des Hauptthemas der VII. Symphonie.

Ein Choral in der strengen Form des evangelischen Chorals auf die Worte: »Des Landes Stämme wallen fromm aus allen Gauen zu dem Dom von unserer lieben Frauen« mutet in einer Marien-Kantate merkwürdig an, doch lehrt die historische Rückschau die Abstammung des evangelischen Chorals von dem älteren Marienlied. Das größtenteils homophone Werk enthält nur im ersten Teil einen kontrapunktischen Satz, eine Fugen-Exposition für Männerchor über das Thema.

Das Werk kam zur *Grundsteinlegung des Mariä-Empfängnis-Domes* am 1. Mai 1862 durch die Liedertafel »Frohsinn« und die Regimentsmusik unter Leitung von *Engelbert Lanz* zur ersten Aufführung. Bei dem darauffolgenden Hochamt sang die Liedertafel unter Bruckners Leitung die Messe von *Antonio Lotti* und das siebenstimmige *Ave Maria* von *Bruckner*.

Aus dieser Berührung mit der Militärmusik entstanden im Rahmen des Instrumentations-Unterrichtes bei Kitzler zwei *Militär-Märsche, »Apollo-Marsch«** und *»Marsch, Es-Dur«*, mit denen Bruckner sich die Technik des Blechbläsersatzes aneignete.

Durch solche volkstümliche Formen veranlaßte Kitzler seinen Schüler, der durch die strenge kontrapunktische Denkweise noch ganz befangen war und bei allen Übungen immer wieder

---

* Echtheit nicht beglaubigt.

kontrapunktische Stimmen zusetzte, freier und einfacher zu schreiben. Diesem Zweck und dem der Handhabung des großen Orchesters dienten auch der *»Marsch, d-Moll«* und *Drei kleine Orchesterstücke* (Es-Dur, e-Moll und F-Dur), zu welchen kleine Musik-Zwischenspiele Kitzlers, die er im Theater verwendete, Vorbild waren. Ob Bruckners Musik damals auch diesem praktischen Zweck zugeführt wurde, ist nicht bekannt.

Das bedeutendste dieser wohlklingenden, aber anspruchslosen Stücke ist wohl der *Marsch* mit seiner straffen Rhythmik und dem echt wienerischen Trio. Von einer Stelle des Finales der VIII. Symphonie, die Bruckner als »Wasserfall« bezeichnete, erwähnt er in einem Brief, daß diese Stelle schon in einem Marsch aus der Linzer Zeit vorkomme. Mit diesen Orchesterstücken hat Bruckner zum erstenmal sein ureigenstes Gebiet, die reine Orchestermusik, betreten.

Im Herbst 1862 empfing Bruckner abermals den Besuch seines verehrten ehemaligen Lehrers *Sechter* und erfuhr durch ihn, daß Hofkapellmeister *Aßmayr* am 31. August gestorben sei. Dadurch rückte der 1. Hoforganist *Benedikt Randhartinger* zum Hofkapellmeister vor, Sechter wurde erster und *Gottfried Preyer* zweiter Hoforganist. Da Sechter schon im November dieses Jahres wegen Kränklichkeit seinen Dienst nicht mehr versehen konnte, versuchten Bruckners Freunde ihm die »Exspektanz« auf die Stelle eines Hoforganisten zu verschaffen. Rudolf Weinwurm setzte sich mit aller Wärme für ihn ein und redete seinem Freunde zu wie einem Kinde, damit er die nötigen Schritte unternehme und sich um hohe Protektion umsehe.

Bei dem Hochfest von St. Florian, am Augustinus-Tag (28. August), hatte Bruckner beim Hochamt die Orgel gespielt. Dabei war Regierungsrat Ritter *Alfred von Arneth* von Bruckners Spiel so stark beeindruckt, daß er ihn aufforderte, ihm seinen Studiengang aufzuzeichnen, damit er in Wien für ihn eintreten könne. Bruckner selbst hatte über Aufforderung Weinwurms den maßgebenden Persönlichkeiten geschrieben, doch erfuhr er bald, daß eine Exspektanz nicht ausgeschrieben werde und nur jemand, der in Wien wohne, diese unbezahlte Stelle einnehmen könne. Durch Protektion wurde *Pius Richter* zum Exspektanten ernannt und als zweiter Exspektant *Rudolf Bibl* bestellt, so daß Bruckner alle Hoffnung aufgeben mußte. Damals, als Weinwurm ihm geraten hatte, verschiedene Kompositionen einzuschicken und evtl. auf eigene Kosten herauszugeben, erwiderte ihm Bruckner: »Nur mit Compositionen kann ich nicht ausdrükken, da ich noch studieren muß. Wir haben bereits die *Instrumentation* und dann die *Symphonie*, wo auch nur, wie Du weißt, die Sonatenform ist... Später, künftiges Jahr, werde ich wohl fleißig componieren. Jetzt sind's größtenteils nur *Schularbeiten*. In 3–4 Monaten bin ich fertig. Sollte eine *Messe* erfordert werden, so müßte ich natürlich die Studien aussetzen.«

Aus diesen Briefstellen vom 7. September 1862 geht hervor, wie streng Bruckner zwischen technischem Studium und schaffender geistiger Arbeit unterschied. Ersteres war ihm pflichtmäßige Schulung, um einst die Gnade höherer geistiger Schau in irdische Klänge bannen zu helfen. In den weiteren Arbeiten unter Kitzlers Anleitung ist diese Trennung nicht mehr so scharf, und es leuchten Stellen auf, die schon von wahrer Inspiration zeugen. So wurde die Form der Ouvertüre in einer Schularbeit praktisch durchgenommen, die uns in der in der Christnacht 1862 begonnenen und am 23. Jänner 1863 beendeten

Ouvertüre, g-Moll (posthum)

schon ein durchaus lebensfähiges Kunstwerk schenkte.

Dem klassischen Anfang der langsamen »Introduktion« mit dem Oktavsprung des ganzen Orchesters tritt mit der folgenden Cello-Melodie ausgesprochen *romantisches* Fühlen gegenüber. Die im Quartsextakkord aufsteigende Cello-Melodie ist dreimal durch sehnsüchtige Sekundvorhalte gebrochen, die »Tristan«-Stimmung vorahnen lassen, ehe er jenes Werk erlebte. Anderseits hat dieser Anfang viel Ähnlichkeit mit dem Beginn der Jupiter-Symphonie von Mozart. Die Weiterführung und die Art der Steigerung mit der charakteristischen Behandlung des Sekundvorhaltes, wie sie uns zum Beispiel am Ende des Hauptthemas des Adagios der III. Symphonie und auch in anderen späteren Werken begegnen, hat schon echt Brucknersches Gepräge.

Das noch auf italienische Vorbilder zurückschauende lustige Geigen-Hauptthema des Allegros ist sogleich von einem Kontrapunkt der Bratschen begleitet. Sein beginnender Quartsprung weist auf den Beginn der Cello-Melodie der Einleitung zurück. Bei der Wiederholung des Hauptgedankens erscheint dieser etwas veränderte Gedanke in den Bässen mit neuen Kontrapunkten in den Geigen, die die Sekundvorhalte der Einleitung wieder aufnehmen.

Die gangartige Überleitung zum 2. Thema wird wieder von Umbildungen der einleitenden Cello-Melodie in den Bässen und Sekundvorhalten in der Oberstimme bestritten.

Das weitschrittige *Gesangsthema,* wie auch später fast ausschließlich den Streichern zugeteilt, atmet schon echt Brucknersches Ethos. Auch der registerartige Wechsel zwischen Streichern und Holzbläsern deutet auf Bruckners spätere Instrumentation hin. Die Wiederholung des Seitenthemas in den Holzbläsern mit Gegenüberstellung der unisonen Streicherfigur nimmt die Technik der 3. Variante des Adagio-Themas der Dritten voraus.

Die nun wieder eintretende Überleitung ist schon hier wie später in den Symphonien zu einer fast selbständigen »Schlußgruppe« ausgeweitet, in welcher der Quartsprung des Hauptthemas stark hervortritt. Das volle Orchester ist hier viel verwendet.

Die Durchführung verarbeitet das Hauptthema in klassischer Art. Auf Schritt und Tritt begegnen uns Vorahnungen späterer Werke. Anscheinend nebensächliche Achtelbewegungen werden hier schon zu sogenannten »Entwicklungsmotiven«. Das Quartmotiv spielt eine bedeutende Rolle. Majestätische Klänge der Blechbläser weisen in die Zukunft.

Der regelmäßige Wiederholungsteil endet mit verlangsamten, feierlichen Klängen der gehaltenen Streicher, in welche das Quartmotiv des Horns träumerisch hineinklingt, um in raschem Accellerando in den sieghaften Schluß überzugehen.

Ende des Jahres 1862 waren die Studien Bruckners bei Kitzler bis zur Sonatenform vorgedrungen und auch das Studium der Instrumentation bis zu modernsten Werken der Gegenwart gediehen. Kitzler hatte sich vorgenommen, zu seinem nächstjährigen Benefizabend *Richard Wagners* »Tannhäuser« in Linz zur ersten Aufführung zu bringen, und begann eben mit dem Studium der Partitur, an welchem er auch seinen Schüler teilnehmen ließ. Bruckner hatte zwar in Wien ein Orchesterkonzert unter R. Wagners Leitung gehört und ihn zum erstenmal gesehen, doch war dies ein Konzert des Pianisten *Tausig* mit Orchester, bei welchem Wagner auch die »Freischütz«-Ouvertüre dirigierte. »Lohengrin«, der 1858 zuerst in Wien zur Aufführung kam, hatte Bruckner nicht besucht. Um so größer war sein Erstaunen, als er nun in die Partitur des »Tannhäuser« Einblick nehmen konnte und darinnen unerhörte Klänge entdeckte, die er, seelenverwandt, schon geahnt, auf der Orgel wohl auch angewandt hatte, jedoch infolge seines Autoritätsglaubens nie gewagt haben würde, niederzuschreiben. Und als Kitzler die Oper am 13. Februar 1863 in Linz zur ersten Aufführung brachte, war das Werk getan, das Bruckner *von den Schulfesseln befreite.* Die ausgedehnteste Verwendung der *Chromatik* und *Enharmonik,* gegen welche Sechter in seinem Hauptwerk wettert und welche Bruckner schon in seiner ersten Komposition angewendet hatte, fand er hier aufs glänzendste gerechtfertigt. Schon damals wurde ihm jener Satz klar, den er später als Professor in Wien seine Schüler lehrte: „Enharmonische Verwechslungen sind insofern der Schlüssel zur neuen Schule geworden, als das Hauptgesetz der alten Schule, daß eine Dissonanz nie Konsonanz werden darf, oft durchbrochen erscheint.«

Die Beherrschung der Sonatenform soll Bruckner durch die Ausarbeitung einer Klaviersonate erprobt haben, die jedoch nicht erhalten blieb. Mit der Aneignung dieser höchsten Instrumentalform waren die Formstudien am Ziel angelangt, und nun erhielt der Schüler die Aufgabe, diese Form, die er als Meister künftig erst voll erfüllen sollte und deren größter Beherrscher er wurde, auf die *Symphonie* anzuwenden. Die

Symphonie in f-Moll (posthum)

wurde nach Bruckners Notiz auf der Handschrift »angefangen (zur Instrumentation) am Fasching-Sonntag, den 15. Februar 1863« und »am 26. Mai geschlossen«. Beigefügt ist noch »3½ Monate«. Nach Kitzlers Mitteilung aber hatte Bruckner die Komposition »kurz vor der Aufführung des ›Tannhäuser‹ vollendet«, und wie er hinzufügt, »daher noch nicht unter dem Eindruck dieses Werkes«. Somit war der Kompositionsentwurf vor, die Instrumentation nach der bedeutsamen Aufführung durchgeführt worden. Wie Kitzler weiter bemerkt, »war dies mehr eine *Schularbeit,* zu der er nicht besonders inspiriert gewesen war«. Kitzler, dessen wenige Bleistiftkorrekturen in der Handschrift ersichtlich sind, konnte ihm deshalb »nichts besonders Lobendes« sagen. Er machte Bruckner auch darauf aufmerksam, daß die Tonart f-Moll für das Orchester nicht eben günstig sei. »Über diese Zurückhaltung«, sagt Kitzler weiter, »schien er gekränkt, was mir bei seiner unendlichen Bescheidenheit auffiel. Später, nach Jahren, gestand er mit Lachen, daß ich doch recht gehabt hätte.«

Dieser erste symphonische Versuch zeigt auch keine Spur des Einflusses R. Wagners.

Die Symphonie, für großes Beethoven-Orchester, beginnt nicht, wie noch die Ouvertüre, mit dem klassischen Forte-Schlag, sondern mit einem einzelnen Instrument (Geigen) in zarter Tongebung, wie es der romantischen Richtung eigentümlich ist, also schon in der Art wie die späteren Symphonien; doch fehlt noch der tönende Hintergrund, auf dem sich später die Themen abzeichnen. In dieser Art pflegte Bruckner auch häufig seine Improvisationen zu beginnen, nachdem er im Pedal die reine Quint vorausgehen ließ. Das *Hauptthema* der ersten Geigen gliedert sich in zwei Teile, die einander melodisch, rhythmisch und dynamisch gegensätzlich gegenübertreten. Die beiden Teile des Themas zeigen die von *August Halm* für die Melodik Bachs und Bruckners nachgewiesene Nebeneinanderstellung zweier Prinzipien; des melodischen, gefolgt vom harmonischen. Aber auch der erste Thementeil (Aa) zeigt bereits diese Bildung.

Die Überleitungsstelle ist schon echter Bruckner und nimmt Teile des Gesangthemas voraus. Sie führen zur Wiederholung des Hauptthemas, das nun über dem Terzquart-Akkord der Dominante von Des-Dur voll harmonisiert eintritt und sich im weiteren Verlauf in konventionelles Laufwerk auflöst. Die vergrößterten Teilmotive leiten über starr festgehaltener Dominantharmonie von As-Dur zur Gesangsgruppe über.

Der erste Teil des *Seitenthemas* Ba (bemerkenswert ist der dissonante Einsatz der Tonikaterz) zeigt noch stellenweise Mendelssohnschen Charakter, während der zweite Bb zu echt Brucknerschem Aufschwung ausholt, der an das »non confundar« des »Tedeum« gemahnt, aber schon im vierten Takt schwächlich in die Unterdominante zurücksinkt. Ein Ikarusflug! Bei der Wiederholung dieser den Streichern zugeteilten Gesangsgruppe übernehmen die Holzbläser die Melodieführung über den synkopierten Harmonien der Streicher. Der zweite Teil wird nun choralartig in den Blechbläsern ausgestaltet.

Abweichend von allen späteren Symphonien, deren Schlußgruppe die treibenden Elemente des Satzes bringt, steht hier wohl auch ein völlig selbständiger Gedanke, aber von ausgesprochen lyrischer Haltung über einem Orgelpunkt auf As. Dieser Teil, rhythmisch bewegt durch die Achtelfigur der Bratschen, zeigt am wenigsten Brucknersches Gepräge, geht aber in der Weiterführung in ein Gebilde über, das dem Hauptmotiv der II. Symphonie gleicht. In der Durchführung findet es keine Verwendung, und auch im Wiederholungsteil erscheint es nicht wieder.

In der *Durchführung* wird zunächst das erste Motiv des Hauptthemas Aa in den Bässen eingeführt, worauf das zweite Motiv desselben verarbeitet wird. Nun erst tritt der zweite Teil des Hauptthemas Ab, diesmal getragen und mehrmals vom zweiten Motiv von Ab unterbrochen, ein. Es wird weiterhin mit diesem kombiniert durchgeführt, bis der Orgelpunkt auf der Dominante und damit die Überleitung zur Reprise erreicht sind. Der Orgelpunkt erfährt merkwürdigerweise eine Unterbrechung durch einen kurzen Streichersatz in D-Dur. Der schulgerechten, aber stark erweiterten und reichlich mit neuen Kontrapunkten und harmonischen Wendungen ausgestatteten *Reprise* folgt die *Koda*. An Stelle der Schlußgruppe tritt eine Verarbeitung des ersten Taktes des Hauptthemas in der Unterterz-Tonart. Über einem kontinuierlichen Baß beginnt dann eine Steigerung, die sich ruhig sequenzierend aufbaut, bis auf dem Orgelpunkt der Tonika Thema Ab, nun zum Bläser-Choral umgebildet, eintritt und, durch Verkürzung und Engführung sich steigernd, den Schluß herbeiführt. Dieser Schlußteil erinnert an gewisse Stellen der III. Symphonie, deren Unisono-Teil des Hauptthemas vom 1. Satz sich mit Thema Aa dieses Satzes deckt.

Dem ersten Satz liegt folgendes Schema zugrunde:

Exposition			Durchführung	Reprise		Koda	
A	B	C	Aa, Ab + Aa	A	B	Aa	Ab
(f-Moll)	(As-Dur)	(As-Dur)		(f-Moll)	(F-Dur)		

Das *Andante molto*, in der Dominante der Durparallele der Haupttonart des 1. Satzes, Es-Dur, stehend, zeigt noch nicht jene »Ruhe in Gott« der späteren langsamen Sätze, sondern mehr ein ehrfürchtiges Hinstreben nach einem in nebelhafter Ferne liegenden Ideal.

Auch der Anfang dieses Satzes, der um den in den Mittelstimmen festliegenden Grundton subdominantische Vorhalte fügt, weist auf das aufkeimende romantische Fühlen des Komponisten hin. Sowohl die liegenden Stimmen als auch der Rhythmus und die Vorhaltsbildungen lassen Ähnlichkeit mit dem Adagio der als Erste geltenden c-Moll-Symphonie erkennen, obwohl dieses viel reifer ist. Bemerkenswert ist die Ausweitung der Harmonie in den neapolitanischen Sextakkord von echt Brucknerscher Haltung, der wieder im 6. Takt des genannten Adagios ein Seitenstück hat. Der sequenzierende Aufstieg in den nächsten Takten, die Gegenstimme der Bratschen im 6. Takt mit der scharfen Sekundreibung im Baß und die Abdunkelung von Dur nach Moll im 7. Takt sind weitere Eigentümlichkeiten des künftigen Meisters.

Über dem im Baß weitergeführten Hauptrhythmus weitet sich die Harmonik bis Ces-Dur, welche Tonart wir auch später als Höhepunkt von Steigerungen antreffen (Adagio der Achten). Der Hauptrhythmus wird weiterhin von den Holzbläsern übernommen, wandert dann wieder in die Geigen (eine sequenzierende Stelle aus dem Finale der Sechsten vorausnehmend) und mündet im weiteren Verlauf in das *Gesangthema*. Es erinnert auch in seiner Achtel-Untermalung an die Weiterführung des 2. Themas im Adagio der Fünften. Im weiteren Verlauf gestaltet sich aber dieser Teil, nach Hinzutritt der Beethovenschen Zweiunddreißigstel-Violinfigur, mehr »akademisch«; chromatische Vorhalts-Seufzer der Oboen und Geigen aus dem 1. Thema erinnern wieder an das Hauptthema der Zweiten.

Die folgende, bei »etwas lebhafter« einsetzende Episode mit ihrer über Sechzehntel-Arpeggien im vollen Orchester erklingenden Synkopenfigur und dem zarten Mittelteil erscheint völlig unbrucknerisch.

Bei der Wiederkehr des Hauptthemas bedient sich Bruckner auch hier schon keiner bloßen Wiederholung. Die liegende Stimme ist (wie im Adagio der Ersten) dem Horn zugeteilt. Die Geigenmelodie des 4. Taktes liegt, instrumental vermindert, in der Oboe. In ihrer ursprünglichen Gestalt wird sie der Koda vorbehalten. Welch weitblickender Formensinn waltet auch hier schon!

Die Überleitung zum 2. Thema erfolgt, wie später so oft, durch Sequenzbildung über einem Orgelpunkt. Auch die Wiederholung dieses Teiles ist durch Vertauschung der Instrumente und Bereicherung durch Melismen interessanter gestaltet.

Die *Koda*, aus dem thematischen Material des Nachsatzes vom Hauptthema gewonnen, ist besonders ausdrucksvoll und endet, wie das Andante der Vierten, mit einem lang gehaltenen Vorhalt des Horns über leisen Paukenschlägen, die schon zu Beginn des Wiederholungsteiles im Rhythmus des Hauptthemas auftraten und dort an den Beginn des Adagios der IV. Symphonie Beethovens erinnerten.

Der Aufbau des Satzes:

A	B	C	A	B	Koda
(Es-Dur)	(B-Dur)	(g-Moll)	(Es-Dur)	(Es-Dur)	(Es-Dur)

Das *Scherzo*, c-Moll, ist ein sehr knappes, frisch zupackendes Stück in zwei Teilen mit nur einem Thema. Dieses hat Familienähnlichkeit mit dem der Ersten. Es zeigt schon jene ländliche Haltung, die den folgenden Scherzosätzen des Meisters eigen ist. Der Unisono-Anfang wirkt, wie wenn ein bäuerlicher Vorsänger einen Gesang (Schnaderhüpfl) anstimmte, in den der ganze Chor johlend einfällt. Auch die durch zwei Oktaven abstürzenden Melodie- und Baß-Gänge sind schon echter Bruckner. Ganz köstlich, gleichsam »anstänkernd«, wirkt die Umformung des Hauptthemas, die den zweiten Teil eröffnet, der im weiteren Verlauf meist Holzbläser und Streicher in neckischem Gekose über leisem Paukenwirbel beschäftigt.

Eigentümlich mutet das *Trio* an, dessen in unregelmäßiger Periode in Doppelterzmelodie auftretendes Thema eher auf Brahms als auf Bruckner schließen ließe. Eine im Nachsatz geänderte Wiederholung des Themas mit Achtelfigurationen der pizzikierenden Bratschen beendet den ersten Teil. Auch der zweite Teil des Trios hat ähnliches Gepräge.

Wie das *Finale* der Ersten, so beginnt auch das der f-Moll-Symphonie sogleich mit dem Hauptthema, welches ihm auch rhythmisch nahesteht, harmonisch aber über Mendelssohn nicht hinausgeht.

Das Hauptthema zeigt noch nicht den Charakter der Brucknerschen Finale-Themen, wie er schon in der nächsten Symphonie, d-Moll (Nr. 0), so kräftig ausgebildet ist. Der neapolitanische Sextakkord im zweiten Teil der Hauptperiode und der durch fast zwei Oktaven fortgeführte Baß-Abstieg in der Fortleitungsperiode weisen auf den werdenden Meister hin. Die in den Mittelstimmen auftretenden Achtelbewegungen der letzten Takte werden als Hauptfiguration des Satzes beibehalten.

Obwohl Bruckner in dieser allerersten Symphonie noch nicht davon abweicht, die ganze Exposition zu wiederholen, bringt er das Hauptthema in gesteigerter Weise sogleich zur Wiederholung.

Eine schön geschwungene Cello-Ranke eröffnet die imitatorisch gehaltene Überleitung, wobei im Verlauf des Satzes schon die Rhythmisierung des Taktes durch zwei Vierteltriolen auftritt (dazu bringen die Streicher die zu zweien phrasierte Achtelbewegung), welche Eigentümlichkeit in späteren Werken besonders hervortritt. Die Achtelbewegung setzt sich als kolorierende Mittelstimme in die nun auf der Subdominante eintretende *Gesangsperiode* fort.

Das Charakteristische dieses an sich wenig bedeutenden Gesanges ist die Führung der Bratschenstimme, von der wir ein ähnliches Beispiel im Gesangsteil der IX. Symphonie haben. Die Gesangsgruppe ist verhältnismäßig weit ausgespannt, denn auch die *Schlußgruppe* wird von ihr beherrscht und trägt noch nicht den Charakter der Selbständigkeit. Die Rhythmisierung der Oberstimme mit ihren Viertel-Triolen ist schon echt brucknerisch. Der Abgesang erinnert mit seiner weichlichen Chromatik mehr an das Vorbild Spohrs als an das Wagners.

Über dem die Exposition abschließenden Orgelpunkt auf As klingt der 1. Takt des Hauptthemas im Solo der Oboe und dann des Hornes aus, ähnlich wie an derselben Stelle des ersten Satzes der Fünften.

Mit einer enharmonischen Verwechslung des nach Moll gedunkelten Subdominant-Dreiklanges von As-Dur und Halbtonrückung des Basses aufwärts tritt in A-Dur die *Durchführung* ein. Das folgende mystische Zwiegespräch zwischen Horn und Fagott über romantischen Ausweichungen der Harmonien ist ebenfalls echt brucknerisch. Endlich wird der Vorhalt im dritten Takt des Hauptthemas umspielt und von Achtelranken der Streicher verarbeitet. Zum erstenmal verwendet Bruckner die Bläser in diesem Satz im ausgedehnten Maße solistisch. Ein Motiv, im Rhythmus dem das Andante-Themas verwandt, nimmt dann, auf einzelne Solo-Instrumente verteilt, über gehaltenen Harmonien, eine Strecke lang nach E-Dur ausweichend, einen größeren Raum ein. Auf dem Höhepunkt der Durchführung – nun wieder in der Haupttonart – wird der zweite Teil des Hauptthemas, beginnend mit dem schon genannten neapolitanischen Sextakkord, in vollen Bläserharmonien, umrauscht von Unisono-Gängen der Streicher, verarbeitet.

Es folgt die *Reprise*, deren Gesangsteil in F-Dur erscheint. An die Stelle einer Schlußgruppe tritt die ausgedehnte *Koda*, welche den Beginn der nachgelassenen d-Moll-Symphonie vorausnimmt. Im Verlauf derselben führt eine breit angelegte Unisonosteigerung, wie in späteren Werken, zu einer choralartigen Bläserstelle. Diese verwendet bereits den mit »Abschied vom Leben« benannten Bläsersatz des Adagios der IX. Symphonie. In mächtiger Steigerung geht es nun dem Schlusse zu, der mit dreimaliger Wiederholung der drei ersten Takte des Hauptthemas befestigt wird. Zur üblichen Besetzung treten im Finale, wie in Beethovens Fünfter, drei Posaunen.

Der Aufbau des Satzes stellt sich wie folgt dar:

A	B	C	A	A	B	Koda
(f-Moll)	(As-Dur)	(As-Dur)		(f-Moll)	(F-Dur)	(F-Dur)

Bald nach Vollendung der Symphonie wandte sich Bruckner wieder der Chor-Komposition zu. Ein äußerer Anlaß dazu ist nicht ersichtlich. Schon am 5. Juni 1863 war das neue Werk, der *»112. Psalm«* für Doppelchor und Orchester, fertiggestellt. Dieses (wie überhaupt kirchliche Werke) hat Bruckner seinem Lehrer Kitzler, der Protestant war, nicht vorgelegt.

Dieser Psalm ist ein reifes Werk, wenn ihm auch als Ganzes noch die eigentliche Brucknersche Note fehlt. Es ist die letzte kantatenartige Komposition auf lange Zeit hinaus, denn erst 1892 schrieb er seine »allerbeste Festkantate«, den 150. Psalm.

Dem Text nach zu schließen: »Alleluja! Lobet den Herrn, ihr Diener«, dürfte Bruckner das Werk als Dankgebet zum Abschluß seiner Studien bei Kitzler gedacht haben.

Eingeleitet von Fanfaren des vollen Orchesters im Grunddreiklang B-Dur und dreimaligen Alleluja-Rufen des Chores, folgt ein sich zyklopisch auftürmender Doppelchor, in welchem, wie bei den Venezianern, dunkle und helle Klangfarbe einander gegenübergestellt werden.

Ein kanonisch beginnender und in seiner lieblichen Stimmung dem Hauptteil stark gegensätzlicher Mittelteil mit wiegender Geigenbegleitung und Instrumental-Soli leitet zum dritten Teil über, der den Anfang des Satzes wiederholt und in eine mächtige Fuge mit dem Thema mündet.

In harter Arbeit war nun die Herrschaft über den *Chor- und Instrumentalsatz* errungen und das Gefäß zur Aufnahme von »höchsten Heiles Wunder« geschaffen!

Das Ende der Studien fiel mit Kitzlers Engagement nach Brünn zusammen. Bruckner aber wollte offiziell »freigesprochen« werden. Als er diesbezüglich Kitzler fragte, erwiderte dieser, das könne jeden Tag geschehen, da »der Schüler schon seinen Lehrer übertroffen« habe und er »ihn nichts mehr lehren könne«. Daraufhin lud Bruckner Kitzler und seine Frau am 10. Juni 1863 zu einer Wagenpartie nach dem am Waldrand des Kürnbergs idyllisch gelegenen Gasthaus »Jäger am Kürnberg« ein, wo bei festlichem Mahle der Freispruch in aller Form erfolgte. Aber auch früher schon hatte er den »Herrn Professor« im Mai »per Wagerl« zum Maitrunk ins Klosterstüberl von St. Florian mitgenommen.

Wie bei Sechter, so war auch hier aus der Beziehung des Lehrers zum Schüler ein warmherziges und festes Freundschaftsverhältnis geworden, und Bruckner blieb Kitzler bis ans Ende in aufrichtiger Dankbarkeit ergeben.

Diesen Sommer konnte er endlich seiner Erholung widmen und sich an den Naturschönheiten seiner oberösterreichischen Heimat erquicken. Vor allem war es das *Salzkammergut*, dem er gern einige Zeit seiner Ferien widmete und wohin ihn Bande der Freundschaft aus der Zeit seines Lehrerberufes zogen. So besuchte er gelegentlich den Lehrgehilfen *Johann Attwenger* in Altmünster am Traunsee und später in *Ischl*, wo dieser durch Heirat ein Gasthaus mit Weinstube am rechtsseitigen Ufer der grünen Traun erworben hatte. Bruckner als gern gesehener Gast wurde bald eine bekannte Persönlichkeit in dieser von grünen Bergen umkränzten Sommerresidenz des Kaisers Franz Joseph I. Hier, wohin der Hof auch viele Mitglieder des Adels, der Künstlerschaft und sonstige namhafte Persönlichkeiten der Gesellschaft zum Sommeraufenthalt zog, wo später *Johann Strauß, Johannes Brahms* unter anderen ihren Sommersitz aufschlugen, verblieb Bruckner bei seinem Freunde meist mehrere Tage, und besuchte von hier aus auch gern den Lehrer *Franz Perfahl* in dem lieblich gelegenen *Goisern.* Perfahl war früher Schulgehilfe in Ansfelden gewesen und hatte dem dreizehnjährigen Bruckner-Tonerl kurze Zeit Unterricht im Violinspiel erteilt. Auf Perfahls Wunsch spielte Bruckner jedesmal die Orgel, sowohl in der katholischen wie in der protestantischen Kirche des Ortes zur Bewunderung aller Zuhörer. Gern besuchten sie dann nachmittags die Goiserermühle, wo Frau Klackl einen ausgezeichneten »Kaffee mit Schlagobers« und vorzüglichen »Guglhupf« verabreichte. Gelegentlich unternahmen sie auch Ausflüge ins Hochgebirge, zum Gosauschmied oder zum tiefgrünen Gosausee, in dem sich der Dachstein spiegelt.

In dieser grandiosen Natur sog sich seine Seele voll mit den herrlichsten Natureindrücken. Die üppig grünen Matten, das Rieseln kristallklarer Gebirgsbäche, das Brausen der Wasserfälle, das Rauschen der Wälder, den Sonnenglast über allem, dann wieder den Aufruhr der Elemente im Gewittersturm, die Sonnenaufgänge und die feierliche Abendstimmung nach Untergang des Gestirns – das alles nahm er bewundernd auf, und die Mondnacht und das Flimmern der Sterne über See und Gletscher führten seinen Geist zum Schöpfer all dieser Schönheit. Diesen unversiegbaren Schatz der Eindrücke verschloß er in seiner Seele, bis die Stunde kam, in welcher er diese Wunder der Natur in Töne formte und in seine Symphonien die Geheimnisse des Weltalls bannte.

Noch aber war es nicht soweit! Bruckner rang noch mit der Bändigung der von Beethoven überkommenen Form und ihrer Erweiterung zur Aufnahme seiner eigenen ungeheuren Weltschau. Es erscheint wie eine weise Fürsorge der Vorsehung, daß sich Bruckner in der letzten Zeit seiner Studien bei Kitzler ein Mann näherte, der den Scheidenden gewissermaßen zu ersetzen berufen war, nicht um ihn weiter zu unterrichten, wohl aber ihn moralisch anzufeuern und ihn in seinem künstlerischen Tun zu bestärken; es war dies *Moritz Edler von Mayfeld,* Kreiskommissär in Linz und später Bezirkshauptmann, resp. Statthaltereirat in Vöcklabruck.

Nach seinen Hochschulstudien hatte sich Mayfeld (geboren 1817 in Wien) der politischen Laufbahn gewidmet und war 1859 der Statthalterei in Linz zugeteilt worden. Aber schon vorher hatte er sich auf politischem Gebiet so hervorragend betätigt, daß er von den nationalen Kreisen Österreichs als Abgeordneter in die »Konstituierende National-Versammlung«, die in der Paulskirche zu Frankfurt am Main tagte, gewählt wurde. Obwohl der Jüngste im Frankfurter Parlament, machte er durch seine impulsiven und begeisterten Reden Aufsehen.

Neben seiner politischen Tätigkeit war dieser hoch- und allseitig gebildete Mann ein Schöngeist nach jeder Richtung. Er wußte sowohl als Schriftsteller wie als Zeichner und Maler die Eindrücke seiner Reisen, die ihn weit in Europa herumführten, anschaulich niederzulegen, besonders aber war er auch ein begeisterter Musiker, dessen Können weit über den Dilettantismus hinausging. Als einer der Anhänger Richard Wagners verfaßte er zwei Transkriptionen aus »Tristan und Isolde« für Klavier, die bei Breitkopf & Härtel im Druck erschienen, und von denen die eine, »Auf dem Schiff«, *Anton Bruckner* gewidmet ist. Offenbar war Mayfeld auf Bruckner durch dessen Orgelspiel aufmerksam geworden und hatte ihn zu sich gebeten.

An der Seite Mayfelds stand, ihm an Geist nahestehend und ein Engel von Güte, seine Frau *Betty v. Mayfeld,* geborene v. Jenny. Sie war eine so ausgezeichnete Pianistin, daß *Klara Schumann* von ihr sagte, es wäre ihr noch nie eine so vorzügliche Dilettantin begegnet.

Im Hause Mayfelds ließ sich Bruckner nun oft Beethovens Symphonien vierhändig vorspielen und war davon ungemein begeistert. Hier setzte nun Mayfelds Förderung für Bruckner ein, er stachelte ihn förmlich auf, sich Beethoven zum Muster zu nehmen, und Bruckner selbst erklärte in seiner urwüchsigen Art: »In d' Symphonie hat mi der Mayfeld einig'hetzt.« Als echte, aufrichtige Freunde versuchten beide auch auf Bruckners äußeres Gehaben, auf seine gesellschaftlichen Manieren einzuwirken und sein Äußeres zu beeinflussen. So fragte ihn Mayfeld einmal, ob er sich denn seine Kleider selber mache, oder ob er sie bei einem Tischler anfertigen lasse. Dies nützte gar nichts, denn Bruckner behauptete, er trage sich »einfach, aber elegant«, und der Schnitt seiner Kleidung blieb bis an sein Lebensende von dem Grundsatz bestimmt: »weit und bequem«. Wegen des Orgelpedalspiels mußten seine Hosen »fußfrei« und weit sein.

In späteren Jahren verbrachte das Ehepaar Mayfeld im Winter oft mehrere Wochen in Wien, im Hotel Elisabeth, wo Bruckner oft ihr Gast war. Auch besuchte er sie gern in Vöcklabruck und, nachdem Mayfeld in den Ruhestand getreten war, in Schwanenstadt auf ihrem Sommersitz.

Frau v. Mayfeld war von Bruckner gewürdigt, manches neue Werk mit ihm aus der Partitur vierhändig zum Erklingen zu bringen. Einmal geschah es – es war bei der II. Symphonie –, daß Bruckner plötzlich während des Spieles vom Stuhl auf die Knie glitt und voll Begeisterung über den Ausdruck ihres Spiels mit hocherhobenen, gefalteten Händen ausrief: »Gnädige Frau, Sie sind eine Göttin!« In sein Kunstwerk aber ließ er sich auch von Mayfeld nichts dreinreden. Als dieser einmal meinte, Bruckner verwende in seinen Werken zu viel Pausen, erwiderte dieser: »Ja, schaun S' den Herrn v. Beethoven an, der hat glei' am Anfang von der Fünften a Paus'n und nacha glei' wieder oanö.« Wenn ihm gesagt wurde, eine Stelle sei zu lang, erwiderte er erbost: »So? Na, dann mach' i's halt no länger!« Frau v. Mayfeld gegenüber äußerte er dann ganz melancholisch: »Na, der Herr Statthaltereirat is' a nimmer der gleiche!«

All dies war erst in späteren Jahren; in Linz aber scheint Mayfeld bewirkt zu haben, daß sich Bruckner wieder mit dem Gedanken trug, ein zweites symphonisches Werk zu schreiben.

Ehe Bruckner diese große Arbeit in Angriff nahm, kam er dem Wunsch seiner Freunde aus der Sängerschaft entgegen, sich an dem vom Ausschuß des »Oberösterreichischen Sängerfestes« vorgenommenen Preisausschreiben zu beteiligen. Nach Mitteilungen Bruckners an Göllerich über sein Studium und den Abschluß desselben bei Kitzler fuhr er fort: »Jetzt trat die Kompositionszeit ein. Der *Germanenzug* für Männerchor und Orchester in *d-Moll* (was er besonders betonte) war *die erste Komposition*.«

Seltsamerweise lag dem Chor ursprünglich eine andere Dichtung mit dem Titel *»Zigeuner-Waldlied«* zugrunde. Diese Komposition muß daher nach Vollendung des 112. Psalms, im Juli 1863, entstanden sein, denn Ende Juli trat Bruckner in Verhandlungen mit *Dr. August Silberstein*, der ihm versprochen hatte, einen neuen Text zu der genannten Komposition zu schreiben. Vermutlich hatte Bruckner den Novellisten und Herausgeber des Vogelschen Kalenders in Ischl kennengelernt. Er erzählte von ihm: »Er war nett, aber von sich eingenommen.« Auf die ihm mündlich vorgetragene Bitte, einen neuen Text zu schreiben, antwortete der Dichter am 27. Juli 1863: »Ihr sichtlich ernstes Streben und der in mir erwachte Gedanke, die mich gemeinsam anregten, verursachten, daß das Gedicht in Kürze vollendet wurde. Hier ist es, und mir scheint es gelungen zu sein, so gelungen, daß ich es der demnächst erscheinenden Liedersammlung einreihen werde. Ich habe auf den Gang Ihrer Komposition Rücksicht genommen, so daß die Zeilen, wie ich hoffe, trefflich passen werden. Ebenso ist die Intention eines Solo-Quartettes durch den Gesang von Valkyren berücksichtigt. Ich wünsche Ihnen recht viel Glück und Poesie dazu – den Preis jedenfalls.«

Darauf erwiderte Bruckner am 29. Juli: »Welche Freude ich und meine Freunde mit dem neugeborenen *Germanenzug* haben, können Sie sich nicht denken, wenngleich Ihre Fantasie noch so hoch und großartig ist... Kann ich doch wohl meinen alten dreiteiligen Rhythmus beibehalten (¾-Tact) ... (denn zum Zigeuner-Waldlied etc. hatte der 3teilige Rhythmus gepaßt) ... oder soll ich, oder *muß* ich nicht vielmehr, um dem Gedichte *gerecht* zu werden, den zweiteiligen Marschrhythmus wählen (¼-Tact), es heißt: ›Germanenzug‹, Germanen durchschreiten etc., das macht mir Kopfreißen, ich warte ab und erbitte mir noch, bevor ich anfange, Ihre Ansicht darüber. – NB. Sollte es indes die Intention des Gedichtes nicht sein, das Marschieren des Zuges anzudeuten, so kann ich das Alte beibehalten.«

Bruckner gestaltete nun die Komposition nach dem Marschrhythmus um. Der *Germanenzug* ist für Massenchor berechnet und daher mit vollständiger Blechharmonie begleitet. Der von hohem Schwung und Feuer durchloderte Chor mit dem lieblichen Mittelsatz der Walküren war das *erste* Werk Bruckners, das im Druck erschien und seinen Namen zuerst in breite Volksmassen hinaustrug.

Am 1. September 1863 schreibt Bruckner an Freund Weinwurm unter anderem: »Seit 10. Juli bin ich von meinen Schulstudien frei geworden und laß mir's jetzt gut gehen. Ich gehe im September nach *München* zum *Musikfeste,* Du nicht? Vielleicht gehen wir mitsammen.« Da Weinwurm verhindert war, fuhr Bruckner allein zum *»11. Musikfest«* nach *München,* das in den Tagen vom 27. bis 29. September stattfand und als Hauptwerk »Die Jahreszeiten« von Haydn brachte. Erst am 6. Oktober kehrte er nach Linz zurück und berichtet u. a. am 8. September an Weinwurm: »Die großen Männer kennenzulernen hatte ich nicht Gelegenheit, noch weniger zu spielen. Lachner stellte ich mich endlich selbst vor, bat ihn, meine Kompositionen einiger Blicke zu würdigen, und nach zwei Tagen äußerte er sich: gratuliere, die Werke zeichnen sich aus durch Fluß der Gedanken, Ordnung und edle Richtung; bin nicht abgeneigt, die Symphonie im *künftigen Jahre* zur Aufführung zu bringen, weil ich für diesen Winter schon die Herbecksche übernommen.

Das waren ungefähr seine Worte, erzählte mir dann, wie Franz Schubert und er in Wien bei Hofkapelle abgewiesen wurden etc., und wurde endlich sehr warm, nachdem ich ihm auch meine Schicksale erzählt hatte.«

Die Symphonie, die Bruckner *Franz Lachner* vorgelegt hatte, war die eben bei Kitzler vollendete, und man ersieht daraus, daß ihr Bruckner damals immerhin einigen Wert beilegte, wenn er sie im Alter auch als »Schularbeit« bezeichnet hat. Allerdings blieb es bei dem Versprechen, denn Lachner hat niemals ein Werk Bruckners zur Aufführung gebracht.

Am 10. Oktober 1863 schrieb Bruckner zum Abschluß der Klavierstunden, die er seit 1859 der Schwester seines einstigen Latein-Instruktors *Emma Thanner* erteilt hatte, ein kleines Klavierstück, das er, wohl durch Schumanns poetische Überschriften angeregt, *»Stille Betrachtung an einem Herbstabend«* nannte. Das Stück in fis-Moll ist ein Zeugnis der Schwärmerei, die er wohl jeder seiner Schülerinnen entgegenbrachte, die das 16. Lebensjahr erreicht hatte. In diesem Falle war es aber auch der Ausdruck der Dankbarkeit dafür, daß die Schülerin ihrem Lehrer, der zwar sehr gern tanzte, es aber nie eigentlich gelernt hatte, ihm, der sich »genierte«, mit den jungen Leuten einen Tanzkurs im Hause Thanner mitzumachen, privatim und ganz allein die von ihr erlernten Tanzschritte und Figuren beibrachte, wobei er großen Eifer und Ernst an den Tag legte. Die Musik dazu machte er selbst durch Pfeifen von Tanzmelodien.

Da *Engelbert Lanz* die artistische Leitung des »Musikvereines«, die eine unbesoldete Ehrenstelle war, zurückgelegt hatte, trat am 22. Oktober der Ausschuß dieses Vereines an Bruckner mit dem Antrag heran, er möge diese Stelle übernehmen, vor allem das nächste Musikvereinskonzert leiten und dabei eine seiner »gediegenen Kompositionen« aufführen. So verlockend dieses letztere Angebot war, ging Bruckner auf das Ganze aus und verlangte in einem längeren Schreiben vom 6. November als Bedingung für die Übernahme der artistischen Leitung eine *durchgreifende Reform* des Vereines. Zur Sicherung der künstlerischen Leistungen müßte eine genaue Liste der ausübenden Mitglieder geführt werden, die sich ehrenwörtlich verpflichteten, die Proben mitzumachen; das gilt sowohl für das Orchester als auch die Mitglieder des gemischten Chores. Zur Sicherung der finanziellen Anforderungen wäre neben der Werbung von ausübenden Mitgliedern eine großzügige Werbung unterstützender Mitglieder vorzunehmen. Ein Majestätsgesuch um Unterstützung des Vereines, wie eine solche bereits auch andere Vereine der Residenz und der Provinz erhalten haben, wäre sogleich zu veranlassen. Man könne es ihm schließlich nicht als Unbescheidenheit anrechnen, wenn er für seine »große Mühe und Verantwortlichkeit der artistischen Direktion um eine jährliche Besoldung in bestimmter Höhe« ansuche. Die, »welche Begriffe von gründlicher, musikalischer Ausbildung in bezug auf Kosten und entsetzliche Mühe haben, welche einsehen, was es heißt, musikalisch einen Verein heben, und welche meine Verhältnisse überdies kennen«, müßten dies verstehen.

Den Herren des Musikvereines aber schien die Zeit für solche gründliche Reformen noch nicht geeignet; es war, wie Zeitgenossen erklärten, eine ausgesprochen schlechte Zeit, ebenso schlecht waren die Orchesterverhältnisse des damaligen Linz. Somit kam es zu keiner Anstellung Bruckners, dem dadurch viel Zeit für sein eigenes Schaffen blieb.

Bruckners sehnlichster Wunsch, sich nun der freien Komposition widmen zu können, fand endlich seine Erfüllung. Wenn auch in der Liste der Kompositionen vom Oktober 1863 bis Anfang Juli 1864 scheinbar eine Zeit der Untätigkeit klafft, so ist mit Sicherheit anzunehmen, daß damals Bruckner, dem Drängen Mayfelds, sich der Symphonie zu widmen, mit der Komposition der

Symphonie Nr. 2 in d-Moll (posthum)

nachgab. Die Handschrift des Werkes trägt kein Datum, das auf die Zeit der Komposition hinweisen würde, wohl aber ausführliche Zeitangaben der Umarbeitung im Jahre 1869.

In dem Brief an *Mayfeld* vom 13. Juni 1869 heißt es: »An der Symphonie wird jetzt fest gearbeitet. Werden staunen, wie ich

Ihnen im *Andante* gefolgt habe. Der ganze Mittelsatz ist neu.« In den Daten der Handschrift steht beim Trio: »Linz, 25. August 1869 comp.« Daraus geht hervor, daß bei der Umarbeitung der schon 1864 vollendeten Symphonie der Mittelteil des Andantes und das Trio neu geschaffen wurden. Leider sind die damals ausgeschalteten Teile wie auch sonstige Entwürfe des Werkes bisher nicht aufgefunden worden. Sie dürften 1895 vor der Übersiedlung Bruckners in das Belvedere das Schicksal anderer Kompositionen geteilt haben, die den Flammen übergeben wurden. Die Handschrift der Symphonie aber fand damals Gnade, wurde aber mit der Bezeichnung »0. Sinf.« versehen, womit der Meister ihre richtige historische Einreihung *vor* die später als »Erste« bezeichnete c-Moll-Symphonie festlegen wollte. Da nun diese Erste schon im Frühjahr 1865 begonnen wurde und ihr die d-Moll-Messe voranging, so kann die d-Moll-Symphonie nur in der oben angegebenen Zeit entstanden sein. Sie ist das bisher fehlende Glied, das von der Schulsymphonie als Stufe zu dem ersten großen Meisterwerk, der d-Moll-Messe, emporführt.

Als Bruckner bei jener strengen Sichtung 1895 die Symphonie durchsah, brachte er an verschiedenen Stellen der Handschrift mit zitternder Hand die Vermerke an »verworfen«, »ganz ungiltig«, »annuliert«, »nur ein Versuch«. Bei diesem vernichtenden Urteil, das des Meisters Auge von höchster Warte aus gefällt, blieb es auch. Erst anläßlich des 100. Geburtstages des Meisters erstand die Symphonie als das bedeutendste seiner Frühwerke zu tönendem Leben. Sie erheischt nicht nur das Interesse des Historikers; sie ist auch *absolut als Kunstwerk* genommen durchaus lebensfähig. Sie hatte bisher das Mißgeschick, immer neben eine ihrer großen Schwestern gestellt zu werden, wobei sie freilich zu sehr in den Schatten tritt. Nach Werken von Haydn und Mozart, ja des früheren Beethoven gespielt, kann sie ihre Wirkung nicht verfehlen.

Der erste Satz beginnt mit den Bässen, die den Grundakkord, d-Moll, festlegen, worauf am Ende des zweiten Taktes das Hauptthema der Geigen einsetzt.

Es ist eine typische Begleitfigur, wie sie Bruckner schon im »Confutatis« seines »Requiems«, in der Koda des Finales der Studien-Symphonie und vor allem später im ersten Satz seiner dritten Symphonie verwendet hat. Bei der Wiederholung führt das Thema über den neapolitanischen Sextakkord zum ersten Eintritt des vollen Orchesters in c-Moll und leitet dann unmittelbar zum Gesangsthema auf der Dominante A-Dur über.

Es ist ein Zwiegesang der geteilten ersten Geigen, der Familienähnlichkeit mit dem Gesangsthema des ersten Satzes der »Fünften« aufweist, die besonders deutlich wird, wo das Solo-Horn die Melodie übernimmt.

Ein drittes Thema, wie es schon die f-Moll-Symphonie andeutet, fehlt hier vollständig. An seine Stelle tritt wieder das Hauptthema, das nun von allen Bläsern harmonisch gestützt wird. Da nun aber der erste Satz der »Ersten« ein vollkommen ausgeprägtes drittes Thema aufweist, so ist dies wieder ein Beweis, daß die »Nullte« ihr *voranging*.

Den größeren Teil der Durchführung bestreitet das Gesangsthema, von welchem zuerst die Achtelfigur der Streicher mit neuen, ausdrucksvollen Melodien der Oboe, der ersten Geige und des Cellos durchgeführt wird. Hierauf erscheint die synkopierte Melodie des Gesangsthemas in den Bläsern und tiefen Streichern, von Sechzehntelfiguren der Geigen umrankt. Kurze, echte Brucknersche choralartige Bläsertakte, über welchen die genannte Geigenfigur aushaucht, leiten zur Durchführung des Hauptthemas über.

Diese besteht aus Unisono-Gängen der Hörner und Posaunen und kurzen akkordischen Motiven der Holzbläser, vom Hauptthema in den Streichern umrauscht.

Dem regelrechten Wiederholungsteil folgt eine Koda, die das Urbild derjenigen des ersten Satzes der »Dritten« ist. Diese Koda wird kurz vor dem Schlusse durch einen sechstaktigen Streichersatz unterbrochen, der in der ersten Geige das Hauptthema der d-Moll-Messe vorausahnt.

Das Schema des Satzes ist:

			Durchführung					Koda
A	B	A	B B	A	A	B	A	A
(d-Moll)	(A-Dur)	(F-Dur)			(d-Moll)	(D-Dur)	(D-Dur)	(d-Moll)

Gleichwie in der f-Moll-Symphonie ist auch hier der langsame Satz ein *Andante* (in der Subdominante der Durparallele, B-Dur). Es zeigt im Hauptthema schon den choralischen Typus wie im langsamen Satz der »Dritten«.

Dem Vordersatz der Streicher mit seinen andächtigen Schritten und dem ausdrucksvollen Halbschluß von Haydn-Mozartscher Herkunft folgt ein achttaktiges Postludium der Holzbläser. Der neuerlich eintretende Hauptgedanke erfährt nun eine schöne harmonische Steigerung durch die Wendung in die Zwischendominante der Subparallele, worauf die Holzbläser abermals orgelmäßig weiterleiten.

Wie die Hauptgruppe, so ist auch der folgende Seitensatz rein homophon gehalten. Gleich dem Andante der f-Moll-Symphonie bilden auch hier harmonisch fein abgewandelte Streicher-Achtelpulse die Grundlage für eine weitgesponnene Melodie der ersten Geigen, die im dritten Takt rhythmisch an das Gesangthema des ersten Satzes gemahnt. Nun erscheint die Gesangmelodie in Celli, mündet aber bald in ein Tonleitermotiv, dem wir später als Thema des Agnus Dei der d-Moll-Messe wiederbegegnen werden. Aus diesem Motiv entwickelt sich nun ein Zwischensatz, der mit seinen auf- und abrollenden Tonleiter- und Terzläufen der Holzbläser an ähnliche »Arbeit« verratende Stellen in der dritten Themengruppe des Finales der I. Symphonie gemahnt. Ein andächtiger Streichersatz mit Umbildungen der Gesangsmelodie in der Oberstimme leitet weiter zur Wiederholung des Hauptgedankens, der nun von figurierten Bässen untermalt wird. An der Wiederholung der Gesangsgruppe nehmen nun auch in reichlicherem Maße die Holzbläser teil. Der weihevolle Schluß ist meist den Streichern zugeteilt. Trotz der Einfachheit des Satzes liegt eine echte Brucknersche Weihestimmung über diesem Andante.

A	B	Episode	B	A	B	Anhang	A
(B-Dur)	(F-Dur)			(B-Dur)	(B-Dur)		

Auch das *Scherzo* ist im Vergleich zu dem der I. Symphonie rein formell genommen niedriger organisiert. Es ist nur einteilig und hat wie das der f-Moll-Symphonie keinen gegensätzlichen Seitensatz. Auch das ursprüngliche Scherzo der ersten Symphonie, das ebenfalls nur ein Thema aufweist, aber zweiteilig ist, wurde zugunsten des weiter ausgeführten heute geltenden Satzes zurückgestellt. Es ist daher kaum anzunehmen, daß das Scherzo der »Nullten« nach dem der »Ersten« entstanden ist, dagegen wird in der Originalpartitur das Trio ausdrücklich als »Wien, den

16. Juli 1869 comp.« angegeben. Daß Bruckner das Wort »komponiert« allein beim Datum des »Trio« beifügt, beweist, daß die übrigen Sätze einer früheren Zeit entstammen.

Gleichwohl ist dieses Scherzo schon ein ganz echter Bruckner.

Groß ist die Ähnlichkeit desselben auch inhaltlich mit dem Scherzo der I. Symphonie. Wie dieses leitet auch hier ein zehntaktiges Unisono der Streicher zum eigentlichen Tanzmotiv, welches als treibendes akkordisches Motiv (hier mit Wechselnoten vermischt) auch jenem Scherzo zugrunde liegt. Auch den Beginn der Tanzweise über gleichmäßigen Viertel-Stakkatos der Streicher haben beide Scherzi gemeinsam.

Die weitere Ausführung zeigt schon feinen Sinn für harmonische und instrumentale Wirkungen. Manche Stellen erinnern auch lebhaft an die Scherzi der zweiten und dritten Symphonie.

Der erste Teil des Trios mit seiner weichen Sehnsuchtsstimmung ist am ehesten mit dem des Scherzos der »Siebenten« zu vergleichen.

Im zweiten Teil wird das Anfangsmotiv des Scherzos als zartlockendes Element in den Klarinetten wieder aufgenommen und mit wiegenden Terzmotiven der Oboen und Streicherpizzikati zu einem lieblichen Zwischensatz gestaltet, dem die Wiederholung des Trio-Hauptteiles folgt.

Das Finale ist der kontrapunktisch reichste Satz und beginnt (wie nur noch das der »Fünften«) mit einer Einleitung, deren elegisches Geigenthema an die feierliche Stelle bei Buchstabe L des Finales der VIII., und im Charakter auch an den Beginn des Finales der VI. Symphonie gemahnt, wenn auch die Harmonisierung durch die Holzbläser hier eine ganz andere ist.

Das Hauptthema selbst weist alle Merkmale Brucknerscher Finalthemen auf, doch ist sein Eintritt nicht mit jener zwingenden Notwendigkeit vorbereitet, wie der der ihm ähnlichen Themen etwa im Finale der IV. und im ersten Satz der neunten Symphonie, daher wirkt es trotz seiner reckenhaften Gestalt nicht so elementar wie die genannten Themen. An die Stelle einer vorausgehenden langen Steigerung tritt hier ein Trompetenmotiv über dem Orgelpunkt »accelerando« (was sonst bei Brucknerschen Steigerungen nicht üblich ist) ein, das zum Hauptthema überleitet.

Nach den ersten acht Takten meldet sich in den Geigen und (in kanonischer Nachahmung) in Bratschen und Celli ein neues

Motiv, das der Meister später als zweiten Hauptgedanken des ersten Satzes seiner dritten Symphonie wieder aufnimmt und das auch hier als zweiter Hauptgedanke gelten kann, der treibend und steigernd auf einem Orgelpunkt in Verbindung mit dem schon genannten Trompetenmotiv zur Wiederholung des Hauptthemas führt. Den Abschluß der Hauptgruppe bildet eine kurze Durchführung des Hauptgedankens in Engführungen im Abstand eines halben Taktes, die allerdings etwas »akademisch« anmutet.

Das Gesangthema steht in der Dominante der Durparallele C-Dur und ist in seinem Vordersatz ganz unbrucknerisch. Man erinnert sich dabei eher italienischer Opernmusik. Auch das Sanktus der Missa Solemnis aus dem Jahre 1856 beginnt in ähnlicher Weise.

Der Nachsatz aber mit seiner jodelnden Figur verrät die österreichische Volksseele. Trotzdem ist es kaum für möglich zu halten, daß dieses Gesangthema nach dem so prächtigen des Finales der »Ersten« entstanden sein könnte. Das Thema erfährt eine Wiederholung in den Celli, worauf das Hauptthema in Verbindung mit den aus dem Nachsatz des Gesangthemas gebildeten Achtel-Figurationen im vollen Orchester eintritt und mit einer jener Unisonosteigerungen endet, die wir in manchem späteren Werk und auch in der ersten Symphonie viel großartiger wiederfinden.

Eine Generalpause und eine zu Beginn an die Stelle »mortis nostrae« aus dem siebenstimmigen »Ave Maria« erinnernde andachtsvolle Streicher-Episode beschließen die Exposition.

Es folgen nun wieder die Einleitung (mit veränderter Geigenmelodie) und die beiden Themen, die nun durchführungsartig und mit allem Rüstzeug des gewiegten Kontrapunktikers versehen wiederauftreten. Besonders das Gesangthema wird breit ausgeführt und zu Unisonogängen, die nun Bruckner nicht mehr verleugnen, umgestaltet; es gelangt schließlich in Verbindung mit dem Hauptthema zu mächtigen Steigerungen. Ein zartes Flötensolo von wenigen Takten schiebt sich ein, dann treibt die Koda mit Dur-Jubel dem Ende zu.

Einleitung			Einleitung				Koda
	Aa + b	Ba + b		A + Bb	A B	A + B	A + B
(d-Moll)	(d-Moll)	(C-Dur)	(a-Moll)	(c-Moll)	(D-Dur)	(d-Moll)	(D-Dur)

Zu Anfang 1864 hatte Bruckner die ernstliche Absicht, in Dresden und Leipzig *Orgelkonzerte* zu geben, die Rudolf Weinwurm vermitteln sollte. Er war unschlüssig, ob er Konzerte mit fremden Werken geben oder nur »fantasieren« solle. In seinem Brief vom 1. März schreibt er an Weinwurm unter anderem: »Bezüglich der Reise muß ich leider schreiben, daß ich noch kein Repertoire habe, obwohl ich Bach und Mendelssohn gespielt habe. Ich habe wenig Zeit und Lust, mich sonderlich in dieser Beziehung zu plagen. ... Zum gediegenen Spiel fremder Meister, glaube ich, werden draußen sehr tüchtige Leute in Hülle und Fülle sein.« Er wollte lieber »nur fantasieren« und »unentgeltlich« spielen und durch Einüben fremder Werke »die Zeit nicht so vergeuden«.

In Erkenntnis seines eigentlichen »Berufes«, des schaffenden Künstlers, wollte er die Laufbahn des Virtuosen gar nicht erst betreten. Die Reise kam aber überhaupt nicht zustande.

Wenn Bruckner in dem angeführten Brief von »wenig Zeit« für technische Übungen auf der Orgel spricht, so bedeutet dies, daß er Wichtigeres zu tun hatte. Offenbar war er noch mit den Arbeiten an der d-Moll-Symphonie beschäftigt. Eine Notiz der »Linzer Zeitung« vom 4. Februar 1864 berichtet aber auch, daß Bruckner emsig an einer *Messe* arbeite, die zum Geburtstag des Kaisers (18. August) in Ischl, zu welchem Anlaß stets der Bischof von Linz das Hochamt zelebrierte, aufgeführt werden sollte. Im vollen Besitz aller technischen Fertigkeiten für Chor- und Orchestersatz schuf Bruckner nun sein *erstes vollkommenes Meisterwerk.* »Ihm ist der Meister nah, ihm ist er da!« Das Jahr 1864 ist das Geburtsjahr der Brucknerschen Meisterschaft, das Erlösungsjahr aus der Knechtschaft der Schule. Die

Messe Nr. 1 in d-Moll

für Soli, Chor und großes Orchester reicht, wie obige Zeitungsnotiz feststellt, in ihren Anfängen in die ersten Monate des Jahres 1864 und folgt daher unmittelbar der d-Moll-Symphonie. Die Ausarbeitung nahm die drei Sommermonate Juli bis einschließlich September in Anspruch. Es war dies eine Zeit in der er sich in Linz sehr unglücklich fühlte und Freund Weinwurm klagt: »Ich bin hier oft sehr mißmutig und traurig.« Das Leid wurde ihm »zum Mutterschoß unsterblicher Werke«.

Die einzelnen Sätze sind wie folgt datiert: *Kyrie* beendet am

4. Juli, *Credo* am 6. September, das *Benedictus* am 29. September, das *Agnus* am 22. September, *Gloria* und *Sanctus* sind nicht datiert.

Hier schuf er, was die glühende Seele ihm kündete, nach den Gesetzen seines gläubigen Herzens. Am Kopfe des Werkes prangt der Schild des Herrn, für dessen Ehre er ficht, das Zeichen: *O. A. M. D. G. – omnia ad majorem Dei gloriam* – alles zur größeren Ehre Gottes. In diesem Zeichen sollte er siegen.

Das Werk ist so unerhört kühn den früheren Arbeiten gegenüber, daß seine Entstehungsmöglichkeit fast ein Rätsel ist. Die einzige Erklärung gibt Bruckner selbst, wenn er später einmal sagt: »I hab mi net traut.« Er hat sich aus Ehrfurcht vor der Lehre und aus Respekt aus den Lehrern tatsächlich nicht getraut, die Grenzen ihrer Lehrsätze zu überschreiten. Mit Macht hat er seine kühnen und neuen Ideen zurückgezwungen und gelitten wie der gefesselte Prometheus. Sein Herkules, der Weckrufer seines »Ich«, der die Fesseln sprengte, war niemand anderer als Richard Wagner.

Wie groß die innere Kraft Bruckners trotzdem schon war, zeigt uns die d-Moll-Messe. In ihr ist nicht *ein* Anklang an den »Tannhäuser«, das einzige Wagner-Werk, das Bruckner damals kannte, zu bemerken; vielmehr begegnen wir hier Motiven, die uns aus zur Zeit noch gar nicht aufgeführten oder vorhandenen Werken Wagners bekannt sind. So erinnert gleich das Hauptmotiv des Kyrie an das Motiv des »Liebestodes« im »Tristan«, der erst 1865 zur Uraufführung kam. Gegen Schluß des Kyrie erleben wir eine Musik wie beim Herabschweben der Taube im »Parsifal«, obwohl dieses Werk damals noch gar nicht geschaffen war. Das Agnus hebt mit dem »Speermotiv« aus den »Nibelungen« an, von welcher Musik noch kein Ton an Bruckners Ohr gelangt war.

Diese wenigen Beispiele mögen genügen, um nachzuweisen, daß zwischen *Wagner* und *Bruckner* eine *Seelenverwandtschaft* bestand und daß deshalb auch in ihren Werken *verwandte Züge* und ähnliche Gedanken anzutreffen sind.

Nun zum Werk selbst.

Das *Kyrie* beginnt mit einem zwanzig Takte langen düsteren Vorspiel auf dem Orgelpunkt D, über welchem das oben angeführte, sehnsüchtig seufzende Motiv in kunstvollen Nachahmungen aufgebaut wird.

Nach dem zwanzigtaktigen Vorspiel beginnen Sopran und Alt mit dem Hauptmotiv ihr zaghaftes Flehen, dem sich bald die Männerstimmen in der Sekund nachahmend gesellen. Der Chorsatz führt dann zu einem Dreiklangs-Aufstieg, der uns später in mancher Symphonie begegnen wird.

Nach einem abermaligen Aufblick wenden sich drei Solostimmen an den Gottessohn, den Mittler, mit vertrauensvollen Bitten »Christe eleison«, welchen die Umkehrung des Hauptgedankens zugrunde liegt und die der Chor mit hauptsächlicher Verwendung des Sekundmotivs aus dem Hauptgedanken fortsetzt und zum ersten Höhepunkt führt. Die harmonisch kühn gehaltene Überleitung zum fugatoartigen Wiederholungsteil des Kyrie durchziehen die Passagen einer Solo-Violine. Anschließend an den im dritten Kyrie-Teil wieder erscheinenden, oben angeführten Choraufstieg, der uns an die Pforten des Himmels zu geleiten scheint, senken sich von dort, wie beim Herabschweben der Taube im »Parsifal«, Gnadenströme hernieder.

Kurz vor dem Schlusse erreicht der Satz seinen zweiten Höhepunkt, wobei in der absteigenden Tonreihe der Oberstimme schon das Thema des »Agnus« vorgebildet erscheint, dem in den Singstimmen der zur Oktav erweiterte Quintschritt des Hauptmotivs entgegentritt, welcher im Orchester schon im ersten Kyrie aufgetreten war.

Der liturgischen Vorschrift gemäß setzt das »Gloria«, die Intonationsworte des Priesters nicht wiederholend, einstimmig gleichsam den Choral fort.

Die aus Tonleitern und Tonleiterstücken bestehende Figuration des Orchesters bringt einen freudigen Zug in das Ganze und verbindet die oft stark kontrastierenden Teile zur Einheit. In rasch anwachsendem Crescendo der unisono geführten Streicher wird das jubelnde »Laudamus« erreicht, bei welchem das ganze Orchester brausend einfällt. Oboen, Flöten und tiefe Streicher vermitteln nach diesem ersten Höhepunkt den Eintritt des Seitengedankens.

Eine liebevolle Behandlung erfährt die Stelle des Textes, in welchem er des Erlöserwerkes Christi gedenkt, in Gegenüberstellung von Soli und Chor. Bei »Qui tollis« teilen sich die Oberstimmen, und seraphische Klänge der Holzbläser umglänzen sie. Die Orchesterbehandlung bei der Wiederholung des

»Qui tollis« erinnert schon lebhaft an das Kolorit zu Anfang der VII. Symphonie. Von eigentümlich wehmütiger Stimmung ist das »Miserere nobis« erfüllt.

Bruckner erinnert sich dieser Stelle im Adagio seiner letzten Symphonie, wo er sie mit »Abschied vom Leben« bezeichnet.

Der bei »Quoniam« eintretende Wiederholungsteil führt zu einem neuen Höhepunkt, der bei »cum sancto spiritu« eintritt, und nun folgt das Schlußwort, eine grandiose Fuge mit dem an Bachs B-A-C-H-Fuge erinnernden Thema.

Eines der feurigsten Glaubensbekenntnisse, geboren aus tiefster Überzeugung, erleben wir im *Credo.* Glaubensfreude und Glaubenszuversicht, aber auch heroischen Glaubensmut künden also die Einleitungstakte.

Die eingeklammerten Motive (in der Violinfigur der »Amen-Fuge« des Gloria vorgebildet) des Glaubenskämpfer-Themas beherrschen den größten Teil des Credo, wie auch der Oktavsprung des Chores reichlich verwendet erscheint. Bei »Deum de Deo« wandelt sich das Thema in eine Jubelfanfare, die an markanten Stellen wieder auftritt. Bei »genitum non factum« glätten sich die Wogen, und über einer reichen orchestralen Fortführung des Hauptthemas wird der Mittelsatz »Et incarnatus« erreicht, der vom Soloquartett über wiegenden Streicherfiguren eingeleitet wird und in seinem Beginn an die Stelle bei Buchstabe A des 150. Psalms erinnert. Dröhnende Akkorde der Trompeten und Posaunen gesellen sich bei »Crucifixus« zum Unisono-Chor, bis die Klangmassen plötzlich abbrechen. In einigen Akkorden des Chores wird Leiden und Sterben des Erlösers ergreifend ausgedrückt.

Aus der folgenden 28taktigen Orchesterschilderung spricht schon der Symphoniker zu uns. Über dem Paukenwirbel auf A huscht von Instrument zu Instrument das aufgeregte Motiv (seine Herkunft aus dem Fugenthema des Gloria ist unverkennbar), dessen letzter Takt, verkleinert, die Bewegung mehr und mehr steigert. Es ist eine großartige Schilderung des Erdbebens unmittelbar vor der Auferstehung des Heilands. Verklärt entschwebt er dem Grabe, Chor und Orchester jubeln »resurrexit!«, er ist auferstanden! (Eine Analogie zu »Jesus« in dem siebenstimmigen »Ave Maria«.)

Im weiteren Verlauf des Credo, dessen eingehende Analyse hier nicht möglich ist, erfährt die Schilderung des »Jüngsten

Gerichtes« eine besonders eigenartige und hervorragende Behandlung. Von stampfenden Bässen (Orgelpunkt auf F) getragen und von lebhaften Figuren der Streicher umrauscht, hebt sich das von Posaunen gestützte Thema des Tenors unheimlich und erschütternd heraus.

Wir begegnen diesem Gedanken später, nur wenig verändert, wieder als Nachsatz des Hauptthemas der VII. Symphonie.

Bei »Et in spiritum« beginnt der Wiederholungsteil. Von Einzelheiten des letzten Teiles sei das liebliche »Qui cum Patre« (Soloquartett) hervorgehoben. Die nachahmenden Stimmeneinsätze und die Sextakkord-Harmonien des Nachspiels sind aus dem Offertorium »Afferentur« herübergenommen. Volles Vertrauen auf ein ewiges Leben atmet das »Et vitam«. Bald in mächtiger Stärke, dann wieder pianissimo in sich hineingesungen, zeigt das »Amen« so recht die innerliche Beglückung und den Triumph des Naiv-Gläubigen.

Im Vergleich zu dem Vorangegangenen scheint uns das *Sanctus* der am wenigsten inspirierte Teil zu sein. Es beginnt mit einem aufsteigenden, diatonischen Motiv der tiefen Streicher, dem der Chor unisono folgt.

Nach zweimaliger Wiederholung dieses Anrufes auf fis und b bei gleichzeitiger Steigerung tritt in mächtigen Akkorden das volle Orchester ein. Mäßig bewegt setzt das »Pleni sunt coeli« ein, das im Wechselgang zwischen dem Baß und den übrigen Stimmen fortgeführt wird. Eigentümlich durch den schroffen, stufenweisen Harmoniewechsel ist das »Hosianna«, das den Satz jubelnd beschließt.

Im Benediktus läßt Bruckner seinen Gefühlen freien Lauf. Eine 16taktige Orchestereinleitung von hervorragender Schönheit in der Erfindung und der Klangwirkung enthält in den beiden ersten Takten den Hauptgedanken des Satzes.

Die Oberstimme des dritten Taktes begegnet uns später wieder im Gesangsthema der VIII. Symphonie. Der »Tristan«-Seufzer des letzten Taktes kann nicht aus diesem Werke stammen, da Bruckner es damals noch gar nicht gekannt hat. (Übrigens hat schon Spohr im Adagio seines Doppelkonzertes für Violinen diesen nach aufwärts sich lösenden Vorhalt genau wie Wagner angewendet.) Die nach einer Wendung nach e-Moll eintretende Alt-Solostimme eröffnet mit der Melodie den kunstvoll geführten gesanglichen Teil des Satzes.

Der Mittelsatz beginnt mit der Cellomelodie, die von den Singstimmen unter stets wechselnder harmonischer Beleuchtung weitergeführt wird. Ähnliches Kolorit finden wir später im »Et incarnatus« der f-Moll-Messe und bei der Durchführung des Gesangsthemas im Adagio der V. Symphonie. Ein längeres Zwischenspiel, dessen Holzbläsermotiv im Finale der I. Symphonie wahre Triumphe feiert, führt zum Wiederholungsteil, der abermals durch ein Zwischenspiel mit dem »Hosanna«,wie im Sanctus, verbunden ist.

An diesem weit ausgesponnen Teil reiht sich als würdiger Schlußstein das »Agnus Dei«, das seine Hauptmotive aus dem Kyrie herleitet.

In schärferer Rhythmisierung als im dritten Kyrie-Teil erhält das absteigende Hauptmotiv hier die Gestalt des damals noch nicht bekannten »Speermotivs« aus dem »Nibelungenring«.

Das Quintmotiv des Chores ist aus dem Hauptmotiv des Kyrie gewonnen, so daß sich also alles in dem Werke *organisch* entwickelt. Tiefe Zerknirschung und Erlösungssehnsucht durchziehen das »qui tollis« und »miserere«.

Ein Orgelpunkt auf der Dominante leitet zum »Dona nobis« über, das dem »Et vitam« im Credo entspricht. Eine hochpoetische Idee spricht sich darin aus: Friede im ewigen Leben! Noch ehe Bruckner der Symphonieform den würdigen Schlußstein in seinem Finale gesetzt, hat er der Messe die *zyklische Form* geschenkt.

Überraschend ist in der ganzen Messe die kühne Modulation und die glänzende Orchesterbehandlung. Die längeren Orchestersätze darin weisen auf Bruckners »Beruf« als Symphoniker hin.

Die Uraufführung erlebte die Messe am 20. November 1864 im Dom zu Linz.

Aus dem Mißmut und der Traurigkeit seines irdischen Wandels hatte ihn das Schaffen an dem heiligen Werk in die Höhen seligen Friedens erhoben. Wenn wir aber den Ursachen seiner seelischen Leiden nachgehen, so finden wir diese auch bei Bruckner darin, was Nietzsche in dem Satz ausdrückt: »Der Mann sucht die Gefahr – darum sucht er das Weib.« Für Bruckners hohe sittliche Persönlichkeit aber wandelte sich seine ihn durchs ganze Leben begleitende Hinneigung zu kaum dem

Kindesalter entwachsenen jungen Mädchen, deren Liebe er nie zu erringen vermochte, aus Hoffen und Harren und folgender bitterer Enttäuschung stets in hohe Werte der Kunst, die eine Welt beglücken sollten.

So begleiteten auch seinen ganzen Linzer Aufenthalt Weh und Wonne kleiner Liebesaffären. Bruckner war, wie Frau Emma Krenn, geborene Thanner, versichert, wohl in alle seine Schülerinnen verliebt, doch gab er den Dunkeläugigen und Schwarzhaarigen den Vorzug. Gern unterhielt er sich nach der Stunde mit der Mutter dieser seiner Schülerin und erzählte ihr, mit den Händen lebhaft agierend, von seinen Erlebnissen, wobei er fleißig in den Spiegel schaute. Die »Eroberungen«, die er bei jungen Mädchen gemacht zu haben glaubte, spielten eine besondere Rolle. Er machte dabei keinen Klassenunterschied, denn die Schönheit allein war ihm maßgebend. So berichtete er häufig, daß er einem Dienstmädchen »nachgestiegen« sei, das sich bei einer Biegung des Weges »mit vielsagendem Lächeln« nach ihm umgesehen und seinen höflichen Gruß beantwortet habe. Mit den selbstbewußten Worten: »I' bi' a verfluchter Kerl – a verfluchter Kerl bin i« schloß er, mit einem Seitenblick in den Spiegel, gewöhnlich seine Ausführungen.

Häufig verkehrte Bruckner in der sogenannten »Hartl-Gesellschaft« im »Kaffee Hartl«, wo er viel mit der von ihm heißverehrten *Rosa v. Dierzer* tanzte. Als diese aber einen Apotheker heiratete, war er bitter enttäuscht. Auch ein kurzer Liebestraum um die ausgezeichnete Altistin des Domchores, *Marie Gärtner*, die er durch ein Sonderkonzert auf der Orgel zu gewinnen suchte, fand ein rasches Ende, da sich die jungen Mädchen durch sein linkisches Benehmen abgestoßen fühlten. Aus solchen Stimmungen ist die Briefstelle an Weinwurm vom 18. Oktober 1864 zu verstehen, wo es heißt:

»Du hast recht oft auch schon die Welt als Bagage kennen lernen müssen, was ich ungemein bedauere; daher auch Deine begründete Ansicht über die liebe Menschheit. Diese Ansicht theile ich vollkommen mit Dir. Was ich unter Melancholie verstand – ich drückte mich nur schlecht aus – es ist zum größten Theile nur Feindschaft gegen die Menschheit, deren Liebenswürdigkeit, Aufrichtigkeit und Treu gewiß auch ich bitter genug so oft empfinden mußte und noch empfinden muß...

Ich glaube, da muß man wohl zu solchen Anschauungen, wie

wir sie haben, kommen! Unlängst wurde mir erzählt, Du habest den Gedanken, nach Mexiko zur Hofkapelle auszuwandern. Ist etwas Wahres daran? Auch mir wurde ein solcher Antrag gestellt. Schweige gegen Jedermann hierüber und schreib mir.

Gehen wir nach Rußland und wo immer hin, wenn man uns im Vaterland nicht kennen will. Du siehst, auf welcher Stufe der Zufriedenheit ich stehe und wie ich die Linzer liebe infolge solcher Anerkennung.«

Die Absicht, nach Mexiko auszuwandern, erklärt sich daraus, daß der Bruder des österreichischen Kaisers, *Maximilian*, zum Kaiser von Mexiko ausersehen war und für den dortigen Hof ein Hoforganist bestellt werden sollte. Zeitlebens bildete Mexiko einen besonderen Komplex in Bruckners Phantasie.

Die Aufführung der neuen Messe beim Kaiseramt im August konnte nicht stattfinden, da das Werk noch nicht beendet war. Am 18. August, dem Geburtstag des Kaisers, aber spielte Bruckner beim Hochamt in *Ischl* die Orgel, hatte aber, wie er Weinwurm mitteilt, »wenig Spielraum«, und die Orgel sei »leidend« gewesen. Bald aber war das Werk beendet, und es bestand die Absicht, dasselbe zum Cäcilientag zur ersten Aufführung im Dom zu Linz zu bringen.

Die Unzahl von Proben, die Bruckner abhielt, entrissen ihn nun seinen seelischen Depressionen. Er probte in seiner Wohnung mit den Singstimmen einzeln, ebenso wie mit den einzelnen Gruppen des Orchesters mit pedantischer Genauigkeit. Sowohl dem Chor als dem Orchester stellte das neue Werk ganz ungewohnte Aufgaben, so daß es bei den Übungen nicht selten zur Entmutigung der Mitwirkenden kam. Endlich, nach mehreren Gesamtproben, kam der Tag der Aufführung, der 20. November 1864, heran. Als das Hochamt um 10 Uhr in der Domkirche begann, war Bruckner von der Bedeutung des Augenblickes tief ergriffen, und mit bleichem Antlitz und am ganzen Körper zitternd, gab er das Zeichen zum Anfang. Das ausgezeichnet einstudierte und von allen Mitwirkenden mit Begeisterung dargebotene Werk übte auf alle Anwesenden – es hatte sich auch die ganze »Intelligenz« der Stadt eingefunden – eine großartige Wirkung aus. Bischof *Rudigier* erklärte, das Werk habe ihn so interessiert und gepackt, daß er während der Messe nicht gebetet habe.

Bruckner erhielt noch auf dem Chor des Domes ein kleines

Lorbeerkränzchen mit weißen Schleifen, auf welchen die Schlußworte eines zu diesem Anlaß von Kreiskommissär *Moritz von Mayfeld* verfaßten Huldigungsgedichtes in Gold gestickt waren. Die Inschrift lautete: »Von der Gottheit einstens ausgegangen, muß die Kunst zur Gottheit wieder führen. Linz, den 20. November 1864.« Bruckner hat dieses Kränzchen unter Glas und Rahmen bis an sein Lebensende aufbewahrt.

Über Bemühen von Herrn von *Mayfeld,* des gewiegten Kunstkenners, kam ein *»Concert spirituel«* zustande, bei welchem Bruckner seine Messe am 18. Dezember im Konzertsaal zu Gehör brachte und großen Triumph errang.

Bruckner selbst berichtet über beide Aufführungen am 26. Dezember an Freund Weinwurm:

»Meine Messe wurde am 20. Nov. im Dom u. am 18. Dez. als Concert spirituel im Redoutensaal aufgeführt durch Veranstaltung mehrerer Musikfreunde. Daß letzteres so außerordentlich besucht, ja überfüllt war, sei Dir als Beweis, wie sie in der Kirche angesprochen hat, was mich um so mehr wundert, da die Composition sehr ernst u. sehr frei gehalten ist. Ich sende Dir (Blatt vom Abendboten) u. von der Linzerzeitung, die famos schreibt – er macht ein Langes u. Breites – bringt erst nach langen Pausen wieder eine Anmerkung, so daß es leider jetzt noch nicht fertig ist. Abendbote (ich glaube Maifeld, ein tüchtiger Pianist u. selbst Compositeur, war lange in Wien, ist k. k. Kreiskommissär) verarbeitet ihn auch ganz gerecht deshalb. Ich wartete immer auf dieß fertigwerden mit dem Schreiben an Dich; kann aber jetzt nimmer länger *meinem liebsten und ärmsten Freund auf der Welt* meine Mitteilung verzögern. Erzherzog Josef besuchte auch mein Concert – Alois grüßt Dich – er wird Dir hierüber näheres berichten. Ich lasse jetzt die Partitur reinschreiben. Glaubst Du nicht, daß ich selbe Hanslik u. Herbek durch Dich senden soll.«

Mayfelds Bericht über das Konzert weist in geradezu prophetischer Weise auf Bruckners künstlerische Zukunft hin und beweist, daß er der *allererste Erkenner* seines Genies gewesen ist. So heißt es in der Besprechung u. a.: »Der künftige Biograph Bruckners dürfte sich ungefähr so vernehmen lassen: Der 18. Dezember 1864 kann als der Tag bezeichnet werden, an welchem Bruckners Gestirn zum erstenmale in vollem Glanze leuchtend am Horizont emporsteigt. An diesem Tag brachte die

Intelligenz der ganzen Stadt dem gewaltigen musikalischen Feuergeiste, welcher bei ihm wie bei Beethoven und Schubert unter einer die oberflächlichen Beobachter wohl wenig anziehenden Hülle sich verbirgt, ihre Huldigung dar. Nun folgte (wird hoffentlich der Biograph fortfahren können) Werk auf Werk, und jedes ward ein Fortschritt auf der kühn betretenen Bahn.«

Gerade auf dem Gebiet der Kirchenmusik, das der Tummelplatz so vieler Flachköpfe ist, sei ein Genie nötig. »Wenn der Satz richtig ist, daß nur neue Gedanken zur Komposition berechtigen, so ist Anton Bruckner ein vollberechtigter Komponist.« – Bruckner sei fast frei von willkürlichen und unwillkürlichen Reminiszenzen und gehe in voller Originalität seine ihm eigenen Wege. Wohin dieser Weg bei seinem Reichtum an Phantasie führe, sei schwer vorauszusagen. Nur das eine dürfe sicher sein, daß er schon in nächster Zukunft das Feld der Symphonie, und zwar mit größtem Erfolge, bebauen dürfte. Auf diesem Felde und auf dem der Kammermusik, wozu ihn seine hervorragende Kunst in der polyphonen Führung der Stimmen vorzugsweise befähige, dürften von Bruckner glänzende Bereicherungen der deutschen Musikliteratur zu erwarten sein.

Offenbar durch *Weinwurms* Vermittlung brachte auch die »Neue Freie Presse« in Wien am 11. April folgende Notiz: »Die originell geschilderte Musik machte auf die Hörer einen solchen Eindruck, daß man ein eigenes ›Concert spirituel‹ arrangierte, um darin Bruckners Messe vollständig zu wiederholen.« Ähnlich schrieb am 14. April 1865 das »Fremdenblatt« darüber.

Neben dem Riesenwerk der Messe verdanken dem Jahre 1864 zwei Gelegenheitswerke ihre Entstehung. Am 19. März widmete Bruckner dem Vorstand des »Frohsinn«, seinem Freund Josef Hafferl, zum Namenstag das *»Herbstlied«* (Fr. v. Sallet), einen Männerchor mit 2 Sopran-Soli und Klavierbegleitung, der am 21. November 1864 unter *Karl Weilnböck* zur Aufführung kam. Am 12. April 1864 widmete Bruckner dem Männergesangverein »Sängerbund« den neuen Männerchor mit Alt-Solo und Klavierbegleitung *»Um Mitternacht«* (R. Prutz), der am 11. Dezember 1864 seine Erstaufführung erlebte.

Auch zu Anfang 1865, welches Jahr er mit »schrecklichem Kopfweh« beginnt, steht eine Gelegenheitskomposition, das *»Trauungs-Lied«* (I. Proschko) für Männerchor und Orgel, das

Bruckner zur Vermählung seines Sangesbruders Karl Kerschbaum mit der Konzertsängerin Marie Schimatschek am 8. Jänner schrieb und das bei diesem Anlaß am 6. Februar in der Stadtpfarrkirche zur ersten Aufführung kam, wobei Bruckner die Orgel spielte.

In dieser Zeit hatten sich Anzeichen nervöser und seelischer Störungen angekündigt, die einerseits durch die übermäßige geistige Anstrengung des Studiums, durch bittere Enttäuschungen infolge Zurückweisung seiner Herzensnöte und durch den geradezu vulkanischen Ausbruch der lange zurückgehaltenen Schöpferkraft bedingt waren und künftig in einer schweren Nervenkrise zum Durchbruch kamen. Wieder war die »innere Qual« der Mutterschoß eines unsterblichen Werkes. Am 29. Jänner teilt Bruckner Weinwurm mit:

»Ich arbeite gerade an einer c-Moll-Symhonie (Nr.2) und kann da öfter halbe Wochen nichts thun vor Stunden u. dgl. Ich glaube mit dieser (wenn die ferneren Theile nicht auslassen) sollst Du eine Freude bekommen; ich Welt- u. Menschenfeind aufs Neue suche da einige Linderung über die hübsche Behandlung in Linz. Könnte ich nicht in Deiner Nähe wohnen? Der Himmel gebe es! u. Du wirst mir gewiß helfen – Du bist mein einziger Trost hier.« Und ein anderes Mal klagt er ihm: »Es verdrießt mich die ganze Welt – es verbleibt mir nur die Kunst und einige werthe Freunde, unter denen Du stets obendran bist.«

Schon jetzt bedrückt ihn der Mangel an Zeit für sein künstlerisches Schaffen, und dies war sein größter Kummer, den er sein Leben lang nicht los wurde.

Der Umstand, daß er die begonnene Symphonie als Nr. 2 bezeichnet, beweist, daß er seinen ersten symphonischen Versuch schon damals, als »Schularbeit«, nicht zählte, und die früher als Zweite bezeichnete Symphonie in d-Moll nun als Nr. 1 gelten ließ. Erst später wurde die nun begonnene c-Moll-Symphonie als »Erste« und die ihr vorangehende als Nr. 0 bezeichnet.

In die Zeit vor Beginn der c-Moll-Symphonie fällt die Bekanntschaft mit einem Musikfachmann, dessen Einfluß auf Bruckners weiteres Schaffen von großer Bedeutung war. Nachdem Kitzler Linz verlassen hatte, war in das Theater der etwa dreißigjährige Geiger *Ignaz Dorn* gekommen, der verschiedene Instrumente

(Violine, Cello, Kontrabaß und Klavier) gleich meisterhaft beherrschte und auch ein gediegener Komponist neuester Richtung war. *Wagner, Berlioz* und *Liszt* waren seine musikalischen Götter. Sein Verdienst ist es, Bruckner, der inzwischen auch die Welt des »Lohengrin« und des »Fliegenden Holländer« bei Aufführungen in Linz kennengelernt hatte, mit Partituren Berlioz' und Liszts vertraut gemacht zu haben. Vor allem war es die »Symphonie zu Goethes Faust«, die Dorn mit ihm eingehend studierte und deren Partitur er ihm zum Andenken schenkte. Manches in diesen Werken schien Bruckner doch zu gewagt, aber wenn er in seiner nun begonnenen Symphonie ganz unbekümmert um Hergebrachtes schuf, so verdankte er dies jenen Vorbildern. Manchmal aber schrak er selbst vor den eigenen Kühnheiten zurück, die er niederschrieb, und er fragte gelegentlich Dorn: »Mei' liaba Dorn, geh, schau amal dös an; derf ma denn so 'was schreib'n?« Darauf sagte Dorn: »Du mußt dich ganz frei fühlen; daß du was kannst, weiß eh die ganze Welt. Du wirst noch ein sehr großer Mann.« Solche überzeugte Anerkennungen mußten das Vertrauen des immer noch an seiner Sendung Zweifelnden mächtig stärken.

Der ganze Einfluß, den die Kenntnisnahme der »neudeutschen Richtung« der Musik auf Bruckner übte, war aber lediglich ein moralischer und bestand ausschließlich darin, den so lange in Schulfesseln Befangenen zu befreien und ihm die Erkenntnis zu vermitteln, daß jede Theorie durch Neuschöpfungen des Genies geändert, ja umgestoßen werden kann. Was Bruckner von den neuen Meistern annahm, waren lediglich technische Errungenschaften, seine nun bereits in mehreren Werken niedergelegte Eigenart vermochten sie nicht zu berühren. Er war schon damals »selber aner«!

Einen lebenden Eindruck von Listzts Kunst empfing Bruckner bei einem Sängerfest in *Pest*, wo er »Die Legende der hl. Elisabeth« hörte, Liszt am Klavier bewunderte und sich ihm vorstellte. Mit seinen Bemühungen, die neue Messe in Wien unterzubringen, war ihm kein Glück beschieden. Weinwurm hatte ihm zwar versprochen, das Werk zur »Jubelfeier der Universität« zur Aufführung zu bringen, und Bruckner hatte ihm eine eben hergestellte Abschrift der Partitur mit den Worten übersandt: »Hiermit lege ich in *Deine Hände* mein Kleinod«, doch kam es wohl wegen der Schwierigkeit nicht dazu. Bruckner, der sich im Oktober 1864 sehr darüber beklagt hatte, daß er keine Stunden habe, war im Winter mit solchen reich versorgt und bot sich an, 100 Gulden für die Aufführung beizusteuern. Diese bessere Lage gestattete ihm nun einen längeren Aufenthalt in *München*, wohin *R. Wagner* durch einen Aufruf die Künstler zur Uraufführung von *»Tristan und Isolde«*, die am 15. Mai geplant war, eingeladen hatte. Der Sohn eines reichen Kaufmannes, der Bruckners Schüler in Harmonielehre war, *Franz Schober*, begleitete ihn. Sie wohnten im Hotel »Vier Jahreszeiten«, wo die bedeutendsten Künstler abgestiegen waren. An der Mittagstafel saß Bruckner neben *Anton Rubinstein*, den er bat, ihm auf dem Zimmer seine neue Symphonie zeigen zu dürfen. In Partitur waren zu dieser Zeit nur der 1. Satz und das Scherzo fertig. Zu Bruckners außerordentlicher Befriedigung fand Rubinstein das Werk »interessant und talentiert«, hatte aber stellenweise wegen der Instrumentation Bedenken. Auch dem Dirigenten des »Tristan«, *Hans v. Bülow*, zeigte er die Symphonie. Er ging sie, wie Bruckner erzählte, mit bedeutendem Interesse und großer Aufmerksamkeit durch, »bald seinem Entzücken über die schönen Gedanken, bald seinem Entsetzen über die Kühnheit der Verarbeitung Ausdruck gebend. Oft rief er: ›Welche Herrlichkeit‹, dann wieder: ›Was haben Sie sich da erlaubt?‹ Bei einer Posaunenstelle rief er wild: ›Ha, das ist dramatisch!‹, worauf ich erwiderte: ›Ja, das is' ganz gleich‹.«

Dem Meister *R. Wagner* stellte sich Bruckner selber vor. »Er war ungemein lieb und freundli' zu mir«, berichtete Bruckner, »und hat mi' bald gern g'habt und auszeichn't.« Da ihm Bülow von der Symphonie erzählte, forderte Wagner Bruckner auf, er möge sie auch ihm zeigen: »Aber i hab mir nöt 'traut«, bemerkte Bruckner. Anfangs getraute sich Bruckner bei des Meisters Anwesenheit gar nicht niederzusetzen, doch Wagner lud ihn jeden Abend ein, und da die Aufführung des »Tristan« wegen der Erkrankung der Frau Schnorr immer wieder verschoben werden mußte, und Bruckner bereits 14 Tage in München wartete, kam Pfingsten heran, und Bruckner mußte wegen des Organistendienstes nach Linz zurückfahren. Wagner aber bat ihn dringend, doch zur Aufführung wieder zu kommen. Dies tat Bruckner auch. Er wohnte der dritten Aufführung des Werkes, Montag, den 19. Juni, bei und war, wie Schober berichtet, ganz weg vor Begeisterung; namentlich das Liebesduett übte auf ihn eine ungeheure Wirkung aus. Das »Holz«, erzählte der Meister in späteren Jahren, habe er »nie mehr so gehört, wie damals unter Bülow«.

Ein Beweis, daß sich Bruckner für das Musikdrama als solches gar nicht interessierte, sondern nur für die Musik, erhellt daraus, daß er damals einen Klavierauszug von *Horn ohne Text* benützte. Auch später zeigte es sich, daß er weder über die Handlung, geschweige denn die Philosophie der Wagnerschen Werke informiert war. Er war daher niemals »Wagnerianer« im eigentlichen Sinn, wohl aber der größte Schätzer und Versteher des Musikers Wagner.

In den Pfingsttagen vom 4. bis 6. Juni 1865 fand zu Linz das erste Sängerfest des neugegründeten »Oberösterreichisch-salzburgischen Sängerbundes« statt, bei welchem am 3. Juni unter Leitung Bruckners auch sein »Germanenzug« als Gesamtchor von rund 600 Sängern zur Erstaufführung kam. Dem Chor wurde nur der *zweite Preis* zuerkannt, worüber Bruckner sehr gekränkt war. Nur mit Zureden gelang es den Freunden, ihn zur Entgegennahme des Preises von 60 Gulden zu bewegen. Den 1. Preis erhielt *Rudolf Weinwurm* mit seinem Chor »Germania«. Es stellte sich später heraus, daß *Alois Weinwurm*, der in der Jury einen einflußreichen Platz einnahm, es verstand, seinem Bruder den 1. Preis zuzuwenden, obwohl der genannte Chor, da er bereits in Wien aufgeführt worden war, entgegen den Bestimmungen, es dürften nur neue und noch unaufgeführte Chöre eingesandt werden, gar nicht bewerbungsfähig war. Es trat daher auch eine geraume Unterbrechung im Briefwechsel mit Rudolf ein. Auch der bedeutende Kritiker *Brendel* schrieb in seiner Besprechung des Festes: »Wir begreifen nicht, warum nicht der Brucknersche Chor den ersten Preis hätte bekommen können.« Auch der gefürchtete Kritiker Dr. *Eduard Hanslick* aus Wien war bei dem Feste in Linz. Bruckners Werk machte auf ihn so großen Eindruck, daß er ihm seine Photographie mit der Widmung: »Zur freundlichen Erinnerung an die Linzer Tage des Jahres 1865. Eduard Hanslick« schenkte. Beim Mittagessen im »Casino« äußerte sich der eitle Herr zu Bruckner unter anderem: »Wen ich vernichten will, den vernichte ich.« Als Bruckner für ihn auf der großen Orgel in St. Florian improvisierte, redete ihm Hanslick zu, doch nach Wien zu gehen mit der Bemerkung: »Sie werden schon Ihren Weg machen.«

Offenbar durch die Berührung mit der Militärmusik, die den Chor begleitete, wurde die Komposition des *Marsches in Es-Dur* veranlaßt, der das Datum 12. August 1865 trägt. Eine Wiederholung des »Germanenzug« fand beim Gründungsfest des Welser Männergesangvereines am 6. August statt. Dabei dirigierte Bruckner in Vertretung Alois Weinwurms einen Einzelchor des »Sängerbund«, wo er zum Entsetzen der Sänger das A von einer Trompete der Militärmusik angeben ließ, das einen Halbton über dem normalen lag. Dies beweist, daß Bruckner ein absolutes Gehör nicht besaß.

Von seinem zweiten Münchner Aufenthalt zurückgekehrt, nahm Bruckner die Komposition und Ausführung des begonnenen symphonischen Werkes eifrig wieder auf.

1. Symphonie, c-Moll

Das Werk entstand 1865/66. Der 1., 3. und 4. Satz waren schon Ende 1865 fertig und wohl auch der Entwurf des Adagios, resp. eine erste Fassung desselben. Der 1. Satz wurde am 14. Mai, das Scherzo am 25. Mai 1865 (in München) und das Adagio am 27. Jänner 1866 vollendet. Das Finale trägt kein Datum, dürfte aber der zuerst vollendete Satz gewesen sein. Zum erstenmal äußert sich Bruckner Rudolf Weinwurm gegenüber zuversichtlich und selbstbewußt über eines seiner Werke, wenn es in einem Brief heißt: »Ich wollte, Du kämest und sähest meine Sinfonie.«

Drei Sätze, vielleicht aber auch schon den ersten Entwurf des Adagios hatte Bruckner bereits nach München mitgebracht, was beweist, daß dieses unerhört kühne Werk größtenteils *vor* dem »Tristan«-Erlebnis entstanden ist; es zeigt die ungeheure innere Kraft auf, mittels derer sich dieser Zeitgenosse Wagners bei aller Bewunderung für dessen Musik von ihren Zaubern nicht umgarnen ließ, sondern wieder ein Werk von größter Selbständigkeit und Originalität schuf.

Mit der Schöpfung dieser Komposition hat Bruckner eine Tat vollbracht, die in der Musikgeschichte vereinzelt dasteht. Schon mit dieser *ersten* Symphonie betritt Bruckner eine *neue Stufe* in der Entwicklung dieser Kunstform, sowohl dem Inhalte nach als auch in der *Form.* Trotz Wagner und Liszt hat er schon hier die Form der von Beethoven mit idealstem Inhalt erfüllten Symphonie *erweitert* und die erweiterte Form in wahrhaft genialer Weise mit *neuen Gedanken erfüllt*. Formelle Erweiterung gab Bruckner vor allem den Ecksätzen, von welchen er dem Finale in allen Symphonien die Hauptaufgabe, *die Lösung der dramatischen Konflikte*, zumißt, ähnlich wie es Beethoven in seiner »Fünften« tat. Während jedoch bei Beethoven mit dem Finale schon der Siegesjubel eintritt, bringt das Brucknersche diesen erst nach tobender Entscheidungsschlacht in einer großartig *das Ganze krönenden Koda.*

Der unbewußte Vorwurf einer jeden Symphonie scheint uns die Höherentwicklung der menschlichen Seele aus dem irdischen ins Überirdische zu sein; ihre Auseinandersetzung mit sich selbst, mit Gott, der Natur und ihre endliche Erlösung. Dies wird in den späteren Werken mit ihrer zielstrebigen, dynamischen Entwicklung, die durch alle Sätze geht und schließlich das Kopfthema des ersten Satzes zur Apotheose führt, immer deutlicher und vollkommener.

Bezeichnend für Bruckners *innere Kraft* ist es, daß er mit dem üblichen großen Orchester vollkommen das Auslangen findet und nicht erst, wie so viele Epigonen, mittels aparter Instrumente und raffinierter Geräusche Originalität erzeugen muß.

Mit Ausnahme der fünften und neunten beginnt jede Symphonie Bruckners sofort mit dem Hauptthema. Alle diese Themen zeigen als Urzelle den *Quintschritt* als *harmonisches* und die um seine Randpunkte oszillierenden Wechselnoten als *melodisches* Element. Schon der Chorbeginn im »Germanenzug« zeigt diese Bildung, die typisch auch im Hauptthema der II. und VI. Symphonie wiederkehrt. Das Substrat dieses Urkeimes findet sich in dem ces, b→es des Hauptthemas der »Vierten« und ist auch dem symphonischen Erstlingswurf des Meisters eingeboren. Es ist der musikalische Proteus des Brucknerschen Schaffens.

Über pochenden Terzen der tiefen Streicher setzt das burschikose *Hauptthema* der *I. Symphonie* ein. Das Thema ist hier nicht wie in den späteren Werken das Ergebnis einer längeren Vorentwicklung, denn es tritt sofort in seiner ganzen Charakteristik ein, doch fehlt ihm gegenüber dem der Klassiker die Abrundung; es ist nicht abgrenzbar und ist, wie Kurth sagt, auf Entwicklung gerichtete Kraft. »In diese Entwicklung treibt« das Gebilde als »Ansatzwille« nun hinein. Neue Kraftlinien treten in den Steigerungsverlauf ein und gestalten das Thema bis in die kleinsten Teile. Bruckner nannte die Symphonie wegen dieses Anfanges scherzhaft »das kecke Beserl«, das heißt: freches Frauenzimmer. Das Thema zeigt bald seine Siegfried-Natur in wuchtigen Entwicklungsmotiven, die gleich zu zweien, wie so oft bei Bruckner, erscheinen. Die Hörner bringen dazu den Rhythmus des »Kundry-Ritts« aus dem 1865 noch gar nicht geschaffenen »Parsifal«.

Dieser erste Thementeil zeigt schon das Vorherrschen des entwicklungsdynamischen Prinzips. »Die Gegenspannung zwischen dem Thema als selbstbestehende und entwicklungsbedingte Form« ist hier schon eigenartig ausgeprägt. Der Sinn des Themas ist ein ganz anderer als bei den Klassikern. Nach Übersteigung des symphonischen Wellenkammes führen die Entwicklungsmotive (Aa, Ab) ein Abwellen herbei, das ohne die übliche »Überleitung« zur zweiten Themengruppe führt, zur *Gesangperiode;* das *Gemüt* schlägt durch. Ein »namenloses Sehnen« kündet der in seliger Einsamkeit angestimmte, wundervolle Zwiegesang der ersten und zweiten Violinen. Die Unterstimme (Bb) dieses linearen Gebildes, eine Fortspinnung der Entwicklungsmotive der ersten Themengruppe, verschmilzt die Gegensätze.

Nach einer *Wiederholung* dieses Gesanges in Bratschen, Celli, Hörnern und Fagott erscheint, nach Beethovens Muster in der »Eroica«, eine *3. Themengruppe,* die statt des nach dem offiziellen Rezepte vorgeschriebenen »Ganges« eingeschoben wird. Diese *Schlußgruppe* ist bei Bruckner meist *schlagkräftig, energisch.* Sie bildet mit dem ersten und zweiten Thema, die gewissermaßen *Geist* und *Gemüt* symbolisieren, eine *psychologische Einheit,* indem ihre Themen den *Willen,* die Tat ausdrücken.

Im vollen Klange des Orchesters, umrauscht vom Motiv Aa in den Violinen, erklingt das treibende Motiv der Holzbläser und Hörner Ca, welches sich als rhythmische Intensivierung dem Streichermotiv zugesellt.

Aus dem Rauschen der Streicher, deren Wellenzüge in mannigfacher Gestalt alle drei Themengruppen durchziehen und schon hier das Prinzip *stetiger Entwicklung* zeigen, tönt das kampfmutige Motiv der Hörner; Trompeten schmettern schneidige Oktaven hinein, und auf dem Höhepunkt der chromatisch nach aufwärts drängenden Tonmassen erklingt eines der kühnsten Themen Bruckners aus Trompeten und Posaunen, welches von prasselnden Violinfiguren umrauscht wird. Es ist der Höhepunkt einer höheren Werde-Entwicklung, ähnlich wie in späteren Symphonien, wo das Thema erst nach längerer Vorbereitung ausbricht.

In einigen weiteren Symphonien steht an dieser Stelle ein Choral. Die vorbereitende Stille vor Beginn der Durchführung ist aber auch hier schon bemerkbar und zieht sich noch in den Anfang der Durchführung hinein. Eine ganz einfache, »schulmeisterliche« Kadenz, wie sie Bruckner mehrmals auch in anderen Werken anbringt, schließt die Exposition.

Die *Durchführung,* in diesem Satz noch deutlicher als sonst abgegrenzt, beginnt mit zarten Streicher-Harmonien, bringt dann das umgebildete Thema Cb, Thema A und eine Kombination von Thema A und Ab. Ein langer Orgelpunkt auf der Dominante, bei welchem eine aus Ab gewonnene Sextolenranke die Hauptrolle spielt, leitet zum *Wiederholungsteil* über. Diese kurze Durchführung ist im letzten Teil ganz von dem Sextolenmotiv aus Ab, das vielerlei Umbildungen erfährt, beherrscht. Die Themen des Reprisenteiles treten in der Reihenfolge der Exposition ein, sind aber jetzt stark verändert, da die Entwicklungsdynamik über das formaltechnische Prinzip die Oberhand gewinnt. Überall ist schon die Spannung gegen das Ende bemerkbar. Zu einer Endkatastrophe mit dem Ausbruch des Hauptthemas kommt es hier noch nicht, noch führen seine Rhythmen eher zu einem Beethovenschen Schluß. Von ganz besonderer Schönheit ist das Gesangsthema, wo es in den Bässen erscheint. Lange vor Schluß tritt die Haupttonart ein, in welcher sich das nun zum Heldenthema herangewachsene kecke Hauptthema A austobt.

Der Satz ist, sowohl was die Tonalität anbelangt als auch formal, *vollkommen »korrekt« gebaut.* Das Schema seines Aufbaues ist:

Exposition	Durchführung	Wiederholungsteil
A, B, C	C, A	A, B, C
(c-Moll, Es-Dur, Es-Dur)	(modulierend)	(c-Moll, C-Dur, c-Moll)

Einer der merkwürdigsten langsamen Sätze (auch im Schaffen Bruckners) ist das *Adagio* dieser Symphonie. Hier überbietet Bruckner bereits *harmonisch* die letzten Errungenschaften Wagners, und in mancher Hinsicht ist dieser Satz nur mit dem letzten

Adagio des Meisters vergleichbar. Wie ein verzweifeltes Grübeln und ein Ringen mit dem Schicksal mutet uns der Hauptsatz an.

In den letzten Takten scheint sich eine beruhigende Hand auf das Haupt des Zweiflers zu legen, und im folgenden Thema kommt es wie Trost von oben über ihn.

Dieses Thema zeigt den Charakter der Befreiung aus Düsternis und Gedrücktheit zu seliger Höhenschau und ist daher sozusagen der Nachsatz zum ersten Thema, das durchaus den Sinn einer Vorbereitung des Erlösungsdranges hat, der im zweiten Thema, teilweise auch schon in den letzten Takten des ersten Themengebildes, erfüllt wird.

In dem Mittelteil klingt, wie aus frohen Kindertagen, »ein freundlich tröstender Gesang«, den Th. Helm einen »modernen Mozart« genannt hat. Bald greift jedoch wieder des Schicksals rauhe Hand ein. Hauptthema und Seitenthema erfahren in dem *Wiederholungsteil* reiche, kunstvolle Ausgestaltung und Steigerung. Nicht genug zu bewundern ist die Meisterschaft, wie Bruckner hier den Eintritt des Hauptthemas vorbereitet, und welche Mystik in diesem Teil liegt. Durch den ganzen Satz ist die Entwicklungstechnik schon mit höchster Meisterschaft wirksam, und ihr Ziel ist der endliche Durchbruch der Haupttonart As-Dur, die gegen Ende des Satzes klar und friedvoll hervortritt. Bemerkenswert sind auch die entwicklungstechnischen Zusammenhänge mit dem ersten Satz in den Sextolengängen. Der Aufbau zeigt eine schöne Dreiteiligkeit:

A B A
(a, b, e) (a, b, c)

Beim *Scherzo* mag man an die einfachen und polternden Feste des Landvolkes denken: »Hier ist des Volkes wahrer Himmel!« Brausende Unisono-Gänge, deren Abkunft aus den Sextolenmotiven des ersten Satzes leicht erkennbar ist, bereiten den Eintritt des etwas verkürzten Hauptmotivs mit seiner ernst-heiteren Physiognomie vor, dessen pochende Viertel an den Beginn des ersten Satzes gemahnen.

Das Entwicklungsmotiv des Unisono und das eben angeführte Thema bilden das Material für das dreiteilige Scherzo. Im Mittelteil, der in seiner zarten Haltung einen starken Gegensatz zum ersten Teil bildet, sind die beiden thematischen Elemente des Hauptteiles übereinandergebaut und erklingen daher gleichzeitig. Ein Tänzchen *(Trio)*, an Schubert und Haydn, die Meister gemütlichen Österreichertums, erinnernd, unterbricht die lärmenden Bauernvergnügungen für kurze Zeit.

Es sind dieselben Elemente wie im Scherzo, welche den träumerisch-sehnsüchtigen, knappen, zweiteiligen Satz aufbauen, der übrigens stark an das Trio der nachgelassenen (»Nullten«) d-Moll-Symphonie erinnert.

Dann tollt die Festeslust, zu der auch Stänkerei und Raufhändel gehören, fort. Hier zeigt Bruckner, daß er auch Meister der konzisen Form ist. In den Scherzi fällt uns besonders seine innere Verwandtschaft mit Schubert auf, die uns auch sonst überall begegnet. Dieser Scherzo-Satz und das Trio zeigen auch noch die herkömmlichen Wiederholungszeichen.

Das *Finale* (c-Moll) setzt ohne alle Umstände sogleich mit dem Hauptthema kriegerisch und feurig ein, wozu Bruckner einmal launig meinte: »Da bin i!«

Das ist schon eines jener echt Brucknerschen Finalthemen, die sich kühn einer Welt von Feinden entgegenstellen. Nicht ein heiterer Kehraus, wie er allenthalben üblich war, soll das Finale sein, vielmehr bringt es den Entscheidungskampf und endlichen Sieg. Wohl aber klingen wie aus seligen Jugendtagen friedliche Spiele, schwärmende Liebe im *Gesangsthema* nach.

Bewunderswert ist der Entwicklungsvorgang, der zuerst die absteigenden, markierten Achtel der Unterstimme dieses Gesangsteiles aus den Sechzehntelläufen des Hauptthemas entstehen läßt, wodurch die Abgrenzung der Gruppen aufgehoben erscheint. Doch »der Mann muß hinaus ins feindliche Leben«! Nur im Kampf erblüht Sieg! Wie der erste Schwertstreich saust das Thema der Schlußgruppe nieder.

In der Weiterführung nimmt dieses Thema, dessen Durchführung wohl auch »Arbeit« verrät, später eine charakteristischere Gestalt an, die sehr an das Hauptthema des Finales der »Fünften« erinnert; auch treffen wir da die einzige Anlehnung an »Lohengrin«. Das Thema der Schlußgruppe ist hier fast gleich mit dem Kampfthema während des Zweikampfes zwischen Lohengrin und Telramund. Bruckner hatte die Oper 1864 in Linz zum erstenmal gehört. Das dritte Thema hat, wie gesagt, nicht voll ausgebildete Gestalt, man könnte es ebensogut, wie Kurth es tut, als eine Umbildung des ersten Themas, dessen Sechzehntelläufe ihm zugrunde liegen, ansehen.

Die drei angeführten Themen erfahren nun ausführliche Verarbeitung. Bruckner pflegt die Themen *fast nur kontrapunktisch,* selten melodisch oder rhythmisch zu verarbeiten. Aus dieser Übung wurde ihm der Vorwurf, daß er die Themen nicht durchzuführen vermöge.

Mit Ausnahme der weniger geglückten Schlußgruppe weist der Satz große Schönheiten auf, die sich im Wiederholungsteil und gegen Schluß so gewaltig steigern, daß die geniale Kraft des Schlusses dieser Symphonie vielleicht nur in der »Fünften« und »Achten« überboten worden ist.

Hier tritt Bruckners Eigentümlichkeit, lange vor Schluß schon die Grundtonart zu erfassen und in ihr zu verweilen, noch nicht auf; erst nach dem diatonischen Siegesspruch der Trompeten und Hörner treten Tonika und Schluß ein. Der Terzaufstieg dieses Bläserthemas findet sich bereits beim Wiedereintritt des dritten Themas in der Reprise (M) vorgebildet. Das ganze Thema zeigt schon Bruckners charakteristische Steigerungszüge, und in der Reprise weisen die Themen, besonders aber das zweite, starke Strukturveränderungen, die durch das Hinströmen gegen das Ende bedingt sind, auf. Zu einer Krönung durch das Thema des ersten Satzes kommt es hier noch nicht.

Bruckner war sich der Kühnheiten seines ersten symphonischen Wurfes wohl bewußt. Vom Finale meinte er einmal in seiner urwüchsigen Art: »Da hab' i mi um ka Katz g'schert*) und komponiert, wie i woll'n hab'!« Nichtsdestoweniger zeigt der Satz eine *große Formbeherrschung*. Er ist gebaut wie ein erster Satz. Seine drei Themen gelangen zur Durchführung und zur Wiederholung, worauf zwei Koden folgen.

Schema:

	Exposition		Durchführung
A,	B,	C–	A, B, C–
(c-Moll)	(Es-Dur)	(Es-Dur)	
	Reprise		Koden
A,	B,	C–	A, A
(C-Dur)	(C-Dur)	(C-Dur)	(Orgelpunkte auf E und G)

---

* Da habe ich mich um nichts gekümmert.

Sosehr das Werk in Inhalt und Form weit über die Klassiker hinausgeht, so reicht seine instrumentale Einkleidung im allgemeinen nicht über Beethoven hinaus. Der klassische Grundsatz, daß die Streicher vorherrschen und vor allem die Holzbläser zur melodischen Linienführung dienen, ist auch hier beibehalten. Dagegen sind die *Blechbläser* aus ihrer früher fast ausschließlich dynamischen Bedeutung als Element der Verstärkung schon zu größerer *Selbständigkeit* aufgestiegen. Sie sind nicht mehr Naturinstrumente, sondern sie haben bereits die ganze Chromatik beherrschen gelernt und können ebenfalls zur melodischen Linienführung herangezogen werden. In gewissen Teilen des ersten, besonders aber im letzten Satz nehmen die Blechbläserharmonien eine geradezu beherrschende Stellung ein, und die Kraftquellen gemahnen hier schon an das Pleno der Orgel. Die Behandlung der Bläser ist jene Technik, die Bruckner von der neudeutschen Schule übernommen, aber aus dem glanzvoll Äußerlichen ins *Sakrale* umgebildet hat. Diese satten Blechbläserfarben und die romantische Harmonik verursachten zuerst, Bruckner mit Wagner in Zusammenhang zu bringen. Mit demselben Recht, ja mehr noch hätte man Beziehungen zu Liszt und Berlioz feststellen können, weil Wagners Musik dramatisch, das heißt mit Beziehung auf die Vorgänge des Dramas und daher reflektierend ist; Bruckners Musik aber ist aus rein musikalischem Urquell entsprungen.

Das Werk, das 1877 und 1884 durchgesehen und ohne größere Eingriffe verbessert wurde, erschien 1934 im 1. Band der Gesamtausgabe mit dem Untertitel »Linzer Fassung«. Die erste Wiederaufführung in dieser verbesserten Linzer Gestalt erlebte das Werk im Rahmen des IV. Internationalen Bruckner-Festes zu *Aachen* am 4. September 1934, dem 110. Geburtstag des Meisters, unter der Leitung von *Peter Raabe.*

Während der Schlußarbeiten an der I. Symphonie hatte Bruckner im Frühjahr 1866 mit verschiedenen Mißlichkeiten des täglichen Lebens zu kämpfen, so durch eine Entzweiung mit *Alois Weinwurm,* die er in seiner Herzensgüte selbst wieder beilegte, und auch die Bevorzugung eines »Behm« (Tschechen) bei der Wahl eines Chormeisters im »Frohsinn« hatte ihn peinlich enttäuscht. Dies alles geschah, während er das Wunderwerk seines Adagios zur »Ersten« schuf. Diese üblen Dinge müssen nur in Augenblicken zu ihm gedrungen sein, wenn er aus seiner Schau ins Unendliche wie ein Träumer erwachte. Er wußte nicht, wie ihm geschah – dies geht aus dem merkwürdigen Satz hervor, den er an Rudolf Weinwurm schrieb: »*Oder sollte ich gar nichts mehr wissen von mir?*« Aber auch die Proben zur Symphonie, die er nun alle Donnerstage abhielt, zogen ihn aus seinen idealen Höhen nieder in die graue Wirklichkeit. Außer den bezahlten Musikern fanden sich dazu stets nur wenige Mitwirkende ein, so daß Bruckner an Rudolf berichtet: »...wie lange noch diese Leere dauern wird, und *wann einmal* eine Möglichkeit der Aufführung eintreten wird, davon habe ich keine Idee.« Dazu stand der Krieg mit Italien und Preußen bevor. Von einem Vorschlag, das Werk zu patriotischen Zwecken aufzuführen, riet Alois Weinwurm ab, da die Kosten zu groß wären und weder für Bruckner noch für den patriotischen Zweck etwas herauskommen würde. Es dauerte noch drei Jahre, bis die Symphonie zu tönendem Leben erweckt wurde.

Im Erwachen aus seinen Schaffensträumen wurde er sich neuerlich bewußt, wie sehr sein weiteres künstlerisches Fortkommen nur in der Residenz des Reiches möglich war, und als er erfuhr, daß *Johann Herbeck* schon in seinem 35. Lebensjahr mit Übergehung seines Vordermannes die erste musikalische Ehrenstelle der Kaiserstadt erreicht und Hofkapellmeister an der berühmten Hofburgkapelle geworden war, beschloß er seinen Gratulationsbrief an Herbeck mit den ergreifenden Worten: »Und sollte mein Talent nicht die gewünschte Größe erreichen, so glaube ich, und auf dies baue ich, kennen Euer Hochwohlgeboren die Opfer, die ich für die Kunst gebracht, meinen Eifer und mein Streben. In Ihre Hände lege ich mein Schicksal und meine Zukunft! *Bitte innigst, retten Sie mich, sonst bin ich verloren.* Jetzt ist der Zeitpunkt Ihres Wirkens und Ihrer Macht. Ich kenne Ihre Huld für mich. Entziehen Sie selbe mir nicht.« Auch dieser Hilferuf sollte erst nach Jahren erfüllt werden.

In der kurzen Schaffenspause, die nun nach Vollendung der Symphonie eintrat, entschloß sich Bruckner, seinem Herzensdrang und seiner immer wieder aufflammenden Sehnsucht zu folgen und allen Ernstes an die Gründung eines eigenen Haushaltes zu gehen. Schon im Frühjahr hatte er mit größeren Kosten seine Wohnung gründlich herrichten lassen, und nun wollte er den kühnen Schritt wagen. Das Mädchen, dem er sich nun fürs ganze Leben anvertrauen wollte, hatte er Ende der fünfziger Jahre kennengelernt, als er den erkrankten Musterlehrer an der »Wagschule«, *Weilnböck,* vertrat. Unter den zwölfjährigen Mädchen befand sich auch die Tochter eines Fleischhauers, *Josefine Lang,* die inzwischen zu einer liebreizenden Jungfrau herangewachsen war. Seit längerer Zeit fühlte Bruckner zu ihr eine tiefe Zuneigung. Mehrmals täglich ging er durch den Schwibbogen, über welchem das Mädchen wohnte (damals Lederergasse, jetzt Kepplerstraße), um sie doch wenigstens beim Fenster erblicken zu können. Er lud das Mädchen ein, bei den damals eben eingeführten abendlichen Maiandachten auf dem Chore mitzuwirken. Da schaute er denn beim Dirigieren so oft als möglich zu dem Mädchen hinunter, mit der nachträglichen Entschuldigung, es ginge dann das Dirigieren besser und lauter Melodien entstünden in seinem Kopfe. Der Bruder des Mädchens, Anton Lang, konnte sich anfangs gar nicht erklären, weshalb Bruckner mit ihm so ausgesucht liebenswürdig war, bis er endlich hinter die Sache kam. Nach langem Harren und Schmachten entschloß sich Bruckner am 16. August, brieflich das Fräulein um ihre Hand zu bitten. Sie möge zu seiner »künftigen Beruhigung offen und aufrichtig« ihre »ganz entschiedene Antwort« schriftlich an ihn gelangen lassen über die Frage: »Darf ich auf Sie hoffen und bei Ihren lieben Eltern um Ihre Hand werben? Oder ist es Ihnen nicht möglich aus Mangel an persönlicher Zuneigung, mit mir den ehelichen Schritt zu tun?« Vertröstungen oder Umschreibungen könnten ihn nicht beruhigen, da für ihn »die höchste Zeit bereits vorhanden« sei, also »ich darf um Sie werben, oder gänzliche, ewige Absage«. In jedem Falle könne nur die reine Wahrheit ihm Beruhigung gewähren. Auch diesmal erfolgte eine Absage. Als Grund gab das Mädchen an, daß sie noch zu jung sei. Sie stand im 17. Lebensjahre. Eine goldene Uhr und ein Gebetbuch mit Schließen, die ihr Bruckner zum Geschenk gemacht hatte, sandte sie zurück, einen Wachsstock von Bruckner aber bewahrte die später als Gasthofbesitzerin nach Neufelden bei Linz übersiedelte Josefine Weilnböck zum Andenken.

Der Bruder Bruckners, Ignaz, wußte ebenfalls von seinen Heiratsplänen und erzählte, wie der Bruder von der Absage tief getroffen war. »Da is' der Tonerl schiach g'wes'n«, meinte er; doch habe er sich ausgesprochen: »Es is' besser, daß sie's glei g'sagt hat.«

Anstatt einer jungen Frau bezog nun Bruckners jüngste Schwester *Anna* die neu hergerichtete Wohnung im Mesnerhäus'l und bereitete ihrem Bruder eine von herrlicher Schwesterliebe getragene Häuslichkeit.

Für alle seelischen Wunden und irdischen Enttäuschungen fand Bruckner wieder Trost in seinem Schaffen und in Gott, zu dessen Ehre er im Spätsommer 1866 seine

Messe Nr. 2 in e-Moll

für achtstimmigen gemischten Chor und Harmoniebegleitung schrieb, die er am 25. November beendete.

Das Werk ist ein Unikum der Meßliteratur. Das Kyrie ist fast durchgehends achtstimmig, a cappella; die stellenweise Begleitung ist *unobligat*. Wie im Palestrinastil setzt zuerst der zweite Alt mit der Tonika, dann der zweite Sopran mit der Quint, endlich der erste Alt mit der kleinen Terz ein, worauf der erste Sopran die Quinte um einen Halbton überbietet (eine sehr beliebte Art des Stimmeinsatzes bei Bruckner), wodurch das Ganze jenen flehenden Ausdruck erhält, der dem »Kyrie« (erbarme!) entspricht.

Bald werden die Stimmen zuversichtlicher, zutraulicher, um dann wieder in Hoffnungslosigkeit zurückzusinken. Denselben herrlichen Satz wiederholt nun der Männerchor. Vereint flehen jetzt die acht Stimmen das »Christe eleison«. Das Motiv und dessen Umkehrung sind hier mit einer staunenswerten kontrapunktischen Meisterschaft zu einem Fugato verarbeitet und führen in der Vereinigung aller Stimmen zu einem wahren Sturmgebet. Der Eintritt des dritten Kyrie-Teiles geschieht in derselben Weise wie anfangs, nur führt der zweite Sopran nun ein Motiv ein, das den Schmerz lindert und beruhigt. Es wird zwar durch eine neue Aufwallung der Betrübnis verdrängt, erscheint aber bald wieder, *Frieden* kündend.

Auch hier sind, wie bei der d-Messe, die Anfangsworte des *Gloria* und *Credo* nicht komponiert, weil das Werk für *liturgische Zwecke* bestimmt ist.

In choralartiger Einfachheit beginnt das *Gloria* mit einer phrygischen Melodie der Soprane und Alte, welcher eine akkordische Figur der Fagotte entgegengesetzt ist.

Diese Figur zieht sich durch das ganze Gloria mit *immer verändertem Ausdruck* und doch das Verschiedene zur Einheit zwingend. Im Wechselgesang des »Dominie Deus« sind ein Teil des phrygischen Gesanges (der eingeklammerte Teil), die Begleitfigur und der aufsteigende Dur-Dreiklang in genialer Weise ineinander geführt. Während der größere Teil des Gloria vierstimmig gehalten ist, tritt bei »Qui tollis« nach einer schönen Hörnereinleitung die Teilung ein. Dieser langsame Mittelteil zeichnet sich durch besondere Weihe aus. Beim zweiten Eintritt des »Qui tollis« nimmt die Harmonie eine echt Brucknersche Wendung.

Bei »Quoniam« beginnt der Wiederholungsteil. Den Schluß bildet eine ebenso merkwürdige wie kühne und mächtig wirkende *Fuge.*

Noch einfacher ist das *Credo* gehalten. Den größten Raum nimmt das beinahe in Lisztscher Art durchgeführte Hauptthema ein, *das jeder Stimmung sich anpaßt.* Der Mittelteil, das »Et incarnatus est« (Adagio), ist achtstimmig und von Schauern der Andacht erfüllt. Bei »Judicare« treten die beiden Themen des »Gloria« ein, wenden sich aber bald zu drohendem Ausdruck, der sich zum furchtbaren Unisonospruche steigert. Das Hauptthema in seiner ersten Gestalt erscheint wieder bei »Et in spiritum«. Mit Überzeugungstreue besingt Bruckner dann die Einheit der katholischen Kirche und bekennt den Glauben an ein Leben nach dem Tode in Tönen, die nur dem kindlich-fromm sich Neigenden entquellen konnten.

Das achtstimmige Sanctus* ist ein Meisterstück der Kontrapunktik. Es baut aus dem einfachen Motiv und absteigenden Tonleiterstücken, die ein viertaktiges Thema zu einem von je zwei Stimmen durchgeführten Kanon bilden, einen gotischen Dom auf. Mit Recht könnte man Bruckner den Palestrina des 19. Jahrhunderts nennen, den Fr. Xav. Witt ersehnte. Den gewaltigen Bau krönt das mächtige »Pleni sunt coeli«.

Im *Benedictus* (vier- bis sechsstimmig) gibt der Meister ein Stück von feinster Harmonik und zartester Stimmung, das ein mysteriöses Hornmotiv einleitet. Hier greift auch die Begleitung mit reicherer Figuration ein.

---

* Das Thema des Kanons ist, wie Dr. Otto Ursprung feststellte, der »Missa brevis« von Palestrina entnommen. Es ist dies der einzige Fall, daß Bruckner ein fremdes Thema entlehnte. Damit hat der Meister seinen kontrapunktisch kunstvollsten Tonsatz geschaffen.

Das *Agnus*, wieder durchaus achtstimmig, beginnt in feierlichem Ernste, worauf das »Miserere«, wie aus gequältem Herzen kommend, aufschreit. Das zweite Agnus steht in der Dominante und ist dem ersten gleich. Ihm folgt ein »Miserere«, noch dringlicher als das erste. Die Logik der Stimmführung erreicht es hier, daß der Zusammenklang aller sieben Töne der Tonleiter ganz natürlich erscheint. Von den »Miserere« sagt Dr. Georg Göhler, sie seien »vielleicht die grandiosesten, die überhaupt je geschrieben worden sind«. Im dritten Agnus kommt zu den beiden Themen des Anfanges noch ein drittes, dann folgt das »dona nobis pacem«, einfach deklamiert, während im Orchester das Friedensmotiv (Nr. 3) des Kyrie in Verkürzung folgt. In hellem E-Dur schließt das klassisch zu nennende, tiefe Werk. Man kann Göhler nur beistimmen, wenn er behauptet: »Hier ist *eine Synthese aller Errungenschaften der modernen Musik großen Stils gegeben* und gleichzeitig die Möglichkeit der ›Modernität‹ ohne nervöse Überreizung und Zerfaserung dargetan.«

An kleinen Gelegenheitswerken entstammen dem Jahre 1866 das am 6. Juni komponierte Klavierstück mit Violine *»Abendklänge«* und (unter dem Eindruck der Kriegsstimmung) die patriotischen Männerchöre: *»Vaterlandslied«* (»O könnt' ich dich beglücken«, Gedicht von Silberstein), *»Vaterländisches Weinlied«* (Silberstein) und *»Der Abendhimmel«* (Zedlitz). Den erstgenannten prächtigen Chor mit Tenor- und Bariton-Solo widmete er dem niederösterreichischen Sängerbunde. In dem Begleitschreiben an den Chormeister *Storch* heißt es: »Grundsätzlich hier von aller Welt zurückgezogen und auch verlassen, erstaunte und erfreute ich mich in hohem Grade, daß ein Mann in der Ferne meiner noch gedenkt.«

Das fortwährende Hin- und Herpendeln zwischen höchsten Ekstasen und tiefster Depression, infolge der stets unbefriedigend endenden Liebesaffären, hat wohl auch viel zu jener Seelenverstimmung beigetragen, an der Bruckner in den letzten Jahren des Linzer Aufenthaltes zu leiden hatte. Ihr haben wir gewiß auch die Vertiefung und Verinnerlichung seiner Kunst, die Entstehung so manches seiner Werke zu danken.

Bruckner fühlte sich, wie früher in St. Florian, nun auch in Linz unverstanden und vereinsamt, und sein Blick war voll Sehnsucht nach der Residenz des Kaiserreiches gerichtet. Zwei große musikalische Ereignisse um die Mitte Dezember zogen ihn wieder dahin: die Aufführung von »Fausts Verdammnis« von *Hector Berlioz* unter des Komponisten Leitung und die IX. Symphonie *Beethovens,* die er immer wieder hören wollte. Bei dieser Gelegenheit legte er dem Leiter der philharmonischen Konzerte, *Otto Dessoff,* seine neue Symphonie vor, jedoch ohne Erfolg. Mitte Jänner 1867 aber kam endlich eine frohe Botschaft aus Wien. Der neue Hofkapellmeister *Herbeck* hatte die *d-Moll-Messe* zur Aufführung bei einem sonntäglichen Hochamt in der Hofburgkapelle angenommen. Auf Herbecks Wunsch sandte Bruckner auch das »Afferentur« und das siebenstimmige »Ave Maria« ein, die als Einlagen zur Messe dienen sollten.

In der Hofkapelle waren unter den Kapellmeistern *Randhartinger* und *Preyer* seit langen Jahren immer wieder deren Messen in Abwechslung mit arg zusammengestrichenen Werken von *Haydn* und *Mozart* aufgeführt und das ganze Programm sozusagen versteinert worden. Der neue Obersthofmeister Fürst Konstantin *Hohenlohe-Schillingsfürst,* der nach des Fürsten *Liechtenstein* Tod das Hofamt der Hofkapelle übernommen hatte, wollte diesem Schlendrian zu Leibe gehen und zog den jungen Vize-Hofkapellmeister Herbeck zur gelegentlichen Leitung der Aufführungen heran und ernannte ihn schließlich zum Hofkapellmeister. *Herbecks* erste Tat war die Aufführung der herrlichen Messe in G-Dur von *Schubert.* Es folgten *Beethovens* Messe in C-Dur, die C-Dur-Messe von *Cherubini,* und nun, am 17. Februar, hielt *Bruckners d-Moll-Messe* ihren Einzug in die altehrwürdige Pflegestätte katholischer Kirchenmusik, wo die größten Tonmeister der Kaiserstadt seit Jahrhunderten gewirkt hatten. Es war eine der höchsten Auszeichnungen, die einem Komponisten zuteil werden konnte, an der Hofburgkapelle aufgeführt zu werden. Allerdings war das Ansehen der Aufführungen durch den Schlendrian der letzten Jahrzehnte nicht so, daß die Presse davon Notiz nahm, und deshalb ist eine Besprechung dieser Aufführung nicht erschienen. Bruckner aber genügte es, die Aufführung miterleben zu können und die volle Anerkennung und Begeisterung des ersten Mannes der Wiener Musikerschaft gefunden zu haben, der das Werk ohne jede Änderung darbot.

Ein Beweis, wie sehr die Messe gefallen hatte, ist die Tatsache, daß der Komponist vom Obersthofmeister den Auftrag erhielt, eine zweite Messe für die Hofkapelle zu komponieren.

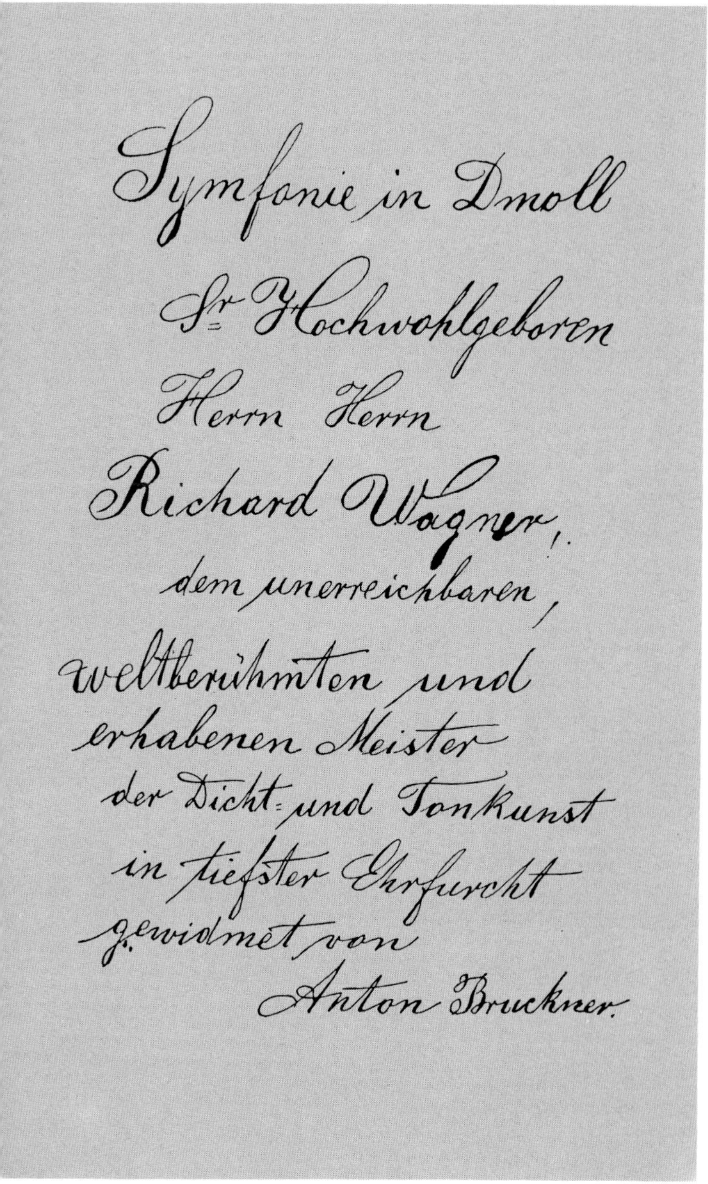
Symfonie in Dmoll

Sr Hochwohlgeboren

Herrn Herrn

Richard Wagner,

dem unerreichbaren,

weltberühmten und

erhabenen Meister

der Dicht- und Tonkunst

in tiefster Ehrfurcht

gewidmet von

Anton Bruckner.

Entwurf der Widmung zur 3. Symphonie an Richard Wagner.

Bruckner in einer Karikatur. (Scherenschnitt von Otto Böhler.)

Bruckners seelische Depression wich nicht. Die Aufregung, die mit der Wiener Aufführung sich noch steigerte, führte bald zu ausgesprochen *nervöser Überreizung*, so daß er genötigt war, sich in die Kaltwasserheilanstalt *Bad Kreuzen* in ärztliche Behandlung zu begeben.

Von dort schreibt er an Weinwurm am 19. Juni, indem er sein langes Schweigen zu entschuldigen bittet: »Magst Du Dir denken oder gedacht haben – oder gehört haben, was immer! – ! Es war nicht Faulheit! – es war noch viel mehr!!! – ! es war gänzliche Verkommenheit und Verlassenheit – gänzliche Entnervung und Überreiztheit!! Ich befand mich in dem schrecklichsten Zustande; Dir, nur Dir gestehe ich's – schweige doch hierüber. Noch eine kleine Spanne Zeit, u. ich bin ein Opfer – bin verloren. Dr. Fadinger in Linz kündigte mir *den Irrsinn als mögliche Folge schon an.* Gott sei's gedankt! er hat mich noch errettet. Ich bin seit 8. Mai im *Bade Kreuzen* (bis 8. Aug.) *bei Grein.* Seit einigen Wochen geht's mir etwas besser. Darf noch gar nichts spielen, studieren oder arbeiten. Denke Dir, welch ein Schicksal! Ich bin ein armer Kerl! Herbeck sandte mir die Partituren meiner Vocal-Messe u. Symphonie, ohne ein Wort zu schreiben. Ist denn alles gar so schlecht? Erkundige Dich doch einmal. Liebster Freund, schreib mir doch einmal in meinem Exil, mir Armen, Verlassenen.«

Die Fürsorge des Bischofs Rudigier hatte dem leidenden Meister einen Priester zur Pflege mitgegeben, Bruckner durfte nicht allein gelassen werden. Es stellte sich bei ihm oft der Wahn ein, er müsse die Blätter der Bäume, die Sterne, die Sandkörner zählen. Es peinigte ihn weiter die fixe Idee, er müsse die Donau ausschöpfen. Eines Tages, als Zigeunermusik zur Zerstreuung der Kurgäste konzertierte, lief er davon; bald fand man ihn im Walde auf einem Baumstrunk sitzend und in Tränen aufgelöst. *Frau von Mayfeld*, die sich ebenfalls im Bade befand, durfte eines ihrer Kleider nicht mehr tragen, denn Bruckner begann, wenn er ihr begegnete, stets die Perlen, mit welchen das Kleid geputzt war, zu zählen.

Der Badearzt Dr. Max Keyhl sah sich veranlaßt, ihm jede *geistige Anstrengung zu verbieten.* Bruckner aber komponierte doch, denn er *mußte*, und es tat ihm, wie er Göllerich erzählte, das »Arbeiten besser als das Faulenzen«. »Ich bin«, sagte er, »kein solcher Geck, der alles, was er komponiert, gleich aufgeführt wissen will; ich komponiere nur für mich und die übrige Menschheit zur Erbauung, damit, wenn Gott mich einst hervorruft und fragt: ›Was hast denn du mit dem Talent getan, das ich dir, Schlankl*, mitgegeben hab?‹ ich bestehen kann.« Nach dreimonatigem Kurgebrauch verließ Bruckner am 8. August 1867 die Anstalt. Die Kur war ihm gut bekommen.

Bald nachher, am 19. September, trat ein Ereignis ein, das eine alte Hoffnung Bruckners wieder aufleben ließ, der Tod *Simon Sechters*. Obzwar bereits 1862 für den damals schon kränklichen Mann ein »Exspektant« in der Person Pius Richters zu seiner Stellvertretung in der Hofkapelle bestellt worden war, hoffte Bruckner doch diesmal mit Rücksicht auf wertvolle Beziehungen, die er inzwischen angeknüpft hatte, mit einem Gesuch Glück zu haben.

In einem »Promemoria« vom 14. Oktober führt Bruckner nach Darstellung seines bisherigen Lebensganges aus:

Sehr ehrende Einladungen an den Gefertigten sind auch aus München und Dresden erfolgt. Kompositionen im Kammerstil, deren er schon mehrere geschrieben hat als Chöre, Symphonie, wurden jüngst in Leipzig sehr günstig beurteilt. (»Brendelsche Musikzeitung.«)

Als Dirigent hat er sowohl im Gesang als Orchester gewirkt, und zwar mit den kompetentesten Anerkennungen.

»Schon seit dem Jahre 1851 bemühte er sich in die k. k. Hofkapelle aufgenommen zu werden. Infolge vieler gegebener Hoffnungen betreffs der Realisierung dieser Aufnahme unternahm er die mit so bedeutenden Auslagen und Mühen verbundenen Studien, doch war er bisher nicht so glücklich, sein unablässig angestrebtes Ziel zu erreichen.

Jetzt aber, glaubte er, sei sein Zeitpunkt gekommen, da die göttliche Vorsehung an Euer Durchlaucht einen ebenso gnädigen k. k. Obersthofmeister wie verständnisvollen und selbst ausübenden Künstler an diese oberste Stufe berufen hat; jetzt, da ihm überdies das nicht auszusprechende Glück zuteil ward, die hohe Gunst und Gnade des P. T. Hochwohlgebornen Herrn Hofrates Imhof zu erwerben, einzig durch Hochselbe eigene künstlerische Auffassung seiner ersten Leistungen, jetzt glaubt er die fußfällige Bitte wagen zu dürfen, um hochgnädige Befür-

* Schlingel, Spitzbub.

wortung zur allerhöchsten Verleihung der Aufnahme in die k. k. Hofkapelle als k. k. Hoforganist, oder als überzähliger unbesoldeter k. k. Vize-Hofkapellmeister. Im letzten Falle wäre der Titel, sowie seine Zukunftshoffnung hinreichend, ihm ein nötiges Einkommen zu sichern. Überdies ist er im Kanzleifache sowie als Hauptschullehrer zu verwenden, da er 14 Jahre als Lehrer zugleich gedient hat.

Der Gefertigte wiederholt ehrfurchtsvoll seine untertänigste Bitte um hochgnädigste Aufnahme in die k. k. Hofkapelle, wird für jede Verfügung höchst dankbar sein und ist bereit, allenthalben, *wo* und *wie* es gewünscht würde, sich verwenden zu lassen.« –

Bruckner scheint stark auf einen Erfolg dieses Gesuches gehofft zu haben, um so mehr, als er einen mächtigen Förderer, der vielleicht sogar der Anreger des obigen Gesuches war, Hofkapellmeister Johann Herbeck, auf seiner Seite wußte. Darauf dürfte auch das Gesuch vom 2. November 1867 an die Wiener Universität zurückzuführen sein, in welchem er um Errichtung einer Lehrkanzel für Harmonielehre und Kontrapunkt, wie solche bereits an ausländischen Universitäten bestünden, ansucht. Zum erstenmal hat nun Bruckner mit der Gegnerschaft Eduard Hanslicks zu tun. Dieser, als Ordinarius der musikhistorischen Abteilung und zuständiger Referent, ist *dagegen,* weil man sonst auch einen Lektor für Malerei berufen müßte und ohnehin ein »Gesanglehrer« (Weinwurm) vorhanden sei. Die diesbezüglichen Hoffnungen Bruckners sollten sich nach weiteren hartnäckigen Bemühungen erst 1875 erfüllen.

Die Aufführung der Messe in Wien hatte in Linz großes Aufsehen erregt, und Chordirektor *Zappe* entschloß sich, das Werk zur Aufführung beim Hochamt des Dreikönigtages, den 6. Jänner 1868, wieder in Aussicht zu nehmen. Bruckner stellte zu diesem Zweck einen großen Chor zusammen, worüber er an *Herbeck* berichtet, daß er damit »schrecklich viel Plage« habe und er die Messe »zur schuldigen Danksagung« für die Wiedererlangung seiner Gesundheit aufführe. Die Aufführung war nach allgemeinem Urteil viel besser als vor drei Jahren, »die Kirche war«, wie Bruckner an *Weinwurm* berichtet, »gedrängt voll und eine Aufnahme und Theilnahme wie noch *nie*«.

Dem großen Lob über die Aufführung läßt *Mayfeld* in der »Linzer Zeitung« folgende wohlmeinenden Ratschläge folgen:

»Wenn es Herrn Bruckner gelingt, seine Fantasie zu bändigen und in dieser Gattung Musik allzu gewaltsame Schlüsse und grelle Dissonanzen zu vermeiden, dagegen seine Themata freier und harmonischer auszuströmen, so sind wir überzeugt, daß er schon im zweiten derartigen Werke die Zuhörer nicht mehr überraschen und staunen machen, sondern auch wirklich erheben und erbauen wird.«

Bruckner war über diese Kritik seines künstlerischen Freundes gekränkt, und Mayfeld beeilt sich, ihn in einer Notiz vom 11. Jänner zu beruhigen, indem er ausführt, er habe mit der Bemerkung, daß Bruckner sich in seinen Themata nicht zu sehr an seine Vorbilder halten solle, andeuten wollen, »wie sehr hoch wir seine reiche Begabung schätzen und wie sehr wir sie zu vollständig selbständigem Schaffen für fähig halten«. Dann fügt er noch hinzu: »Wie wir hören, ist Herr Domorganist Bruckner bereits mit der Komposition einer neuen Messe emsig beschäftigt, welche schon bis zum Credo gediehen ist und von welcher wir uns sehr viel versprechen.«

Der Bericht des neu gegründeten liberalen Blattes »Tagespost« glaubt in dem Komponisten einen »Anhänger der sogenannten Wagnerschen Richtung« erkennen zu müssen.

Mitte Jänner versetzte Bruckner die Nachricht von der Ankunft des Leichnams Maximilians – dieser war von den Rebellen in Mexiko erschossen worden – in höchste Aufregung. Er bestürmt Weinwurm, sich genau über alles zu erkundigen, weil er nach Wien kommen wolle, um den toten Kaiser noch zu sehen. »Auch während meiner Krankheit«, schreibt er, »war dieß das Einzige, was mir am Herzen lag; es war Mexico, Maximilian.« Nun konnte er der Vorsehung danken, daß er seinerzeit dem Antrag, nach Mexiko als Hoforganist zu gehen, nicht nachgekommen war.

Im Jänner 1868 wird Bruckner wieder Chormeister der Liedertafel »Frohsinn«. Als glühender Wagner-Verehrer bereitet er für das auf den 4. April angesetzte Gründungsfestkonzert des Vereines unter anderem den Chor der Ritter und Edelfrauen aus *»Tannhäuser«* und den *Schlußgesang* aus *»Meistersinger«* vor. Letzteren erhielt Bruckner mit Bewilligung Wagners in Abschrift zur *überhaupt ersten Aufführung.* Ein glänzender Beweis der Hochschätzung Wagners für unseren Meister. Der Brief Wagners vom 31. Jänner 1868 lautet: »Gern hätte ich Ihren Wünschen in Betreff des Nachweises einer geeigneten Männergesang-Komposition von mir entsprochen. Sie können sich aber wohl denken, daß sich so etwas schwer bei mir findet. Doch habe ich darüber nachgedacht, und da Sie von einem Festfeierkonzerte sprechen, von Orchester und auch weiblichem Chor, so glaube ich, Sie auf etwas recht Schickliches aufmerksam machen zu können: es ist dies der Schlußgesang in meinem neuesten dramatischen Werke: ›Die Meistersinger.‹ Die Partitur des dritten Actes dürfte soweit gestochen sein, daß Sie von diesem Schlußsatze wenigstens einen Probeabzug von Schott in Mainz erhalten können. – Weiteren Mittheilungen sehe ich mit Freude entgegen. In bester Erwiderung Ihrer freundlichen Gesinnung verbleibe ich hochachtungsvoll Ihr ergebener Richard Wagner.«

Die Darbietung des »Schlußgesanges« war derart glänzend, daß sie sofort wiederholt werden mußte. Im selben Konzert kam auch Bruckners Männerchor mit zwei Solostimmen »*Vaterlandslied*« (»O könnt ich dich beglücken« [Silberstein]) und Schumanns »Ritornell« zur Aufführung.

Nur kurze Zeit noch trennte Bruckner von dem Tage, an welchem sein erstes von ihm als gültig erachtetes symphonisches Werk zu tönendem Leben gelangen sollte. Die Proben zur *I. Symphonie* waren in vollem Gange. Die Linzer Musikkräfte sollten hier eine der schwierigsten Partituren der Weltliteratur zum Tönen bringen. Bruckner flehte und weinte in den Proben. Jeder einzelne Musiker tat das Möglichste; doch den Geigern war ihr Part zu wenig griffig, und die Bläser standen gar vor einer schier unüberwindlichen Aufgabe. Als das Werk endlich am 9. Mai 1868 im spärlich besetzten Redoutensaal zur Uraufführung kam, erzielte es zwar einen äußeren Erfolg, Bruckner aber war stark enttäuscht. Er empfand die Aufführung als Niederlage. Später erzählte er Göllerich über die Aufführung: »Weißt, sie war zwar keine ideale, indem die Kräfte mangelten, aber der erste und dritte Satz errangen sich doch großen Erfolg.« Die Linzer Kritik anerkennt zwar die vielen Schönheiten des Werkes, die jedoch durch »zu großes Haschen nach Effekt« verdeckt würden. Einzig das Scherzo fand volles Verständnis. Die »Linzer Zeitung« (M. v. Mayfeld) aber schreibt: »Mir erschien und erscheint sie dramatisch, da wir mit dieser Symphonie einen Konflikt der Innen- und Außenwelt, ein Hoffen und Verzweifeln, Kämpfen und Leiden durchmachten. Auch die Erlösung, die Versöhnung trat mit dem im Schlusse auftretenden C-Dur-Akkorde heran, wenn vielleicht auch nicht in dem Maße, um zu einem vollkommen beruhigenden und erhebenden Abschluß zu gelangen. Ob Herr Bruckner von den drei formellen Gesichtspunkten: Instrumentierung, Architektur, Verknüpfung aus – Vollkommenes erreicht hat, darüber mag die Meinung geteilt sein; gewiß ist, daß er auch von diesen Gesichtspunkten aus Großes geschaffen, ja daß gerade hieraus seine große und wirkliche Begabung abzuleiten ist. Über die hierdurch erreichten großen Schönheiten des Werkes schwebt freilich durch das Streben nach Effekt ein leichter Schatten.«

Selbst das Organ Hanslicks in Wien bringt eine Notiz über die Aufführung der Symphonie und schließt: »Wenn die Nachricht von Bruckners bevorstehender Anstellung am Wiener Konservatorium sich bestätigt, können wir dieser Lehranstalt nur gratulieren.«

Zwei Tage nach der denkwürdigen Aufführung der Symphonie erfuhr Bruckner eine neue Enttäuschung. Sein Gesuch um die Erlangung der frei gewordenen Direktorstelle am *»Dommusikverein und Mozarteum«* in Salzburg, dem er seine d-Moll-Messe beigefügt hatte, war an diesem Tag mit der Mitteilung, daß Otto Bach die Stelle erhalten habe, abgewiesen worden. Gleichzeitig aber wurde ihm eröffnet, daß ihn der Verein »wegen seiner wiederholt bewiesenen Theilnahme für die Zwecke des Vereines durch gefällige Unterstützung mit Compositionen und mit dem Wunsch der Fortsetzung dieser Theilnahme zum *Ehrenmitglied* ernannt« habe. So wurde der Verein das *erste* Kunstinstitut, das Bruckner die Ehrenmitgliedschaft verlieh und sich dadurch selbst ehrte.

Nach Sechters Tod stand es für *Herbeck* fest, an seine Stelle am Konservatorium *Bruckner* zu berufen, den Sechter selbst als seinen »würdigsten Nachfolger« bezeichnet hatte. Die Erreichung dieser Stelle war die Voraussetzung für die Verleihung der von Bruckner im Oktober angesuchten unbezahlten »Exspektanz« als Hoforganist an der Wiener Hofkapelle. Daher war bisher eine Erledigung auf jenes Gesuch ausgeblieben. Nun wurde die Besetzung der Stelle Sechters am Konservatorium spruchreif.

Zu Ostern 1868 ließ Herbeck Bruckner durch eine Mittelsperson fragen, ob er denn nicht die freigewordene Stelle am Konservatorium anstreben wolle. Da Bruckner zu keinem Entschluß kam, nahm Herbeck die Sache selbst in die Hand. Ende Mai 1868 waren die Verhandlungen in vollem Gange. Herbeck überraschte Bruckner gelegentlich einer Reise ins Salzkammergut am 24. Mai in Linz. Bei einer Wagenfahrt nach St. Florian legte Herbeck die ganze Sache klar auseinander: »Ich kenne Sie genau«, sagte er unter anderem, »Sie sind berufen, gründlichen kontrapunktischen Unterricht zu erteilen; gehen Sie aber nicht, so gehe ich nach Deutschland um einen Fachmann, meine aber, es ist für Österreich eine größere Ehre, wenn ein Einheimischer am Platze ist.« Das Obersthofmeisteramt habe ihm auch die Hoforganistenexspektanz in Aussicht gestellt, wenn er die Professur annehme. Nachdem Bruckner in St. Florian die Orgel gespielt und beide Herren als Gäste des Prälaten einen Imbiß genommen hatten, fuhren sie wieder nach Linz zurück. Nun machte Bruckner seine Bedenken laut. Er sollte seine sichere Stellung gegen eine pekuniär wenig verlockende in Wien vertauschen, die ihm auch keine Aussicht auf Altersversorgung bot?

Am 26. Mai versichert Bruckner seinen »Gönner« des unerschütterlichsten Vertrauens und erklärt sich zu weiteren Unterhandlungen bereit. Die letzten energischen Worte Herbecks in diesem Brief waren: »Niemand kann Ihnen schaden, höchstens Sie selbst, wenn Sie nämlich an andere Persönlichkeiten ebenfalls so überspannte Briefe richten würden, wie Ihr heute an mich gekommenes Schreiben ist. Also nicht ›aus der Welt‹, sondern ›in die Welt‹ gehen, keine eines Mannes und Künstlers Ihres Schlages unwürdige Verzagtheit; Sie haben keine Ursache dazu.«

In übertriebener Ängstlichkeit, die auf das eben überstandene Nervenleiden zurückzuführen war, erschien Bruckner das angebotene Gehalt von 600 Gulden jährlich zu gering, da er in Linz mit den 300 Gulden des »Frohsinn« und vielen Privatstunden auf weit über 1000 Gulden zu stehen kam und außerdem eine Dienstwohnung zur Verfügung hatte. Große Besorgnis bereitete ihm auch der Umstand, daß auch in Wien eine Krankheits- und Altersversorgung nicht inbegriffen war. Die schwierigen brieflichen Verhandlungen, bei denen Herbeck eine wahrhaft bewundernswerte Geduld an den Tag legte, führten zur Forderung einer Gehaltserhöhung durch Bruckner. Dies stieß in Wien auf große Schwierigkeiten, und die Verhandlungen schienen scheitern zu wollen. Dadurch stieg Bruckners Verzweiflung zum höchsten Grad. Er schreibt Weinwurm, er habe seine Anliegen und Forderungen nur »bitt- und versuchsweise vorgebracht, die aber nie und nimmer die Annahme nach den ursprünglichen Bedingungen ausschließen sollten«, und fügte bei: »Ich hätte um jeden Preis angenommen.« Dann heißt es in dem Schreiben weiter: »Ich erwartete die Contract-Schriften und sieh – es war geschehen. Ich fühle mich wahnsinnig unglücklich darüber, kann weder essen noch schlafen, meine, *ich muß* hinabkriechen. Hätte ich doch augenblicklich zugegriffen, o ich Unglücklicher! Hl. v. Herbeck meinte es so edel! Warum ließ ich gewissen Ängsten Raum! Denke Dir, diese Ehrenstelle! Wo und wann blüht mir noch so was? Ich bin verloren. Mich verdrießt Alles. Hätte ich mir das träumen lassen, o ich wäre jeden Tag nach Wien gereist. Weinwurm, bemitleide mich doch, daß ich hoffnungslos – vielleicht auf ewig verlassen dastehe.«

In einem ähnlich verzweifelten Brief an Herbeck sprach Bruckner sogar vom »aus der Welt gehen«. In dieser höchsten Not und wohl auch in der Vorahnung, was ihn in Wien erwarten sollte, richtete er seine hoffenden Blicke nach München und bittet Baron Hans von Bülow, ihm durch Vermittlung Meister Wagners eine Audienz beim König zu verschaffen und ihm Gelegenheit zu geben, vor diesem die Orgel spielen zu dürfen. Auf diese Weise hoffte er, in München eine Stelle als Hoforganist oder an den königlichen Theatern zu erlangen. Doch am selben Tag war der Brief schon geschrieben, der die *Entscheidung* herbeiführen sollte. Herbeck hatte eine Erhöhung des Gehaltes auf 800 Gulden durchgesetzt und auch die Ernennung zum Hoforganisten in Exspektanz versprochen erhalten, falls Bruckner der Berufung folgen würde.

Von allen Seiten war Bruckner zur Einwilligung, nach Wien zu gehen, gedrängt worden. So schreibt sein Florianer Kollege *Ehrenecker* am 2. Juli aus Steyr: »Und ich sage wie damals bei dem Provisorium der Organistenstelle in Linz, wo Du so zweifelhaft warst, aus fester Überzeugung und aufrichtiger Freundschaftstreue: Gehe!!! Nur vorwärts ist Ehre, Freude – Sieg.« *Ignaz Dorn* bemüht sich in einem Schreiben aus Brünn, Bruckner zu dem für ihn so bedeutungsvollen Schritt zu bewegen. Auch Feldzeugmeister *Graf Huyn* bemühte sich, teilweise ohne Wissen Bruckners, ihm in Wien die Wege zu ebnen. Aber auch gegenteilige und egoistische Bestrebungen hatten sich in Linz bemerkbar gemacht. Die Liedertafelkreise und die Geistlichkeit wollten ihn Linz erhalten, und der Bischof äußerte, er werde für eine Pension für Bruckner sorgen und ihn nicht ziehen lassen.

Auf Herbecks letzten energischen Brief entschloß sich der Zaghafte endlich, die Stelle anzunehmen, nachdem er sich vom Bischof die Zusicherung hatte geben lassen, daß die Linzer Domorganistenstelle für ihn einige Jahre reserviert bleibe.

Am 6. Juli erhält Bruckner das Anstellungsdekret als *Professor* für Generalbaß, Kontrapunkt und Orgel am *Konservatorium zu Wien*. Herbeck aber ruhte nicht, um Bruckner nun auch die Exspektanz für die Stelle eines Hoforganisten zu verschaffen. In einer Eingabe vom 8. August unterbreitet er diese Bitte des Linzer Domorganisten dem Obersthofmeisteramte. Bruckner habe »als Orgelvirtuose keinen Rivalen im Kaiserreiche zu scheuen, und seine Berufung als Professor an Stelle Sechters an das Konservatorium spreche laut für seine ›eminente Befähigung‹«.

Schon am 9. September konnte der Hofkapellmeister seinem Schützling das Anstellungsdekret ausstellen. In Linz wurde über Bruckners Wunsch sein früherer Schüler *Karl Waldeck* zum provisorischen Domorganisten bestellt und wurde, nachdem Bruckner am 18. Juli 1870 auf die Stelle endgültig verzichtet hatte, sein definitiver Nachfolger.

Im Laufe des Jahres waren eine Reihe kleiner Kompositionen zu verschiedenen Anlässen entstanden. Am 31. Jänner 1868 schrieb Bruckner das *Pange lingua* (phrygisch), das im Stil des Kyrie der e-Moll-Messe gehalten ist. Zur Gründungsfeier des »Frohsinn« stellte sich der neue Chormeister mit einem Offertorium für Männerchor und vier Posaunen *»Inveni David«* ein, das am 21. April beendet und am 10. Mai 1868 zur ersten Aufführung kam. Am 12. Mai entstand ein *Motto* für gemischten Chor. Für seine Schülerinnen schrieb er *Klavierstücke* und *Lieder*, so am 10. September 1868 eine *»Fantasie«*, G-Dur, dann liegen aus der Linzer Zeit noch ein Klavierstück *»Erinnerung«*, die Lieder *»Im April«*, *»Mein Herz und deine Stimme«* sowie *»Herbstkummer«* vor. Für die Gymnasiasten im Stift Wilhering komponierte er den Schutzengel-Hymnus *»Jam lucis orto sidere«* für gemischten Chor und für den Dom zu Linz ein *»Asperges«* für gemischten Chor.

Alle diese Gelegenheitskompositionen treten völlig in den Hintergrund vor dem großen Werk, das in des Meisters Seele zu keimen begann und wuchs und ihn den größten Teil des Jahres beschäftigte, die

Messe Nr. 3 in f-Moll

für gemischten Chor und großes Orchester.

Bald nach der Aufführung der d-Moll-Messe in Wien, in einer Zeit, da sich die Nacht des Wahnsinns über Bruckners Geist zu senken drohte, begann er die neue, vom Obersthofmeister gewünschte Messe mit dem *Kyrie*, das in Skizze am 2. März 1867 fertig vorlag, aber in der Zeit vom 14. September bis 10. Oktober in einer neuen Skizze umgearbeitet und am 16. Februar 1868 in Partitur beschlossen wurde. Das *Gloria* entstand in der Skizze vom 2. März bis 6. Mai 1867 und war in Partitur am 11. August 1868 in St. Florian beendet. *Im September*, nach der Entlassung aus der Heilanstalt, wurde das *Credo* in Angriff genommen, dessen Skizze am 27. November 1867 beendet und dessen Partitur am 15. Februar 1868 fertiggestellt wurde. Das *Benedictus* wurde am Weihnachtsabend 1867 in Skizze und am 27. August 1868 in Partitur vollendet. In das Jahr 1868 fallen nur das *Sanctus* vom 18. bis 22. August und das *Agnus* vom 29. August bis 9. September.

Am 30. Dezember 1867 meldete Bruckner Herbeck: »Von meiner neuen Messe wird bald das Credo fertig werden. Kyrie und Gloria sind scizziert. Ich nehme mich sehr zusammen.«

In den Tagen, da Bruckner an seinem Werk arbeitete, war er von der Inspiration so erfaßt, daß er völlig geistesabwesend und vom Irdischen losgelöst erschien. Eines Tages, es war der 21. November 1867, stürzte er ohne Gruß in das Zimmer *Karl Waldecks,* setzte sich an den Flügel und begann zu spielen. Nachdem er geendet hatte, rief Waldeck aus: »Ja, das ist ja wunderbar; was ist denn das?« Bruckner erwiderte, es sei das Credo seiner neuen Messe. Er war bis zum »Et incarnatus« gekommen und spielte nun weiter. Da Waldeck, nachdem er geendet hatte, schwieg, fragte Bruckner: »Wie gefällt dir das?« Waldeck erwiderte: »Nicht so gut wie das andere.« Darauf Bruckner: »Na also, dann machen wir's anders« und begann wieder ganz verzückt zu spielen und zu singen. Er improvisierte diesen Teil ganz neu und originell, so daß Waldeck von den überirdischen Klängen zu Tränen gerührt war. Auf Bruckners Frage: »Wie gefällt dir nun dieses ›Incarnatus‹?« erwiderte Waldeck: »Das ist freilich etwas anderes, herrlich!«, worauf Bruckner erklärte: »Nun gut, dann soll's so bleiben.«

Die Melodie des *Benedictus,* erzählte später Bruckner einem Wiener Kritiker, sei ihm in einer Stunde brünstiger Andacht am Weihnachtsabend 1867 eingefallen, und er habe sie zum Dank für die Errettung vom Irrsinn in den zweiten Satz seiner II. Symphonie aufgenommen.

In der traurigsten Zeit seines bisherigen Lebens schuf Bruckner das *Kyrie* seiner »großen Messe« in f-Moll. Nach einigen einleitenden Takten des Streicherorchesters beginnen Sopran und Alt in tiefster Zerknirschung.

Dies ist der Hauptgedanke des Kyrie, dem wir merkwürdigerweise auch beim ersten Einsatz der Oberstimmen in Verdis Requiem begegnen. Beide Meister gehen da auf Palestrina zurück. Allmählich wird die auch hier wieder ganz selbständig geführte Orchesterbegleitung reicher, die Zuversicht in den Singstimmen größer. Im »Christe« trägt der Solobaß mit einem Oktavmotiv und der Solosopran mit kindlicher Bitte das Anliegen des Volkes vor. Der Chor wächst dann nach und nach, besonders im neu eintretenden »Kyrie«, zu größter Intensität der Bitte an, um schließlich in den hoffnungsfreudigen A-cappella-Satz überzugehen.

Bruckner hat die Stelle zum Dank für die Rettung vom geistigen Tod in das Finale seiner II. Symphonie aufgenommen. Das Kyrie schließt ernst, aber zuversichtlich.

In hellem Jubel beginnt der Chor der Oberstimmen das *Gloria*: »Ehre sei Gott in der Höhe«, getragen vom Brausen des ganzen Orchesters. Eine Tonleiterfigur beherrscht den ganzen Satz und bringt einen mächtigen Zug in das Stück. Ausdrucksvolle Unisono-Stellen wechseln ab mit gewaltigen, kühnen Harmonien. Bei »Gratias« und später bei »Quoniam« beten Solostimmen die innige Melodie, umrankt von zarten Orchesterklängen. Bei »Domine Deus« tritt der von Bruckner so geliebte Oktavensprung, kunstvoll verwendet und vom Orchester mit reicher Figuration umspielt (Trillermotiv wie im Finale der I. Symphonie), besonders hervor. Herrlich ist der langsame Mittelsatz, beginnend mit »Qui tollis«. So konnte nur *der* schreiben, der so oft beim Empfang des Sakramentes zerknirscht an die Brust klopfte und diese Worte betete: »Lamm Gottes, das du die Sünden der Welt hinwegnimmst, erbarme dich unser!« Kein Meister hat das »Miserere« so inbrünstig gebetet wie Bruckner in seinen Messen. Beim dritten »Qui tollis« schauert der arme Sünder förmlich zusammen.

Die Miserere-Melodie wird in kunstvollen Imitationen in der Sekunde geführt. Die Lobpreisung des Heiligen Geistes leuchtet in Flammenschrift unisono auf, und das Ganze krönt eine unerhört kunstvolle Fuge auf die Worte »in gloria Dei patris« mit dem Thema. Bruckner wußte hier die in harter Arbeit erworbene strenge Form mit völlig *neuem Inhalt* zu füllen.

Im *Credo* braust ein wahrhaft urwüchsiges Unisono-Thema, die Einheit der Kirche symbolisierend, daher.

Aus dem gewaltigen Unisono heben sich in strahlendem Dur die Klänge des Lichtes »Deum de Deo, lumen de lumine«. Diesem lapidaren ersten Teil folgt, nun nach E-Dur gewendet, das visionäre »Et incarnatus est« einer Tenorstimme, überglänzt von flimmernden Holzbläserharmonien und einem Violinsolo.

In der Orchesterbehandlung ist hier schon ein Teil des Adagios der V. Symphonie vorweggenommen. Die Stellen »ex Maria virgine« sind besonders liebevoll und rührend behandelt von dem großen »Marienkind« Bruckner. Zu seinen täglichen Übungen gehörte die bei Katholiken hochgehaltene Andacht zur Gottesmutter, der »Rosenkranz«. Ganz zart gesellt sich zu dem Einzelgesang das Beten des Chores.

Dieser Teil der Messe wurde am 21. November 1867 komponiert und gehört wohl zu den bezauberndsten Eingebungen Bruckners. Erschütternd ist die Passion des Herrn (»Crucifixus«) und die Grablegung (»sepultus est«) gezeichnet. Ähnlich dem »Resurrexit« der d-Messe, der Auffassung nach auch an das »Tedeum« des Meisters erinnernd, erklingt auch hier der Auferstehungsjubel mit dem ersten Teil des Credo-Themas. Mit der Kraft der Wahrheit sind dann noch die übrigen Glaubensartikel behandelt. Besonders leuchten daraus hervor »ascendit«, »et iterum venturus est« und das zaghaft beginnende und furchtbar sich steigernde »Judicare«. Überhaupt hat kein Meister vor Bruckner die *Auferstehung* und das *Gericht* so genial vertont. Einen merkwürdigen Gegensatz dazu bildet das »Qui cum Patre«, das trotz der darin angewendeten kontrapunktischen Kunststücke Mozartschen Wohllautes voll ist. Die »einige katholische Kirche« symbolisiert wieder wuchtiger Einklang. Eine *Fuge* über das aus dem *Credo*-Thema gebildete Thema wird von mächtig harmonisierten Credo-Rufen nach jedem Themaschluß unterbrochen und führt endlich zu dem in der Vergrößerung des »Credo«-Themas ausklingenden Schluß.

Bruckner selbst war überzeugt, in diesem Satze etwas Außerordentliches geschaffen zu haben. Als er einmal gefragt wurde, ob er denn wirklich so fromm sei, wie man sage, erwiderte er: »Wie hätt' ich denn sonst das Credo meiner f-Messe komponieren können?« Das *Sanctus* beginnt mit zartem Weben der Streicher, in welches voll Andacht die Oberstimmen mit dem Motiv einstimmen. Die Unterstimmen antworten mit der absteigenden Oktave. Bei »Dominus Deus Sabaoth« tritt der ganze Chor und das volle Orchester ein. In hellem Jubel erklingt nun das »Pleni sunt coeli«, und mit dem »Hosanna« geht der knappe, aber doch so wirkungsvolle Satz zu Ende.

Wer je Bruckner während der heiligen Wandlung sah, wie er auf den Knien liegend mit verzückten Zügen meditierte, der wird die Entstehungsmöglichkeit des nun folgenden himmlischen *Benedictus* begreifen können. Nach einem längeren zarten Vorspiel, in welchem die Celli das Hauptthema singen, setzt der Solo-Alt mit der überaus innigen Hauptmelodie ein, wozu, in Abständen von je einem Takt, Sopran und Tenor kontrapunktieren. Dann setzt der Solo-Baß mit dem zweiten, nicht minder innigen Hauptgedanken ein. Diese zweite Melodie hat Bruckner, der sich zur Weihnacht 1867 mit der Komposition des Benedictus von den ihn verfolgenden Wahnvorstellungen befreite, zum Dank dafür in das Adagio seiner zweiten Symphonie aufgenommen. Im Verlaufe des nun vom Chor wieder eingeführten ersten Hauptgedankens tritt die Sopransolostimme mit einem wahren »Jubilus« dazu. Die Verbindung des ersten mit dem zweiten Teil dieses Satzes bildet ein Kanon in der Oktave zwischen den ersten und zweiten Violinen. Der Schluß des bezaubernden Satzes ist das »Hosanna« des Sanctus.

Staunenswert ist an diesem *Benedictus* die ungemein *zarte, innige und reine Empfindung*, die nicht im mindesten an Sentimentalität streift.

Den ersten Teil des *Agnus* beherrscht ein ernster Gedanke, der immer tragischere Akzente annimmt. Ihm stellen die Oberstimmen das Hauptmotiv gegenüber, das von den Unterstimmen sogleich in Umkehrung beantwortet wird. Das »Qui tollis« endet mit der Haydn-Mozartschen Formel, die wir bei Bruckner mehrmals antreffen werden. Das dritte Agnus beginnt mit kunstvoller Engführung der Stimmen und mündet in das *Dona.* Das nach Dur gewendete Hauptmotiv des *Kyrie* beginnt den Friedensgesang, in dessen Verlaufe der Chor das vergrößerte Fugenthema des Gloria unisono anstimmt. Hierauf erscheint im Orchester das Glaubensmotiv des Credos und führt das Ende des herrlichen Werkes herbei.

Mit diesem Werk hatte Bruckner seine *letzte Messe* geschrieben. Schon damals war ihm sein eigentlicher »Beruf« als *Symphoniker* aufgegangen, schon jetzt fühlte er, daß das *Wort* seiner stürmischen Inspiration *hinderlich* war; sie wollte und mußte *frei* ausströmen können! Jede Verbindung der Musik, sei es mit Worten oder Ideen, sei es mit dramatischer Handlung und Szene, sei es durch Zugrundelegung der Gedankengänge und Stimmungen einer Dichtung, eines Gemäldes und dergleichen, all das entzog der Musik etwas von ihrer *Selbstherrlichkeit.* Auch bei der Liturgie des Gottesdienstes mußte die Musik eine *dienende* Rolle spielen, wenn sie auch im Gesamtkunstwerk des katholischen Gottesdienstes von ausschlaggebender Bedeutung ist. Bruckner fühlte nun, daß er, wie schon so lange bei seinen Improvisationen, die Fähigkeit erlangt hatte, sich auch in der *fixierten* Komposition ganz frei zu fühlen. Dies ist der Grund, weshalb sich Bruckner künftig fast ausschließlich der *absoluten* Musik zuwandte. Keinesfalls kann daraus aber abgeleitet werden, daß Bruckner etwa seiner katholischen Gesinnung und seiner Kirche den Rücken gekehrt habe. Zahlreiche kleinere kirchliche Kompositionen und vor allem das *»Tedeum«* beweisen das Gegenteil.

Über Bruckners Persönlichkeit am Ende seines Linzer Aufenthaltes gibt der damalige Landesarchivar und Schriftsteller Dr. Ferdinand Krackowizer folgende Schilderung:

»Bruckner, zu jener Zeit ein stattlicher Vierziger, war ein kerngesunder Mann. Auf dem kräftigen, wohlgenährten Körper saß ein intelligenter Rundkopf mit kurzgeschnittenem, braunen Haar. Das freundliche, gut gefärbte Antlitz lächelte jedermann herzlich zu. Mit aufrichtigem Behagen blickten die frischen Augen in die Welt. Seinen Anzug aus schwarzem Tuch, weit, bequem und faltenreich, mochte wohl ein sehr bescheidener Kleiderkünstler gebaut haben. Den schlanken Hals umgab ein sehr weiter Hemdkragen, um den ein schwarzes Seidentuch lose geschlungen war. Eine fein gebogene Nase gab dem Antlitz einen würdigen Ausdruck. Glatt rasiert, trug nur die Oberlippe ein englisch zugestutztes, unbedeutendes Bärtchen. Wenn seine Biographen von einem Imperatorenkopfe sprechen, so haben sie nicht unrecht, wenn sie den *alten* Mann vor Augen haben. Damals aber hatte der liebe, gute Bruckner gar nichts Cäsarisches an sich. Er war der reine Typus des echten, biederen, fröhlichen Oberösterreichers. Gleichwohl vermochte es seine Persönlichkeit, ungeachtet des bescheidenen Auftretens, in keinem Kreise übersehen zu werden. Die ganze Donaustadt kannte den liebenswürdigen Menschen, und jedermann sah ihm gerne nach, wenn er in den Straßen von Linz frischen Schrittes dahineilte. Seiner Schnupftabaksdose sprach er fleißig zu, und ein ungewöhnlich großes, blaues Sacktuch blähte die Rocktasche. Abends, im Freundeskreise, rauchte er gerne eine Kuba und schwärmte für ein Gläschen guten Weines. Es durften auch mehrere sein. Prächtig war sein Appetit, bei dem ich nur kurz verweilen will, weil manche seiner Lebensschilderer ganze Speisenfolgen von ihm mitgeteilt haben. Daß der kräftige, blühende Mann, der schon am frühen Morgen seinen Verpflichtungen auf dem Kirchenchor obliegen, dann in manchem Bürgerhause anstrengenden Klavierunterricht erteilen und an vielen Abenden Gesangproben abhalten mußte, daß ein also beschäftigter Musikus reichlichere Nahrung brauchte als die Bleichgesichter in Amtsräumen und in Schulstuben, ist doch selbstredend. Stürzte er an einem Freitag zum ›Bayrischen Hof‹, dann sah er nicht rechts und links die herzlichen Grüße treuer Anhänger, er schritt nur auf den Kellner zu und fragte ihn ängstlich: ›Josef, haben S' noch Krebsensuppe?‹ Bejahte es der diensteifrige Ganymed, dann rief er ihm zu: ›Josef, bringen S' mir schnell drei Portionen!‹ Seine Lieblingsspeisen, Lammbeuschel mit Knödel oder Schöpsenfleisch mit Rüben, begehrte er stets in dreifacher Auflage. Manchmal schaute ich mit dem Orgelmeister nach Tisch zum Gassenfenster hinaus, und da geschah es einmal, daß aus dem gegenüberliegenden Wirtshause holde Dirnlein lustig und auffallend zu uns herüberblickten. Bruckner aber, sehr neugierig, wer die ›Damen‹ seien, erfuhr zu seinem Schrecken, es wären sehr gefällige Mädchen, so man in Linz ›Flitscherln‹ benamset. Und entrüstet trat er vom Fenster zurück.

Von der Terrasse des damals blühenden Gasthofes ›Zum Roten Krebs‹ bot sich ein schöner Blick auf den gewaltigen Donaustrom und auf die sanften Berge des Mühlviertels. Diese Terrasse war daher zu schöner Jahreszeit von schmausenden und lachenden Gästen überfüllt. Unter ihnen saß ich am 5. Mai 1868 mit einem fidelen Onkel aus Steyr, dem Inhaber eines abgrundtiefen Liedertafelbasses und Vormund zweier reizender Mädchen, vergnügt beim Mittagstische. Bruckner, ein guter Freund des Baßonkels, hatte bei uns Platz genommen und unterhielt sich eifrig mit der schönen Johanna. Denn außer an seinen Notenköpfen hatte Meister Anton auch an lieblichen Frauenköpfen besondere Freude, und es ist nicht zu leugnen, daß er von Amors Pfeilen leicht zu verwunden war. Plötzlich wurden alle Gäste aufmerksam auf einen großen Zusammenlauf und Geschrei von Menschen, die der Brücke zueilten. Die hölzerne Jochbrücke, an die die Wogen der hochgehenden Donau schlugen, war durch den Anprall von eisernen Schleppschiffen, die ein Dampfer stromaufwärts ziehen sollte, bedroht. Und als plötzlich einige Brückenpfeiler wie Kartenblätter zusammenfielen und mit ihnen leider auch einige Menschen ins Wasser stürzten, da sank Johanna, bei diesem grausen Anblicke im Innersten erschrocken, dem neben ihr stehenden Meister Bruckner in die Arme, und wurde von ihm liebevoll getröstet. Noch lange nach diesem Ereignis machte der verliebte Vierziger dem jungen Mädchen aus Steyr eifrig den Hof und fragte mich oft: ›Meinen S' doch, daß mich die Johanna gern hat?‹ Bruckner wechselte aber häufig den Gegenstand seiner huldigenden Verehrung.

Viele Mühe verursachte Bruckner die Chormeisterstelle der Liedertafel ›Frohsinn‹. Die Proben wurden in einem Zimmer des ›Nordico‹ in der Bethlehemsstraße abgehalten, einer ehemaligen Erziehungsanstalt für katholische Knaben aus Schweden und Norwegen. Süßliche Chöre von Franz Abt oder flotte Wiener Walzer einzuüben, war ihm ein Greuel. Er tat es aber, wie alles, was er machte, gewissenhaft und gründlich. Seinen eigenen schönen Chor ›Germanenzug‹ jedoch übte er mit großer Begeisterung.

Später fanden die Proben in einem neu hergerichteten Raume des Gasthofes ›Stadt Frankfurt‹ statt. Wie sehr wir unseren Chormeister liebten, bewies unsere Ausdauer bei dem wochenlangen Studium seiner äußerst schwierigen Vokalmesse, die bei der Einweihung der Votivkapelle des neuen Domes aufgeführt wurde. Im warmen Augustmonat hielten Sänger und Sangesschwestern wohl über zwanzig Proben im dumpfen Saale geduldig aus, Bruckner in Hemdärmeln dirigierend.«

Im Juli 1868 läßt sich Freund Ehrenecker vernehmen: »Brüderchen, mir scheint, Du schwärmst wieder 'mal für Eine!« Dieser Ausdruck *»schwärmen«* ist für Bruckners Verhältnis zum weiblichen Geschlecht am bezeichnendsten. Nie ist der Liebedürstende über dieses Stadium des Liebeslebens hinausgekommen. Blitzschnell erfaßte ihn die Neigung, dann wurde alles unternommen, um den Gegenstand derselben kennenzulernen. So schnell das Herz entflammt war, dämpfte sich auch die Glut wieder. Wer würde solche Ekstase für die Kunst gering anschlagen! Sie sind oft und wohl auch bei Bruckner die Geburtsstunden manch unsterblicher Gedanken geworden. Infolge der tiefen Religiosität Bruckners war sein Umgang mit Mädchen ein so kindlicher und reiner, daß man, wie »Leonore« von »Tasso«, auch von ihm sagen kann:

»Hier ist die Frage nicht von einer Liebe,
Die sich des Gegenstands bemeistern will.«

Bruckner gehörte sein Leben lang Platons Schule an, von der es im »Tasso« heißt:

»Die Liebe zeigt in dieser hohen Schule
Sich nicht, wie sonst, als ein verwöhntes Kind.
Es ist der Jüngling, der mit Psychen sich
Vermählte, der im Rat der Götter Sitz und Stimme hat.«

Gewiß haben auch diese Ekstasen und die bald darauf folgenden Depressionen dazu beigetragen, die damals ohnehin irritierten Nerven Bruckners noch mehr zu schwächen und endlich jene Krankheit herbeizuführen, die ihn denn nach Kreuzen führen sollte.

Auch vor seiner Übersiedlung nach Wien, im Sommer 1868, soll Bruckner sich bereits zur Erholung in jenem Bade aufgehalten haben.

III
Leiden und Schaffen. Wien (1868–1885)

Die innere Qual des Genies
ist der Mutterschoß unsterblicher Werke

SCHOPENHAUER

Eine starke Triebfeder in Bruckners Lebensgang war der *Ehrgeiz*. Dieser nur konnte ihn zu dem Entschluß veranlaßt haben, in die Residenzstadt zu übersiedeln, denn vorläufig hatte er nur Aussicht auf ein fixes Gehalt von 800 Gulden, und bald sollte sich auch Frau Sorge bei ihm zu Gaste melden. Ihm, dem naiven Naturmenschen, konnte die Millionenstadt nur *künstlerische Förderung* zuteil werden lassen, sonst aber auch gar keinen Vorteil bieten. Und um dieser *einen* Möglichkeit willen ging er und schritt einem Martyrium sondergleichen entgegen. In dieser Zeit war Bruckners Charakter schon so in sich gefestigt, daß das Leben der Großstadt ihn nicht mehr zu ändern vermochte. Ein *Glück* für die Kunst, ein großer *Schaden* aber für Bruckners Laufbahn in Wien. Die unscheinbare Hülle, in welcher sich hier das Genie verbarg, der fehlende gesellschaftliche Schliff und die Bruckner in der Schulgehilfenzeit anerzogene Unterwürfigkeit machten seine Person für Fernstehende leicht zu einer lächerlichen Figur. Der Durchschnittsmensch urteilt nach Äußerlichkeiten, und auch Bruckner wurde nach dieser Seite hin klassifiziert. So gestaltete sich sein äußerer Lebenslauf zum *Dornenweg*. Auch die Stellungnahme eines Teiles der Wiener Kunstkritik Bruckner gegenüber ist auf persönliche Abneigung gegen ihn zurückzuführen.

Bruckners Verhalten gegen alle Angriffe und Ränke glich dem eines Kindes, das hilflos dem Schicksal preisgegeben ist. Auch von Bruckner gilt das Wort über Mozart, »Er wurde in der Kunst ein Mann; in allen übrigen Verhältnissen aber blieb er ein Kind«, in vollem Maße. Er besaß jene »*Naivität* und erhabene Einfalt«, die Schopenhauer als den Grundzug des echten Genies bezeichnet. Einem Schauspiele gleich zog das Leben an Bruckner vorüber. Die tragischen Momente desselben schmerzten nur vorübergehend; sie vermochten aber die aus der Kindheit verbliebene Unschuld und das innere Glück des Herzens nicht dauernd zu trüben.

»Bruckners Naturell«, sagt Dr. Josef Kluger, »und seine nie mißbrauchte und deshalb schier unverwüstliche Lebenskraft erhielten ihn immer jung, ja, ich möchte sagen, in jener eigentümlichen Verfassung, in welcher dem unverdorbenen Jüngling das Geheimnis des Lebens in keuscher Sehnsucht nach dem Weibe zu erdämmern beginnt.«

Das Talent sah Bruckner als eine Gabe Gottes an, mit der er nach der Lehre des Evangeliums wuchern müsse. Sein Ehrgeiz war, möchte ich sagen, ein »heiliger Ehrgeiz«. So sprach er eines Tages zu den Chorherren des Stiftes Florian: »Wenn mich Gott einst zu sich ruft und Rechenschaft von mir fordert, dann halt' ich ihm die Rolle von meinem Tedeum hin, und er wird mir ein gnädiger Richter sein.«

Dieser dem Göttlichen zugewandte Sinn ließ ihn mit besonderer Vorliebe die Gesellschaft von Priestern aufsuchen. Als Ersatz für St. Florian wählte er in späteren Jahren das nahe bei Wien gelegene Stift *Klosterneuburg*, wo er, von Hofkapellmeister *Joseph Hellmesberger* eingeführt, dieselbe Organisation, denselben gesellschaftlichen Ton fand, wie er ihn von St. Florian gewohnt war. Dorthin flüchtete er in Stunden innerer Unruhe und fand geistlichen Trost. Dorthin zog ihn auch die große berühmte Orgel; hatte doch die Kunst seines Orgelspiels in den ersten Jahren des Wiener Aufenthaltes ihren Höhepunkt erreicht.

Da Bruckner am 1. Oktober in Wien seinen Dienst anzutreten hatte, war ihm Weinwurm behilflich gewesen, eine entsprechende Wohnung ausfindig zu machen, die am Rande der Stadt gelegen war und doch nicht allzu fern seinen Wirkungsstätten lag. Er bezog mit seiner Schwester »Nani« eine Wohnung mit zwei Zimmern und Küche im 2. Stock des Höhne-Hauses im 9. Bezirk, Währingerstraße 41, von wo er einen herrlichen Blick auf die die Stadt umsäumenden Rebenhügel hatte. Hier verblieb er bis zum Sommer 1876, denn das mehr Provinzielle der Vorstadt schien ihm zu behagen. Bald fühlte er sich bei einer gemütlichen Tischrunde, der »Wilden von Währing«, recht wohl, wo er nach des Tages Last die späten Abendstunden verbrachte. Auch im Kreis des »Männergesangvereins Währing« verkehrte er gern, stellte sich ihm alljährlich bei der kirchlichen Feier des Gründungsfestes als Orgelspieler zur Verfügung und wurde von diesem Verein schon 1870 zum *Ehrenmitglied* ernannt.

Der erste Besuch nach seiner Ankunft in Wien galt Hofkapellmeister *Herbeck,* dem er für seine wahrhaft unermüdlichen Bemühungen zur Erlangung der ersehnten Stellungen seinen innigsten Dank sagen wollte. In seiner ländlichen Einfalt wollte er dies aber nicht nur mit Worten abtun, sondern damit auch ein Geschenk verbinden. Da Herbeck nicht zu Hause war, überreichte er dessen Frau eine in Zeitungspapier gewickelte Rolle von 25 Silbergulden mit den Worten: »Gengan S', san S' so guat und geb'n S' eam dös.« Ehe sich die Frau Hofkapellmeister von ihrer Verblüffung erholen konnte, war der seltsame Besucher fort.

Am 1. Oktober begann der Dienst am »Konservatorium der Gesellschaft der Musikfreunde«, das, 1817 gegründet, im sogenannten »Mattoni-Haus« unter den Tuchlauben untergebracht war. Seine Unterrichtsverpflichtung bestand zunächst in je *sechs* Stunden *Theorie-* (Harmonielehre und Kontrapunkt) und *Orgelunterricht.* Bald aber wurde über Bruckners Vorschlag der Orgelunterricht in je drei Stunden für das praktische Spiel und drei Stunden Theorie geteilt. Als Theorielehrer war er Sechters Nachfolger, während die Orgelschule *neu* errichtet worden war. Von seinem Gehalt von 800 Gulden ließ er gleich die Beträge zur Einzahlung in die »Pensions-Anstalt« des Institutes abziehen, so daß seine große Sorge wegen einer Altersversorgung beruhigt war.

Das das Institut eine Orgel nicht besaß, mußte der Unterricht zunächst am Klavier erteilt werden. Bemühungen, den Unterricht in der Burgkapelle oder anderen Kirchen abhalten zu dürfen, scheiterten. Endlich wurde ein großes Pedalharmonium gemietet, das die Dienste der Orgel tun mußte, bis im neuen Musikvereinsgebäude 1872 eine Orgel erbaut wurde. Das Harmonium ging dann durch Kauf in Bruckners Besitz über.

Noch in späteren Jahren schwärmte Bruckner von seinen besonders talentierten Schülern der ersten Zeit. Es waren dies die späteren Professoren am Wiener Konservatorium *Leopold Landskron, Wilhelm Rauch, August Sturm* und *Hugo Reinhold,* der Musikschulinhaber und Musikschriftsteller *Anton Huber,* der berühmte Klaviervirtuose und Professor an der kgl. Akademie in London *Wladimir v. Pachmann,* der Direktor der Metropolitanoper in New York *Eduard Stransky* und Hofkapellmeister *Felix Mottl.*

Reinhold bezeichnete Bruckners Unterricht als »außerordentlich genau und verständlich«. Zur Aufrechterhaltung der Disziplin, auf die er streng sah, bediente er sich der Mittel aus seiner Volksschullehrerzeit. So mußten zum Beispiel Reinhold und Mottl wegen unziemlichen Benehmens »vor die Tür hinausstehen«. Freilich waren diese Schüler bereits Jünglinge, und der Lehrer sprach sie auch als »Herren« an. Bald aber belegte er jeden einzelnen mit einem Spitznamen und sprach sie mit »Du« an. Bei großer Hitze unterrichtete er mit aufgestülpten Hemdärmeln und ließ gelegentlich zur Kühlung im Gang den kalten Strahl der Wasserleitung über seinen Rundschädel laufen, was alles den jungen Leuten viel Spaß machte.

Den Orgelunterricht erteilte Bruckner zuerst nach der Stickschen Orgelschule, später benützte er die von Heinrich Rinck und empfahl seinem Nachfolger noch die von Johann Habert. *Josef Pembaur,* der 1870 zu seinen Schülern gehörte, meint, sein Unterricht im Orgelspiel war »drastisch, lakonisch, gewiß nicht pädagogisch«. Am Fenster des Saales sitzend, mit der Aussicht auf den »Graben«, kontrollierte der Herr Professor das Spiel des Schülers auf dem Pedalharmonium. Da klang es gebieterisch »fis«, dann wieder »eis«, und schon nach dem dritten Fehler stand der Lehrer hinter dem Missetäter, und mit einem Rippenstoß flog er von der Orgelbank, ohne das Stück zu Ende spielen zu können.

Im Theorie-Unterricht ging er wie sein Lehrer *Sechter* von dem Grundsatze aus, daß nur das *Technische* der Kunst erlernbar sei. Die Arbeiten in der Schule, die Harmonie-Verbindungen und kontrapunktischen Aufgaben waren rein technische Konstruktionen intellektueller Art auf Grund der Sechterschen »Fundamentaltheorie«. Der Schüler mußte jede Fortschreitung auf Grund des Fundamentalbasses beweisen können.

Als *Felix Mottl* eines Tages eine sehr freie Lösung der gestellten Aufgabe brachte, sagte Bruckner, zuerst in der Schriftsprache beginnend, dann im Dialekt fortfahrend: »Hier in der Schule muß alles nach der Regel sein, derfst nöt oan verbotene Not'n schreib'n – wannst aber draußen bist und bringst ma so a regelrechte Arbeit, schmeiß i di außi!« »Erst die Regel, dann das freie Schaffen« war der von Sechter übernommene Wahlspruch, aber er selbst forderte sogar von seinem freien Schaffen, daß der Satz in den Fundamenten den Fundamentalregeln entsprach.

Dem Unterricht legte er das »Elementar-Lehrbuch der Harmonie- und Generalbaßlehre« von *August Dürrnberger,* das ihm selbst als erstes Lehrbuch in Linz gedient hatte, und das große Werk *Sechters* über Generalbaß und Kontrapunkt zugrunde. Daran wurde nichts geändert, solange Bruckner unterrichtete.

Die Trockenheit des Stoffes wußte er durch köstliche Vergleiche und Personifizierung der einzelnen Intervalle zu mildern, ja für die jungen Leute geradezu unterhaltend zu gestalten. So pflegte er die erste Harmonielehrstunde damit zu beginnen, daß er eine Note auf die Tafel malte und erklärte: »Gott hat z'erst den Adam g'macht«, und, die Quinte dazusetzend: »und er hat eam aber bald dö Eva geb'n – und dö zwoa san net alloan blieb'n« – und damit setzte er die Terz dazu. Die Funktion der einzelnen Intervalle des Dominant-Septakkordes verglich er mit einer Familie, deren Vater (Grundton) »sich am meisten erlauben darf«, die Septime »sei Frau«, die Terz als Leitton mit ihrer gebundenen Fortschreitung »das Töchterl«, die Quint »der Herr Sohn, der schon mehr Bewegungsfreiheit hat«.

So wußte er stets recht ergötzliche Geschichten zu erzählen.

Für talentierte Schüler, so wird übereinstimmend geurteilt, war er ein vorzüglicher Lehrer, nicht zuletzt wegen seiner flammenden Begeisterung für die großen Meister der klassischen und modernen Kunst, die er auch auf seine Schüler übertrug.

Seine zweite Dienststelle war die *kaiserliche Hofkapelle* (Burgkapelle). Neben der »Sixtinischen Kapelle« in Rom war sie seit Maximilian I. die berühmteste Pflegestätte katholischer Kirchenmusik, an der zu dienen höchste Ehre war. Um eine feste Anstellung zu erhalten, mußten die berühmtesten Musiker sich begnügen, vorher lange Jahre hindurch als »Exspektanten« (Anwärter) Dienst zu tun. Unter den vielen hervorragenden

Männern, die an der Hofkapelle tätig waren, nennen wir nur Haydn, Mozart, Gluck und Schubert. Nun durfte sich Bruckner glücklich schätzen, den unbezahlten Posten als exspektierender Hoforganist zehn Jahre hindurch zu bekleiden. Vor ihm waren die Organisten *Rudolf Bibl* und *Pius Richter,* mit denen er wöchentlich im Organistendienst abzuwechseln hatte. Dieser Dienst bestand in der Mitwirkung beim sonn- und festtäglichen

Anton Bruckner, gefolgt von Hanslick, Kalbeck und Heuberger (Karikatur von Otto Böhler)

Hochamt und in der Begleitung der deutschen Kirchenlieder bei Segenmessen und Segenandachten frühmorgens, respektive an Nachmittagen. Besonders diese Nachmittagsdienste raubten den Mitwirkenden sonntags die freie Verfügung über die Zeit. Zunächst war Hofkapellmeister *Johann Herbeck,* Bruckners hochschätzender Gönner, Dirigent der Hofkapelle, der sogleich daranging, Bruckner auch als Komponist neuerlich hinauszustellen. Die neue Messe in f-Moll, die noch in Linz vollendet wurde, sollte gegen Ende November aufgeführt werden. Bruckner galt damals schon bei den Musikern als vollendeter Narr, und das neue Werk war durch Gerüchte so verschrien, daß zur ersten Probe, die in der Augustinerkirche stattfand, nur zwei

Musiker erschienen waren. Nach einer zweiten Probe im Jänner erklärte Herbeck: »Die d-Messe laß ich mir gefallen – aber *die* Messe kann ich nicht aufführen, die ist zu lang und unsingbar.« Er verlangte dann, Bruckner solle die Singstimmen durch Violinen unterstützen. Darauf machte Bruckner auch wirklich erleichternde Änderungen.

Um sich in seinem Fach auch wissenschaftlich weiterzubilden, besuchte er als außerordentlicher Hörer vom Oktober 1868 bis Ostern 1869 die Vorlesungen des Professors *Eduard Hanslick* über Musikgeschichte an der Universität, die stets mit Beethovens Tod endeten.

Wohl auf Anraten Herbecks hatte Bruckner um Zuerkennung eines *Künstler-Stipendiums* beim Unterrichtsministerium angesucht, das ihm gerade vor Weihnachten zugesprochen wurde. In der Erledigung wurden ihm 500 Gulden »zur Herstellung größerer symphonischer Werke« bewilligt.

Aus einem Brief Mayfelds an Bruckner vom 11. November 1869 geht hervor, daß er sich in den ersten Monaten in Wien bereits wohl befand. Mayfeld schreibt, indem er Bruckner als »Durchlauchtigster maestro« anredet: »Ich bin sehr erfreut, zu hören, daß Sie sich in Wien gefallen und daß die Verhältnisse sich so günstig zu gestalten beginnen, wie ich es Ihnen stets vorausgesagt.« Über ein von Bruckner angekündigtes Orgelspiel in »fremden Weltteilen«, wie er sich ausdrückte, war Mayfeld höchst erstaunt. In der Kirche *St. Epvre* zu *Nancy,* in deren Gruft die Vorfahren des österreichischen Kaiserhauses ruhen, sollte eine neue Orgel eingeweiht werden. Der österreichische Hof als Nachkomme des Hauses Lothringen wurde eingeladen, dazu einen Organisten zu entsenden. Da Rudolf Bibl ablehnte, fiel die Wahl auf Bruckner.

Nancy

Am 24. April 1869 begibt er sich, einem Rat Hanslicks folgend, nach *Nancy,* und dort an einem von Pfarrer Trouillet veranstalteten *öffentlichen Probespiel auf der Orgel* der neuen Kirche *St. Epvre* teilzunehmen. Nach der Dienstag, den 27. April, vorgenommenen Einweihung und Orgelprüfung, welche auch mit Gesangaufführungen verbunden war, produzierten sich Mittwoch und Donnerstag die herbeigeeilten namhaften Künstler auf dem herrlichen Werk der Pariser Orgelfirma *Merklin-Schütze,* welche damit bei der Weltausstellung zu Paris die goldene Medaille errungen hatte. Außer Bruckner hatte sich eingefunden: *P. P. Girod* aus dem Orden der Gesellschaft Jesu zu *Namur, R. de Vilbac,* Organist zu St. Eugène zu *Paris, H. Oberhoffer* aus *Luxemburg, Th. Stern* aus *Straßburg, Ply* aus *Soissons, Heß,* Sohn des Organisten der Kathedrale zu *Nancy,* aus *Paris, Duval* aus *Reims, Gasparet Jessel* aus *Luneville* und andere. Diese produzierten sich vor den herbeigeeilten Musikkennern aus Frankreich (unter diesen war auch *César Franck*), Belgien und Deutschland, welche das Schiff der Kirche füllten.

Von allen den genannten Künstlern errang *Bruckner* den größten Erfolg. Neben ihm wird nur noch *Vilbac* genannt.

Am ersten Tag spielte Bruckner eine *cis-Moll-Fuge* von *Bach,* worauf er eine mit allen Künsten des Kontrapunktes ausgestattete *freie Phantasie* folgen ließ. Als Beweis, daß Bruckners Spiel großen Erfolg hatte, darf es angesehen werden, daß er am folgenden Tag nochmals mit einer großartigen *Improvisation* über die *österreichische Volkshymne* hervortrat. Bruckner wußte wohl, daß Kaiser *Franz Joseph I.* und Kaisern *Elisabeth* Gönner des neuen Gotteshauses waren (wo die Lothringer ruhen) und daß der Kaiser im Jahre 1867 (22. Oktober) den Bau desselben besichtigt hatte.

Bruckner selbst aber berichtet am 30. April aus Nancy an das Wiener Konservatorium über Direktor Herbeck folgendes:

»Die Concerte sind vorüber! Es war sehr feierlich. In den ersten Tagen meines Hierseins u. auch noch beim ersten Concerte schien mir ein Pariser Organist (Hr. Vilbac) uns Deutschen sehr bevorzugt zu sein. Beim ersten Concerte schon hatte ich die Musikalischen auf meiner Seite. Beim zweiten (gestern 29. April) wurde meine Produktion in einer Weise aufgenommen, die mich nur gerührt hat, aber die ich nicht beschreiben will. Der hohe Adel, die Pariser, die Deutschen und Belgier wetteiferten in ihren Anerkennungen, was mich um so mehr wunderte, nachdem Vilbac (ein sehr lieber u. feiner franz. Künstler u. Freund des Thomas) sehr gut einstudierte französische Piecen spielte. Daß letzterer ungemeine Sympathie hier besitzt, ist nicht zu verkennen, denn er kommt öfters nach Nancy. Was hierüber in den Journalen zu lesen sein wird, weiß ich nicht – verstehe es leider auch nicht! – Ich habe nur die mündlichen Urtheile von den Sachkundigen in einer Weise für mich, worüber die Bescheidenheit mir zu schweigen gebietet, u. auch die Aufnahme u. den Applaus des Publikums. Liebenswürdige Fräuleins aus dem höchsten Adel kamen sogar zur Orgel und bezeigten mir ihre Anerkennung.«

Das »*Journal de la Meurthe et des Vosges*« (1. Mai 1869) schreibt von Bruckner als einem der größten Organisten, den man je gehört habe. Er sei: »un homme de goût le plus élevé, de la science la plus vaste et la plus féconde«. Der österreichische Hof sei um diesen großen Künstler zu beneiden. Die »*Gazette musicale*« (Paris, 9. Mai 1869) fügt einer ähnlichen Besprechung noch hinzu, daß Bruckner »nach einstimmigem Urteil in *technischer* Beziehung unter allen besonders geglänzt habe«. Man sah wohl ein, daß nicht nur »Lefébure-Wély und Renaud de Vilbac es wagen dürften, die Tasten dieses eminenten Instrumentes zu berühren«, wie die Denkschrift meint.

Paris

Einer Einladung des Chefs der Firma Merklin-Schütze folgend, begab sich Bruckner nun nach Paris, wo er im »Hotel Diesbach ou Les Polonais« abstieg. Vorher aber hatte er Herbeck im weiteren Verlauf des obigen Schreibens um Verlängerung des Urlaubes gebeten. »Die Herren, die für mich zahlen, baten mich, doch ja nach Paris zu gehen und dort noch eine neue, fertige Orgel zu spielen. Ich sagte wiederholt Allen, daß mein Urlaub am Montag zu Ende sei. Man hört aber nicht auf, zu bitten von allen Seiten, u. wirkte so stark auf mich ein, ich soll Euer Hochwohlgeboren inständigst bitten, daß die hohe Direction des Conservatoriums so gnädig sein wolle, mir den Urlaub um drei Tage zu verlängern. Ich trage Hochselben hiermit, obwol mit sehr schwerem Herzen, diese meine und aller dieser Herren Bitte unterthänigst vor, u. bitte ergebenst, Ihre so viel vermögende Einwirkung für mich bei meinen hohen Vorgesetzten mir angedeihen zu lassen.«

Über eine Séance im Etablissement dieser Firma am Boulevard Montparnasse schreibt die bereits erwähnte Nummer der »Gazette musicale«: »Er gab mehrere Proben verschiedener Stilarten, tiefer Gelehrsamkeit, gewählten Geschmacks und ungewöhnlicher Bravour.«

Bei seinem Spiel auf der von *Cavaillé-Col* gebauten fünfmanualigen Orgel zu Notre-Dame feierte Bruckner Triumphe vor einem Forum der berühmtesten Tonkünstler von Paris, so vor *César Franck, Saint-Saëns, Auber* und *Gounod*. Ein Schüler Bruckners, Professor *Lamberg* in Rio de Janeiro, der vom Wiener Konservatorium zu Saint-Saëns nach Paris kam, schreibt im »Wiener Tagblatt« anläßlich von Bruckners zehntem Todestage: »Sie (César Franck, den man den französischen Bruckner genannt hat, und andere) erzählten mir Wunder von der Improvisation Bruckners, die er im Jahre 1869 in Paris zu Gehör brachte. Die grundgelehrtesten Musiker waren die größten Bewunderer Bruckners. Was er auf der Riesenorgel in der *Notre-Dame*-Kirche zu Paris ausführte, war erstaunlich. Man hätte Ähnliches früher nie gehört!«

Als Bruckner bei seinen Improvisationen ein Thema, welches ihm der Organist von St. Trinité, *A. Chauvet*, gab, zuerst als Einleitung, dann als Fuge und zuletzt in freier Improvisation verarbeitete, schlug ihn einer der Zuhörer vor Bewunderung fortwährend auf die Achsel, während er einen kolossalen Orgelpunkt erklingen ließ. Durch seine bewunderten Leistungen kam Bruckner auch mit *Gounod* und *Auber* in näheren Verkehr. Ersterer spielte ihm zu seiner größten Langeweile Teile seiner Oper »Romeo et Juliette« vor, Auber gestand ihm, daß er in seinem hohen Alter noch den Unsinn begehe, eine Oper zu schreiben. Als Bruckner am Pfingsttage auf seiner Rückreise in Nancy eintraf, sagte ihm der dortige Organist *Rigaun:* »Mein Sohn ist in Paris, ich gäbe hunderttausend Franken dafür, hätte er einen solchen Erfolg dort wie Sie!«

Da sich an den verlängerten Urlaub die Osterferien anschlossen, konnte sich Bruckner bei seiner Rückreise in seiner geliebten Heimat aufhalten. Er unterbrach die Fahrt in Wels, wo durch die Linzer Zeitungen die Kunde von seinen Orgeltriumphen bereits verbreitet war und die *Liedertafel Wels* ihn über Antrag ihres Vorstandes *August Göllerich sen.* spontan zum *Ehrenmitglied* ernannte. Zum Dank dafür gab Bruckner in der Stadtpfarrkirche ein Orgelkonzert. Dabei entflammte ihn ein Fräulein *Karoline Rabl* so, daß er bei den Eltern, einer der angesehensten Familien der Stadt, um ihre Hand anhielt. Allerdings erlebte der Triumphator wieder eine Niederlage.

Am 19. Mai traf Bruckner wieder in Wien ein, wo die Blätter seinen Ruhm bereits verkündet hatten und er Gegenstand herzlicher Gratulationen wurde. Besonders erfreut war Herbeck, der bald wieder eine Probe der f-Moll-Messe veranstaltete, worüber Bruckner an Mayfeld berichtete, daß sie »sehr gefallen«, er aber »kürzen« müsse. Die Aufführung sei für den Herbst geplant. In dem Brief vom 13. Juli 1869 heißt es weiter: »Er (Herbeck) scheint sehr glücklich zu sein, weil mein Hiersein am Conservatorium *sein* Werk ist. Herbeck vertraute mir auch als Geheimnis an, daß ich wahrscheinlich vom Hofe aus ein Feriengeld erhalten werde.« Übrigens bezog er als Archivar und substituierender Singlehrer der Hofsängerknaben eine kleine Remuneration.

Gleichzeitig konnte Bruckner mit hoher Befriedigung an Mayfeld über seine Tätigkeit am Konservatorium im ersten Jahre berichten: »Meine Prüfungen sind vorüber. Außerordentliche Sensation erregte meine Contrapunkt-Prüfung. Alles staunte; daher Gratulationen von allen Seiten.« Später, wenn er mit seinen Hörern unzufrieden war, entfuhr ihm oft der Stoßseufzer: »Ja, im ersten Jahr hab' i halt Schüler g'habt, dö 'was könna hab'n, aber iatzt!«

Jede Ferienzeit benützte Bruckner, sofern es der Dienst an der Hofkapelle erlaubte, um nach Oberösterreich zu fahren. So bereitete er seinem Bischof schon zu Weihnachten 1868 und zu Ostern 1869 die Freude, die bischöflichen Hochämter durch sein Orgelspiel zu verherrlichen. Dabei versäumte er auch nie, sein geliebtes St. Florian aufzusuchen, wo er stets freudig als Gast begrüßt wurde und besonders in den Sommerferien 1869 als Triumphator mit allen Ehren einzog.

Auch in Linz war er stets Gast des Stiftes im »Florianer-Haus, Landstraße«. Dies kam ihm besonders in diesem Sommer zugute, wo er mit einem ausgewählten Chor seine e-Moll-Messe im Herbst zur Einweihung der nun vollendeten Votivkapelle des neuen Domes aufführen wollte. Schon am 20. Mai hatte er Domdechant Schiedermayr ersucht, daß die schwierige Messe mit den Damen der Liedertafel und des Musikvereines vorstudiert werde, und im August und September hielt er selbst 29 Proben ab, was auch für die Sänger bei der sommerlichen Hitze ein großes Opfer war. Aber die Mitglieder des »Frohsinn« fühlten sich verpflichtet, ihrem ehemaligen Chormeister, den sie nach seinen Orgeltriumphen in Nancy am 9. Juni einstimmig zum *Ehrenmitglied* ernannt hatten, Gefolgschaft zu leisten. Zwischen den Proben besuchte er häufig *St. Florian*, seine Schwester »Sali« in *Vöcklabruck* und das Ehepaar Mayfeld auf ihrem idyllischen Sommersitz in *Schwanenstadt*. Aber auch schöpferisch war er tätig.

Der Dirigent der Philharmoniker *Otto Dessoff* und andere Wiener Musiker, die in Bruckners I. Symphonie Einsicht genommen hatten, waren von der Wildheit und Kühnheit dieses Werkes geradezu entsetzt, so daß sich Bruckner, wie er selbst sagte, »kein ordentlich's Thema mehr aufz'schreib'n« traute. Daraus und aus der Neugestaltung seiner Lebensbedingungen erklärt sich die Lücke, die in seinem Schaffen eingetreten war. Im Jänner 1869 kehrte er »ganz zusammengeschreckt« zu seiner eigentlichen »zweiten« Symphonie von 1863/64 zurück, um sie durchzusehen und teilweise neu zu gestalten. Mitte Juli war der neue Mittelsatz des 2. Satzes fertig, und in Linz wurde am 25. August das Trio neu komponiert. Die Durchsicht des 1. Satzes ist durch die Daten: »Wien, 25. Jänner, 8. Februar, 24. Juni, 1. Juli« und »Linz, 12. September« festgelegt. Die Durchsicht des 2. Satzes ist mit »Wien, 12. Juli« und »Linz, 21. August« datiert. Das Scherzo trägt am Ende das Datum: »Wien, 10. Juli« und das Finale »Linz, 19. August«. Dann aber legte Bruckner das Werk beiseite, nachdem Dessoff ihm bei der Durchsicht des 1. Satzes gesagt hatte: »Ja, wo ist denn eigentlich das Thema?«

Mitte September nach Wien zurückgekehrt, schrieb Bruckner noch eine Einlage zur e-Moll-Messe, das liebliche Graduale für das Kirchweihfest *»Locus iste«* für gemischten Chor.

Nun rückte der Tag heran, an welchem die e-Moll-Messe zur ersten Aufführung kommen sollte. Der Meister hatte das Werk auf Wunsch des Bischofs schon 1866 im Hinblick auf die feierliche Einweihung der Votivkapelle komponiert und nun dem Bischof *Rudigier* gewidmet. Die bisherige Meinung, Bruckner habe die Bläserbegleitung dieser Messe wegen der Aufführung derselben im Freien gewählt, wird durch eine Briefstelle (vom 20. Mai 1869 an Schiedermayr) widerlegt, wo Bruckner schreibt: »– – denn auf dem Chor ist wohl zu nichts Platz, aber wir können ja selbe im *Freien* aufführen mit oder sogar ohne Tribüne.« So geschah es auch am Michaelstag, dem 29. September 1869, der ein Festtag des ganzen Landes war.

Abgesehen von einer Intonationsschwankung im Sanctus, die bei Eintritt der Bläser sich bemerkbar machte, war die Aufführrung eine vorzügliche. Die Linzer Blätter bringen glänzende Besprechungen. Der Referent des *»Linzer Volksblatt«*, der bekannte große Kontrapunktiker *Joh. Ev. Habert,* findet die Chromatik des Benedictus unangebracht, ist aber über die anderen Teile des Lobes voll.

Bruckner nennt in einem Brief an den Domchordirigenten Joh. Burgstaller diesen Tag den *herrlichsten seiner Lebenstage.* Bei der bischöflichen Tafel toastierten Statthalter und Bischof auf den Komponisten der prächtigen Messe.

Im Oktober wurde Bruckner durch die Zusendung eines Ehrenhonorars von 200 Gulden überrascht, wofür er seinem Bischof mit folgenden Worten dankt:

»Mit großer Rührung nehme ich im Gefühle meiner Unwürdigkeit dies große Geschenk als bischöfliche Gnade und küsse voll Dank ehrfurchtsvoll Ihre bischöflichen Hände, bittend, mir nie Hochdero Gnade entziehen zu wollen. Gott lohne und segne Bischöfliche Gnaden und verleihe Hochselbem Kraft und Ausdauer in schweren Kämpfen!«

Bischof *Franz Josef Rudigier* war eine Kraftnatur, die aus innerer religiöser Überzeugung den Kampf für den geistigen Primat Roms gegenüber den liberalen Schul- und Ehegesetzen, die am 25. Mai 1869 vom Kaiser unterzeichnet worden waren, führte. In einem Hirtenbrief forderte er die Gläubigen auf, sich diesen Gesetzen nicht zu beugen, und nackensteif erklärte er dem Kaiser persönlich in Ischl, daß dieser sich für die Unterzeichnung dieser Gesetze einst vor dem höchsten Richter werde verantworten müssen. Es kam gegen ihn zu einem Schwurgerichtsprozeß, und der Bischof wurde zu 14 Tagen Kerker verurteilt, worauf ihn, nachdem er bereits aus seinem Palais abgeführt worden war, der Kaiser begnadigte.

Als Bruckner nach der Aufführung seiner Messe dem Bischof seinen Abschiedsbesuch machte, führte ihn dieser in die Krypta der Votivkapelle des Domes, sprach von den Tröstungen, die ihm Bruckner durch sein Orgelspiel so oft und nun durch die herrliche Messe erwiesen habe, und sagte, ihn auf eine Stelle der Gruft hinweisend, wo er selbst einst ruhen sollte: »Hier, dieses Plätzchen in heiligem Boden gehört Ihnen, ich habe es Ihnen *als Grabstätte* gewidmet.« Tief gerührt dankte der Meister seinem geliebten Oberhirten für diese ihn höchst auszeichnende Absicht, die sich allerdings nicht verwirklichte.

Am Kirchweih-Sonntag, dem 29. Oktober, erklang das ursprünglich zur Einweihungsfeier der Votivkapelle komponierte »Locus iste« unter der Leitung des Domkapellmeisters *Johann Burgstaller* zum ersten Male in dieser Kapelle. Am selben Tag und am 31. Oktober entstand in Wien die Skizze einer *B-Dur-Symphonie,* die aber in den Anfängen wieder zurückgelegt wurde. Wir finden darin bereits Motive, die besonders im Finale der II. Symphonie und dem der V. Symphonie wieder aufgenommen wurden. Der »Zusammengeschreckte« besaß noch nicht den Mut, es mit einer neuen Symphonie zu wagen.

Ein trauriges Ereignis steht am Beginn des Jahres 1870. Bruckner verlor durch den Tod seine Lieblingsschwester, und er klagt dies seinem Gönner, dem Domdechant I. B. Schiedermayr in Linz, mit den rührenden Worten:

»Zu meinem größten Schmerze hat der Ewige meine gute Schwester Anna am 16. d. M. von dieser Welt abberufen. Ich mache mir die größten Vorwürfe, daß ich ihr alle Hausarbeit verrichten ließ. Hätte ich das geahnt, so hätte ich die Unvergeßliche um keinen Preis der Welt mit mir nach Wien ziehen lassen, ja ich selbst wäre eher in Linz geblieben. Was ich jetzt gelitten habe, können Euer Gnaden, da Hochselber meine Nerven kennen, am besten beurteilen. O könnte ich jetzt einige Zeit weg von Wien! Alles, ich gestehe es, ist mir durch diese so traurige Heimsuchung verleidet worden! In Euer Gnaden so tief fühlendes Herz lege ich meine schmerzlichen Gefühle ganz offen darnieder und bitte, Euer Gnaden wollen selbe einmal beim Heiligsten Meßopfer dem Herrn der Welt zu Füßen legen.«

In dem nahen Währinger Friedhof, der Bruckner so teuer war, weil dort *Beethovens* und *Schuberts* irdische Hüllen ruhten, wurde die geliebte Schwester zur letzten Ruhe bestattet, von wo sie bei Auflassung dieses Friedhofes Bruder Ignaz in Erfüllung eines Wunsches des Meisters 1901 nach *St. Florian* überführen ließ.

So war der in Wien ohnehin Einsame nun der einzigen Vertrauten beraubt, der er all seine Gefühle hatte mitteilen können. Die Hausleute empfahlen ihm nun eine junge Arbeiterfrau, die im Haus als »Zuspringerin« (Aushilfe) tätig war, *Katharina Kachelmayr,* zur Bedienung. Sie hat ihn treu und aufopfernd betreut und gepflegt bis ans Lebensende.

»Frau Kathi« kam nur zu bestimmten Stunden des Tages, um aufzuräumen und vor allem das Frühstück zu bereiten. Die

»berühmte Kaffeeköchin« durfte aber nicht eher ins Zimmer, bis Bruckner fertig angezogen war, dann mußte sie ihm, daneben stehend, beim Frühstück Neuigkeiten erzählen; wenn sie nichts wußte, jagte er sie hinaus. An freien Tagen, an denen er ungestört komponieren wollte, mußte sie ihm auch ein Mittagessen zurichten, das aber häufig abends, wenn Kathi wiederkam, noch unberührt in der Küche stand; so sehr war der Meister in seine Arbeit eingesponnen. Gegen sieben Uhr abends mußte sie ihm täglich eine Suppe kochen, denn er ging erst gegen zehn Uhr abends ins Gasthaus zum Abendessen. Dann geschah es, wenn er auf die Mahlzeiten vergessen hatte, daß er sich einen ganzen Topf Nudelsuppe und mehrere Gerichte dazu kommen ließ, um seinen ins Riesenhafte angewachsenen Hunger zu stillen, wozu die entsprechende Anzahl von »Seidln« ($\frac{1}{3}$ Liter) »Pils« (Pilsner Bier) gehörten. Mittag aß er gern in Hegners Restauration in der Walfischgasse, wo er schon zur Zeit seiner Studien bei Sechter täglicher Gast war.

Sein Verhältnis zu Frau Kathi war ähnlich wie das Beethovens zu seinen vielen Wirtschafterinnen, die er immer wieder zum Teufel jagte. Gab es Krach mit ihr, dann blieb sie nächsten Tag aus, wurde aber von Bruckner persönlich zurückgeholt.

An den Tagen, an denen er im Konservatorium zu tun hatte, durch die ganzen Jahre Dienstag, Freitag und Samstag, konnte er sich oft schwer von seiner Arbeit trennen, und erst um elf Uhr stürzte er die Stiegen hinunter, um mit einem »Einspänner« gerade noch bei Ablauf des »akademischen Viertels« dort einzutreffen. An den übrigen Tagen gab er Privatstunden oder komponierte bis zwei oder drei Uhr nachmittags, um dann in einem nahegelegenen Gasthaus Mittag zu essen, wo er nicht gestört sein wollte, denn er komponierte innerlich dabei weiter. An Freitagen aß er am liebsten zu Hause, da er es mit dem kirchlichen Fasttag sehr genau nahm; auch wenn er sein geliebtes »G'selcht's« (Rauchfleisch) aus St. Florian oder Vöcklabruck bekam, mußte ihm Frau Kathi die dazugehörigen oberösterreichischen Beilagen, Grießknödl und Sauerkraut, bereiten.

Krankheit und Tod der Schwester hatten Bruckner wieder in große Auslagen gestürzt, und er reichte abermals ein Gesuch um ein *Künstlerstipendium* ein, in welchem er auf die nun beendete d-Moll-Symphonie hinwies, deren Partitur er beilegte. Im Herbst erhielt er als Ergebnis dieses Ansuchens 400 Gulden.

Gegen Ende der Sommerferien, die Bruckner stets in Oberösterreich verbrachte, kam es endlich in *Salzburg* zur Aufführung der *d-Moll-Messe,* die Bruckner 1868 dem *Dommusikverein und Mozarteum* gewidmet hatte. Bruckner selbst dirigierte das Werk am 11. September 1870 im Dom, doch nahmen die Blätter keine Notiz davon, und die mitwirkenden Musiker gaben auf den Auflage-Stimmen ihrem Mißbehagen über das Werk und besonders über seine Dauer kräftig Ausdruck. So vermerkt unter anderen der dritte Posaunist die Dauer in Minuten. Nach dem »Credo« heißt es zum Beispiel »14 Minuten. Jetzt lauf' ich aber bald fort«, nach dem »Benedictus« »7 Minuten, bis jetzt 10 Minuten ohne Kommiszulage«. Am Schluß steht: »Gott sei Dank!!« und eine Notenscharade meldet: »schauderhaft«. Es dauerte dann auch 54 Jahre, bis das Werk am selben Ort wieder erklang.

Nach Vollendung der d-Moll-Symphonie im Herbst 1869 legte Bruckner verbessernde Hand an die f-Moll-Messe, und wohl Anfang 1870 schuf er über Wunsch des »Frohsinn« zu dessen Jubiläumsfeier am 13. Mai 1870 den romantischen Männerchor *»Mitternacht«* mit Tenorsolo und Klavierbegleitung.

Zu den Ehrungen, die dem ruhmgekrönten Orgelspieler galten und denen sich auch der »Diözesan-Kunstverein« von Linz angeschlossen hatte, kam nun am 22. November, dem »Fest der hl. Cäcilia«, die Ernennung zum *Ehrenbürger* des Geburtsortes *Ansfelden,* der sich glücklich schätzte, daß von Bruckners »europäischer Berühmtheit« ein Widerschein dieses Glanzes auch auf ihn falle. Der 1867 gegründete freisinnige »Oberösterreichische Lehrerverein« verlieh dem ehemaligen Berufskollegen und nunmehrigen berühmten Künstler, der die Gründungsfeste des Vereines gern durch sein Orgelspiel bereicherte, die *Ehrenmitgliedschaft.*

Die nicht gerade erfreuliche finanzielle Lage des Meisters erfuhr in diesem Herbst eine ausgiebige Besserung durch seine Anstellung als *Hilfslehrer* für Klavier, Theorie und Orgel an der k. und k. Lehrer- und Lehrerinnenbildungsanstalt zu St. Anna in Wien. Die Stellung galt allerdings immer nur für zehn Monate, wofür eine Remuneration von 540 Gulden bezahlt wurde.

Da der Besuch der Fächer unobligat war, so klagte Bruckner am 16. März 1871 Professor Dürrnberger: »Ich habe bei der

Präparandie die jetzt unobligate Theorie vorzutragen, und Ihr Buch ist schon in Händen. Denken Sie, vom 3. Jahrgang sind – 3, ja eigentlich 2, die sich mit so überflüssigem Zeugs befassen.« Auf Grund des Dürrnbergerschen Lehrbuches mußte Bruckner die Schüler rasch so weit bringen, daß sie die einfachsten Harmonieverbindungen und Kadenzen für das Orgelspiel beherrschen lernten. Josef *Piber* teilt darüber mit, »daß er in Harmonielehre sehr rasch vorging und in der Orgelstunde auf die Bitten der Schüler einige Male seinen berühmten Pedal-Triller zeigte«. Während der Stunde geschah es ein und das andere Mal, daß der Lehrer zwischen einer Übung plötzlich sagte: »Sö Piber, Sö können's eh schon, hol'n S' mir derweil an Schnupftabak; grad is er mir aus'gangen!« Derselbe Gewährsmann wußte sich auch zu erinnern, daß Bruckner in die Singstunde den Sängerknaben der Hofkapelle stets einen Sack voll »Zuckerln« mitbrachte.

Von der Fronarbeit des Unterrichtsbetriebes erlöste ihn für einige Zeit ein unvorhergesehenes Ereignis.

London

An die Handelskammern aller Länder war von der Ausstellungskommission in London 1871 die Einladung ergangen, die bedeutendsten Organisten zu Konzerten auf der Riesenorgel in der neuerbauten *Royal Albert Hall* zu gewinnen. Aus dem in Wien abgehaltenen Probespiel dreier hierzu erschienenen Kandidaten ging Bruckner als Sieger hervor. Er wurde deshalb von der Handels- und Gewerbekammer nach London entsendet. In einer Zuschrift vom 10. Juli 1871 erhält Bruckner die Weisung, seine Orgelproduktion in der *Albert Hall* zu *London* am 2. August zu beginnen. Gegen die Verpflichtung, eine Woche hindurch zwischen zehn Uhr morgens und sechs Uhr abends zu den von der Kommission bestimmten Zeiten zwei Produktionen von mindestens je einer Stunde Dauer zu geben, erhalte er sofort nach Schluß der Produktionen das Honorar von fünfzig Pfund Sterling ausbezahlt, in welcher Summe die Reise- und Aufenthaltskosten inbegriffen seien. Dem Schreiben lag eine detaillierte Beschreibung der von *Willis* erbauten Orgel bei.

Bruckner trat die Reise ganz allein an. Er verließ Wien am Donnerstag, dem 20. Juli, und setzte die Fahrt von Linz aus am nächsten Tag neun Uhr abends fort. In Nürnberg schloß er sich einem Fabrikanten, F. Zimmermann, an. Sie kamen Samstag, den 29. Juli, in London an und stiegen in *Seyds »Deutschem Gasthof«, 39 Finsbury Square,* ab. Nach einer Mitteilung des Pfarrers Dürrnberger an Fr. Gräflinger machte sich Bruckner abends noch auf nach der Albert Hall.

Er erbat sich vom Direktor die Erlaubnis, spielen zu dürfen. Der aber meinte: »Warum sind Sie nicht früher gekommen? Wir haben schon Arbeitsruhe. Die Orgel wird mit Dampf betrieben, solange der vorhandene noch ausreicht, können Sie spielen.« Bruckner setzte sich sogleich auf die Orgelbank, spielte und spielte, probierte die Register aus.

Der Direktor war von dem Gehörten so begeistert, daß er noch nachfeuern ließ und Bruckner bat, weiterzuspielen. Gleichzeitig ließ der Direktor seine Bekannten von der Anwesenheit des ausgezeichneten Organisten verständigen. Als Bruckner seine Probe beendet hatte, sah er eine vielköpfige Hörerschaft um sich versammelt.

Mittwoch, den 2. August, begann Bruckner seine Produktionen mit folgendem Programm:

Programme of the Music.
To Be Performed
On The Organ in The Royal Albert Hall
By Herr Bruckner, Court Organist at Vienna
(First Appearance)
On Wednesday, August 2nd, At Twelve O'Clock.

1. *Toccata* (in F-Major) . . . . *Bach*
2. *Improvisation* upon the foregoing . . . . . .
3. *Fugue* (in D-Minor). . . . . *Händel*
4. *Improvisation* (Original) . . . .
5. *Improvisation* on Fugue (in E-Major) . . . . . . *Bach*
6. *Improvisation* on English Melodies . . . .

Herr Bruckner's strong points are Classical Improvisations on the Works of Händel, Bach and Mendelssohn.

Dieser ersten Produktion folgten, wie »*The Key*« vom 2. August anzeigt, Donnerstag und Freitag um drei Uhr, Samstag um zwölf Uhr weitere Vorträge. Es scheint also, daß täglich nur *ein* Vortrag stattfand.

Am 2. August nachmittags spielte *Mr. W. T. Best*, der Organist der Albert Hall; für die übrigen Tage dieser Woche ist nur *Bruckner* angekündigt. Unverständlich ist es, daß die Zeitungen *»Musical Standard«* und *»Musical World«* erst am 5. August Bruckners Ankunft anzeigen und letztere hinzufügt: »Die Daten der Konzerte werden bald bekanntgegeben. Es bedarf geraumer Zeit, um mit einem so umfangreichen Instrumente vertraut zu werden. Man sagt, daß Bruckners Stärke klassische Improvisationen über Werke Händels, Bachs und Mendelssohns sind.« Dieselben Blätter legen bei ihren Berichten einen *Chauvinismus* an den Tag, daß von einem gerechten Urteil keine Rede sein kann. Immerhin stellen sie Bruckner den übrigen Ausländern *(Lohr* aus *Pest, Haintze* aus *Stockholm, Mailly* aus *Brüssel)* voran. Da die Berichterstatter dieser Blätter erst beim dritten Konzert (am 5. August) anwesend sein konnten, wie aus obiger Anzeige geschlossen werden muß, so gilt ihr Urteil von diesem und den in der nächsten Woche folgenden Konzerten, welche, da *Mr. Best* Montag, Dienstag und Mittwoch um drei Uhr angesetzt war, wohl an diesen Tagen um zwölf Uhr stattgefunden haben. Das erste und wohl bedeutendste Konzert, bei welchem besonders die *Improvisation* über *»God save the King«* große Begeisterung erweckte, ist ihnen entgangen. *»Musical Standard«* vom 12. August war auf Grund der Anzeige, daß Bruckners starke Seite die Improvisation sei, darauf gefaßt, »daß die Wiedergabe der *Mendelssohnschen Orgelsonate Nr. 1* eine schwache Seite zeigen werde, und das war tatsächlich der Fall«. Es wird vermutet, daß Bruckner »nicht den Vorteil genossen hatte, das Orgelwerk vor der Aufführung kennenzulernen, um so mehr, als man bei seinen späteren Aufführungen eine Zunahme der Beherrschung des Instrumentes feststellen konnte«. Nun, das kann auch einer schreiben, der nicht dabei war, und es hat den Anschein, als ob der Verfasser dieser Besprechung von dem Auftreten Bruckners schlecht unterrichtet gewesen sei. Das geht daraus hervor, daß das in Rede stehende Konzert frühestens das am Samstag, dem 4. August, abgehaltene sein kann. Nun war an diesem Tage schon das vierte Rezital Bruckners, bei welchem er denn doch mit dem Instrument schon so vertraut sein mußte, um darauf eine Sonate von Mendelssohn tadellos vorzutragen.

Aus den übrigen Programmen Bruckners werden noch *Konzerte* von *Bach, Fugen* in *g-Moll* und *cis-Moll* genannt, deren

Ausführung großen Anklang fand. *Mendelssohns I. Sonate* weckte *stürmischen Beifall.* Größte Zustimmung aber fand Bruckner für seine großartigen, von großem Wissen und Können zeugenden *Improvisationen*, darunter solche über die *österreichische* und *englische Volkshymne*, über Händels »Halleluja«, über Schubertsche Lieder und über mehrere Volkslieder.

Eine bessere Auskunft als die beiden genannten Blätter gibt der Bericht des *»Morning Advertiser«* vom 1. September 1871 über Bruckners Spiel auf der durch eine Dampfmaschine von zwanzig Pferdekräften mit Luft gespeisten größten Orgel der Welt. Es heißt da: »Was dieser Künstler leistet, ist wahrhaft ausgezeichnet und würdig des Vaterlandes eines Mozart und Haydn. Herr Bruckner führt die *klassischen Kompositionen* von *S. Bach, Mendelssohn* und anderen mit einer *Leichtigkeit* durch, welche nichts zu wünschen übrig läßt und gewiß selbst die genannten Meister in vollem Grade befriedigen würde. Den *Höhepunkt seiner Produktionen* aber bildeten die ebenso leicht gebrachten als ideenreichen *Improvisationen*, und die geniale Methode, in welcher der Künstler seinen Gedanken Ausdruck gibt, seien diese nun ernst und feierlich, melodiös und einschmeichelnd, glänzend oder großartig, erregt stets Bewunderung. Das Londoner Publikum sprach diesen *vollendeten* Leistungen des Herrn Bruckner seine *volle Anerkennung* aus, und vielseitig wurde der Wunsch laut, es möge dieser erste Besuch nicht auch der letzte sein, dem wir noch den weiteren Wunsch anschließen, Herr Bruckner möge zu Nutz und Freude aller Musikfreunde einiges aus seinen so gelungenen Kompositionen der Öffentlichkeit übergeben, da es doch so erfreulich wäre, näher mit den Werken dieses *vollkommenen Meisters* bekannt zu werden.«

Das klingt doch etwas anders!

Nach der Improvisation über »God save the King« war Bruckner mit dem allgemeinen Da-capo-Ruf ausgezeichnet worden. Er erhielt auch einen *Antrag*, im kommenden Jahre in allen größeren Städten Englands *Orgelkonzerte* zu veranstalten. Ein Beweis, daß mit Bruckner wirklich Unterhandlungen im Zuge waren, ist folgende Stelle eines Briefes seines Reisegenossen F. Zimmermann vom 19. September 1872: »Ich hoffe, daß Ihr projektiertes Geschäftsunternehmen (!) in England recht bald abschließt und Ihnen in den angenommenen sechs Monaten das nette Sümmchen von 100000 Gulden ohne Abzug in die hiezu bestimmten feuer- und diebssicheren Kassen liefert.«

Die Konzertreise kam jedoch nicht zustande. Bruckner reiste nie wieder nach England, obwohl er noch 1886 an Mayfeld schreibt: »So Gott will, werde ich sie (VII. Symphonie) selbst noch aufführen – in England.«

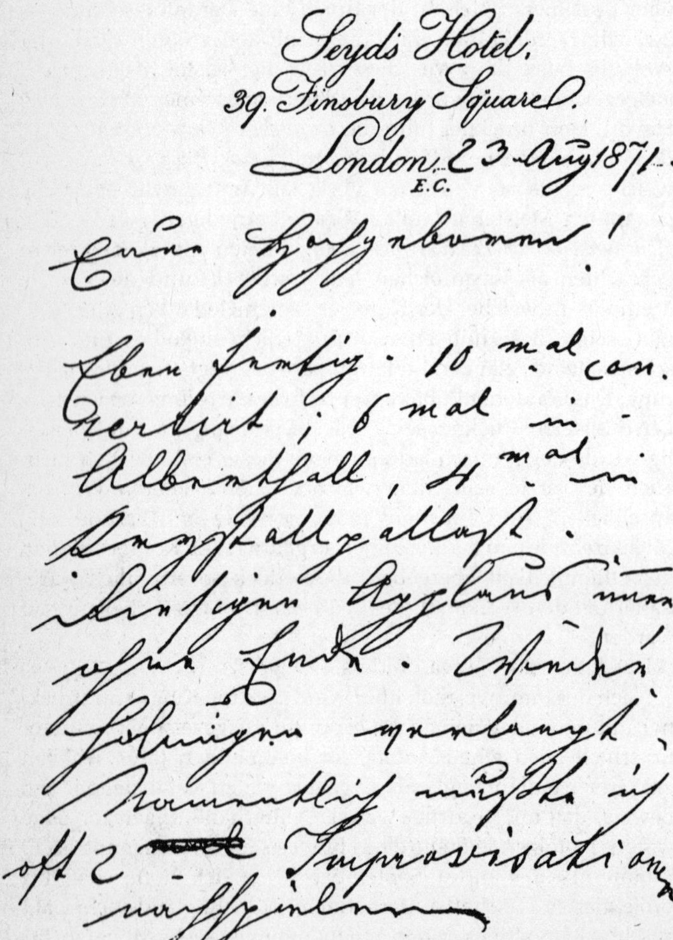
Seyd's Hotel,
39. Finsbury Square.
London E.C. 23 Aug 1871.

Euer Hochgeboren!

Eben fertig. 10 mal concertirt, 6 mal in Albrechthall, 4 mal im Krystallpallast. Riesigen Applaus immer ohne Ende. [illegible] [illegible] verlangt; namentlich mußte ich oft 2 [illegible] Improvisationen nachspielen

Dem Wunsche wegen Einsendung eines seiner Werke kam Bruckner dadurch nach, daß er seine *d-Moll-Messe* an die Ausstellungskommission in London einsandte.

Auf Grund eines Konsularschreibens meldeten Wiener Zeitungen damals aus London auch die Veranstaltung zweier Preiskonkurrenzen am 6. und 8. August, wobei Bruckner als

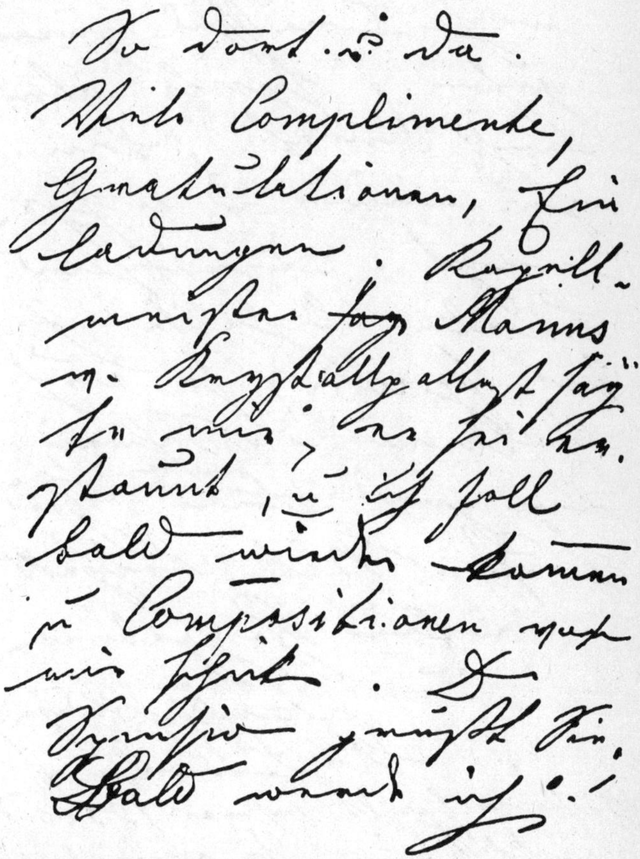

Sieger hervorgegangen sei. Läßt sich auch diese Meldung nicht mit Bestimmtheit nachweisen, so zeigen die oben angeführten Tatsachen die hervorragenden Erfolge Bruckners in der Albert Hall, die zu verkleinern man sich so bemüht hat.

Im Jahre 1875 erst erhielt Bruckner mit einem Schreiben der niederösterreichischen Handels- und Gewerbekammer vom 13. Juli die ihm von der königlich großbritannischen Ausstellungskommission zuerkannte *Medaille* übermittelt.

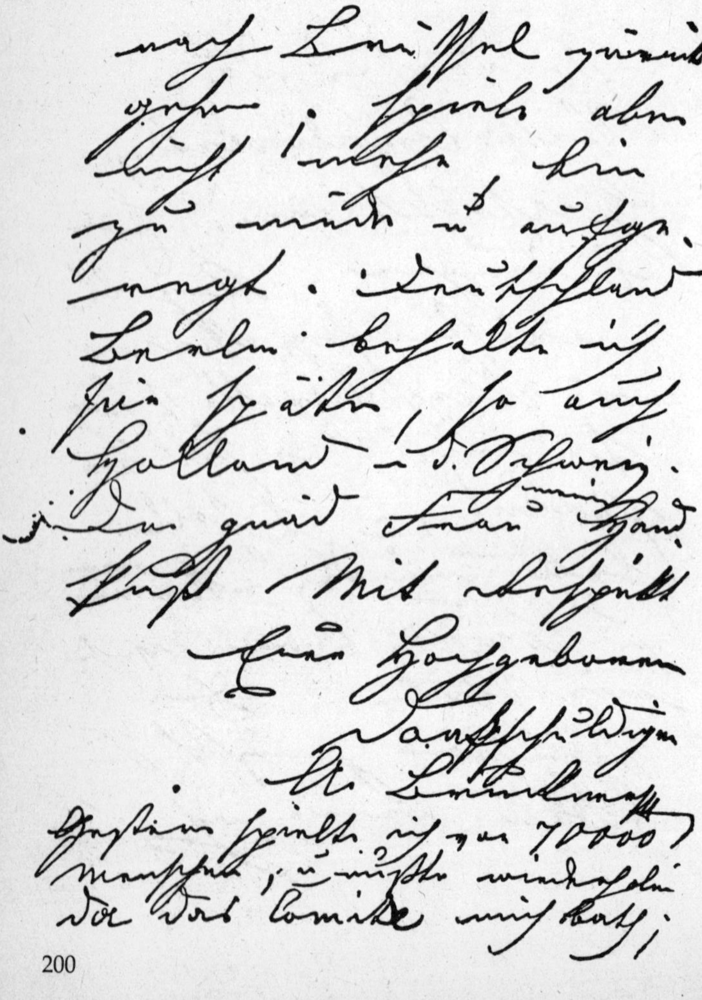

Der sicherste Beweis seines großen Erfolges aber ist die Verpflichtung Bruckners für *fünf Konzerte* im *Kristall-Palast*.

Keiner der obengenannten Ausländer wird hier genannt. Von Bruckners Konzerten lassen sich vier (und zwar die am 19., 21., 22. und 23. August) durch Zeitungen und gedruckte Programme belegen.

Schon in den Kontrapunktstunden am Konservatorium in Wien hatte Bruckner, auf seine kommende Londoner Reise

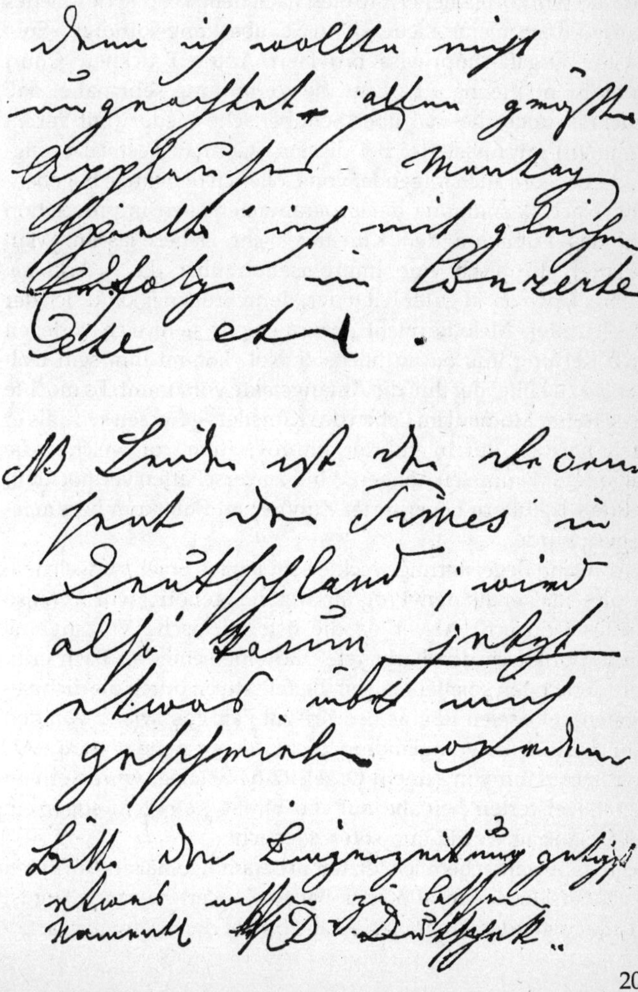
denn ich wollte nicht
ungeachtet allen größten
Applauses – Montag
spielte ich mit gleichem
Erfolg im Konzerte
Reise etc.

NB Leider ist der Correspondent der Times in
Deutschland; wird
also kaum jetzt
etwas über mich
geschrieben werden.

Bitte der Linzerzeitung gütigst
etwas wissen zu lassen
namentlich Hr. D. Dworschak.

hinweisend, bemerkt: »No, i werd net lang den Bach einwerggln, dös soll'n die mach'n, die ka Phantasie haben, i spiel über a frei's Thema.« Daraus geht hervor, daß Bruckner selbst das Schwergewicht auf seine Improvisationen legte.

Im Kristall-Palast hat er größtenteils improvisiert; so auch Montag, den 21. August, bei einem »German Festival«. In dem Programmheft, welches Gesang- und Instrumentalnummern von Abt, Weber, Meyerbeer, Händel, Schubert und Mozart enthält, wird Bruckners Auftreten nach dem Vortrag des Liedes »Leise flehen meine Lieder« von Schubert angekündigt: »Solo for the Organ (Improvisation) Herr Anton Bruckner, Court Organist of Vienna.« Es liegt die Vermutung sehr nahe, daß Bruckner auch diesmal über Schubertsche Lieder (mit zarten Stimmen) improvisierte. Bei diesem »German Festival« ereignete sich wohl auch folgende, von Göllerich berichtete Begebenheit: Nach Beendigung der programmgemäßen Improvisation will das Publikum den Künstler nicht ziehen lassen. Man verlangt stürmisch eine Improvisation über die *»Wacht am Rhein«*. Doch da ist guter Rat teuer, denn Bruckner kann sich der allbekannten Melodie nicht entsinnen. Er sieht sich verlegen nach Rettung um; da, in höchster Not, kommt ihm sein Dolmetsch zu Hilfe, der ihm die Anfangstakte vorsummt. Es mochte ein schöner Moment im Leben des Künstlers gewesen sein, als er nach herrlich durchgeführter Improvisation, zu welcher die Bälgetreter kaum den nötigen Wind zu verschaffen vermochten, auf den Schultern begeisterter Zuhörer im Publikum herumgetragen wurde.

Ähnliche Begeisterung weckte sein letztes Spiel, zu welchem er, ohne daß er auf dem Programm stand, genötigt wurde. (Also fünftes Konzert.) Als er da die österreichische Volkshymne kontrapunktisch durcharbeitete und eine seiner an Bach erinnernden Fugen spielte, ging ein Beifallssturm durch die dichtbesetzten kolossalen Räume des Kristall-Palastes, wie er von den sehr verwöhnten Engländern nicht oft gespendet wird. Als Bruckner dann von seinem Orgelsitz herabstieg, wurde er von den Begeisterten beinahe auf die Straße getragen; sogar ein Heiratsantrag wurde ihm sofort gemacht.

Zu dem wahrscheinlich letzten programmgemäßen Auftreten Bruckners in einem »Popular Ballad-Concert« am 28. August wurde folgendes Programm an die Spitze der Vorträge gesetzt:

At Three O'Clock,
Performance on the festival Organ
By Herr Anton Bruckner
(Court Organist of Vienna)

1. *Sonata* . . . . *Mendelssohn*
2. *Improvisation* . . . . *Bruckner*
3. *Fugue, E-major* . . . . *Bach*
4. *Improvisation, »Halleluja«* . . . . *Händel*
5. *Improvisation* . . . . *Bruckner*

Der Umstand, daß Bruckner hier abermals die f-Moll-Sonate von Mendelssohn vortrug, beweist wohl zur Genüge, daß die angeführten englischen Berichte über eine unzulängliche Darbietung derselben in der Albert Hall nicht der Wahrheit entsprechen können. Als Bruckner nach diesen Triumphen London nach einmonatigem Aufenthalt verließ, rief man ihm zu: »Was, Sie fahren jetzt fort, wo Ihnen ganz England offensteht?!« Überströmendes Heimatgefühl ließ auch ihn, wie einst Mozart, die Rückkehr in die undankbare Heimat dem Ruhm in der Fremde vorziehen.

Wie Bruckners Schwester Rosalie erzählt, hat er den zur Überfahrt auf den Kontinent bestimmten Dampfer versäumt; es war eine glückliche Fügung des Schicksals, denn derselbe soll bei der Überfahrt verunglückt und ein Teil der Fahrgäste ertrunken sein.

Voll Stolz auf seine Nation hatte er einer Lady, welche ihn nach einer seiner Glanzleistungen bat, er möge doch, bis er wiederkomme, Englisch lernen, durch den Dolmetsch erwidert: »Sagen Sie der Lady, sie möge Deutsch lernen, wenn sie mit mir reden will.«

Es ist dies einer jener Aussprüche Bruckners, in welchem das Bewußtsein von seiner Größe plötzlich durchbricht.

Waren es auch keine großen materiellen Erfolge, die Bruckner aus dem Auftreten in London herausschlug, so ist der moralische Wert derselben nicht zu unterschätzen.

Bruckners Name als Orgelvirtuose erhält *europäischen Ruf.* Vor allem aber waren die Triumphe auf Bruckners Schaffenskraft von wohltätiger Wirkung. Kurz nach Beendigung der Konzerte in der Albert Hall begann Bruckner das Finale seiner *II. Symphonie in c-Moll* am 10. August 1871 in London.

Im Hochgefühl der errungenen Triumphe konnte der Meister den Rest der Ferien wieder in seiner geliebten Heimat verbringen. Nach Wien zurückgekehrt aber stürzte er aus allen Himmeln, da ihm, als er seinen Dienst an der Lehranstalt bei St. Anna wieder antreten wollte, bedeutet wurde, er befinde sich in *Disziplinaruntersuchung* und könne daher den Unterricht nicht aufnehmen.

Einst verleitete ihn sein für weibliche Schönheit sehr empfängliches Herz, eine Kandidatin (eine Schuhmacherstochter) mit »lieber Schatz« anzusprechen. Die nebensitzende Kollegin, aus einem feinen Hause, sah sich veranlaßt, diesen an sich harmlosen Ausspruch anzuzeigen. Peinliche Untersuchungen gegen Bruckner waren die Folge. Seinem Freunde Waldeck in Linz schreibt Bruckner am 21. Oktober 1871 unter anderem: »Für Deine herzliche Teilnahme an den Tagen schwerer Heimsuchung danke ich Dir. Bin mir nicht schuldbewußt, in keiner Weise... Lieber 500 Fl. weniger, als solche Schurkereien ausstehen müssen, die einem das Leben zur Qual machen.«

Das Ministerium erkannte vollkommen Bruckners Schuldlosigkeit, und er wurde auf seinen Wunsch, da er »in Folge solcher Verleumdungen alle Lust«, in der weiblichen Abteilung weiter zu unterrichten, verloren hatte, für die männliche Abteilung wieder ernannt.

In Wien hatte Bruckner in dieser Zeit nur *Herbeck*, der sich für ihn einsetzte, und zweien seiner Linzer Freunde schüttete er sein Herz aus: So schrieb er Domdechant *Schiedermayr* unter anderem: »Wahrlich harte Tage sind über mich hereingebrochen. Wolle mir nur Gott gnädig sein, ich nehme dies als Buße an!«, und in einem Bericht an *Mayfeld* heißt es: – – – »ich fühle mich sehr unglücklich. *Wenn ich Herbeck nicht habe,* bin ich vielleicht brotlos, doch was noch nicht ist, kann noch werden. Sie haben keinen Begriff, wie namentlich eine Klasse Musiker mich jetzt verfolgen. Der Monat Oktober hat meinen Nerven unendlich geschadet. Ich habe an Wien jede Lust und Freude verloren. Um leben zu können, muß man so viele Anstalten versehen, wodurch man *jede Zeit* für die Kunst verliert.«

Selbst Fach- und Tagesblätter des In- und Auslandes hatten den Skandal breitgetreten und ins politische und nationale Fahrwasser gezogen, so daß Bruckner berichtigen mußte. Unter den im oben erwähnten Brief gemeinten Musikern befand sich vor allem der Generalsekretär der Gesellschaft der Musikfreunde und unmittelbare Vorgesetzte Bruckners *Julius Zellner*, der Bruckner am Konservatorium bis zu seinem Abschied die Hölle heiß machte und gerade in der Zeit der Orgeltriumphe des Meisters den Satz in die Welt setzte: »Bruckner ist gar kein Organist.« So hatte denn das Martyrium begonnen, dessen schlimmste Seite der *Mangel an Zeit* für das eigene Schaffen war, der ihn bis ans Ende nicht verlassen sollte.

In den Tagen, da Bruckner seine Stellungen zu verlieren bangte, durchkreuzten auch Pläne seinen Kopf, sich anderswo eine Position zu suchen. Zu diesem Zwecke ließ er sich vom Direktor des Konservatoriums ein Zeugnis über seine Lehrtätigkeit ausstellen. Im Gegensatz zu Zellners Meinung erklärt dieser, daß Bruckner in »ganz vorzüglicher Weise Unterricht« erteile, »ausgezeichnete Prüfungsresultate« erziele und »tadellose Disziplin« halte.

Ein Beweis, wie wenig subjektive Leiden das künstlerische Wesen des Meisters zu beeinflussen vermochten, ja, wie er in solcher persönlicher Bedrängnis aus sich heraus in höhere geistige Ebenen sich zu erheben vermochte, ist die Tatsache, daß er gerade in dem Monat, der ihm das größte Leid verursachte, am 11. Oktober 1872, seine *II. Symphonie* zu fixieren begann. Die Arbeit an dem Werk nahm die spärliche Freizeit des ganzen Schuljahres und die darauffolgenden Sommerferien in Anspruch. Knapp vor den Ferien aber kam endlich das Ereignis zustande, das Bruckner zum erstenmal einem größeren Kreis in Wien als *Komponist* vorstellen sollte, die *Uraufführung der f-Moll-Messe.*

Obzwar die Messe für die Hofkapelle geschrieben war, hatte sie der Meister auch im Hinblick auf eine Konzertaufführung ganz groß angelegt. Bei den Proben hatte sich herausgestellt, daß für dieses Großwerk ein mächtiger Chor nötig sei und sich die Hofkapelle als zu klein erwies. Man entschied sich daher schließlich, das Werk in der *Hofkirche zu St. Augustin* zur Erstaufführung zu bringen, um auch einem größeren Hörerkreis Gelegenheit zu geben, daran teilzunehmen. Nicht wenig mag das Interesse für den Komponisten ein Vorfall gesteigert haben, der sich bei *Richard Wagners* Wiener Besuch im Mai auf dem Westbahnhof ereignete. Als Wagner dort unter den prominenten Musikern, die zu seinem Empfang erschienen waren, *Bruckner* bemerkte, eilte er, die anderen unbeachtet lassend, auf ihn zu mit den Worten: »Zu mir her, Bruckner, der gehört zu mir!«

Herbeck hatte den »Singverein« für die Aufführung zur Verfügung gestellt, und das Hofopernorchester wurde für 300 Gulden gemietet, das von dem berühmten Geiger *Joseph Hellmesberger* geführt wurde. Die Aufführung, zu der auch der Bruckner wohlgesinnte Unterrichtsminister *Karl Stremayr* sein Erscheinen zugesagt hatte, fand Sonntag, den 27. Juni 1872, unter Leitung des Komponisten statt.

Bei der Generalprobe des Werkes im Musikverein dirigierte Herbeck bis zum »Credo«, dann wurde er zu nervös und übergab Bruckner die Direktion. Nach der Probe fiel er dem Komponisten um den Hals mit den Worten: »Bruckner, ich kenne nur diese Messe und die ›Solemnis‹ von Beethoven!« Nach der Aufführung erhielt Bruckner von einer unbekannten Dame einen Blumenstrauß mit folgendem Schreiben zugesandt: »Sie haben meine Seele gerettet, ich glaubte gar nichts mehr – da hörte ich Ihre Messe –, jetzt bin ich wieder gerettet, denn es muß übernatürlich sein, daß so Ergreifendes geschaffen werden kann.« Ganz besondere Freude machte es Bruckner, daß sich *Franz Liszt* über das Werk günstig geäußert hatte. Bruckner selbst aber berichtet an Schiedermayr: »Dem Höchsten zur Verherrlichung geschrieben, wollte ich das Werk zuerst in der Kirche aufführen. Die Begeisterung von Seiten der Künstler sowohl als der übrigen Anhörer war beinahe namenlos.«

Im Alter stellte Bruckner fest, daß die Messe *nicht*, wie der Direktor des Obersthofmeister-Amtes meinte, diesem gewidmet worden sei, denn die geistlichen Werke waren nur dem Allerhöchsten zugedacht.

Der Berichterstatter des »Fremdenblatt« (20. Juni) nennt zwar das »Credo« eine »christliche Wolfsschlucht«. *Hanslick* dagegen berichtet in der »Neuen Freien Presse« vom 29. Juni: »Bruckners f-Moll-Messe erregte Aufsehen durch ihre kunstvolle Kontrapunktik und Fugenarbeit wie durch einzelne ergreifende, eigentümliche Schönheiten. Durch Stil und Auffassung – nicht nur durch ihre großen Dimensionen und ihre schwierige Ausführbarkeit – verrät sie als Vorbild die Missa solemnis, nebenbei auch starke Einflüsse von Richard Wagner. Es wäre interessant, wenn die Messe in einer guten Konzertaufführung zu Gehör gebracht würde.«

Wie sehr die durch den großen künstlerischen Erfolg erhöhte Stimmung und die freie Verfügung über die Zeit in den nun folgenden Ferien Bruckners Schaffenslust beflügelte, zeigt der rasche Fortgang an den Arbeiten der

II. Symphonie, c-Moll.

Schon im Herbst 1869 und im Frühjahr 1870 wurden Gedanken des Finales zu Papier gebracht, und am 1. August 1871 (Bruckner war damals in London) entstand eine Skizze zum Finale. Die eigentliche Arbeit an dem Werk aber begann erst am 11. Oktober 1871 mit dem 1. Satz, der am 8. Juli 1872 abgeschlossen wurde. In rascher Folge entstanden nun in der Ferienzeit die weiteren Sätze: das Scherzo vom 16. bis 18. Juli, das Adagio vom 18. bis 25. Juli und das Finale vom 28. Juli bis 11. September 1872 in St. Florian.

Bei diesem Werke gab sich Bruckner Mühe, »einfacher zu schreiben« und vor allem die Gliederung der einzelnen Satzteile deutlicher kenntlich zu machen. Er ging dabei so weit, daß er an die Grenzstellen Generalpausen setzte, wofür die Musiker der Symphonie den Spitznamen »Pausensymphonie« gaben. Einzelne dieser Pausen haben allerdings abschließenden Charakter und sind in diesem Fall durch langes Abebben vorbereitet. Andere dagegen unterscheiden sich vollständig von dem klassischen Begriff der Pause, indem sie nicht trennen, sondern *verbinden;* der Kraftstrom geht durch sie hindurch. Der mehr lyrische Charakter des Werkes sagt uns, daß die Symphonie einer seelisch ruhigeren und äußerlich glanzvolleren Zeit entstammt; ihr fehlt noch jener schmerzvolle Zug; den alle übrigen Symphonien in gewissen Teilen aufweisen; wußte Bruckner doch damals noch nichts von den Leiden, die ihm bevorstanden. Sie ist das herrlichste Zeugnis seiner Heimatliebe. In ihr hat Bruckner dem *oberösterreichischen* Volkstum ein unvergängliches Denkmal gesetzt. Manche Teile des ersten und letzten Satzes und das Scherzo strömen so spezifisch oberösterreichischen Erdgeruch aus, daß Göllerich diese Symphonie die »Oberösterreichische« nennt.

Das Hauptthema des ersten Satzes (Ziemlich schnell) gehört mit dem der VII. Symphonie zu den weitestgespannten Melodiegebilden des Meisters. In ihm ist der vorherrschend lyrische Charakter des ersten Satzes begründet. Der obere und untere

Halbtonvorhalt zur Quinte (g) als melodisches, die Antwort des Hornes als harmonisches Urelement treten hier schon in den beiden ersten Takten auf. Wie schon früher gesagt, lassen sich alle übrigen Hauptthemen auf diese Motive zurückführen, so daß das ganze symphonische Schaffen Bruckners darinnen im Keime verschlossen liegt. Das ganze Thema zeigt, in dem sich eins aus dem andern entwickelt, übrigens schon im kleinen den Drang zur Formdynamik, die auch den ganzen Satz durchzieht. Dem ruhigen Flusse des Vordersatzes ist der punktierte Rhythmus des Nachsatzes (wenn man bei dieser neugearteten Melodie überhaupt noch von Vorder- und Nachsatz wie bei der klassischen Periode sprechen kann) wirkungsvoll gegenübergestellt. Dieser Rhythmus ist übrigens bereits im Hornmotiv des zweiten Taktes vorgebildet.

Aus den zartpochenden Streichersextolen, mit welchen der *erste Satz* beginnt, löst sich im dritten Takt das *Hauptthema* in den Celli.

Die rhythmischen Trompetenstöße (20. und 21. Takt) künden schon den später eine so große Rolle spielenden Bruckner-Rhythmus an, der hier allerdings noch durch Punktierung geschärft erscheint. Er liegt den Bläserverdichtungen im Laufe des Satzes zugrunde.

Eine im Grunde melancholisch veranlagte Seele sucht sich so elegischer Stimmung zu entreißen und wird sich nach und nach ihrer Sendung bewußt.

Bei der Wiederholung des Themas zeigt sich schon neben manchen Abweichungen in Nebenmotiven das Vorherrschen des dynamischen Prinzips, indem die umhüllenden Klänge hier sogar aus der Urweite des Hauptzuges, sich erst zusammenballend, selbst den Entwicklungszug an sich reißen. Die vollständig abklingende Hauptgruppe mündet in eine Pause, wie im 1. Satz der I. Symphonie. In der verhältnismäßig knappen *Gesanggruppe* erblühen in den Streichern Melodien aus dem echt oberösterreichischen Volksgemüt.

Hier haben wir das Beispiel eines *Doppelthemas*, wie es uns in anderen Symphonien noch mehrmals begegnen wird. Die Figur der zweiten Violinen, die zuerst allein aufgetreten war, bekommt so große Bedeutung, daß dieselbe nicht etwa als »Begleitung« angesehen werden darf. Sie ist dem Gejodel oberösterreichischer Bauernbuben abgelauscht. Seit *Haydn* und *Schu-*

bert findet hier echt süddeutsche Gemütlichkeit zum ersten Male wieder ihren Ausdruck in der Symphonie. Der Gesang der Celli mit dem leisen Hauch von Schwermut ist uns Symbol eines Träumers, eines Genies, das im unbesorgt dahinlebenden Volke aufsteht.

Dieses zweite Thema ist nicht eigentlich gegensätzlich, was schon aus seinem elegischen Charakter hervorgeht. Der Gesang ist auch wieder dem Cello anvertraut, und später hinzutretende Nebenstimmen, aus der ersten Themengruppe gewonnen, lassen die einheitliche Entwicklung deutlich erkennen.

Die *Schlußgruppe* drückt beharrliches Wollen und das Streben nach idealen Höhen aus. Das Motiv der Streicher* erinnert sehr an einen Teil des Themas der g-Moll-Fuge von Johann Sebastian Bach, welche Bruckner bei seinen Konzerten in England interpretiert hatte.

Allem Wollen und Können voraus eilt die Phantasie. Sie spiegelt die Zukunft in zauberhafter Schöne vor die Seele in der herrlichen *Episode* der Beruhigung, welche kurz vor Beginn der Durchführung eingeschoben ist, und in welcher eine aus vorangegangenen Motiven gebildete Figur in zauberischer Harmonisierung von den Vertretern der Holzblasinstrumente imitatorisch durchgeführt wird.

In diesem Teil ist, mehr noch als im ersten Satz der I. Symphonie, jene eigentümliche Stille und Leere, die in späteren Symphonien den Beginn der Durchführung ankündigt, zu bemerken. Aber auch eine gewisse Spannung auf das Kommende hin zieht sich über die Grenze der Exposition in die Durchführung hinein.

Die *Durchführung* selbst ist anfangs noch von bangen Elementen der Leere durchsetzt, doch zeigen ihre beiden Höhepunkte, von denen der zweite den ersten übersteigert, noch nicht jene furchtbaren atmosphärischen Spannungen wie in späteren Symphonien.

Die Durchführung ist reich an genialen Kombinationen. Auch hier verwendet Bruckner, von der Orgel kommend, vornehmlich die Künste des Kontrapunktes, wie gleichzeitige Einführung des Themas mit seiner Umkehrung, Vergrößerung, Engführung

---

* Kurth verweist auf die große Ähnlichkeit dieses Motivs mit dem dritten Thema im ersten Satz der vorangehenden Symphonien.

und dergleichen, ohne daß die Empfindung einer »Arbeit« dem Hörer bewußt würde. Vom Thema A gelangt nur das eingeklammerte erste Motiv zur Durchführung. Besonders genial ist jene Stelle, wo Thema C Gesangscharakter annimmt. Ein Orgelpunkt auf der Dominante ist das Bindeglied zwischen Durchführung und Reprise. Obzwar diese Teile durch Pausen getrennt sind, haben diese nicht den Charakter des Abschlusses. In ihnen liegt eine gewisse Spannung, die sich erst im *Repriseneintritt* löst. Letztere bringt die Themen in der Reihenfolge der Exposition und reichlich ausgestattet mit neuen Gegenstimmen. Wenn diese Reprise auch noch nicht in dem Maße wie spätere auf das Endergebnis hinzielt, so weisen doch Eindüsterungen in den Orchesterfarben und andere Veränderungen schon darauf hin.

Nach der verklärten Episode (G-Dur) tritt die Koda, mit Motiv A_2 des Hauptthemas in den Bässen, ein. In straffem Zuge drängt sie, beethovenisch, vorwärts. Da, in größter Stärke, bricht sie plötzlich ab – nach einer Pause erklingen zarte Holzbläser- und Celloklänge mit dem Motiv A_1 des Hauptthemas, als besinne sich der Held noch vor dem letzten Schlage seiner selbst und seiner Sendung –, und nun braust die Koda, von fff auf ostinaten Bässen, rein dynamisch wirkend (mit dem Rhythmus der Trompeten), dem Ende zu.

Schema:

	Exposition			Durchführung
A,	B,	C–Episode		– A, C, B –
(c-Moll)	(Es-Dur)	(Es-Dur)	(G-Dur)	
	Reprise			Koda
A,	B,	C–Episode	–	A
(c-Moll)	(C-Dur)	(c-Moll)	(E-Dur)	(c-Moll)

Dem jugendlichen Tatendrang in diesem Satze ist im 2. Satz (Feierlich, etwas bewegt) ein Gefühl von »zarter Sehnsucht« und »süßem Hoffen« entgegengestellt. Wie eine zauberhafte Mondnachtstimmung liegt es über diesem Satz, der vom sehnsüchtigen Gesang der ersten Violinen, der Celli und Bratschen eingeleitet wird.

Das *Seitenthema* zeigt schon ganz die Eigenart Bruckners. Auch hier wird die Begleitung zum Thema. Wie zaghaftes Pochen eines beunruhigten Herzens klingt das eigentümlich choralartig harmonisierte Pizzikato-Thema, in welches das Solohorn jedoch einen Segens- und Trostspruch hineinsenkt. Dieses zweite Thema wird dann unter Zufügung von Geigen-Arpeggien wiederholt.

In genialen Veränderungen beider Themen setzt sich der Satz fort, dessen schwierigster, aber auch herrlichster Teil die Veränderung des Hauptthemas im Zwölfachteltakt ist.

Diesem von märchenhafter Klangschönheit erfüllten Teil folgt eine Stelle aus dem *»Benedictus« der f-Moll-Messe,* die Bruckner hier »zum Dank für die wiedergewonnene Schaffenskraft« aufgenommen hat. Ein zauberischer Abgesang, mit Bruchstücken des Hauptthemas, führt den zart im Solo-Horn verhauchenden Schluß herbei.

Die völlig klare Rondoform ist hier schon dem höheren Prinzip der Entwicklungsdynamik untergeordnet. Nicht der Wechsel der Themen ist das Wesentliche, sondern die die einzelnen Abschnitte verbindende und durchströmende Entwicklungs-Motivik. Das Schwergewicht erscheint gegen das letzte Eintreten des Hauptthemas verschoben, wohin die ganze Steigerungsentwicklung, trotz der äußerlich ersichtlichen Abgrenzungen durch Pausen, hinzielt. Diese letzte Hauptthemengruppe hat den Höhepunkt aber nicht am Ende, sondern gleich zu Beginn, um gegen den Schluß hin in selige Weiten auszuatmen.

Schema:

A	B	–	A, B, A	–	Episode	A
(As-Dur)	(f-Moll)		(Variationen)		(aus der Messe)	(As-Dur)

In dem *Scherzo* (Schnell) hat der Meister einen Satz geschaffen, der uns *österreichisches Volkstum* in ähnlicher Weise widerspiegelt wie die Dichtungen Franz Stelzhamers – des süddeutschen Reuter –, nur in einer Sprache, die auch außerhalb der nationalen Grenzlinie verstanden werden kann. Wie schwerfälliges Aufstampfen mit Nagelschuhen mutet das Hauptmotiv, das sich auf der Dominante wiederholt, an; ihm folgt eine weitere Unisonostelle, welche wohl die verschämte, ländliche Schöne zeichnet.

Polternd und rüpelhaft entwickelt sich nun eine echt oberösterreichische »Kirtag-Szene«* unter der Dorflinde, aus deren Zweigen gefiederte Sänger in der Tanzpause ein Vogelkonzert erschallen lassen. Die Töne dieses Unisono der Holzbläser sind wieder nur die Spitzentöne des aus dem Hauptthema gebildeten Entwicklungsmotivs, das den ganzen Scherzoteil sowie auch den ruhigeren Mittelteil durchwebt und beide zur Einheit verbindet.

Das liebliche *Trio* mit dem wiegenden Ländlerthema erzählt wohl eine zarte Geschichte von Zuneigung und Liebe. Das mit der Flötenmelodie des Scherzo-Mittelteiles verwandte Thema beherrscht das Trio, dessen mittlerer Durchführungsteil keinen Gegensatz aufweist.

Dem nun zur Wiederholung gelangenden Hauptteil folgt eine feurige Koda, die an einer Stelle mit harmonischen Feinheiten schon an das Scherzo der »Neunten« Bruckners erinnert. Mit Recht hat ein Wiener Kritiker diesen Satz als »Feuerguß aus dem Hochofen des Genius« bezeichnet.

Leichtfüßig, als wollte ein lustiger Kehraus das Werk beschließen, hüpft über einer aus dem Hauptthema des ersten Satzes gebildeten Begleitfigur das erste Thema des *Finales* (Mehr schnell) daher, dem sich als treibendes Element die ebenfalls an das Hauptthema des ersten Satzes gemahnende Gegenstimme gesellt. Zum erstenmal werden hier, nach längerer Vorentwicklung durch die eben angeführten Kraftmotive, Steigerungszüge von geradezu atmosphärischer Spannung gebildet, aus deren Höhepunkt das eigentliche *Hauptthema* herausspringt. »Herrlicher und größer«, sagt Kurth, »könnte in künstlerischer Intuition nicht jenes weltschöpferische Herauskreisen aus der von ersten Kräften durchwirbelten Urmasse zum Ausdruck kommen.«

Schon in den wenigen Takten dieser vorbereitenden Steigerung zeigt sich Bruckners großartige *Kombinationskunst*. Der Motivteil a ist Thema A des ersten Satzes und b dessen Umkehrung, Motiv c die Umkehrung und Vergrößerung des ersten Finalthemas. *Hier ist also alles Thema,* auch die scheinbare Begleitfigur. Nach einer großen Steigerung, herbeigeführt durch die für Bruckner so charakteristische Motivwiederholung und scharfe Dissonanzen über hartnäckigen, stampfenden Bässen, setzt das

---

* Kirchweih mit Volksbelustigung und Tanz.

zweite und eigentliche Hauptthema als Lösung der bisher erzielten Spannung ein. Sein Vorläufer war das Scherzo-Hauptthema (a, b).

Es ruft der Weltlust des Themas A ein gewaltiges »Veto!« entgegen. Urkräftiges Wollen spricht der erste Teil (a) des Themas aus, und im zweiten Teil b drängt es mit straffem beethovenschen Zuge vorwärts.

Auch in diesem Satz taucht es in Kampfespausen wie Erinnerung an selige Jugendtage auf. Mit seinen anmutigen Klängen und der primitiven, volkstümlich harmonischen Basis bildet das *Gesangthema* reizvolle Ruhepunkte.

In Rondoform folgen einander die Themen, wobei sie aber nach Art einer Durchführung verarbeitet werden. Immer mehr gelangt Thema B in den Vordergrund. In hartem Kampf versuchen immer wieder lockende Weltlust (A) und Heimatsehnen (C) die Kampfkräfte zu schwächen. In schwerster Stunde erscheint, wie ein Blick aufwärts zu Gott, als Zitat das flehende *»Eleison«* aus der *f-Moll-Messe*. Auch melancholische Stimmungen (Anfangsmotiv des Hauptthemas vom ersten Satz) melden sich. Doch alle Versuchungen und Lockungen, alle Weichlichkeit überwindend erfolgt schließlich der Sieg! In der zweimal ansetzenden, straffen Koda (A + B) führen beide Themen in Verkoppelung den Satz, sich bis zum fff steigernd, in C-Dur sieghaft zu Ende.

Es gehört mit zu Bruckners Eigenart, daß er in seinen Kodas schon lange vor Schluß die Grundtonart erreicht und in dieser das Kopfthema auf den Schild erhebt. Dies geschieht auch in den beiden Ecksätzen der Symphonie. Der erste Satz der ersten Symphonie endet ebenfalls so. Eine *engere thematische Beziehung der beiden Ecksätze* begegnet uns aber erst in diesem Werk, doch noch nicht mit der Bedeutsamkeit wie in den späteren Symphonien. Im ganzen Satz aber zeigt sich eine erhöhte Bedeutung der Entwicklungsmotive, ja ein Überwiegen über die eigentlichen Themen, die, wie das Hauptthema, sogar von ihnen ausgeworfen werden.

Die Form des Satzes kann als Sonatenform, welche stark mit der Rondoform durchsetzt ist, oder auch umgekehrt als Rondoform mit starkem Durchführungscharakter angesehen werden. Jedenfalls ist das Wesentliche sein naturhaftes Wachsen, das jedem schulmäßigen Schema spottet.

Schema (Rondo):

				Durchführung		
A, B, A	C	B–	Episode	A	C	B
(c-Moll)	(A-Dur)	(Es-Dur)	(Des-Dur)	(g-Moll)	(F-Dur)	(c-Moll)
				Koda (zweimal)		
A	C	B	A	–	A, B	A, B
(e-Moll)	(C-Dur)	(Es-Dur)	(c-Moll)		(c-Moll)	(G-Dur)
			(Orgelpunkt)			

Die damalige Niederschrift des Werkes stellt fast durchaus den künstlerischen Willen des Meisters dar, den er für die zweite Aufführung nur nach wohlmeinendem Einspruch *Herbecks* und unter *großem Widerstreben* durch Kürzungen und Änderungen, die der damaligen Aufführungspraxis entgegenkamen, beugte. Lediglich einige Einschübe, die der Meister nach der zweiten Aufführung 1877 aus *freien Stücken* schrieb, ergänzten die ursprüngliche Gestalt.

In der Form hielt Bruckner an der bei der Ersten schon vorgenommenen Erweiterung der Ecksätze zur Dreithemigkeit fest. Die *Instrumentation* geht mehr noch als in der I. Symphonie auf die klassischen Grundsätze zurück. Die sonst in jenem Werk schon stark hervortretende *Selbständigkeit der Blechharmonie* wird hier wieder völlig eingedämmt, so daß die Blechbläser, mit Ausnahme des Mittelteils des 2. Satzes, lediglich dynamische und rhythmische Funktion haben. Nur das Horn beteiligt sich an der melodischen Linienführung. Der *Orgelmeister* verrät sich in der vorherrschend *kontrapunktischen* Schreibweise, womit er, »zusammengeschreckt«, die Wildheit seiner freien Phantasie einzudämmen sucht. Dynamisch aber geht Bruckner in diesem Werk zum erstenmal an die äußersten Grenzen: ppp und fff, dem Zephirhauch der Äoline und dem Brausen des Plenos der Orgel entsprechend. Auch die Vorliebe für Orgelpunkte weist auf den Organisten hin.

Anläßlich eines Besuches bei *Mayfeld* in Schwanenstadt nahm Bruckner mit Frau v. Mayfeld das Werk aus der Partitur am Klavier vierhändig durch, wobei er links spielte. Bei einer kühnen, stark dissonierenden Stelle meinte er: »Dös wer'n s' wieder nöt spiel'n woll'n«, und beim Scherzo rief er freudig aus: »Dö wer'n schaun!«

Nach Wien zurückgekehrt, reichte Bruckner die Symphonie bei den Philharmonikern ein, die im Oktober auch dazu eine Probe abhielten. Nach St. Florian wurde darüber berichtet, daß die Symphonie sehr gefallen habe und Liszt »ganz entzückt« sei. Auch auf einzelne Musiker hatte das Werk bedeutenden Eindruck gemacht, doch der Dirigent *Dessoff* erklärte es als »Unsinn« und es wäre unmöglich, die Symphonie aufzuführen; auch sei sie viel zu lang. Daraufhin war Bruckner bereit, zu kürzen. Er tat dies auch, aber 20 bis 40 Takte waren Dessoff zuwenig, und somit wurde das Werk abgelehnt.

Zu dieser Zeit war die neue dreimanualige Orgel von Ladegast im großen Musikvereinssaal fertiggestellt worden. Am 10. November 1872 erklang sie unter Bruckners Händen zuerst in einem Gesellschaftskonzert, aber nur als Begleitinstrument, bei dem von *Johannes Brahms*, dem neuen Dirigenten der *Singakademie*, dirigierten *Tedeum* von *Händel*. Bei der eigentlichen *Einweihungsfeier* am 15. November führte Bruckner die Register der Orgel in einer halbstündigen *Improvisation* vor. Ein Kritiker meinte gehässig, man hätte von dem berühmten Orgelmeister mehr erwarten dürfen, als »gewisse neudeutsche musikalische Errungenschaften«.

Je mehr sich auch Bruckners materielle Lage in letzter Zeit günstig gestaltet hatte, um so mehr hatte er seine Zeit für Schulzwecke hingegeben. Zu den 30 bis 40 Unterrichtsstunden in der Woche kam noch der unbezahlte Dienst an der Hofkapelle, und die übrigen Stellen waren stets nur für ein Jahr gesichert. Diese Verhältnisse schildert er in einem Brief vom 27. Jänner 1873 dem ihm wohlgesinnten Unterrichtsminister Karl Stremayr. Er spricht von der »ernsten Pflicht« gegen sich selbst, »alles aufzubieten, um dem ihn seit vielen Jahren leidenschaftlich erfüllenden Drang zum Componieren folgen zu können«. Nach der Erstaufführung der dritten Messe und der Probe zur II. Symphonie habe er von »ersten Kunstnotabilitäten«, namentlich von Liszt, »eindringliche Mahnungen erhalten, das Componieren fortzusetzen«. Seine Bitte, ihm eine »bleibende, im Budget gesicherte und vorgesorgte Subvention« zuwenden zu wollen, blieb jedoch erfolglos.

Ein Beweis, daß Bruckner von äußeren Dingen in seinem Schaffen nicht abhängig war, ist die Tatsache, daß er, seinem inneren Drange folgend, was Brahms als »schleichendes Fieber an Symphonien« zu bezeichnen beliebte, eine neue Symphonie begann, die nach ihrer Vollendung als

Wagner-Symphonie

bezeichnet wurde. Im Hinblick auf die Überbürdung mit Pflichtstunden entstand das Werk verhältnismäßig schnell. Bruckner beendete den *ersten Satz* seiner neuen Symphonie am 23. Februar 1873 in der Skizze, am 16. Juli in der Partitur. Das *Adagio* ist am 24. Februar in Wien begonnen und am 24. Mai vollendet worden. Das Partiturmanuskript des *Scherzo* trägt am Anfang den Vermerk: »Wien, 11. März 1873.« Das *Finale* beendete Bruckner am 31. August in Marienbad in Böhmen in der Skizze, die Instrumentation war am 29. Dezember beendet, »ganz fertig« wurde das Werk »am 31. Dezember 1873 nachts«.

Schon während der Komposition des Werkes hatte Bruckner die Absicht, es dem von ihm hochverehrten Meister *Richard Wagner* zu zeigen. Mit den mehrfachen Wagner-Zitaten und -Anklängen im zweiten und vierten Satz (auch der erste Satz enthielt in der Urgestalt ganz genau das »Schlafmotiv« aus »Walküre«) wollte der naive Meister offenbar Wagner seine besondere Huldigung erweisen.

Ende August – in Wien herrschte damals die Cholera – war Bruckner nach Böhmen gereist, um in *Marienbad* eine Kur zu machen. Auf der Durchreise hielt er sich einige Tage in *Karlsbad* auf, wo er die Orgel der Pfarrkirche spielte und dem Kurkapellmeister *Labitzky* seine beiden letzten Symphonien zeigte. Für die dritte Symphonie war dieser so begeistert, daß er wenigstens einen der Sätze sogleich aufgeführt hätte, wenn das Stimmenmaterial vorhanden gewesen wäre.

In Marienbad wohnte Bruckner im »Weißen Rößl«.

Gleich nach Beendigung der Finale-Skizze am 31. August begab er sich, obwohl Wagner auf das Ersuchen, ihm seine letzten Werke vorlegen zu dürfen, nicht geantwortet hatte, von *Marienbad* aus nach *Bayreuth*, um sich die Annahme der Widmung einer der beiden letzten Symphonien zu erbitten. Bruckner selbst erzählt in einem Brief an Baron *Wolzogen* (1891) den Verlauf seines Besuches bei Wagner: »Es war circa anfangs Sept. 1873 (Kronprinz Friedrich war eben in Bayreuth), als ich den Meister bath, meine 2. Cmoll und 3. Dmoll vorlegen zu dürfen. Der Hochselige weigerte sich wegen Mangel an Zeit (Theaterbau) u. sagte, er könne jetzt die Partituren nicht prüfen, da selbst die Nibelungen auf die Seite gelegt werden mußten. Als ich erwiderte: ›Meister, ich habe kein Recht, Ihnen auch nur ¼ Stunde zu rauben, und glaubte nur bei dem Hohen Scharfblick des Meisters genüge ein Blick auf die Themen, und der Meister wissen, was an der Sache ist.‹ Darauf sagte der Meister, mich auf die Achsel klopfend: ›also kommen Sie‹, ging mit mir in den Salon u. sah die 2. Sinf. an. ›Recht gut‹, sagte er, schien ihm aber doch zu zahm gewesen zu sein (denn in Wien hatte man mich anfangs ganz zusammengeschreckt), und nahm die 3. (Dmoll) vor, u. unter den Worten, ›schau, schau – a was – a was –‹ ging er die ganze I. Abteilung durch (die Trompete hat Hochderselbe besonders erwähnt) und sagte dann: ›lassen Sie mir dieses Werk hier, ich will es nach Tisch (es war 12 Uhr) noch genauer besichtigen.‹ Darf ich meine Bitte vorbringen, dachte ich mir, wozu mich der Wagner aufforderte.

Recht schüchtern u. pochenden Herzens sagte ich dann zu dem heißgeliebten Meister: ›Meister! ich habe etwas am Herzen, was ich mir nicht zu sagen getraue!‹ Der Meister sagte: ›heraus damit, Sie wissen doch, wie lieb ich Sie habe‹. Darauf brachte ich meine Bitte vor, aber nur für den Fall, als der Meister einigermaßen zufrieden sein sollte, da ich Seinen Hochberühmten Namen nicht entheiligen wolle. Der Meister sagte: ›Abends 5 Uhr sind Sie in Wahnfried geladen, da werden Sie mich treffen, u. nachdem ich die Dmoll Sinfonie bis dahin genau angesehen haben werde, wollen wir dann über *diesen Punkt sprechen.*‹« Oft erzählte Bruckner von den Gefühlen, die er gehabt hatte, als Wagner die Partituren durchsah. »Mir ist dabei gerade so gewesen, wie einem Schulbuben, dem der Lehrer das Heft korrigiert und jedes ›Schau, schau‹ habe ich für einen roten Strich gehalten. Weil ich aber schon einmal im Bitten darin war, so habe ich halt auch noch das herausgestottert, daß er die Widmung der Symphonie annehmen möge, denn das sei die einzige, aber auch die größte Auszeichnung, die ich von der Welt verlange.«

Die Stunden bis fünf Uhr wollten für Bruckner gar nicht vergehen. Planlos irrt er in den Straßen Bayreuths herum und kommt endlich zu dem auf einem grünen Hügel gelegenen Bau des Wagner-Theaters. Davon war er bald so interessiert, daß er die Stunde des Besuches darüber vergaß. Wagner hatte bereits einen Diener nach ihm ausgeschickt, der Bruckner nun hier mitten unter den Arbeitern entdeckte. Bruckners schwarzer Anzug war durch einen unglücklichen Zufall beschmutzt worden. Außer sich, daß er die festgesetzte Stunde versäumt hatte, rief er ein übers andere Mal: »Putzt's mit ab, Leut'ln, putzt's mi ab!« und eilte dann, notdürftig gereinigt, mit dem Diener nach »Wahnfried«. Da empfängt ihn Wagner glänzenden Auges. »Zuerst hat er gar nichts g'redt«, berichtet Bruckner weiter, »nur um den Hals is er mir g'fall'n und abküßt hat er mich ein übers andere Mal. Ich hab' natürlich gleich weinen müssen, und das ist auch dann nicht besser geworden, wie er mir endlich gesagt hat: ›Lieber Freund, mit der Dedication hat es seine Richtigkeit, Sie bereiten mir mit dem Werke *ein ungemein großes Vergnügen.*‹ 2½ Stunden bin ich dann so glücklich gewesen, neben dem Meister zu sitzen, wo er die musik. Verhältnisse Wiens besprach, mir Bier entgegenbrachte, mich in den Garten führte und mir sein *Grab!!!* zeigte; dann mußte (vielmehr) durfte ich, der Hochbeglückte, den Meister in ein Haus begleiten.« Bildhauer G. A. Kietz erzählt darüber noch in seinen Wagner-Erinnerungen* folgendes: Als ich gestern nachmittag bei meinen Arbeiten noch allein war, brachte der Diener Wagners ein Fäßchen Bier herein und stellte es auf. Ich fragte: »Was soll das?« – »Es kommt Besuch«, antwortete er. Nicht lange darauf kamen Wagner, dessen Frau und ein kleiner Herr, den mir Wagner als Herrn Anton Bruckner vorstellte. Obgleich nun die folgende Unterhaltung sehr lebhaft wurde, achtete ich nicht viel darauf, da ich mit meiner Büste, zu der Frau Cosima stand, beschäftigt war. Ich hörte nur, daß von Musik gesprochen wurde, der fremde Herr von der Begeisterung der Wiener über den »Lohengrin« erzählen wollte und Wagner immer abwehrend sagte: »Ach, lassen Sie das, ich kenne das, da kommt ein Schwan mit einem Ritter, das ist einmal etwas Neues und anderes, hier, trinken Sie lieber, das ist ein herrlicher Trunk, ›Weihenstephan‹«, und dabei hielt ihm Wagner ein großes volles Glas hin – »Auf Ihr Wohl!« – »Um Gottes willen, Meister, das kann ich ja nicht und es wäre mein Tod, ich komme ja soeben aus Marienbad!« »Ach was«, rief Wagner, »das macht Sie gesund, trinken sie!« Und er schenkte

---

* »Richard Wagner in den Jahren 1842–1849 und 1873–1875.« Dresden, Karl Reißner.

von neuem ein Glas voll, und der gute Bruckner trank und trank, trotz Jammer und Gegenwehr, die seine musikalischen Gespräche immer von neuem in komischer Weise unterbrachen. Als ich früh am anderen Morgen in meinem Hotel im Gastzimmer beim Frühstück saß, trat Bruckner herein. Sowie er mich erblickte, stürzte er auf mich zu mit den Worten: »Ach, Herr Hofrat, welches Glück, daß ich Sie sehe – ich bin der unglücklichste Mensch! Sie haben doch gestern gehört, daß ich dem Meister mehrere Symphonien zur Auswahl für eine Widmung geschickt habe, und nun bin ich in der fürchterlichen Lage, daß ich mich durchaus nicht besinnen kann, welche davon der Meister gewählt hat. O das Bier, das schreckliche Bier!« »Es tut mir sehr leid«, sagte ich, »ich habe bei meiner Arbeit nicht auf das Gespräch achten können. Ich entsinne mich nur, daß ich von einer Symphonie in d-Moll sprechen hörte, weil ich sofort dachte, es sei von der Beethovenschen Neunten die Rede, und dann wurde auch einmal von einer Trompete gesprochen.« Da kam wieder das echte Wiener Kind heraus. Bruckner umarmte mich stürmisch, küßte mich und rief immer dazwischen: »Ach, Herr Hofrat, lieber Herr Hofrat (wie ich zu diesem Titel kam, weiß ich heute noch nicht), wie danke ich Ihnen! Jawohl, die d-Moll hat ja der Meister angenommen! ach, welches Glück, daß ich nun weiß, welche von den zweien.« Als den skrupulösen Bruckner am nächsten Tag abermals Zweifel plagten, welche von beiden Symphonien Wagner gewählt habe, schrieb er dem Meister auf ein blaues Blatt Papier: »Symfonie in D moll, wo die Trompete das Thema beginnt. A. Bruckner« – und bat Wagner um Antwort. Dieser setzte unter Bruckners Zeilen die Worte: »Ja! Ja! Herzlichen Gruß! Richard Wagner.« So ward Bruckners »Dritte« zur *»Wagner-Symphonie«*, wie auf dem in der Hofbibliothek zu Wien befindlichen Manuskript des Finales zu lesen ist. Eine Abschrift dieser Urgestalt der »Dritten«, in zwei Bände gebunden, welche im Besitze des Verfassers war*, trägt in Goldlettern dieselbe Aufschrift. Als Widmung aber für das erste Blatt setzte er auf die Notizseite des »Krippenkalenders« vom Jahre 1872 folgende Worte: »Symfonie in D moll Sr. Hochwohlgeboren Herrn Richard Wagner, dem unerreichbaren, weltberühmten und erhabenen Meister der Dicht- und Tonkunst in

* Wurde von diesem der Wiener Nationalbibliothek gespendet.

tiefster Ehrfurcht gewidmet von Anton Bruckner.« Aus Bayreuth zurückgekehrt, war Bruckner vom »Akademischen Richard-Wagner-Verein« zur Annahme der Widmung seiner Symphonie durch den Meister beglückwünscht worden, und Bruckner entschloß sich, dem Verein beizutreten. In seinem Selbstbewußtsein gestärkt, nahm er nun die Vorbereitung für die Aufführung seiner *II. Symphonie,* die schon am Ende der Konzertsaison, Anfang Juni, geplant, aber wegen der Weltausstellung nicht zustande gekommen war, wieder auf. *Herbeck* hatte Bruckner dazu alle Wege geebnet und vor allem den Fürsten *Johann Liechtenstein* für die Finanzierung des Konzertes bewogen. Da es in Wien damals nur *ein* Orchester, das k. k. Hofopernorchester, gab, das sich zur Abhaltung von Konzerten zum Verein der »Philharmoniker« zusammengeschlossen hatte, so trat der Fall ein, daß dasselbe Orchester, welches im Herbst die Symphonie für die eigenen »Philharmonischen Konzerte« abgelehnt hatte, nun als gemietetes Orchester das nicht zusagende Werk doch spielen mußte. Bruckner war gezwungen, das Werk *selbst* einzustudieren und zu dirigieren.

Welch schweren Stand der Meister gegenüber den Philharmonikern hatte, erzählte er selbst des öfteren. Unwillig, mißtrauisch, spöttisch kamen sie zu den Proben, wo damals das Wort »Pausensymphonie« geprägt wurde.

Unter den Geigern befand sich zu dieser Zeit auch *Arthur Nikisch,* der spätere berühmte Dirigent und Vorkämpfer des Meisters, der im selben Jahre, als Bruckner nach Wien kam, bereits die Kompositionsklassen des Wiener Konservatoriums absolviert hatte. Diese Proben waren für Nikisch' späteres Eintreten für Bruckner grundlegend, und 1919 erzählte er selbst:

»Da die Philharmoniker unter Hans Richter infolge fortgesetzter Wühlereien aus dem Kreise um Brahms – er selbst stand, wie ich von ihm selbst weiß, diesem Treiben ganz ferne – für Bruckner in keiner Weise zu haben waren, bewogen seine Verehrer den Fürsten Liechtenstein, die Mittel zu einem Sonderkonzert zur Verfügung zu stellen, in dem das Hofopernorchester unter Bruckners Leitung dessen Zweite spielte, die erste seiner Symphonien, die in Wien erklang. Ich höre noch, wie Bruckner, als er an das Pult trat, zu uns sagte: ›Alsdann, meine Herren, wir können probieren, so lang wir wollen; ich hab' an'n, der's zahlt!‹ Die Symphonie erweckte beim Mitspielen sofort jene Begeisterung in mir, die ich jetzt, nach 46 Jahren, noch ebenso für sie und ihre Schwestern empfinde.«

Bezüglich der General-Pausen aber erklärte ihm Bruckner: »Ja, sehen S', wenn i etwas Bedeutungsvolles zu sagen hab', muß i doch vorher Atem schöpfen.«

Nach der letzten Probe war Herbeck so begeistert, daß er, Bruckner am Arm führend, erklärte: »Noch habe ich Ihnen kein Kompliment gemacht, aber wenn Brahms *das* geschrieben hätte, so würde der Saal demoliert vor Applaus.«

Es war nur einem Akt göttlicher Vorsehung zu danken, daß der Meister diesen Tag erlebte und der Menschheit die größten Werke seiner beglückenden Kunst nicht vorenthalten blieben. Bruckner war auch als Orgel-Colaudator tätig. Als solcher hatte er in Tulln eine Orgel colaudiert. Da er von einer Bezahlung dafür absah, erhielt er vom Bürgermeister der Stadt eine silberne Schnupftabaksdose zum Geschenk. In einem Dankschreiben vom 8. Oktober 1873 schreibt Bruckner unter anderem über seine Rückfahrt von den Sommerferien aus Oberösterreich: »Vor allem bitte ich um Entschuldigung wegen Verspätung meiner Danksagung, da ich erst vor wenigen Tagen in Wien angekommen bin, und zwar mit dem Unglückszuge auf der Westbahn. Ich war im nächsten Waggon bei den Verunglückten. Es war furchtbar und wunderbar, daß ich nicht zum Krüppel geworden bin.«

Die Aufführung am 26. Oktober 1873 im großen Musikvereinssaale, bei welcher Bruckner vorher Bachs d-Moll-Tokkata und eine freie Improvisation auf der Orgel vortrug, gestaltete sich, nach dem einstimmigen Urteil der »Neuen Freien Presse« und des »Fremdenblatt« vom 28. Oktober, zu einem großen Erfolg für den Virtuosen und Komponisten.

Nachdem das Publikum sich entfernt hatte, bereiteten die Philharmoniker dem Komponisten, zu seiner größten Überraschung, eine rauschende Ovation.

Dem Orgelspiel und den einzelnen Sätzen der Symphonie folgte ein Applaus, der an Enthusiasmus grenzte. »Der Applaus und der Hervorruf«, sagt *Ludwig Speidel* im »Fremdenblatt«, »wollte kein Ende nehmen. Es ist kein gewöhnlicher Sterblicher, der aus dieser Musik spricht. – Was die Stilrichtung dieser Symphonie betrifft, so ist sie bestrebt, die neuen und neuesten musikalischen Errungenschaften mit der klassischen Tradition zu verweben. Jedenfalls tritt uns auf dieser Symphonie eine musikalische Persönlichkeit entgegen, welcher die zahlreichen Gegner, die sie gefunden, nicht würdig sind, die Schuhriemen aufzulösen. Er kann lächeln über seine Widersacher, denn an Wissen und Können stehen sie unendlich weit unter ihm.« Das, was Bruckner als Orgelspieler geleistet, findet Speidel »füglich mit Stillschweigen übergehen zu können, da man doch bis über den Kanal hinüber die große Technik und die Gabe der Improvisation dieses begabten Mannes kenne«. Bei aller Anerkennung der »unleugbaren Originalität« und des »eigenen melodischen Lebens« bemängelte Speidel jedoch die »geringe plastische Gestaltung« des ersten und letzten Satzes und die oft unklare Durchführung der Motive, »die mehr aneinandergereiht als organisch einander gegenübergestellt« wären. *Hanslick* tadelt die »unersättliche Rhetorik und die mitunter haltlos zerfallende musivische Form«, bekennt aber, daß »das in größten Dimensionen ausgeführte Tonwerk, welchem sehr ernster pathetischer Charakter ebensowenig abzusprechen ist als zahlreiche schöne bedeutende Einzelheiten«, eine »geradezu enthusiastische Aufnahme« gefunden habe, »welche dem bescheidenen, energisch strebenden Komponisten vom Herzen zu gönnen ist«. Das Orchester der Philharmoniker spielte die »unspielbare« (!) Symphonie »meisterhaft«.

Das Dankschreiben Bruckners an die Philharmoniker aber schließt mit folgenden Worten:

»Noch eine Bitte habe ich am Herzen, nämlich das Werk seiner *ursprünglichen* Bestimmung zuführen zu können. Da jeder Vater für sein Kind den möglichst besten Platz sucht, so wird es mir kaum verargt werden, wenn ich ein Gleiches tue und Sie bitte:

Darf ich das Werk Ihnen dedicieren?

Da es nirgends in bessere Hände kommen kann, als in die Ihrigen, so würde eine geneigte Antwort mich sehr beglücken.«

Mit dieser Bitte hatte sich der Komponist freilich einer vergeblichen Hoffnung hingegeben, hatte er doch damals durch den Beitritt zum »Akademischen Richard-Wagner-Verein« in Wien den ersten Schritt getan, der ihn bei den musikalischen Oberbonzen der Stadt als »gezeichnet« und verfemt gelten ließ.

Vor allem war es der berühmte Musikhistoriker *A. W. Ambros*, der Bruckner in einer überaus gehässigen Besprechung des Konzertes zum »Wagner-Epigonen« stempelte, obwohl gerade in der II. Symphonie kein einziger Takt, kein einziges Zitat aus Wagners Werken zu finden ist. Was dieses Werk mit Wagner gemein hat, ist lediglich die zeitbedingte romantische Harmonik, die sich ebenso schon bei Schubert, Berlioz, Liszt und anderen findet. Bezeichnend ist, daß die damals noch unvoreingenommene Hörerschaft das Werk mit ungeteiltem Enthusiasmus aufnahm, das die von niemandem beeinflußte erste Niederschrift des Werkes, also Bruckners ursprünglichen Kunstwillen, wiedergab. Lediglich kleine praktische Winke Herbecks, wie zum Beispiel die Vertauschung der schwierigen Hornstelle am Ende des zweiten Satzes mit Klarinetten und Bratschen, hatte Bruckner hier befolgt. Keiner der Kritiker vermag Mängel in der Orchestration des Werkes zu erblicken, im Gegenteil erwähnt Ambros sogar »höchst pikante Effekte der Orchestration«, obwohl er sich an der »Lohengrin-Dünngeigerei« – gemeint ist die mehrfache Teilung der Geigen in hohen Lagen – stößt. Übrigens erscheint das wagnersche Geigentremolo hier nur im Trio, während im allgemeinen die Streicherbehandlung, die das Schwergewicht im ganzen Werke hat, sich noch auf die klassische Technik stützt. Das Werk ist ohne Zweifel Beethovens Geist viel näher als dem Wagners.

Ratlos standen die Kritiker den Ecksätzen gegenüber, denn diesen war schon in dieser II. Symphonie nicht mehr mit dem Beethoven-Maßstab beizukommen. Ohne irgendeinen Behelf, wie Partitur oder Klavierauszug, standen sie den Kolossen gegenüber, denen Bruckner sein eigenes Formprinzip bereits aufgedrückt hatte. Statt der zwei gegensätzlichen Themen der Klassiker (Haupt- und Seiten-Gesangthema) stellt Bruckner in Exposition (Thementeil) *drei* Themen, respektive Themengruppen auf, die nach der Durchführung in der Reprise (Wiederholungsteil) wiederkehren. Zu den beiden Themen der Klassiker kommt hier ein drittes selbständiges Gebilde, die Schlußgruppe, die bei Beethoven bereits angedeutet ist. Den Beurteilern, die von der klassischen Sonatenform ausgingen, mußte diese Weiterung völlig unübersichtlich erscheinen. Dazu kam noch die abweichende Gestaltung des Hauptthemas, das nicht die klare Abgrenzung eines klassischen Themas zeigt, sondern von dem dynamischen Entwicklungsprinzip durchflutet ist, das auch die Ecksätze verbindet und die Entwicklung zielstrebig gegen das Finale hintreibt und dieses zur Krone des ganzen Werkes erhebt.

Besonders an dem riesenhaften Finale zerschellten alle bisherigen Maßstäbe. Das Schlagwort von der »Formlosigkeit« ward damals geprägt. Noch aber hatte die Kritik dieses Urteil, abgesehen von Ambros, in anständiger und wohlmeinender Form vorgebracht.

Der Erfolg der Symphonie brachte dem Meister wieder besonders zum Bewußtsein, was er als Schaffender zu leisten vermöchte, wenn er über mehr freie Zeit verfügen könnte. Offenbar einem Wink des stets hilfsbereiten Ministers Stremayr folgend, reichte er nun beim Reichsrat durch den Abgeordneten Dr. Franz Grohs ein Gesuch um eine »lebenslängliche, im Budget gesicherte jährliche Unterstützung« ein, um sich mehr seinem künstlerischen Schaffen widmen zu können. Als Begründung führte er seine großen Erfolge in Frankreich und England, die Urteile Wagners und Liszts und seinen letzten großen Erfolg mit der c-Moll-Symphonie an. Obwohl auch diese Bittschrift erfolglos blieb, widmete sich Bruckner nun mit großem Eifer der Vollendung seiner »Wagner-Symphonie«, die allerdings in dieser ersten Fassung nie zur Aufführung kam. Das am Silvesterabend 1873 abgeschlossene Werk hat in den Ecksätzen riesige Dimensionen und enthält sozusagen »wörtliche Zitate aus Wagners Werken«, so im ersten Satz den »Schlafzauber« aus der »Walküre«; dies wohl, um den Meister, dem er das Werk zugedacht, zu ehren. Noch vor Abschluß dieses Werkes begann Bruckner seine Es-Dur-Symphonie, die ihn durch das folgende Jahr beschäftigte.

Da Richard Wagner bei seinem letzten Besuch in Wien Bruckner geraten hatte, alles andere aufzugeben und sich ganz der Komposition zu widmen, da dies sein Feld sei, hatte Bruckner auch an den oberösterreichischen Landtag ein Gesuch gerichtet mit der Bitte, ihn durch eine lebenslängliche Dotation in seinem künstlerischen Schaffen zu fördern. Auch hier wurde er mit 19. Jänner 1874 abgewiesen.

Obwohl Bruckner vor allem sein Kunstschaffen am Herzen lag, war er doch auch stets auf die Fortschritte seiner Schüler bedacht. So brachte er am 28. Mai 1874 beim Schulausschuß des Konservatoriums einen Antrag ein: man möge die frühere Ordnung im Kontrapunktunterricht wieder einführen, so daß *Fuge* und *Kanon,* die sich im ersten Jahre als zu schwierig erwiesen, erst im zweiten Jahre gelehrt werden sollten. Im kurzen Wege kam das Schreiben jedoch mit dem Bleistiftvermerk zurück: »abzulehnen, so bleiben wie bisher.«

Überhaupt nahm man auf Bruckners Wünsche gar keine Rücksicht, und der Generalsekretär Zellner wußte es zum Beispiel so einzurichten, daß er gerade zur Zeit der Harmonielehre- und Kontrapunktstunden in dem nebenanliegenden Zimmer seine akustischen Versuche mit Sirenen usw. anstellte, wodurch die musikalische Denkarbeit fast unmöglich gemacht wurde.

Bei diesen Zuständen versuchte Bruckner alles, seine Lage zu ändern. Er nahm neuerlich seine schon 1867 von Linz aus an die Universität gerichtete Bitte um Kreierung einer Lehrstelle für Theorie der Musik, Harmonielehre usw., die damals als unzeitgemäß abgewiesen worden war, wieder auf. In dem Gesuch vom 18. April erbittet er nach Darlegung aller seiner Erfolge und mit besonderem Hinweis auf Richard Wagners Gewogenheit, zu diesem Zweck eine fixe Anstellung mit Gehalt und Pensionsfähigkeit, um »Zeit und Muße« für sein künstlerisches Schaffen zu gewinnen. Er verweist darauf, daß diese Gegenstände auch in Berlin und Paris zu Fächern der Universität erhoben waren, und betont auch, daß die Schaffung dieser Stelle es ihm ermögliche, im geliebten Vaterland verbleiben zu können. Der zuständige Referent für dieses Gesuch aber war Professor *Eduard Hanslick.* Die Unvorsichtigkeit Bruckners, sich in der Bittschrift auf Richard Wagner zu berufen, mußte allein genügen, um diesen Erzfeind des Meisters in grimmige Wut zu versetzen. Mit der Widmung der Symphonie an Wagner hatte es sich Bruckner bei ihm gänzlich verscherzt. Hanslicks Urteil war ablehnend, nicht zuletzt, indem er in demselben die Persönlichkeit Bruckners wegen »auffallenden Mangels an wissenschaftlicher Vorbildung« als ganz ungeeignet erklärte. Auch die nachträgliche Vorlage mehrerer Partituren konnte an dem Urteil nichts mehr ändern. Die Sache zog sich bis zum Herbst hin, und erst am 31. Oktober 1874 erfolgte durch das Professoren-Kollegium der philosophischen Fakultät die Ablehnung mit 21 gegen 13 Stimmen. Gestärkt hatte Bruckner während dieser Verhandlungszeit das Bewußtsein, daß der größte Meister seiner Zeit, Richard Wagner, ihn erkannt und sich mit der ihm gewidmeten Symphonie ernstlich befaßt hatte.

Am 14. Juni 1874 dankte Frau *Cosima Wagner* in einem Schreiben Bruckner für die übersandte Partiturabschrift und fügte bei:

»Er hat mit Direktor Hans Richter Ihre Symphonie durchgenommen und sich der Arbeit selbst, sowie der Widmung derselben ungemein erfreut, und um Ihnen seinen Dank kund zu geben, so ladet er Sie freundlichst zu den Aufführungen, welche – so Gott will – im Jahre 1876 stattfinden werden, ein. Bis dahin aber hofft er noch einen Augenblick zu finden, um Ihnen mit eigenen Worten zu sagen, was ich ungenügend hier ausgedrückt habe.«

Zu dieser Zeit ahnte Bruckner bereits, daß sein Ansuchen an der Universität scheitern würde, und er machte sich mit dem Gedanken vertraut, wenn es anders nicht ginge, sogar ins Ausland zu gehen. In einem »Promemoria« vom 22. Juni 1874 an den Botschafter in London, Baron Schwarz-Senborn, in welchem er auf seine Erfolge in Frankreich und England sowie auf die Aufführung seiner II. Symphonie und die Annahme der Widmung der III. Symphonie durch Richard Wagner verweist, bittet er diesen als Gesandten um Vermittlung und fährt fort: »Um Zeit zur Composition finden zu können, ist es notwendig, einen *Kunst-Mäcen* zu finden.

Lord Dudley dürfte vielleicht nicht abgeneigt sein, die Kunst zu unterstützen. Der Gefertigte würde ihm natürlich *seine Werke* und *sich selbst* zur Verfügung stellen für einen *jährlichen, ausgesprochenen, versicherten Betrag.*

Auch mit einer Anstellung würde der Gefertigte beglückt werden, wenn nur Mangel der englischen u. französischen Sprache kein Hindernis sein würde. Sollte H. Lord Dudley nicht gewonnen werden können, so vielleicht ein Anderer, in England und Amerika. Nur müßte es ämtlich gesichert u. lebenslänglich sein, wenn die Unterstützung auch noch so klein ausfallen soll.«

Auch dieser Versuch blieb ohne Erfolg.

Nach den Sommerferien, die er in St. Florian zur Fertigstellung seiner Es-Dur-Symphonie benützt hatte, und nach einem Besuch in Vöcklabruck kehrte er frühzeitiger als sonst nach Wien zurück. Er mußte dabeisein, wenn die Männer der österreichischen Nordpolfahrt (1872/73) am 26. September wieder in Wien einzogen. Mit größtem Interesse hatte er alle Phasen dieser Forschungsreise verfolgt, wie einst das Schicksal Maximilians in Mexiko, und war bei der jubelnden Begrüßung der Helden der Arktis in den vordersten Reihen. Es war die selbstlose, ideale Hingabe für hohe Ziele, die ihn so begeisterte.

Als Bruckner wieder seine Stellung in der Lehrerbildungsanstalt antreten wollte, wurde ihm eröffnet, daß diese infolge der neuen Schulgesetze nicht mehr besetzt würde. Das war ein schwerer Schlag für ihn, da er nun nur noch auf seine Bezüge am Konservatorium sicher rechnen konnte. Dies klagte er Bischof Rudigier, der ihm am 7. Oktober 1874 antwortet:

»Ich bedauere aufrichtig, aus Ihrem geehrten Schreiben von gestern entnehmen zu müssen, wie sehr infolge der neuen Schuleinrichtungen Ihre Einnahmen zusammenschwinden; bedauere es um so mehr, als ich nur mit der lebhaftesten Anerkennung zurückdenken kann an Ihre Leistungen als Domorganist von Linz und an die mit diesen Leistungen verbundene ausgezeichnete Aufführung; als ihre Schöpfungen auf dem Gebiete der Tonkunst einen so großen Ruf haben und Ihr praktisches Orgelspiel Sie vielleicht als den größten Meister dieser Art in Europa erscheinen läßt. Ich möchte erhoffen, daß der Herr Minister für Kultus und Unterricht, wenn Sie ihm Ihre Umstände vorstellen, Ihnen zu helfen wissen werde. Ich geharre mit den besten Wünschen und wahrer Hochachtung Euer Wohlgeboren ergebendster Diener Franz Joseph Rudigier, Bischof.«

Trotz aller dieser äußeren Schwierigkeiten beendete der Meister am Tage der heiligen Cäcilia seine

IV. Symphonie, Es-Dur.

Schon während der Fertigstellung der »Wagner-Symphonie« hatte Bruckner den *ersten Satz* seiner IV. Symphonie begonnen und am 2. Jänner 1874 in der Skizze vollendet. Damals besuchte sein ehemaliger Lehrer Otto Kitzler unseren Meister in Wien. Die etwas geniale Unordnung, die in seiner Wohnung herrschte, veranlaßte ihn, Bruckner zu fragen, warum er, um in geordnete Verhältnisse zu kommen, nicht heirate, worauf dieser beinahe entsetzt über diese Zumutung antwortete: »Lieber Freund, ich habe keine Zeit, ich muß meine ›Vierte‹ schreiben!« Der *zweite Satz* entstand in der Zeit vom 10. April bis 7. Juli 1874, das *Scherzo,* welches später durch ein anderes ersetzt wurde, vom 13. Juni bis 25. Juli 1874. Das *Finale* wurde am 30. Juli in Wien begonnen und während der Ferien in St. Florian am 31. August beendet. In der Partitur wurde das Werk am »22. November 1874 in Wien, halb neun Uhr abends«, fertiggestellt. Diese Urfassung kam niemals zur Aufführung.

Infolge der nunmehrigen schlechten finanziellen Lage war es Bruckner ein schweres Opfer, die Symphonie abschreiben zu lassen. So berichtet er am 13. Februar *Mayfeld* unter anderem: »Fleißig Schulden machen und am Ende im Schuldenarreste die Früchte *meines Fleißes genießen* und die Torheit meines Übersiedelns nach Wien ebendort besingen kann mein endliches Loos werden. 1000 fl. jährlich hat man mir genommen u. heuer gar keinen Ersatz – auch kein Stipendium etc. – gegeben. Ich kann *meine 4. Synfonie* nicht abschreiben lassen.«

Am 12. Jänner 1875 schildert Bruckner seine Lage in rührender Weise seinem Gönner *Moritz von Mayfeld:* »Ich habe nur das Conservatorium, wovon man unmöglich leben kann. Mußte schon im Sept. und später wieder Geld aufnehmen, wenn es mir nicht beliebte zu verhungern (700). Kein Mensch hilft mir, Stremayr verspricht – u. thut nichts. Zum Glück sind einige Ausländer gekommen, die Lectionen bei mir nehmen –; sonst müßte ich betteln gehen. Hören Sie noch: Alle ersteren Clavier-Professoren bat ich um Lectionen, jeder versprach, aber außer den wenigen Theoriestunden bekam ich nichts. Euer Hochgeboren sehen, die Sache wird *ernst*. Gerne gehe ich ins Ausland, wenn ich nur eine ernährende Stellung bekommen könnte. Wohin soll ich mich wenden? In meinem ganzen Leben hätte man mich nicht *nach Wien* gebracht, wenn ich das geahnt hätte. Ein Leichtes wäre es meinen Feinden, mich aus dem Conservatorium zu verdrängen. Es wundert mich, daß dies noch nicht geschehen ist. Studenten des Conservatoriums u. sogar die Dienerschaft daselbst entsetzen sich über das Gebahren mit mir. Mein Leben hat alle Freude u. Lust verloren – umsonst u. um *nichts*. Wie gerne ginge ich wieder auf meine alten Posten! Wäre ich doch damals nach England! So stehen die Dinge!«

Zu jener Zeit wagte es ein Mann wie der Generalsekretär des Konservatoriums, *J. Zellner,* dem in bittere Not Geratenen zu sagen: »Ihre Symphonien können Sie auf den Mist werfen, verdienen Sie sich lieber was mit *Klavierauszügen*, das ist gescheiter!« Selbst *Brahms* scheint sich schon damals gegen Bruckner *feindlich* verhalten zu haben, wie aus einer Stelle des oben teilweise angeführten Briefes Bruckners an Mayfeld hervorgeht, wo es heißt: »Brahms scheint in Leipzig meine C-moll Synfonie Nro. 2 unterdrückt zu haben.« Auch in Wien kam es vorläufig zu keiner Aufführung eines Brucknerschen Werkes, obwohl, wie es in obigem Briefe weiter heißt, »Wagner-Dirigent Hans Richter« in Wien war und in mehreren Kreisen erzählte, wie glänzend sich Wagner über die ihm gewidmete Symphonie ausspreche. Als *Wagner* im Frühjahr 1875 abermals Wien besuchte und von seinen Anhängern, unter denen auch Bruckner war, am Bahnhof erwartet wurde, eilte er schnell auf Bruckner zu mit dem Ruf: »Die Symphonie aufführen!« Nach herzlicher Begrüßung sagte er zu den Umstehenden: »Da steht Bruckner, das ist mein Mann!« Er verlangte auch von den Philharmonikern die Aufführung des Werkes, was jedoch unbeachtet blieb. Man konnte es sich doch um Wagners willen nicht mit Hanslick, dem allmächtigen Kritikoberbonzen, verscherzen! Dessoff, der damalige Dirigent dieses weltberühmten Orchesters, hatte übrigens Bruckner eine Aufführung der »Wagner-Symphonie« schon lange versprochen.

Am 1. August 1875 bittet der Meister schriftlich darum, indem er hinweist, daß er schon vor Monaten seine IV. Symphonie vollendet habe, und fährt fort: »So erlaube ich mir eine derselben, welche dem großen Tondichter Hl. Richard Wagner im Jahre 1873 dedicirt und auch von selbem in sehr ehrender Weise beurtheilt wurde, jene in D-moll (No. 3) einer Hochlöbl. phil. Gesellschaft mit dem ergebenen Ansuchen zu überreichen, dieses unter den Compositionen der Gegenwart gewiß den letzten Rang nicht einnehmende musikalische Werk, wofür Liszt's und Wagner's Urtheile die beste Bürgschaft liefern dürften, in der nächsten Wintersaison 1875/76 gütigst in die zur Aufführung kommende Piecenreihe aufnehmen zu wollen. Schließlich erlaube ich mir mitzutheilen, daß ich mich mit einer eventuellen Theilung der Sinfonie in zwei Conzerte einverstanden erkläre, u. daß vollständig geschriebene Stimmen im Conservatorium sich befinden.«

Als echt »oberösterreichischer Dickschädel«, wie er sich selbst oft zu nennen pflegte, hielt er an einmal gefaßten Entschlüssen unbedingt fest, und kurz vor den Sommerferien sah er den Augenblick gekommen, neuerlich, nun zum drittenmal, die Schaffung einer Lehrstelle für Harmonielehre und Kontrapunkt an der Wiener Universität in seinem Gesuch vom 12. Juli 1875 anzuregen. Anlaß dazu gab ihm die Wahl des Welser Stadt-Sekretärs August Göllerich sen. zum Reichsratsabgeordneten. Durch seine persönlichen Beziehungen zu Minister Stremayr und anderen einflußreichen Männern versicherte er Bruckner, seine Sache durchzusetzen. Schon bei der Abstimmung des Professoren-Kollegiums im Herbst 1874 war eine starke Minorität für Bruckners Ansuchen zustande gekommen, und die alte »Presse« hatte die merkwürdigen Vorgänge dieser Sitzung sogar öffentlich ausgeplaudert und Hanslick dadurch ziemlich bloßgestellt.

Diesmal aber sah Hanslick sich so in die Enge getrieben, daß ihm nichts übrigblieb, als sein Gutachten positiv einzustellen und zu erklären, »keine Bedenken« mehr gegen Bruckners Bestellung als allerdings »unbesoldeter« Lektor für Harmonielehre und Kontrapunkt zu haben. Der einstimmige Beschluß des Professoren-Kollegiums wurde vom Unterrichtsministerium bestätigt, und mit Erlaß vom 8. November 1875 wurde Bruckner als unbesoldeter Lehrer an der philosophischen Fakultät zugelassen. Über sein Ansuchen wurde ihm 1877 eine Remuneration von 700 Gulden, 1878 und 1879 eine solche von 800 Gulden bewilligt. Vom Jahre 1880 an war damit ein jährliches Einkommen von 800 Gulden verbunden, welches 1894, als der Meister wegen zunehmender Krankheit nicht mehr regelmäßig lesen konnte, in eine Ehrengabe von gleicher Höhe umgewandelt wurde.

Mit welcher Ehrfurcht Bruckner die Hallen der Wissenschaft betrat und wie hoch er von seiner Aufgabe dachte, sagt er uns selbst mit den Worten: »Stets hegte ich tiefste Verehrung zur *Wissenschaft* und ihren Trägern – sehnsuchtsvoll habe ich diesen oft nachgeblickt! – Aus Liebe zur Wissenschaft wählte ich mir die *musikalische* Wissenschaft, die wollte ich den Jüngern der Wissenschaft mitteilen.«

Nach Göllerich war der Zustrom der Hörer zur Antrittsvorlesung des neuen Lektors nur dem Sturm bei der Antrittsvorlesung Schillers in Jena vergleichbar. Unter begeisterten Ovationen der Jugend mit minutenlangem Händeklatschen betrat Bruckner das Katheder und hielt seine am 25. November 1875 niedergeschriebene Antrittsrede:

»Meine Herren!
Das hohe k. k. Ministerium für Kultus und Unterricht hat mit dem Erlasse vom 8. November mich als Lektor für die Gegenstände ›Harmonielehre‹ und ›Kontrapunkt‹ an der philosophi-

schen Fakultät zuzulassen befunden. Bevor ich jedoch meine Vorträge in diesen Gegenständen beginne, erlaube ich mir, dem Vorworte eines Druckwerkes gleich, in wenigen Worten über die Wichtigkeit und *Bedeutung* dieser Gegenstände für unser so weit vorgeschrittenes geistiges Leben Erwähnung zu tun.

Wie Sie selbst aus verschiedenen Quellen wissen werden, hat die Musik innerhalb eines Zeitraumes von zwei Jahrhunderten so kolossale Fortschritte gemacht, sich in ihrem inneren Organismus so erweitert und vervollständigt, daß wir heute – werfen wir einen Blick auf dieses reiche Material – vor einem bereits vollendeten Kunstbau stehen, an welchem wir eine gewisse Gesetzmäßigkeit in den Gliederungen desselben sowie eine gleiche von diesen Gliedern dem ganzen Kunstbau gegenüber erkennen werden. Wir sehen, wie das eine aus dem anderen hervorwächst, eines ohne das andere nicht bestehen kann und doch jedes *für sich* wieder ein Ganzes bildet.

So wie jeder wissenschaftliche Zweig sich zur Aufgabe macht, seine Materiale durch das Aufstellen von Gesetzen und Regeln zu ordnen und zu sichten, so hat ebenfalls auch die musikalische Wissenschaft – ich erlaube mir, ihr dieses Attribut beizulegen – ihren ganzen Kunstbau bis in die Atome seziert, die Elemente nach gewissen Gesetzen zusammengruppiert und somit eine Lehre geschaffen, welche auch mit anderen Worten die musikalische Architektur genannt werden kann.

In dieser Lehre bilden wieder die vornehmen Kapitel der Harmonielehre und des Kontrapunktes die Fundamente und die Seele derselben.

Nach dem Vorausgelassenen werden Sie, meine Herren, mir zugeben müssen, daß zur richtigen Würdigung und genauen Beurteilung eines Tonwerkes, wobei zuerst erforscht werden muß, *wie* und *inwieweit* diesen eben erwähnten Gesetzen in demselben entsprochen wurde, sowie zum eigenen Schaffen – nämlich eigene Gedanken musikalisch korrekt verwirklichen, sie belebend machen – vor allem die volle Kenntnis von der erwähnten Musikarchitektur, beziehungsweise von den Fundamenten dieser Lehre notwendig ist.

Aus dem Entwickelten mögen sie nun selbst entnehmen, daß die Gegenstände ›Harmonielehre‹ und ›Kontrapunkt‹ bei dem im übrigen so weit entwickelten geistigen Leben ebenfalls einen notwendigen Platz finden müssen, wo selbe gepflegt, wo selbe auch ohne den Endzweck, ausschließlich Künstler heranzubilden, gelehrt werden können; denn sie gehören – und das mit Recht – zu den Trägern unserer geistigen Bildung; da wir durch sie in die Lage kommen, *unseren Gedanken und Gefühlen* nach musikalischer Richtung hin in ästhetischer Weise gerechten Ausdruck zu verleihen.

Nachdem in Deutschland, Frankreich und Rußland usw. vor Jahren die Notwendigkeit, diese Gegenstände im Lehrplan der betreffenden Universitäten einzureihen, schon erkannt wurde, so war dadurch auch dem Bedürfnisse, diesen Gegenständen Eingang in das geistige Leben zu verschaffen, in der beredtesten Weise Ausdruck verliehen worden.

Es würde mich zu weit führen, noch weitere Momente, welche für die Wichtigkeit dieser erwähnten Gegenstände sprechen, anzuführen, jedoch glaube ich nicht unbemerkt lassen zu müssen, daß durch die Kenntnis der Harmonielehre und des Kontrapunktes man so manchmal auch durch Gelegenheitskompositionen in die angenehme Lage kommt, das gesellschaftliche Interesse zu fördern, wodurch nur wieder in erster *Linie* für das *Ich* der gewünschte Gewinn resultiert.

Habe ich über die Wichtigkeit sowie über die Bedeutung der Harmonielehre und des Kontrapunktes gesprochen, so will ich jetzt nur in kurzem über die Art und Weise, *wie* ich diese Gegenstände hier zu behandeln gedenke, sprechen.

Mein langjähriges Studium sowie meine Erfahrungen, die ich als Professor dieser Gegenstände am hiesigen Konservatorium gesammelt habe, sowie meine Kenntnis in der diesbezüglichen Literatur haben mich zu dem Entschlusse gebracht, bei meinen Vorträgen mich an keines der jetzt aufliegenden Werke zu binden, sondern *frei* meine Vorträge zu halten, und zwar aus dem *Grunde,* weil ich nur dadurch bei der knapp bemessenen Zeit in die Lage komme, aus dem reichen und ausgebreiteten Materiale durch Herausnahme der vorzüglichsten Fundamentalsätze Ihnen ein richtiges, klares Bild aufrollen zu können. Ich werde bei meinen Vorträgen stets bemüht sein, durch klare Darstellung das Verständnis zu fördern und durch anschauliche Beispiele den Buchstaben der Theorie belebend machen eingedenk der Worte Goethes:

›Grau ist jede Theorie,
Nur grün des Lebens goldner Baum.‹

Werde Ihnen manche Härten durch praktische Übungen auf ein Minimum reduzieren, somit Theorie und Praxis innig miteinander verbinden und Sie so mit sicheren Schritten durch dieses Reich des Wissens von einer Grenze zu der anderen bringen, wo ich Sie dann beim Eintritte in das kämpfende Leben mit *der* Bitte verlassen werde, das Erlernte getreulich auszunützen und meiner wohlwollend zu gedenken. Habe ich es mir große Mühe kosten lassen, für diese Gegenstände an der Universität eine Pflanzstätte zu schaffen, so bin ich doch verpflichtet, hier öffentlich für die mir dabei zuteil gewordene Unterstützung von Seite des hochlöblichen Professorenkollegiums der philosophischen Fakultät sowie der eines hohen Ministeriums für Kultus und Unterricht dankend zu gedenken, wodurch die schon lange von mir gehegte Idee *endlich* ist zur Tat geworden.

Zum Schlusse erlaube ich mir eine Bitte an Ihre werte Adresse, meine Herren, zu richten: Tragen Sie mit Ihrem jungen und frischen Geiste Ihr mächtiges Scherflein *dazu* bei, daß diese Gegenstände *hier an der Alma Mater* in Hinkunft die *gerechte Würdigung* finden mögen, daß diese musikalische Wissenschaft an der universellen Pflanzstätte *wachse, blühe und gedeihe*. Dixit.«

Die akademische Jugend war fortan für Bruckner ein Gesundbrunnen, »das einzig Ermutigende, das Liebste auf der Erde«. Instinktiv fühlte er sich zur Jugend hingezogen, die mit weitschauendem, von Reflexionen noch ungetrübtem Blick berufen war, seine Kunst wahrhaft zu würdigen und sie gegen die »Zünftigen« zu verfechten. In naivster Weise erklärte sich Bruckner die Bedeutung dieser seiner neuen Stellung, wenn er einmal sagt: »Die Gaudeamus hören hier meine Sachen, und in den Ferien erzählen sie's den ›Alten‹. So werd' ich bekannt.«

In seinen Vorträgen – schon 1876 besuchten sie siebzig Hörer – verstand es Bruckner, die trockenen Lehren der Harmonielehre und des Kontrapunktes mit köstlichen, aus dem Alltagsleben gegriffenen Beispielen zu erläutern. Viel fruchtbarer aber waren seine begeisterten Hinweise auf die *lebende Kunst*, besonders die Richard Wagners, wie auch seine spontanen Improvisationen, bei welchen die Hörer den Hauch des Genius empfanden und den *großen Menschen* Bruckner erfassen lernten. Seine *Persönlichkeit* übte eine merkwürdige Anziehungskraft auf die Jugend aus; in späteren Jahren wurde der Besuch der Vorlesungen – es wirkte auch die Opposition gegen Bruckners größten Feind, Hanslick, mit – ein besonders starker. Hatte dieser doch erklärt, er werde alles tun, um zu verhindern, daß Bruckner an der Universität lehren dürfe. Allerdings kam es häufig vor, daß der Herr Lektor über den Kunstfragen des Tages, die er flammend erörterte, das eigentliche Thema seiner Vorlesung ganz vergaß.

Kurz vor seiner Ernennung zum Lektor war Bruckner nach St. Florian gebeten worden, um bei der feierlichen Einweihung der von Matthäus Mauracher im Einvernehmen mit ihm umgebauten großen Orgel* am 19. November 1875 teilzunehmen. Er spielte bei der Feier Bachs d-Moll-Toccata und eine freie Improvisation über Händels großes »Halleluja«.

Was aber war der mit der ganzen Sehnsucht des Herzens und der größten Hartnäckigkeit des Willens erreichte Erfolg, nun Universitätslehrer zu sein, gegen die neue Schöpfung seines Genies, die nun in erster Niederschrift vorlag! Bruckner hatte am 7. November eines seiner gewaltigen Werke, die *V. Symphonie B-Dur,* in erster Niederschrift beendet, deren Ausgestaltung ihn aber noch einige Jahre beschäftigen sollte.

Neben den Arbeiten an der Vierten hatte Bruckner im vergangenen Jahre auch die III. Symphonie, wie er an Mayfeld schreibt, »bedeutend verbessert«.

Erst im Dezember 1875 bequemte man sich zu einer flüchtigen Probe des Werkes, und obwohl der Cello-Virtuose *D. Popper* eine Wiederholung vorschlug und an die »übel unterrichteten Kollegen« appellierte, blieb man bei dem Urteil, das Werk sei »unaufführbar«. Bruckner selbst schreibt darüber am 13. Jänner 1876 an Mayfeld: »Dessoff hielt die Proben in den Weihnachtsferien, ließ mich zum Schein suchen und erklärte (sein Wort, welches er mir anfangs Oktober gab, brechend) später, das Programm sei vollzählig. Die Philharmoniker erwarten meine Symphonie zum Teil noch immer.«

---

* Anläßlich des 100. Geburtstages des Meisters richtete der Verfasser an die musikalische Welt einen Aufruf, die dem Verfall entgegengehende große Orgel, unter welcher Bruckners sterbliche Überreste ruhen, zu einem »tönenden Grabdenkmal« auszubauen. Dabei wurde die »große Orgel« im Sinn der alten Orgel umgebaut, auf 92 klingende Stimmen gebracht und, mit den beiden Seitenorgeln verbunden, zu einer Riesenorgel mit 136 klingenden Stimmen erweitert. Die feierliche Einweihung fand im Rahmen eines Bruckner-Festes am 5. Mai 1932 statt.

Zu Anfang des Jahres 1876 fällt ein Ereignis, das geeignet war, Bruckner neuen Lebensmut einzuflößen: die *Wiederholung* seiner *II. Symphonie* in dem *»Gesellschaftskonzert«* am 20. Februar. *Herbeck* war es wieder, der sich des Werkes annahm.

Allerdings hatte ihm Herbeck mehrere Streichungen und sonstige Änderungen vorgeschlagen, um die Dauer des Werkes abzukürzen und es dem damaligen Publikum genießbarer zu machen. Dies gelang allerdings erst nach *energischer Gegenwehr des Meisters*, der sich seiner Sache sicher wußte. »Welche Energie Herbeck entwickeln mußte«, sagt dessen Biograph, »welche Beredsamkeit er aufwenden mußte, um Bruckner zu einigen wohlgemeinten Strichen und Änderungen zu bewegen, ist unsagbar.« So kam das verstümmelte Werk unter des Komponisten Leitung zur Aufführung. Weiter sagt Herbecks Biograph: »Obwohl der Umstand, daß Bruckner selbst das Werk dirigierte, den Effekt desselben nicht erhöhte, fand die Symphonie nach jedem Satze und am Schlusse großen Beifall.« Dasselbe konstatiert auch Hanslick, bemerkt aber weiter noch: »Als aber am Schluß eine enthusiastische Partei im Saale das Klatschen und Rufen mit Gewaltsamkeit übertrieb und immer von neuem wiederholte, da erhob der übrige Teil des Publikums lauten Protest durch anhaltendes Zischen.«

Diese mit sichtlicher Absicht gemachte Bemerkung eröffnet das Kesseltreiben gegen Bruckner. *Gehring*, der Referent der »Deutschen Zeitung«, nennt Bruckner »anderthalb Narren«, ein anderer Kritiker wendet Feuerbachs Satz: »Der Mensch ist, was er ißt«, auf Bruckner an, dessen Lieblingsgericht »G'selchtes mit Knödl und Kraut« sei. Solchen journalistischen Gassenbübereien bleibt nun Bruckner bis zu seinem Tode ausgesetzt; sie vermochten jedoch seine Arbeitskraft nicht lahmzulegen, vielmehr benützte er den Tadel der Feinde »als bittere Arznei«.

Am 3. Juli 1876 trat der *»Akademische Gesangverein«*, der sich später um Bruckner so verdient gemacht hat, zum erstenmal mit dem »Germanenzug« hervor. Bruckner bereitete man Ovationen.

Ein außerordentliches musikalisches Ereignis unterbrach Bruckners gewohnten Sommeraufenthalt; er war auf Grund einer persönlichen Einladung *Richard Wagners* zur Erstaufführung des »Ring des Nibelungen« nach *Bayreuth* gefahren, wo er schon an den Hauptproben und am ersten Ring vom 13. bis

17. August teilnahm. Als Wagner seinen Freund bei einer Probe bemerkte, stürzte er mit den Worten auf ihn zu: »Bruckner ist da, wir werden die Symphonie aufführen!« Täglich war Bruckner dann in Wahnfried zu Gast. Hochbeglückt von dem großen künstlerischen Erleben und der Güte des Meisters fuhr Bruckner nach St. Florian zurück.

Mitte September nach Wien zurückgekehrt, schrieb der Meister am 19. September an den Musikschriftsteller *Wilhelm Tappert*, Berlin, den er in »Wahnfried« kennengelernt hatte, seine IV. Symphonie betreffend: »Mein höchster Stolz wäre es« . . ., sie »in der Residenz Ihres großen *Vaterlandes* aufgeführt zu wissen«. Tappert versprach, sich darum zu bemühen und empfing bald darauf die Abschrift der Partitur, für deren Erweckung er Musikdirektor *Bilse* gewinnen wollte. Obwohl sich der neue Dirigent der Wiener Philharmoniker *Hans Richter* über das Werk »höchst schmeichelhaft« ausgesprochen hatte, wollte es Bruckner in Wien nicht aufgeführt wissen, weil »bei uns die Sachen erst gut werden, wenn sie von auswärts kommen«. »Für mich«, erklärte er Tappert, »wäre eine Aufführung in *Berlin* von höchster Wichtigkeit und tausendmal besser als in Wien.« In einer Nachschrift zu seinem über Aufforderung an Tappert geschickten Lebensgang, erwähnt der Meister, daß ihm in Wien »Unterstützung, Anerkennung und Existenzmittel mangeln« und wegen seiner Lehrtätigkeit an der Universität *Hanslick* ihm ein »böser Gegner« geworden sei. Dieser hatte nämlich noch in letzter Minute Bruckner vor der Annahme seiner Berufung gewarnt mit den Worten: »Bruckner, wenn Sie das tun, ist es aus mit unserer Freundschaft« – und es war für immer aus damit. So klammerte sich Bruckners Hoffen jahrelang nun an Berlin.

Künstlerisch war der Meister im Laufe des Jahres mit der Durchsicht und Verbesserung der III. und V. Symphonie sowie der zweiten und dritten Messe beschäftigt, und am Schluß des Jahres entsteht der mit 31. Dezember datierte Männerchor a cappella (mit Brummstimmen und Tenor- und Baritonsolo) *»Das hohe Lied«*, nach einem Text von *Heinrich v. d. Mattig* (Heinrich Wallmann), den er dem »Akademischen Gesangverein« widmete. Wegen seiner Schwierigkeit gelang es nie, den Chor in dieser ersten Fassung aufzuführen.

Das Weihnachtsfest hatte er, wie stets, wenn es der Hofkapellendienst erlaubte, in *St. Florian* verbracht. Nach seiner Rückkehr nach Wien – er hatte im Herbst seine Wohnung gegenüber der Hofoper im »Heinrichshof« aufgeschlagen – entschloß er sich, um die ausgeschriebene Stelle eines *Kapellmeisters* an der Kirche »Am Hof« bei der k. k. Statthalterei anzusuchen, um dadurch seine Stundenlast von rund 39 in der Woche loszuwerden; man zog dem Genie jedoch lieber einen praktischen Fachmann vor, und er mußte seine Fronarbeit weiter tragen. In späteren Jahren schuf er dadurch Abhilfe, daß er die Stunden auf einzelne Tage der Woche zusammendrängte, so daß er zum Beispiel sieben Stunden im Konservatorium, zwei Privatstunden und zwei Stunden an der Universität, zusammen also elf Stunden hielt, damit er an den anderen Tagen komponieren konnte, während sich sein »Kollege« *Johannes Brahms* der vollen Freiheit seines Schaffens erfreuen konnte. Bruckner mußte auf alles verzichten, was die Großstadt dem Gebildeten in so reichem Maße zu bieten vermochte. Im Bewußtsein, der Menschheit durch seine Kunst höhere Welten erschließen zu dürfen, erachtete er sich im Gewissen verpflichtet, alles zu lassen, was diesem hohen Ziel hinderlich wäre. Er wurde ganz *einseitig*, ganz *einsam!*

In der karg bemessenen Freizeit setzte er in den ersten Monaten des Jahres 1877 die Umarbeitung der »Wagner-Symphonie« fort, um sie »spielbar« zu machen. Tatsächlich hatte man bisher Bruckner gezwungen, seine Werke *selbst* einzustudieren und zu dirigieren. In den Proben zu seiner Messe und denen zu den beiden Aufführungen der II. Symphonie hatte er Gelegenheit gehabt, an einem ersten Orchester alle Klangmöglichkeiten und Wirkungen der Instrumente *praktisch* kennenzulernen; er hatte dadurch außerordentlich viel gelernt, und die Umarbeitungen seiner bisher geschaffenen Werke, vor allem hinsichtlich der *Instrumentation*, sind darauf zurückzuführen und erfolgten aus *freier Entschließung*.

Auch während der Ferien war Bruckner in St. Florian viel mit seinen Verbesserungsarbeiten beschäftigt. Unterbrochen wurde dieser Aufenthalt durch das 1100jährige Fest der Gründung des nahen Benediktinerstiftes *Kremsmünster*, wobei der Meister am ersten Feiertag, dem 18. August (Kaisertag), das festliche Orgelspiel beim Pontifikalamt besorgte. Es wurde Beethovens C-Dur-Messe aufgeführt. Bruckner verwob im Vor- und Nachspiel das Hornthema des Kyrie-Solos der Messe mit dem »Halleluja« von

Händel, dem »Alles was Odem hat« von *Mendelssohn* und dem österreichischen Kaiserlied. In *St. Florian* empfing er am 26. August den Besuch *Herbecks,* der nach Bruckners großartiger Improvisation auf der großen Orgel den Chorherren zurief: »Meine Herren, auf *den* dürfen Sie stolz sein!«

Einen aber vermißte Bruckner dieses Mal schmerzlich, seinen lieben Freund, den Stiftsorganisten *Josef Seiberl,* der schon am 19. Juni in Karlsbad seinem Lungenleiden erlegen war. Bruckner hatte ihn nicht nur als Freund, sondern auch als ausgezeichneter Künstler hochgeschätzt. Die Zeitgenossen stellten Seiberl als Organist und Improvisator Bruckner an die Seite. Als man dem Andenken dieses Mannes in der Vorhalle der Stiftskirche eine Gedenktafel widmete, stellte sich Bruckner mit dem Männerchor mit Orgelbegleitung »*Nachruf*« (H. v. d. Mattig) ein und spielte bei der Enthüllungsfeier am 28. Oktober selbst die Orgel.

In diesen Herbsttagen vollzog sich eine bemerkenswerte Änderung im äußeren Leben des Meisters.

Unter den wenigen Menschen, die Bruckners Künstlerschaft schon damals erkannten, war auch der jugendliche *Dr. Anton Ölzelt-Newin,* späterer Privatdozent in Bern, den Bruckner in Klosterneuburg kennengelernt hatte. Aus freien Stücken trug er unserem Meister eine freie Wohnung in einem seiner Häuser in Wien an. Da jedoch der Vormund Ölzelts dieses Anerbieten nicht billigte, wurde die Wohnung Bruckner für einen mäßigen Zins überlassen, den ihm aber der junge Hausherr rückerstattete. Wegen der schönen Aussicht wählte Bruckner die im vierten Stock des Hauses Heßgasse 7 gelegene Wohnung, wo er sich bald sehr wohl fühlte. Sein bescheidener Hausrat aber konnte die großen, luftigen Räume gar nicht füllen, so daß eigentlich nur das Arbeitszimmer mit dem Flügel in der Mitte, dem Harmonium, einem Schubladenkasten und einem kleinen Tischchen mit Sessel und einem ledernen Lehnstuhl eingerichtet war. Im zweiten Zimmer befand sich nur das Bett; am Boden lagen Stöße von Noten, wozu in späteren Jahren noch ein Abguß der Büste von Tilgner kam. In dem dunklen Vorzimmer waren an den Wänden die Lorbeerkränze aufgehängt, die im Laufe der Jahre alle Wände bedeckten.

Nach den Sommerferien sollte die Entscheidung über die eingereichte und neu bearbeitete III. Symphonie fallen.

Enthält die ursprüngliche Gestalt des Werkes tatsächlich

technische Schwierigkeiten, die das erste Urteil der *»Philharmoniker«* in milderem Lichte erscheinen lassen, so zeigt die zweite Ablehnung des Werkes – Bruckner vermerkt es ausdrücklich im Kalender: »Donnerstag, den 27. September 1877« – die direkte *Feindschaft* dieser Vereinigung gegen den Komponisten. Seit Bruckner durch die Widmung des Werkes öffentlich seine Anhängerschaft zu Richard Wagner bekannt hatte, gehörte wahrhaft Mut dazu, in Wien eines seiner Werke aufzuführen. Diesen Mut hatte auch jetzt wieder *Johann Herbeck*, der das abgelehnte Werk auf das Programm eines Gesellschaftskonzertes setzte. Herbeck war damals der einzige einflußreiche Mann, der unbedingt an Bruckners Kunst glaubte. Im September, als er das Andante der »Vierten« mit Bruckner durchnahm, machte er die den Komponisten sehr erfreuende Bemerkung: »Das könnte Schubert geschrieben haben.« An diesen Mann, der stets für ihn in liebreichster und unvergeßlichster Weise gesorgt hat, klammert sich nun Bruckners Hoffen; doch schon am 28. Oktober desselben Jahres raffte ihn der Tod unerwartet hinweg. Damit schwand auch Bruckners letzter Hoffnungsstern, und auch die Aufführung der Symphonie stand in Frage. Durch die Verwendung des Reichsratsabgeordneten August Göllerich gelang es jedoch, das Werk auf dem Programm zu erhalten.

Am *16. Dezember 1877* kam nun die *»Wagner-Symphonie«* in ihrer zweiten Fassung zur *Uraufführung* durch das Orchester der Philharmoniker, das einzige in Wien. Da sich in Wien kein Dirigent fand, der es mit dem Werke gewagt hätte, so mußte wieder Bruckner selbst die Aufführung dirigieren. Er besaß darin nichts weniger als Routine. Es soll einmal vorgekommen sein, daß er vergaß, dem Orchester das Zeichen zum Anfange zu geben, da er innerlich schon ganz von dem Werke erfüllt war. Die Proben und die Aufführung trugen Bruckner nur Hohn und Spott ein. Dem Beispiele *Bachrichs* und des Direktors *Hellmesberger* folgend, lachten die Musiker und Konservatoristen Bruckner laut ins Gesicht. Bei der Aufführung ergriff das Publikum in Scharen die Flucht, so daß am Schluß kaum mehr zehn Personen im Parterre anwesend waren. Sogar auf den Stehplätzen hielten nur etwa 10 bis 20 junge Menschen aus, größtenteils Schüler Bruckners, die nun versuchten, den von allen verlassenen Meister durch ihren Beifall zu trösten. Die Musiker hatten nach der letzten Note eiligst die Flucht ergriffen, und Bruckner stand allein inmitten des großen Podiums. Seine Noten zusammenraffend, einen wehmutsvollen Blick in den leeren Saal werfend, verließ er dann den Schauplatz der großen Niederlage. Im Seitengang traten Schüler und Freunde des Meisters mit Trostworten an ihn heran – *Gustav Mahler* und *Rudolf Krzyzanowski* befanden sich darunter –, doch er wehrte ab, ein ums andere Mal rufend: »Laßt's mi aus, die Leut woll'n nix von mir wissen.« Da schritt ein Mann auf Bruckner zu und erbot sich, die eben aufgeführte Symphonie in Verlag zu nehmen; es war der Musikverleger *Th. Rättig*. Schon in den Proben hatte das Werk großen Eindruck auf ihn gemacht, und er versprach, es auf eigene Kosten und in würdigster Form erscheinen zu lassen. Bruckner starrte den Sprecher wie ein Phantom an und wollte an den Ernst desselben gar nicht glauben. Endlich rief er: »I muß aber d'Partitur haben« – und Rättig sagte zu. Das Werk erschien, die Widmung an Wagner auf der Stirn, in *Partitur* und *Stimmen;* auch ein vierhändiger *Klavierauszug,* von *Mahler* und *Krzyzanowski* bearbeitet und von *Jul. Epstein* redigiert, wurde herausgegeben.

Hanslick vermochte in seiner Besprechung des Konzertes auf Bruckners Werk nicht kritisch einzugehen. Ganz aufrichtig erklärt er, daß er die »gigantische Symphonie« nicht verstanden habe. Für einen Witz hat Hanslick gern die Wahrheit geopfert. So führt er auch diesmal aus, ihm erschiene die Symphonie, »eine Vision, wie Beethovens ›Neunte‹ mit Wagners ›Walküre‹ Freundschaft schließt und endlich unter die Hufe ihrer Pferde gerät«. Trotzdem wagt er die Behauptung, er möchte dem von ihm »aufrichtig geehrten Komponisten nicht wehe tun«. Hanslick rächte sich diesmal und auch fernerhin dafür, daß es ihm nicht gelungen war, die Ernennung Bruckners zum Universitätslektor zu hintertreiben.

Der Dozent für Musikgeschichte am Konservatorium, daher Bruckners Kollege, *Franz Gehring*, nannte ihn bei dieser Gelegenheit in der »Deutschen Zeitung« »anderthalb Narren«, und *Theodor Helm*, der später des Meisters begeisterter Vorkämpfer wurde, glaubte zwar aus jedem der Sätze »Geistesblitze« verspürt zu haben, »etwas wirklich Lebensfähiges zu produzieren«, meinte er, »dürfte Bruckner kaum gelingen«. Nur die »Kölnische Zeitung« wurde Bruckner damals gerecht, wo *Dr. Hans Kleser* auf die »unanfechtbare Bedeutung« des Meisters hinwies.

Nach Herbecks Tod hoffte Bruckner in der Hofkapelle zum

Vize-Hofkapellmeister vorrücken zu können, doch sein Gesuch war vergeblich. An die Stelle Herbecks trat nun der Direktor des Konservatoriums und Führer des nach ihm benannten Streichquartetts *Joseph Hellmesberger*, der damit auch hier Bruckners Vorgesetzter wurde. Aber welch ein Unterschied! Obwohl Hellmesberger nach und nach die künstlerische Bedeutung Bruckners erkannte, behandelte er ihn persönlich sehr schlecht. In der Hofkapelle wußte er ihn bei den Hochämtern fast völlig auszuschalten, so daß der größte Orgelspieler seiner Zeit verurteilt war, dort nur Kirchenlieder zu begleiten. Gewiß hatte das auch seine Gründe, denn Bruckner spann sich bei den Zwischenspielen oft so in seine Phantasie ein, daß er auf die liturgischen Handlungen vergaß und die Priester am Altar lange warten mußten, bis er mit seinem Spiel zu Ende war. Der demütigste der Menschen mußte in seiner Kunst *frei* sein, konnte und wollte nicht dienen. Dies führte wieder zu Unannehmlichkeiten für den Hofkapellmeister. Nichtsdestoweniger wußte Hellmesberger Bruckner als Organist richtig zu beurteilen, wenn er über seine Hoforganisten erklärte: »*Bibl* spielt wia a Schualeder, der *Richter* hat sein' Tag, und da *Bruckner* spielt genial.«

Seit Mai 1877 arbeitete Bruckner wieder an früheren Werken; er sah die *I. Symphonie* durch und widmete sich vor allem der Ausgestaltung der *V. Symphonie.* Endlich, am 19. Jänner 1878, wurde ihm die Genugtuung zuteil, das Dekret als *»wirkliches Mitglied der Hofkapelle«* zu erhalten, womit ihm, nach Einstellung der bisher bezogenen Remuneration, ein *Gehalt* von 600 Gulden und eine Quartierzulage von 200 Gulden sowie eine Oktenalzulage von je 100 Gulden jährlich zugesprochen wurde.

Die Schlappe bei der Uraufführung der III. Symphonie war auf Bruckners Schaffen nicht ohne Einfluß geblieben. Zwei Jahre gehen vorüber, bis er ein neues symphonisches Werk konzipiert. Diese Zeit widmet der überaus *selbstkritische* Meister den *Umarbeitungen* der *III. und IV. Symphonie.* Bruckner verfuhr nach Schopenhauers Satz: »Die Freunde nennen sich aufrichtig, die Feinde sind es – daher man ihren Tadel zur Selbsterkenntnis benützen soll als bittere Arznei.« Nach eingehendem Studium der *»Eroica«* und der *»Neunten«* Beethovens bezüglich des Periodenbaues und der Form wird die *IV. Symphonie* gründlich umgearbeitet. Schon im Oktober 1878 hatte er Partitur und Stimmen aus Berlin zurückverlangt, indem er *Tappert* schreibt: »Ich bin zur vollen Überzeugung gelangt, daß meine 4. romant. Sinfonie einer gründlichen Umarbeitung dringend bedarf. Es sind z. B. im Adagio zu schwierige, unspielbare Violinfiguren, die Instrumentation hie u. da zu überladen u. zu unruhig.« Auch *Herbeck* habe ihm noch geraten, das Werk »teilweise neu zu bearbeiten«. Diese Arbeit beschäftigte den Meister durchs ganze Jahr, wobei das ursprüngliche Scherzo durch ein neues *»Jagd-Scherzo«* ersetzt wurde. Nebenher ging die Arbeit zur im Druck befindlichen *III. Symphonie*.

Auch einige kleine Gelegenheitswerke entstanden 1878: Ein Kuriosum der Männerchor-Literatur ist »Der Abendzauber«* (H. v. d. Mattig) für Männerchor, drei Jodlerstimmen und vier Hörner, entstanden am 13. Jänner, der die romantische Stimmung des Trios der VI. Symphonie vorausnimmt. Ganz gegensätzlich dazu ist die in alten Kirchentonarten gehaltene Motette für Tenor-Solo, gemischten Chor und Orgel *»Tota pulchra«*, die Bruckner am 30. März 1878, im Hinblick auf das 25. Bischofsjubiläum seines Gönners *Franz Joseph Rudigier in Linz, komponierte*. Sie kam bei dieser Feier am 4. Juni 1878 in der Votivkapelle des Neuen Domes zur ersten Aufführung. Zur Hochzeit seines Hausherrn Ritter *v. Ölzelt* war der Männerchor *»Zur Vermählungsfeier«* gedacht, den Bruckner am 11. November 1870 schrieb.

Kurz vorher, am 4. November 1878, war eines der mächtigsten Werke der ganzen Symphonik fertiggestellt worden, die

V. Symphonie, B-Dur.

Das Werk entstand in der materiell schlimmsten Zeit des Wiener Aufenthaltes. Entstehung und erste Partiturniederschrift erfolgten im Jahre 1875. Den Anfang machte das Adagio mit der Zeitangabe 11. Februar 1875, die Daten der übrigen Sätze sind: 1. Satz, 3. März; Scherzo, 1. April und Finale, 10. Mai 1875. Am 10. November 1875 wurde das Werk zunächst abgeschlossen. Weitere Umarbeitungen, besonders im Adagio und Finale, erfolgten 1876, 1877 und 1878, doch wurden diese Veränderun-

* Die Uraufführung des bis dahin als unaufführbar geltenden Werkes fand erst am 19. März 1911 durch den Wiener Männergesangverein unter *Viktor Kehldorfer* statt, der diesen und eine Reihe anderer Chöre für den praktischen Gebrauch eingerichtet und herausgegeben hat.

gen unter Zufügung einer Baß-Tuba in der ersten Niederschrift vorgenommen, so daß man nur von *einer* Fassung sprechen kann, die im Lauf von fast drei Jahren in hartem Ringen ausgereift ist. Zu seinem Schüler *Josef Vockner* äußerte er einmal: »Nicht um 1000 Gulden möchte ich das nochmals schreiben.« Nun war das große Werk aber auch *endgültig* vollendet, und der Meister widmete es aus Dankbarkeit seinem Gönner Minister *Karl Stremayr*.

Wie in Wagners Schaffen die *»Meistersinger«*, so bildet unter den symphonischen Werken Bruckners seine *V. Symphonie*, im Hinblick auf die *kunstvolle polyphone Gestaltung*, den Gipfel. Er selbst nannte sie sein »kontrapunktisches Meisterstück« und sprach von ihr als der *»Phantastischen«*. Ihr gebührt unter ihren jüngeren Schwestern auch der Preis als der *unabhängigsten, objektivsten*. Diese Eigenschaften schließen aber zugleich die der schwierigeren Verständlichkeit ein; aber gerade auf dieses Werk werfen die *Lebensschicksale* des Meisters *klärende Strahlen*. Selbst den befreundeten Dirigenten fehlte der Mut, an das kolossale Werk heranzutreten, denn es dauerte sechzehn Jahre, bis ein Siegfried die schlafende Maid zum Leben erweckte. Bruckner war es nicht gegönnt, das Werk aus dem Orchester zu hören. Göllerich hat daher recht, wenn er die Symphonie, in der das »ganze Martyrium der tiefen Einsamkeit des verlassenen Genies widerklingt«, die »Tragische« nennt. Bruckner schuf fortan allen Widerwärtigkeiten zum Trotz nach Beethovens Sinn: »Ich will dem Schicksal in den Rachen greifen, niederbeugen soll es mich nicht!« Ein Beweis dieses seines »Willens zum Leben« ist uns besonders die V. Symphonie. Sie symbolisiert das *Künstlertum* in allen seinen Phasen. Vom Feierahnen der aufdämmernden Idee, von der überschäumenden Jugendbegeisterung führt sie über den Dornenweg des Lebens hinauf auf die Gipfel idealen Schaffens, auf welchen das Morgenrot des Ruhmes ganz sachte aufleuchtet. Auch das Grab sehen wir sich schließen über dem vom Morgenstrahl des Ruhmes verklärten Antlitz des Dulders; die Nachwelt erst kommt zur Erkenntnis seiner Tat, und diese leuchtet hinweg über alle Qual als das Göttliche, das durch ein Genie zur Welt gebracht worden ist.

Leise absteigende Pizzikato-Bässe eröffnen die Adagio-*Einleitung* des Werkes, für welches das Pizzikato in den Begleitungsfiguren charakteristisch ist. Die Symphonie wurde denn auch von den Musikern schleunigst »Pizzikato-Symphonie« benannt. Allmählich suchen Bratschen und Violinen über diesem schwankenden Boden Halt zu gewinnen.

So mag es im Busen eines Schaffenden aussehen, wenn die Fülle der Gedanken zur Aussprache drängt. Noch irren die Stimmen, noch ist es ungeordnetes Chaos, das sein Inneres durchwühlt, er harrt der »gebietenden Stunde«! Feierahnen, Schöpfungsschauer erfüllen seine Brust – da kommt der göttliche Augenblick! – ein feierlicher Weckruf, der später in der Durchführung die Führung an sich reißt.

Energische Schritte der Trompeten und Posaunen, unterstützt von den Hörnern, geben Sammelpunkte ab, um welche sich die Gedanken zu gruppieren beginnen. Ein Posaunenspruch erzwingt Ordnung. Über einem Orgelpunkt auf A bereitet sich mit dem verkleinerten Motiv der Posaunen eine große Steigerung vor, die in eine Gloriole des Posaunenspruches mündet. Damit schließt die Einleitung. Im Grund genommen enthalten diese drei Themengebilde bereits die thematischen Keime des ganzen Satzes, ja des ganzen Werkes. Die Idee der Einleitung ist hier wieder von der der Klassiker gänzlich verschieden. Zwei Takte lang (Allegro) zittert in den Violinen noch das hohe A des Einleitungsschlusses nach, wendet sich dann nach D und erreicht nach zwei Takten die Haupttonart B-Dur.

Hat der Künstler in der Einleitung sich im Erfassen einer Idee zu unerschütterlichem Selbstvertrauen emporgeschwungen und am Schlusse derselben mit Seherblick den Sieg seiner Sache vorhergeschaut, so stürzt er sich jetzt getrost in den Kampf gegen eine Welt von Feinden mit dem schließlich zu einem Schlachtrufe sich formenden *Hauptgedanken* des *ersten Satzes* und des ganzen Werkes. Ein Zusammenhang mit dem dritten Thema der Einleitung (als beschleunigte Umkehrung des Posaunenspruches im ersten Takt und als flughaftes Erinnern an das zweite Themengebilde der Einleitung, im dritten Takt des Themas) ist leicht erkenntlich.

Dem Hauptthema folgen schneidige Oktavenmotive, aus welchen später das Hauptthema des Finales erwächst.

Im anschließenden Seufzer der Bratschen und Celli liegt der Keim für die im Adagio so charakteristischen Septsprünge. Mit einer durch Verkleinerung dieses Motivs bewirkten Steigerung wird wieder zum Hauptgedanken übergeleitet, der nun voll harmonisiert eintritt. Ein Orgelpunkt auf der Tonika beschließt die Hauptgruppe.

In der *Gesanggruppe* erscheint wieder eines jener Doppelthemen oder besser Themenkomplexe, wie sie besonders mit dem zweiten Hauptgedanken des 2. Satzes der II. Symphonie, noch mehr aber mit dem zweiten Thema des Andante der IV. Symphonie, auftreten. Auch dieses zweite Thema läßt den Zusammenhang mit dem Pizzikato-Baß der Einleitung erkennen. Die Melodie der Violinen wieder war in den acht vorangehenden Takten des Streicher-Pizzikatos bereits latent enthalten und wird nun sozusagen frei. In zwei großen symphonischen Wellen entwickelt sich der ganze Gesangteil.

Es liegt sehr nahe, auch hier auf Bruckners Andeutung des seelischen Inhaltes hinzuweisen, wie bei der ähnlichen Stelle in der IV. Symphonie. *August Halm* hat es richtig gedeutet, wenn er beim Eintritt des Gesanges eine »leidenschaftliche Klage« mitfühlt. Im Leben des Künstlers ist die Liebe, wie schon bemerkt, eine der wichtigsten Inspirationsquellen; sie ist es, welche die Seele des Schaffenden alle Regionen des Empfindens durchmessen läßt: »Himmelhoch jauchzend, zu Tode betrübt!« So ist auch in dem Künstlerleben, als welches uns dieses Werk erscheint, die Gesangperiode Ausdruck der Sehnsucht nach dem liebenden Wesen, nach der Ergänzung seiner selbst. Auch unser Meister ruft 1885 in einem Brief an Freund Mayfeld: »Könnte ich doch eine liebe Flamme finden!« In dieser Beziehung ist Bruckner allerdings zeitlebens ein »Mann der Sehnsucht« geblieben.

Im zweiten Teil der Gesanggruppe ist die Stimmung so aufgehellt, als ob dem Hoffenden Erfüllung geworden wäre. In dem terzverwandten Des-Dur erhebt sich der Hymnus hoher Liebe. Auch dieses Thema zeigt Zusammenhänge mit den beiden vorangegangenen Themen, besonders aber mit dem Gesangthema, dessen synkopische Bewegung im Baß fortwirkt.

Die überschwengliche, Glücksgefühl atmende, wundervolle Kantilene endigt in einer siegverheißenden Fanfare, deren Abkunft vom Posaunenspruch des dritten Themas der Einleitung klar ist. Die Baßfigur, welche diese Kantilene stützte, wird nunmehr selbständig weitergeführt. Eine unruhige synkopierte Unisonofigur legt sich darüber und zerstört mit rauher Hand die süßen Träume. Da wuchtet auch schon das Thema der *Schluß-*

gruppe einher. Es kündet uns in seinem hinreißenden Zuge des Helden »Willen zum Leben« an; um höherer Güter willen opfert er irdisches Glück.

In der *Durchführung* erleben wir ein titanenhaftes Ringen des Hauptthemas und der Unisonofanfare der Einleitung, die schließlich förmlich miteinander verschmelzen. Ein realistisches Bild des harten Lebenskampfes. Im weiteren Verlauf der Durchführung reißt die fanfarenartige Kraftlinie der Einleitung die Herrschaft an sich, bis plötzlich ein Choral der vier Hörner (zweites Thema) Einhalt gebietet. Nochmaliges Aufbrausen, dann erfolgt das Abklingen durch Teile des Gesangthemas. Hier aber (und darauf macht Kurth zuerst aufmerksam) verbindet Bruckner dieses Abklingen mit der Vorbereitung des Repriseneintrittes durch eine auf das erste Thema hinzielende Steigerung, die durch den Eintritt der Bläserharmonien der Einleitung vorbereitet wird. Diese Art der Reprisenführung weist schon auf die folgenden Symphonien hin.

Die *Reprise* bringt die drei Themengruppen in der Reihenfolge der Exposition wieder, doch wird die Verarbeitung der Themen im Dienste der Entwicklungsdynamik verändert und auch verkürzt. Die Spannung auf den endlichen Eintritt der Grundtonart hin wird besonders in der Gesanggruppe durch Schwankungen zwischen B- und Kreuztonarten verstärkt.

Der Schlußteil erscheint hier deutlich abgegrenzt, wie überhaupt in diesem Werk eine merkwürdige Rückschau auf das Gruppenprinzip der Klassiker zu bemerken ist. In hinreißender Steigerungstechnik geht es dem Ende zu. Am Schluß tobt sich das ganze Orchester mit dem ersten Motiv des Hauptthemas in fff stürmisch aus und sagt uns, daß der Künstler innere Klarheit und Festigkeit und damit schon einen Sieg über die inneren Feinde errungen hat.

Dieser erste Satz überragt auch in seiner Architektonik alle vorhergegangenen Anfangssätze; sein Schema ist:

		Exposition			Durchführung	
Einleitung	A	Ba	Bb	C–	Einleitung	A, Ba
	(B-dur)	(f-Moll)	(Des-Dur)	(B-Dur)		

	Reprise				Koda
A	Ba	Bb	C	–	A
(B-Dur)	(g-Moll)	(Es-Dur)	(Es-Dur)		(B-Dur)

Das *Adagio* (d-Moll) ist einer der merkwürdigsten Sätze im Schaffen des Symphonikers.

Aus den gleichmäßigen Schritten der pizzikierten Viertel der Streicher ($^6/_4$) löst sich asketisch einfach, resigniert die tiefklagende *Hauptmelodie* des Satzes ($^4/_4$), die auf den Posaunenspruch des dritten Themas der Einleitung zurückzubeziehen ist.

Da die Töne der Oboen-Melodie auch Randtöne des Unisono-Streicherpizzikato sind, so erscheint hier *dasselbe* Thema gleichzeitig in verschiedenen Rhythmen ($^4/_4$ und $^6/_4$).

Während sonst die Adagios Bruckners in vollen, satten Harmonien anheben, malen hier zwei Stimmen die Verlassenheit des Genius. In ihrer rhythmischen Gegensätzlichkeit scheinen die beiden Stimmen auch die Verschiedenheit der Aufgaben des Alltagsmenschen gegenüber der Sendung des Künstlers zu charakterisieren. Der geniale Mensch macht den gleichmäßigen Trott des Alltags nicht mit, seine Wege führen ihn zu höheren Zielen. Aus dieser Divergenz des Strebens erwächst für den wahren Künstler das *Leid*, welches Unverstandensein und Verkanntwerden stets im Gefolge haben. Dagegen hilft ihm nur der *Glaube* an seine Sendung. Bruckners Bundesgenosse in diesen Kämpfen war *Gott*, dem er allezeit die Ehre gab. So bringt auch hier die Glaubenszuversicht im *zweiten Thema* Trost und Erhebung.

In vollen, satten Harmonien, deren Erhabenheit durch stufenweise aneinandergereihte Palestrina-Dreiklänge vertieft wird, setzt der Chor der Streicher (in den ersten Takten an das Oboen-Thema des Anfanges gemahnend) ein. Der Leitstern des Lebens ist gefunden! Das wäre ein schöner Adagio-Anfang, etwa wie der der »Siebenten«, doch eine höhere Logik gebot es hier anders.

Die folgende Verarbeitung dieses wie ein überirdischer Lichtstrahl den Trostlosen treffenden Gedankens gehört zu dem Zartesten und Feinsten der Brucknerschen Muse.

Mit vollendeter Meisterschaft werden die beiden Themen frei variiert, wobei die Septsprünge des ersten Themas von einschneidendster Bedeutung werden. So gestaltet Bruckner aus dem scheinbar sprödesten Material einen seiner bewundernswertesten langsamen Sätze, der zur Genüge das Wort widerlegt: Bruckner wisse mit seinen Gedanken nichts anzufangen. Der Aufbau des Satzes ist sonnenklar:

A,	B,	A,	B,	A
(d-Moll)	(C-Dur)	(d-Moll)	(D-Dur)	(d-Moll)

Es ist nicht Variationsform in gewöhnlichem Sinne, denn die Veränderungen der beiden gegensätzlichen Themen erfolgen in Rondoform und sind von immer mehr gesteigertem Drange zur Höhe der überirdischen Ekstase, die in einen wahren Sonnen-Hymnus mündet, erfüllt. Zum erstenmal waltet hier jene Hochfeierlichkeit, wie später in den langsamen Sätzen der VII. und VIII. Symphonie.

Das nun folgende *Scherzo* nimmt die Hauptmotive seltsamerweise aus dem ersten Thema des Adagios. Die Begleitfiguren der Bässe erklingen hier wie dort, und darüber fliegt ein aus dem Gesang der Oboe (Hauptthema des Adagios) gebildetes Thema.

Das klingt wie eine geniale Persiflage des Adagios. Die Welt liebt das Hehre und Große zu verkleinern und die Träger ernster Weltanschauung zu karikieren. Daß Bruckner sich mit solch grimmem Humor über sein Leid hinwegzusetzen vermochte, zeugt von seinem hohen Menschentum; sagt doch Goethe: »Wer sich nicht selbst zum besten halten kann, der ist gewiß nicht von den Besten.«

Nur von fern, wie aus längst vergangenen Zeiten, klingt noch die naive Lustbarkeit des Volkes mit herein.

Drei neue Themenzüge laufen hier nebeneinander, in der Oberstimme eine Ländlermelodie, in der zweiten Violine ein älplerischer »Jodler«, in der Bratsche eine Wiegefigur, und alle werden zusammengehalten durch die Baßbewegung, die durch den ganzen Satz pulsiert. Es folgt ein dritter Teil, der zwar kein neues Thema bringt, aber doch (wie Kurth scharfsinnig nachweist) die Stelle einer dritten Themengruppe, wie in der Brucknerschen Sonatenform, vertritt. Kunstreiche Kombinationen der beiden Themenkomplexe lassen diesen Teil fast als *Durchführung* erscheinen. Diese tritt jedoch erst bei E ein und ist voll kunstreichster Filigran-Arbeit. Auch eine deutliche *Reprise* tritt ein, so daß der Satz tatsächlich Sonatenform zeigt.

Ebenso originell ist das *Trio*, das erst nach dreimaligem Weckruf des Horns in Bewegung kommt und dann in ein reizendes Marschsätzchen übergeht, dessen Schlüsse in ihrer Einfachheit ganz köstlich wirken. Formell besteht das Trio aus einem einzigen Thema, das kurz durchgeführt wird.

Die Herkunft der Holzbläsermelodien aus dem vierten Takt des ersten Scherzothemas ist leicht erkennbar. Die durch Umkehrung des Themas gewonnene Baßfigur wird im Verlauf reichlich verwendet, sie bestreitet auch völlig den motivischen Aufwand des Marschsätzchens. Gegen Schluß richtet sich die Figur einmal drohend auf, doch – nach einer Pause – tritt sehr zart, humoristisch wirkend, die schon erwähnte Schulmeisterkadenz ein, und das Sätzchen schließt mit friedlichem Marschrhythmus.

Eine Synthese alles Vorhergegangenen ist das *Finale*. Es beginnt, wie die Einleitung des ersten Satzes, im Adagio mit dem Feierahnen des Genius. Wie eine Inspiration, die plötzlich das Dunkel erhellt, klingt ein markiertes Oktavenmotiv (Allegro moderato) der Klarinette hinein. Das folgende Hauptthema des ersten Satzes erinnert an die Kämpfe in demselben. Neuerdings tritt das kühne Oktavmotiv ein, das Festhalten des Lebensideales versinnlichend. Auch die Leiden des Genius leuchten im Thema des Adagios wieder auf, doch des Lebens Hochgedanke trägt den Künstler hinweg über alle Hindernisse. Zum dritten Male ertönt das Oktavmotiv, welches sich bald zum *Hauptthema des Finales* (Fugenthema) weitet. Es enthält wesentliche Elemente des Hauptthemas vom ersten Satz und zielt schon auf dessen Wiederausbruch hin. Das Thema wird nun in den Streichern zu einer vollständigen Fugenexposition ausgearbeitet. Gleich nach Ablauf des vierten Themeneinsatzes beginnt die punktierte Achtelbewegung des Themas, die auch der eigentliche Gegensatz in dieser Fugenexposition ist, die Oberhand zu gewinnen. Die symphonischen Steigerungswellen überfluten das lineare Gewebe. Schon hier ist die Auseinandersetzung des alten Fugenstiles mit der Brucknerschen Steigerungstechnik zu ersehen.

In kunstvoller freier Fugierung wird das Thema weitergeführt. Die Inspiration allein tut es nicht, erst redliche Arbeit vollendete das Kunstwerk.

Wie goldiges Abendrot, das den Lebensabend des Künstlers verklärt, liegt es über der *Gesanggruppe*. In ihr hat Bruckner die Romantik des Kontrapunktes entdeckt. Der kindlichen Heiterkeit dieses Teiles folgt verklärend der weihevolle Gesang.

Diese Gesanggruppe ist sehr umfangreich. Ihrem linearen Anfang folgt bald eine mehr symphonische Entfaltung, wobei eine aufsteigende Sechzehntellinie das treibende Element darstellt. Die Achtelfigur des dritten Taktes mit dem Septsprung wird allmählich die herrschende. Aus ihr wird auch eine wesentliche Gegenstimme in der Choralfuge gewonnen. In den beiden Themenkomplexen mit ihrer anfänglich linearen Gestaltung, die von der symphonischen Steigerungstechnik überwunden wird, liegt bereits eine mächtige Spannung gebunden, die nun (bei F) in Blech ihren Ausbruch findet. Dieser Teil hat völlig den Charakter des dritten Themas, ist aber (ähnlich wie im 4. Satz der »Vierten«) kein neues Themengebilde, sondern das von echt Brucknerschen, aus dem zweiten Thema gewonnenen Entwicklungsmotiven der Streicher umrauschte vergrößerte Hauptthema. Mächtig wirken bereits die idealen Werte, die der Künstler geschaffen, auf die Mitwelt. Den »besten seiner Zeit« genug getan zu haben, muß den Schöpfern neuer Werte Trost am Ende sein. Das Abendrot, das des Scheidenden Antlitz verklärt, wird zum Morgenrot des Nachruhmes.

Der folgende Epilog des Thementeiles, die Doppelfuge und die Reprise zeigen uns das Durchkämpfen, Durchdringen des Echten und Wahren, den Sieg und die Apotheose des Genius. Wie für Bruckner das Talent und alles, was des Menschen ist, Gaben *Gottes* sind, von ihm ihren Ausgang nehmen, wie er über sein Lebenswerk die Devise geschrieben: »Omnia ad majorem Dei gloriam; Alles zur größeren Ehre Gottes«, so legt er auch sein Lebenswerk in Gottes Hand. – Mit ihm ist Gott! Dieses *»Mit Gott!«* prangt als glänzender Leitspruch über dem unerhört großartigen Schlußteil der Exposition in dem *Choral*.

In strahlendem ff sämtlicher Blechbläser erklingen nun die vier Choralstrophen, jedesmal gefolgt vom echoartigen Nachhall des Streicherchores, worauf die Exposition wie eine Choralphantasie auf der Orgel ausklingt. Mit dem geheimnisvollen Vortrag des Choralthemas, zuerst durch das Horn, dann durch Oboen und (in Umkehrung) durch Klarinetten, beginnt die *Durchführung* in Ges-Dur zuerst mit einer Fugierung des Choralthemas unter Umrankung durch Motive aus der Gesanggruppe. In drei großen Steigerungswellen entwickelt sich die Fuge, die durch Hinzutritt des Hauptthemas des Finales zur *Doppelfuge* wird. Auf ihrem dritten und höchsten Gipfelpunkt erscheint mitten im Durchführungskampf das Hauptthema des Finales in fff, verbunden mit dem in der vollen Wucht des Blechbläserchores erdröhnenden Choral. Damit beginnt die *Reprise* des regelrecht in Sonatenform gebauten Finales, wenn sie auch von der Durchführung förmlich überschwemmt erscheint. Nach raschem Abebben des Sturmes, der in seufzenden Quinten der Bässe aushaucht, erscheint wie eine überirdische Vision aus Tagen blühender Jugend ppp die Gesanggruppe. Aber es ist nur ein Trugbild! Mit mächtigem Ansturm wird die dritte Themengruppe eingeführt, die mit Eintritt des *Kopfthemas des 1. Satzes* in die *Koda* übergeht. Die kontrapunktische Kunst dieses Teiles spottet jeder Beschreibung. Hier wird der Kontrapunkt zuschanden vor der Schönheit des Klanges, seine Künste sind hier nicht Selbstzweck, sie dienen einem Genie zur Aussprache des Höchsten. Der Satz weist Steigerungen auf, die *vor Bruckner noch kein Meister geschrieben hat,* und wenn mit einem langen Orgelpunkt der Satz seine Höhe erreicht, senkt fff der Chor der Blechbläser in das Gewoge des vollen Orchesters den *Choral.* Diese Apotheose des Künstlertums endet mit den Siegesfanfaren des ersten Hauptthemas. Bruckner hat mit diesem Satz alles bisher dagewesene überboten. »Nicht Bach, noch Beethoven, noch Wagner«, sagt Th. Helm, »hatten je erhabenere Inspirationen. Aber es ist, als wäre hier die ganze Größe dieser drei Gewaltigen von Neuem, und zwar in einer völlig selbständigen, urwüchsigen Kraftnatur aufgewacht, die eben niemand anderer sein konnte als – Anton Bruckner.«

In diesem Satz hat Bruckner die Prinzipien des Alten und Neuen Testamentes der Musik, die *Fugenkunst* und die *Sonatenform,* einander dienstbar gemacht, ineinander verschmolzen. Der Aufbau ist folgender:

	Introduktion				Exposition		
I_I	A	A_I	A_{II}	A	B_1	B_2	C (Choral)
	(B-Dur)	(d-Moll)		(B-Dur)	(Des-Dur)	(f-Moll)	Ces-Dur)

Durchführung	Reprise			Koda	
Doppelfuge	A	B_2	B_1	$AA + A_1$	Choral
über C und A	(B-Dur)	(F-Dur)	(b-Moll)	(B-Dur)	$C + A_{II}$ A

Wegen der *kultisch-mystischen* Haltung, die neben dem *Heroisch-Kämpferischen* der Symphonie besonders hervortritt, hat man sie als »Glaubens-Symphonie« bezeichnet. Diese *religiöse* Stimmung bedingte auch den außerordentlich *orgelhaften* Orchesterklang, zu dem sich Bruckner, nach Überwindung des klassischen Vorbildes, durchgerungen hatte. Hier ist der *spezifisch Brucknersche Orchesterklang* in seiner vollen Reinheit gegeben. Kein anderes Werk zeigt so große Strecken, die den *reinen Orchesterfarben* (Streicher-, Holz- und Blechbläserklang) in *registerartigem* Wechsel und *orgeldynamischer* Gegenüberstellung aufweisen, wie diese Symphonie. Aber auch sonst fällt die plötzliche Gegenüberstellung *dynamischer Kontraste* auf, die vom Zephirhauch des ppp bis zum Dröhnen des fff einer Riesenorgel gleichen, was der Musik Wagners, mit ihrer im »Tristan« höchsten Ausdruck findenden »Kunst des Überganges« und der Farbenverschmelzung geradezu gegensätzlich ist. Nicht die Kompliziertheit und Verfeinerung der Farbenmischungen, sondern *schlichte* und daher *ruhige* Gegenüberstellung der Farbe herrscht hier vor. Das Erlebnis des Orgelklanges, das schon den Knaben in St. Florian aufhorchen und erschauern ließ, findet hier ihre künstlerische Verklärung. Bruckner kann den Orgelklang nicht missen, er fügt ihn dem Klang des modernen Orchesters ein; das Orchester wird ihm zur beseelten Orgel! Was dieser mangelt, die Möglichkeit des An- und Abschwellens in einer Farbe, das Streichertremolo, das Pizzikato und dergleichen gewinnt er für diese lebendige Orgel; er schafft die *Synthese vom Orchesterklang* und *Orgelton* als *ureigenste Errungenschaft*, die seinen Orchesterklang von dem der anderen Meister, auch vor allem dem *Wagners*, unterscheidet. *Franz Schalk*, der Lieblingsschüler Bruckners und große, bewunderte Wagner-Dirigent, hat immer wieder darauf aufmerksam gemacht, wie grundverschieden vor allem Bruckners Blechbläsersatz gegenüber dem Wagners ist. Dies zeugt nur von der Kraft, mit der sich Bruckner auch in dieser Beziehung von dem so überaus verehrten Riesen von Bayreuth zu distanzieren vermochte. Und *Neues* zu schaffen war ja der dringendste Wunsch Wagners an seine schöpferischen Zeitgenossen.

Schon während der Entstehung der V. Symphonie, also seit 1876, hatten sich einzelne junge Leute um Bruckner geschart, so *Gustav Mahler*, der sich selbst als den »ersten Propagandisten« Bruckners bezeichnete, obwohl er nicht dessen direkter Schüler war, und sein Freund *Rudolf Krzyzanowsky*, die zusammen den ersten vierhändigen *Klavierauszug* der III. Symphonie verfaßten. Mahler war in den Jahren 1875 bis 1881 stets als Begleiter

Bruckners zu sehen, der sein Talent außerordentlich schätzte. Im Herbst 1877 kamen dazu zwei Landsleute des Meisters, *Josef Vockner* aus Ischl und *August Göllerich* aus Wels. *Vockner* war der einzige seiner Schüler, der den »ganzen Kursus« in Harmonielehre und Kontrapunkt durch zwölf Jahre bei ihm als *Privatschüler* durchmachte. Bei diesen war sein Unterricht noch genauer als im Konservatorium. Vockner wurde später auch Bruckners Nachfolger als Lehrer für Orgelspiel am Konservatorium. *Göllerich* dagegen war damals noch Hörer der Mathematik an der Universität und weder Bruckners Privat- noch Konservatoriumsschüler. Als ausgezeichneter Pianist wurde er später Schüler und Sekretär *Franz Liszts,* war dann kurze Zeit Kritiker am »Deutschen Volksblatt« in Wien, Leiter der Ramansschen Musikschule in Nürnberg und schließlich Musikdirektor in Linz, wo er 1921 starb. Während seiner Wiener Jahre trat er mit dem Privatschüler Bruckners, *August Stradal,* eifrig pianistisch für Bruckners Symphonien ein und betätigte sich später schriftstellerisch im Dienst des Meisters. Bruckner hatte Göllerich besonders ins Herz geschlossen und ihn 1884 als seinen *Biographen* autorisiert.

Im Herbst 1878 setzte Bruckner seine Bemühungen fort, in Berlin eine seiner Symphonien durch *Tapperts* Vermittlung einzuführen. Er berichtet, daß er jetzt die »Vierte« »ganz neu und kurz« bearbeitet habe, die dann »ihr Wirkung machen« werde. Ein neues Scherzo, die »Jagd« darstellend, werde er noch dazu komponieren.

Von den ebenfalls teilweise neu bearbeiteten Symphonien Nr. 2 und 3 empfiehlt er besonders erstere, da sie die »fürs Publikum zuerst verständlichste« sei. Der Wiener Kritiker *Scheele* habe ihm geraten, in Wien nichts mehr einzureichen, bis alles im Ausland aufgeführt sei. Hofkapellmeister *Wüllner* in *Dresden* und Direktor *Rubinstein* in *Moskau* hätten ihn ebenfalls eingeladen, ihnen eine der Partituren zur Verfügung zu stellen, doch er ziehe dem allen eine Aufführung in *Berlin* vor. Dort wisse er den »berühmtesten und ausgezeichnetsten Kritiker« *Tappert,* dem er sich »mit wahrer Herzensfreude anvertraue« und den er »innigst um fernere Gnade und Gunst bitte«. Der Brief schließt weiter den traurigen Satz an: »Sonst hab ich Niemand hienieden!!!« Man ließ sich aber keine der Partituren kommen. Bruckner bot sie am 9. Dezember 1876 nochmals an, wobei er berichtet, daß die

Vierte nun ganz fertig sei und er ein Streichquintett für Hellmesberger schreibe.

Streichquintett, F-Dur

Der erste Satz war schon im Dezember 1878 begonnen worden, das *Andante* entstand in der Zeit vom 13. März bis 6. April 1879, das *Scherzo* wurde am 12. Juli beendet, am 23. Mai war die Skizze des *Finales* begonnen, beendet wurde dieser Satz am 25. Juni. An Stelle des über Wunsch Hellmesbergers ausgeschiedenen Scherzos schuf der Meister das *Intermezzo,* mit der Datierung: 21. Dezember 1879. Schließlich wurde aber das ursprüngliche Scherzo beibehalten. Der Reichtum der Gedanken und die großzügige Art ihrer Durchführung hat veranlaßt, daß man das Werk als »verkappte Symphonie« bezeichnet hat.

Es bedeutet nichts Geringeres als die *direkte Nachfolge* der *letzten Streichquartette Beethovens.* Wie groß Bruckners ursprüngliche Kraft war, geht aus der Tatsache hervor, daß er die genannten Werke Beethovens erst nach der Schöpfung des Quintetts, durch Göllerich, kennenlernte. Aus voller Brust beginnt ohne jede Einleitung der erste Satz, dem der Allegro-Charakter gänzlich fehlt, mit dem sehnsuchtgeschwellten Sange, dem, nach einem eingeschobenen Takt, der Abgesang mit der herrlichen Kantilene der ersten Violine folgt.

Daran schließen sich einige Takte absteigender Sextakkordharmonien mit reizvoller Ausweichung, wie sie Bruckner so sehr liebt, und nun bildet sich aus dem letzten Motivchen der Violinkantilene des Abgesanges eine lang ausgesponnene Überleitung. Wie ein Zittern und Zagen um das erhoffte Glück erscheint uns diese Stelle. Endlich kommt Festigkeit, Zuversicht in das Gewirr der Stimmen mit dem Unisonogedanken, der den Charakter der dritten Themengruppe der Symphonien hat.

Gemeinsames Wollen führt zum Entschluß. Nach einer großen Steigerung, die beruhigt in G-Dur endet, tritt das Gesangthema ein, welches Glückseligkeit atmet.

Hier weicht Bruckner einmal ganz von der Regel ab; anstatt in der Dominante bringt er das Gesangthema, zufolge einer *harmonischen Rückung,* einen Halbton höher als die Tonika, in Fis-Dur. Damit schließt er direkt an *Schubert* an, bei dem diese Rückungen so häufig anzutreffen sind. Für dieses Werk ist die *Sekundrückung der Harmonien* geradezu charakteristisch.

Der Abschluß der Gesanggruppe erfolgt in einem Schwelgen in C-Dur, der Dominante der Haupttonart. Bruckner läßt trotz aller Freiheiten bezüglich der Harmonien die *Tonalität nie ganz aus dem Auge.*

Die kurze Durchführung beginnt mit einer Kadenz der ersten Violine und bringt nur die Gedanken der Hauptgruppe zur Verarbeitung. Als sich auch Kleinmut, Zittern und Zagen wie in der Exposition wieder melden, legt die erste Violine eine lindernde Kantilene darüber. Die Reprise bringt die Hauptgedanken des Satzes wieder in der Reihenfolge der Exposition, doch ist der ganze Wiederholungsteil nach Art einer Durchführung durchgearbeitet. Mit einem längeren Orgelpunkt auf der Tonika schließt jubelnd der originelle Satz.

In der parallelen Molltonart, d-Moll, setzt der zweite Satz, das *Scherzo,* ein. Es hat einige Familienähnlichkeiten mit dem der V. Symphonie. Diese *Scherzi* stehen inhaltlich in der *Mitte* zwischen den *»Dörpertanzweisen«* oder volkstümlichen Scherzi der *ersten* bis *vierten* und dem *genialgrotesken Esprit* der Scherzosätze der *übrigen* Symphonien. Schon der synkopierte Rhythmus des Hauptthemas ist gar nicht Brucknerisch im Sinne der bisher betrachteten Sätze. Die naive Lust und Frohlaune, die derbe Rhythmik der früheren Scherzi vermissen wir hier ganz. Wie ein Lächeln unter Tränen mutet der Satz an, in dessen Mitte ein beinahe an *Haydns Menuette* erinnerndes graziöses *Trio* eingebettet liegt. Auch hier bemerken wir wieder die *Sekundrückung* von d-Moll nach Es-Dur.

Die Perle des Quintetts, das »musikalische Herz des Ganzen« (Th. Helm), ist das *Andante.* Es entstand in der Zeit vom *13. bis 31. März 1879.* Einen Halbton über der Haupttonart des Werkes stehend, beginnt es sofort mit einem Gesang, dessen großer Zug und tiefe Innigkeit selbst aus Bruckners Schaffen hervorragt. Ein moderner *Beethoven!*

Aus den Motiven des vorletzten Taktes der ersten Violine wird eine Überleitung zum Gesangthema gebildet. Dieses erwächst aus der Umkehrung des ersten Taktes des Hauptthemas. Es hat inhaltlich und technisch große Ähnlichkeit mit dem Gesangthema des Adagios der III. Symphonie und steht wie dieses in B-Dur. Im Gegensatze zu den Gesangthemen des Andante der »Vierten« und des 1. Satzes der »Fünften«, in welchen ein harmonisches Gebilde einem melodischen fast gleichwertig gegenübergestellt wird, greift der Meister hier wieder auf die rein monodische Form einer Tenor-Melodie, wie im Andante der dritten Symphonie, zurück. Das Fehlen des Basses bewirkt neben den reichen harmonischen Wendungen die visionäre Gebärde, die in ähnlicher Weise auch im »Et incarnatus« der f-Messe und dem »Te ergo« des »Tedeum« zu finden ist. Die erste Bratsche trägt die visionäre Melodie vor, begleitet von Achtelpulsen der übrigen Instrumente.

In wahrhaft genialer Weise gelangen nun die Motive dieses Themas zur Verarbeitung. Von geradezu himmlischer Schönheit ist der Schluß des Satzes, der in zartestem ppp verhaucht. Wir können Dr. Th. Helm nur beistimmen, wenn er sagt: »Dieses Ges-Dur-Adagio läßt sich nur dem Idealsten, das Beethoven (in seinen letzten Quartetten), dem Süßesten, das Schubert, dem Verklärtesten, das Wagner (zum Beispiel in dem stimmungsverwandten Vorspiel zum dritten Akt der ›Meistersinger‹) gesungen, vergleichen.«

Den Schluß bildet der merkwürdigste Satz im ganzen Schaffen des Meisters. Der Anschluß vom Ges-Dur des Adagios zum f-Moll des Finales wird durch eine Halbtonrückung von Des (Dominante von Ges) nach C (Dominante von f-Moll) erreicht. Das Finale beginnt über einem Orgelpunkt auf Des mit einem lebhaften Stakkatomotiv, das in Sextakkordfolgen sich mehrmals wiederholt.

Nach einem Halt setzt sich der Orgelpunkt einen Halbton tiefer auf C fest, und wieder irren die Stakkatomotive umher, ohne Halt zu gewinnen. Abermals eine Luftpause! Nun setzt das Gesangthema ein. Es ist mit dem des Finales der »Zweiten« nahe verwandt und läßt uns in seiner Treuherzigkeit wieder einen Blick in das Volksgemüt des Oberösterreichers tun.

Dieses Thema erfährt im Laufe des Satzes eine sehr kunstvolle Verarbeitung. Den Hauptinhalt des Kampfteiles bildet aber ein markiertes Unisonothema, welches sich mit der Triole aus dem Hauptthema des ersten Satzes verbindet.

In der Verarbeitung dieser Motivkombination zeigt Bruckner sein ganzes kontrapunktisches Können, seinen Kontrapunktiker-Übermut. Die gewaltige Spannung, die durch große Steigerungen herbeigeführt wird, erfährt durch ein neu eintretendes Motiv ihre Lösung. Nach einer Pause erklingen das Gesangthema und das Stakkatomotiv des Anfanges. Mit einem Orgelpunkt auf der Tonika und dem neu eingeführten Motiv geht das Werk einem sieghaften Ende zu. Bruckner hat es später *Sr. Königl. Hoheit Herzog Max Emanuel von Bayern* gewidmet, wofür ihm ein Dankschreiben und eine Brillantnadel zuteil wurde.

Das an Stelle des Scherzos nachkomponierte Stück,

Intermezzo

benannt, schließt mehr an die ländlerartigen Scherzi der drei ersten Symphonien an. Ein wiegendes Hauptmotiv der zweiten Violine, dem eine schmeichelnde Gegenstimme der ersten Geige gegenübergestellt ist, zieht sich durch alle drei Teile des fein gearbeiteten Werkes: Kirchtagstimmung im Dorf, in deren Mittelpunkt doch wieder die kirchliche Feier steht. Hier begegnen wir den Harmonierückungen wie im Choralthema der Final-Fuge der V. Symphonie.

Der Durchführungsteil bringt noch einige bemerkenswerte Gegenstimmen, welche an einzelne Stellen des Scherzos der V. Symphonie gemahnen.

Nach längerer Pause trat Bruckner am *15. März 1879* wieder als *Orgelimprovisator* in einem Konzert des *»Wiener Akademischen Gesangvereines«* auf, und auch noch am *15. März 1881* und am *18. März 1882* stellte er sich in gleicher Eigenschaft in den Dienst dieses Vereines, der fortan tatkräftigst für ihn eintrat.

Nach den harmonischen Kühnheiten des Streichquintetts wirkt die am 18. Juli 1879 geschaffene Motette *»Os justi«* in rein *lydischer* Kirchentonart geradezu asketisch. Das Werk widmete Bruckner dem Musikdirektor *Ignaz Traumihler* in *St. Florian,* der ein Anhänger der cäcilianischen Richtung der Kirchenmusik war. Am Fest des heiligen Augustin (28. August) dieses Jahres hörte es der Meister zum erstenmal in den Hallen der Stiftskirche. Bruckner verherrlichte dieses Fest jedes Jahr durch sein festliches Orgelspiel, und die Motette erklingt seither fast jedes Jahr bei diesem Anlaß. Das Fest war aber auch mit weltlichen Belustigungen umgeben, wobei Bruckner gern auch dem Tanz huldigte, der Zeit gedenkend, da er selbst mit den Musikanten aufspielen mußte. In den siebziger Jahren und auch noch später nahm Bruckner gleichfalls in Wien gern an Tanzunterhaltungen teil, bei welchen der bejahrte Mann mit dem Feuer eines Jünglings sich dem Tanzvergnügen ergab und nicht müde ward, weibliche Schönheit zu bewundern. Er besuchte im Fasching regelmäßig den »Juristenball«, die Veranstaltungen des Schriftstellervereines »Concordia«, den »Ball der Industriellen« und die »Künstlerabende«. Gewiß haben auch die Feste im Reiche der Schönheit auf Bruckners Phantasie anregend und befruchtend eingewirkt.

Bruckners Seelenstimmung, obwohl im Grunde *melancholisch* angelegt, konnte bei solchen Anlässen in das Gegenteil, eine *göttliche Heiterkeit*, in die *naive Freude* eines Kindes umschlagen. Dies ist nun wieder eine der Eigenschaften des Genies, von welchem Schopenhauer sagt: »So zeigt auch das meistens melancholische Genie die nur ihm mögliche, aus der volkommensten Objektivität des Geistes entspringende eigentümliche Heiterkeit, die wie ein Lichtglanz auf seiner hohen Stirne schwebt: In Traurigkeit heiter, in Heiterkeit traurig.« Bei Bruckner, dessen Kunst eine so persönliche ist, drückt sich diese Eigenschaft auch in den Werken aus; wie hätte er sonst neben die Tiefe der Adagios die von überquellendem Humor erfüllten Scherzi setzen können?

In jenen Jahren reiften am Konservatorium junge Künstler heran, die später des Meisters eifrigste Vorkämpfer und Helfer wurden; die Brüder *Schalk* und *Ferdinand Löwe*. Der ältere unter ihnen, *Joseph Schalk* (geb. 1857), war schon mit zehn Jahren ans Konservatorium gekommen und hatte bei Professor *Julius Epstein Klavier* als Hauptfach belegt. *Theorie* studierte er drei Jahre bei *Bruckner*. Bald nach seinem Abiturium wurde er Klavierlehrer an dieser Anstalt. Er war bei dem ungeheuren Durchfall von Bruckners III. Symphonie bereits unter den wenigen Anhängern des Meisters, die ihm Trost zusprachen. Der jüngere Bruder *Franz Schalk* (geb. 1863) hatte bei *Hellmesberger* als Hauptfach *Violine* und bei Bruckner Theorie studiert. Er wurde des Meisters ausgesprochener Liebling, der ihm auch riet, die *Kapellmeister*-Laufbahn zu ergreifen. Zuerst als Orchestergeiger, dann als Kapellmeister wirkte er an verschiedenen Theatern, stieg dann auf zum Opernkapellmeister in *Graz, Prag, New York* und schließlich *Wien,* wo er zum Operndirektor vorrückte.

Der Jüngste unter den Jüngern des Meisters war *Ferdinand Löwe* (geb. 1867), der als Wunderkind ans Konservatorium kam, bei *Josef Dachs Klavier* als Hauptfach, bei *Bruckner Theorie* und bei Professor *Franz Krenn Komposition* studierte. Schon mit 16 Jahren wurde er Professor für Klavierspiel am Konservatorium. Als *Dirigent* trat er erst 1892 hervor, war als solcher beim *Kaim-Orchester* in *München* tätig und gründete später den *»Wiener Konzert-Verein«*, dessen Klangkörper er zum eigentlichen Bruckner-Orchester erzog.

Diese und andere junge Gesinnungsgenossen traten frühzeitig dem »Akademischen Wagner-Verein« bei, wo sie die fortschrittlichste Gruppe bildeten und vor allem für die Meister der *neudeutschen* Schule eintraten. Nach einem Bericht des Wagner-Vereines war dieser Gruppe »eine Kunstpflege eigentümlich, die den Charakter des *Religiösen* an sich trug und sich nur zaghaft entschloß, an die Öffentlichkeit mit ihr zu treten«. Ihr musikalischer Obergott war *Richard Wagner*, nach dessen Tod sie *Bruckner* auf den Schild erhoben. Vor allem traten die drei Jünger in der Folge zunächst durch Herstellung von *Klavierauszügen* und ihre Interpretation für Bruckners Werke ein.

Im Herbst 1879 war Bruckner wieder mit größeren Arbeiten beschäftigt. Er begann den ersten Satz der *VI. Symphonie* und entwarf ein *drittes Finale* zur *IV. Symphonie*, deren Partiturniederschrift er am 19. November begann. Auch die achtstimmige Motette mit Streichern und drei Posaunen *»Christus factus est«*, für die Karwoche bestimmt, entstammt wohl diesem Jahre. Seit dem niederschmetternden Erlebnis bei der Uraufführung der III. Symphonie im Dezember 1876 hatte Wien keinen Ton Brucknerscher Musik mehr gehört. Hellmesberger, der die Genialität Bruckners wohl erkannte, ihn sogar über Brahms stellte, getraute sich nicht, das für ihn geschriebene Streichquintett darzubieten. Endlich entschloß sich der Hofkapellmeister, in der *Hofkapelle* die *d-Moll-Messe* nach zwölfjährigem Schlaf wiederzuerwecken. Am 6. Juni 1880 übte sie, mit den Einlagen »Locus iste« und »Os justi«, unter des Meisters Leitung wieder mächtige Wirkung aus. Hellmesberger bekannte nach der Aufführung Bruckner: »Ich muß zu Ihnen hoch aufblicken.« Am Tage vorher war das neue *Finale* der *IV. (romantischen) Symphonie* beendet worden, womit das Werk seine endgültige Gestalt erhielt.

IV. (romantische) Symphonie, Es-Dur

Die Umarbeitung der Urgestalt des Werkes von 1874 in den Jahren 1878 bis 1880 war eine tiefgreifende, wenn auch das Themenmaterial dasselbe blieb. Das ursprüngliche Scherzo wurde durch das neue »Jagd-Scherzo« ersetzt. Obwohl Bruckner das Werk in der Urgestalt nie vom Orchester gehört hatte, entschloß er sich nach den reichen Erfahrungen, die er durch die Proben und Aufführungen seiner II. und III. Symphonie gesammelt hatte, aus eigenem, auch dieses Werk einer gründlichen Neubearbeitung zu unterziehen, denn nun hatte er, was ihm noch gefehlt, auch eine ausreichende *Orchesterpraxis* gewonnen. Beweis dafür ist die Tatsache, daß *alle folgenden Symphonien, von der Fünften an* (die Achte ist ein Ausnahmefall), *nur in* einer *handschriftlichen Fassung des Meisters vorliegen.*

Der klarste Beweis, daß auch dieses Werk nicht auf Grund eines Programms geschaffen wurde, ist die Tatsache, daß der Meister die erste Fassung mit »Sinfonie, Es-Dur« überschreibt; erst 1874 fügt er nach der ersten Umarbeitung das Wort »romantische« bei. Bruckner mag dazu durch seine damaligen ästhetisch gebildeten und romantisch eingestellten Freunde veranlaßt worden sein. Daraus erklärt sich auch die Mitteilung Viktor Hrubys, daß Bruckner, nachdem »man« den »Waldcharakter« der Symphonie erkannt hatte, an die Stelle des ursprünglichen Scherzos das »Jagd-Scherzo« setzte.

Bruckner soll vom Anfang des ersten Satzes erklärt haben: Mittelalterliche Stadt – Morgengrauen – Ritter reiten zum Tor hinaus – der Schatten des Waldes umfängt sie – Vogelsang – und so entwickelt sich das romantische Bild weiter. Anderseits soll er erzählt haben, vom Turm der Stadtpfarrkirche in Linz werde das neue Jahr* angeblasen u. dgl. Bei all dem dürfte es sich um phantasievolle Auslegungen von Enthusiasten handeln, welche Musik, ihrer Zeit entsprechend, nur noch intellektuell infiziert verstehen zu können glaubten.

Es lag dem Meister ferne, irgendwelche reale Geschehnisse zu schildern. Wohl aber ist es Naturromantik, die dem Werk das charakteristische Gepräge gibt, das im übrigen aber in die Bezirke des Metaphysischen, Übersinnlichen hinausstrebt.

Wenn hier und in den weiteren Werkbesprechungen Deutungen auftauchen, so sind diese symbolisch und als subjektives Empfinden des Verfassers zu verstehen.

---

* Der Widersinn von Waldesrauschen und Vogelgesang und – Neujahr! läßt allein schon erkennen, daß diese Deutungen von verschiedenen Seiten kamen.

Über dem, wie aus dem Nichts kommenden, fast unhörbaren Tremolo des in tiefer Lage der Streicher erklingenden Es-Dur-Dreiklanges, ertönt nach zwei Takten der Quint-Ruf des Solo-Horns wie ein »Es werde!« und das romantische Ces des zweiten Einsatzes eröffnet auch den Verlauf des weiteren musikalischen Geschehens. Es erfaßt uns eine Stimmung, wie bei Morgendämmerung auf Bergeshöhen. Diese erste Gestalt des Themas weitet sich im Verlauf der ersten symphonischen Welle ins Zeitlose, während sinkende Bässe in mystische Abgründe tauchen: »Das Erwachen der Brucknerschen Seele. Schöpfung und Untergang schon im ersten Frühkeim vereinigt.« (Kurth.) Die ersten Sonnenblitze schon bringen Leben in die Nebelmassen, und dann, wenn das leuchtende Tagesgestirn am Himmel emporsteigt, feiert die ganze Natur den Triumph des Lichtes mit. Wonnetrunken steht der Mensch vor diesem erhabenen Schauspiel. Ein echt Brucknerscher Fünftönegedanke, der in natürlicher Entwicklung aus dem symphonischen Strome herauswächst, malt diese Wonneschauer, die mit dem Aufsteigen des lebenspendenden Gestirns in Jubel und Entzücken übergehen. In mächtigen Harmonien erreicht dieser zweite Teil des Hauptthemas einen Höhepunkt in Ces-Dur und beschließt, nachdem er nach F-Dur moduliert hat, die erste Themengruppe.

Diese ist wieder ein glänzendes Beispiel Brucknerscher Formdynamik, die eines aus dem andern organisch entwickelt. Alles Streben und Drängen ist auf den Ausbruch des Themas A_2 und der Befestigung der Grundtonart gerichtet. Auch hier sind es nicht abgeschlossene Melodien, sondern Motive, die sich fortwährend weiterentwickeln und umbilden. Es erhält das Entwicklungsmotiv A_1 die Oberhand über den eigentlichen »Gesang« und führt zu Steigerungsverdichtungen, die wieder Thema A_2 auswerfen.

Die Wahl von Des-Dur für die nun folgende *Gesanggruppe*, wie überhaupt die von der Regel abweichende Wahl der Tonarten in diesem Werk, muß als »Mittel romantischer Wirkung« anerkannt werden.

Wie sooft bei der Gesanggruppe, bringt Bruckner auch hier ein Doppelthema. Unser Beispiel zeigt ein echtes »Gesangthema« in den Bratschen und in den Geigen das Gezwitscher (»zi-zi-bee«) eines Waldvogels, der heimatliche »Be-Moasn« (Waldmeise), wie Bruckner erklärt. Durch den Gesang der Bratsche wollte der

Meister, nach Th. Helm, »das eigene Glücksgefühl, solchen traulichen Naturstimmen im Walde lauschen zu können«, ausgedrückt wissen. Die Beglückung der naturtrunkenen Seele macht sich im Verlauf der Entwicklung in Tönen des Entzückens Luft.

Jauchzend schließt sich nach einer Wiederholung der Gesanggruppe die Schlußgruppe an, deren motivisches Material aus A_2 der Hauptgruppe gewonnen ist. Hier, wo sonst Bruckner ein selbständiges drittes Thema aufstellt (das allerdings fast immer in irgendeinem Zusammenhang mit den früheren steht), tritt wieder das im Charakter einem dritten Thema entsprechende A_2 ein, doch wird es jetzt von den Unisono-Entwicklungsmotiven der Streicher völlig *überflutet.* Den ekstatischen Steigerungen folgt auf dem Orgelpunkt B, der Dominante der Haupttonart, die charakteristische »Episode der Leere«, die mystische Vorbereitung der Durchführung, die den Hörer ganz in ihre Zauber verstrickt.

In ganz origineller Harmonisierung beginnt Hauptthema A_1 die *Durchführung,* worauf sogleich A_2 damit verkoppelt wird. Die Krönung der knapp gehaltenen Durchführung, nach deren drittem Höhepunkt, bildet ein mächtiger Choral der Blechbläser, gebildet aus dem Thema A_1, wobei auch die thematische Pause ausgefüllt wird.

Die Majestät des Waldes ist für Bruckner Ausdruck der göttlichen Majestät. In der folgenden, die Durchführung abschließenden und in verebbende und stockende Harmonien übergehenden Streicherstelle, gebildet aus dem vergrößerten Gesangthema B_2 in der zweiten Violine, steigen innige Bitten zum Himmel empor. Diese Stelle ist auch eines jener vielen Beispiele von der staunenswerten Umbildungskraft Bruckners. Nur der Vertraute erkennt darin das Gesangthema, Flüchtige und Übelwollende – und dazu gehörte der Großteil der zeitgenössischen Wiener Kritik – erklärten solche Stellen als neue Gedanken, und das Wort »Formlosigkeit« war dann schnell zur Hand.

Die *Reprise* bringt die Themen genau in derselben Anordnung wie die Exposition, aber schon ihr Eintritt ist von eigentümlichen Schauern erfüllt, und ihr ganzer Verlauf zielt auf das Endereignis hin. Dieses bereitet sich mit dem Eintritt des c-Moll-Teiles (Koda) vor. Vor der überweltlichen Erhabenheit dieses Schlußteiles reichen selbst die ergreifendsten Naturschauspiele als Vergleichsobjekte kaum mehr zu. Es erscheint alles ins Metaphysische gewendet.

»Die Musikbewegungen werden«, wie Kurth sagt, »in Urbewegtheit aufgelöst.«

Schema:

Exposition			
A_1, A_2,	B_1+_2, B_3, B_1+_2,	A_2	Überleitung –
(Es-Dur)	(Des-, Ges-, Des-Dur)	(B-Dur)	(Orgelp. B)

Durchführung	Reprise	
A_1+_2, A_2, A_1 – B_2 – A_1, A_2,	B_1+2, B_3, B_1+_2,	A_2,
(Es-Dur)	(H-, D-, F-Dur)	(Es-Dur)

Koda
A_1
(c-Moll, E-, Es-Dur)

Mit einem an Schubert erinnernden Marschrhythmus beginnt der *zweite Satz* (c-Moll), in dessen drittem Takt die Celli das tief elegische Hauptthema anstimmen.

Das Quintmotiv zu Beginn des Gesanges und im zweiten Takt das As als Vertreter des romantischen Ces im Hauptthema des ersten Satzes beweisen die organische Zusammengehörigkeit beider Sätze. Das dem Thema sogleich folgende Naturmotiv (aus dem zweiten Takt der Cello-Melodie gewonnen), dessen Rhythmus darauf vom ersten Horn erfaßt wird, vermag in uns Waldstimmung zu erwecken; es spendet dem Gedrückten Trost im Leide, es lehrt beten. So erhebt es auch hier die Seele des Ruhesuchenden so weit, daß sich in ihm das Vertrauen zu einer höheren Macht einstellt. Dies sagen uns die Dur-Schlüsse der *Choralstellen*.

Ein unendlich sehnsüchtiger Gesang der Bratschen, von choralartigen Harmonien der übrigen Streicher umhüllt (hier ganz ähnlich wie im Gesangthema des 1. Satzes der V. Symphonie), bildet die *zweite Hauptmelodie* des Satzes, die mit dem Hauptthema in rondoartiger Folge abwechselt.

Diese Gruppe zerfällt in zwei größere Abschnitte von je 16 Takten, deren Unterteilung in achttaktige Perioden die bei Bruckner übliche *Regelmäßigkeit des Aufbaues* wahrt. Jedoch klingt alles so frei und ungebunden wie »unendliche Melodie« und ist trotz des Festhaltens an nächstverwandten Tonarten so modern, wie nur ein mit *feinstem Kunstverstande* ausgestattetes Genie sie schaffen konnte. Wenn nun Bruckner in einer Abschrift der ersten Fassung des Werkes diese Stelle als »Ständchen« bezeichnet und in seiner Erklärung im Freundeskreise launisch sagt: »Im zweiten Satz will ein verliebter Bursch fensterln gehn, wird aber nicht eingelassen«, so ist das nicht so wörtlich zu nehmen; doch zeigen uns diese Worte (der Oberösterreicher liebt es, mit einem Scherzwort Tiefinnerliches zu maskieren) den Entstehungsgrund dieses Sehnsuchtsgesanges: »der Minne Leid«. Der Hinzutritt des Naturmotivs (A_2) bewirkt jedesmal eine seelische Erhebung; es erlangt immer mehr Bedeutung. Dem ersten großen Aufschwung des Hauptthemas in As-Dur folgt zwar nochmals eine in visionäre Höhen führende Unterbrechung, worauf aber rasch zwei weitere Steigerungswellen zum zweiten und dritten Höhepunkt führen. Gewaltig ist hier die harmonische Weitung, die nach der Dominantseite bis H-Dur, nach der subdominantischen Richtung bis Ces-Dur führt, also einen Halbton unter den Grundton C, ähnlich wie auch im ersten Satz E-Dur (besonders gegen Schluß) eine bedeutende Rolle spielt. Eine oft zu beobachtende harmonische Eigentümlichkeit des Meisters! Bemerkenswert ist an diesem Satz auch die thematische Verwandtschaft der Themen.

Es folgt einer der herrlichsten Schlüsse, ein Abgesang voll Erinnerung an überstandene Seelenqualen. Ein rührender Schluß, um so ergreifender, da Bruckner ihn erst der *letzten* Fassung angefügt, nachdem auch er wieder eine Unzahl seelischer Leiden durchgemacht hatte. Der Satz zeigt, äußerlich betrachtet, deutlich folgende Form:

Schema:

A,	B	– A	–	A,	B	–	A
c-Moll,	c-Moll	c-Moll		c-Moll,	d-Moll	–	c-Moll (C-Dur)

Man könnte aber auch das Choralthema als selbständiges Thema auffassen und Variationsform annehmen, doch all das führt nicht zum Kern der Sache. Der ganze Satz wird erst verständlich, wenn man ihn aus symphonischen Steigerungswellen aufgebaut empfindet. Es ist ein lebendiger Organismus, an dem jedes Schema zuschanden wird.

Der dritte Satz ist unzweifelhaft echte Programmusik, das heißt: sie ist *gewollt* nach einer Idee geschaffen. Die Waldromantik der übrigen Sätze verlangt förmlich nach einer Jagdschilderung, da ja mit dem Begriff »Wald« der der »Jagd« fast unzertrennlich verbunden ist. Aus dieser Erwägung heraus wohl hat Bruckner auch das ursprüngliche Scherzo, dessen Thema mit dem Hauptthema des ersten Satzes so innig verwandt ist, in der neuen Fassung mit dem 1878 geschaffenen »Jagd«-Scherzo vertauscht.

Auch dieses fügt sich in die thematische Einheit des ganzen Werkes prächtig ein. Bruckner nannte es scherzend »eine Hasenjagd«. Aus dem Rhythmus des Fünftongedankens A_2 und der Umkehrung des Quintrufes A_1 des ersten Satzes bildete Bruckner die Hornfanfare, die den Satz eröffnet.

Im elften Takt setzt dieselbe Fanfare in der Tonart der zweiten Stufe ein, während die Tonika hartnäckig weiterklingt. Aus dieser länger anhaltenden, höchst spannenden Dissonanz löst sich mit Urgewalt der Posaunenspruch, dessen Sekundschritt Ges-F wieder dem romantischen Ces-B des Hauptthemas der Symphonie entspricht.

In einem mehr dynamischen Gegensatz dazu steht der Seitengedanke mit seiner weichen Chromatik, da auch hier der thematische Zusammenhang (Sekundschritt Es-D und Quintschritt D-G, zusammen Es-D-G analog dem Ces-B-Es des Hauptthemas) nachgewiesen werden kann. Aus diesen einfachen Gebilden ist der ganze glänzende Satz gebaut, in dessen Mitte ein echter oberösterreichischer Ländler als *Trio* gebettet ist. Eine Handschriftpartitur enthält bei dieser Stelle die Bemerkung »Tanzweise während der Mahlzeit zur Jagd«. Dieses liebliche Idyll zeichnet sich durch besondere Feinheiten in Harmonik und Instrumentation aus.

In der Form schließt es sich völlig den meisten klassischen Mustern an. Der Scherzohauptteil zeigt Dreiteiligkeit. Der Mittelteil ist durchführungsartig gearbeitet. Die Themen des ersten Teiles – es sind lauter Motive – sind sämtlich dem Hauptthema des ersten Satzes verwandt, selbst das sogenannte Gegensatzthema (bei B) ist nur dynamisch und stimmungshaft gegensätzlich. Auch hier, wie im Andante, völlige Einheit der Thematik! Besonders deutlich ist hier die Steigerungstechnik spürbar, und in vielen Einzelheiten zeigt sich impressionistisches Empfinden.

Doch in Wirklichkeit ist dieser geniale Satz weit über das ihm unterlegte Programm hinaus ins Übersinnliche gewachsen; diese Dämmernisse und Schauer öffnen uns ganz andere Seelengründe!

Die würdige Krone des Vorhergegangenen bildet das Finale, dessen Erklärung Bruckner zurückwies mit den Worten: »... Und im letzten Satz, ja, da weiß i selber nimmer mehr, was i dabei denkt hab'.«

Vergleiche dazu Goethes Wort zu Eckermann über »Faust«: »Da kommen sie und fragen, welche Idee ich in meinem Faust zu verkörpern suchte? Als ob ich das selber wüßte und aussprechen könnte.«

Wie die vorangegangenen Sätze die Natur in ihrem Zauber, ihrer Majestät und Erhabenheit zeigen und Bruckner die Natur immer in Beziehung zum Menschen bringt; wie er die Natur, speziell den Wald, als Tröster (Andante) und Freudenbringer (Scherzo) empfindet, so zeigt er uns im Finale offenbar die Schrecken der Natur, Gewitter und Sturm; er malt damit mehr noch die *Seelenstürme*, die keinem Menschen erspart bleiben.

Auf einem Riesenorgelpunkt auf der Dominante der Haupttonart setzt über unheimlich pochenden Streicherbässen das gespenstische Motiv des ersten Hornes und der ersten Klarinette ein und erzeugt schwüle Gewitterstimmung.

Der Wind als Vorbote des Wetters beugt die Wipfel der Waldriesen, immer mehr schwillt das »Lied vom Wind« an, begleitet von dem Ächzen der gebeugten Stämme. Dazu tritt ferner gespenstisches Hörnergetön. Es sind die Jagdmotive des Scherzos, welche, immer näher kommend, jetzt aber drohenden Charakter angenommen haben. Ihre Fanfaren wachsen zu riesiger Gewalt an, als sei es die »wilde Jagd« der Germanen, die nun einherbraust – und wahrlich, nun bricht's herein im kolossalen Hauptthema.

Die hohlen Oktaven des Hornmotives in der Einleitung waren nur die Vorboten dieses riesigen Themengebildes, das seinesgleichen nur im Hauptthema der IX. Symphonie Bruckners hat. Der thematische Zusammenhang mit dem Hauptthema des ersten Satzes ist auch hier wieder leicht ersichtlich in der Verbindung des romantischen *Ces* mit der Quinte (hier im dritten und vierten Takt). Gespenstische Sextolenfiguren, die nun dazutreten, erhöhen die Schrecken der wilden Jagd: »Da saust es und braust es, das wütige Heer, ins weite Tal und Gebirge« – –; nun bricht das *Thema des ersten Satzes* in schmetternden Bläserakkorden herein, ein Zauberspruch, dem der Spuk auf der Stelle weicht.

Der Wald, dessen holder Friede uns wieder umfängt, in dessen Gründen wir Erholung suchen, zaubert Erinnerungen vergangener Tage wieder vor die Seele. Zunächst sind es die Bitternisse, die Sorgen des Alltags, die sich vordrängen. Der ideale Sinn weiß sie zu überwinden, und freundliche Bilder aus Kindheit und Jugendzeit erfüllen bald die Phantasie mit ihrem »Es war einmal!«

Noch drei Melodiengebilde sind es, welche mit dem trauermarschartigen ersten Motiv (B_1) (das in der Stimmung mit dem Hauptsatz des Andante zusammenhängt) die Gesanggruppe dieses Satzes bilden.

Rauhe Gewalten verscheuchen die lieblichen Bilder. Erschrekkend tritt wieder jene Sextole ein, die nach dem ersten Erklingen des Hauptthemas A_2 so gespenstisch in den Bässen rollte, und darüber ein markiger Posaunenspruch, welche Kombination wir als *Schlußgruppe* ansehen können.

Analog wie in der Hauptgruppe versinnlicht auch hier die Sextole den *Sturm,* nicht nur den Kampf der Lüfte, wie dort, sondern auch den *Kampf der Geister,* den *Lebenskampf.* Jäh reißt das Schicksal einen Träumer auf zur Tat, doch noch unterliegt er den eigenen Schwächen und sinkt wieder in süßes Sinnen zurück. Damit ist der große seelische Konflikt gezeichnet. Die nun beginnende *Durchführung* bringt den Hauptschlag, wobei das Hauptthema in drei Teilen verwertet wird. Die *Reprise* führt zunächst das Finale-Hauptthema in erweiterter Form ff im ganzen Orchester ein und bringt es zu gewaltigem Höhepunkt, den eine Generalpause abschließt. Hierauf folgt die vollständige Gesanggruppe, in fis-Moll beginnend, die ebenfalls durchführungsartig verändert und mit der Sextolenfigur aus dem Hauptthema kombiniert erscheint. An Stelle der Schlußgruppe tritt die Koda. Das Sextolenmotiv erscheint dann später erst in der Gesanggruppe mit B_2 verknüpft, als traumhafter Nachklang wieder.

In beispielloser Hoheit und Größe setzt die *Koda* ein, eine der beglückendsten Inspirationen der ganzen Musik. Ein herrlicher, choralartiger Schlußgesang hebt an, von Ewigkeitsschauern durchdüstert, bis der glanzvolle Schluß ihn in seinem Rhythmus glorifiziert.

Exposition		Exposition		
Einleitung:	A_1 A_2 A_1 –	B_1 B_2	B_3 B_4 –	C_1 B_2
Orgelp. auf Domin. B	(es-Moll)	(c-Moll)	(C-Dur)	(b-Moll)

	Durchführung
Einleitung	B_2 B_3 B_1 A_1 + A_2
(b-Moll)	

	Reprise		Koda
A_2	B_1 B_2 B_3	A_1	Choral A_1
(es-Moll)	(fis-Moll)	(Es-Dur)	

Was die *Instrumentation* des Werkes betrifft, so nimmt hier das *Streichertremolo* einen breiteren Raum ein; es unterscheidet sich aber wesentlich von dem der dramatischen Musik, wo es häufig tonmalerisch für Szenen der Erregung, des Grauens (wie bei der Wolfsschluchtszene bei Weber) angewandt wird. Bruckners Streichertremolo aber ist ein Element der *Ruhe* und bildet gerade bei diesem Werk sozusagen die neutrale Farbe des Hintergrundes, von welchem sich die ausschließlich in *einer Orchesterfarbe*, ja meist in einem einzelnen Instrument auftretenden Themen plastisch abheben. Seine dynamische Skala reicht vom ppp bis zum fff, geht also in dieser Beziehung auch über Beethoven hinaus. Auch die Strichtechnik der Streicher ist eigenartig und ermöglicht Kraftentwicklungen, die nur dem Brucknerschen Orchester eigen sind.

Nach Vollendung des Werkes gönnte sich der Meister endlich einmal ein besonderes Ferienvergnügen, das durch seine Religiosität und seinen Natursinn bestimmt war.

Er unternahm eine *Schweizer Reise*, die ihn ungemein erquickte. Zunächst begab er sich am 13. August, da er nun seinen Sommerurlaub von der Hofkapelle erhielt, nach *St. Florian*, von wo er am 20. August nach *Oberammergau* zu den Festspielen reiste. Bei den *Passionsaufführungen*, welchen er am 22. und 23. August beiwohnte, hatte es ihm eine der »Töchter Jerusalems« angetan. Nach der Vorstellung setzte Bruckner alles daran, das Mädchen, welches auf ihn so tiefen Eindruck gemacht hatte, kennenzulernen. Dies gelang ihm auch. Er musterte die aus dem Schauspielhause kommenden Darsteller genau; endlich kam sie daher, die echte und richtige, die er suchte. »Da is s' ja!« rief Bruckner freudestrahlend und stellte sich sogleich dem erstaunten Mädchen vor. Er begleitete sie, die Tochter einer Modistin, zu ihrer Tante, wo sie wohnte, und blieb dort von sieben Uhr abends bis elf Uhr nachts. Auch am folgenden Tage wiederholte er seine Besuche. *Marie Bartl*, so hieß das Mädchen, erhielt brieflich ernstliche Heiratsanträge und eine Photographie von ihm mit der Widmung: »Der allerliebsten Freundin Marie Bartl.« Bis in den Sommer 1881 hinein unterhielt Bruckner einen lebhaften Briefwechsel, bis Marie Bartl nicht mehr antwortete. Sie mag gefühlt haben, daß sie, das Landmädchen – abgesehen von dem großen Altersunterschied (sie war 17, Bruckner 56 Jahre alt) –, einem Mann, der in ganz anderen geistigen Verhältnissen in der Großstadt lebt, nicht hätte genügen können. Die Neigung Bruckners erinnert sehr an die leidenschaftliche Liebe des siebenunddreißigjährigen Beethovens zur vierzehnjährigen schönen Therese Malfatti.

Wunden Herzens verließ Bruckner Oberammergau am 24. August und reiste über *München, Lindau, Winterthur* zum *Rheinfall* und nach *Zürich*. Hier spielte er die mit Wasser betriebene Orgel der Kathedrale, besichtigte das Polytechnikum und die Universität. Von einem Ausflug aus Rapperswyl zurückkehrend, fährt er bei »fürchterlichem Sturm« mit dem Dampfer über den See nach Zürich zurück. Von *Genf* aus besucht Bruckner *Chamonix* und *Flegère*. Der alpine Zauber dieser Gegenden macht auf ihn tiefen Eindruck. Auf der Rückreise spielt er in *Genf, Freiburg* und *Bern* die Kathedralorgeln. Der Organist der Berner Kathedrale, *Dr. Jakob Mendel*, der hier die zweitgrößte Orgel überhaupt meisterte, war ein begeisterter Verehrer des Orgelvirtuosen Bruckner. Ludwig Speidel gegenüber tat er einst, nachdem er großartig gespielt hatte, den Ausspruch: »Ja, der Bruckner sollte dasitzen, der versteht das noch ganz anders, dem reichen wir alle nicht das Wasser.« In seinen alten Tagen trug sich Mendel noch jahrelang mit dem Plan einer Reise nach Wien, um »den letzten Organisten« vor seinem Tode noch einmal zu hören; doch ist er darüber gestorben. In *Luzern* hatte Orgelbauer Haas, als er die Kunde von Bruckners Anwesenheit vernommen hatte, am 8. September vormittags ein Orgelkonzert arrangiert, dessen Programm Bruckner und der dortige Domorganist P.

Ambros teilten. Nach einem Besuch des *Rigi-Kulm*, dessen prachtvolle Aussicht ihn zuhöchst begeisterte, reiste er über München und Salzburg zurück nach Linz, wo er am 11. September abends eintraf. Den Rest der Ferien verbrachte der Meister in *St. Florian*. Nach Wien zurückgekehrt, fesselte ihn ein schlimmes Fußleiden und dann eine schon im Frühjahr aufgetretene Migräne längere Zeit an das Bett, aber auch jetzt war er nicht untätig. Er vollendete am 24. September den 1. Satz der bereits vor einem Jahr begonnenen *VI. Symphonie*. Ungeachtet seines geringen Glückes mit seinen Werken – die IV. und V. Symphonie lagen unaufgeführt im Pult – zwingt ihn ein inneres Müssen, abermals eine Symphonie zu schreiben. Man muß es schon als Heroismus im Dienste der Musen bezeichnen, daß Bruckner überhaupt noch eine Note schrieb. Kurz vor seinem Sterben seufzte er denn auch: »Daß ich komponiere, ist ja der reinste Idealismus!« Mit diesem Idealismus schritt er nun an die Fortsetzung des neuen Werkes.

Alles Persönliche und Unangenehme, was der Meister auch weiterhin zu erdulden hatte, konnte die Reinheit und Objektivität seines Schaffens nicht berühren. Eine Enttäuschung brachte ihm die von ihm schon im Sommer versuchte Bewerbung um die Stelle eines zweiten Chormeisters des »Wiener Männergesangvereines«. Bruckner wendete sich in einem Schreiben vom 9. August an den damaligen ersten Chormeister des Vereines, *Eduard Kremser*, in welchem er seine Leistungen als Chormeister des »Frohsinn« in Linz hervorhebt und ihn bittet, falls Aussicht vorhanden, ihn als Bewerber anzusehen. Nun aber mußte Bruckner erfahren, daß die Stelle bereits anderwärts vergeben war. Da aber sein Name unter denen der Bewerber veröffentlicht worden war, schreibt er am 2. Oktober an Kremser:

»Wiederholt hörte ich, daß ich leider gar keine Hoffnung habe, in Ihren Verein zu kommen, u. das werden Sie am besten wissen. Lebte Herbeck, er würde sagen, *was für ein Chormeister* ich bin (das hätte man auch in Linz u. im akademischen Gesangvereine durch Einstudieren d. Germanenzuges vor vier Jahren erfahren können, wie gründlich ich studiere).

Was Herbeck in dieser Beziehung noch einige Wochen vor seinem Tode, wie auch so oft früher, zu mir sprach, werde ich seinerzeit bekannt geben.

Ich bitte Sie nun zu meiner Ehrenrettung diese Bitte durchsetzen zu wollen, daß ich einmal, irgend einmal meinen Germanenzug einstudieren darf. In Ewigkeit (wie ich geschrieben) könnte es mir nicht einfallen, mich aufdrängen zu wollen, u. gönne jedem die Stelle; aber da mein Name in den Zeitungen genannt wird u. ich Unannehmlichkeiten zu bestehen hatte, so will ich wenigstens durch Ihre gütige Einwirkung meine Ehre retten dadurch, daß mir einmal gestattet würde, meinen *Germanenzug* einstudieren zu dürfen. Noch bitte ich sehr gütigst sorgen zu wollen, daß mein Name doch in Zukunft nicht immer genannt werde, um was ich gleich anfangs bath, wenn ohnedieß keine Hoffnung für mich ist.

Euer Hochwohlgeboren wissen am besten, daß ich in Wien wenig Glück habe. Nun wie Gott will!«

In späteren Jahren trat der Wiener Männergesangverein unter Kremser und seinen Nachfolgern eifrig für Bruckners Männerchöre ein.

Statt der mit einem entsprechenden Gehalt verbundenen Chormeisterstelle konnte der Meister am 29. November die Entschließung des Unterrichtsministeriums zur Kenntnis nehmen, daß ihm für sein Lektorat an der Universität eine definitive Remuneration von 700 Gulden gewährt wurde. In die ersten Monate des Jahres 1881 fällt ein Ereignis, welches geeignet war, Bruckner neuen Lebensmut zu geben: die *Uraufführung der IV. (romantischen) Symphonie* in einem Konzert zugunsten des neugegründeten *»Deutschen Schulvereines«. Hans Richter,* der mit Wagner Bruckners »Dritte« durchgenommen und darin dessen Genie erkannt hatte, nahm sich des blühenden Werkes an. Bei einer der Proben mit dem Philharmonischen Orchester war auch Bruckner anwesend. Nach der Probe zeigte er dem Dirigenten gegenüber seine Dankbarkeit, indem er ihm einen Mariatheresientaler in die Hand drückte. Hans Richter erzählte darüber in »Household Words«: »Der Taler ist das Andenken an einen Tag, an dem ich weinte. Zum erstenmal dirigierte ich in der Probe eine Symphonie von Anton Bruckner, der damals zwar schon ein alter Mann war, aber als Komponist noch nicht den verdienten Ruhm genoß; seine Werke wurden kaum jemals aufgeführt. Als die Symphonie beendet war, kam Bruckner zu mir. Er strahlte vor Begeisterung und Glück. Ich fühlte, wie er mir etwas in die Hand drückte. ›Nehmen S' das‹, sagte er, ›und trinken S' auf mein Wohl a Krüg'l Bier!‹« – Richter ließ sich den Taler fassen, um ihn fortan an seiner Uhrkette zu tragen. Die Uraufführung der Symphonie am 20. Februar 1881 gestaltete sich zu einem Triumph für Bruckner. Den glänzendsten, aber kaum beachteten Bericht schrieb *Eduard Kremser* im »Vaterland« vom 5. Mai, wobei er vor allem feststellte, daß Bruckner nur in dem Sinn »Wagnerianer« sei, wie Wagner Beethovenianer und Beethoven Mozartianer gewesen seien. Sogar die »Neue Freie Presse« vom 27. Februar konstatiert »ungewöhnlichen Erfolg – Applaus in Hülle und Fülle«. Die *»Wiener Abendpost«* aber schreibt: »Das Publikum, und zwar das ganze, nahm die Symphonie mit ungeteiltem Enthusiasmus auf, der sich in stürmischem, jubelndem Beifall äußerte. Vier- bis fünfmal mußte Bruckner nach jedem Satz erscheinen. Mit einem Worte: Bruckner schlug glänzend durch, er gehört seit dem verflossenen Sonntag zu unseren *bedeutendsten Tonschöpfern* und ist unser künstlerisches Gemeingut geworden.« Im selben Konzert fiel die symphonische Dichtung *»Des Sängers Fluch«* von *Hans von Bülow* glänzend durch. Von da an war Bülow Bruckners Feind. Mit Bezug auf die Symphonie hatte Bülow spöttisch die Frage aufgeworfen, ob das »deutsche Musik« sei. Damals war Bülow ja schon felsenfester »Brahmine« und Anti-Wagnerianer. Wie hätte er also das Werk des treuesten Wagner-Verehrers anders beurteilen können?

Wieder hatte eine neue Symphonie in der von Bruckner selbst niedergelegten und von niemandem beeinflußten Gestaltung die stürmische Zustimmung der gesamten Hörerschaft gefunden, und keiner der Kritiker konnte sich der Urgewalt dieser Tonsprache entziehen, wenn es für sie auch ungemein schwierig war, ein so unerhört neues Werk ohne jede Vorbereitungsmöglichkeit wirklich erfassen zu können. Für alle musikalischen Kreise war der Meister von da an dem von seinen norddeutschen Kollegen *Speidel, Kalbeck, Dömpke* und anderen in Wien, sowie vor allem durch *Hanslick* geförderten und auf den Schild gehobenen *Johannes Brahms* in gefährliche Nähe gerückt worden.

In tiefem Dankgefühl für den endlich errungenen großen Erfolg entwarf Bruckner in den Tagen des 10. bis 17. Mai 1881 ein »Tedeum«, über dessen Themen er schon zu Ostern bei der Auferstehungsfeier im Dom zu Linz in grandioser Weise präludiert hatte, das aber erst 1884 vollendet wurde.

Die seelische Erhebung durch den großen Erfolg förderte auch die künstlerischen Arbeiten. Einen seiner dankbaren Seele entkeimenden Entwurf zu einem Tedeum legte er beiseite zugunsten der neuen Symphonie, die er während der Sommerferien in St. Florian beendete. Nachdem Bruckner der Halb-neun-Uhr-Messe beigewohnt hatte, arbeitete er bis Mittag. Wenn er nicht recht in Stimmung war, machte er einen Spaziergang in den nahen Wald, wo er sich am Vogelgesang erquickte. Nach der Mittagsruhe arbeitete er wieder bis halb fünf Uhr. Noch vor Ablauf der Ferien lag das Werk fertig vor.

VI. Symphonie, A-Dur

Der am 24. September 1879 begonnene erste Satz wurde am 27. September 1880 in Wien beendet. Das *Adagio* ist datiert »Wien, 22. November 1880, k. k. Universität«. Das *Scherzo* wurde am 17. Dezember begonnen und in der k. k. Universität am 17. Jänner 1881 beendet. Die Skizze des *Finales* war am 28. Juni fertig, und am 3. September 1881 wurde die Partitur des Werkes in *St. Florian* abgeschlossen. Auch dieses Werk hat sein Schöpfer in der ursprünglichen Form belassen. Er nannte die »Sechste« wegen ihrer Kühnheiten scherzhaft »die Keckste«. Sie war von Bruckner seinem Hausherrn *Ritter v. Ölzelt* zugedacht. Unter den neun Riesenschwestern der Brucknerischen Symphoniemusik war die »Sechste« neben der »Ersten« jahrzehntelang das Stiefkind, wenn man ihre Aufführungszahl mit der der anderen vergleicht. Dem genauen Kenner des Werkes scheint diese Tatsache jedoch unbegreiflich. Die A-Dur-Symphonie gehört mit zum Originellsten der Brucknerschen Muse. Zwar atmet sie nicht jenes Feuer wie die meisten ihrer Schwestern, stürmen ihre Gedanken nicht so gewaltig aneinander wie in jenen, doch hat auch sie ihre Größe, die Größe des der Erdenschwere sich entledigenden Geistes, die Ruhe und Resignation des Philosophen. Wie ein Aufgehen des Persönlichen in der Natur, wie ein seliges Schwelgen in ihren Reizen erscheint uns der *erste* Satz, dessen Inhalt somit teilweise mit dem des ersten Satzes der »Vierten« verglichen werden könnte. Hier erleben wir eine ähnliche bezaubernde Morgenfeier, einen noch herrlicheren Sonnenaufgang als dort.

Zarte, aber doch scharf rhythmisierte Pulsschläge der Violinen, zugleich den *Hauptrhythmus des Werkes* festlegend, leiten »Majestoso« die Symphonie ein. Im zweiten Takte tritt in Celli und Bässen das Hauptthema in feierlicher Größe dazu; ein Anfang, der viel verspricht.

Der ganze Satz ist eine Apotheose des »Bruckner-Rhythmus« (Teilung der Takthälften in zwei und drei Einheiten), der im ersten Themenkomplex sowohl in dem Höhenflimmern der Geigen (verkleinert und mit Punktierung der ersten Note) als auch (in vergrößertem Maße) in der Hauptmelodie der tiefen Streicher ertönt.

Auch dem Gesangthema liegt der Bruckner-Rhythmus zugrunde, aber nicht in linearer Weise, sondern sozusagen vertikal, übereinander gebaut, als Gleichzeitigkeit von zwei und drei Teilen. Diese Rhythmisierung ist bis in die einzelnen Stimmen zu verfolgen und kommt in der Melodie selbst durch Quintolen (6. Takt) zum Ausdruck.

Romantisch erklingt nach Abschluß des Themas das Echo des letzten (eingeklammerten) Motivs im Horn wieder, worauf das Thema zwei *ganze* Tonstufen höher wiederholt wird. Ihm antwortet eine Umkehrung des Schlußmotivs, wieder in den Hörnern. Als ob Nebelschleier zerreißen, Dünste sich heben würden, erklingt es im kraftvollen Nachsatz des Hauptthemas, worauf bald auch Naturlaute ertönen; endlich erstrahlt das Hauptthema im Glanze des vollen Orchesters und satter Harmonie wie sieghaftes Sonnenlicht. »Überall regt sich Bildung und Streben, alles will sie mit Farben beleben!« In glitzerndem Morgentau schwelgen Naturmotive, und mitten in dieser ergreifenden Morgenfeier steht – der Mensch; der Mensch mit seinem Leid im *Gesangthema*!

Auch hier bewährt sich die Natur als Trösterin! Eine herrliche Episode, voll Milde und Innigkeit, die so recht in Bruckners reine, kindliche Seele blicken läßt, befriedet jeden Schmerz.

Die Baßfigur des Gesangthemas ist uns bereits aus dem Adagio der V. Symphonie bekannt. Auch hier erscheint die Figur mit dem Septsprung, welcher jedoch jetzt jede Herbheit abgestreift hat, reich und selbständig verwendet. Mit welcher psychologischen Feinheit dieses Septmotiv hier in der Stimmung verändert ist gegenüber der Sprödigkeit desselben im Adagio der »Fünften«, wie es dort den Schmerz, hier Resignation ausdrückt, das ist einer der herrlichsten Beweise von der inneren Folgerichtigkeit des Brucknerschen Schaffens.

Einssein mit der Natur fördert auch den geistigen Aufschwung, der zu einsamen Höhen emporführt. Die *dritte Themengruppe* tritt ein, ein Unisonomotiv (rhythmisch mit dem ersten und zweiten Thema verwandt), das sich auf allen sieben Tonstufen der diatonischen Tonleiter wiederholt und nach und nach mehr belebt. Nach einem machtvollen Höhepunkt wird das Schlußmotiv des Unisono-Themas in ruhigen und harmonisch äußerst kühnen Sextakkord-Harmonien weitergeführt. Keine Spur von Kampf! Alles folgende, auch die Durchführung, in welcher das Hauptthema in Umkehrung, prachtvoll umrauscht, wieder eintritt, gleicht einem trunkenen Schwelgen in den Zaubern der Natur.

Zum erstenmal tritt hier jene Eigentümlichkeit auf, die wir auch in den ersten Sätzen der drei letzten Symphonien beobachten werden – *die innige Verkettung der Durchführung mit der Reprise,* so daß, wie *Funtek* sagt, »Höhepunkt der Durchführung und Beginn der Reprise zusammenfallen«. Eine Merkwürdigkeit dieses Satzes ist außerdem die breite Ausgestaltung der Gesangpartien, wodurch dem Satze jene ruhige Größe eignet, auf die *August Halm* den griechischen Begriff des *»Ethos«* angewendet hat. Von besonderer Feierlichkeit ist hier die *Koda,* welche nicht, wie sonst, schon in der Grundtonart steht und in ihr schwelgend zu Ende geht, sondern schillernde, sequenzierende Harmoniewendungen aufweist. Trotzdem ist sie von ergreifender Ruhe und Größe. Wer je die *»Retraite«** vom österreichischen Militär blasen hörte, wird von der Feierlichkeit dieses Abendgrußes tief ergriffen worden sein. Eine solche »Abendfeier« nach dem Muster der »Retraite« ist diese Koda. Es ist sehr wahrscheinlich, daß sich Bruckner bei der Erfindung des Hauptthemas dieser Symphonie an jenes militärische Trompetenmotiv angelehnt hat.

Als nämlich einst in St. Florian ein hoher militärischer Würdenträger zu Gaste war, sollte Bruckner für denselben die große Orgel spielen. In der Schwimmschule (Bruckner war ein vorzüglicher Schwimmer und Taucher) fragte er einen der Kleriker, über welches Thema er phantasieren solle. Der angehende Priester, Matthias Lehner, empfahl ihm nun, ein militärisches Signal als Thema seines Orgelspiels zu nehmen, und pfiff ihm

---

* Die österreichischen Militärsignale sollen von Michael Haydn stammen.

die »Retraite« vor. Bruckner war einverstanden. Dieser Tag mag der Geburtstag des ersten Satzes der VI. Symphonie gewesen sein.

Die Koda schließt mit dem zu einer Fanfare umgebildeten Hauptthema *einen der allerherrlichsten ersten Sätze.*

Exposition			Durchführung	Reprise			Koda
A	B	C	A	A	B	C	A
A-Dur,	e-Moll,	C-Dur		A-Dur,	fis-Moll,	D-Dur	

Voll Ruhe und Feierlichkeit beginnt der *zweite Satz* mit einem im doppelten Kontrapunkt erfundenen Thema, zu welchem bei der Wiederholung ein neuer Kontrapunkt der Oboe tritt. Es entsteht ein Gebilde im dreifachen Kontrapunkt, ebenbürtig etwa der dreistimmigen f-Moll-Invention oder dem g-Moll-Präludium aus dem »Wohltemperierten Klavier« (erster Teil) J. S. Bachs.

Nach einer Steigerung der Baßschritte des Hauptthemas sinkt die Stimmung in Resignation zurück. Traurige Sextharmonien der Holzbläser schließen die Hauptpartie.

Im *Gesangthema* ergießt sich eine Flut innigster Empfindungen aus dem Zwiegesang der Violinen und Celli. Ein Erinnern an Tage des Liebesglückes! War doch Bruckner zur Zeit der Komposition dieses Satzes selbst voll Hingebung an ein junges Mädchen.

Der herrliche Gesang steigert sich zu einem Hymnus des Glückes, doch bald greift des Schicksals rauhe Hand ein; dem Freudentaumel folgt das Leid. Eine trauermarschähnliche Melodie tritt als *drittes Thema* ein.

Nun erfährt das Hauptthema eine umfangreiche Verarbeitung, wobei zunächst die Hauptmelodie und die Baßfigur miteinander vertauscht werden; die weitere Veränderung mit reicher Sechzehntelumrankung ist in der Art des Adagios der »Fünften« gehalten.

Von hervorragender Schönheit ist der Schluß des Satzes, der auf langem Orgelpunkt in der Grundtonart mild, resigniert aushaucht. Sonatenanlage und Rondoform spielen ineinander.

						Koda
A	B	C	A	B	C	A
F-Dur,	E-Dur,	c-Moll		F-Dur,	f-Moll	F-Dur

Von ganz anderer Art und ohne eine Spur von der derbrustikalen Weise der Scherzi bis zur »Fünften« ist das *Scherzo* (Nicht schnell) dieses Werkes. Es ist das erste jener phantastischen, ins Zauberreich der Naturromantik leuchtenden Stücke, die, Böcklins Gemälden vergleichbar, eine neue Seite der Brucknerschen Gefühlswelt aufdecken. Bei Anhören dieser Musik vermeint unsere Phantasie alles mythologische Gelichter der germanischen Sagenwelt vorüberziehen zu sehen. Diese Stücke erwekken in uns etwa Erinnerungen aus Eindrücken der Goetheschen »Walpurgisnacht«. In größter Originalität steht das Scherzo der VI. Symphonie, den Impressionismus vorausahnend, vor uns. In ihm scheint mir eine Szene aus »Faust«, zweiter Teil, »musiziert« zu sein.

Die Mondnachtstimmung des *Trios* hat Bruckner schon in dem 1878 komponierten Männerchor »Abendzauber« vorausgeahnt. Um in der Malerei analoge Stimmungsbilder zu dem Idyll dieses Trios zu finden, müßten wir an Schwinds »Elfentanz« oder an Böcklins romantische Gemälde denken.

Überall begegnen uns auch thematische Zusammenhänge, besonders mit dem ersten Satz.

Erst im *Finale* (Bewegt, doch nicht zu schnell) kommt es zu tragischen Konflikten.

Ein aus dem Baßabstieg des Adagio-Hauptthemas gebildetes, schmerzliches, phrygisches Motiv der Geigen leitet das Finale ein. Ihm folgt die siegesgewisse Kampfesfanfare der Hörner und Trompeten, von typischen Entwicklungsmotiven sämtlicher Streicher umschwirrt. Die drei aufsteigenden Viertel der Trompeten nehmen in der Reprise choralartigen Charakter an.

Diese Kraftlinien und die tragische Akzente enthaltenden Motive bilden, aus dem Hauptthema des ersten Satzes gewonnen, zusammen die *Haupt-Themengruppe.*

Das Problem des Bruckner-Finales, das auf den Wiederausbruch des Themas vom ersten Satz gerichtet ist, erfährt hier eine vollkommen neue Lösung. Der ganze Teil, mit den bisher angeführten Themen und Motiven, dient hier dem dynamischen Entwicklungsprinzip. Das Zusammenwirken und Ineinanderfließen dieser Kraftlinien, mit ihren versteckten Beziehungen zu früheren Themen und vor allem dem Kopfthema der Symphonie, führt zu Spannungen, die zunächst im Ausbruch des Hauptthemas ihre Lösung finden.

Viel mehr Raum nehmen auch hier die Motive der *Gesanggruppe* (es sind drei linear geführte Melodien) ein, seligen Jugenderinnerungen gleich. Sogar Motive aus der Gesanggruppe des ersten Satzes spielen mit hinein.

Der *dritte Hauptgedanke*, aus dem Nachsatz des Hauptthemas vom ersten Satz und dem ersten Kontrapunkt zum Hauptthema des Adagios sowie aus dem Finale-Hauptthema gewonnen, bringt Zuversicht und Schwung in den Satz.

Hans Richter und Anton Bruckner (Karikatur von Otto Böhler)

Dieser Teil weicht insofern von der bisher betrachteten Art des dritten Themas ab, als er die Exposition nicht abschließt, sondern die Aufgabe hat, den Satz dynamisch weiterzuführen gegen den Ausbruch des Finale- und schließlich des Symphonie-Hauptthemas. Er nimmt im Verlaufe desselben einen breiten Raum ein. Auch hier ist die Vorgestalt (bei A) mit dem ersten Thema der Reprise (Fanfare) in der *Durchführung* verflochten.

Diese erscheint hier eigentlich gar nicht als gesonderter Abschnitt, sondern als einzige große Spannung, die auf den Eintritt des Finale-Hauptthemas (A) gerichtet ist. Mit Eintritt desselben beginnt, formalistisch betrachtet, die *Reprise*. Auch diese durchzieht wie ein elektrischer Strom der Wille zum Hauptthema des ersten Satzes. Schon in der Mitte des Satzes herrscht Sigessicherheit, und wenn am Schlusse das Hauptthema des ersten Satzes eintritt, ist der Kampf entschieden. Die Sonne des Ruhmes leuchtet hinweg über alles Irdische!

Exposition	Durchführung	Reprise	Koda
A B C	A+C, A	A B C	A A
a-Moll, C-Dur, E-Dur		A-Dur, A-Dur	

Hier ist besonders auch die *innige thematische Beziehung aller vier Sätze* hervorzuheben.

Dieses Werk geht in der Art der Instrumentation wieder auf die der I. und II. Symphonie zurück, das heißt, sie zeigt nur an

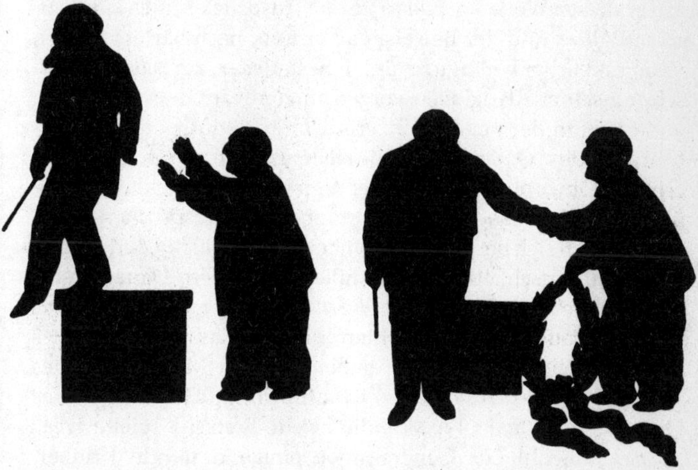

wenigen Stellen die von der Dritten bis zur Fünften in erhöhtem Maße ausgebildete stufig-registerartige Farbentechnik des Orgelklanges, die in der kultisch-mystischen Haltung der Fünften besonders bevorzugt war. Der Sechsten ist dieser vorherrschend religiöse Zug nicht eigen, was die andersartige Farbengebung bedingt haben mag. Zwar beginnen auch hier die hauptsächlichsten Themen in *einer* Orchesterfarbe (Streicher), doch treten schon nach wenigen Takten Holz- oder Blechbläser hinzu und verstärken die melodischen Linien. Da vor allem das *Blech* große *Selbständigkeit* besitzt, obzwar es nicht, wie in den vorangehenden Symphonien, isoliert gebraucht wird, ist seine Umrahmung durch die ebenfalls völlig selbständigen Streicher nicht so sehr Farben-Mischung als *Schichtung* von Farbenkomplexen. Auch in der Dynamik geht Bruckner in dieser Symphonie nicht allzuoft an die äußersten Grenzen, und sein ureigenes fff in allen Orchesterstimmen (das vor allem eine außerordentlich starke Streicherbesetzung voraussetzt) tritt nur am Schluß des ersten und an wenigen Stellen des letzten Satzes auf. Wie in der »Pastorale« spielen hier die Holzbläser eine besondere Rolle. Bruckner kennt also auch in dieser Beziehung kein Schema.

Als der Meister dieses Werk schuf, war er von niemandem beraten, und da er Änderungen nach seinem Abschluß ebenso wie bei der Fünften nicht mehr vornahm – auch nicht, nachdem er ihren Orchesterklang gehört hatte –, so ist die *einzige Niederschrift* dieser Werke der *unverfälschte* Ausdruck seines *künstlerischen Willens* und der Beweis, daß er nun, nach hartem Ringen und praktischer Betätigung als Orchesterleiter, zur *vollen* Beherrschung seiner Klangideen vorgedrungen war.

Zu Beginn der neuen Konzertsaison hatte Bruckner die Aufführung des *Quintetts* durch Hellmesberger und Genossen erhofft. Obwohl der Führer der Vereinigung Bruckner gegenüber sich über das Werk äußerst lobend ausgesprochen hatte, machte man sich bei den Proben über dasselbe lustig und konnte sich nicht entschließen, es öffentlich zu spielen. Da taten sich junge Leute unter Leitung *Joseph Schalks* zusammen, probten das Werk mit Feuereifer und brachten es mit Weglassung des Finales am 17. November 1881 bei einem internen Musikabend des *»Akad. Wagner-Vereines«* zur Uraufführung. Der Führer des Quintetts war *Julius Winkler*, die zweite Bratsche spielte *Franz Schalk*. Obwohl zur Generalprobe einige führende Kritiker, unter anderen auch *Hanslick*, erschienen waren, nahmen diese, da die Aufführung im *Bösendorfer-Saal* eine interne war, keine Notiz davon in ihren Blättern. Bruckner selbst aber war mit der Leistung seiner begeisterten Jünger sehr zufrieden.

Bald nach dieser Aufführung war *Franz Schalk* als Geiger an das Hoftheater in *Karlsruhe* gekommen, wo *Felix Mottl*, besonders durch seine Wagner-Aufführungen, Aufsehen erregte. Als Schüler Bruckners und artistischer Leiter des Wiener Wagner-Vereines hatte sich Mottl für Bruckner eingesetzt und im Frühjahr 1880 an internen Abenden das Andante und den ersten Satz der Vierten am Klavier interpretiert. Nun wurde er durch Schalk, der von dem großen Erfolg dieses Werkes in Wien nicht genug schwärmen konnte, bewogen, die Symphonie in Karlsruhe aufzuführen. Aber das Orchester war den Anforderungen desselben nicht gewachsen und konnte nur durch Drohung Mottls bewogen werden, das Werk überhaupt zu spielen. Leider mußte Schalk seinem Bruder auch berichten, daß Mottl ungehemmt streiche und für das Werk selbst nicht das nötige Verständnis habe. So erlebte es am 10. Dezember 1881 einen vollständigen Durchfall bei Publikum und Presse. Dies aber konnte Schalks Begeisterung für das Werk und seinen Glauben an des Meisters Genie nicht wankend machen. Er schließt seinen Bericht: »Gott sei mit Bruckner. Seine Zeit ist noch nicht gekommen.« Dem Meister aber wußte man das Schreckliche zu verheimlichen. Dies gelang um so leichter, als kurz vorher ein furchtbares Unglück alle Gemüter erfaßt und in Bann geschlagen hatte: der Brand des Ringtheaters in Wien am 8. Dezember. Bruckner selbst wäre beinahe das Opfer der furchtbaren Katastrophe geworden. Er hatte, obwohl er nur selten ein Theater besuchte, die Absicht, am 8. Dezember 1881 einer Aufführung im *Ringtheater* beizuwohnen; da ihm aber das Werk (»Hoffmanns Erzählungen«) nicht behagte, unterließ er es, hinzugehen. Am selben Abend brannte das Theater ab, und viele Menschenleben wurden ein Raub der Flammen. Bruckner war von seiner unmittelbar neben dem Theater liegenden Wohnung aus Zeuge des furchtbaren Unglücks, das ihn tief erschütterte.

Bei Beginn des Brandes war der Meister in der nahen Votivkirche gewesen. Als er heimkam, war der Brand schon weit vorgeschritten. In gewaltiger Aufregung packte er rasch seine Noten zusammen, und erst als die Gefahr für sein Haus (es waren bereits die Fenstergesimse seiner Wohnung angekohlt) abgewendet war, floh er auf die menschengefüllte Ringstraße.

Noch in den Weihnachtstagen, die er in St. Florian verbrachte, war er ganz außer sich und fürchtete sich vor der Heimkehr in seine Wiener Wohnung, da er behauptete, des Nachts an den Fenstern kleine Lichtlein huschen gesehen zu haben, die er sich als Geister der Verbrannten erklärte. Seinem Schwager Hueber in Vöcklabruck aber schrieb er am 11. Dezember:

»Ich wohne ganz am Ringtheater nur durch eine Straße getrennt. Gott sei Dank! unser Haus, wie alle übrigen, sind verschont geblieben! Aber der namenlose Schrecken! und das unaussprechliche Elend so vieler geht bis ins innerste Mark!«

Neben den großen künstlerischen Ereignissen dieses Jahres hatte sich Bruckner am 15. und 19. März schöner Erfolge als Orgelimprovisator und als Dirigent seines »Germanenzugs« sowie am 7. Dezember 1881 durch die Aufführung des Männerchores »Mitternacht« in den Konzerten des »Akad. Gesangvereines« unter Leitung seines alten Freundes *Rudolf Weinwurm* erfreuen können. Nach den Konzerten fühlte er sich im Kreise der freiheitlichen Studentenschaft, die er seine »Gaudeamus« zu nennen pflegte, außerordentlich wohl, wobei sich auch viele Beziehungen zu »alten Herren« anbahnten, die als Ärzte und Professoren den Freundeskreis des Meisters erweiterten. Durch seinen Landsmann *Dr. Karl Rabl* aus Wels eingeführt, fand er auch Anschluß an die Assistenten-Runde der Ärzte, die sich an gewissen Abenden im »Riedhof« in der Josefstadt trafen, wo er mit größtem Interesse an den Fachgesprächen teilnahm und sich nicht genug tun konnte, bis ins einzelne Fragen zu stellen. Vor allem nahm er auch wärmsten Anteil an dem Schicksal der Kranken, von denen die Rede war, und man mußte, um sein Mitfühlen zu schonen, ihm manche tragische Wendung, die sich im Spital ereignet hatte, verschweigen. Da von Musik kaum die Rede war, konnten die Herren aus den Gesprächen mit dem Meister sein lebhaftes Interesse für wissenschaftliche Fragen wie überhaupt seine *hohe Intelligenz* bewundern lernen, die ihm die Kollegen seines Faches und die Kritiker abzusprechen beliebten.

In vertraulicher Aussprache kam hier auch häufig Bruckners Verhältnis zum anderen Geschlechte an die Reihe und seine Heiratspläne, mit denen er sich bis ins hohe Alter befaßte. »Hierbei erschien er«, wie Professor *Dr. Alexander Fränkel*, ein Mitglied jener Tafelrunde, erzählt, »bald in aktiver, bald in passiver Rolle. Er ist bekanntlich als *Junggeselle* gestorben, wobei ich ausdrücklich betonen möchte, daß in seinem Fall dieser Begriff in seiner *weitestgehenden Bedeutung* Anwendung findet. Sein Zölibat und seine völlige Unberührtheit waren freiwillig auferlegt. Er hat mancher von Seite des anderen Geschlechtes ausgehenden Initiative kraftvoll standgehalten. Ein anderes als durch die Ehe sanktioniertes Verhältnis zu einem weiblichen Wesen war bei seiner frommen Denkungsart völlig ausgeschlossen. So wenig praktisch er aber sonst veranlagt war, in diesem Punkt dachte er doch sehr realistisch. Er war sich klar, daß er bei seiner bedrängten wirtschaftlichen Lage eine reine Neigungsheirat nicht eingehen konnte; bei wohlhabenden Mädchen holte er sich Körbe, und denen gegenüber, die seinen Heiratsabsichten entgegenkamen, wahrte er sich ein berechtigtes Mißtrauen in der Einschätzung ihrer eigentlichen Motive.«

In dem Kreis der Akademiker und als Lektor der Universität mochte ihm das Fehlen eines akademischen Grades besonders bewußt geworden sein, und die Tatsache, daß sein Kollege in Apoll, *Johannes Brahms*, als Meister der Tonkunst schon 1877 den Doktorhut der Universität *Cambridge* erhalten hatte, ließ ihn nicht ruhen. Er beschloß, ebenfalls um die *Doktorwürde* dieser Universität einzureichen, zu welchem Zweck er sich ein Gutachten der Wiener philosophischen Fakultät vom 12. Jänner 1882 ausstellen ließ. Der Erfolg blieb aber aus. Bruckner hätte dieses äußerlichen Grades ja gar nicht bedurft, denn er wurde als Persönlichkeit überall und gerade in akademischen Kreisen durchaus ernstgenommen. Der Schriftsteller und spätere Burgtheaterdirektor *Max v. Millenkovich* (Max Morold), der Bruckner damals als blutjunger Mann im Akademischen Wagner-Verein kennengelernt hatte, erklärt, er könne sich nicht erinnern (und auch aus seinen Aufzeichnungen gehe es hervor), daß er oder irgend jemand, der den Meister näher kannte, an ihm etwas »komisch oder seltsam« gefunden hätte. Tatsächlich ist der »klotzige, bäurische« oder gar »unintelligente« Bruckner eine Erfindung gehässiger Literaten, aber auch die glänzenden Schattenbilder von *Otto Böhler*, die jedoch als Karikaturen zu werten sind, mögen dazu beigetragen haben.

Die Kleidung, wenn auch nicht nach neuestem Schnitt, war zur Zeit seiner vollen Körperfülle nicht besonders auffallend; da er diese aber bis zu seinem Lebensende nach einem aus Linz mitgebrachten Anzuge anfertigen ließ, waren sie ihm, als er durch Krankheit abmagerte, viel zu weit, und dieser Zeit entstammen auch die genannten Schattenbilder. Anormal fanden ihn damals nur die Kritiker seiner Kunst, die seiner »Zukunftsmusik«, seinem Höhenflug nicht zu folgen vermochten.

Zum Trost für die Nichtaufführung des Quintetts durch Hellmesberger mag dieser als Hofkapellmeister Bruckner die Aufführung einer *f-Moll-Messe* bewilligt haben. Die Aufführung am 30. April 1882 in der Hofkapelle unter des Meisters Leitung fand diesmal allgemeines Interesse. Die *»Wiener Allgemeine Zeitung«* schreibt darüber: »Was Wunder, daß eine Art musikalischer Bürgerkrieg anhub. Die Gegner des genialen Komponisten blickten grimmig auf den eifrigen Dirigenten und verließen nach dem Gloria mit der Ostentation parlamentarischer Dissidenten die Kirche; die alten Habitués schüttelten die Köpfe und drückten ihre Verwunderung über die Freiheit des Stürmens und Drängens durch alle möglichen Gebärden aus, selbst die als lebende Säulen hingestellten Hof-Gendarmen warfen besorgte Blicke auf die Strebepfeiler der Kirche und stutzten bei den gewaltigen Blechfanfaren, die vom Chore herabtönten.« Ähnliches Aufsehen erregten auch die weiteren Aufführungen des Werkes am *24. Juni 1883* und am *8. Dezember 1885* in der *Hofkapelle.* Bei einer dieser Aufführungen betrat der alte Linzer Gönner Bruckners, *Moritz von Mayfeld,* das Chor während eines Teiles der Messe. Kaum aber war Bruckner des Freundes ansichtig geworden, eilte er, den Taktstock weglegend, auf ihn zu, um ihn zu umarmen und ihm die Hand zu küssen.

Am 24. Juli *1882* eilte er mit dem Separatzug des Wiener Akad. Wagner-Vereines zur ersten Aufführung des »*Parsifal*« nach *Bayreuth,* wo er diesmal und fernerhin im Gasthause des *Johann Gurth,* Ludwigstraße Nr. 1, wohnte. Georg Lang, Wagners Diener, erzählte dem Verfasser, wie Bruckner oft stundenlang vor »Wahnfried« stand und die Fenster musterte. Stets trug er, wie *R. Wallaschek* versichert, am Arm einen schwarzen Frack, um denselben, falls ihm Wagner begegnen sollte, mit dem gewöhnlichen Rock zu vertauschen. Die Versicherung, daß eine derartige Höflichkeit nicht nötig wäre, ließ er nicht gelten. Auch in Bayreuth war ihm das schöne Geschlecht nicht gleichgültig; mit Verehrung blickte er dort zur hübschen Tochter Henriette des bekannten Musenwirtes *Sammet* auf. Zu dieser Festspielzeit geschah es auch, daß ein Langfinger unserem Meister aus dem leicht übergehängten Rock 300 Gulden entwendete. Auf dem Festspielhügel klagt er dies unter anderem auch dem bekannten Berliner Musikschriftsteller *W. Tappert,* dem er, weiter lebhaft gestikulierend, von der Uraufführung seiner »Romantischen« erzählt. *Hans Richter* habe ihm damals gesagt, »seit Beethoven ist so was nicht dagewesen«, und habe ihn umarmt. »Da is' er g'leg'n, Herr von Tappert!« rief er und deutete auf seine linke Schulter.

Bei Wagner war Bruckner häufig zu Gast. Gern erzählte er, wie ihm bei seinen Morgenbesuchen in »Wahnfried« Wagner entgegenzukommen pflegte, die kleine *Eva* an der Hand: „Herr Bruckner, Ihre Braut!" Damals sprach Wagner auch, nachdem er über die Produktion der Zeitgenossen nicht gerade rühmend geurteilt hatte, die bedeutungsvollen Worte: »*Nur einen kenne ich, der an Beethoven hinanreicht, und das ist Bruckner.«* Das war Wagners Urteil, obwohl er nur die ihm gewidmete Symphonie genau kannte!

Über das letzte Zusammensein mit Wagner berichtet Bruckner selbst in rührender Weise an Baron *Hans von Wolzogen:* »Anno 1882 sagte mir der damals schon leidende Meister, indem er mich bei der Hand hielt: ›Verlassen Sie sich, ich selbst werde die Symphonie und alle Ihre Werke aufführen.‹ Ich sagte: ›Oh, Meister!‹ Darauf erwiderte der Meister: ›Waren Sie schon im Parsifal? Wie gefällt er Ihnen?‹

Weil mich Hochselber bei der Hand hielt, ließ ich mich auf die Knie, Hochseine Hand an meinen Mund drückend und küssend, und sagte: ›Oh, Meister, ich bete Sie an!!!‹

Der Meister sagte hierauf: ›Nur ruhig – Bruckner – *gute Nacht!!!*‹ Dies war das letzte Wort des Meisters zu mir. Am andern Tage erhielt ich noch eine Drohung vom Meister, Hochwelcher im Parsifal hinter mir saß, weil ich so heftig applaudierte.« Bruckner fügt in dem Brief daran noch die Bitte: »Hl. Baron, bitte dies wohl zu bewahren! Mein liebstes Vermächtnis!!!! – *Bis dort oben!!!*«

Neu gestärkt durch die Anteilnahme »des Meisters aller Meister«, kehrte er wieder zurück in die Heimat. Die Anerkennung des »Besten seiner Zeit« wog ihm mehr als das Urteil böswilliger Kritiker, und mutig bot er seinen Feinden fernerhin die Stirne.

Zunächst weilte er noch in St. Florian, wo er den ersten Satz seiner VII. Symphonie fast vollendete und das Scherzo schuf. Anschließend hielt er sich einige Zeit als Gast im Stift *Wilhering* bei Linz auf und besuchte auch Steyr. An kleinen Gelegenheits-Kompositionen entstammen dem Jahre 1882 der für Massenchor berechnete Männerchor *»Sängerbund«*, komponiert am 3. Februar, und das *»Ave Maria«* für eine Altstimme und Harmoniumbegleitung, entstanden am 5. Februar. Beide Werke schrieb er für Welser Freunde, das erste für Stadtrat *A. Göllerich* sen., das zweite für ein ihn plötzlich entflammendes Mädchen mit schöner Kontra-Altstimme.

Nach Wien zurückgekehrt, erfuhr der Meister, daß für die kommende Konzertsaison interimistisch *Wilhelm Jahn,* der Direktor der Hofoper, die Leitung der »Philharmonischen Konzerte« übernommen hatte. Diesem Umstand ist es zu danken, daß Bruckner in dieser Saison nicht wieder gänzlich übergangen wurde. *Hans Richter,* der ordentliche Dirigent dieser Konzerte, war zwar für des Meisters Werke begeistert, aber aus Furcht vor *Hanslick* und seiner Clique, zu der auch *Brahms* gehörte, getraute er sich nicht, eines seiner Werke aufs Programm zu setzen. Jahn aber, der ein inniger Verehrer der Brucknerschen Muse war, nahm nun dessen neueste Symphonie, die bei einer Novitätenprobe den begeisterten Beifall der Philharmoniker gefunden hatte, in das Programm.

Wenn Bruckner das Werk in der genannten Probe nicht ganz gehört hätte, wäre ihm das nie mehr ermöglicht worden, denn auch Jahn ließ sich im Hinblick auf das konservative Publikum der philharmonischen Konzerte zu einer großen Konzession herbei: Es wurden bei dem Konzert am 11. Februar 1883 nur die beiden *Mittelsätze* der *VI. Symphonie* aufgeführt. Dem Adagio und Scherzo des Werkes ging nur Beethovens »Leonore-Ouvertüre Nr. 2« voraus, so daß die Hörer zur Aufnahme der neuen Musik noch nicht ermüdet waren.

An dem denkwürdigen Sonntag der Aufführung trat Bruckner schon um 9 Uhr früh, begleitet von seinem Schüler Lamberg, in den natürlich noch leeren Musiksaal, wobei letzterer bemerkte, daß der Meister zwei ungleiche Schuhe trug, was um so auffallender war, als der eine eine glänzende Lackkappe hatte, die dem anderen fehlte; doch hütete sich der Schüler wohl, darüber dem aufgeregten Herrn Professor Mitteilung zu machen. In einem nahen Restaurant erhielt er nun seine Aufträge, von welchem der wichtigste die Beobachtung des gefürchteten Hanslick war.

Es war das erstemal, daß er in einem eigenen Konzert dieses Vereines zu Worte kam. Das Wagnis glückte! Sogar die »Neue Freie Presse« berichtet über die Aufführung am 11. Februar 1883: »Der Komponist wurde unter stürmischen Akklamationen unzählige Male gerufen.«

Über das Verhalten *Hanslicks* und *Brahms'* bei der Aufführung seines Werkes hatte sich Bruckner von seinem Schüler E. Lamberg berichten lassen, wonach der Herr Hofrat »während eines kolossalen Beifalls still, ruhig und kalt wie eine Sphinx sitzen blieb, indes *Brahms* in den Beifall eingestimmt habe«. Mit den Worten »Kinder, gelt, das war gestern glorios!« betrat Bruckner nächsten Tages das Orgelzimmer des Konservatoriums. Nun konnten seine Schüler wieder auf bessere Zeiten hoffen; denn schon acht Tage vor der Aufführung war Bruckner so aufgeregt gewesen, daß die Stunden stets »leidenschaftlich bewegten« Charakter angenommen hatten.

Da in jener Zeit ein Werk wie Liszts »Préludes« für die Kritik und das Publikum noch ein Buch mit sieben Siegeln war, stand man Bruckner völlig verständnislos gegenüber, und *Hanslick* konnte es sich nicht versagen, festzustellen, daß beide Sätze »in Erinnerung an Richard Wagner« schwelgten, und besonders dessen »jüngere Stilarten« leider nun auch auf die »Symphonie« angewendet würden. Dagegen protestierte Dr. *Hans Puchstein* in der »Wiener Zeitung« gegen die Teilung der Symphonie, bezeichnet das Adagio als einen Satz von »weihevoller Empfindung und rührendster Innigkeit«, während das »merkwürdige Scherzo selbst die begeistertsten Freunde und Schüler in einige Verlegenheit« versetzte. Der Berichterstatter der »Signale für die musikalische Welt« (Leipzig) fühlte sich nach den beiden Sätzen wie »von einem schweren Traum umfangen«. Keines der Blätter aber bemängelt die *Instrumentation.*

Zwei Tage nach der so glänzenden Aufführung der Brucknerschen Symphoniesätze erschütterte die Nachricht vom Tode *Richard Wagners* die ganze musikalische Welt. Dieses so schwerwiegende Ereignis mußte bei den treuesten Anhängern Bruckners und bei ihm selbst die Genugtuung über den Erfolg zurückdrängen.

Bruckner, den die Todesnachricht am Morgen des 14. Februar im Konservatorium erreichte, war über den Verlust des großen Meisters, auf dessen Versprechen, seine Werke aufführen zu wollen, er gehofft hatte, ganz außer sich. Der Bruckner-Kreis außerhalb des Wagner-Vereines ging wieder völlig ein, und in den nächsten Jahren war Bruckner in Wien nur auf Klavier-Interpretationen seiner Symphonien angewiesen.

Zu den wenigen Ereignissen, die sonst aus diesen Jahren zu berichten sind, gehört die *Klavier-Aufführung* der *III. Symphonie* durch *Joseph Schalk* und *Ferdinand Löwe* anläßlich eines eigenen *Bruckner-Abends* am *7. Mai 1883* im Bösendorfer-Saal, wobei wieder das »*Quintett*« von J. Winkler, H. Lillich, Fr. Schalk, H. Kreuzinger und Th. Lucca gespielt wurde. Auch am *5. April 1884* erklang das Quintett an einem *Vortragsabend des »Akademischen Gesangvereines«*. Die *neue* Symphonie mußte, da sich kein Dirigent Wiens darum bewarb, ebenfalls durch eine *Interpretation auf dem Klavier* bei Bösendorfer *am 27. Februar 1884* zu *tönendem* Leben erweckt werden. Auch *August Göllerich* und *August Stradal* (der seit 1883 Bruckners Privatschüler war), beide ausgezeichnete Pianisten, die den letzten Schliff durch *Franz Liszt* erhielten, traten in diesen Jahren in privaten und ausgesuchten Kreisen am Klavier außer für *Liszt* auch für *Bruckner* ein, womit sie ausführliche Einführungsvorträge verbanden.

Je einsamer es um den Meister wurde, desto reicher gestaltete sich sein *Innenleben*. Die

VII. Symphonie, E-Dur,

wird nun beendet. Die Anfänge des Werkes reichen in das Jahr 1881 zurück, dessen 23. September der Geburtstag des *ersten Satzes* ist; beendet wurde derselbe am 29. Dezember 1882. Dazwischen fällt die Komposition des *Scherzos*, in die Zeit vom 14. Juli bis 16. Oktober. Im Jahre 1883 entstanden das *Adagio*, begonnen am 22. Jänner, beendet am 21. April, und das *Finale*, welches am 10. August in St. Florian beendet wurde. Am 16. August und 5. September wurde es nochmals revidiert.

Das *Hauptthema* des ersten Satzes ist eine weitgespannte, »unendliche Melodie« der Celli, verstärkt durch Horn und später Klarinette. In seinem wundervollen, unabgrenzbaren, immer weiter aufwärts weisenden und sich übersteigernden Wellenspiel zeigt es Bruckners dynamisches Formprinzip ebenso ausgeprägt wie der ganze Satz, ja das ganze Werk. Es ist der Proteus neuer Gedanken und Motive auch für die weiteren Sätze und das Endziel des ganzen Werkes, dessen Schluß es krönt. Unter der im Tremolo der Violinen erzitternden Großterz e-gis erwächst es zu einem heroischen Gesang.

Ihm folgt zugleich der etwas energischere Nachsatz. Neben dem Hauptthema der II. Symphonie gehört dieses zu den weitestausholenden Gedanken Bruckners. Er selbst erzählte über die Entstehung desselben: »Dieses Thema ist gar nicht von mir. Eines Nachts erschien mir Dorn (Kapellmeister, einer der alten Linzer Freunde) und diktierte mir das Thema, das ich sogleich aufschrieb: ›Paß auf, mit *dem* wirst du dein Glück machen!‹« *Dieser Symphonie verdankt Bruckner seinen Weltruhm.*

Nach einer Wiederholung der Hauptgedanken im vollen Orchester tritt in h-Moll in den Holzbläsern, dann in den

Streichern das harmonisch unruhige *Gesangthema* ein. Es erzählt von inneren Konflikten, und ein Irren und Suchen ist ihm eigen, das erst im weiteren Verlauf der kontrapunktischen Verarbeitung (wobei auch die Umkehrung verwendet wird) sich zuversichtlicher gestaltet.

Wie meist die zweiten Themen geht auch dieses in ein feines, polyphones Gewebe über und führt in seiner linearen Spannkraft zu echt Brucknerschen Schichtsteigerungen, wobei die harmonische Verdichtung zu einer ungeheuren Akkordspannung (einem bis zur Quintdezim in Terzen übereinandergebauten Dominantklang) führt. Dies geschieht über einem Orgelpunkt auf Fis mit Motiven des umgekehrten Themas. Statt eines erwarteten fff-Ausbruches wird das *dritte Thema* im geheimnisvollen Pianissimo ausgeworfen. Gespenstisch starr und unnahbar ist der Beginn dieses Teiles, an dessen Ende Heiterkeit und innerer Friede einzieht.

Die drei Themen bringen in ihrer Reihenfolge immer mehr rhythmische Belebung in den Satz, die, wie Kurth sagt, »von der ungemein breiten Ruhe des ersten zur koboldhaften Beweglichkeit des dritten hinübergleitet«. Verborgenste thematische Zusammenhänge erweisen das dynamische Denken des Schöpfers.

Einer großen Erhebung der Stimmung folgt ein lieblicher, fast pastoral zu nennender Abgesang, der in die geheimnisvolle Stille vor der Durchführung übergeht, die sich hier übrigens noch lange in diese hineinzieht. Der erste Teil der (mit dem Doppelstrich beginnenden) *Durchführung* hat hier ganz andere, dynamische Bedeutung; er dient ausschließlich der Spannung gegen den Ausbruch des Hauptthemas. Die Durchführung zieht alle drei Themen in ihren Dienst. Die ersten Anläufe des umgekehrten Hauptthemas zur energischen Tat vereitelt immer wieder ein dazwischentretendes heiteres Motiv der Schlußgruppe. Der Geist ist willig, das Fleisch ist schwach!

Ein inniges Gebet nur kann Hilfe im Kampfe gegen die eigenen Schwächen erbitten. Die Verarbeitung der Gesangspartie (Umkehrung, dann ursprüngliche Gestaltung und Umkehrung gleichzeitig) nimmt hier ganz Adagio-Charakter an. Schon Beethoven hat den ursprünglichen Allegro-Charakter des ersten Satzes abgeschwächt. Bruckner scheut sich hier nicht, im Zwang der inneren Folgerichtigkeit ausgesprochene Adagio-Stimmung in den Satz zu tragen. Das inbrünstige Gebet, das zur Verzükkung führt, *muß* Erhörung finden!

Innere Sicherheit, gewonnen durch Anrufen des Höchsten, überwindet jede Schwäche. In der kurzen Verarbeitung der Schlußgruppe drängt sich nochmals die Versuchung heran, doch sie wird siegreich überwunden. Nun erst kommt die Tat.

Von hier an erst geht es vorwärts! Ein gewaltiger Kampf des ersten Themas (Engführung) entbrennt; die *Reprise* des Hauptthemas wird mit in den Kampf hineingezogen. Obgleich der Repriseneintritt hier in den Höhepunkt der Durchführung einbezogen ist, bedeutet er doch insofern eine Spannungslösung, als der Durchführungshöhepunkt das Hauptthema nicht in der Urgestalt, sondern in einer *Umkehrung* verarbeitet. So ist auch hier, trotz der formalen Abweichung, alles zielstrebig, und die Wiederholung der Gesangspartie gestaltet sich zum siegverkündenden Hymnus. Die Flatterhaftigkeit des dritten Themas wandelt sich in männliches Kraftbewußtsein und in Tatenlust.

Was in der Reprise vorgeht, ist keineswegs bloße Wiederholung oder auch nur Variante, sondern ein auf das Endereignis gerichtetes Geschehen. Die meist vor Beginn der Koda auftretenden Bangigkeitsakzente treten hier schon bald nach Beginn des Repriseneintrittes ein, und das Gesangsthema erhält eine Umkleidung durch ein schon vorher aufgetretenes Motiv in Sechzehnteln, welches ungemein spannenden Vorbereitungscharakter hat. Die feierlichen Bläserklänge lassen schon das Adagio vorausahnen. »Die Themen wachsen bei Bruckner wie Menschen im Schicksal.« (Kurth.) Und nun tritt die Endvorbereitung ein!

Eine der unerhörtesten Kodas der Musikliteratur, auf einem 53 Takte währenden Orgelpunkt, krönt den Satz. In herrlicher kanonischer Führung beginnt der Nachsatz des Hauptthemas einen der schönsten Brucknerschen Abgesänge, dem mit Eintritt des Hauptthemas der siegreich verklärende Schluß folgt.

Exposition	Durchführung
A B C	A B C A
E-Dur, h-Moll, h-Moll	
Reprise	**Koda**
A B C	A_2 A_1
E-Dur, e-Moll, G-Dur	e-Moll, E-Dur

Infolge der Verarbeitung aller drei Themen in der Durchführung erhält der Satz große Ausdehnung, wodurch aber die Proportion der Teile keineswegs leidet. Dadurch ist auch die weitausgeführte Koda bedingt.

Überhaupt muß immer wieder darauf hingewiesen werden, daß die formale Analyse die Satzanlage nur ganz äußerlich aufzeigt, während das Wesentliche die innere Durchpulsung durch den *dynamischen* Kraftstrom, die *Steigerungsanlage* ist.

Drei Wochen vor Wagners Tod konzipierte Bruckner das Thema des *Adagios* in der Vorahnung von des Meisters baldigem Hingange. In einem Brief an *Felix Mottl* erzählt unser Meister selbst: »Einmal kam ich nach Hause und war sehr traurig; ich dachte mir, lange kann der Meister unmöglich mehr leben, da fiel mir das cis-Moll-Adagio ein.«

Vier Tuben (die hier *zum erstenmal im Symphonieorchester* erscheinen), die Kontrabaßtuba und die tiefen Streicher heben eine Totenklage an, ebenbürtig derjenigen in der »Eroica« und der »Götterdämmerung«.

Sie unterscheidet sich aber wesentlich von jenen durch den spezifisch *christlichen* Geist, der sie durchweht. Das Hauptthema enthält *neben der Klage* auch *den Trost*, welchen der Glaube an ein ewiges Leben spendet. Der Aufschwung der Harmonien, der im vierten Takt von cis-Moll nach E-Dur führt, enthält die Zuversicht auf ein Leben nach dem Tode; die Trauer, in welche uns der Verlust einer geliebten Person zunächst versetzt, erscheint durch diese Hoffnung gemildert.

Einen *glänzenden Beweis der inneren Logik* des Brucknerschen Schaffens erblicken wir darin, daß jener Aufstieg im vierten Takt des Hauptthemas im »Tedeum« des Meisters das Motiv des *»Non confundar in aeternum«* ist. Da ist der Sinn jener Stelle mit Worten ausgedrückt: *»Nicht werde ich zuschanden werden in Ewigkeit!«* Kurz vor Eintritt des zweiten Themas des Adagios finden wir eine weitere Stelle, welche Bruckner im »Tedeum« bei dem ersten Aufschwung des »non confundar« wiederbringt.

Der Abschluß dieses Hauptgedankens ist nicht begrenzt, sondern öffnet sich in die Weiten. In wunderbarer Entwicklung einzelner Motive des Themas formt sich der erste Thementeil weiter, dessen Zusammenhänge mit dem ersten Satz der näheren Betrachtung nicht entgehen.

Das *Gesangthema* erstrahlt in geradezu Mozartscher Schönheit und scheint die Seligkeit des Jenseits als Preis für die Erdenqualen visionär zu erschauen.

Auch dieses Thema ist nur scheinbar gegensätzlich; abgesehen von motivischen Zusammenhängen mit früherem ist es auch geistig ein gelösterer Ausdruck des Sehnens nach Erlösung und von Spannungen nach dem befreienden, erst gegen Ende des Satzes eintretenden Erlösungs-Ereignis erfüllt.

Die erste Wiederkehr des Hauptthemas verwendet die Motive des ersten und vierten Taktes, die Motive der *Trauer* und des *Trostes* nacheinander. Letzteres gelangt schon jetzt zu einer größeren Steigerung. Das nun in As-Dur einsetzende zweite Thema wird von einem herrlichen Kontrapunkt der ersten Violinen überglänzt, ist nun aber bedeutend kürzer als früher. Nochmals beginnt das Hauptthema, umwogt von glättenden Geigen-Sextolen, seinen Trauergesang, der aber bald dem Motiv der Zuversicht (»non confundar«) weichen muß. Immer von neuem schwingt es sich an Steigerungsschichten auf und erreicht den strahlenden Höhepunkt in *C-Dur,* unendlich befreiend wie das »Es werde Licht« in Haydns »Schöpfung«!

Als die Komposition des Adagios bis zu dieser Stelle vorgeschritten war, traf in Wien die Trauerkunde vom Tode Wagners ein. Bruckner selbst erzählte darüber seinem Vorkämpfer *Theodor Helm* und dessen Sohne: »Sehen Sie, genau so weit war ich gekommen, als die Depesche aus Venedig (am Morgen des 14. Februar im Konservatorium) eintraf – und da habe ich geweint, oh, wie geweint – und dann erst schrieb ich dem Meister die eigentliche *Trauermusik.*«

Der Beginn der Koda des Satzes ist also die eigentliche *Trauermusik,* geschaffen unter dem unmittelbaren Eindruck der erschütternden Nachricht. Noch lange zittert der Schmerz nach in dem ausgedehnten Orgelpunkt, auf welchem der Satz mit dem nach Dur gewendeten Hauptmotiv unter Tränen verhaucht. Der Satz hat folgenden Aufbau:

A	B	A	B	A	Koda
cis-Moll,	Fis-Dur,	cis-Moll,	As-Dur,	cis-Moll,	(Trauermusik)

Die aus der Analyse abzuleitende Rondoform wird durch den inneren Steigerungsvorgang sozusagen auf höhere Ebene gehoben.

Gleich genial wie das Adagio, ähnlich dem mythischen Gehalt des Scherzos der VI. Symphonie, ist dieses Scherzo. Über huschenden Bässen ertönt das groteske *Hauptmotiv* der Trompete*.

Aus diesen Hauptmotiven entwickeln sich zahlreiche Umbildungen, die in fabelhafter kontrapunktischer Kunst und meisterhafter dynamischer Wirkung verarbeitet werden.

Später locken die Violinen mit gutmütigen Septmotiven zu Spiel und Tanz.

In tollem Reigen wirbeln nun die Motive durcheinander, steigert sich der Tanz zur Orgie. Spielerische Episoden voll pikanten Reizes sind dazwischen eingestreut.

Die Form ist eine klare, dreiteilige, mit durchführungsartigem Mittelteil. Der Reprisenteil leitet in meisterhafter Weise in das liebliche *Trio* über. Auch dieses zeigt einen durchführungsartigen Mittelteil.

Dem überaus innigen Gesang folgen bald merkwürdige, schroff wechselnde Harmonie-Fortschreitungen. Im letzten Teil melden sich wieder die innerlich fortwirkenden Kräfte des orgiastischen Scherzo-Teiles in den Rhythmen der Bässe, den Schritten der Trompete und dergleichen, wodurch die Spannung zum Wiedereintritt des Hauptteiles in glücklichster Weise geschaffen wird.

Mit Geigentremolo e-gis, wie der erste Satz, beginnt auch das *Finale*. Etwas bewegter als im ersten Satz setzt das Thema der ersten Geigen darunter ein.

Das Thema des ersten Satzes tritt uns hier, sozusagen gewappnet durch Lebenserfahrung, nicht mehr als der sinnige Schwärmer, dessen Innenleben der erste Satz spiegelte, entgegen; er weiß der Welt jetzt, da sie seinem Streben soviel in den Weg legte, eine ganz andere Seite seines Charakters zu zeigen: die Fähigkeit heldenhafter Verteidigung seiner Ideale gegen jedweden Feind. Wenn wir im einleitenden Motiv in seiner Verwandtschaft zum Hauptthema des ersten Satzes das Festhalten des Ideals, den Glauben an sich selbst zu erkennen meinen, so erblicken wir im zweiten Teil des Themas mit seinem schneidigen Anlauf und der schlagkräftigen Oktave den Entschluß zu heldenhaftem Kampfe.

---

* Das Krähen eines Hahnes soll die Ursache seiner Entstehung sein.

In dem Thema selbst liegt bereits der Wille zur endlichen Lösung in seine Urgestalt, das Kopfthema der Symphonie, offen da. Diese Lösung zu erringen, ist die formdynamische Aufgabe des letzten Satzes.

Ehe der Kampf beginnt, sendet der Kämpfer noch ein inbrünstiges Gebet gen Himmel, in dem *Choral* der Streicher.

In genialer Weise hatte der ausklingende erste Thementeil schon in sinkenden Akkorden der Hörner den Choralcharakter des *zweiten Thementeiles* vorbereitet. Dieser seinerseits enthält nun wieder deutliche Rückandeutungen an das Adagio der Symphonie.

Im Gegensatz zur VI. Symphonie tritt in diesem Werke das *religiöse* Moment wieder sehr in den Vordergrund. Wuchtig setzt das volle Orchester mit dem aus dem Hauptthema gewonnenen dritten *Unisono-Hauptgedanken* ein. Ein furchtbarer Kampf entbrennt und mündet in die *Durchführung,* ein Teilsieg wird erfochten.

In Gott und der Natur wird Stärkung gesucht für das weitere Leben. Bald regen sich neue Kräfte, ein zweiter, mächtigerer Vorstoß wird gewagt – unüberwindlich scheinen die Hindernisse, nochmals bricht der Kampf plötzlich ab. Ein letztes Gebet vor der Entscheidung dringt zum Himmel empor –, und nun geht es unaufhaltsam vorwärts, bis der Sieg winkt!

In die *Reprise* des Hauptthemas klingen Durchführungskämpfe hinein, das zweite Thema erscheint *nicht mehr in der Reprise.* Die »Form« wird zugunsten der seelischen Folgerichtigkeit geändert. In Kurths Terminologie heißt das: der Satz folgt dem »dynamischen Formprinzip«. Schon mitten in der Durchführung erlebt der Choral seine Reprise. Im Moment der höchsten Not drang das Gebet des Kämpfenden durch die Wolken und erbat den Sieg.

Die Reprise des Hauptthemas geht, immer noch mit Kampfeselementen durchsetzt, unmittelbar in die Koda über. In dieser feiert das Hauptthema des *ersten* Satzes einen glänzenden Triumph.

Der Aufbau ist folgender:

Exposition		Durchführung			Reprise	Koda	
A	B	A	B	A	A	A	A_1
E-Dur,	As-Dur,	a-Moll,	C-Dur		E-Dur	E-Dur	

Man hat die VII. Symphonie als besonders »wagnerisch« bezeichnet, und doch hat gerade dieses Werk innerlich und geistig mit Wagners dramatischer Musik kaum etwas gemein. Die zu breiten Gesängen sich weitenden Themen sind der Motiv-Technik Wagners völlig entgegengesetzt, und die Musik strömt mehr episch als dramatisch dahin. Auch die *Instrumentation* kehrt (nach der Abweichung der Sechsten) wieder deutlich zu der registerartig abstufenden *Orgeltechnik* zurück, was in den hier wieder stärker hervortretenden *religiösen* Stimmungen begründet ist. Dagegen erscheint hier zum erstenmal das Hauptthema des 1. und 2. Satzes nicht wie sonst in einer der drei Orchestergrundfarben, sondern im ersten Fall in einer Mischung von Celli und Horn, respektive Klarinette, im zweiten einer solchen von Bratsche und Tuba. Die erstmalige Verwendung der *»Wagner-Tuben«* mit ihrem satten, weihevollen Klang und das häufige *Orchestertremolo* in dieser Symphonie sind Äußerlichkeiten, die stellenweise dem Orchesterkolorit Wagners ähnlich sind. Im ganzen aber zeigt das Werk, besonders durch die Gegenüberstellung von schlichten Dreiklangsfolgen und der Chromatik und Enharmonik der hochromantischen Harmonik, sowie durch die entsprechende schlichte Farbengebung des Orchesters, die *volle Originalität* und *Ruhe* des Florianer Meisters, seine kultisch-mystische Weihe. Auch diese Symphonie war mit so großer Sicherheit und solcher Meisterschaft niedergeschrieben worden, daß sie einer Umarbeitung nicht bedurfte.

Neuerlich war Bruckner dieses Jahr im Sommer nach *Bayreuth* gefahren, um Wagners Grab und auch das Bühnenweihefestspiel »Parsifal« zu besuchen. Sein diesjähriger Sommeraufenthalt in St. Florian – er war auch zu Ostern dort – wurde durch den Dienst an der Hofkapelle unterbrochen. Die letzten Tage der Ferien, vom 11. bis 14. September 1883, verbrachte er als Gast des Stiftes in *Kremsmünster*. Überall erfreute er seine Verehrer durch sein großartiges Orgelspiel beim Gottesdienst und bei besonderen Vorführungen. Auch in *Wien* gab er seinen Freunden ein *Orgelkonzert* in der *Votivkirche*, bei welchem er in großartigster Weise über die Trauermusik aus »Götterdämmerung« improvisierte und mit einer Fuge über das Siegfried-Thema schloß.

Wie *August Stradal* berichtet, war die Orgel damals für Bruckner bereits ein überwundenes Instrument. Er spielte sie nur, um seinen Freunden Freude zu bereiten. Da seine Finger bereits zitterten, gab es gelegentlich Unebenheiten, doch war seine Behendigkeit im Pedalspiel noch staunenswert. Sein Spiel »war der Ausfluß eines Genius und hatte etwas *Monumentales*«. Da gab es keine sentimentalen Zierlichkeiten, keine äußerlichen Effekthaschereien, da alles nur von *Größe* erfüllt war.

Stradal hörte ihn zu Hause auf dem Pedalharmonium, in der Votivkirche, in der Burgkapelle und in Klosterneuburg improvisieren über Kirchenlieder, die »Verwandlungsmusik« aus »Parsifal«, über andere Wagner-Themen und über Themen seiner Symphonien.

Nach solchen Orgelvorführungen war Bruckner, obwohl er meist in Hemdärmeln spielte, schweißgebadet und mußte sich umziehen; eine weitere Folge war großer Durst, den er dann durch reichlichen Genuß von »Pils« (Pilsner Bier) bekämpfte. Das eigentliche Hauptquartier, wo er, umgeben von seinen Schülern, die Abende verbrachte, war das Restaurant *Gause* in der Inneren Stadt. Hier saß er in der »Schwemme«, wo auch Fiaker und Dienstmänner sich labten, und ließ sich von seinen Begleitern unterhalten. Er wollte im allgemeinen keine fachlichen oder irgend welche geistigen Gesprächsthemen, da er tagsüber geistig sehr angestrengt war. Er hörte gerne Witze, doch durften sie nicht schlüpfrig sein. Auch hatte er es nicht gerne, wenn einer der Jünger fehlte, und so übte er eine Art Zwang auf die Schüler aus. Es umgaben ihn da die Brüder *Schalk, Ferd. Löwe, Vockner, August Stradal, Friedrich Klose, Eckstein* und andere.

Manchmal aber saß er mit dem ihm befreundeten Landgrafen *Fürstenberg*, einem *Herzog von Bayern* (Bruder der Kaiserin), den Großkaufleuten aus Steyr *Karl Almeroth, Karl Reder* und *Dierkens* im Extrazimmer, wo es dann hoch herging und bis zum Morgengrauen gezecht wurde. Almeroth führte ihn schließlich im »Wagerl«, wie Bruckner den Einspänner nannte, nach Hause.

Im Hochgefühl der Vollendung seiner neuen Symphonie begann Bruckner am 23. September 1883 das schon 1881 teilweise skizzierte »Tedeum« umzuarbeiten. Am 13. November erfreute ihn die Ehrenmitgliedsernennung der Liedertafel *Vöcklabruck*, wo er oft zu Besuch bei seiner Schwester weilte. Ihr schrieb er damals:

»Fordere ja nicht von mir, daß ich öfter schreibe, denn ich habe *zu wenig* Zeit zum Arbeiten. Mit dem Gelde geht es mir heuer gar nicht glänzend. Ich habe Schulden und warte zuweilen auf Stundengeld. Auch kann ich bis jetzt nichts abschreiben lassen.« Letzterem Umstand verdankte er es, daß eine geplante Aufführung der *VI. Symphonie* in *Pest* nicht zustande kam, da er die handschriftliche Partitur nicht aus der Hand geben wollte, eine Abschrift aber 100 Gulden gekostet hätte. An solch kleinlichen Dingen scheiterte die Verbreitung seines Werkes!

Während man damals Brahms die noch nassen Partituren wegriß, um sie mit Gold aufzuwiegen, konnte der bodenständige Meister seine Werke nicht abschreiben lassen. *Hugo Wolf* saß in einer Dachkammer und schrieb seine unvergänglichen Lieder ohne Aussicht auf eine Aufführung. In der Hofoper wurden Wagners Werke in hirnrissiger Verstümmelung aufgeführt, und Bruckner saß dabei auf einer Stiegenstufe der 4. Galerie, um sich einzig den Klängen der Musik hinzugeben, wie er auch den Konzerten im Musikverein auf der Orgelgalerie oder im Stehparterre, umgeben von seinen Schülern, beiwohnte. Wien, so stellt *Göllerich* fest, war damals im Zustand monumentaler Bewußtlosigkeit. Es erkannte die eigenen, bodenständigen Großen nicht und huldigte denen, die ihm von der Presse als verehrungswürdig vorgesetzt wurden.

Bruckner aber konnte von all dem innerlich nicht berührt werden; er vollendete am 7. März 1883 seinen »ambrosianischen Lobgesang«, das

Tedeum

für Soli, Chor und großes Orchester, dessen Entwürfe aus dem Jahre 1881 er am 23. September 1882 umzuarbeiten begonnen hatte. Auch dieses Werk trägt auf dem Titelblatt – wie einst die d-Messe – die Buchstaben O. A. M. D. G. (Omnia ad majorem Dei gloriam – Alles zur größeren Ehre Gottes). Als ihm *Hellmesberger*, auf dessen Anregung hin das Tedeum entstand, den Vorschlag machte, das Werk dem Kaiser zu widmen, erklärte Bruckner, es sei nicht mehr frei. Er hatte es »*dem lieben Gott* für die in Wien ausgestandenen Leiden« gewidmet.

Wie ein festliches Geläute durchzieht das für Soli, Chor und großes Orchester geschriebene Werk die lapidare Streicherfigur, die ihm *thematische Einheit* gibt. Schon im 2. Satz setzt der volle

Chor mit dem im Geiste des gregorianischen Chorals erfundenen Unisono-Thema ein, das in seiner mitreißenden Gewalt wahrlich die Worte »Dich verehrt die ganze Erde« ausschöpft.

Entkörpert klingt darauf das Lob der Engel in dem kanonisch geführten Gesang der Sopran-, Tenor- und Alt-Solostimme. Das Fehlen des Basses bewirkt eine zauberhaft überhöhte Stimmung, ein Gefühl des Losgelöstseins von der Erde! Voll Andachtsschauer vereinigen sich nun Himmel und Erde zur Anbetung im *»Sanctus«*. Riesenhaft wächst der Chorsatz an, als ob immer neue Scharen in das Lob Gottes einstimmten. Im achtstimmigen *»Pleni sunt coeli«* erreicht der Satz die größtmögliche Schallkraft. In majestätischem Unisono, mit dem Hauptthema beginnend, setzt sich der Gesang fort, die Einheit der Bekenner des ganzen Erdenrundes mit den seligen Scharen des Himmels symbolisierend. Ehrfurchtsvoll steht die Schar der Gläubigen vor dem Geheimnis der hl. Dreifaltigkeit. Der Name »Christus« aber entflammt alle Erlösungsbedürftigen; begeistert klingt es aus aller Munde: *»Tu Rex gloriae Christe«*, du bist Christus, der König der Ehren.

Dankbar erinnern sich die Gläubigen der wunderbaren Menschwerdung Christi und seine Todüberwindung im *»non horruisti«* und *»tu devicto mortis aculeo«*, deren Vertonung zu dem Genialsten des ganzen Werkes gehört. Tief dankbar für das Erlösungswerk erklingt das wundervolle *»aperuisti«*, worauf mit der Lobpreisung der Herrlichkeit des Vaters und der Bekräftigung des Glaubens an dessen Richteramt der erste Teil abschließt.

Dieser Lobpreisung aus dem Munde der ganzen Kirche folgt nun die Bitte um Hilfe für die schwache Menschheit. Sie wird von einer Tenor-Solostimme zerknirscht vorgetragen, worauf sich ein Soloquartett dem heißen Flehen des Fürbitters anschließt. Nur die Streicher, eine Solovioline und die erste Klarinette beteiligen sich an der Begleitung dieses zum Vorhergehenden in schärfstem Kontrast stehenden Satzes, der in seinem zweiten Teil von geradezu seraphischer Schönheit ist. Dort trägt eine Solovioline das Gebet himmelwärts; die Solostimme weilt in seligen Höhen der Verzückung in dem Gedanken, durch das Blut Christi Erlösung zu finden. Die Stelle ist ein Seitenstück zum *»Et incarnatus«* der f-Moll-Messe. Milde Klänge des Soloquartetts und zarte Posaunenakkorde schließen den Satz.

Wie ein Sturm braust das »Aeterna fac« über mächtigen Baßgängen einher. Die streitende Kirche (die Gläubigen auf Erden) erhebt ihre Stimme zur triumphierenden (die Seligen im Himmel) mit der Bitte um Beistand im Seelenkampfe. Bei *»in gloria«* erhebt sich der Frauenchor in chromatischen Harmonien nach oben weisend, während die Tenöre ein kurzes Oktavmotiv dagegenführen. Das anschließende Unisono zeigt uns die Einheit der streitenden und triumphierenden Kirche.

Der folgende Satz *»Salvum fac populum«* – »Rette dein Volk« wiederholt die flehenden Bitten des »Te ergo«, nur nimmt hier auch der Chor daran teil. Am Schluß trägt eine Baß-Solostimme Christus die Bitte um die Leitung des Volkes in alle Ewigkeit vor. Mit dem Motiv, welches im dritten Kyrie der e-Moll-Messe das lindernde Element bildet, geht dieser Satz in sequenzartiger Führung zu Ende. Gleich darauf setzt bei *»per singulos dies benedicimus te«* – »alle Tage preisen wir Dich«, das Unisono-Thema des Anfanges, vom vollen Orchester umrauscht, ein; Eintritt der Reprise. Nun drängen die Stimmen mit ihrem weltumspannenden Einklang stufenweise empor in immer wachsender Begeisterung. Nochmals weicht der Jubel einer demütigen Stimmung, die besonders bei *»sine peccato«* große Wärme atmet. Zerknirscht lispelt der Chor das *»Miserere«*, dem sich in froher Zuversicht das *»Fiat misericordia«* anschließt. Bei *»super nos«* schweigen die Instrumente; ruhig fließen in den drei Unterstimmen weiche Sextharmonien abwärts, während der Sopran eine beruhigende Melodie darüberlegt. Auf einem Orgelpunkt erscheint nochmals die interessante Stelle des ersten Teiles *»Tu devicto«*, auf die Worte *»speravimus in te«*, und schließt diesen Teil.

Mäßig bewegt setzt nunmehr a cappella das Soloquartett mit einem Verklärungshymnus in hellem C-Dur ein: *»In te Domine speravi«* – »auf dich habe ich gehofft, o Herr!«

Damit ist das alles Vorangegangene überbietende und krönende Finale eingeleitet. Daran schließt sich, von Solostimmen angestimmt, das in großer Bogenlinie gehaltene, eine ganze Welt umspannende *»non confundar in aeternum«* – »nicht werde ich zuschanden werden in Ewigkeit«, das schon im Adagio der »Siebenten« trostspendend aufgetreten war. Bald stimmen der ganze Chor und das volle Orchester bekräftigend ein. Das ist die Introduktion zu der nun folgenden freien *Doppel-Fuge*, mit dem am Anfang an *Bach* erinnernden (Wohltemp. Klavier, I. Teil, E-Dur-Fuge) Fugenthema.

Mit unerhörter Kunst ist diese Chorfuge aufgebaut und gesteigert. Mit größtem Glanz wird in der *Koda* der uns ebenfalls aus dem Haptthema des Adagios der VII. Symphonie (4. und 5. Takt) bekannte Harmonieaufstieg zur Höhe geführt. Der triumphierende Schluß ist in seiner überwältigenden Wirkung nur mit dem des Finales der V. Symphonie zu vergleichen.

Als Hofkapellmeister Hellmesberger das Werk, welches er für die Hofkapelle haben wollte, durchsah, erklärte er es für viel zu lang. Es sollten Striche gemacht werden, denen auch das »Te ergo«-Solo zum Opfer fallen sollte; damit war der Schöpfer des Werkes jedoch nicht einverstanden; zur Strafe dafür wurde das Werk in der Hofkapelle nicht aufgeführt. Es dauerte fünf Jahre, bis man es in Wien zu hören bekam.

Mit dem »Tedeum« hat Bruckner seinem bisherigen künstlerischen Lebenswerk eine glänzende Krone aufgesetzt.

Wieder lagen zwei neue Werke vor, und kein Dirigent wagte es, sie darzubieten. Nur der *Akad. Wagner-Verein* erachtete es sozusagen als vom Meister Wagner testamentarisch übernommene Pflicht, sich Bruckners zu erinnern. Nachdem der Verein den Meister am 26. Jänner zum *Ehrenmitglied* ernannt hatte, verhalfen sein begeisterten Jünger *Joseph Schalk* und *Ferdinand Löwe* der *VII. Symphonie* in einer Bearbeitung für *zwei Klaviere,* am 27. Februar 1883 zur ersten Aufführung bei einem internen Abend im Bösendorfer-Saal.

Eine große Freude bereitete dem Meister die Aufführung seines *Streichquintettes* durch *Winkler* und Gefährten in dem Konzert des *»Akad. Gesangvereines«* vom 5. April 1884. Dr. *Hans Paumgartner* erklärte es in der »Abendpost« als »schweres Unglück«, daß die ständige Kammermusikvereinigung (*Hellmesberger* und sein Quintett) dieses Werk noch nicht zu Gehör gebracht hätte, und der von *Göllerich* für Bruckner gewonnene Kritiker der »Deutschen Zeitung«, *Theodor Helm,* schrieb, das Quintett wirke »wie ein erst jetzt im Nachlaß *Beethovens* vorgefundenes, aus der letzten Zeit des Meisters stammendes und von dessen vollster Inspiration beseeltes Stück«.

Damals schrieb Bruckner an seinen ehemaligen Schüler *Krzyzanowski* die bitteren Worte: »Hier in Wien ist außer dem Streich-

Quintett im Akademischen Gesangverein nichts aufgeführt worden. Hans Richter führt hier und dort nichts auf! Er bläst in Hanslicks Horn!...

Nicht einen Kreuzer haben mir meine Composit. getragen.«

Bisher war nur eine seiner Symphonien, die *Dritte,* durch den hochherzigen Entschluß des Verlegers *Theodor Rättig* im Druck erschienen. Der unerhörte Durchfall des Werkes 1876 aber wirkte nach, und es fand fast keinen Absatz, obwohl eine große Zahl von Partituren an Dirigenten verschenkt worden waren. Aus einem erst 1936 ans Tageslicht gekommenen Dokument von Rättigs Hand wurde bekannt, »daß die Freunde Bruckners, *Schalk, Schönaich, Eckstein, Paumgartner* und andere, glaubten, durch teilweise Umarbeitung des Werkes einen besseren Erfolg zu erzielen, daher *überredeten* sie den Meister, eine solche in Angriff zu nehmen«. So erhielt Rättig mit der Zeit 50 Partiturseiten einer erleichterten Bearbeitung, die er bei *O. Brandstetter* in *Leipzig* stechen ließ. Zufällig kam dann *Gustav Mahler,* der in Deutschland Kapellmeister war, nach Wien und besuchte Bruckner. Als dieser ihm von der Umarbeitung Mitteilung machte, erklärte Mahler, der das Werk genau kannte, die Umarbeitung für »völlig überflüssig«. Sofort war Bruckner *umgestimmt* und verwarf die neue Fassung, so daß Rättig die bereits gestochenen 52 Platten wieder einschmelzen lassen mußte. Ein Orchester-Fachmann hatte ihm die Richtigkeit seines im Erstdruck niedergelegten Kunstwillens bestätigt, und Bruckner, der mit der erleichterten Umarbeitung vor allem dem edlen, wagemutigen Verleger entgegenkommen wollte, um ihm »einen besseren Absatz zu ermöglichen und auch der zeitgenössischen Aufführungspraxis Rechnung zu tragen«, fühlte sich im Gewissen verpflichtet, nun doch seiner ursprünglichen künstlerischen Absicht wieder zur Geltung zu verhelfen. Er wollte und mußte sich *selbst treu* bleiben. Es war diesmal nicht so, wie bei den früheren Umarbeitungen der II. bis IV. Symphonie, die er nach seinem praktischen Einleben in die Orchestertechnik *aus eigenem Antrieb* vornahm. Hatte er sich einst sogar gegen die Kürzungs- und Orchestrations-Vorschläge seines wohlmeinenden Freundes *Herbeck* kräftig zur Wehr gesetzt, so widersetzte er sich jetzt erst recht dem zwar wohlmeinenden, aber doch aus *äußeren Umständen* hervorgegangenen Rat seiner neuen Freunde, die gewiß gute Musiker und Kritiker, aber keine Orchester-Fachleute waren. So blieb es zunächst bei der ersten Druckfassung, wenn auch der Verleger neuerlich 400 Gulden für die neugestochenen Platten bezahlen mußte. Immer noch rührte sich kein Dirigent, der das Werk, acht Jahre nach seiner Uraufführung, zum Leben erweckt hätte!

Seitdem hatte sich auch kein anderer Verleger herbeigelassen, eines seiner Werke herauszugeben. Endlich, nachdem das *Streichquintett* bereits mehrere erfolgreiche Aufführungen erlebt hatte, entschloß sich *Albert Gutmann,* dieses Werk zu verlegen. Dazu mag auch ein besonderes Ereignis beigetragen haben. Der Bruckner befreundete Landgraf von Ennsegg bei St. Florian, *Vinzenz Fürstenberg,* hatte ihm geraten, das Werk dem ihm verwandten Herzog *Max Emanuel von Bayern* zu widmen. Anläßlich seiner Anwesenheit in Wien gestattete Se. Hoheit, ihm einen Satz daraus vorzuführen. Es wurde der eingänglichste, das Adagio, gewählt. Um den Eindruck zu erhöhen, fand die Aufführung durch *Winkler* und Gefährten in einer Seitennische hinter dem Hochaltar der *Votivkirche* statt. Der Herzog geruhte darauf, die Widmung anzunehmen, und ließ dem Meister am 20. Oktober 1881 eine Brillantnadel mit seinen Initialen übersenden mit dem Bemerken, daß die Aufführung in der Votivkirche eine seiner »genußreichsten musikalischen Erinnerungen sein und bleiben werde«.

In der Karwoche und zu Ostern mußte Bruckner diesmal auf seinen gewohnten Aufenthalt in St. Florian verzichten, da er zur Orgel-Kollaudierung ins *Rudolfinum* in *Prag* berufen worden war. Wie sein Privatschüler *Franz Marschner* erzählt, war Bruckner zu dieser Zeit häufig sehr gereizt, und auch sein Orgelspiel im Rudolfinum, im Dom und in Strachow war sehr ungleichwertig, teils außerordentlich großartig und monumental, teils, wie am Ostersonntag im Dom, nicht über dem Durchschnitt. Einmal spielte er auch Teile aus dem langsamen Satz seines »*Quintettes*«, das er damals für den Druck einer kleinen Umarbeitung unterzog, wobei das Scherzo an die zweite Stelle gesetzt wurde. Er verkehrte mit den ersten Musikern Prags, wie *Skraup* und *Josef Förster*. In der Karwoche besuchte er viel die Kirchen und gab sich mit großer Inbrunst den Mysterien der Zeremonien hin. Ein Nachklang dazu ist die am 28. Mai 1884 entstandene herrliche Motette »*Christus factus est*«, die dritte Vertonung dieses Textes.

Anläßlich seines üblichen Osterbesuches war Franz Liszt auch dieses Jahr bei seinen Verwandten im Schottenhof zu Wien abgestiegen. Bruckner benützte diese Gelegenheit, um ihn zu bitten, die Widmung seiner *II. Symphonie,* über die sich Liszt seinerzeit günstig ausgesprochen hatte, anzunehmen, damit sie, wie er sagte, »einen ordentlichen Vater« habe. Liszt versprach, sich das Werk genau anzusehen. Bei seiner eiligen Abreise aber vergaß er die Partitur mitzunehmen, was Bruckner ein Jahr darauf bei einem Besuch im Schottenhof entdeckte. Das verletzte ihn so, daß er es unterließ, die Widmung bei der späteren Drucklegung anbringen zu lassen.

Dem Kosmopoliten und Weltmann, der sich in den vornehmsten Salons am wohlsten fühlte, war das Naturkind aus Oberösterreich unverständlich, und seinem Schüler *Göllerich,* der Liszt gern für Bruckner gewinnen wollte, schnitt er die Rede mit den Worten ab: »Wenn mir Ihr Freund mit der Devotion ›Schamster Diener, Euer Gnaden Herr Kanonikus‹ naht, dann hab' ich schon genug.« Bruckner wieder hatte kein Verständnis dafür, daß die Form einer Symphonie durch eine »poetische Idee« bestimmt werden solle, wie bei der »Symphonischen Dichtung«, und obwohl er einzelnes in Liszts Werken bewunderte, war ihm ihre vorherrschend homophone Gestaltung zu primitiv. Für ihn, den *absoluten* Musiker, war die Musik nur dazu da, *das* auszusprechen, was andere Künste *nicht* mehr vermögen. Gelegentlich aber störte den tief religiösen Meister auch an dem Künstler in der Soutane die allzu freie Lebensführung. Dagegen war ihm *Berlioz* als Künstler, besonders in seinem *»Requiem«,* bewunderswürdig.

Im Juni erlitt Bruckners sehnsüchtiges Hoffen, seine VII. Symphonie nun bald erstehen zu sehen, eine schwere Enttäuschung.

Der junge Dirigent des Stadttheaters in Leipzig, *Arthur Nikisch,* hatte das Werk für ein Konzert zugunsten des *Wagner-Denkmalfonds* angenommen. *Joseph Schalk* war es, der Nikisch im Frühjahr den vierhändigen Klavierauszug des Werkes gebracht und ihn dafür begeistert hatte. Da sich auch das Gewandhaus damals gegen Bruckner ablehnend verhielt, gewährte Direktor *Staegemann* sein Theater zu einer Sonderaufführung. Ursprünglich für den 27. Juni festgesetzt, mußte das Konzert dann wegen der Sommerferien auf den Herbst verschoben werden.

Inzwischen besuchte Bruckner wieder *Bayreuth, München, Kremsmünster, St. Florian* und *Vöcklabruck,* wo er bei seinen

Verwandten am 4. September 1884 seinen *60. Geburtstag feierte*. Die große Öffentlichkeit nahm davon kaum Notiz; nur den Bewohnern Vöcklabrucks war es gegönnt, dieses Fest des Meisters mitzufeiern.

Am Vorabend wurde Bruckner durch eine Serenade der *»Liedertafel«* und der *Bürgerkorpskapelle* überrascht. In einer Ansprache dankte Bruckner gerührt für diese Ehrung und versicherte besonders die »Liedertafel«, deren Ehrenmitglied er seit 1883 war, der wärmsten Sympathien.

Eine rührende Szene spielte sich ab, als aus der Menge der Zuschauer ein einfaches Mütterlein auf Bruckner zutrat. Es war eine seiner ehemaligen Schülerinnen aus der traurigen Schulgehilfenzeit in Windhaag. Nachdem Bruckner mit Rührung ihre Glückwünsche entgegengenommen hatte, fragte er: »Ja, wer sind Sie denn eigentlich?« »I bin bei Ihnen in Windhaag in die Schul' 'gangen«, antwortete sie, »mein Mädchenname war Anna Jobst.« Sogleich erinnerte sich Bruckner seiner Schülerin, und mit den Worten »Ja, mei, d'Jobst-Nandl« drückte er ihr gerührt die Hand. Welcher Weg lag zwischen jener Schulgehilfenzeit, da Maria Jobst seine erste Messe sang, und jetzt! Welche Summe von Arbeit und Leiden war vorübergezogen, und noch, auf der Höhe seiner Schaffenskraft, war Bruckner der großen musikalischen Weltgemeinschaft als Komponist völlig unbekannt.

Einige größere Aufsätze in Tagesblättern und Zeitschriften, darunter einer von *Joseph Schalk* in den *»Bayreuther Blättern«* und von Universitätsprofessor *Dr. Heinrich Schuster* in Lausers »Kunstchronik«, wie auch ein Artikel von *August Göllerich*, in welchem er Bruckner als den »zweiten Beethoven« würdigte, waren um diese Zeit erschienen und gedachten seines Geburtsfestes.

Mitte August hatte Bruckner für einen Mitreisenden nach Bayreuth, den Bürgermeister *Dirnhofer* aus *Perg*, ein kleines *Präludium* in C-Dur für Harmonium geschrieben, dessen Klänge absichtlich an den Meister von Bayreuth gemahnen. Wahrscheinlich zum Gebrauch für das Kaiseramt in Klosterneuburg schrieb Bruckner am 14. November das *»Salvum fac populum«* für gemischten Chor in der Form des altkirchlichen Falsobordono.

Musikalisch gedachte man in Wien des Sechzigjährigen nur durch die Aufführung der *f-Moll-Messe* in der *Burgkapelle* am

Bruckner mit Wagner. (Scherenschnitt von Otto Böhler.)

Bruckner in seinem Arbeitszimmer in St. Florian.

9. November 1884, wobei als Graduale sein neues »*Christus factus est*« zur Uraufführung kam.

Schwer traf den Meister in diesem Herbst das Hinscheiden zweier seiner geistlichen Freunde, des Stifts-Musikdirektors von St. Florian *Ignaz Traumihler* und des Bischofs *Rudigier*, an deren Leichenbegängnissen er teilnahm und denen er auf der Orgel sein Leid nachsang.

Die Leipziger Aufführung der VII. Symphonie, auf welche der Meister alle Hoffnungen setzte, wurde immer wieder hinausgeschoben, doch stellte *Nikisch* in seinen enthusiastischen Briefen eine begeisterte Aufnahme in Aussicht.

Dankerfüllt schreibt Bruckner in einem Brief: »Sie sind ja doch jetzt der Einzige, der mich retten kann und Gott sei Dank auch retten will.«

Inzwischen hatte *Hermann Levi*, Wagners erster Parsifal-Dirigent, die Partitur der Siebenten eingehend studiert und war dabei von anfänglichem Erstaunen zur begeistertsten Bewunderung gelangt. In einem Brief vom 30. November 1884 teilt er dies dem Meister mit und bittet ihn, zunächst den verständlichsten Satz daraus, das *Adagio*, aufführen zu dürfen. In überschwenglichen Ausdrücken des Dankes, wobei Bruckner Levi den »ersten Künstler der Welt« nennt, bittet er ihn, ganz nach seinem Gutdünken zu verfahren. Da Wagner sein Versprechen, alle Werke Bruckners selbst aufzuführen, nicht mehr erfüllen könne, habe er ihm durch Levi »gleichsam einen Vormund« bestellt. Das Konzert aber war erst für das Frühjahr geplant.

Endlich erhielt Bruckner nun aus *Leipzig* die Nachricht, daß die Aufführung auf den 30. Dezember festgesetzt war.

Bald aber quälte sich Bruckner mit dem Gedanken, ob nicht doch dieses Werk zur Einführung bei einem ganz fremden Publikum zu schwer sei und ob sich dazu nicht die »Vierte« besser eignete. Zu allem Überfluß teilte Nikisch noch am 10. Dezember mit, daß er die vorgeschriebenen Tuben nicht zur Verfügung habe und sie durch Hörner ersetzen müsse. Schließlich entschied sich Bruckner trotzdem für die »Siebente«. Den letzten beiden Proben (von den fünf) wohnte der Meister, der drei Tage in Leipzig weilte und auch auf der Orgel des Gewandhauses improvisierte, persönlich bei, und doch mußte er mit Bangen der Aufführung entgegensehen, da das Leipziger Publikum als sehr konservativ bekannt war. Die Berichte über die

Aufführung stehen einander schroff gegenüber. *Joseph Schalk* spricht von »Hiobsposten«, die er von seinem Bruder *Franz* über die Aufführung erhalten habe. In einem Brief an seinen Freund *Spur* vom 19. Jänner 1885 schreibt *Franz Schalk:* »Ich werde die Stunde nie vergessen. Als ob die Symphonie den bloßen Mauern vorgespielt worden wäre, so war es, und einige Fachleute schnitten höhnische Gesichter dazu.« Dann heißt es weiter: »Bruckner war nach der Aufführung desparat. Nikisch stellte ihm die Geschichte von der günstigsten Seite dar: Na also gut!«

Anderseits stellt *Franz Schalk* in seiner ausführlichen und begeisterten Besprechung des Konzertes* fest, daß »jeder der vier Sätze mit stets anwachsendem Beifall aufgenommen wurde und Bruckner am Schluß nach langanhaltenden Rufen erscheinen mußte, um zwei Lorbeerkränze entgegenzunehmen«. Dies berichten auch alle anderen Referenten, und Bruckner selbst schrieb später einmal in einem Brief an *W. Zinne:* »In Leipzig wurde zum Schluß eine Viertelstunde applaudiert.« Die »Kölnische Zeitung« faßt den Eindruck, den die Aufführung gemacht hatte, in die Worte zusammen: »Anfangs Befremden, dann Fesselung, dann Bewunderung, schließlich Begeisterung, das war die Stufenleiter.« Gewiß ist, daß hier in Leipzig das Publikum unvoreingenommen und unverhetzt einem Werk gegenüberstand, das es beim ersten Hören unmöglich zu erfassen vermochte. Der eigentliche Wert dieser Aufführung war die ehrliche Beurteilung durch die Leipziger Kritik, die von *Nikisch* am Klavier in das Werk eingeführt worden war.

Bernhard Vogel führt in den *»Leipziger Nachrichten«* aus: »Das Werk fordert die *höchste Bewunderung* heraus.« Er preist »die jugendfrische Unmittelbarkeit der musikalischen Erfindung angesichts einer echt naturgemäßen *Kongenialität mit Berlioz, Liszt* und vor allem mit *Wagner,* kraft welcher er wie ein *Riese* sich heraushebt aus der Schar jener Pygmäen, die wunder was zu leisten glauben, wenn sie genau das nachplappern, was jene viel bedeutungsvoller anderwärts ausgesprochen.«

Das Tor in die Welt war dem Meister durch diese Aufführung eröffnet worden. Am Neujahrsmorgen 1885 wußte alle Welt, daß ein großer Symphoniker erstanden sei, den die Wiener der Welt hatten vorenthalten wollen.

---

* Diese war aber von Joseph Schalk für Wien redigiert worden.

Auch Leipzigs Verleger waren zu dem Konzert eingeladen worden. *Friedrich Eckstein,* des Meisters Privatschüler und Mäzen, berichtet über Bruckners Vorsprache bei einem dieser Herren. »n' schönes Werk, nichts zu sagen«, meinte der Herr Geheimrat – »jedoch wir können der Sache nicht näher treten, der letzte Satz müßte denn umgearbeitet werden, der ist nämlich 'n bißchen verworren.« »Was, verworren?« fuhr Bruckner auf. »Sehn S', Herr Geheimrat, dös hab'ns in Wien auch g'sagt, wie der Beethoven sei' erste Symphonie aufg'führt hat – dö Viecherln!« – und zog ab*.

Die Tatsache, daß *Nikisch* die Mittelsätze des Werkes am 27. Jänner 1885 bei einem Konzert im Stadttheater vor dem König wiederholte, ist ein Beweis dafür, daß *Franz Schalk* den äußeren Erfolg der ersten Aufführung der Symphonie mißdeutet und das Leipziger Publikum nicht seiner Eigenart entsprechend eingeschätzt hatte.

Dieser erste Erfolg des in seinem Heimatlande so wenig gewürdigten Meisters der Tonkunst im *Deutschen Reich* bedeutet einen *Wendepunkt* in seiner Bewertung als Komponist.

Da Bruckner keinen Wert darauf legte, als Virtuose zu gelten, war sein Name als größter Orgelmeister seiner Zeit im Ausland bereits verblaßt, dafür begann am fernen Horizont nun aller Welt sichtbar sein Stern als *Meister der Symphonie* aufzusteigen.

Welch ein *Kontrast* besteht zwischen dem *inneren Aufstieg* und dem *äußeren Lebenserfolg* Bruckners! Wie hoch hat den Einsam-Großen sein Genie und sein Können geführt, während seine Anerkennung noch kaum bei den engsten Genossen seiner Kunst durchgedrungen war! *Die Tatsache steht in der Musikgeschichte vereinzelt da!* Die Leiden dieses Künstlerlebens zu ertragen, gelang Bruckner nur durch seine wahre, tiefe *Religiosität,* die sich auch in seinen Werken so herrlich kundgibt. Für die lange Zeit der Leiden sollten ihm die Ehren und Anerkennungen seiner letzten Lebensjahre ein kleiner Trost sein.

---

* In jenen Leipziger Tagen besuchte Bruckner, einer Mitteilung Leo Funteks (Helsinki) zufolge, den bekannten Künstler Hans Sitt. Er erschien mit einigen Partituren und bat ihn um seine Verwendung bei einem der Leipziger Musikverleger. Sitt gab ihm eine Empfehlung für Breitkopf & Härtel. Auf die Ablehnung hin machte Bruckner noch einen letzten Versuch mit den Worten: »Ach, i bitt' Sie gar schön, Sie drucken so viel Dreck, da können S' den Mist aa' noch nehmen.«

IV
Meisterjahre – Ende (1885–1896)

Der Stärkste ist der, der allein steht

IBSEN

Noch am Vorabend der Geburt des Brucknerschen Weltruhmes entwirft *Hugo Wolf* im »*Wiener Salonblatt*« vom 28. Dezember 1884 folgendes Bild von Bruckners Stellung in Wien: »Bruckner? Bruckner? Wer ist er? Wo lebt er? Was kann er? Solche Fragen kann man in Wien zu hören bekommen, und zwar von Leuten, die regelmäßig die Abonnementkonzerte der Philharmoniker und auch die der Gesellschaft der Musikfreunde besuchen. Trifft sich nun einer, dem der Name nicht ganz fremd ist, so erinnert er sich wirklich, daß Bruckner *Professor* der musikalischen Komposition am hiesigen Konservatorium ist, und *Orgelvirtuose*, ergänzt vielleicht ein anderer und wirft dem Halbgebildeten einen triumphierenden Blick zu, während ein dritter bereits glaubt, ein vierter schon weiß, ein fünfter sogar behauptet und ein sechster endlich darauf schwört, daß Bruckner auch *Komponist sei*, freilich kein besonderer, kein klassischer Komponist; ein Kenner meint und schüttelt sein edles Haupt, daß er kein formgewandter Komponist sei, ein Liebhaber beklagt die Verwirrtheit des musikalischen Gedankenganges in seinen Kompositionen, ein anderer die schlechte Instrumentation, die Herren Rezensenten finden aber alles scheußlich und somit basta.« – Wolf schließt den längeren Aufsatz mit den Worten: »Es lohnt sich wohl der Mühe, diesem genialen Stürmer etwas mehr Aufmerksamkeit, als dies bisher geschehen ist, zuzuwenden, und es ist ein wahrhaft erschütternder Anblick, diesen außerordentlichen Mann aus dem Konzertsaal verbannt zu sehen, er, der unter den jetzt lebenden Komponisten (Liszt natürlich ausgenommen) den ersten und größten Anspruch hat, aufgeführt zu werden.«

Joseph Schalk hatte in den Wiener Blättern dafür gesorgt, daß über die Leipziger Aufführung möglichst günstige Berichte erschienen. Bald aber sollte ein außerordentlicher Erfolg in Wien den in Leipzig überstrahlen. *Hellmesberger* hatte sich endlich entschlossen, das *Streichquintett* am 8. Jänner 1885 in seinen Konzerten zur ersten Aufführung zu bringen.

Der Erfolg des glänzend gespielten Werkes war ein großartiger. Bruckner mußte unzählige Male auf dem Podium erscheinen, um für die ihm dargebrachten Ovationen zu danken.

Ludwig Speidel, einer der ersten Rezensenten, der in Wien für Bruckner eingetreten war, schließt seinen Bericht im *»Fremdenblatt«* vom 17. Jänner mit den Worten: »Wir möchten Bruckners Quintett nicht mit irgend einem anderen Werk der Gegenwart vergleichen; es steht für sich und *einzig* da.« Sogar der norddeutsche Journalist *Max Kalbeck,* einer der ärgsten Bekämpfer der Brucknerschen Muse, bekennt in der *»Presse«:* »Das Adagio strömt eitel Licht aus, Licht in tausend Farben und Nuancen – der Abglanz einer bis in den siebenten Himmel verzückten Vision.« Er vergleicht es mit den zu »ewigen Kreisen« sich emporschwingenden Terzinen Dantes, mit jenen wundervollen, tiefsinnigen Versen, die Goethe bei seinem Chorus mysticus vorgeschwebt haben müssen. Theodor Helm hatte schon früher erklärt, das Adagio könne man für ein aus der letzten Zeit Beethovens stammendes, von dessen vollster Inspiration beseeltes Stück halten. Auch in den übrigen Sätzen sei die Erfindung höchst glücklich und die Stimmung voll individueller Reize. Im Finale, das den anderen Sätzen keineswegs nachstehe, feiere die kontrapunktische Kunst des Meisters Triumphe; es berge die größten Steigerungen. Nunmehr sei es, sagt Helm, der konservativen Kritik unmöglich gemacht, Bruckner noch weiter zu ignorieren. Auch der Norddeutsche *Dömpke* meint in der *»Wiener Allgemeinen Zeitung«:* »Es scheint uns eine Arbeit, welche über alle ähnlichen Instrumentalkompositionen an Erfindung und tiefsinniger Kombination hinausreicht, eine solche Reife und Gewähltheit, ein solches Maß herrscht hier in den kühnsten und seltsamsten Verschlingungen«, während er sonst das Allgemeinurteil über Bruckner abgegeben hatte: »Wir lesen aus den Zügen Bruckners keine so gewalttätige Natur – höchstens das Durchschnittsempfinden einer armen Kapellmeisterseele; und doch komponiert er nichts als Hochverrat, Empörung und Tyrannenmord. Bruckner ist bei weitem der Gefährlichste unter den musikalischen Neuerern des Tages. Was er gibt, ist, von unten oder oben angefangen, ohne Zutat von weltlicher Logik, Kunst und Vernunft – vielleicht zanken sich einmal ein Teufel und ein Engel um seine Seele. Seine Musik duftet nach himmlischen Rosen und stinkt von höllischem Schwefel –.« Durch *Joseph Schalks* Artikel in den »Bayreuther Blättern« und durch die Leipziger Aufführung war auch das weitere Ausland auf Bruckner aufmerksam geworden. Endlich, nachdem die *III. Symphonie* seit sieben Jahren im Druck vorlag, nahm sich *Richard Hohl* ihrer an und gewann dem Meister durch ihre erfolgreiche Aufführung in *Den Haag* am 14. Februar 1885 viele neue Freunde.

Einer Wiederholung des *Streichquintetts* durch *Hellmesberger* und Genossen in *Linz* am 8. März konnte der Meister nicht beiwohnen, weil er am 7. März nach *München* abgereist war. Levi hatte sich inzwischen entschlossen, die ganze *VII. Symphonie* aufs Programm des zweiten Akademiekonzertes am 10. März im »Odeon« zu nehmen.

Bruckner war in Begleitung seines Schülers *Friedrich Eckstein*, Samstag, den 7. März, nach München gefahren und traf *Hermann Levi* gerade beim Frühstück an. Dieser begrüßte den Meister enthusiastisch und pries das Werk in höchsten Ausdrücken der Bewunderung. Nur das Finale fand er auch jetzt noch verworren und dunkel, es müsse, um das Werk zu retten, gekürzt und umgearbeitet werden. Ursprünglich hatte Levi nur das *Adagio* spielen lassen wollen, womit aber Bruckner nicht einverstanden war. Schon brieflich hatte er den Meister auf die Schwierigkeiten aufmerksam gemacht, die der Aufführung eines so eigenartigen Werkes entgegenstünden. So schrieb er noch am 4. März:

»Vorgestern habe ich die Sinfonie probirt. Das Orchester hat natürlich gestutzt und gar Nichts verstanden. Die Leute sind nämlich hier unglaublich reactionär. Aber das macht Nichts. Wenn sie nur gut spielen; und das werden sie. Mit Wagner geht es ebenso. (Ich glaube, es sind nicht drei Wagnerianer im Orchester!) – Haben Sie nur guten Muth und getrauen Sie mir! – Mit dem letzten Satze weiß ich bis jetzt noch gar Nichts anzufangen. Aber das wird hoffentlich noch kommen.«

Bruckner aber war seiner Sache ganz sicher und wollte von Änderungen nichts wissen. Und tatsächlich erst bei den letzten Proben war dem Dirigenten das volle Verständnis für das Finale aufgegangen, ja, er erklärte es nun als den schönsten Satz und meinte, es dürfe weder ein Takt gestrichen noch irgend etwas geändert werden. Hugo Wolf ist es später ebenso ergangen. In den ersten Proben hatte der Dirigent *Hermann Levi* einigen Widerstand der Orchestermitglieder zu bekämpfen; er sagte ihnen: »Nach der fünften Probe wird's Ihnen schon gefallen« – und er hatte recht. In der letzten Probe spielte das Orchester mit größter Begeisterung, und Bruckner dankte den Musikern durch eine Improvisation auf der Orgel, die in eine Fuge mündete. Orchester und Dirigent waren bei der Aufführung mit Feuereifer bei der Sache, und der Erfolg übertraf den in Leipzig bedeutend. Bruckner selbst berichtet an Mayfeld: »Der Erfolg in München war der höchste meines Lebens. Ein solcher Enthusiasmus war in München nie, wie man mir sagte. Kritiken ausgezeichnet. Neueste Nachrichten, Süddeutsche Presse besonders. Hr. Levi toastierte unter lebhaftester Zustimmung von Hunderten auf das bedeutendste sinfon. Werk seit 1827, und nannte die Aufführung des Wunderwerkes, wie er's nannte, die Krone seines künstl. Wirkens.« An Wolzogen schreibt Bruckner mit Bezug auf Levi: »Welch ein Abstand von Hl. Richter, der mich noch vor 14 Tagen als verrückten Menschen *ohne Form* erklärt haben soll, wie dies Zeugen behaupten; der die Brahmssche dritte Symphonie... als die neue Eroica erklärte; (natürlich Hanslick zulieb).« Levi lasse die Symphonie in Wien nicht ruinieren und wolle für den Verlag derselben sorgen. Durch eine Sammlung brachte dieser tatsächlich jene Summe (1000 Gulden) zustande, die der Verleger *Gutmann* in Wien als Beitrag forderte.

In den *»Münchner Neuesten Nachrichten«* vom 12. März 1885 erklärt der Referent: »Wir stehen nicht an, es auszusprechen, daß diese Komposition unter allen jenen Tonschöpfungen, mit denen in den letzten zwanzig Jahren es versucht wurde, den Rahmen des typischen Stiles der Beethovenschen Symphonie im wesentlichen festzuhalten, die erste Stelle einnimmt. – Es ist der Atem einer das Universum zu umfassen strebenden Musikseele, der aus den breit ausströmenden Gesängen zu uns spricht und uns zum sympathischen Miterleben geradezu zwingt.« In der *»Süddeutschen Presse und Münchner Nachrichten«* vom 14. März heißt es unter anderem: »In grandioser, abgeklärter Ruhe, in großen, breiten Zügen schreitet das *Adagio*, der zweite Satz, einher; in der darin enthaltenen *höchsten Ergriffenheit*, in dem gewaltigen Ringen und in der geradezu *klassischen Stimmführung* kann diese Komposition nur mit Beethovens herrlichsten Werken verglichen werden; dieser eine geradezu imponierende Satz würde hinreichen, um den Komponisten unter die Bedeutendsten, unter die *Unvergänglichen* einzureihen.«

Am Tage nach der Aufführung der Symphonie wohnte Bruckner einer Vorstellung der »Walküre« im Hoftheater bei: »Nachdem das Publikum sich entfernt hatte«, schreibt Bruckner an Wolzogen, »ließ Hl. Levi auf meine Bitte zum *Andenken an den hochseligen, heißgeliebten, unsterblichen Meister dreimal den Trauer-Gesang* aus dem 2ten Satze der 7. Sinfonie mit den Tuben und Hörnern executieren, wobei wohl der Tränen unzählige flossen. Ich kann *die* Situation im dunklen Hoftheater nicht beschreiben.« War es nicht, als ob aus dem Grabe Wagners der Ruhm Bruckners erblühte!

Im »Berliner Tageblatt« vom 10. August 1885 schildert Paul Marsop in bewegten Worten Bruckners Verhalten während der ihm geltenden Ovationen folgendermaßen: »Da stand er nun in seinem bescheidenen Gewande vor der Menge und verbeugte sich einmal übers andere. Bald zuckte es wehmütig um den Mund des alten Herrn wie von mühsam unterdrückter Rührung, bald leuchtete es gar wundersam in seinen Augen auf, und das nicht schöne, aber sympathisch-treuherzige Gesicht erstrahlte in einer so warmen, innigen Freude, wie sie sich nur auf dem Antlitz eines Menschen zeigen kann, dessen Herz zu gut ist, um selbst durch die ärgsten Tücken dieser Welt verbittert zu werden.« Und weiter heißt es über den Meister und das Werk: »Ja, er ist eine Natur, dieser Bruckner, eine volle und ganze Natur, als Mensch wie als Künstler. Dadurch hatte er uns alle gepackt, so daß wir, als der letzte Akkord seiner Schöpfung verklungen war, erstaunt fragten: Wie ist es denn möglich, daß du uns so lange fremd bleiben konntest? Man empfand mit innigem Behagen, daß sich etwas geltend machte, das man in den Werken anderer Zeitgenossen durchwegs vermißt: *die Kraft!* Endlich, endlich einer, der wieder einmal aus dem Vollen schöpft! – alles entschieden, *deutsch, Beethovenisch,* mit einem Worte! *männlich.*«

Während der Münchner Tage hatte der Meister den Wunsch ausgesprochen, die Symphonie dem König Ludwig II. widmen zu dürfen. Levi berichtete in einer warmen Eingabe an den Intendanten *von Perfall,* der in einem eigenen Schreiben dem König das Anliegen des Meisters unterbreitete. Levi hatte freilich den Hintergedanken, es solle nicht nur die Annahme der Widmung erfolgen, sondern auch für Bruckner »etwas dabei herausschauen«. Doch erfüllte sich nur die Annahme der Widmung, für welche Bruckner in einem überschwenglichen Brief dem König dankte. Über Levis Anraten hatte er den Mund recht voll mit »alleruntertänigst« usw. genommen und auch die Bitte ausgesprochen, der König möge sich das Werk in einer Separat-Aufführung vorspielen lassen. Obwohl Bruckner auch auf sein Alter und die vielen Privatstunden hinwies, die ihm die Zeit für das musikalische Schaffen raubten, fand er keinerlei materielle Förderung.

Die letzten großen Erfolge schienen dem Meister geeignet, seine Bemühungen zur Erreichung der *Ehrendoktorwürde* wieder aufzunehmen. Aufgestachelt wurde er dazu besonders von einem englischen Sprachlehrer, der sich »Professor Dr. *Vincent*« nannte und bei Gause verkehrte. Der kindlich-naive Meister, der über die Späße des Trunkenboldes oft recht herzlich lachen mußte, kam schließlich ganz unter den Einfluß dieses steckengebliebenen Studenten. Schon 1882 hatte er Bruckner unter dem Vorwand, für ihn eine Konzert-Tournee nach England vorzubereiten, Geld herausgelockt. Nun bot er sich an, eine Petition (vom 23. März 1886) an die Universität Philadelphia samt einer großen Anzahl von Beilagen zu übersetzen, wofür Bruckner wieder zahlen mußte. Das angeblich abgeschickte Gesuch kam nach einiger Zeit wieder zurück und wurde dann an die Universität *Cincinnati* adressiert, von wo es angeblich wieder zurückkam. Einen klingenden Erfolg hatte nur Vincent davongetragen.

Wegen der Strenge des Direktors *Hellmesberger* getraute sich Bruckner nicht, wieder Urlaub zu nehmen, um an der ersten Aufführung seines *Streichquintetts* durch das *Walter-Quartett* in *München* am 31. März 1885 teilnehmen zu können. Levi selbst hatte es einstudiert, und obwohl sich einige Opposition bemerkbar machte, hatte es besonders bei der Kritik großen Erfolg, wozu wohl die im Druck erschienene Partitur wesentlich beitrug. Am 8. April fand dasselbe Werk durch *Heckmann* in *Köln* eine ganz hervorragende Wiedergabe, doch wurde es ohne Finale gespielt.

Ostern weilte Bruckner, wie immer, in St. Florian.

In Wien war Bruckner auch weiterhin nur auf private Aufführungen angewiesen. So war unter anderem die *I. Symphonie*, die ihr Schöpfer wieder durchgesehen hatte, am 22. Dezember 1884 in einer Bearbeitung von *Ferd. Löwe* auf zwei Klavieren im Wagner-Verein dargeboten worden. Nun aber mußte seine neueste Schöpfung dort Zuflucht nehmen. Am 8. Mai 1885 ertönten zum erstenmal die mächtigen Klänge des *»Tedeum«* unter Bruckners Leitung im kleinen Musikvereinssaale, wobei das Orchester durch *zwei Klaviere* ersetzt werden mußte.

Anläßlich der Besprechung eines Bruckner-Klavierabends am 23. April 1885, wobei im Bösendorfer-Saal durch *Joseph Schalk* und *Ferd. Löwe* der 1. Satz der III. und die *I. Symphonie* gespielt wurden, ging *Theodor Helm* in der *»Deutschen Zeitung«* zum offenen Kampf gegen die *Philharmoniker* und *Hans Richter* über, die er der gröblichen Vernachlässigung des bereits im Ausland so erfolgreichen heimischen Meisters zieh.

Am 20. April 1885 hatte Bruckner für den feierlichen Einzug des Bischofs anläßlich der 100-Jahr-Feier der Diözese *Linz* das *»Ecce sacerdos«* für gemischten Chor, drei Posaunen und Orgel geschrieben, das aber bei diesem Anlaß nicht zur Aufführung kam.

Inzwischen hatte *Hermann Levi* mit *Albert Gutmann* über die Drucklegung der *VII. Symphonie* verhandelt und durch Verehrer des Meisters in München die von Gutmann verlangte Summe von 1000 Reichsmark gesammelt. In Wien bemühte sich der treue *Eckstein* um die Drucklegung des *Tedeum*. Wieder war es *Th. Rättig*, der das Werk in Verlag nahm, nachdem sich Eckstein bereit erklärt hatte, den größten Teil der Druckkosten zu tragen, was Bruckner freilich erst später erfuhr.

Mit der Überwachung der Drucklegung der *VII. Symphonie* hatte Bruckner *Joseph Schalk* betraut, der diese Aufgabe auch gewissenhaft durchführte. Bruckner hatte die Partitur gemeinsam mit Schalk und Löwe nach der Leipziger Aufführung nochmals durchgesehen und geringfügige Änderungen und Verbesserungen vorgenommen. Aber schon früher hatten sie »durchgesetzt«, daß *Nikisch* bei der Aufführung an dem großen C-Dur-Höhepunkt im Adagio einen *Beckenschlag*, *Pauken* und

Triangel zusetzte, welch theatralischer Effekt gewiß nicht im Sinne des Meisters war: man hatte sie ihm eingeredet und dem Erstdruck einverleibt. Der Druck schritt rasch vorwärts, da *Gutmann* von Levi das Geld erhalten hatte. Dem Vorschlage Levis, dem Meister davon 600 Reichsmark als Honorar zu geben, stimmte Gutmann aber nicht zu.

Nun mußte sich auch der »Allgemeine Deutsche Tonkünstlerverein«, dem Bruckner auf Anraten Hans von Wolzogens im Sommer 1884 beigetreten war, seiner annehmen.

Prof. *Riedel* in Leipzig machte Bruckner den Vorschlag, er möge das *Adagio* der *VII. Symphonie* bei dem *Allgemeinen deutschen Musikfest* in *Karlsruhe* am *30. Mai* aufführen lassen. Über den Rat *Liszts* und Dr. *Standhartners* willigte er ein und bat seinen ehemaligen Schüler *Felix Mottl,* das Werk einzustudieren und sein »ganzes künstlerisches Ich für den einstigen alten Lehrer« einzusetzen.

Das Werk machte unter den anwesenden Künstlern, an deren Spitze *Liszt* stand, tiefen Eindruck. Man erkannte mit Staunen, daß Bruckner »ein Genie ist, das sich an Beethoven herangebildet hat und in der Tat Züge zeigt, die Beethovens würdig wären«. Von nun an sorgte auch *Liszt,* der für die Kunst des Wiener Meisters zwar *nie ein richtiges Verständnis* finden konnte, für Bruckner.

Hochbeglückt war der Meister über ein Schreiben des Heidelberger Universitätsprofessors Dr. *Ludwig Nohl,* welches dieser in seiner Begeisterung an den Meister richtete. Es lautet: »Geehrter Freund! So muß ich Sie nennen, seit meine Seele sich in Ihre Töne getaucht und zu neuer trostreicher Hoffnung für die Zukunft unserer himmlischen Kunst erhoben hat. Ich habe das Adagio Ihrer E-Dur-Symphonie in Karlsruhe gehört. Waren schon beim Spielen der Skizzen in den ›Bayreuther Blättern‹ die Tränen aus den Augen gestürzt, so ergriff jetzt diese tiefste Rührung durch wahre Schönheit nicht bloß, sondern sie machte aus mir... einen andern, einen neuen Menschen. Seit der ›Götterdämmerung‹ in Bayreuth ist mir so nicht wieder zumute geworden, und vorher hatten nur Beethoven und Bach dies über mich vermocht in unserer Kunst. Wie tief dankbar müssen alle Mit- und Nachlebenden Ihnen sein! Sie haben uns aufs neue unsere beste Seele, die Seele des wahrhaft Menschlichen und Göttlichen zugleich, wiedergeschenkt.«

In der Zeit des Hoffens und der Erfüllung seiner künstlerischen Wünsche war in des Meisters Phantasie ein neues großes Werk herangereift. Es entstand die

VIII. Symphonie, c-Moll (in erster Fassung).

Schon im Spätsommer des Jahres 1884, als er bei seiner Schwester *»Sali«*, der Frau des Stadtgärtners *Joh. N. Hueber*, in Vöcklabruck weilte, zeigte er seinen Angehörigen viele mit Bleistift beschriebene Notenbogen, von denen er sagte, es werde eine Symphonie. Um ungestört schaffen zu können und die auf Spaziergängen in der waldreichen Gegend gewonnenen Gedanken aufs Papier zu bringen, mietete er bei dem Eisenhändler Hartmann ein Zimmer mit Klavier ausschließlich zum Komponieren.

Auch hier machten reizende junge Mädchen großen Eindruck auf ihn. Als er erfuhr, daß Herr Hartmann eine hübsche Stieftochter habe, rief er erfreut aus: »Das freut mich, da kann ich komponieren.« Täglich überreichte er dem Frl. Marie v. Rottenberger einen Blumenstrauß. Zur Tochter Luise des ihm befreundeten Advokaten Dr. Alois Scherer sagte er stets »Meine Perle!«. Sollten wir nicht in der Gesanggruppe des ersten Satzes der Achten (denn dieser gewann damals Gestalt) mit seinen sehnsuchtsvollen Melodien einen Niederschlag dieser zarten Schwärmerei Bruckners erblicken? Vom Thema des *Adagios* sagte er selbst: »Da hab' ich zu tief in ein Mädchenauge geschaut.« Die Skizze des ersten Satzes hatte Bruckner schon an seinem 60. Geburtstag, dem 4. September 1884, in *Vöcklabruck* abgeschlossen. In den ersten Monaten des Jahres 1885 aber schwelgte er nicht nur in den Wonnen seiner künstlerischen Erfolge, seine Seele war auch erfüllt von der Schwärmerei für ein aufblühendes junges Mädchen, das sein Herz ganz gefangennahm. Aus ihren Augen strahlte ihm das vollkommenste Abbild göttlichen Wesens in der Natur; aus dem unschuldigen Glanz und der unergründlichen Tiefe dieses Spiegels der Seele erstand ihm die Welt seines *Adagios*, dessen Skizze am 16. Februar 1885 beendet war.

Die angebetete, kaum dem Kindesalter entwachsene *Marie Demar* hatte der Meister auf der vierten Galerie der Hofoper kennengelernt, und in den Pausen schwärmten sie gemeinsam von den Schönheiten des eben gehörten Wagnerschen Werkes, wobei sie Bruckner mit Linzer Torte bewirtete. Marie war die Tochter einer angesehenen Bürgersfamilie, und da Bruckner geheime Zusammenkünfte nicht wollte, war bald die Bekanntschaft mit den Eltern hergestellt. Man konnte ihn in diesem Frühjahr mit der Familie an der Seite der Angebeteten im Prater lustwandeln sehen, wobei er oft, den Tanz der Lehrbuben aus »Meistersinger« pfeifend, zur Erheiterung der Umstehenden um sie herumtanzte. Das Mädchen verehrte in ihm freilich nur den großen Künstler und ließ sich seine Huldigungen gefallen. Als sie ihm auf seine Bitte ihr Bild schenkte, schrieb er: »Liebenswürdigste, Edelste Freundin! Herzlichen Dank für Ihr herrliches Bild. Die treuherzigen, schönen Augen! Wie trösten sie mich oft. Bis zum Ende meines Lebens wird mir die Reliquie theuer und kostbar sein.«

In der kurzen Zeit vom 23. Juli bis 25. August entstanden die beiden weiteren Sätze im Stadtpfarrhof zu *Steyr,* wo Bruckner künftig alljährlich einige Wochen seiner Ferienzeit verbrachte. Er komponierte das *Scherzo* am 23. Juli, das *Trio* am 25. August und das riesige *Finale* in der Zeit vom 9. Juli bis 16. August 1885. Der letzte Bogen der Finaleskizze trägt den Vermerk: »Steyr*, Stadtpfarrhof, 16. August 1885. A. Bruckner. *Halleluja!*«

Nach dieser Tat verbrachte der Meister den Rest der Sommerferien wie alljährlich im Stifte *St. Florian,* obwohl er in seiner übergroßen Rücksichtnahme am 17. Juni an Prof. Deubler, den Chorregenten des Stiftes, geschrieben hatte: »Auch ich freue mich, in St. Florian sein zu können, da ich dort am ruhigsten komponieren kann. Nur eines fällt mir immer schwer – dem löbl. Stift zur Last liegen zu müssen.«

Am Tage des heiligen Augustin (28. August), des Ordenspatrons, gab Bruckner auf der großen Orgel ein Konzert, wozu seine Verehrer von weit und breit herbeigeeilt waren. Als Bruckner das Chor betrat, leuchteten ihm die grünweißen Schleifen eines riesigen Lorbeerkranzes mit der Widmung »Dem Meister deutscher Tonkunst« entgegen, den einige Verehrerinnen aus Steyr gewidmet hatten. Um halb vier Uhr begann das Konzert, und Bruckner gab eine seiner weltberühmten Improvi-

---

* Den Aufenthalt in Steyr vom 9. Juli bis 27. August unterbrach Bruckner, um vom 1. bis 4. August einer Einladung des Prälaten von *Kremsmünster* zu entsprechen, wo er am 3. Oktober ein Orgelkonzert gab.

sationen zum besten. *Karl Almeroth,* Bruckners intimer Steyrer Freund, schildert die Darbietung wie folgt: »Anfangs leise, immer mehr anschwellend, bis zu ungeahnter Kraft steigernd, erklang die hehre *Totenklage um Siegfried* aus der ›*Götterdämmerung*‹ und erschütterte die Zuhörer. In genialer Weise folgte die kontrapunktische Verarbeitung; doch bald fügte sich ein neuer Trauergesang, ebenso hehr und erhaben an: es war Bruckners *Trauermusik* aus dem *Adagio der VII. Symphonie,* welche er im tiefsten Schmerz über Meister Wagners Tod niederschrieb. – Da klärte sich der Himmel, und mit gottvoller Weihe ertönte ein in Händelschem Stile gehaltenes *Intermezzo,* welches Bruckner den Trauerweisen, verwoben mit einem Thema der in Steyr vollendeten *VIII. Symphonie,* als jubelnden Gesang folgen ließ. Nochmals kehrte das Wälsungen- und Siegfriedmotiv aus der Trilogie zurück, die Trauer aber war verschwunden, in großartigem Gesange, aus allen Registern ertönend, rauschten mächtige Akkorde und eilten jubelnd und jauchzend dem Ende zu.«

Es mag eine seiner großartigsten Improvisationen gewesen sein. Ein *Imperator* erhob sich vom Orgelsitz! Ein Viertelstündchen darauf war er im Weinstübchen wieder der unscheinbare, kindlich-heitere Mensch mit dem Gehaben eines alten biederen Landschullehrers.

Zum erstenmal waren hier vor einer größeren Zuhörerschaft Klänge aus der neuen, gewaltigen *VIII. Symphonie in c-Moll* erklungen, deren Ausführung allerdings noch Jahre in Anspruch nahm. Die beruflichen Verpflichtungen ließen nur wenig Zeit für die kompositorische Tätigkeit frei, so daß Bruckner fast nur seine Ferien zu diesen Arbeiten verwenden konnte.

Schon in diesem Jahre haben sich Vorboten der späteren Krankheit gemeldet, denn in einem Brief vom 6. November 1885 an *Mayfeld* schreibt Bruckner: »Schrecklich ist's, wenn man unwohl ist! Ganz verlassen.« Auch die physische Arbeitskraft, die bei Herstellung einer großen Partitur gewiß sehr in Anspruch genommen wird, konnte in diesem Alter nicht mehr so groß sein wie ehedem. Die Aus- und Umarbeitung der Symphonie nahm daher eine Reihe von Jahren in Anspruch.

Eine weitere Frucht des Sommers war die wundervolle Motette für gemischten Chor »*Virga Jesse*«, die am 3. September in St. Florian niedergeschrieben wurde. Freund *Eckstein* verstand es auch, die »*Vier Gradualien*«, das siebenstimmige »*Ave*

Maria« und das *»Tota pulchra«* im Verlag *E. Wetzler* (Th. Rättig) herauszugeben. Anläßlich des 100jährigen Diözesan-Jubiläums am 4. Oktober 1885 kam nach 16 Jahren in Linz unter Musikdirektor *Adalbert Schreyer* die *e-Moll-Messe*, die Bruckner schon im Frühjahr durchgesehen hatte, wieder zur Aufführung, während man in der Hofkapelle sich bei des Meisters Lebzeiten nicht daran wagte. In *Leipzig* brachte Prof. *Riedel* bei einem Konzert in der *Peterskirche Kyrie* und *Gloria* der *d-Moll-Messe*, allerdings nur mit Orgel, zur ersten Aufführung in Deutschland.

In Wien sah man Bruckners Triumphen im Auslande ruhig zu und verharrte weiter in Untätigkeit. Es scheint zwar, als ob die *Philharmoniker* sich der *VII. Symphonie* hätten annehmen wollen, doch legte Bruckner schriftlich dagegen *Protest* ein. Dieser Brief hat folgenden Wortlaut und spricht Bände:

»Löbliches Comité!

Es wolle mir das ergebendste Ansuchen gestattet sein, das löbliche Comité möge *für dieses Jahr* von dem mich sehr ehrenden und erfreuenden Projecte der Aufführung meiner E-Dur-Symphonie Umgang zu nehmen, aus Gründen, die einzig der traurigen localen Situation entspringen in Bezug der maßgebenden Kritik, die meinen noch jungen Erfolgen in Deutschland nur hemmend in den Weg treten könnte.

In aller Verehrung

Anton Bruckner.

Wien, 13. Oktober 1885.«

In einem Brief an Mayfeld spricht er es deutlicher aus: »Ich protestierte gegen die Aufführung meiner 7. Symphonie, da dies in Wien wegen Hanslick et Consorten keinen Zweck hat.«

An den oberösterreichischen Komponisten *Anton Vergeiner*, der einen biographischen Artikel über Bruckner vorbereitete, schrieb er am 9. Mai 1884:

»Hanslick war mein höchster u. größter Gönner außer Herbeck. Wie er über mich bis 1874 (wo ich an die Universität als Lector befördert wurde) schrieb, das kommt kaum je wieder. Ja selbst als Komponisten u. Dirigenten hat er mich sehr ausgezeichnet. Bitte übrigens ja nicht Hanslick meinetwegen zu tadeln, denn *sein Zorn* ist schrecklich; er ist im Stande, einen zu vernichten. Mit *Ihm* ist nicht zu kämpfen. Nur bittend kann man an ihn herantreten. Ich *selbst auch so nicht*, da er sich stets verleugnen läßt.«

Und später: »So lange der Portier* die Verbannung nicht aufhebt, ist Alles verloren! Wohl ein schweres, aber sicheres Los. Während Empfohlene 30000 u. noch mehr Mark für eine Sinfonie erhalten haben, ist ein Nichtempfohlener nicht im Stande, *umsonst* eine Sinfonie dem Drucke übergeben zu können.«

Als der genannte Artikel bereits erschienen war, schrieb er nochmals an Vergeiner: »Herr Hanslick ist sehr ungehalten gegen mich.« Auch gegenüber Dr. van Meurs im Haag beklagt sich Bruckner bitter gegen die »Musik-Clique«, die ihn »samt und sonders verpönt«, und fügte bei: »Herr Brahms behandelt mich beinahe kränkend!« Brahms war damals Präsident der Gesellschaft der Musikfreunde, die das Konservatorium erhielt, und daher Bruckners oberster Vorgesetzter. Bruckner grüßte ihn stets mit »Ergebendster Diener, Herr Präsident«.

An den Verbrechen, die in Wien gegen Bruckner begangen wurden, ist *Brahms* einer der Hauptschuldigen. Im Gegensatz zu *Liszt*, der alle aufstrebenden Künstler selbstlos zu fördern suchte, war er nur auf sich bedacht und wollte keinen neben sich dulden. Eine einzige Ausnahme machte *Anton Dvořák*, von dem er allerdings wußte, daß er seinem Ruhm nicht gefährlich werden konnte. Ganz anders bei Bruckner! Brahms müßte kein so großer Künstler gewesen sein, als daß er Bruckners Genie nicht erkannt haben würde. Der Gegensatz von Süd und Nord machte sich schon rein persönlich bemerkbar und fand auch in ihrem Kunstschaffen Ausdruck. Dazu kam, daß Bruckner in seiner derbkräftigen oberösterreichischen Art und seiner tiefen Frömmigkeit und Treue zu seiner Kirche den liberalen Kreisen Wiens, in denen Brahms lieb Kind war, geradezu widerlich erschien. Obwohl Brahms über die musikalischen Fähigkeiten Hanslicks im Bilde war, gehörte er zu seiner Clique, und als Gegner Wagners stieß er in sein Horn. Brahms' gelegentliche abfällige Äußerungen über Bruckner wurden diesem hinterbracht, und die Feindschaft war fertig. Da sich nach Wagners Tod der *Akad. Wagner-Verein* Bruckners besonders annahm,

---

* Gemeint ist Hanslick, den Vergeiner einen »bärbeißigen Portier des musikalischen Parnaß« genannt hatte.

standen nun die beiden Parteien einander gegenüber, wie einst die Gluckisten und Piccinisten in Paris. Der Kampf zwischen »Brucknerianern« und »Brahminen« war ausgebrochen und verschärfte sich, nachdem Bruckners Erfolge im Auslande wuchsen... Brahms scheute sich auch nicht, dem Vordringen Bruckners im Ausland entgegenzuwirken, wobei er in Berlin und Leipzig durch seinen Freund *Joseph Joachim* und das Ehepaar *Herzogenberg* unterstützt wurde. Seinen Haß gegen Bruckner äußerte Brahms am Ende seines Lebens mit den Worten: »Bei Bruckner handelt es sich gar nicht um die Werke, sondern um einen Schwindel, der in ein bis zwei Jahren erledigt sein wird.«

Im Auslande erinnert man sich nun auch der übrigen Symphonien, von denen aber nur die *»Dritte«* im Druck erschienen war. *Den Haag, Dresden, Frankfurt a. M.* und *New York* brachten dieses Werk im Laufe des Jahres 1885.

Die Aufführung im Haag im Frühjahr war so erfolgreich gewesen, daß Bruckner Anfang 1886 von weiteren Aufführungen im *Haag* und *Utrecht* unter *Richard Hohl* verständigt und um seine übrigen Werke gebeten wurde.

In *Frankfurt* rief die »Dritte« unter Kapellmeister *Müller* ziemliches *Erstaunen* hervor. Darauf bezüglich äußerte eines Tages *Brahms* spöttisch zu unserem Meister: »Nun, Ihr Werk hat nicht angesprochen«, worauf Bruckner entgegnete: »Vielleicht war die Aufführung daran schuld.«

Kindische Freude bereitete es Bruckner, als er von der erfolgreichen Aufführung der Symphonie im Metropolitan-Opernhause zu *New York* unter *Anton Seidl* benachrichtigt wurde, und als er die objektiv anerkennende Kritik der New Yorker *»Tribune«* über die Aufführung am 6. Dezember 1885 las. »Nun«, meinte er zu August Göllerich, »hat mir *Amerika* recht gegeben, das ist doch köstlich!«

Das Fest des hl. Leopold, des Landespatrons von Österreich, das jedes Jahr in *Klosterneuburg* am 15. November festlich begangen wurde, war dieses Mal durch das Erscheinen des *Kaisers* besonders ausgezeichnet worden. Als Franz Joseph I. am Portal der Stiftskirche von der hohen Geistlichkeit empfangen und in feierlicher Prozession zum Presbyterium geleitet wurde, erbrauste vom großen Chor die Riesenorgel in einer Improvisation über das Kaiserlied. Plötzlich blieb der Kaiser einen Augenblick stehen, und halblaut kamen die Worte von seinem Mund: »Ah, der Bruckner!« Einem der Kleriker, *Josef Kluger*, die mit brennenden Kerzen neben dem Monarchen schritten, fielen diese Worte auf. Er hatte den Namen Bruckner noch nie gehört. Als er aber bald darauf in einer reichsdeutschen Zeitung von den Erfolgen des österreichischen Symphonikers Anton Bruckner las, wußte er, welch großer Meister damals die Orgel spielte. Kluger fand bald persönliche Beziehungen zu Bruckner und wurde dessen letzter Freund und Seelenarzt.

Anläßlich der neuerlichen Aufführung der *f-Moll-Messe* am 8. Dezember 1886 in der *Hofkapelle* kam auch das neue *»Virga Jesse«* zur ersten Darbietung.

Das Jahr 1886 bringt Bruckner eine Reihe schöner Erfolge. Selbst in Wien rüstet man sich, Versäumtes nachzuholen.

Am 10. Jänner war die erste Aufführung des *»Tedeum«* mit Orchester in einem *»Gesellschaftskonzert«* unter *Hans Richter*. Wie schlug dieses gewaltige Werk ein! Selbst *Hanslick* erkennt dem Werk »mehr musikalische Logik« zu als den anderen; es sei »klarer und einheitlicher« gehalten. Seine Wut verrät sich aber in der Konstatierung des »grenzenlosen Beifallslärmes«. Die gesamte übrige Kritik spricht sich begeistert über das Werk aus. *Speidel* sagt im *»Fremdenblatt«:* »Bruckners ›Tedeum‹ ist ein durchaus enthusiastisches Werk und sollte eigentlich in einem Moment, wo die öffentliche Meinung freudig erregt ist, etwa nach einem großen Staatsakte oder einem siegreichen Feldzug, zu Gehör gebracht werden.«

Bald wirkte sich nun das Erscheinen der *VII. Symphonie* aus. Sie gelangte in diesem Jahre noch in *Köln, Hamburg, Graz, Wien, Chikago, New York* und *Amsterdam* zur Aufführung.

Besondere Genugtuung gewährte es Bruckner, daß *Eduard Marxen,* der Lehrer *Brahms'*, ihm nach der Aufführung in Hamburg seine begeisterte Anerkennung übermitteln ließ. Marxen erklärte die Symphonie nicht nur als die größte der Neuzeit, sondern als eine der hervorragendsten überhaupt.

Ganz anders hat sich *Brahms* in Wien unserem Meister gegenüber verhalten, wie aus einem Brief Bruckners an seinen begeisterten Hamburger Verehrer *W. Zinne,* datiert 16. Juni 1886, hervorgeht, wo es heißt: »Von Hanslick und leider auch von Brahms sind mir *für mich so kränkende* Geschichten erzählt worden, daß ich lieber darüber ganz schweige; aber mein Herz ist kummervoll!!! NB. Hanslick dictiert noch zweien Kritikern, über mich zu lästern; ja man versucht auf alle Art, den für mich enthusiasmierten Hans Richter abwendig zu machen, denn man kennt Richters Furcht vor der Presse.«

Der Haß gegen Bruckner war neu angefacht worden durch eine Aufführung der VII. Symphonie am *21. März 1886* durch die *Philharmoniker* unter *Hans Richter**. Die *Erstaufführung* in Österreich hatte man sich durch den jungen Dr. *Karl Muck* in *Graz* am *14. März* wegnehmen lassen, wobei Bruckner Triumphe feierte.

Die glanzvolle Wiedergabe der Symphonie 1886 in Wien weckte stürmischen Beifall. Sogar Hanslick mußte in der »*Neuen Freien Presse*« vom 30. März 1886 feststellen, »... daß es gewiß noch niemals vorgekommen, daß ein Komponist nach jedem Satze vier- bis fünfmal herausgerufen wurde«; er bekennt jedoch »unumwunden«, daß er über Bruckners Symphonien »kaum ganz gerecht urteilen könnte«, so antipathisch berühre ihn diese Musik, so »*unnatürlich, aufgeblasen, krankhaft* und *verderblich*« erscheine sie ihm. Muß man Hanslicks Aufrichtigkeit anerkennen, so ist das Verhalten seiner »Gesellen« direkt als *literarische*

---

* Dem Konzertprogramm war, wie später bei der Uraufführung der Achten, eine dichterische Auslegung des Werkes aus der Feder Joseph Schalks beigegeben, die durch ihre verstiegene Phantasterei der feindlichen Kritik lediglich Stoff zu Spott und Hohn gab. Wie der Meister darüber dachte, erzählt Viktor Hruby in seinen »Erinnerungen«, die noch bei Lebzeiten J. Schalks veröffentlicht wurden. Danach war Bruckner aufs höchste verärgert und verbittert und äußerte sich: »Warum er si' g'rad mei' Sinfonie ausg'sucht hat zum Dichten, dös Locherl woas g'wiß, was i mir dabei denkt hab – höchstens an a paar hundert Gulden, die mir a Verleger dafür zahl'n könnt'.«

Aus der Tatsache dieser programmatischen Auslegung der Symphonien durch J. Schalk ergibt sich, daß dieser entweder Bruckners ausgesprochen absolute Musik verkannt oder der durch Liszt vertretenen »Programm-Musik« angliedern resp. dieser durch dichterische Ideen bedingten Kunstrichtung jener Zeit annähern wollte. Aus diesem Mißverständnis ist auch das Bemühen der Schüler begreiflich, das aus ganz anderen, übersinnlichen Bezirken entsprungene Klangbild der Brucknerschen Musik dem der sinnlich und intellektuell bedingten der Wagnerschen resp. Lisztschen Kunst anzunähern, den objektiven Klang zu subjektivieren.

Hruby stellte in seiner Broschüre auch fest, daß J. Schalk und F. Löwe nicht die wahren Freunde des Meisters waren und er diesbezüglich einmal erklärte: »I hab' kanö Andern, dö für mi' eintret'n.«

Unanständigkeit zu bezeichnen. *Max Kalbeck* stellt seiner Besprechung in der »Presse« vom 3. April ein Gedicht voran, von welchem jede Zeile aus einem anderen Werke oder von einem anderen Dichter stammt, womit er die Art der Brucknerschen Komposition illustrieren will. Der größte Teil der Ausführungen ist so gehalten, daß dieselben unter normalen Verhältnissen höchstens in einem Witzblatt aufgenommen worden wären. Hans Richter erhält eine Strafpredigt für seine »ostentativ zur Schau getragene Verehrung des Komponisten«. Weiters heißt es: »Wir glauben so wenig an die Zukunft der Brucknerschen Symphonie, wie wir an den Sieg des Chaos über den Kosmos glauben.« Das Werk sei eine teils anlockende, teils abstoßende *»Stegreifkomödie«*. Selbst der gelungenste Teil, das Adagio, »eine Kopie des Adagios aus Beethovens neunter Symphonie mit freier Benützung Beethovenscher und Wagnerscher Melodien«, zeige das Unvermögen des Autors, nach den Gesetzen der musikalischen Logik zu denken und zu handeln. Vom Gesangthema des ersten Satzes, »einer bockbeinigen mit einer Sechzehntelkapriole aufspringenden Achtelfigur«, wisse man nicht, woher sie komme, noch wohin sie gehe – »oder doch: *sie kommt aus den Nibelungen und geht zum Teufel!*« Das Thema des Scherzos dürfe »bei jedem Hochfeuer« ausgezeichnete Dienste leisten, und im Finale, einem *»Gemisch von Großtuerei und Armseligkeit«*, mache eine »theatermäßige Apotheose, bei der das bengalische Feuer zwar Applaus herausfordert, aber keinen sonderlich feinen Geruch hinterläßt«, den Schluß.

So wurde Bruckner mit »wenig Geist und etwas Witz« abgetan.

Der dritte, dessen herostratischer Ruhm der Nachwelt überliefert werden soll, ist G. Dömpke von der »Wiener Allgemeinen Zeitung«. Kurz und bündig erklärt er: »Bruckner komponiert wie ein Betrunkener.« Das beim ersten Hören unleugbar »starke äußere Wirkung« erzielende Adagio sei nichts weniger als tief. Vergleiche mit Adagiothemen »von Haydn bis Brahms« (!) würden die Täuschung klarmachen. »Wir schaudern vor dem Modergeruch, der aus den Mißklängen dieses verwesungssüchtigen Kontrapunktes in unsere Nasen dringt. Das Scherzo ist ein gar zu häßliches Gemisch von Roheit und Überfeinerung«, und im Finale sei »der nackte Unsinn« instrumentiert. Alle übrigen Wiener Blätter brachten enthusiastische Besprechungen der

Aufführung und des Werkes. Hans Richter erklärte bei dem vom Richard-Wagner-Verein veranstalteten Bankett, daß sich bei den Philharmonikern ein radikaler Umschwung in der Meinung über Bruckner vollzogen habe. Es werde nicht mehr vorkommen, daß seine Werke erst auf einem Umweg über eine Menge ausländischer Städte nach Wien kommen würden, vielmehr werde jede neue Bruckner-Symphonie von den Philharmonikern zuerst gespielt werden.

Bruckner an der Orgel (Karikatur von Schließmann)

Die achte Symphonie erlebte später auch tatsächlich ihre Uraufführung durch die Philharmoniker; dagegen ließen sie sich die Erstaufführungen der fünften und neunten Symphonie abermals entgehen.

Unter den obwaltenden Verhältnissen hatte Richter ja das möglichste getan, und sein Eintreten für Bruckner wird die Musikgeschichte nicht gering anschlagen; den Philharmonikern kann jedoch der Vorwurf nicht erspart bleiben, daß sie in ihren *eigenen Konzerten* Bruckner lange Zeit nicht gebührend berücksichtigt haben. *Hans Richter* ist später auch in *England* mit der *dritten, vierten* und *siebenten Symphonie* für Bruckner eingetreten, obwohl ihm einst *Brahms* im Tone des Vorwurfes sagte: »Sie werden doch Bruckner in England nicht aufführen wollen!«

Eine enthusiastische Aufnahme fand das Tedeum am *7. April* in *München* unter *Hermann Levi,* wobei der anwesende Meister stürmisch gefeiert wurde. Auch hier erkennt die Kritik die Größe des Werkes an und sagt demselben bleibende Bedeutung voraus. Sie betont die *Kongenialität* mit *Beethovens »Missa solemnis«,* mit *Berlioz* und *Liszt.* »Noch künftigen Geschlechtern«, heißt es weiter, »wird es Kunde geben, wie inmitten eines Zeitalters, in welchem der Kampf ums Dasein alles Ideale zu ersticken droht, noch Persönlichkeiten gewirkt haben, die unbeirrt um den Lärm des Tages ihr Auge dem Ewigen zugewandt hielten.«

Bei seinem Münchner Aufenthalte kam Bruckner auch in nähere Berührung mit namhaften Münchener Künstlern, wie *Hermann Kaulbach, Fritz von Uhde, Lenbach, Paul Heyse, Fritz von Ostini* und anderen. Im Hause *Fiedler* wurde damals vor solch erlesenem Publikum Bruckners *Quintett* gespielt.

Hermann Kaulbach hat in diesen Tagen die Züge Bruckners in einem Porträt festgehalten. *Fritz von Uhde* bat den Meister durch Freund *Karl Almeroth,* ihm für sein »Abendmahl« zu sitzen, weil er einem der Jünger Bruckners Züge geben wollte. Als ihm die Bitte unterbreitet wurde, antwortete Bruckner: »I bi' ja gar nöt würdig, in der G'söllschaft der Apostel z'sein. Wann er mi schon mal'n will, so san eh schon Photographien von mir beim Hanfstaengl da.« – Damit war die Angelegenheit für Bruckner erledigt.

Uhde mußte sich also bescheiden. Er selbst schrieb später dem Verfasser: »Ich habe dann nach einer Photographie, die mir Hanfstaengl gab – und nach meiner Erinnerung –, den Kopf des am Ende der Tafel sitzenden Jüngers auf dem Abendmahlbilde gemalt.«

Als das Bild später im Wiener Künstlerhaus ausgestellt war, führte Almeroth den Meister vor dasselbe mit den Worten: »Schau her! Da bist du doch drauf.« »Ah, ah!« sagte Bruckner und blieb lange wortlos und tiefergriffen vor dem Bilde stehen.

Bruckner hatte in dieser Zeit noch kaum etwas Greisenhaftes an sich. Er war von guter Mittelgröße (etwa 173 bis 175 cm) und überragte so seine künstlerischen Zeitgenossen Wagner, Brahms und Hugo Wolf bedeutend. Durch seine mächtige Brust und die aufrechte, fast stolze Haltung wirkte er geradezu imponierend. Dadurch, daß sein Körper etwas zur Fülle neigte, erschien er kleiner, als er tatsächlich war. Sein Kopf mit der gewaltigen Nase, dem bartlosen Gesicht und den stets kurzgeschorenen, ehemals blonden, nun ergrauten Haaren glich dem eines römischen Imperators. Der Blick seiner blauen Augen aber strömte so viel Güte und Unschuld aus, wie der eines ehrwürdigen Priesters. Als sollte dieser einer Antike gleichende Kopf nicht durch moderne Halsbekleidung verunstaltet werden, trug Bruckner ungemein weite, weiße Hemdkragen, die den Hals vollkommen frei ließen. Seine meist schwarze Kleidung richtete sich einzig nach dem Grundsatz der Bequemlichkeit. Sie hatte undefinierbaren Schnitt und mußte sehr weit sein. (Sogar den Sarg wünschte Bruckner sehr weit.) Das einzig Geniale an seiner Kleidung war die lose gebundene, schwarze Masche am Hemdkragen. Häufig trug er im Knopfloch seines nie zugeknöpften Rockes eine Rose. Sinnend, den Blick nach aufwärts gerichtet, schritt er durch die Gassen Wiens, sich auch bei mäßig warmer Temperatur Luft zufächelnd.

Nur für die Fußbekleidung hatte er besondere, und zwar sehr ins Detail gehende Wünsche, so daß sein Schuhmacher behauptete, nicht einmal die vornehmsten Damen kämen ihm darin gleich. Seine Kopfbedeckung war ein schwarzer Schlapphut, der jedoch selten seine Bestimmung zu erfüllen hatte; Bruckner schwang ihn gewöhnlich bei seinen stets eiligen Gängen in der Hand. Aus einer der Rocktaschen lugte fast immer ein Zipfel seines farbigen Schnupftuches. Nur bei ganz besonderen Anlässen trug er Frack und Claque.

Erst in den neunziger Jahren waren in seinem Antlitz Spuren physischer Leiden zu bemerken. Die Büste Viktor Tilgners zeigt uns Bruckner schon als alten, kranken Mann.

Den großen Triumphen war in *Wien* am 7. Jänner 1886 eine Wiederholung des *Streichquintetts* in den *Hellmesberger*-Konzerten vorangegangen, und am selben Tage erklang die *VII. Symphonie* in den berühmten *Gürzenich*-Konzerten zu *Köln* unter *Franz Wüllner*, obwohl *Brahms* versucht hatte, dies durch Druck auf den durch seine Empfehlung dorthin gekommenen Dirigenten zu verhindern.

Am 11. Februar entstand der Männerchor mit Tenorsolo »*Um Mitternacht*« (R. Prutz), eine zweite Vertonung desselben Textes, die der Meister dem »Straßburger Sängerhaus« widmete.

Nun rüstet sich auch die Hauptstadt seines engeren Heimatlandes, *Linz*, den großen Oberösterreicher zu feiern. Zum 41. Gründungsfestkonzert der Liedertafel »Frohsinn«, deren Chormeister er einst war, hatte man eine Vortragsordnung mit ausschließlich Brucknerschen Werken zusammengestellt. Unter *Wilhelm Floderer* gelangten des Meisters *Adagio* aus der *III. Symphonie*, das *Tedeum*, der *»Germanenzug«* und als *Uraufführung* der neue Männerchor *»Um Mitternacht«* zum Vortrage. Bei dem Kommers toastierte der Vorstand des Vereines auf *»den würdigen Nachfolger Beethovens und Wagners«*.

Bruckner gedachte in seiner Erwiderung der vielen Leiden, die er in Wien ausgestanden hatte, aber auch der Anerkennung, welche er bei Richard Wagner gefunden. Noch im Jahre 1882 habe Wagner ihm versprochen, alle seine Werke aufzuführen. »Nun, nachdem der gute Meister abberufen worden ist«, fuhr Bruckner fort, »scheint es, als hätte er mir Vormünder bestellt. Mein erster Vormund war Herr *Nikisch* in Leipzig, der zweite der Dirigent *Levi* in München. Diese haben mit aller Energie alles Mögliche getan, um meine Werke zur Aufführung zu bringen, und der Erfolg war ganz außerordentlich... Dann trat als dritter Herr Hans *Richter* in *Wien* auf und dann noch ein Kapellmeister in Karlsruhe. Aber alles stand mir noch ferner als der heutige Tag. Der heutige Tag ist ein großer Tag. Mein heißgeliebtes Vaterland Oberösterreich hat sich heute meiner angenommen!« In seinem Dankschreiben an die Liedertafel ruft er aus überquellendem Herzen: »Freundschaft und Liebe erflehe ich von allen meinen innigstgeliebten Österreichern.«

Kurz vor dieser erhebenden Feier hatte der »Akademische Gesangverein« in Wien am *11. Februar 1886* den Männerchor *»Trösterin Musik«*, wie nun der 1877 entstandene Chor »Nachruf« mit dem neu unterlegten Text von August Seuffert hieß, unter *Rudolf Weinwurm* zur *ersten Aufführung* gebracht.

Bruckner, als treuester Bayreuther, versäumte auch diesen Sommer nicht, die Festspiele dort zu besuchen. Man gab in diesem Jahre zum erstenmal »Tristan und Isolde«. Bruckner kam noch gerade recht, um *Liszt*, dem edlen Förderer der Festspielidee, tieferschüttert das letzte Geleite zu geben. In der katholischen Kirche hielt er bei der Trauerfeier dem Dahingeschiedenen eine Grabrede auf der Orgel über Themen aus »Parsifal«.

Eine der letzten Taten Liszts war die Anregung, bei der

Tonkünstlerversammlung in *Sondershausen* das Schwergewicht auf Bruckner zu legen. Liszt in seiner Großmut wollte sogar seinen »Christus« zugunsten Bruckners gestrichen wissen. Diesem Ansinnen kam der Dirigent Schröder jedoch nicht nach. Es wurde nun der *erste* und *dritte Satz* der *IV. Symphonie* und vom *Halir-Grützmacher-Quartett* das *Streichquintett* aufgeführt.

Im Ausland hörte man die *Siebente* in *Chikago, New York, Boston* und *Amsterdam*. Im Laufe des Jahres 1886 war *Hugo Wolf*, der durch *Göllerich* und *Eckstein* für Bruckner gewonnen wurde und im »Salon-Blatt« für ihn auch eingetreten war, dem Meister durch seine Jünger in Klosterneuburg persönlich zugeführt worden. Diese beiden Genies der österreichischen Hauptstadt aber standen dem *»Tonkünstler-Verein«*, dessen Präsident *Brahms* war, fern, ja der Verein bildete förmlich das Zentrum für ihre Bekämpfung. So hielt *Hans v. Bülow* einmal in Anwesenheit des Präsidenten eine beleidigende Rede gegen Bruckner, und *Hermann Grädener*, der gegen die bübische Art der Kritik von Bruckners Werken einen »Protest« des Vereines beantragte, wurde hämisch abgewiesen. Dem Treiben dieses Kreises ist es zuzuschreiben, daß es in den folgenden Jahren in *Wien* um Bruckner ganz still geworden wäre, wenn nicht *private* Kreise sich seiner angenommen hätten.

Zu den Erfolgen dieses Jahres kam nun auch eine äußerliche Auszeichnung. Über Anregung Levis und durch Vermittlung von *Prinzessin Amalie von Bayern* verlieh *Kaiser Franz Joseph* dem Meister das *Ritterkreuz des Franz-Joseph-Ordens*, welches der Obersthofmeister *Fürst Hohenlohe* »am 9. Juli um ein Uhr mittag«, wie Bruckner verzeichnet, persönlich überbrachte. Gleichzeitig wurde er verständigt, daß ihm der Kaiser eine *Personalzulage* von *300 Gulden* gewähre und ihm von Zeit zu Zeit auch eine *Unterstützung zur Herausgabe seiner Werke* bewilligen werde.

Hocherfreut berichtet Bruckner am 23. Juli an Mayfeld: »S. Majestät geruhten mir wissen zu lassen, daß meine Kunstreisen etc. mein allergnädigster Kaiser und Herr bezahlen werden und wenn es Tausende sein sollten.«

Der *Kaiser* hat auch wirklich die Verlagskosten der dritten Fassung der *dritten* und die der *achten Symphonie* beglichen.

Die Weihnachtsfeiertage verbrachte der Meister, wie schon in manchem früheren Jahr, in seinem geliebten Stift St. Florian.

Am *31. Jänner 1887* brachte *Karl Klindworth* die *siebente Sympho-*

nie zur ersten Aufführung in *Berlin*, wo sie nicht ganz widerspruchslos aufgenommen wurde. Das *»Deutsche Tagblatt«* aber bringt einen begeisterten Bericht, in welchem das Werk »ein vom Kopf bis zum Fuße geharnischter Riese« genannt wird. Bruckners Tonsprache sei ganz originell, er sei einer der wenigen, die die Musik Wagners ganz verstanden hätten.

Die Professoren des Konservatoriums in Berlin mit *Josef Joachim* an der Spitze, von *Bülow* wohl instruiert, erklärten sich nach dem Adagio unfähig, eine solche Musik ein zweites Mal zu hören. Von Baron Hans von Wolzogen erhält Bruckner dafür den Trost: »Das *›spezielle‹* Berlin ist ja doch für Großes und Gutes verloren; behalten Sie das *›populäre‹* im Auge!« Auch ihm würde in Berlin noch Anerkennung werden; die gegen den Fortschritt äußerst zähen Berliner brauchten etwas länger, um mit dem Neuen vertraut zu werden, sei dies aber geschehen, so hielten sie daran mit »unerschütterlicher nordischer Treue fest«. Schon diesmal hätten die Besten unter den Zuhörern den Wert dieser Musik erkannt und sich über das Verhalten ihrer Mitbürger am Konzertabend schmählich geärgert. Ein bedeutender Schriftsteller meinte damals, man habe Eseln einen Braten vorgesetzt, und ein musikalisch gebildeter namhafter Literat schreibt an Wolzogen: »Ich habe bis dato – faute de mieux – Brahms für einen ganz anständigen Symphoniker gehalten. Mordelement! Wie schrumpft das Doktorchen zusammen, wenn es neben diesen Riesen zu stehen kommt wie in diesem Konzerte.«

Sonst wurde die *VII. Symphonie* in diesem Jahre noch in *Budapest* unter *Erkel, Dresden* unter *J. L. Nicodé, London* unter *H. Richter* und zum zweiten Male in *Köln* unter *Wüllner* aufgeführt.

In Wien ist nur die Aufführung des Männerchores *»Um Mitternacht«* durch den *»Wiener Männergesangverein«* unter *Ed. Kremser* am 27. März zu verzeichnen. Bei einem *geistlichen (populären) Konzert* desselben Vereines wurde am 6. April der Chor wiederholt und Bruckner nach langer Pause wieder als *Orgelimprovisator* gefeiert. Als Symphoniker mußte sich Bruckner in Wien mit einer Darbietung seiner nun schon fast zehn Jahre fertigen *V. Symphonie* begnügen, die in einer Bearbeitung für *zwei Klaviere* von *Joseph Schalk* von diesem und *F. Zottmann* am 20. April 1887 zur Aufführung kam.

Während man in Wien sich bemühte, Bruckner zu vergessen, wurde sein Name im Auslande immer mehr genannt. Der

»*Maatschappij tot Bevordering der Tonkunst*« in *Amsterdam* ernannte ihn damals zum *Ehrenmitgliede*.

In den Sommerferien weilte Bruckner, wie alljährlich, in *Steyr* und *St. Florian*, von wo aus er Verwandte und alte Freunde in *Linz, Vöcklabruck, Enns, Kronstorf* usw. besuchte. In diesen Tagen arbeitete er schon am ersten Satz der *IX. Symphonie*. Der Verkehr mit seinen Landsleuten ließ ihn stets neuen Mut schöpfen und war ihm ein Herzensbedürfnis.

Schon am 29. September war Bruckner wieder in Linz, um der ersten *kirchlichen* Aufführung seines *Tedeums*, anläßlich der Orgelweihe im neuen Dom, beizuwohnen.

Drei *Konzertsaisons 1888–1890* verliefen nun in Wien, ohne daß eine der offiziellen musikalischen Körperschaften ein Werk von Bruckner gebracht hätte.

Nur wenige mutvolle Männer waren als Kritiker offen für sein Wirken eingetreten, so auch *Theodor Helm* in der »Deutschen Zeitung«, der frühere »Brahmine«, der durch August Göllerich für Bruckners Kunst gewonnen worden war. In einem Neujahrsbrief dankt ihm der Meister und fährt fort:

»Sind H. Doctor doch der Einzige, der in hochedler Weise und mit bewunderswürdigem Freimuth seine gerechte Stimme für mich erhebt! während alles Übrige bereits den – Schlaf längst wieder begonnen hat, (bis auf die Feinde,) und falsche, schwache Freunde bereits sich im Lager der Gegner wohlbehalten befinden! De gustibus etc.«

Und an Hans v. Wolzogen berichtet er am 13. Februar 1887:

»v. Bülow spricht schrecklich über mich; freilich auch über Berlioz, Liszt, und noch höher über Meister Wagner selbst, höchst traurig! Er erklärte, nur Meister Brahms habe ihm die wahre Musik erschlossen!!! etc. Im Vereine mit Hanslick wird er für mich noch schrecklich sorgen!!! Hans Richter handelt ihm (Hanslick) ganz zu willen u. in Wien ist wieder Alles wie vor u. ehe.«

Kurz vor den Sommerferien, am 3. Juli 1887, hatte Bruckner endlich die Partitur der *VIII. Symphonie* vollständig abgeschlossen. *Karl Aigner* in *St. Florian*, dortselbst Musiklehrer der Sängerknaben, ein ausgezeichneter Geiger und des Meisters vertrauter Freund, besorgte während der Ferien eine Abschrift des Werkes, und so macht Bruckner am 4. September Levi Mitteilung von der Vollendung der Symphonie mit den Worten: »Hallelujah! Endlich ist die Achte fertig, und mein künstlerischer Vater muß der Erste sein, dem diese Kunde wird ...« Er bat um die Aufführung, nach welcher er das Werk Sr. Majestät *dem Kaiser dedicieren* wolle. Am 19. September übersendet Bruckner die Partitur mit den Worten: »Möge sie Gnade finden!«

Die Aufführung war für Ende des Jahres geplant, doch es sollte anders kommen. Das Werk fand keine Gnade! Levi, der sogleich ans Studium ging, war außerstande, sich in die Symphonie hineinzufinden; sie war für ihn eine noch härtere Nuß als das Finale der Siebenten. In seiner Verzweiflung darüber wußte er keinen andern Ausweg, als sich um Rat an *Joseph Schalk* zu wenden. Er schreibt an ihn am 30. September: Orchester und Publikum würden größten Widerstand leisten. Das wäre ihm einerlei, wenn er nur selbst überzeugt wäre wie bei der Siebenten und den Musikern wie damals sagen könnte: Nach der fünften Probe wird's Ihnen schon gefallen. Aber er sei furchtbar enttäuscht! Er wolle kein Urteil fällen, vielleicht sei er »zu dumm oder zu alt«, aber er finde die Instrumentation unmöglich, und was ihn besonders erschrecke, sei die große Ähnlichkeit mit der Siebenten, das Schablonenmäßige der Form. »Und gar der letzte Satz – das ist mir ein verschlossenes Buch.« Weiter heißt es: »Mir graust es, wenn ich daran denke, wie diese Nachricht auf unseren Freund wirken wird.« Levi fragt dann, ob er Bruckner vorschlagen solle, sich das Werk in einer Probe anzuhören. Leider kam es dazu nicht. Schalk übernahm die schwierige Aufgabe, Bruckner diese Hiobspost zu überbringen. Die Nachricht wirkte auf den Meister geradezu *niederschmetternd*. Noch am 18. Oktober meldet *Schalk:* Bruckner fühle sich »noch immer unglücklich« und sei »keines Trostwortes zugänglich«. Schalk gibt der Hoffnung Ausdruck, daß er sich bald beruhigen und das Werk nach Levis Rat umändern werde, womit er übrigens bereits begonnen habe. Gegenwärtig sollte er freilich lieber nicht arbeiten, »da er aufgeregt und verzweifelt über sich selbst ist und sich nichts mehr zutraut. Indessen wird sich das bei seiner kolossalen Naturkraft nach physischer und moralischer Seite hin bald geben. Wie ich ihn so beobachte, *komme ich mir grausam vor*, es ist aber *auf eine andere Weise nicht zu helfen*, und man muß ihn mit sich selbst austoben lassen.«

Bruckner hatte den härtesten Schlag seines Lebens erlitten. Dem menschlichen Martyrium gesellte sich nun das künstlerische! Der Meister der VII. Symphonie, deren Aufbau und glanzvolle Instrumentation allgemein bewundert wurden und höchste künstlerische Meisterschaft verrieten, sollte plötzlich jedes Maß für Architektur und Instrumentation verloren haben und zum Stümper herabgesunken sein? Aber der Mann, dem Wagner sein heiligstes Werk anvertraut hatte und der daher für Bruckner als höchste Autorität galt, hatte dies festgestellt! Der Mann, der ihm nur Gutes tat, der ihn verehrte, den er seinen »Vormund« und »künstlerischen Vater« nannte!

Bruckner sank wieder in sein altes Übel, den allzu großen Autoritätsglauben, zurück und beschloß, das Werk gründlich umzuarbeiten. Dies aber dauerte weitere drei Jahre und war die eigentliche Ursache, daß die Arbeit an der IX. Symphonie aufgeschoben wurde, ja, daß sie Torso bleiben mußte.

Die VIII. Symphonie hat, wie alle ihre Vorgängerinnen, in der ersten Fassung nur *zweifache* Holzbläser gegen die Wagnersche Dreiheit derselben in der zweiten Fassung. Das *Trio* des Scherzos wurde später stark geändert, es enthielt ursprünglich noch *keine* Harfe. Der erste Satz hatte einen *fff-Schluß* mit dem vergrößerten Hauptthema in den Bässen, und alle Sätze, besonders auch das Finale, waren *ausgedehnter*. Ebenso ist später die Instrumentation stark verändert worden.

Hatten die Freunde den Meister schon früher zu einer den *Zeitumständen* und dem Können auch *zweit-* und *drittrangiger* Orchester entsprechenden Umarbeitung seiner III. Symphonie bewogen, die er freilich wieder zurückzog, so war ihnen der Fall mit der Achten und die völlige Mutlosigkeit und Verzweiflung Bruckners ein willkommener Anlaß, ihn nun auch, freilich in bestgemeinter Absicht, zur Neubearbeitung *früherer* Werke zu bestimmen, ja sie erlaubten sich sogar, selbständige Eingriffe vorzunehmen. Letzteres geschah nachgewiesenermaßen zuerst bei der *IV. Symphonie* durch *Ferdinand Löwe*. Dies zeigte sich bei der nächsten Aufführung, der ein neu geschriebenes Stimmenmaterial zugrunde lag, wobei das Werk stark verändert und vor allem im Scherzo und Finale (hier fehlte die ganze Reprise des ersten Teiles von zusammen 48 Takten) wesentlich gekürzt war. Diese Aufführung kam nur zustande durch ein eigenes *Bruckner-Komitee*, an dessen Spitze *Friedrich Eckstein* stand. In dem Aufruf an leistungsfähige Kunstfreunde hießt es: »Im Hinblick auf die durchaus vereinzelte Persönlichkeit des großen Tondichters erbitten wir Ihre gütige Propagierung unseres bedeutungsvollen Unternehmens im Kreise bekannter Kunstfreunde.« Am *22. Jänner 1888* kam auf diese Weise ein eigenes *Bruckner-Konzert* zustande, wobei des Meisters *IV. Symphonie* und das *Tedeum* unter *Hans Richter* gebracht wurden. Die überaus glänzende Aufführung weckte *tosenden, demonstrativen* Beifall, »es schien gleichsam«, meinte die *»Presse«,* »eine *unbewußte Abbitte* des Publikums für die Kränkungen, welche die Kunst des Meisters jahrelang von Neid und Mißgunst zu erleiden gehabt«. Nach jedem Satz mußte der Meister wiederholt auf der Estrade erscheinen, und zahlreiche Lorbeerkränze wurden ihm überreicht. Die *»zünftige« Kritik ignorierte die Aufführung gänzlich,* so daß diese also gewissermaßen nur als eine Veranstaltung der Bruckner-Gemeinde gelten konnte. Kronprinzessin Stephanie war zu des Meisters größter Freude anwesend und ließ ihm »äußerst lieb« gratulieren.

Auf Anraten einiger Freunde hatte Bruckner das Werk schon früher einem Verleger in Mainz angeboten, jedoch ohne Erfolg. »Bei meiner Rückkehr aus Bayreuth«, schrieb Bruckner 1886 an Levi, »erhielt ich zu meinem Schmerze die romantische Sinfonie in Es aus Mainz retour, und zwar ohne jede Motivierung. Darauf verlangte Herr Seidl* selbe Partitur und meinte, er würde drüben einen Verleger finden. Jetzt will selbe Herr Gutmann und meint, ich solle vom Hof 1000 fl für Herrn Gutmann erbitten, was ich keinesfalls tun kann. Er soll lieber selbe hinnehmen, ohne mir Honorar zu bieten; habe ja noch nie etwas bekommen; (während Brahms so viel erhielt.) (NB. von Rättig 50 fl.**.) In Wien ist wieder alles im alten. Daß heuer wieder gar nichts aufgeführt wird, ist mir eher lieber. Alte Freunde sind wieder zu Gegnern geworden, und dergleichen. Kurz die vormärzliche alte Stimmung und Behandlung von allen Seiten! Ohne Hanslick – geht's in Wien nicht. Wohl hätte ich für mein Lektorat beinahe schon ein Dutzend Jahre gebüßt.«

Die *1000 Gulden* als Beitrag für die Drucklegung brachte wieder *Levi* in *München* auf; trotzdem erfolgte die Herausgabe erst 1891, und zwar *gegen den ausdrücklichen Wunsch* des Meisters in der verstümmelten und instrumentierten Form, die von der als

---

* Anton Seidl (Amerika).

** 50 Gulden erhielt Bruckner für das »Tedeum«.

»Neueste Bearbeitung« bezeichneten einzigen Handschrift ganz wesentlich abweicht. Bruckner hat *Joseph Schalk*, den er mit der Überwachung des Druckes betraut hatte, bemerkenswerterweise bei späteren Drucklegungen nie mehr herangezogen.

Die Bemühungen der Freunde gingen nun neuerlich dahin, den Meister doch zur Umarbeitung seiner III. Symphonie zu veranlassen. So verwendete Bruckner während der Sommerferien 1888 in St. Florian, wo er sein 60. Orgelkonzert gab, viel Zeit zur »Regulierung« des Erstdruckes seiner Wagner-Symphonie, wobei die Sängerknaben und *Karl Aigner* die Partitur nach *offenen Oktaven und Quinten* durchstöbern mußten. Wie Franz Schalk berichtet, litt der Meister damals am »Quinten-Wahn«, wodurch aber gerade der orgelhafte Mixturenklang der ursprünglichen Gestalt Einbuße erlitt. In Wien zog Bruckner nun *Franz Schalk* zur Mithilfe heran, der eine Abschrift des Finales herstellte, in welche Bruckner die Änderungen und neukomponierte Teile einfügte.

Wieder war es der Wagner-Verein, der im Herbst seine gleichsam testamentarisch von Wagner übernommene Pflicht erfüllte und Bruckner zu Worte kommen ließ. In einem internen Abend im Bösendorfer-Saal brachte der Verein am *5. November 1888* das siebenstimmige *»Ave Maria«* zur *ersten Konzertaufführung*, und am *24. Februar 1889* veranlaßte er eine Wiederholung der *VII. Symphonie* mit dem *philharmonischen Orchester* unter *Hans Richter*.

Gelegentlich dieser Aufführung führt das *»Vaterland«* die Gründe an, welche die offizielle Wiener Kritik veranlaßten, entweder über Bruckner zu lästern oder, wie auch diesmal, ihn totzuschweigen. Es heißt da: »Nach dem Tode Wagners und Liszts war es der diesen Meistern feindlichen Clique höchst unbequem, daß ein Mann in den Vordergrund trat, dessen geniale Begabung sich in das Format des Simrockschen Verlages nicht fügen ließ. Sagen wir es nur offen heraus, die Philharmoniker zittern vor Hanslicks Feder, und das allein ist der Grund, warum Bruckner in den Programmen dieser Gesellschaft ignoriert wird. Die Welt soll wissen, daß österreichische Musiker den größten österreichischen Tondichter nicht kennen wollen.«

In dieser Zeit klagte Bruckner allen seinen Freunden, wie »desparat« er über den *Mangel an Zeit* für seine musikalischen Arbeiten sei. In Steyr hatten sich nun einige Großindustrielle,

Karl Almeroth, Karl Reder, Gräfin *Anna Lamberg* und andere, zusammengetan, um ihm durch eine jährliche Ehrengabe zu ermöglichen, seine Berufsverpflichtungen zu verringern. Er nannte diese hilfsbereiten Freunde das »oberösterreichische Consortium«. Aber auch *August Göllerich,* den der Meister schon damals zu seinem einstigen *Biographen* bestimmt hatte, wollte zu seiner Entlastung beitragen und ermahnte die Wiener im »Deutschen Volksblatt« vom 7. März 1889, anläßlich einer Lortzing-Feier, dem in ihrer Mitte weilenden, Lortzing unvergleichlich überlegenen Meister nicht dasselbe Schicksal zu bereiten, wie die Mitwelt dem Schöpfer der Spieloper. Er beklagt, daß *Bruckner* durch *Arbeitsüberbürdung* in seiner Schaffensfreude gehemmt werde, wodurch die Menschheit um jene Heilsgedanken komme, die ihm reicher als anderen entströmten. »Sache des Volkes, Ehrenpflicht der *Deutschen* allen voran ist es, dem nun Fünfundsechzigjährigen für seine letzten Lebensjahre freie Luft zu bieten.«

Vorläufig aber blieb der Ruf vergeblich. Lediglich moralische Ehrungen konnte der Meister im Lauf der folgenden Jahre entgegennehmen. Der *»Akademische Gesangverein«* war es, der die übrigen Körperschaften dadurch beschämte, daß er Bruckner im Jänner 1889 zum *Ehrenmitglied* ernannte, worauf erst nach und nach jene Wiener Körperschaften sozusagen notgedrungen folgten, die ihrer moralischen Verpflichtung *Brahms* gegenüber schon längst nachgekommen waren. Die Bevorzugung Brahms' und so manches unschöne Gebaren desselben gegen Bruckner mußte letzteren tief kränken. Die Anhänger beider Meister sorgten dann dafür, daß die Kluft zwischen ihnen noch größer wurde.

Im Herbst 1889, Bruckner verzeichnet den 25. Oktober, versuchten trotzdem einige den beiden Meistern objektiv gegenüberstehende Kunstfreunde, sie einander näherzubringen. Man veranlaßte eine Zusammenkunft beider Meister *im Gasthaus »Zum roten Igel«. Bruckner* hatte sich schon zeitig eingefunden, um dort ein Abendmahl, welches häufig durch zwei bis drei Portionen Nudelsuppe eingeleitet wurde, einzunehmen. Mit ihm waren einige Anhänger gekommen. Nach geraumer Zeit erst kam *Brahms* mit seinen »Brahminen«. Steif saßen die Parteien einander gegenüber. »Es war eine gräßliche Situation«, erzählte einer der Beteiligten, »und die freiwilligen Arrangeure saßen enttäuscht auf ihren Stühlen. Endlich brach Brahms das Schweigen und verlangte nach der Speisekarte. Mit etwas gezwungener Gemütlichkeit rief er: ›Na, woll'n wir mal sehen, was es zu essen gibt!‹ Er flog die Karte durch; plötzlich hielt er inne und sagte: ›Ah, Knödel und Geselchtes, das ist ja mein Leibgericht; Kellner, bringen Sie mal Knödel und Geselchtes!‹ Da wendete sich Bruckner zu ihm mit den Worten: ›Segn's, Herr Dokta, Knödel und G'selcht's! *Das ist der Punkt, wo wir zwei uns verstehn.*‹ Die Wirkung dieses Ausspruches war verblüffend. Man schüttelte sich vor Lachen, das Eis war gebrochen und nun ging's in einen vergnügten Abend hinein.«

Die Folge zeigte jedoch, daß eine wirkliche Verständigung nicht zustande gekommen war. Der innere Grund dieses Nichtverstehens lag in erster Linie in den *grundverschiedenen Charakteren* beider Männer. Wie Nord und Süd, wie *Geist* und *Gemüt*, so verschieden ist auch ihre Kunst.

Nichtsdestoweniger haben wir aus dem Munde beider Meister Aussprüche von gegenseitiger Anerkennung. Vom Hauptthema des *d-Moll-Klavierkonzertes* von *Brahms* sagte Bruckner zu einem bei der Aufführung neben ihm stehenden Schüler (Bruckner stand gern im Stehparterre, umringt von seinen Schülern): *»Segn's, das is a Symphoniethema.«* Bruckner hatte dabei keine Ahnung, daß Brahms dieses Thema ursprünglich für eine Symphonie bestimmt hatte. Th. Helm gegenüber aber meinte Bruckner: »Er ist der Brahms – allen Respekt! – ich bin der Bruckner; meine Sachen sind mir lieber.« Und ein anderes Mal: »Wer sich durch die Musik beruhigen will, der wird der Musik von Brahms anhängen; wer dagegen von der Musik gepackt werden will, der kann von jener nicht befriedigt werden.«

Auch *Brahms soll*, ehe er sich noch der Hanslick-Bülow-Führung anvertraute, einmal geäußert haben: *»Bruckner ist der größte Symphoniker der Gegenwart«*, während er später von *»symphonischen Riesenschlangen«* und *»Schwindel«* (siehe oben) zu sprechen beliebte.

Nach der Aufführung einer Brucknerschen Symphonie, erzählt *Bernh. Ziehn*, näherte sich *Brahms* dem im Leben so harmlosen Bruckner huldreich und schleuderte ihm den Satz ins Gesicht: »Ah, Bruckner, Sie komponieren auch Symphonien?« Ein anderes Mal wieder meinte Brahms verbindlich: »Nehmen Sie es mir nicht übel, aber ich kann mich nur in den Stil, in die

Richtung Ihrer Kompositionen nicht hineinfinden.« – »Aber i bitt Ihna, Herr Dokta«, entgegnete Bruckner, »das macht ja gar nix. Schaun S', mir geht's mit Ihren Sachen grad so.«

Einen Bundesgenossen gegen Bruckner hatte Brahms an *Josef Joachim* in Berlin. Dieser habe, schreibt Frau *Herzogenberg* an *Brahms*, zwar versucht, mit ihr die *E-Dur-Symphonie* durchzunehmen, »aber wir hörten aus Erbarmen bald auf«. Brahms überbrachte den Brief Hanslick, der ihn »mit aller Andacht und Vergnügen« las. Dieses Verhalten Brahms' und Joachims Bruckner gegenüber ist ein würdiges Seitenstück zu dem *Verdikt* gegen die *»neudeutsche Kunst«* eines Liszt und Wagner, mit dem sie sich einst unsterblich blamiert hatten.

Ganz anders war Bruckners Verhältnis zu einem zweiten großen österreichischen Zeitgenossen, der in Wien ebenfalls totgemacht werden sollte, zu *Hugo Wolf.* Während seiner kurzen Studienzeit am Konservatorium hatte Wolf den Lehrer Bruckner kennen und schätzen gelernt, und seit er die VII. Symphonie des Meisters gehört, ward Bruckner in die Reihe seiner musikalischen Götter aufgenommen. In den achtziger Jahren besuchte Wolf den von ihm hochverehrten Meister häufig in dessen spartanisch einfach eingerichteter Wohnung in der Heßgasse, um ihm seine Schöpfungen vorzulegen. Bruckner freute sich stets herzlich über die Originalität und Kühnheit der Wolfschen Muse. Ganz überrascht rief er, als Wolf sein Lied »Seemanns Abschied« vorlegte: »*Teufel,* woher haben Sie *den* Akkord?« Die Deklamation Wolfs nannte er genial. Er stellte Wolf über alle zeitgenössischen Wiener Komponisten. Über Wolfs Produktivität freute er sich herzlich, und in einer Anwandlung von Eifersucht rief er aus: »Der Kerl tuat den ganzen Tag nix als komponieren, währendem i mi mit dö Stunden abplag'n muaß.« Wolf war nach Göllerich der erste Schaffende, der mit der Feder für Bruckner eintrat, wenn auch in Wien ohne Erfolg. Die Verehrung, der sich Bruckners Kunst später in Tübingen und Stuttgart erfreute, ist in erster Linie auf Wolfs Propaganda dort selbst zurückzuführen. Mehrmals nahm er Anlaß, seinen schwäbischen Freunden Brucknersche Symphonien auf dem Klaviere vorzuführen. In späteren Jahren trat zwar zwischen beiden Meistern eine *Entfremdung* ein, die auf eine bei Künstlern so oft hervortretende Eifersucht zurückzuführen ist. Wolf fühlte sich zurückgesetzt, als Bruckner endlich durchdrang, Bruckner dagegen schien die Propaganda des Wagner-Vereines, der sich nun auch Wolfs annahm, für seine Person gefährlich zu werden. So äußerte er einem Besucher gegenüber auf die Frage, wie er sich zu Wolf stelle: »Ja den Wolf mag i sehr gern. Er is schon sehr lang nimmer bei mir g'wesn. Wia der Schalk den Wolf entdeckt hat, bin i gar nix mehr g'wesn.« Eine Stelle aus Wolfs Kritik über die 1891 aufgeführte I. Symphonie Bruckners, über deren letzten Satz er »geradezu empört war«, worauf er hinzufügt: »es soll aber kolossal sein«, dürfte wohl auch auf die erwähnte Verstimmung zurückzuführen sein, da er später wieder unentwegt für Bruckners Kunst eintritt. Von anderen Zeitgenossen schätzte Bruckner *Johann Strauß* wegen der Genialität und Leichtigkeit seiner Erfindung besonders. Gern pflegte er zu sagen: »A Walzer von Strauß is ma liaba wia a Symphonie von Brahms.« Freundliche Beziehungen unterhielt er auch zu den Wiener Komponisten *Adalbert von Goldschmidt* und *Karl Goldmark. Jean Louis Nicodé* in Dresden war einer der wenigen Schaffenden, die Bruckner befreundet waren und sich auch seiner Werke annahmen.

Unter Bruckners Leitung war eine *neue Generation* musikalisch schaffender und nachschaffender Künstler herangewachsen, die der folgenden Zeit geradezu das Gepräge gab. *Emil Jacques-Dalcroze, Camillo Horn, Friedrich Klose, Max von Oberleithner, Josef Vockner, Hugo Wolf* und andere als Tondichter, *August Göllerich, Ferdinand Löwe, Felix Mottl, Franz* und *Joseph Schalk* und andere als Dirigenten, *Dr. Guido Adler, Ernst Decsey, Rudolf Louis, August Stradal, Richard Wallaschek* usw. als Musikschriftsteller haben seine Lehre genossen und sich zum Teil um die Kunst hervorragend verdient gemacht.

Wie nimmt sich demgegenüber das Urteil *Brahms'* über den am Konservatorium durch *Bruckner* und *Franz Krenn* erteilten Unterricht aus, wenn er 1879 an Herzogenberg schreibt: »An diesem (Konservatorium) sieht es schauderhaft aus für alles, was die Kompositionslehre angeht. Man braucht nur die Lehrer zu sehen und nicht, wie ich des öfteren, ihre Schüler und deren Arbeiten.« Und 1884 heißt es weiter: »Es ist doch schändlich und unverantwortlich, daß da alle Jahre die paar talentierten Leute so *gründlich und unheilbar ruiniert* werden.«

Tatsächlich hatte aber gerade in den letzten Jahren der *Tätigkeit Bruckners* das *Wiener Konservatorium* ihm sein *bedeutendes Ansehen* im Auslande zu danken. Sein Ruf als *Orgelspieler* und später als *Komponist* hat besonders Schüler aus dem Deutschen Reich und aus Amerika angezogen.

Wertvoller noch als der Unterricht war Bruckners *moralischer* Einfluß auf seine Schüler, seine Begeisterung für die großen Meister der Tonkunst aller Zeiten und sein rückhaltloses Eintreten für den *Fortschritt* in der Musik. War er guter Laune, so setzte er sich wohl gegen Ende der Stunde ans Klavier und begann Teile seiner Symphonien vorzutragen oder über ein Thema zu improvisieren. Sein Spiel auf dem Klavier war unbeholfen, der Anschlag hackend, durch das starke Zittern der Hände anfangs auch unsicher, bis ihn die Eingebung über technische Mängel hinwegtrug in jene Höhen, die nur einem Genie erreichbar sind. Bruckner führte da seine Schüler gewissermaßen an die Schwelle des Allerheiligsten. Dies und die durchaus offene, ehrliche Art, mit welcher er seine Hörer für alles Edle und Hohe in der Kunst zu gewinnen suchte, die Fülle von Anregungen, die daraus für die Kunstjünger sich ergab, war von größerer Bedeutung als sein eigentlicher Unterricht, den ein anderer Lehrer ebensogut hätte erteilen können. Mit einer tiefen Verbeugung, bei welcher er den rechten Arm mit dem Schlapphut weit rückwärts schwang, verließ er nach einer ruhig verlaufenen Stunde das Lehrzimmer. War es dagegen stürmisch bewegt zugegangen, wie stets vor Aufführung eines seiner Werke, dann ging er ohne Gruß, einige Schimpfworte, wie sein beliebtes »Viechkerln«, vor sich hinbrummend, ab.

Seit dem Spätsommer 1888 war der Meister mit der Durchsicht seiner *III. Symphonie* für den zweiten Druck beschäftigt gewesen. Am 1. Jänner 1889 schreibt er an Wolzogen: »Ich arbeite seit verflossenem Juni an der 3. Simfonie d-Moll (Wagner-Sinf.), welche ich gründlich verbessert habe. O könnte selbe jetzt der hohe, unsterbliche Verklärte sehen! Welch unbeschreibliche Glückseligkeit für mich! Der Brahms-Cultus erreicht hier nachgerade das Unglaublichste. Hans Richter in vorderster Reihe!!! behauptete, die neue Richtung hätte im Conzert gar keine Berechtigung, und getraut sich (wegen Hanslick) nicht einmal etwas von mir ins Programm zu nehmen.«

Am 4. März 1889 war die Umarbeitung beendet, die nach den gemachten Erfahrungen und äußeren Einwirkungen besonders im *Finale* große *Kürzungen* durchführte und diesen Satz durch *Ausschaltung der Reprise* des ersten Themas auf die höhere Stufe der Finaletechnik der letzten Symphonien erhob, wodurch diese Fassung aus der normalen Entwicklungsreihe herausgehoben erscheint. Im ersten Satz, der weniger stark verändert wurde, nahm Bruckner mit Recht die ursprünglichen Wagner-Zitate heraus.

III. Symphonie, d-Moll

Die Umarbeitung des Finales erfolgte in Wien und St. Florian vom 1. August bis 17. September, die des 1. Satzes vom 24. September bis 1. November 1888; der 2. Satz wurde vom 17. bis 27. Februar, der 3. Satz vom 10. Februar bis 4. März 1889 durchgesehen.

Wenn sich Bruckner auch gemäß dem Rat der Fachleute bemüht hatte, in seiner *II. Symphonie* einfacher zu schreiben und die Form übersichtlicher zu gliedern, so trat schon im Finale des Werkes das Reckenhafte seiner Natur wieder deutlich hervor. In der Dritten fand er nun wieder ganz *zu sich selbst zurück* und komponierte nach seinem inneren Müssen.

Dem Werk ist trotziges Selbstbewußtsein, jugendliche Kraft eigen. Ein heldenhafter Zug geht durch alle Sätze: es ist eine neue »Eroika«.

Ähnlich wie in Beethovens Neunter ersteht auf dem Orgelpunkt D, über welchem zackige Linien der Bratschen und tropfende Figuren der Geigen die Tonart festlegen und nach und nach die Holzbläser mit der leeren Quinte eintreten, wie aus dem Nichts ein tönender Hintergrund, auf dem sich nach einigen Takten in der Solo-Trompete zart, aber doch plastisch das *Hauptthema* abzeichnet. Dieser Einfall hatte *Wagner* so gefallen, daß er, wenn er von Bruckner sprach, zu sagen pflegte: »Bruckner – die Trompete!« Im vorletzten Takt des Trompetenthemas übernehmen Holzbläser und später das erste Horn die Weiterführung, so daß das Trompetenmotiv lediglich den Kopf einer großen melodischen Linie bildet, die ohne Abgrenzung weiterführt. Das letzte Hornmotiv wird zur treibenden Kraft einer großen Steigerung, welche nach und nach alle Instrumente heranzieht und in den wuchtigen *zweiten Unisonogedanken* der Hauptgruppe im vollen Orchester mündet. Hier kommt Bruckners dynamisches Entwicklungsprinzip zur vollen Geltung. War schon im Finale der Zweiten das Überwiegen der Kraftmotive über die eigentliche Thematik zu bemerken, so zeigt die erste große Steigerungswelle dieses Satzes gegenüber der klassischen Hauptgruppe ein vollkommen neuartiges Bild. Die angeführten Themen sind hier nicht das Gegebene, sondern das *Gewordene.* Selbst das Trompetenthema ist sozusagen das Kristallisationsprodukt der das Werk einleitenden, gewitterig oszillierenden Kraftlinien. Auch die weiterleitenden Linien der Holzbläser und des Hornes sind nur markantere Züge eines ungeheuren Kraftfeldes, dessen Energien endlich in den Unisonogedanken ausbrechen. In großartiger Weise ist dieser Vorgang im 1. Satz der IX. Symphonie wieder aufgenommen. Kurth weist übrigens viele Analogien zwischen den beiden d-Moll-Symphonien nach, die er in ihrer Steilstrebigkeit mit der Gotik vergleicht. Dieser ganze Komplex ist in seiner Gesamtheit als Thema anzusehen. Eine zweite große symphonische Welle, in noch größerer Verdichtung, erstreckt sich bis zum Eintritt des *zweiten Themas.*

Beruhigung bringt das Weben der Natur, unter deren heilsamem Einfluß das wunde Herz Labung findet. Das eigentliche *Gesangthema* ist die »hervortretende« Melodie der Bratsche, welche von der »Fünftönefigur« der zweiten Violine umrankt wird. Diese Ranke ist so charakteristisch, daß auch ihr *thematische* Bedeutung zukommt, so daß daher jede der beiden Melodien (a, b) die Gesanggruppe vertreten kann. Diese Ranke der zweiten Violine hatte schon zwei Takte vor Eintritt der Bratschen-Melodie die Gesanggruppe eingeleitet. Sie ist eines jener Entwicklungsmotive, das schließlich die Führung an sich reißt und selbständig den Plan beherrscht. Die Gesanggruppe bildet hier nur eines jener Doppelthemen, denen wir in der Gesanggruppe der II. Symphonie zuerst begegnet sind. Eine Eigentümlichkeit Bruckners ist auch die hier zuerst thematisch umfangreicher auftretende Verbindung drei- und zweigeteilter Takthälften, ein Rhythmus, der sich auch schon im ersten und letzten Satz der II. Symphonie gemeldet hatte.

Aus »Kleinmut und Verwirrung«, womit Bruckner eine Stelle bezeichnet, führen die Stimmen der Natur zum Bewußtwerden der hohen Aufgabe, zum Willen, zur Tat, wie das rhythmisch aus dem Fünftonmotiv der Gesanggruppe organisch herausgewachsende *dritte Thema* (Schlußgruppe) zeigt. Im Rhythmus bemerkt man die genaue Umkehrung gegenüber dem des Gesangthemas. Wieder ist die phänomenale Entwicklungskunst zu bewundern.

Die Kraft des Entschlusses schaudert plötzlich wieder zurück von der Größe der Aufgabe. Durch mutige Fanfaren angefeuert, ringt sie sich dann wieder mehr und mehr empor. Es gilt den schwersten Kampf, den Kampf gegen die eigenen Schwächen. Nur im Anklammern an eine höchste Idee kann der Sieg errungen werden. Für Bruckners gläubiges Gemüt ist der natürliche Bundesgenosse in diesem Kampfe *Gott*, der Lenker aller Schicksale. Knapp vor Eintritt in den Kampf erfolgt der Aufblick zu Gott mit einem frommen *Choral* der Blechbläser, der jedoch den Verlauf der Schlußgruppe nicht unterbricht.

Nun erhebt das Kopfthema in der Umkehrung, vom vollen Orchester glänzend umrauscht, das Haupt, als wollte es sagen: »Mit mir ist Gott.«

Die Überleitung zur Durchführung wirkt wie eine brünstige Meditation, in der uns Schauer der Andacht überkommen. Eine Reminiszenz aus der d-Messe, welche im Adagio der IX. Symphonie ebenfalls auftritt, sowie wundervolle Palestrina-Harmonien der Streicher entführen den Hörer in einsame Kirchenhallen, in denen das »ewige Licht« flackert. War dieses erwartungsvolle, bange Stillstehen vor Eintritt der Durchführung in den vorangehenden Symphonien schon deutlich bemerkbar, so wird es hier zum erstenmal in voller Breite und mit mysteriösester Wirkung entfaltet. Diese heiligen Schauer ziehen sich noch länger in die Durchführung hinein.

Den Reichtum der Durchführung mit ihren ungeheuren Kraftausbrüchen, wobei der zweite den ersten noch übersteigert, ihren Schönheiten und interessanten Kombinationen auch nur annähernd zu schildern, muß uns hier versagt bleiben; doch soll auf die nach der *Reprise* den Satz beschließende gewaltige *Koda* hingewiesen werden. Wie in Beethovens »Neunter« bereitet sich auch hier über dem ostinaten Baß c, h, b, a eine große Steigerung vor, die dann in größter Schallkraft plötzlich abbricht. Ein letztes Erinnern an der Jugend Lust und Leid bei »Langsamer«, dann eilt der Satz stürmisch dem Ende zu, an welchem stolz und voll trotziger Kraft das Kopfthema, einem Riesen gleich, aufgerichtet steht.

In diesem Satz ist das dynamische Formprinzip schon vollkommen durchgeführt. Die Entwicklungsmotive, die sich aus den ersten, den Satz beginnenden Kraftlinien zu wehenden Zügen der Streicher-Unisoni (über Oktave und Quinte) umbilden, durchziehen den ganzen Satz. Sie sind aber nichts anderes als sozusagen sehr starke »Verkleinerungen« des eigentlichen Trompeten-Hauptthemas. Die Triole dieses Themas und sein letzter Anstieg von der Quinte zur Oktave geben die weiteren Elemente, aus denen sowohl die Gebilde der Gesanggruppe als auch die der Schlußgruppe sich entwickeln.

Schema:

Exposition	Durchführung	Reprise	Koda
A, B, C	A, B	A, B, C	A
d-Moll, F-Dur, f-Moll		d-Moll, D-Dur, d-Moll	d-Moll

Eine harmonische Rückung von D nach Es – und aus voller Brust entringt sich das in Beethovenschem Geiste beginnende Hauptthema des Adagios (quasi Andante), welches R. Wagner »sehr breit« vorgetragen wünschte. Mit dem zweiten Teil des Themas und seiner Umkehrung schwingt sich die Bitte immer dringlicher empor. In Demut erschauernd bricht dann der Beter aus seiner Verzückung in die Knie, in der Haydn-Mozartschen Phrase , die hier in ihrem Gefühlsinhalt außerordentlich vertieft, choralartig erscheint. Sie folgt auch einem zweiten Ansturm, worauf ein wundervoller Abgesang mit »Tristan-Seufzern« den Hauptsatz fragend zu Ende führt.

Plötzlich kommt Antwort von oben; der Himmel tut sich auf, und überirdischer Glanz verbreitet sich mit der Trostesmelodie der *Gesanggruppe,* die dann in kunstvoller Weise in den Bässen wiederholt wird und in einer Generalpause endigt.

Diesem visionären Teil folgt als *drittes Thema* eine Art Dankgebet. Dieses Thema, welches besonders in seiner Weiterentwicklung Beziehungen zum ersten und zweiten Thema dieses Satzes erkennen läßt, ist der eigentliche, mysteriöse Mittelpunkt des nach überirdischen Höhen hinzielenden Satzes.

Es folgt eine Durchführung des zweiten Themas mit reicher Sechzehntelumrankung, dann die großartige Verarbeitung des Hauptthemas, dem hier Unisonotriolen entgegengestellt werden. Der zweite Teil des Hauptgedankens (b) wird zu mächtigen Fanfaren der Blechbläser umgebildet, die mehrmals zu großen Steigerungen anfeuern. In Wagnerschen Harmonien verhaucht der Satz, vor dessen Schluß das »Schlafmotiv« aus der Walküre aufleuchtet.

Die Aufstellung eines Schemas ergibt hier eine klare Rondoform, deren Schwergewicht jedoch gegen das verklärte Ende gerückt erscheint. Alles Sehnen, alles Drängen zielt auf die »Ruh' in Gott dem Herrn«.

»Das auffällige äußere Symmetriebild«, sagt Kurth, »ist wieder aus der durchflutenden Innenstrebung überwunden, voll fügt sich die Form dem Inhalt.«

Schema:

A – B – C – B – A

Auch in dieser Symphonie ist das *Scherzo* wieder eine wahre *»Dörpertanzweise«*, deren Urbilder Bruckner in seiner Jugend in Windhaag zur Genüge hat studieren können. Es ist unmittelbar dem oberösterreichischen Volksleben abgelauscht: In einer Ecke der Scheune haben einige Musikanten Aufstellung genommen. Ihre Vorbereitungen locken »das junge Volk der Schnitter« herbei, und bald tollt der Tanz auf der ebenen Tenne, durch rhythmisches Stampfen der Burschen befeuert, dahin. Zartes Locken der Violinen und drollige Pizzikati der Bässe bringen bald tanzlustiges Volk auf die Beine.

Schwerfällige Verbeugungen, derbes Anfassen der einander zufliegenden Paare, und schon dreht sich's in tollem Wirbel.

Mit dem dritten Takt ist der Zusammenhang mit dem ersten Satze hergestellt. In der sogleich folgenden Stelle sehen wir förmlich, wie der Bursche nach mehrmaligem Aufstampfen sein Mädel mit einem »Juchezer«* emporschwingt, wie es bei dem oberösterreichischen Nationaltanz, dem »Ländler«, wirklich geübt wird.

In einer Tanzpause hört man den Gesang der Vögel, der durchs weit geöffnete Tor in die Scheune dringt. Aus der walzerartigen Melodie und dem Motiv entsteht ein reizendes Naturweben. In schöner Analogie sind hier Mensch und Tier einander gegenübergestellt.

Im Gegensatz zu dem polternden Hauptteil ist das *Trio* zart gehalten, als ob es von Liebesglück plauderte. Wie von ferne klingt ein urwüchsiges Ländlerthema in eine glückliche Abgeschiedenheit.

---

* Jauchzer

Dieses Thema, bei dessen Erklingen Bruckner einmal ausrief: »Mostschädln* raus!«, ist der einzige längere Gedanke des Satzes, alles übrige ist ein Gekose und Necken ganz kleiner Motive, die wieder als zarte Vogelstimmen hervortreten.

All dies erscheint aber von der hohen Warte einer die weitesten Fernen umfassenden Seele gesehen, wie ein Traumbild aus seliger Jugendzeit. Solche Deutung ist das Naheliegendste, Materiellste. Die Zusammenhänge des Scherzos mit den Ecksätzen jedoch und vor allem das Dämonische des Scherzo-Hauptteiles heben den Satz weit über jene landläufigen Idyllen hinaus, die der reflektierende Geist zuerst zu erkennen vermeint**. Die Dreiteiligkeit ist sowohl aus dem Scherzo als auch aus dem Trio leicht erkennbar, wobei die Mittelstücke durchführungsartig angelegt und der Hauptsache nach aus den Motiven des Hauptteiles gewoben sind.

Haben Haydn und Mozart die französischen höfischenTänze ihrer Zeit in die Symphonie verpflanzt, so hat Bruckner seinen Scherzi durch die Verwendung bodenständiger Tanzweisen seiner Heimat einen spezifisch *oberösterreichischen* Zug verliehen.

Vor diesen urwüchsigen Gebilden mußten sich sogar jene Kritiker beugen, deren Beruf darin zu bestehen schien, alles Eigenwertige zu untergraben.

Schon die ersten Takte des *Finales*, gewonnen aus dem Unisono-Gedanken des ersten Satzes, verkünden in ihrer unheimlichen Hast den nahen Entscheidungskampf. Dem gewaltig anstürmenden Krescendo der feindlichen Mächte stellt sich dann auch schon im neunten Takt das Hauptthema kampfbereit entgegen. Es ist dasselbe, dessen Idealgestalt uns das Hauptthema des I. Satzes in seiner geistigen Erscheinung zeichnete. Dies sagt uns die rhythmische Analogie der drei ersten Takte beider Themen.

Eines der kühnsten Themen Bruckners, ist es zugleich typisch auch für die *Finale-Hauptthemen* der folgenden Symphonien. Die meisten derselben holen durch weite Intervallsprünge zu kräfti-

---

* Spottname für Oberösterreicher.

** Diese bildhafte Wirkung der frühen Scherzi Bruckners auf die Phantasie des Hörers hat mit bewußter Programm-Musik ebensowenig zu tun, wie das Bild einer höfischen Rokokogesellschaft, die wir beim Hören eines Menuetts von Haydn oder Mozart schauen.

gem Schlage aus; in allen erkennen wir die ins Riesige gewachsene Gestalt des Hauptthemas, dessen Erscheinung allein schon den Sieg verbürgt.

Als *Gesangthema* (B) tritt uns auch hier wieder ein Doppelthema entgegen: ein *Choral* (a) und eine darübergelegte *Tanzmelodie* (b).

Über den Sinn dieser merkwürdigen Stelle hat sich Bruckner seinem Biographen *August Göllerich* gegenüber ausgesprochen, als bei einem nächtlichen Heimgang (1891) Ballmusik aus einem der Palais am Schottenring an sein Ohr drang, während er in dem nahen »Sühnhaus« Dombaumeister Schmidt aufgebahrt wußte. »Sehen Sie«, sprach der Meister, »hier im Hause großer Ball – daneben liegt im Sühnhaus der Meister auf der Totenbahre! So ist's im Leben, und das hab' ich im letzten Satz meiner dritten Symphonie schildern wollen: die Polka bedeutet den Humor und Frohsinn in der Welt – der Choral das Traurige, Schmerzliche in ihr.« Wie Liszt an einer Stelle des Allegretto im »Tasso«, so hätte auch Bruckner an dieser Stelle schreiben können: »Hier nimmt der Vortrag des Orchesters einen doppelten Charakter an.«

In eine Partiturabschrift der Urgestalt dieser Symphonie schrieb Bruckner auch mit Bleistift: »Bei dieser Gesangsperiode Harmonie immer hervortretend – bei der Gesangsperiode Streicher zurücktretend. Streicher pp ähnlich.«

Leider tritt bei den meisten Aufführungen die Streichermelodie ungebührlich vor, was gewissen Kritikern Anlaß gab, sich über die »Trivialität« derselben zu mokieren. Übrigens finden wir das Urbild dieser Melodie im »Wohltemperierten Klavier« (Thema der Es-Dur-Fuge, I. Teil) des großen Thomaskantors.

Als treibendes Element wuchtet das *dritte Thema* (mit durch synkopierte Nachschläge der Bässe erhöhter Sturmesgewalt) einher, das sich aus den welligen Motiven der Streicher aus der zweiten Themengruppe ableiten läßt.

Nochmals hält der Kampf zaudernd inne, gehemmt von Erinnerungen an die Schönheit des kampflosen Kinderparadieses, welche in einer lieblichen Episode lebhaft, schmeichelnd und den Kampfeswillen bedrohend auftreten. Doch reißt sich Thema C (die Episode war nur eine liebliche Umbildung desselben) endgültig von jeder Träumerei los. Es beginnt die *Durchführung* mit der ersten Kampfesetappe, nach welcher fromme

Gebetsharmonien den Kampf unterbrechen. Ein zweiter Gewaltstreich von größeren Dimensionen endet mit glänzendem Eintritt des *Hauptthemas vom I. Satz* in G-Dur. Die Entscheidungsschlacht entbrennt erst, nachdem nochmals die Welt mit ihren Versuchungen überwunden ist. Hier prallen die Themen furchtbar gegeneinander, aber schon nach kurzem, erbittertem Kampfe tritt das *Hauptthema des I. Satzes,* nun nach D-Dur gewendet und vergrößert, sieghaft, vom vollen Orchester umrauscht, ein. Es bildet den Inhalt der auf dem Orgelpunkt der Tonika triumphierend ausklingenden *Koda.*

In diesem Finale ist schon von Anfang an der Formwille auf den Wiederausbruch des *Kopfthemas der Symphonie* (Trompetenthema A des ersten Satzes) gerichtet. Das zeigt schon die Gestalt des Finale-Hauptthemas. Zum erstenmal nimmt auch der Wille zu einem dritten Thema hier greifbare Formen an, doch ist dieses noch nicht völlig ausgebildet. Nach Kurth ist es bloß »ein Kraftansatz zum Wiederausbruch des Kopfthemas«, wofür er besonders die Bläser-Rhythmen, die dazu erklingen, anführt. Ist bis hierher noch die Form der üblichen Exposition eines Hauptsatzes ziemlich gewahrt, so werden die folgenden Teile, wenn auch ihr Schema völlig regelrecht erscheint, gänzlich von dem neuen Sinn des Finalegedankens, nämlich dem Ausbruch des *Kopfthemas* der Symphonie, beherrscht. Der Wiedereintritt des Hauptthemas, der in der Haupttonart erfolgt, ist eigentlich schon die *Reprise,* die aber von *Durchführungskräften* durchwoben ist und schließlich das *Kopfthema* des ersten Satzes auswirft. Die Reprise der Gesanggruppe ist ebenfalls von Durchführungsmerkmalen erfüllt, wie die aus der Regel fallende Tonart c-Moll und das alleinige Auftreten des Chorals ohne die Tanzmelodie bezeugt. Erst beim zweiten Ansatz der Gesanggruppe tritt die Tanzmelodie in As-Dur dazu. Es sind also Durchführung und Reprise ineinander verwoben, wodurch dieses Finale *aus dem Rahmen der Entwicklung* herausfällt. Die formelle Gestaltung des Finales dieser dritten Fassung weist schon auf den Meister der »Achten« hin, denn hier wird zum ersten Male die *Reprise des Hauptthemas mit der Durchführung verbunden;* dadurch erhält der eigentliche *Durchführungsteil eine sehr knappe Form.* In der Wahl der Tonalität waltet Bruckner in diesem Finale, das übrigens die von ihm durch ein drittes Thema erweiterte Sonatenform hat, ziemlich frei.

Schema:

Exposition			Durchführung +	Reprise			Koda
A	B	C —	A —	A,	B,	C —	A I
(d-Moll)	(Fis-, F-Dur)	(Des-Dur)			(c-Moll)		(D-Dur)
					(As-Dur)		

Mehr als die beiden ersten Symphonien läßt diese, wie auch schon die »Nullte«, in der *Instrumentation* Bruckners Herkunft von der Orgel erkennen. Schon der Beginn mutet an, als zöge der Organist zu dem Grundklang der Streicher immer neue Mixturen, bis das volle Orgelpleno im zweiten Unisono-Hauptgedanken erreicht ist. In schroffem dynamischem Gegensatze dazu steht der zarte Holzbläser- oder Streichersatz, wie auf dem 4. Manual gespielt. Solche *registerartig* wechselnden Färbungen begegnen uns vielfach in allen Sätzen. Wie Bruckner gern, besonders in den Gesanggruppen, mehrere Melodielinien einander kontrapunktisch gegenüberstellt, so liebt er auch sozusagen einen *Kontrapunkt der Farbengruppe* des Orchesters, indem er sie einander registerartig gegenüberstellt und *übereinander schichtet*, statt sie *zu mischen*, wie zum Beispiel in den *selbständigen Streicherklang* der Schlußgruppe des ersten Satzes der Choral der *Blechbläser* eingebaut erscheint und im Finale dem *Choral des Blechs* die *Polka der Streicher* gegenübergestellt ist.

Diese Art der Instrumentation tritt in den ursprünglichen Fassungen des Werkes noch mehr hervor, als in der von des Meisters Hand in höchster Reife, aber nicht ganz unbeeinflußt geschaffenen Bearbeitung der ersten Druckfassung.

Die neue Fassung erschien, von *Franz Schalk* redigiert und vom Kaiser subventioniert, 1890 im Verlag *Th. Rättig* in Wien.

Als einzige offizielle Musikvereinigung ließ sich das Quartett *Hellmesberger* herbei, am 14. März 1889 Bruckners *Streichquintett* zu bringen, sonst gab es nur private Aufführungen einiger *Motetten* und seltsamerweise eine durch *Joseph Schalk* veranlaßte Aufführung des *Tedeum* mit *Orgel* und *Violin-Solo* (beim »Te ergo«) in der *Kirche »Maria Stiegen«*. Außerhalb Wiens brachte *Karl Muck* die VII. Symphonie, die er schon 1888 in Graz zum erstenmal aufgeführt hatte, dort zur Wiederholung. In Deutschland und im weiteren Ausland war es 1889 ganz still um Bruckner geworden.

Seine Sommerferien – er fuhr auch wieder nach Bayreuth – waren diesmal durch den Hofkapellendienst im Juli und August stark beschnitten. Die von den Schülern veranlaßten Revisionsarbeiten raubten dem Meister die Zeit für sein eigentliches künstlerisches Schaffen. Lediglich die Entwürfe des *Scherzos der IX. Symphonie* und des später wieder verworfenen Trios in F-Dur entstanden am Anfang des Jahres. Sogleich nach der Vollendung der Umarbeitung der *Dritten* ging Bruckner an die *VIII. Symphonie,* die er am 31. August beendete. *Joseph Schalk* und *Löwe* aber ließen den Eingeschüchterten gar nicht mehr zu Atem kommen. Während er noch mit der Achten rang, veranlaßten sie sowohl *Hans Richter* als auch *Hermann Levi* durch ihr Vorspiel, sich für Bruckners *I. Symphonie* zu interessieren. Richter nahm das Werk mit dem Meister selbst durch, worüber dieser an seinen Steyrer Freund und Kopisten am 1. November 1889 berichtet: »Hofk. Hans Richter schwärmt unaussprechlich für meine I. Symphonie. Er ist mit der Partitur davongelaufen, läßt sie abschreiben und führt sie in einem philh. Concerte auf, nachdem er mich weinend abgeküßt und mir die Unsterblichkeit *prophezeit* hat.«

Levi aber hatte an Bruckner geschrieben:

»I. Symphonie wundervoll!! Die muß gedruckt werden und gespielt – aber bitte – ändern Sie nicht zu viel – es ist alles gut, auch die Instrumentation! Nicht zu viel retouchieren!« Trotz dieses Urteils der beiden ersten zeitgenössischen Dirigenten verstanden es *Schalk* und *Löwe* in ihrem Übereifer doch, Bruckner zu einer vollständigen Umarbeitung des Werkes zu veranlassen. Als Richter damals mit der Partitur davonlief, rannte ihm Bruckner nach mit den Worten: »Aber 's Beserl muaß ja erst ausputzt wer'n.«

Ende des Jahres machte Bruckner einen neuen, verzweifelten Versuch, eine Stelle zu erlangen, die ihm ermöglichen sollte, sich vom Konservatorium zu befreien und mehr Zeit für seine Arbeiten zu gewinnen. Er hatte nämlich um diese Zeit bei dem Burgtheaterdirektor Dr. *August Förster* vorgesprochen mit der Absicht, sich um die durch den Abgang Julius Sulzers freigewordene Stelle eines Kapellmeisters an dieser Hofbühne zu bewerben. Glücklicherweise kam es aber zu einer offiziellen Bewerbung um diese ganz untergeordnete Stellung nicht. Bekanntlich hat auch Hugo Wolf diese Stelle angestrebt.

Die Arbeiten an der *VIII. Symphonie* beschäftigten Bruckner, der nun bereits etwas mühselig geworden und durch nervöses Zittern der Hände oft beim Schreiben behindert war, bis zum 19. März 1890. Nun endlich, fast fünf Jahre nach ihrer ersten Aufzeichnung, war das Werk endgültig beendet.

VIII. Symphonie, c-Moll

Bruckner hatte nach Levis Entsetzen über die erste Fassung der Symphonie (im Herbst 1887) zwar bald mit der Umarbeitung des ersten Satzes begonnen, legte sie aber dann zugunsten der III. Symphonie zurück. Schon am 27. Februar 1888 schrieb der nun ganz Eingeschüchterte an *Levi:* »Freilich habe ich Ursache mich zu schämen – wenigstens für dieses Mal – wegen der 8. Ich Esel! *Jetzt sieht sie schon anders* aus.«

Die eigentliche und ununterbrochene Arbeit an der Neufassung aber begann im April 1889. Das Finale war am 31. Juli, das Scherzo am 25. September 1889 und der erste Satz am 19. März 1890 beendet.

Neben der *»Fünften«* gehört die *VIII. Symphonie* zu den allererstaunlichsten Schöpfungen nicht nur Bruckners, sondern der ganzen symphonischen Weltliteratur; mit Recht wurde sie *»die Krone der Musik des 19. Jahrhunderts«* genannt.

Ein wahres *Künstlerdrama* zieht in dieser Symphonie an uns vorüber. Der Konflikt der Doppelnatur des Künstlers, der, ein Mensch, *das Göttliche zur Welt bringt,* den himmlischen Feuerbrand wie einst Prometheus entwendet und dafür büßen muß (erster Satz); das Unverständnis, mit welchem die Welt ihm begegnet und ihm, dem Unerschütterlichen, Hohn und Spott entgegenbringt (Scherzo); sein Weilen in friedvoller Natur (Trio); das Geheimnis des Kunstschaffens, das für Bruckner in der Gottheit ihre Quelle hat (Adagio); endlich der Kampf, durch den alles Tiefe und Echte schreiten muß, ehe es Anerkennung findet, aber auch der endliche Sieg, die Krönung des Künstlers (Finale) – das alles erleben wir in dem erstaunlichen Werke.

Der erste Satz beginnt ohne jede Einleitung mit dem trotzig sich aufbäumenden, dämonischen *Hauptthema,* dessen Rhythmus und erster Sekundschritt (a) für das ganze Werk von Bedeutung sind. Die Ecksätze und das Adagio schließen mit dem Schlußmotiv (b) dieses Themas.

Es nimmt weiterhin drohendere Gestalt an; der Rhythmus der

Gesangperiode wird kurz angedeutet. Doch bald sinkt es resigniert zurück. Diese drei Themenbruchteile bilden die Hauptelemente der ersten großen symphonischen Welle. Aus der ersten dieser Kraftlinien, die nach aufwärts in unendliche Weiten weist, bilden sich die weiteren Entwicklungsmotive. Diese erste Woge zeigt ganz besonders charakteristisch die Durchdringung des Gruppenprinzips mit der neuen dynamischen Entwicklungstechnik.

Nach einer eindringlicheren Wiederholung dieser ersten symphonischen Welle erscheint in der Dominante der Haupttonart das *Gesangthema,* dessen Fünftöne-Rhythmus aus anderen Symphonien bekannt ist.

Die Sehnsucht dieses Gesanges findet im Zuspruch der Holzbläser Trost. Aus dem umgekehrten ersten Motiv des Gesangthemas (B a) lösen sich neuerliche Seufzer los, welche aber bald einem zuversichtlichen Aufschwung weichen. Obwohl dieses Gesangthema nur eine Fortspinnung aus der Hauptwelle ist und von dieser als eine Art Spannungsauslösung ausgeworfen wird, bildet es doch gegen jenes unheimliche Spannungen enthaltende Gebilde einen starken Gegensatz. Aber auch dieses Thema ist nicht in sich abgerundet, sondern gegen ferne Weiten geöffnet. Die drei angeführten Teile dieses Themas sind aber nicht als selbständige Themen, sondern nur als charakteristische Ausschnitte einer zielstrebigen, organisch entwickelten Welle zu betrachten.

Der Wiederholung des Gesangthemas folgt eine kunstvolle Überleitung (Oboe, Klarinette und Hörner), welche mit Elementen des ersten, zweiten und dritten Themas zur *Schlußgruppe* führt. Auch diese dritte Themengruppe ist, wie so oft bei Bruckner, von Elementen der vorangehenden Themen durchwirkt. Zwei Motive werden gleichzeitig eingeführt, das traumseligzögernde der Hörner, dem ein rüstiges Unisono der Streicher entgegengestellt ist. Im siebenten Takte gesellt sich dazu ein energischer Septsprung der Bläser, der von dem gewaltig anwachsenden Unisono-Motiv der Streicher umrauscht wird. Mit treibenden Elementen kommt es zu einem großen chromatischen Aufstieg. Die Trompeten übernehmen schließlich mit einer von Fanfaren durchsetzten Melodie die Führung und befestigen den Schluß der Exposition mit Dreiklangfanfaren in der parallelen Durtonart Es-Dur.

Des Künstlers Seele erschloß sich in allen ihren Fähigkeiten. In der ersten Themengruppe offenbart sich uns sein *Intellekt,* in der Gesanggruppe sein *Gefühlsleben,* und in der Schlußgruppe kündet sich uns sein energisches *Wollen.*

Die *Durchführung,* deren Einzelheiten zu schildern hier unmöglich ist, zeigt nun den Künstler mit seinen seelischen Konflikten. Zugunsten *der inneren Folgerichtigkeit* wird auf eine Reprise im herkömmlichen Sinne verzichtet. Was wir formell als Reprise bezeichnen, ist hier so von Elementen der Durchführung durchsetzt, daß die Klimax bis zum Eintritt der Koda fortgeht.

Der erste gewaltige Höhepunkt der Durchführung wird gewonnen durch eine großartige Kombination des vergrößerten Hauptthemas mit dem vergrößerten und umgekehrten Gesangthema in fff des vollen Orchesters. Also nach unserem Bilde ein Konflikt des Intellekts mit dem Gemüt.

Der zweite Höhepunkt wird unmittelbar vor der Koda erreicht; die Stelle wirkt wie ein Verzweiflungskampf gegen das Schicksal, welches der starre fff-Rhythmus des Hauptthemas in den Trompeten zu symbolisieren scheint. Bruckner nannte diese Stelle zur Zeit, als seine Gesundheit zu wanken begann, »die *Todverkündung*«.

Völlig resigniert schließt der Satz mit der *Koda,* in welcher sich das Hauptthema auf dem Orgelpunkt der Tonika nochmals schmerzlich meldet, um dann mit dem Schlußmotiv ppp zu ersterben.

Ein erschütterndes Drama ist vorübergezogen; ein Ringen, das man mit dem des Prometheus verglichen hat – und nicht mit Unrecht. Ist denn nicht jedes Genie Prometheus? Bringt nicht jeder wahre Künstler den göttlichen Feuerbrand zur Erde; erwirbt er sich nicht auch den Zorn der Götter wie jener Titane? Schon die *Doppelnatur des Genies,* die menschliche und göttliche zugleich, bringt den Konflikt mit sich, der ihm ein *tragisches Innenleben* erwachsen läßt.

Schema:

	Exposition			Durchführung
A	B	C –		Aa, Ba, Aa + Ba, Aa + Cb
(a, b, c)	(a, b, c)	(a, b, c)		
c-Moll,	G-Dur,	es-Moll		

Reprise				Koda
A	B	C	–	Aa
(a, b, c)	(a, b, c)	(a, b, c)		

(Durchführung und Reprise sind eng miteinander verklammert, wie überhaupt diese Analyse nur ein ganz äußerliches Bild der Themenfolge gibt, während die dynamische Steigerungsentwicklung, der wesentlichste Innenvorgang, daraus nicht ersichtlich ist.)

Aus inneren Gründen, wie in Beethovens »Neunter«, steht auch hier das *Scherzo* an zweiter Stelle. Die tiefe Tragik, mit der der erste Satz zu Ende ging, verlangt Aufrichtung.

Nach einem zweimaligen, mit einem Vorschlag beginnenden Weckruf des Horns, dem in den Geigen absinkende Vibrato-Sextakkordharmonien folgen, setzt im dritten Takt das eckig, starrköpfig täppische Hauptthema in Bratschen und Celli ein. Mit diesem Thema wollte Bruckner zunächst seinen Freund Almeroth charakterisieren, der ein »grader Michl« war, dann aber wurde daraus, vielleicht auf Einwirkung seitens der Freunde, der »deutsche Michel«*. In dem dreiteiligen Hauptteil des Satzes sehen wir den »Micherl«, wie Bruckner das Thema kurz zu bezeichnen pflegte, sich mit dem ihn umgebenden, ihn höhnenden und verspottenden Alltag auseinanderzusetzen. Während ihn der Hauptteil in seiner robusten, kämpferischen Gestalt zeigt, ist im Mittelteil, in welchem die Themen vielfach in Umkehrung auftreten, seine sinnig-träumerische Seite charakte-

---

* Eine Phantasiegestalt wie etwa John Bull und Uncle Sam in angelsächsischen Ländern. Symbol für die Idealgestalt, den Genius des Volkes, der ohne Egoismus das Ideal zu erringen sucht, und wäre es im Kampf gegen Tod und Teufel. In einem Brief erklärt der Meister über den Ausdruck »deutscher Michel«, gemeint ist der »österreichisch-deutsche«. Aus bitterer Erfahrung war es dem Meister zum Bewußtsein gekommen, daß der Österreicher schon damals im eigenen Lande von gewissen nordischen Herrenmenschen als nicht vollwertig angesehen wurde.

risiert. »Micherl möcht schlafen«, aber er wird von allen Seiten bedrängt, geneckt, »am Ohr gezupft«, bis er sich endlich martialisch emporreckt und losschlägt.

Vom Trio, in welchem übrigens das Micherl-Thema gar nicht aufscheint, erklärte der Meister »Micherl träumt ins Land«. Eine wunderschöne Melodie in As-Dur klingt auf, in dessen Nachsatz Anklänge an das »Nonconfundar«-Thema des Tedeums auftauchen. Es ist die traumweich, poetisch-künstlerische Seite des genialen Menschen, die hier Klang wird, und ihre Hinwendung zum Göttlichen. Der erste Trioteil klingt ab mit einer naturhaften Hornphrase, die von Harfen – zum erstenmal bei Bruckner – zauberisch umspielt sind. Im zweiten Teil des Satzes, ebenfalls reichlich mit Harfenklängen durchsetzt, wendet sich der Geist immer mehr dem Göttlichen zu. Eine Gebetstelle der Streicher beendet diesen Teil, worauf der gesteigerte Hauptteil abschließt. Es folgt die Wiederholung des Scherzo-Hauptsatzes.

So naiv auch die Erklärungen des Meisters lauten – sein großer Geist konnte sich eben nur in Musik ausdrücken –, so mögen sie damit doch das Wesentliche angedeutet haben. Hat sich hier der Meister nicht selbst ironisiert: ist er nicht das von seiner Umwelt verkannte Genie, das erst spätere Geschlechter zu erkennen vermögen?

Eine geheimnisvolle, synkopierte Begleitharmonie der geteilten Streicher leitet ungemein feierlich und weihevoll das längste und prachtvollste aller *Adagios* ein. Erst im dritten Takt gebiert die Harmonie das Hauptmotiv der *ersten Themengruppe,* die zaghaft-demütige Weise der ersten Violinen Aa, und trägt dann im schmerzvollen Motiv Ab seine Bitte vor. Es ist, als wollte eine Seele sich dem Irdischen entwinden.

Nach wiederholter dringlicher Bitte scheint der Aufschwung zu gelingen. Motiv Ac drängt sich in übermenschlicher Kraft empor zum Licht.

Geblendet von dem Glanze sinkt der Demütige zurück, in dem Motiv Ad, dem aber sogleich eine gnadesuchende Erhebung folgt. Immer höher und höher schwebt der Tonsatz, bis verklärende Harfenklänge, wie Sphärenmusik, ihn verzückt umrauschen.

Alle diese Teile schließen sich zu einem Thema zusammen, das an Großartigkeit und Weitenspannung auch alle bisherigen Brucknerschen Gedanken übertrifft.

Überirdischer Trost, göttliche Gnadenfülle senkt sich auf den frommen Beter im *Gesangthema*. Die Celli sind Träger dieser Heilsbotschaft. Dieses Thema gehört zu jenen Eingebungen, über welche sich Bruckner selbst nicht genug freuen konnte. Immer wieder pfiff er es Göllerich während einer Eisenbahnfahrt vor mit der Frage: »Gelt ja, das ist wirkli net schlecht.«

Nachdem das Gesangthema zum zweitenmal erklungen ist, erstrahlt aus einem prachtvollen *Tubensatz* die Melodie.

Auch diese beiden Hauptgedanken (Ba, Bb) stehen im Verhältnis des Sehnens und der Erfüllung zueinander; während aber das erste Hauptthema in lichteste Höhen entrückt, führt das zweite Hauptthema in die mystische Tiefe, deren überirdischen Ausdruck Thema Bb bedeutet, in welchem Kurth den dunkelsten innersten Kern des Satzes und der Symphonie, vielleicht auch des ganzen Brucknerschen Schaffens erblickt. Ein kurzes Zwischensätzchen im Dreivierteltakt führt zurück zum Hauptthema, welches nun vom Horn in Abständen eines Taktes nachgeahmt wird. Eine der kunstvollsten Stellen der Partitur ist jene, wo Thema Aa in den Bässen, Thema Ab in den zweiten Violinen einander entgegengestellt sind, während die erste Violine eine jauchzende Figur darüberlegt.

Auch Thema B wird kunstvoll verarbeitet, bis die ganze erste Themengruppe wieder eintritt. Nicht der *Ausblick* auf Unsterblichkeit genügt dem Künstler, sie selbst wird von ihm erkämpft, dem Bibelworte gemäß: »Ich lasse dich nicht, du segnest mich denn!« Zu einem wahren Sturmgebet entwickelt sich dieser reich ausgeschmückte dritte Teil, dessen erster Höhepunkt durch den Eintritt der aus dem Hauptthema des ersten Satzes organisch entwickelten Hornfanfaren bezeichnet wird. Die Ähnlichkeit dieser Fanfaren mit dem Siegfriedthema Wagners ist eine so große, daß wohl eine Absicht denkbar ist, doch kommt derlei bereits im 1. Satz der I. Symphonie vor, ehe Bruckner den Ring kannte. Der Künstler hat im Aufblick zu Gott einen Bundesgenossen gewonnen.

Den Höhepunkt erleben wir beim Eintritt des Ces-Dur-Akkords in fff. Die Stelle ist von so überwältigender Wirkung, daß wir den Anblick des Höchsten zu erleben glauben.

In der Koda weilt der fromme Beter wieder auf der Erde. Alles irdische Weh friedet sich im Hinblick auf die göttliche Gnadenfülle, welcher er teilhaftig ward.

In diesem Adagio hat Bruckner das der »Siebenten« wohl noch übertroffen; es ist eine der *höchsten Äußerungen menschlicher Seelentiefe.* Auf Bruckner paßt Nietzsches Wort wie kaum auf einen zweiten: »Wer die Kunst befreien, ihre unentweihte Heiligkeit wiederherstellen wollte, der müßte sich selber von der modernen Seele befreit haben; nur als ein *Unschuldiger* dürfte er die *Unschuld der Kunst* finden.«

Nun, Bruckner kannte diese »moderne Seele« nicht, seine Werke sind die herrlichsten Früchte reinster Unschuld, *genialer* Unbewußtheit.

Schema:

				Reprise		Koda
A	B	–	Aa, Aa + Ab,	B – A	–	Aa
(a, b, c, d)	(a, b)					

Jede Analyse (sie läßt sich auf die einfache Folge von A, B, A, B, A bringen) wird hier zuschanden vor der Macht der Innenvorgänge und der unheimlichen Spannungen dieses Riesensatzes.

Zur Gestaltung (wohl nur des ersten Thementeiles) des *Finales* soll ein politisches Ereignis den Anlaß gegeben haben: die Drei-Kaiser-Zusammenkunft in Skiernewice. Das Einreiten der Kosaken in diese österreichische Grenzstadt im stampfenden Hauptrhythmus der Streicher und die glanzvolle Gestaltung der in vollen Bläserharmonien einherschreitenden Hauptthemen möge der äußere Niederschlag jenes Ereignisses sein. Die reichen Innenvorgänge des gewaltigen Schlußsatzes aber haben mit jener Anregung aber auch nicht das geringste zu tun.

Der Satz beginnt mit dem stampfenden Viertelrhythmus aller Streicher, der (vom ersten Hornruf des Scherzo abgeleitet) mächtig anwachsend nach zwei Takten zum ff-Einsatz des ersten Hauptthemas in sämtlichen Bläsern A_1 führt. Dieser mächtige Bläsersatz, dem der Rhythmus des Kopfthemas vom ersten Satz zugrunde liegt, wiederholt sich, um dann in eine dritte Strophe, den Abgesang, überzugehen.

Am Ende des ersten Themas und seiner Wiederholung taucht wieder die Fanfare aus dem Hauptthema des ersten Satzes auf, so daß sich schon hier die zyklische Form der Symphonie zeigt. Der Abgesang A_2 mit seiner sinkenden Linie nähert sich immer mehr choralartigen Harmonien.

Das zweite, hauptsächlich den Streichern zugeteilte Thema ist eine ausgesprochene Gebetsweise B_1, dessen Nachsatz B_2 wieder an die absteigende Linienführung von Thema A_2 der Hauptgruppe gemahnt. Die Gesanggruppe endet mit einem weihevollen Tuben-Choral in Ces-Dur, der sich auf den in gleichnamiger Tonart stehenden im Adagio zurückbezieht.

Das dritte Thema C_1 weist nicht nur thematisch, sondern auch in der Tonart auf das dritte Thema es-Moll des ersten Satzes zurück. Auch der Unisono-Charakter und das Vorwärtstreibende ist beiden Themen gemeinsam. Die Quartschritte der Bässe in dieser Schlußgruppe des Finales werden besonders gegen Schluß des Satzes zu voller Bedeutung aufsteigen. Ein schwärmerisch zarter Abgesang der hohen Holzbläser C_2, aus Thema A_2 sowie dem Abgesang des zweiten Themas B_2 hervorgegangen, wirkt wie eine Verheißung kommender Seligkeit. Ein dritter, marschartiger Gesang C_3, über den ostinaten Quartschritten sich aufbauend und in eine große Steigerung mündend, die in den Bläsern den Rhythmus des Kopfthemas vom ersten Satz erscheinen läßt, bildet den Schluß der dritten Themengruppe.

In der Durchführung und Reprise wird das dynamische Entwicklungsprinzip, das Ernst Kurth als das Grundlegende in Bruckners Schaffen aufgedeckt hat, so übermächtig, daß die klassische Themenfolge, die immerhin vorhanden ist, davon sozusagen überflutet wird. Immer mehr stellen sich Rückbeziehungen zum ersten Satz und auch zu den Mittelsätzen ein, in überaus kunstvoller kontrapunktischer Kombination werden verschiedene Themen übereinandergebaut, und Spannungen und Höhepunkte überbieten einander, bis es zur ungeheuren gewitterigen Entladung kommt. Hier in der Koda erscheinen die Themen aller vier Sätze übereinandergetürmt und ihrer dissonanten Elemente entledigt in den hellen C-Dur-Dreiklang erlöst. Das Michel-Thema, das hier in Vergrößerung sieghaft dominiert, wird für den gläubigen Meister zum Helfer im Lebenskampf, zum »heiligen Michael«! man ist versucht, in diesem großartigst aufgebauten zyklischen Werk ein Bild des Lebensweges eines genialen Künstlers zu sehen, dessen Irdisches erst zu Grabe getragen werden muß, ehe sein Werk erkannt wird und ehe es seine triumphale Auferstehung im Bewußtsein der Nachwelt erlebt. Aber, was besagt jede intellektuelle Auslegung gegenüber dem ungeheuren inneren Erlebnis, dessen wir beim Erklingen des Werkes teilhaftig werden.

Das folgende Schema kann nur andeutungsweise den architektonischen Aufbau des Finales andeuten:

Schema:

	Exposition			Durchführung
$A_{1, 2}$	$B_{1, 2, 3}$	$C_{1, 2, 3}$	–	C_2 C_1 $C_1 + A_2$ A_1
D-Dur,	As-Dur,	es-Moll		

Reprise

A_1, A_2	$B_{1, 2, 3}$	C
		(Fugato C_1)

Koda

A_1, Th. d. Scherzos, A, A_1 + Th. d. Scherzos +
Th. d. Adagios

Die Zusammenhänge der einzelnen Sätze, besonders der Ecksätze, sind hier nicht so auffällig wie bei anderen Symphonien, vor allem aber nicht wie bei der »Siebenten«, und doch ist es auch hier das eigentliche Ziel des Finales, den Wiederausbruch des Kopfthemas herbeizuführen. Schon in den stampfenden Streicherrhythmen und dann in den Bläserharmonien des Anfanges ist der Rhythmus des Hauptthemas vom ersten Satz verborgen. Auch die Zusammenhänge im jeweiligen dritten Thema der Ecksätze sind auffällig, wie auch vielfache Beziehungen zum Scherzo und Adagio bestehen. So ist das Finale der überragende Gipfel des Werkes, an welchem alle Anstiege münden.

Wenn man hier zu Deutungen des Inhaltes angeregt wird, so ist es eben die innere Folgerichtigkeit, die schicksalhafte Entwicklung desselben, die von Anfang bis Ende das Werk durchzieht und den Vergleich mit einem Helden-(Künstler-)Leben hervorruft.

Die »Drei-Kaiser-Zusammenkunft«, der Kosakenritt usw. können wohl auf die Gestaltung einiger Themen anregend gewirkt haben; den ungeheuren geistigen Inhalt des Werkes auch nur anzudeuten, vermögen sie nicht. Jede intellektuelle Deutung ist nur ein schwaches Abbild der weltumspannenden Idee, die nur in Tönen gefaßt werden konnte.

In der *Instrumentation* verwendete Bruckner hier zum erstenmal (im Gegensatz zur ersten Fassung des Werkes), wohl äußeren Ratschlägen folgend (wie Wagner), *dreifache* Holzbläser und in den Mittelsätzen auch die Harfe. Wie in der I., II. und VI. Symphonie tritt auch hier die registerartige, orgelhafte Gegenüberstellung der reinen Orchesterfarben weniger hervor, aber *dynamisch* sind stärkste Gegensätze, wie fff und unmittelbar folgendes pp, vorhanden, ebenso wie mehr *Schichtung* der Orchesterfarben-Komplexe als Mischung einzelner Instrumentalfarben herrscht. Im *Finale* besonders ist die *Blechbläser-Behandlung* von ausgesprochen Brucknerscher Eigenart und unterscheidet sich, wie auch *Franz Schalk* immer betonte, grundlegend von der Wagners.

Nun erst, nach Vollendung der Achten, konnte sich Bruckner seiner aufs neue innig geliebten *I. Symphonie** widmen. Als er bei einer gelegentlichen Begegnung mit *Cosima Wagner* über seine gegenwärtigen Arbeiten befragt wurde, antwortete er gemütlich: »Jetzt kommt halt 's freche Beserl dran«, was Frau Cosima im ersten Augenblick gar nicht zu verstehen vermochte. Die Arbeit an dem Werk und die Revision der *f-Moll-Messe* verschlangen Bruckners freie Zeit bis in das kommende Frühjahr.

Inzwischen hatten sich durch die Bemühungen des Privatschülers *Max v. Oberleithner*, dem Sohne eines reichen Fabrikanten in Mähren, des Landgrafen *Fürstenberg* und *Joseph Schalks* mehrere Aristokraten in und außerhalb Wiens, durch *Eckstein* auch die *Ärztegesellschaft im Riedhof* und andere, zusammengefunden, um gemeinsam mit dem »oberösterreichischen Consortium« Bruckner durch eine jährliche Rente den Abgang vom Konservatorium zu ermöglichen.

Zu *Ende der achtziger Jahre* wurde Bruckner wiederholt durch *Indispositionen* gemahnt, daß seine Gesundheit erschüttert sei, so daß er, nachdem 1890 die Ärzte chronische Katarrhe des Rachens und Kehlkopfes sowie hochgradige Nervosität konstatiert hatten, für das *Schuljahr 1890/91* einen *Urlaub* vom *Konservatorium* erbat, der ihm am 12. Juli 1890 auch gegen Einstellung des Gehaltes bewilligt wurde. So war er der 16 Pflichtstunden

* Seitdem Schalk und Löwe im Adagio Parsifalklänge entdeckt zu haben vorgaben, war der Meister sehr stolz auf das Werk.

enthoben und konnte sich mehr einigen Privatschülern und seinen Schöpfungen widmen.

Durch den Hofkapellendienst konnte Bruckner erst nach dem 22. Juli »in die Ferien gehen«. Er besuchte diesmal auch wieder seine Schwester »Sali« in Vöcklabruck. Besondere Freude bereitete dem guten Meister dort das Talent seiner Großnichte *Laura Hueber.* Die kleine Laura, erst im sechsten Jahr, produzierte sich auf dem alten Klavier vor dem Großonkel, wofür sie mit einer schönen Puppe beschenkt wurde. »Jetzt ist's erst sechs Jahre alt – i war schon neun Jahr alt, wiar i Klavierspiel'n ang'fangen hab'«, rief er erfreut aus, »hab' ich doch jemanden, der mein Klavier amal brauch'n kann.« Die ungemein talentierte Großnichte konnte sich nur kurze Zeit des ihr letztwillig gewidmeten alten Bösendorfer-Flügels freuen, sie erlag in jugendlichem Alter der Lungensucht. Das Klavier aber kam nach *St. Florian,* wo es mit verschiedenen anderen Reliquien des Meisters im *»Bruckner-Zimmer«* den Fremden gezeigt wird.

Am 31. Juli 1890 mußte Bruckner als Hoforganist auf Wunsch des Kaisers bei der Vermählungsfeier seiner Tochter Erzherzogin *Marie Valerie* mit Erzherzog *Franz Salvator,* die in Bad Ischl stattfand, die Orgel spielen. Beim Einzug des Brautpaares in die Kirche erklang des Meisters berühmt gewordene Phantasie über das *Kaiserlied,* die am Schluß in die Klänge des *»Halleluja«* von Händel überging. Das Orgelspiel hatte auf den Kaiser so großen Eindruck gemacht, daß er bei der Hochzeitstafel davon sprach. Der Obersthofmeister machte ihn darauf aufmerksam, daß Bruckner einer der größten Meister der Symphonie sei, worauf der Kaiser antwortete, er wisse das aus München und er habe selbst eine Symphonie erhalten. Bruckner hatte nämlich schon im März, nach der Vollendung seiner Achten, den Kaiser schriftlich um die Annahme der *Dedikation* des Werkes gebeten, die der Monarch auch annahm; denn er war durch seine andere Tochter, Erzherzogin *Gisela von Bayern,* und vor allem durch Herzogin *Amalie* aus München über Bruckner informiert worden. Als Ehrengabe für das Orgelspiel erhielt Bruckner 100 Golddukaten. Der Meister verblieb noch mehrere Tage in Ischl und erging sich in Gesellschaft seiner Freunde in der herrlichen Umgebung. Wie immer hielt er sich auch in *Linz, St. Florian* und *Steyr* auf. Hier konnte er diesmal, da er vom Konservatorium frei war, bis zum 20. Oktober bleiben.

In diesen Ferientagen erinnerte sich Bruckner auch lebhaft jener *Josefine Lang,* welche im Jahre *1866* sein Herz so sehr entflammt hatte, daß er damals ernstlich an eine Verbindung dachte. So schnell ihm der Gedanke gekommen war, die nun als Gasthofbesitzerin in Neufelden im Mühlviertel lebende Frau wiederzusehen, so schnell wurde er in die Tat umgesetzt. Mit dem Bruder dieser Frau wurde eiligst in einem Landauer die Fahrt von Linz nach *Neufelden* angetreten. Wie staunte aber Bruckner, als ihm in der schönen vierzehnjährigen Tochter *Karoline* der Frau *Weilnböck* das Ebenbild seiner Angebeteten entgegentrat! Der Meister freute sich kindisch darüber und hatte fast für niemanden anderen mehr ein Auge. Liebkosend nannte er sie »mein lieber Ersatz«. Nur zu schnell vergingen ihm die Stunden an der Seite des lieben Mädchens, dem sein Herz so feurig entgegenschlug wie damals seiner Mutter. Von Wien aus sandte er dem Mädchen seine Fotografie, welche die später an einen Fabrikanten in Linz verheiratete Frau Grubbauer als wertvolles Andenken an den seltsamen Mann bewahrt.

Nach Wien zurückgekehrt, sprach Bruckner in einer *Audienz,* zu der ihn *Hans Richter* begleitete, dem Kaiser den Dank für die Annahme der Widmung seiner VIII. Symphonie aus. Als der Kaiser ihn fragte, ob er einen Wunsch habe, bat Bruckner um seine Pensionierung als Hoforganist. Als ihm der Kaiser erklärte, es stehe ihm seine Privatschatulle jederzeit zur Verfügung, erwiderte Bruckner, dafür müsse er danken, da es ihm so schlecht noch nicht ginge, aber er würde für eine eventuelle Reiseunterstützung zum Besuch von Aufführungen im Ausland dankbar sein. Angesichts der Beurlaubung Bruckners und der Bildung von Konsortien sahen sich endlich auch die Landesgewaltigen von *Oberösterreich* veranlaßt, ihm über Antrag des Bischofs *Franz Maria Doppelbauer,* »in Anerkennung seines dem Lande Oberösterreich zur hohen Ehre gereichenden Wirkens«, einen jährlichen *Ehrensold* von 400 Gulden zu gewähren.

Nun war endlich die Partitur der IV. (*romantischen) Symphonie* bei *Gutmann* in *Wien* erschienen. Als das Werk in *München* zur Aufführung kommen sollte, erwies es sich, daß die geschriebenen Stimmen, die Gutmann zur Verfügung stellte, weil die gedruckten noch immer nicht fertig waren, von der gedruckten Partitur so stark abwichen, daß die erste Probe abgebrochen werden mußte. Bruckner hatte nach der Aufführung von 1888 in

Wien in der einzigen handschriftlichen Partitur noch Änderungen vorgenommen, die beim Druck der Partitur berücksichtigt wurden. Nun aber erwies es sich, daß außer den Kürzungen noch *starke instrumentale Änderungen* vorgenommen worden waren und der Druck von der Handschrift letzter Hand stark abwich. Dies scheint der Grund gewesen zu sein, weshalb Bruckner *Joseph Schalk* niemals mehr mit der Überwachung des Druckes eines seiner Werke betraute.

Die Aufführung der Symphonie am 10. Dezember 1890, die wegen Erkrankung Levis *Franz Fischer* leitete, war ein großer Erfolg.

»Bei dieser ersten Aufführung der IV. (romantischen) Symphonie in einem Akademiekonzert in München«, schreibt ein Kunstfreund an Hans v. Wolzogen, »hatten wir unsere helle Freude. Das Werk hatte einen entschiedenen Erfolg – dank der ›Zöpfe‹, welche nach alter Gewohnheit den Saal *vor* der Symphonie in Scharen verließen. Wir waren *unter uns* und ließen unserer Begeisterung freien Lauf. *Rheinberger* (der ehemals auch geflüchtet war) blieb auch und nickte beifällig mit dem Kopfe. Das ist doch alles mögliche!« Die größte Genugtuung für Bruckner war folgender Brief Paul Heyses:

»Verehrter Herr *Bruckner!* Als ich gestern unserem Freunde *Levi* mein Entzücken über Ihre vierte Symphonie aussprach, die mich und ein überaus zahlreiches Publikum am letzten Mittwoch im hiesigen Odeon zu enthusiastischer Bewunderung fortgerissen hatte, drang er in mich, meinen Dank für dieses herrliche Werk Ihnen direkt abzustatten. Ich habe mich nur mit einigem Widerstreben dazu verstanden, da es mir als eine Vermessenheit erscheint, dem Meister einer Kunst mit einer anspruchslosen Laienempfindung gegenüberzutreten. Diesmal aber liegt die Sache denn doch ein wenig anders. Für die beispiellose Vernachlässigung und Verkennung, die Sie seit so langen Jahren erfahren mußten, ist freilich keine entsprechende Genugtuung, immerhin aber nach so langer Kälte ein wohltuend warmes Gefühl, daß nicht nur die Kenner und Kunstgenossen in unserer guten Stadt *München,* sondern auch die große Masse des Publikums für Sie gewonnen wird, und wenn ich mich auch nur zu diesem letzteren rechnen darf, so haben Sie doch hoffentlich bei unserem persönlichen Begegnen im Fiedlerschen Hause den

Eindruck gewonnen, daß ich zu den wahrhaft Andächtigen gehöre, die Ohr und Seele aufzutun verstehen, *wenn ein Hohepriester der Musik das Eine, was not tut, verkündet.* Eine solche Andacht weckte nun aber Ihr wunderbares Werk ringsum in dem weiten Saale, wie das nur bei den *höchsten Offenbarungen des Genius der Fall zu sein pflegt,* und daß ich Ihnen dies mitteilen darf, berechtigt mich einigermaßen dazu, Ihnen zu schreiben. Auch die Widerwilligen und früher Kühlgesinnten haben der imposanten Macht Ihrer Musik nicht widerstehen können.

Sie haben München neu erobert. Ihre Freunde werden dafür sorgen, daß diesem großen Siege noch viele nachfolgen. Nehmen Sie meinen innigsten Dank entgegen für einen Genuß, den ich zu den höchsten und unvergeßlichsten meines ganzen Lebens zähle. In wärmster Verehrung grüßt Sie

Ihr

Paul Heyse.«

Der Befreiung vom Schuljoch war zunächst die Fertigstellung der Revision der *I. Symphonie* zu danken, dann aber vor allem die Neuaufnahme der Arbeiten an der schon 1887 begonnenen *IX. Symphonie.*

So teilt er *Levi* am 10. Februar 1891 mit: »Vom Beserl (I. Sinfonie) habe ich nur noch drei Bogen Vortragszeichen zu machen, dann geht's an die Neunte (d-Moll), wozu ich bereits die meisten Thema notiert habe.«

Die Umarbeitung der

I. Symphonie, c-Moll (Wiener Fassung)

hatte der Meister bereits am 12. März 1890 mit dem *Finale* begonnen, das am 20. Juni beendet war. Das *Scherzo* wurde vom 5. Juli bis 17. August, das *Adagio* bis 24. Oktober und der *erste Satz* in der Zeit vom 27. Oktober bis 17. März »restauriert«. So hing also die Arbeit eines vollen Jahres an dieser jedenfalls *unnotwendigen* Neubearbeitung, die zwar, auf der höchsten Stufe der Meisterschaft gestaltet, an *Feinheit der Details* gewann, jedoch die *ursprüngliche Frische* und *Wildheit* verlor. Aber da der Meister *selbst* die Arbeit besorgte, können wir uns glücklich schätzen, beide Fassungen zu besitzen.

Nach zwei Jahren, die der Meister zu der völlig erzwungenen Umarbeitung der VIII. und I. Symphonie benötigte, konnte er nun erst im April an die Weiterarbeit am *I. Satz* der Neunten denken, dessen bereits 1887 niedergeschriebenen Teil (bis zum dritten Thema) er aber schon im Dezember 1890 neu gestaltet hatte.

Inzwischen hatte *Hermann Levi* versucht, für die VIII. Symphonie in Deutschland einen Verleger zu finden, doch vergeblich. Wie es scheint, hatte er nicht den Mut, das Werk selbst in München aufzuführen, und empfahl Bruckner den jungen Hofkapellmeister *Felix Weingartner,* der das Werk auch annahm, Proben hielt, aber es dann wegen seiner Abberufung nach Berlin nicht mehr aufführen konnte.

Dafür wurde der Meister durch große Triumphe in Wien entschädigt.

Am *21. Dezember 1890* gab es sogar zwei Aufführungen ein und desselben Werkes, der *III. Symphonie. Adalbert Schreyer* brachte sie in der *ersten gedruckten Fassung, Hans Richter* in einem Konzert der *Philharmoniker* in der *zweiten gedruckten* Fassung, während *Mozarteumsdirektor I. F. Hummel* in *Salzburg* die erste gedruckte Fassung schon am *9. April 1890* mit enthusiastischem Erfolg aufgeführt hatte. Die Wiener Darbietung gestaltete sich wieder zu einem großen Triumph für den Meister, den *Hanslicks* Kritik nicht mehr schmälern konnte. Dieser findet gar nur mehr »hier vier, dort acht Takte reiner und eigenartiger Schönheit wie helle Blitze aufleuchten«, während dazwischen »verwirrendes Dunkel, müde Abspannung und fieberhafte Überreizung« lägen. Ganz anders verhält sich *Theodor Helm,* der 1878 über diese Symphonie geschrieben hatte: »Etwas wirklich Lebensfähiges zu produzieren, dürfte Bruckner kaum gelingen«, aber schon damals zugab, daß man »selbst in Brahms D-Dur-Symphonie vergeblich nach dergleichen reckenhaften Ausbrüchen suchen würde.« Er klopft nun reuig an die Brust und bekennt öffentlich seinen Irrtum von damals. Ergötzlich genug läßt sich *Max Kalbeck* nach der am *25. Jänner 1891* durch den *Wagner-Verein* veranstalteten Wiederholung des Werkes vernehmen: »Etwas Neues hat Bruckner in seiner an die zwanzig Jahre alten dritten Symphonie nicht gesagt; es geht nicht vernünftiger und nicht toller in ihr her als in den späteren Werken des Komponisten. Aus ihnen allen schimmert die zu- und aneignende Verehrung

Bruckners für Wagner deutlich hervor. Wenn man das Allegro der letzten Beethovenschen Symphonie auf den Kopf stellt, so fallen Anfang und Ende des letzten Brucknerschen Satzes heraus.« Nur einen »starken Instinkt« für Orchestereffekte erkennt auch er an, nachdem er sich wieder einmal mit billigen Witzen über eine sachliche Kritik hinweggesetzt hatte. Wien aber ließ sich nun von diesen Leuten nicht mehr an der Nase herumführen; jetzt erkannte es auch den Mann, dessen Anwesenheit für Wien den Namen »Musikstadt« in der zweiten Hälfte des 19. Jahrhunderts rechtfertigte.

Angesichts der großartigen Tat seiner Freunde, die er in ein »Oberösterreichisches, Wienerisches und Mährisches Consortium« gliederte, wartete er den Ablauf des Urlaubs nicht mehr ab und ging am 15. Jänner 1891 mit einer Pension von 440 Gulden in den *Ruhestand,* nachdem er durch 22 Jahre am Konservatorium pflichteifrig und segensreich gewirkt hatte. So war denn Bruckner in den fünf letzten Lebensjahren »das glücklichste Los eines Genies« beschieden, das Schopenhauer in dem Freisein von »Tun und Lassen«, welches nicht sein Element ist, und in der freien Muse zu seinem Schaffen erblickt.

Am selben Tag führte der *»Akademische Gesangverein«* bei einer *Grillparzer-Feier* an der *Universität* den Männerchor *»Träumen und Wachen«* (Grillparzer) zum ersten Male auf. Bruckner, der den Chor selbst leitete, hatte das tiefsinnige Stück auf Wunsch des Rektors *Dr. Wilhelm Hartl* komponiert, dem es auch gewidmet ist.

Am 31. Mai, anläßlich der *23. Tonkünstlerversammlung* in Berlin, kam sein *»Tedeum«* zur Aufführung. *Siegfried Ochs* hatte das Werk mit dem »Philharmonischen Chor« ausgezeichnet studiert. Schon bei der letzten Chorprobe wurde Bruckner stürmisch begrüßt, und bei der Generalprobe brachte ihm das Orchester einen Tusch. »Der Jubel aber nach dem Conzerte«, schreibt Bruckner an Helm, »spottet jeder Beschreibung. Die meisten Herrschaften kamen zu mir und gratulierten, als ich lange, lange Zeit auf dem Podium bleiben und mich bedanken mußte.« Die Berliner Blätter stimmten in dem Urteil überein, daß das Werk eine außerordentliche Schöpfung und der Erfolg so großartig gewesen sei, wie einen solchen ein auswärtiger Tondichter schon lange nicht gehabt habe. Selbst mancher Gegner des Meisters wurde durch die Größe dieser Schöpfung belehrt, darunter *Bülow**, der das Werk schlechtweg »ausgezeichnet« nennt. Im Juni gelangte das »Tedeum« zur Wiederholung.

Zu den Sympathien, welche Bruckner für die Berliner, die »so lieb mit ihm gewesen«, mit nach Wien nahm, gesellte sich noch eine *Herzensneigung*. Noch immer hatte er die Sehnsucht: »Könnte ich doch eine liebe Flamme finden!« Die folgenden Jahre bis 1895 trug er sich ernstlich mit Heiratsgedanken.

Ein Zimmermädchen des »Hotels Kaiserhof«, so erzählte Bruckner seinem Hamburger Freund *W. Zinne* bei seiner Abreise aus Berlin, habe ihm ein Briefchen übergeben, in welchem sie ihm, obwohl er ihr kaum mehr als »guten Tag« gesagt – gestanden habe, sie wolle ihn heiraten. Nie ist Bruckner mit einem Mädchen ohne Wissen der Eltern derselben in Verkehr gestanden; deshalb verlangte er auch diesmal, die Eltern des Mädchens, einfache Bürgersleute, kennenzulernen. Mit deren Einverständnis entspann sich ein reger Briefwechsel. Aus jedem Brief des Mädchens spricht die Sorge um das leibliche Wohl ihres »lieben Herrn Bruckner«, den sie auch, als er kränklich wurde, bat, ihn pflegen zu dürfen. Sie errät ganz richtig, daß ihn seine Freunde von dem entscheidenden Schritt abhalten wollen. »Die Menschen sind oftmals recht schlecht, und es ist ihre größte Freude, wenn sie zwei Menschen auseinanderbringen können«, schreibt sie im Juli 1892, worauf sie Bruckner beruhigt. Voll Sehnsucht wünscht sie die Zeit heran, da sie ihm wieder »Aug' in Aug'« gegenüberstehen könne; »doch«, fährt sie fort, »möchte ich herzlich bitten, mich nicht falsch zu beurteilen und zu denken, daß es mir nur an einer guten Versorgung liegt. Ich heirate, wenn es einmal der Fall sein sollte, nicht etwa den Professor, Doktor usw., sondern nur meinen lieben, guten Herrn Bruckner, aus dessen Briefen aus jeder Zeile der gute, edle Charakter hervorleuchtet«. Auch an den Erfolgen Bruckners nimmt sie regen Anteil und meint: »Sagen Sie es denen nur in Wien, sie sollen sich ein bißchen sputen.«

---

* Über diesen Mann, der Bruckner einmal »Halb Genie – halb Trottel« genannt, schreibt unser Meister am 2. Juni 1887 noch: »v. Bülow wird, so lange er leben wird, für meinen Ruin arbeiten.« Im selben Jahre bezeichnet der »hochgebildete« Herr von Bülow Bruckners Musik in einem offenen Schreiben an *W. Zinne* in Hamburg als »antimusikalischen Blödsinn des Querkopfes Bruckner«. Von anderen Bosheiten Bülows Bruckner gegenüber wollen wir lieber schweigen.

Besonders erfreut war Bruckner darüber, daß *Ida Buhz* die Stelle im »Kaiserhof« bald nach seiner Abreise mit einer solchen in einem »christlichen Hospiz«, in welchem nur höhergestellte Damen abstiegen, vertauschte. Trotz aller Vorstellungen seiner Verwandten und Freunde war Bruckner schließlich fest entschlossen, das Mädchen zu heiraten. Bei dem zweiten Berliner Aufenthalt Bruckners im Jahre 1894 wohnte Ida der Aufführung seiner Werke bei, und Bruckner verbrachte einen Abend bei ihren Eltern. Erst die Erklärung des Mädchens, daß sie sich nicht entschließen könne, vom Protestantismus zur katholischen Kirche überzutreten, wie Bruckner es verlangte, machte der Beziehung 1895 ein Ende.

Da die *dritte Symphonie* in neuer Fassung nun im Druck vorlag, kam sie auch gleich in mehreren Städten zur Aufführung. Besonderen Erfolg hatte das Werk am *14. Februar* unter *Dr. Karl Muck* in *Prag;* dann brachten es noch *Karl Frank* in *Nürnberg* und *Hans Richter* am 29. Juni in *London*.

Von den Anstrengungen der ersten Berliner Reise, bei der Bruckner von seinem Schüler *Max v. Oberleithner* begleitet war, konnte er sich zu Ostern in *St. Florian* erholen. Am Ostersonntag aber stattete er Bischof *Doppelbauer* in *Linz* seinen Dank für die Erwirkung der Ehrengabe des Landtages ab, indem er beim bischöflichen Hochamt die Orgel spielte.

Nach *Wien* zurückgekehrt, empfing Bruckner eines Tages den Besuch eines seiner begeisterten Verehrer, des Großindustriellen *Theodor Hämmerle* aus *Dornbirn,* der aber gewöhnlich in Wien lebte. Der Musikverein Dornbirn hatte ihn gebeten, für die dortigen Konzerte eine Messe Bruckners zu vermitteln. Bei der Verhandlung darüber erklärte sich Hämmerle schließlich bereit, das Werk seinem Schwager *S. A. Reiß* (Firma Joh. Groß) in *Innsbruck* zur Herausgabe zu empfehlen, und es würde ihm eine hohe Ehre sein, die Kosten des Druckes zu übernehmen. Die *Messe Nr. 1 in d-Moll,* deren Redigierung und Korrektur Bruckner nun *Max v. Oberleithner* übertrug, erschien denn bald in dem genannten Verlag, der auch einige kleinere kirchliche Chorwerke von ihm herausgab.

Die Sommerferien 1891 verbrachte Bruckner teils in *Bayreuth,* wo zum erstenmal »Tannhäuser« im Festspielhause gegeben wurde, teils wieder in *St. Florian, Linz, Steyr* und *Vöcklabruck.* Als großer Verehrer Mozarts nahm er auch am Mozart-Fest in Salzburg teil. In Steyr hatte er die Bekanntschaft einer jungen, hübschen Kaufmannstochter, *Minna Reischl* aus *Altheim*, gemacht. Damals war die Beziehung zur Berlinerin noch in den Anfängen, und Bruckner fühlte sich noch nicht gebunden. Die Schelmenaugen des Mädchens, welches auch musikalisch war, nahmen daher des Meisters Herz im Nu gefangen. Am 5. September erschien der Meister infolge der durch Minna erwirkten Einladung bei den Eltern in Altheim und hielt um die Hand der Tochter an. Zwei Tage weilte Bruckner bei der Familie Reischl, die sich schließlich noch eine Bedenkzeit in der heiklen Frage erbat. Am 16. September aber erhielt er mit Rücksicht auf den großen Altersunterschied die *Absage*.

In Linz, wo man Bruckners Eigentümlichkeiten kannte, wurde er viel geneckt, und einer der Freunde traf den Nagel auf den Kopf, als er zu ihm sagte: »Aha, bist wieder einmal heirat'n g'wes'n!«

Mit Minna Reischl blieb Bruckner, nachdem sie einen Großindustriellen geheiratet hatte, bis zu seinem Tode in freundschaftlicher Beziehung.

Im Herbste dieses Jahres wurde dem Meister eine Ehre zuteil, die er als die größte seines Lebens empfand. Die *Wiener Universität* ernannte ihn über Antrag der philosophischen Fakultät am 4. Juli 1891 einstimmig zum *Ehrendoktor*. Es war das erstemal, daß diese Würde einem *Tonkünstler* von der Wiener Universität verliehen wurde. Für Bruckner bedeutete diese Tat die Erfüllung eines Herzenswunsches; hatte er sich doch schon *1882* nach *Cambridge* und *1885* an die Universitäten in *Philadelphia* und *Cincinnati* zu diesem Zweck mit einer Petition gewendet. Nun hatte die erste Hochschule des Vaterlandes diesen Wunsch, ohne eine Petition abzuwarten, erfüllt, was Bruckner um so mehr freute, als die Ernennung gewissermaßen eine Demonstration gegen die Hanslick-Brahms-Partei war, die allein die Tonkunst gepachtet zu haben meinte.

Am *7. November 1891* stand der 67jährige candidatus philosophiae, umringt von seinen »Gaudeamus«, im Senatssitzungssaale der Universität, wo die feierliche *Promotion* stattfand.

Nach dem feierlichen Akte drückte Bruckner in schlichten Worten seinen Dank aus. Nach einigen Sätzen aber verlor er in dem Maße den Faden der Rede, daß er öfter zaudernd innehielt;

endlich schloß er: »So, wie ich möchte, kann ich Ihnen nicht danken, wäre eine *Orgel* hier, ich würde es Ihnen schon sagen.«

Mit diesen Worten hat er sein Wesen am besten charakterisiert. Das Idiom, in welchem *er* seine überragende Größe, sein hohes Menschentum auszudrücken vermochte, war eben die *Musik*, seine Bildung *Herzensbildung*.

Der offiziellen Feier folgte am *11. Dezember* ein vom *»Akademischen Gesangverein«* veranstalteter *Festkommers* in den Sophiensälen, an welchem eine 3000köpfige Menge teilnahm. Rektor Dr. Adolf Exner hielt eine Ansprache, die er mit den Worten schloß: »Wo die Wissenschaft Halt machen muß, wo ihr unübersteigliche Schranken gesetzt sind, da beginnt das Reich der Kunst, welche *das* auszudrücken vermag, was allem Wissen verschlossen bleibt. Ich beuge mich vor dem ehemaligen Unterlehrer von Windhaag.«

Nach der Rede Dr. Franz Schaumanns stieg die Begeisterung so hoch, daß Bruckner schließlich von seinen »Gaudeamus« im Saal herumgetragen wurde. Mit tiefbewegten Worten und unter Tränen dankte der Meister für alle diese Ehren und sprach noch manch schönes Wort über Kunst und Wissenschaft. Nach dem offiziellen Teil fuhr der Meister in Begleitung eines Stiftsgeistlichen aus Klosterneuburg, Dr. *Josef Kluger*, den er in einem Brief einen »zweiten P. Oddo«* nennt, nach Hause. Tief seufzend kam es, als Bruckner im Wagen Platz genommen hatte, von seinen Lippen: »Zu viel! Zu viel!« Aber nach einer Weile fügte er, seines Künstlertums bewußt, hinzu: »Der Unterlehrer von Windhaag!« Zwei Tage nach dem Kommers, am 13. Dezember, hielt Bruckner seine eigentliche »Dankesrede« aus dem Orchester der *Philharmoniker: Hans Richter* brachte in einem eigenen Konzert dieser Gesellschaft des Meisters umgearbeitete *I. Symphonie* zur ersten Aufführung. Zum Dank für die Ernennung zum Ehrendoktor hatte Bruckner das Werk der *Wiener Universität* dediziert.

An Siegfried Ochs schrieb der Meister damals über die Symphonie: »Sie ist eine meiner *schwierigsten und besten*. Hans Richter schwärmt im *Geheimen* (wegen Hanslick) dafür.

Das Orchester erklärte es anfangs für das Werk eines Wahn-

---

* Nach einem früh verstorbenen Liebling P. Oddo Loidol in Kremsmünster.

sinnigen; dann für phänomenal. Hanslick schrieb gar nichts. Die Sinfonie ist mit einemmal hören schwer zu verstehen, aber macht bedeutenden Eindruck.«

Allerdings wurde das kühne Werk vom Publikum noch nicht in seiner ganzen Bedeutung erfaßt, sogar ein *Hugo Wolf* erklärt: »Bis auf das Scherzo und einiges aus dem ersten Satz verstand ich gar nichts.« Wenn Wolf aber fortfährt: »Das Werk hatte dank der vortrefflich organisierten Partei rasenden Erfolg«, und »in Gottes Namen, Spektakel war jedenfalls genug«, so lassen uns diese Worte erkennen, daß sein Urteil damals von Unmut und nervöser Reizbarkeit und, wie schon früher bemerkt, von einer gewissen Eifersucht getrübt war. *Hanslick* und Konsorten – zur Clique gehörte auch der berühmte Chirurg *Billroth* – waren über die Tat der Universität vermutlich vor Ärger sprachlos, denn sie enthielten sich jeder Kritik.

In dieser Zeit erlebte das »*Tedeum*« glänzende Aufführungen; so am *20. Dezember 1891* in einem *Gesellschaftskonzert* unter *Wilhelm Gericke* in *Wien*, dann in *Amsterdam, Oslo, Stuttgart, Dresden, Hamburg* und *Cincinnati*. Über die Aufführung in Hamburg am 15. April 1892 unter *Gustav Mahler* berichtet dieser am 16. April 1892 an Bruckner: »Sowohl die *Mitwirkenden* als auch das *ganze Publikum* waren aufs tiefste ergriffen von dem mächtigen Bau und den wahrhaft erhabenen Gedanken, und ich erlebte zum Schluß der Aufführung, was ich für den größten Triumph eines Werkes halte: das Publikum blieb lautlos sitzen, ohne sich zu bewegen, und erst nachdem der Dirigent und die mitwirkenden Künstler ihre Plätze verließen, brach der Beifallssturm los.« In *Cincinnati* hatte das Werk unter *Th. Thomas* mit 800 Sängern und 120 Musikern vor einer 7000köpfigen Menge auch die nüchternen Amerikaner erschüttert.

Am *9. Februar 1891* entstand der geistliche Hymnus »*Vexilla regis*« (phrygisch) für die Liturgie des Karfreitags. Bruckner hat diesen vierstimmigen gemischten A-cappella-Chor über Anregung des Chorregenten Professor *B. Deubler* in St. Florian komponiert. Er übersendet ihn am 7. März mit einem kurzen Schreiben, in welchem es heißt: »Ich habe es nach reinem Herzensdrange komponiert. Möge es Gnade finden.« Der tiefernste Chor erlebte am Karfreitag in St. Florian seine Uraufführung. Der Meister war dabei nicht anwesend. Im Juni nachher schreibt er an Professor Deubler:

»Hoch! für die Aufführung des ›*Vexilla regis*‹; Hoch! für die liebe, mich ehrende Gratulation; Hoch meinem edlen Gönner! Recht leid that es mir, nicht in St. Florian anwesend gewesen sein zu können. Schon seit 25. April bin ich fußleidend, habe Vehnen-Ausdehnung, kann und darf nicht Orgel spielen. Besonders der rechte Fuß schwillt täglich an. – Post molestam senect. etc.«

Am 29. April vollendete Bruckner den Männerchor *»Das deutsche Lied«* nach einer Dichtung des Grazer Professors *Aurelius Polzer,* unter dem Pseudonym *Erich Fels.* Die wuchtige Komposition mit Begleitung von Blechinstrumenten wurde als Gesamtchor beim Festkonzert des *»Ersten deutsch-akademischen Sängerfestes«* in Salzburg am *5. Juni 1892* unter *Raoul Mader* zur *Uraufführung* gebracht. Die Zuhörerschaft war von diesen mächtigen Tonwogen förmlich elektrisiert und spendete stürmischen Beifall.

Der 150. Psalm

Ein größeres geistliches Chorwerk und als solches das letzte, den 150. Psalm: »Halleluja! Lobet den Herrn!« vollendete Bruckner am *29. Juni 1892.* Die unmittelbare Veranlassung zur Entstehung dieses Werkes war eine Einladung an ihn, für die sich an die Musik- und Theaterausstellung anschließende *»Tonkünstlerversammlung«* in Wien eine Hymne oder Kantate zu komponieren. Durch *Richard Heuberger* wurden ihm mehrere Texte unterbreitet, von welchen der Meister »wegen seiner besonderen Feierlichkeit« den genannten Psalm wählte.

Das für Soli, Chor und Orchester geschriebene Werk ist gleich dem *»Tedeum«* (in C-Dur) ein enthusiastischer Hymnus zum Lobe der Gottheit. Gleich der Unisono-Einsatz des Orchesters und das darauffolgende »Halleluja« des ganzen Chors, welches sich fanfarenartig weiterbildet, ist von echter Glaubensfreude erfüllt.

In der terzverwandten Tonart As-Dur folgt nun, zuerst vom Alt vorgetragen, im Gebetston der zweite Hauptgedanke des Werkes, der mit Hinzutritt der übrigen Stimmen zu breiten Harmonien anwächst. Immer wieder treten die Massen zurück, immer von neuem beginnt eine einzelne Stimme das Lob, in welches wieder der Chor mächtig anwachsend einstimmt. Über einem Orgelpunkt auf der Dominante – trotz kühnster harmonischer Gestaltung bleibt Bruckner tonal – erreicht die Entwicklung einen Höhepunkt, den ein in größter Schallkraft eintretender Nonakkord bei »Lobet ihn mit hellen Zimbeln« bezeichnet. Dann sinken die Massen zurück in ehrfürchtigste Anbetung. Aus der demütig sich neigenden Gemeinde erhebt ein Fürbitter (Sopransolo und Violinsolo) seine Stimme. Dieses Solo und das ganze Werk steht an Schwierigkeit den bekannten Stellen der »Missa solemnis« von Beethoven nicht nach.

Hierauf setzt mit dem Unisono-Halleluja der Hauptsatz wieder ein, dem sich nun eine ungemein kunstvolle, großartige *Fuge* über ein chromatisches Thema anschließt. Der regelmäßigen Exposition folgt eine Durchführung des umgekehrten Themas mit gleichzeitiger Engführung, worauf es wieder in ursprünglicher Gestalt, ebenfalls in Engführung, verarbeitet wird. Den Höhepunkt erreicht die meisterhafte Fuge mit der Gegenüberstellung des Themas und seiner Umkehrung bei gleichzeitiger Engführung, worauf die vereinigten Massen wieder jenen Nonakkord erreichen, der schon den ersten Höhepunkt des Werkes bezeichnete. Eine Koda, in welcher die Stimmen fanfarenartig zur Höhe geführt werden, bringt den plagalen Schlußfall. In glänzender Befestigung des C-Dur-Akkords – die Soprane haben das hohe C zu singen – schließt das ekstatische Werk.

Von größter Bedeutung für die Popularität Bruckners waren die Aufführungen seiner *III. und IV. Symphonie* anläßlich der *»Musik- und Theater-Ausstellung«*. Die Aufführung der *IV. Symphonie* am *5. Juni 1892* leitete *Joseph Schalk*, die der *III. Symphonie* am *9. Juli Ferdinand Löwe*, der damit seine *höchst verdienstvolle* Laufbahn als Bruckner-Interpret begann. In diesen Konzerten war es das Volk, welches dem greisen Meister mit einem in Wien wohl noch nie erlebten Beifall Genugtuung bot für die boshaften Angriffe einer Kritik, die seinen Aufschwung so lange verzögert hatte.

Im Bewußtsein des gebildeten Volkes war Bruckner nunmehr an die Seite der großen Wiener Tonmeister gestellt, und ehrfurchtsvoll raunte man sich zu, wenn der bescheidene Mann in den Straßen Wiens erschien: »Der Bruckner!«

Wie Bruckner in der *Kunst einsam* dasteht, so auch im *Leben*. In den letzten Lebensjahren machte sich bei ihm die Entbehrung einer gemütlichen Häuslichkeit stark bemerkbar. Darauf wohl sind seine immer wieder auftretenden Heiratsgedanken zurückzuführen.

Nur zu gewissen Stunden des Tages war die nun schon zwanzig Jahre bei ihm im Dienst stehende Frau Katharina Kachelmayr in der Wohnung anwesend, um aufzuräumen und sonstige Arbeiten zu verrichten. Die aus zwei Zimmern, Vorzimmer und Küche bestehende Wohnung im 3. Stock der Heßgasse Nr. 7 war höchst einfach eingerichtet. Das Vorzimmer, in welchem eine Badewanne stand und zahlreiche Kränze hingen, verriet jedoch dem Eintretenden sogleich, daß hier ein Künstler zu Hause sei. Im blaugestrichenen Arbeitszimmer standen der alte Bösendorfer, ein Harmonium mit Orgelpedal, ein kleines Tischchen und die sonst noch allernötigsten Möbel. Der Fußboden und die meisten Einrichtungsstücke waren mit Noten bedeckt. An den Wänden hingen unter anderem eine große Fotografie Bruckners von Hanfstaengl in München und ein Ölbild des Meisters. Von dem Arbeitszimmer führte eine Tür rechts in das ebenso große Schlafzimmer, dessen Wände mit Bildern seiner »lieben Meister« geschmückt waren, während am Boden die von Tilgner modellierte Büste Bruckners stand. Gern pflegte er sie seinen Freunden zu zeigen, indem er, die Hand auf das Haupt der Büste legend, mitleidig lächelnd sagte: »Guter Kerl!«

An einer Wand stand ein englisches Messingbett, das er von Studenten zum Geschenk erhalten hatte. Gewöhnlich sagte er davon: »Das ist mein Luxus.« Zu Hause trieb Bruckner das Prinzip der Bequemlichkeit in der Kleidung noch weiter als draußen. Ein blaues Hemd mit sehr weitem, ungestärktem Kragen, eine Drillichhose und Schlappschuhe genügten, wenn er allein war. Kam Besuch, so schlüpfte er, wenn er nicht darauf vergaß, in einen weiten Lüsterrock.

Frau Kathi wußte genau, wann sie Besuch melden durfte. War Bruckner beim »Kombinieren«, wie sie sich ausdrückte, so wies sie jeden Besucher zurück; sonst aber kam der Meister selbst, nachdem der Besuch gemeldet worden war, zum Empfange heraus.

Am liebsten komponierte er *morgens;* doch kam es vor, daß er mitten in der Nacht aufstand, um einen Gedanken zu fixieren. Eine Petroleumlampe hatte der Meister nicht im Besitz; er arbeitete stets beim Lichte zweier Kerzenflammen. Wenn nun

Frau Kathi morgens merkte, daß der Meister in der Nacht gearbeitet hatte, zankte sie ihn aus und ermahnte ihn, daß er sich mit Rücksicht auf seine angegriffene Gesundheit schonen solle. Bruckner aber erklärte ihr: »Was verstehst denn du davon? Man muß komponieren, wann an was einfallt.«

Hatte ihn Frau Kathi in Harnisch gebracht, so versuchte er ihr zu imponieren, indem er ihr mit großer Gebärde sagte: »Wissen S', wer i bi? I bi da Bruckner!« worauf sie schlagfertig antwortete: »Und i d' Kathi.« Am köstlichsten charakterisierte Frau Kathi ihren Herrn, wenn sie erklärte: »Grob war er, aber guat.«

Gerne begab sich Bruckner in den »Prater«, um sich zu zerstreuen. Wo er erschien, wurde er ehrfurchtsvoll gegrüßt und beachtet. In Gesellschaft seines Hamburger Freundes *W. Zinne*, der Herren Dr. *Rabl* aus Prag und des Anatomen Dr. *Paltauf* saß er eines Tages während der »Musik- und Theaterausstellung« in einem der Restaurants, wobei er mit der jungen Kellnerin zu schäkern begann. »Sie sind a hübsches Kind, Aurelia«, redete er sie an, »i hab' in mein ganzen Leb'n ka ernstes Verhältnis g'habt, aber es freut mi immer, wenn i so a saubers Gsichtl seh!« Die schöne Ungarin meinte mit Beziehung, aber mit Anstand: »Dann stehen Sie darin wohl ganz einzig in der Welt.« »Schon recht«, erwiderte Bruckner im Gefühl seiner Bedeutung, »aber für mi is dafür die Ausstellung da!« Er fühlte wohl, daß er es im anderen Falle in der Kunst nicht so weit gebracht haben würde wie jetzt, wo er eine gefeierte Größe war. Wie sagt doch Schopenhauer: »Unter Philosophen und Künstlern sind die Verheirateten als solche verdächtig, *ihre* Sache zu suchen, nicht das Heil der Wissenschaft und Kunst.«

Dr. Paltauf, der mit Zinne das Verhalten Bruckners zu der schönen Aurelia beobachtet hatte, meinte, Bruckners Zustand könne schlimm ausgehen. Er sei schon einmal in so gefährlicher Verfassung gewesen, und dann sei er gerade wie jetzt in eine weibliche Erscheinung so blitzschnell naiv verliebt.

Beim Nachhausegehen schimpfte Bruckner fürchterlich über die Verführer der Mädchen und entschuldigte sich wegen des Gespräches mit Aurelia mit den Worten: »Segn S', das san' meine kloan' Zerstreuungen, und die muaß da Mensch hab'n – es is' ja alles in Ehren!« Bald nachher war sein Geist wieder bei musikalischen Dingen.

Aus der Hitze der Großstadt flüchtete der Meister bald in seine geliebte Heimat. Dieser Aufenthalt erfuhr eine Unterbrechung durch die Festspiele in *Bayreuth*, wo Bruckner diesmal festlich empfangen wurde. Man umdrängte ihn und gab ihm das Geleite bis zu seinem Absteigquartier, Hirschgasse 1, bei Joh. Gurth. Hier erst bemerkte Bruckner, daß der Dienstmann, dem er sein Gepäck mit den *Skizzen* des *ersten Satzes der IX. Symphonie* gegeben hatte, nicht da war. In dem Gedränge war es dem Dienstmanne nicht mehr möglich gewesen, an seinen Auftraggeber heranzukommen, deshalb trug er den Koffer kurzerhand zur Polizei. Bruckner war durch das Fehlen des Gepäckstückes in höchste Aufregung versetzt worden. Er alarmierte sogleich alle mitgekommenen Verehrer, die sich dienstbeflissen auf die Suche begaben. Bald erfuhr man, daß der Koffer auf der nahen Polizei lag, und brachte ihn dem Meister.

Während des Bayreuther Aufenthaltes erkrankte Bruckner nicht unbedenklich. Die Verehrer riefen den zufällig anwesenden Universitätsprofessor aus Prag Dr. *von Rosthorn* herbei, der seine ärztliche Kunst dem Meister freudig und erfolgreich widmete. In einem Brief von Rosthorns an Bruckner, der ihm nach seiner Genesung den Beinamen: »Anton Bruckners Lebensretter« gegeben hatte, heißt es: es werde ihn zeitlebens »mit Stolz erfüllen und glücklich machen«, Bruckner Leibarztdienste geleistet zu haben.

Bruckner, der ein Frühaufsteher war, pflegte morgens gerne im Hofgarten zu Bayreuth einen Spaziergang zu machen und dabei Wagners Grab zu besuchen. Ein Augenzeuge berichtet, wie Bruckner leise und schüchternen Schrittes sich dem Grabe Wagners näherte, ehrfürchtig am Fuß des Denksteines seinen Hut zog, die Hände faltete und so warm und inbrünstig zu beten begann, bis Träne auf Träne an seinen Wangen herabrann und sich das Schmerzgefühl in Schauer heiligster Andacht löste. Über das Angesicht des frommen Beters aber ging es dann wie die Offenbarung einer höheren Macht: verschwunden war alle Traurigkeit, und hell leuchtete es in seinen Zügen auf von neuer Hoffnung und Zuversicht. Mag sein, daß Bruckner es damals schon empfand: es ist *das letztemal!*

Nachdem Bruckner den Rest des Sommers in *St. Florian, Kremsmünster* und *Steyr* verbracht hatte, kehrte er erst am 5. Oktober wieder nach Wien zurück. Schon im Frühsommer waren mit der Druckereifirma *Josef Eberle & Cie.* in *Wien* Verhandlungen wegen der Drucklegung der I. Symphonie aufgenommen worden, die schließlich zu einem *Vertrag* führten, wonach die Firma *alle* noch ungedruckten Werke des Meisters in Verlag nahm. Das erste dieser Werke war die genannte Symphonie, die in Angriff genommen wurde. Die für diesen Herbst in Wien geplante *Tonkünstlerversammlung*, bei welcher der *150. Psalm* seine Uraufführung erleben sollte, mußte wegen Choleragefahr abgesagt werden. Dafür brachte *Wilhelm Gericke* das Werk in dem *Gesellschaftskonzert* vom 3. November 1892 zur *ersten* Aufführung. Man war aber den ungeheuren Schwierigkeiten des Chorsatzes nicht gewachsen, und die Kritik, selbst die sonst freundlich gesinnte, lehnte den Psalm ab. Erst 1893 erlebte diese »allerbeste Festkantate«, wie Bruckner das Werk nannte, in *Dresden* einen so gewaltigen Erfolg, daß sie sofort wiederholt werden mußte.

Mit der Überwachung des Druckes und der Herstellung des *Klavierauszuges* war diesmal Bruckners Schüler *Cyrill Hynais* betraut worden. Ungefähr zur selben Zeit erschien die von *Max v. Oberleithner* überwachte Druckausgabe der *Achten* mit einem *vierhändigen Klavierauszug* von *Joseph Schalk*. Da der Kaiser für die Herstellung 1500 Gulden bewilligt hatte, brachte der Verlag *Robert Lienau* (Schlesinger), *Berlin*, das Werk in vornehmer Ausstattung heraus.

Nun war auch vom Obersthofmeisteramt Bruckner der Übertritt in den *Ruhestand* als Hoforganist bewilligt worden. In dem Dekret vom 28. Oktober 1892 findet sich *kein* Wort der Anerkennung für die seit 1868 geleisteten Dienste. Die *Gesellschaft der Musikfreunde* aber konnte nunmehr doch nicht umhin, Bruckner zum *Ehrenmitglied* zu ernennen, welche Ehre Brahms schon längst zuteil geworden war. Ein wahrhaft großes Ereignis stand am Ende des Jahres 1892, die *Uraufführung* der *VIII. Symphonie, »Kaiser Franz Joseph I.* in tiefster Ehrfurcht gewidmet«, in dem *Philharmonischen Konzert* am 18. Dezember unter *Hans Richter*. Wie erinnerlich, konnte die 1891 von Weingartner geplante Aufführung in Mannheim nicht stattfinden. Diesem Mißgeschick verdanken es die »Philharmoniker« in Wien, daß ihnen die Ehre der Uraufführung in den Schoß fiel. Hans Richter hatte das Riesenwerk ganz allein auf das Programm gesetzt, da es den Rahmen eines Mittagskonzertes ausfüllte. Besorgt blickte der Meister dem Tag der Aufführung entgegen, da er noch nach den letzten Proben in die Worte ausbrechen mußte: »Sechsmal hab'n sie's g'spielt, wissen aber no immer net, was sie von ihr halten soll'n.«

Die glänzende Aufführung bewies die Grundlosigkeit dieser Besorgnis. Das Werk erregte bei dem *ganzen Auditorium* einen derartigen Jubel, daß der gute Meister nicht oft genug auf dem Podium erscheinen konnte, um für die Ovationen zu danken. Zahlreiche Lorbeerkränze konnte der sich unzählige Male verneigende Meister in Empfang nehmen. Schließlich drehte er dem jubelnden Publikum den Rücken, um ebenfalls dem Orchester zu applaudieren. Für den Dirigenten hatte Bruckner eine seltsame Belohnung vorbereitet. Er erwartete Hans Richter am Ausgangstor mit 48 dampfenden Krapfen, die er zu Hause mit ihm verspeisen sollte. Neben Bruckner war auch *Hanslick* unerwartet zu einer Ovation gekommen. Als dieser Herr vor dem Finale ostentativ den Saal verließ, begannen die Verehrer Bruckners im Stehparterre demonstrativ zu klatschen; Bruckner aber, als er dies erfuhr, meinte: »Jetzt wird er am Ende no mehr bös.«

Der Großteil der Kritik fand nicht genug Worte, das Werk zu preisen, das man *»die Krone der Musik unserer Zeit«*, das *»Meisterstück des Brucknerschen Stiles«* nannte. *Hugo Wolf* spricht sich über das Werk begeistert aus, dessen »erster Satz jede Regung zur Kritik vernichtet«. Dem gewaltig erschütternden »Adagio« glaubt er »nichts Ähnliches an die Seite stellen zu dürfen«. Nach einer Mitteilung *Mathilde Helms* war Wolf nach dem Schluß des Adagios begeistert von seinem Sitz aufgesprungen, laut rufend: »Erst in tausend Jahren wird man dieses herrliche Werk verstehen!« *Max Kalbeck* bringt es zuwege, Bruckner diesmal einen *»Meister der Instrumentation«* zu nennen. Er verzeiht sogar den Veranstaltern die Vermessenheit, die Symphonie, so wie die IX. Beethovens, ganz allein auf das Programm zu setzen, da sie sich dieser Auszeichnung, die ihr widerfuhr, *keineswegs unwürdig* zeigte. Sie übertreffe »die früheren Arbeiten Bruckners durch Klarheit der Disposition, Übersichtlichkeit der Gruppierung, Prägnanz des Ausdruckes, Feinheit der Details und Logik der Gedanken«. Sie nehme »unter den bisher an die Öffentlichkeit gelangten Werken des Komponisten ohne Zweifel die *erste Stelle* ein«. Auch diesmal gab man den Feinden durch ein von *Joseph Schalk* verfaßtes phantastisches *Programm,* welches dem Konzertzettel aufgedruckt war, Anlaß zu Spötteleien. *Hanslick* und

Kalbeck ließen sich diese Gelegenheit natürlich nicht entgehen. Hanslick ärgert sich weidlich über den Triumph Bruckners mit seiner »ur- und neudeutschen Symphonie«, in welcher er nur *»die Übertragung von Wagners dramatischen Stil auf die Symphonie«* erblickt und befürchtet, »daß diesem *traumverwirrten Katzenjammerstil* die Zukunft« gehören werde. Aus dem »abstoßenden« Werk hört er nur »hinauf- und hinablamentierende *Schusterflekken*«. – Doch wer nahm den alten Beckmesser noch ernst? Hanslicks Art zu kritisieren machte Schule! Als würdiger Nachtreter des »großen Kritikers« zeichnete sich in der Folge *Richard Heuberger* aus. Dieser behauptet im »Wiener Tagblatt«, daß das Werk sich durch *»spärliche Erfindung«* unvorteilhaft von den anderen unterscheide; Scherzo und Finale erklärt er als *»bedenklich«*; doch gibt er zu, daß das Adagio zu dem Schönsten gehöre, was Bruckner je geschrieben. Der Kritiker fühlt sich aber noch immer wie Thomas vor der Wunde am Leibe des Herrn. »So oft wir aber auch den Finger in dieselbe legten, gläubig sind wir nicht geworden«, fährt er fort. Ganz richtig sieht Heuberger am Schluß seiner von Verkleinerungssucht erfüllten Ausführungen ein, daß er eigentlich über Bruckners Schaffensweise »nichts Neues« gesagt habe.

Nur wegen des außerordentlichen Ereignisses hatten die Ärzte dem Meister die Teilnahme an der Aufführung gestattet, da seine Krankheit immer weiter fortgeschritten war.

Als Bruckner von seinem *Weihnachtsaufenthalt* in *Steyr* und *St. Florian* zurückkehrte, war die *Wassersucht* schon so weit vorgeschritten, daß die Füße schrecklich geschwollen waren und das Wasser bis an die Brust drang. Dadurch litt er an bitterer Atemnot. Nach Anordnung Professor *Schrötters* mußte er mehrere Wochen strenge Diät halten (nur Milch) und das Bett hüten. Im *März 1893* hatte er seinem ehemaligen Lehrer Kitzler in Brünn geklagt, daß ihm selbst das Pilsner Bier verboten worden sei; er müsse jede Aufregung und auch die Orgel meiden. Infolgedessen konnte er dessen Aufführung seiner *IV. Symphonie* und des *Tedeums* in *Brünn* im April 1893 nicht beiwohnen. Häufig verhinderte auch in der Folge Krankheit die persönliche Teilnahme bei Aufführungen seiner Werke.

Das Frühjahr 1893 brachte Aufführungen der *III. Symphonie* in *München* unter *Levi*, der das Werk im Oktober auch in Berlin mit tiefer Wirkung dirigierte, ferner Darbietungen des *Tedeums* in

Hamburg, Düsseldorf, sowie die I. Konzertaufführung der *d-Messe* in *Hamburg* unter *G. Mahler* und eine kirchliche Aufführung in *Steyr* unter des Meisters Schüler *Franz Bayer,* der das Werk in der Folge am Ostersonntag regelmäßig zu Gehör brachte.

Alle diese Nachrichten waren Sonnenstrahlen, die von Zeit zu Zeit in sein Krankenzimmer fielen. Dazu war er völlig *verlassen.* Am 14. Jänner, noch vor der ganz schweren Erkrankung, schrieb er an *Levi,* nachdem er darauf hingewiesen, daß er nun auch von der Hofkapelle *frei* sei und die Kränkungen des Hofkapellmeisters *Hellmesberger* damit ein Ende hätten. »Ebenso frei bin ich auch von jeder Gesellschaft, selbst den Wagnerianern, sogar *Schalk* und *Löwe* haben mich verlassen.« Und nach dem schweren Krankheitsanfall klagt er *Göllerich* am 10. März: »Mein Wasser ist von der Brust abgegangen, die Füße schwellen noch an! Ich fühle mich total verlassen! Niemand will kommen, oder doch höchst selten. Der Wagner-Verein ist ihnen alles! Selbst Oberleithner ist nur *dort!* H. Schalk scheint ihn ins Garn gezogen zu haben. Schon vor Monaten hörte ich von Bekannten, daß Schalk meine 3. Messe aufführen will. *Mir* sagte er's erst vor Tagen.«

Diese Bemerkungen lassen erkennen, daß vor allem zwischen Bruckner und *Joseph Schalk* (Franz war nicht mehr in Wien) eine bedeutende Abkühlung eingetreten war, offenbar, seit die IV. Symphonie durch ihn in so stark veränderter Form im Druck erschienen war. Zum erstenmal war dieses Werk in Wien aus der Druckfassung unter *J. Schalk* bei der *Musik- und Theater-Ausstellung* erklungen. Anscheinend mit Bezug darauf, obwohl der äußere Erfolg sehr bedeutend war, ist jene verbürgte Äußerung des Meisters zu verstehen, die er tat, als ein Bekannter von dem Eintreten Schalks und Löwes für sein Werk zu sprechen begann. Bruckner blieb auf dem Weg plötzlich stehen, und fast entrüstet sagte er: »Hörn S' ma auf mit dö zwoa Kerln! Wann dö meine Symphonien spiel'n, kenn' i s' ja nimmer.« Auch einer seiner ehemaligen »Gaudeamus«, Dr. *Hubert Steiner,* konnte sich erinnern, daß sich der Meister über die allzu große Einmischung der beiden in seine künstlerische Arbeit beklagte.

Bruckners noch jugendlich-frischer Feuergeist ließ sich durch die körperlichen Beschwerden jedoch nicht niederringen. Einer seiner lebenssprühendsten Sätze, das *Trio der IX. Symphonie,* wurde am 27. Februar abgeschlossen. Im Laufe des März hatte sich Bruckners Zustand so weit gebessert, daß ihm die Ärzte den Besuch der von Hanslick schon 1872 geforderten *ersten Konzertaufführung* seiner *f-Moll-Messe* erlaubten, die wieder vom *Akademischen Wagner-Verein* veranstaltet wurde. *Joseph Schalk* hob diese durch seine flammende Begeisterung auf eine ansehnliche künstlerische Höhe, obwohl er gerade kein routinierter Dirigent war und kein anderes Orchester aufzutreiben war, als das mehr Tanzmusik pflegende des *Eduard Strauß*.

Bei der Generalprobe äußerte sich der Meister einer Mitteilung Mathilde Helms zufolge zu ihrem Vater in seiner demütigen und gottesfürchtigen Weise: »Ich möcht' nur das eine. Wenn ich vor den lieben Gott berufen werd', daß ich ihm sagen kann: Du hast mir ein Talent gegeben und ich hab's auch verwertet.« Ein anderes Mal, als er einer Aufführung der Neunten Symphonie von Beethoven beiwohnte, rief er nach Schluß beim Herausgehen aus: »Oh, was für ein großes Werk! Wo bin da ich!?« Als Professor Julius Epstein, der an seiner Seite stand, ihm entgegnete: »Sie gehören auch zu den Großen«, erwiderte er: »Na, i komm ma vor wie a klans Hunderl, das daneben herlauft.«

Nun, da Hanslicks Wunsch von 1872 erfüllt war, erklärt er, seine damalige Kritik umstoßend, die Messe gehörte nicht in den Konzertsaal, und schiebt Bruckner alle Fehler »der durch die Tradition geheiligten, mißverständlichen Auffassung« in die Schuhe. Er singt das alte Lied von der »musikalischen Logik« und findet, die Aufnahme des Werkes »schmeckte, trotzdem sich der Komponist mit seinem ›charakteristischen Claudius-Kopf‹ nach jedem Teil dankend verneigen mußte, doch schließlich stark nach Müdigkeit und Enttäuschung«. Ähnlich urteilt *Heuberger* und klagt über »Abgang höherer künstlerischer Disposition«, über den *»Prälatenstil* des *Gloria«*, die *»erlahmende Erfindung«* im Credo und endlich über die »übergroße Länge«, von welcher aber L. Speidel, der gewiß auch etwas verstand, schreibt: »Die Brucknersche Messe ist *gedehnt;* ja gedehnt, sagen wir, *wie ein Adler,* der seine Schwingen ausbreitet«... Er erkennt im *Credo* den Höhepunkt, von welchem es allerdings abwärtsgehe, »aber wie von dem Gipfel eines Berges durch Wälder und grüne Wiesen«. Auch die gesamte übrige Presse erkannte das Werk als einzigartig an.

Bruckner hatte sich nun so erholt, daß er die Karwoche wieder in tiefster religiöser Hingabe in *St. Florian* verbringen und am Ostersonntag der Einladung zur Aufführung seiner d-Moll-Messe in der Stadtpfarrkirche zu *Steyr* unter Leitung des ihm befreundeten Musikdirektors *Franz Bayer* folgen konnte. Mitte April jedoch erlitt er in Wien einen bösen Rückfall in die Krankheit und mußte durch drei Wochen bei strenger Diät das Bett hüten. In die Zeit der Erholung von diesem Anfall fällt die Entstehung eines neuen Werkes. Am 29. April wurde die Skizze, am 13. Mai die Partitur des von Bruckner als *»symphonischer Chor«* bezeichneten Männerchorwerkes mit großem Orchester

HELGOLAND,

nach einer Dichtung von Dr. *August Silberstein,* beendet. Die Verbesserungen für den Druck beschäftigten Bruckner noch bis zum 7. August. Die Ausarbeitung war immer wieder durch Krankheit unterbrochen worden. Die Ärzte konnten Bruckner nicht aus den Augen lassen, und erst am 16. August wurde ihm die Reise nach *Steyr* gestattet. Aber auch dort warf ihn die Krankheit oft wochenlang auf das Lager. Dorthin ließ er sich von seinem Schüler Cyrill Hynais, der die *Klavierauszüge* zu diesem Werk und auch zur *e-Moll-Messe* besorgt hatte, über den Verlauf der Proben berichten. Der Chor ist dem *»Wiener Männergesangverein«* zum 50. Gründungsfest gewidmet. Mehrmals warnt Bruckner aber in seinen Briefen an Hynais vor zu schnellen Tempi.

»Helgoland« gehört wohl zu den allerschwierigsten, aber auch bedeutendsten Werken der Männerchorliteratur. Nach einer kurzen Einleitung, in welcher über dem g-Moll-Akkord der Bläser wuchtige akkordische Unisono-Figuren der Streicher mächtig einherrauschen, tritt im Balladenton unisono der Chor ein, der das Herannahen der Römer gegen die von dem germanischen Sachsenstamme bewohnte Insel Helgoland kündet.

Den darauffolgenden ruhigeren Teil beginnt ein echt Brucknerscher Satz, in dessen Verlauf die Akkordrückung zu Anfang des Finalthemas der VIII. Symphonie bei »Es wissen die Siedler von feindlicher Fahrt« erscheint.

Der kleine Volksstamm müßte dem Ansturm der feindlichen Übermacht weichen, wenn nicht die *Götter* helfen würden. In dem Unisono-Motiv »die brünstige Bitte« erscheint das Fugenthema des nur in Skizze vorhandenen Finales der »Neunten«

vorgeahnt, während bei »zum Himmel gewandt« Harmonien aus dem Adagio der »Siebenten« hereinklingen.

Brünstig fleht das bedrängte Inselvolk Wotan um Hilfe an mit dem an das Hauptthema der »Siebenten« erinnernden Sange.

In seiner furchtbaren Wucht ist der folgende Anruf »Allvater, Allvater« ein Seitenstück zu Ortruds »Wotan, Erhabener, höre mich« im zweiten Akt des »Lohengrin«.

Des Volkes Vertrauen wird nicht zuschanden; im furchtbaren Sturme, den Bruckner mit grandioser Kunst malt, zerschellen die Schiffe der Feinde an Helgolands ragender Küste. In dithyrambischem Schwunge erhebt sich nunmehr der Schlußgesang »O Herr Gott, dich preiset frei Helgoland«, nach G-Dur gewendet. Mit dem an das Hauptthema der VII. Symphonie erinnernden Gedanken schließt das Werk in sieghaftem Jubel.

Nachdem Bruckner Anfang Oktober das Krankenlager in Steyr verlassen hatte, begab er sich nach Wien, um am *8. Oktober der Uraufführung* des neuen Werkes bei dem Festkonzert zur Feier des *fünfzigjährigen Bestandes* des *»Wiener Männergesangvereines«* unter *Eduard Kremsers* Leitung beizuwohnen. Es war die *letzte Uraufführung* eines seiner Werke, welche Bruckner noch gegönnt war.

Nach der meisterhaften Darbietung des Chores erhob sich ein wahrer Beifallsorkan, der die Sturmesmusik des Chores an Stärke noch zu überbieten schien. Bruckner, in Frack und mit dem Franz-Joseph-Orden geschmückt, mußte unzählige Male vor der jubelnden Menge erscheinen. Sein Blick aber schweifte suchend im Saale umher, bis er den Dichter Dr. *August Silberstein* erblickte. Mit ausgebreiteten Armen ging er ihm entgegen, dabei rufend: »Ja da is'a ja! Dokta, wia soll i Ihna denn dank'n! Ohne Ihna hätt' is' ja net könna!« Am darauffolgenden Tag erhielt Silberstein eine kleine, altertümlich geschnitzte Dose mit einer Empfehlung von Bruckner zugestellt. Als die Gattin des Dichters das Schächtelchen öffnete, erblickte sie darin zum größten Erstaunen fünf blanke Dukaten. Eine Zurückweisung dieses Ehrengeschenkes hätte Bruckner wohl tief gekränkt, daher nahm es Silberstein auf Zureden seiner Frau an.

Infolge der von Steyr nach Wien gelangten ungünstigen Berichte über Bruckners Gesundheitszustand hatten sowohl die *»Philharmoniker«* als auch die *»Gesellschaft der Musikfreunde«*, welche den Meister im verflossenen Jahre endlich auch zum *Ehrenmitglied* ernannt hatten, die geplanten Aufführungen Brucknerscher Werke auf einen späteren Zeitpunkt verschoben, damit der Meister denselben ohne Gefahr beiwohnen könne.

Bruckners Befinden im weiteren Verlauf des Herbstes hätte den Besuch von Konzerten wirklich nicht zugelassen; des Meisters einzige Lichtblicke waren die Berichte von Aufführungen der *III. Symphonie* in *Berlin* unter *Levi,* der *VIII.* in *Olmütz* unter *Labler.* Besonders schlimm war der Zustand Bruckners im November, so daß er keine Arbeit aufnehmen konnte. Bruckner mußte nun daran denken, seine letztwilligen Verfügungen zu treffen. Schon Mitte der achtziger Jahre hatte er dem Prälaten von St. Florian seinen Wunsch unterbreitet, einmal unter der großen Orgel in der Gruft der Stiftskirche bestattet zu werden. Er mißtraute aber der mündlichen Zusage des Propstes *Moser,* und bei der Nachfeier anläßlich der Aufführung der d-Moll-Messe in Steyr sprach er in seiner Dankesrede davon, daß er in seinem Testament dafür sorgen wolle, eine Grabstätte in Steyr zu erhalten. Diese Äußerung dürfte nach St. Florian gedrungen sein, und Bruckner erhielt eines Tages von seinem Bruder *Ignaz* im Auftrag des Prälaten die Nachricht, Bruckner möge den Wunsch, in St. Florian eine Grabstätte zu erhalten, nur in seinem *Testament* festlegen. Am 10. November 1893 berief der Meister nun den Advokaten Dr. *Theodor Reisch* und die Herren *Ferdinand Löwe* und *Cyrill Hynais* zu sich, um sie als *Testamentzeugen* zu bitten. Zum Universalerben setzte er seinen Bruder *Ignaz* und seine Schwester *Rosalie* ein. Die *Originalpartituren* seiner Werke aber vermachte er der k. k. *Hofbibliothek,* um dem Kaiser für seine Förderung den Dank abzustatten. Ferner wurde in dem Testament genau bestimmt, wie sein Leichnam in St. Florian zu bestatten sei, und endlich einige Beträge für Frau *Kathi Kachelmayr* und für Seelenmessen ausgesetzt.

Auffallend ist, daß Bruckner hier wieder seinen »Generalissimus« *Joseph Schalk* überging und dafür *Löwe* als Zeugen heranzog. Aber auch Löwe erscheint hier zum letztenmal in den letzten Lebensjahren des Meisters. Schließlich wollte er, wie Frau *Kathi* aussagte, von seinen musikalischen Freunden überhaupt nichts mehr wissen, und Frau *Kathi* war beauftragt, *Schalk, Löwe* und *Hugo Wolf* nicht mehr vorzulassen. Allerdings tritt *Joseph Schalk* in der allerletzten Lebenszeit Bruckners wieder auf.

Bruckner-Zimmer im Stift von St. Florian.

Grabmal Anton Bruckners
in der Bruckner-Gruft in St. Florian.

In diesem Herbst erhielt *Bruckner* aus *Berlin* die freudige Nachricht, daß dort im Jänner mehrere seiner Werke zur Aufführung kommen würden und man hoffe, daß der Meister dabei anwesend sei. Anfang Dezember trat eine überraschende Besserung im Befinden des Kranken ein.

In einem Brief vom 30. Dezember 1893 an Prof. *B. Deubler* in *St. Florian* schreibt Bruckner: »Mir geht es seit 8. Dezember (Beichttag) unendlich besser. Ich war zu Weihnachten in Klosterneuburg, denn ein zweiter P. Oddo ist mir erstanden. Mittwoch abends reise ich sogar nach Berlin; soeben hat es Dr. Schrötter erlaubt. 6. Jänner in der Oper meine Sinfonie, die Dr. Muck dirigiert; 8. Jänner Tedeum, 9. und 10. Quintett; 11. wieder Tedeum, wozu die höchsten Herrschaften kommen sollen. Am 14. Jänner in Wien meine 2. Sinfonie; wann und ob ich kommen kann, weiß ich noch nicht. Werde Hr. Richter noch bitten, ob er's nicht später aufführen wollte; aber sein Köpferl ist ziemlich hart!!!« Die Besserung hielt an, so daß Bruckner das Weihnachtsfest als Gast des Stiftes *Klosterneuburg* verbringen konnte. Am 28. Dezember wurde er bei einer Aufführung des *Quintetts* durch *Hellmesberger* bejubelt, und im Jänner 1894 konnte er sogar die Reise nach Berlin wagen.

Am *5. Jänner* mittags traf Bruckner in Begleitung des *Prinzen Bojidar Karageorgiewitsch** am Anhalter Bahnof in *Berlin* ein, wo sich Dr. *Richard Sternfeld* und Dr. *Karl Muck* zur Begrüßung eingefunden hatten. Als letzter entstieg dem Zug zur allgemeinen Erheiterung der ganz in Wolle gehüllte Meister Bruckner. Schon am nächsten Tag erntete er bei der sehr gelungenen Aufführung der *VII. Symphonie* durch die *königliche Kapelle* lebhaften Applaus und Kranzspenden, obwohl die Meinungen über das Werk geteilt waren; ungemessenen Jubel und vollste Zustimmung erzielte dagegen am *8. Jänner* das *Tedeum* unter *Siegfried Ochs*. Dieses Chorwerk bildete den Schluß eines vom *»Philharmonischen Chor«* veranstalteten Konzertes, in welchem auch Werke von *Hugo Wolf* zum Vortrag kamen. Die beiden

---

* Dieser befand sich unter den Hörern seiner Universitätsvorlesungen, wo der Meister in seiner kindlichen Art seinem »Gaudeamus« alle seine Freuden und Leiden mitteilte. So sprach er auch von seiner Berliner Reise. Da sich keiner seiner Schüler gefunden hatte, ihn zu begleiten, veranlaßte man den jungen Prinzen, dies zu tun.

Chöre »*Feuerreiter*« und »*Elfenlied*«, welch letzterer sogar wiederholt wurde, weckten großen Beifall, der jedoch Wolf nicht veranlaßte, das Podium zu betreten und sich zu zeigen. Ganz anders Bruckner! Sternfeld konnte ihn am Schlusse des Tedeum nicht schnell genug die Treppe zum Podium hinaufbringen, wo er mit unzähligen »Buckerln« freudestrahlend dankte und immer wieder mit unverfälschter Natürlichkeit, dem Publikum den Rücken kehrend, die Mitwirkenden applaudierte. Als ihm die Damen riesige Lorbeerkränze aufluden und die Ovationen tumultartig anwuchsen, brachte ihm das Orchester noch einen *Tusch*. Ähnliche Ehren erlebte der überglückliche Meister auch bei der *Wiederholung* des *Tedeum* am *11. Jänner* bei Anwesenheit des deutschen Kaiserpaares. Bei der Abreise gab ihm *Hugo Wolf*, der in Berlin verblieb, das Geleite zum Bahnhof.

Die Krankheitstage des verflossenen Jahres, die er außer Bett verbringen konnte, benützte der Meister, wenn es seine Kraft zuließ, stets zu den Arbeiten an seiner *Neunten*, und kurz vor der Berliner Reise, am 25. Dezember 1893, war der *erste Satz* vollendet worden. Er rang nun mit der Gestaltung des Adagios.

Im Februar war er wieder sehr unwohl, wie er an *S. Ochs* berichtet, dem er auch klagt: »Hier lebe ich ganz vereinsamt! Niemand besucht mich!« Um so mehr freuten ihn Besuche von auswärts, und *Josef Kluger* aus Klosterneuburg kam regelmäßig und traf eines Tages mit *Hermann Levi* zusammen, dessen Besuch für Bruckner ein außerordentliches Ereignis war. Große Freude empfand er über die Aufführung seiner *III. Symphonie* am 19. März unter *Lamoureux* in Paris. Auf die Mutter des Prinzen Karageorgiewitsch hatte dort das Werk so tiefen Eindruck gemacht, daß sie die denkwürdigen Worte sprach: »Schade, daß Bruckner nicht Reklame zu machen versteht. Wenn alle jene, deren Namen jetzt die Zeitungen mit Jubel erfüllen, nicht mehr gekannt sein werden, wird dieser Adler erst anfangen, seine Schwingen auszubreiten.«

Gegen Ostern besserte sich des Meisters Befinden so, daß ihm die Ärzte die Reise nach *St. Florian* gestatteten, wo er – zum letztenmal – bei den feierlichen kirchlichen Anlässen die *Orgel* spielte, gegen das Verbot der Ärzte. Von diesen Anstrengungen kam er physisch und geistig gebrochen nach Wien zurück, und gerade in diese Zeit fällt ein außerordentliches Ereignis, die Uraufführung seiner *V. Symphonie* am 8. April 1894 im Stadttheater zu *Graz* durch Franz Schalk. Ihm hatte er nun das seit siebzehn Jahren fertige Werk anvertraut, und nun konnte er es nicht hören. Diese und die IX. Symphonie ist *niemals aus dem Orchester an des Meisters Ohr gedrungen!*

Schalk war damals als Kapellmeister des Operntheaters in Graz so sehr beschäftigt, daß er die Aufführung immer wieder verschieben mußte. Bruckner hatte an dem Werk *keine Note* mehr *geändert,* und auch Schalk hat außer den Strichen im Finale lediglich für den Schlußchoral einen *eigenen Bläserchor* zugezogen, und zwar, wie er dem Verfasser selbst erzählte, weil die damaligen Blechbläser den ungeheuren Steigerungen im Finale nicht gewachsen waren. Ein Grund dafür mag *der* gewesen sein, daß die ausgedehnte Reprise des Gesangthemas, bei der das schwere Blech schweigt und die daher den Bläsern eine größere Atempause gegönnt hätte, herausgestrichen war. Mit Bewilligung des Meisters nahm Schalk selbst den Satz der zusätzlichen Bläser vor.

Der junge Kapellmeister hatte mit dem schwierigen Werk einen sensationellen Erfolg erzielt. Von Satz zu Satz steigerte sich, nach Th. Helms Bericht, die Begeisterung; am gewaltigsten war der Eindruck des nur den allergrößten Choralfugen von J. S. Bach vergleichbaren Finales, das selbst die kühlsten und konservativsten Hörer förmlich niederschmetterte.

Unzählige Male mußte das ganze Orchester sich durch Erheben von den Sitzen bedanken. Nur die Anwesenheit des Meisters fehlte, um dem Augenblick eine ewige Bedeutung zu geben. Die Kritik gestand ehrlich ein, daß die Fülle der Gedanken aufs erste Hören kaum zu fassen, die Wirkung und vor allem die »blendende Instrumentation« bewundernswert sei. Am glücklichsten aber war der Dirigent, der an den Meister berichtet, der Abend habe ihm für die Zeit seines Lebens einen der herrlichsten Eindrücke vermittelt. »Tief ergriffen, beglückt in den Gefilden ewiger Größe wandelnd«, schreibt Schalk, »fühlte ich mich. Von der niederschmetternden Gewalt des Finales kann niemand sich eine Vorstellung machen, der es nicht gehört. Lege ich Ihnen, mein innig verehrter Meister, also die größte Summe aller meiner Bewunderung in innigster Begeisterung zu Füßen und bringe ein Heil dem, der solches schuf.«

Bruckners Wunsch, daß Franz Schalk das Werk auch in Wien zu Gehör bringen sollte, erfüllte sich nicht.

Nach schweren Krankheitstagen besserte sich das Befinden Bruckners Mitte Mai bedeutend, so daß ihm die Ärzte am Pfingstsonntag auf seine Bitte hin erlaubten, eine heilige Messe zu besuchen. In diesen letzten Jahren war wieder ein Schüler aus den ersten Wiener Jahren aufgetaucht, den Bruckner wegen seiner Frömmigkeit schätzte, *Anton Meißner*. Dieser begleitete ihn zur Kirche *St. Michael*. Es mußten ein Tragstuhl und zwei Dienstmänner gemietet werden, die den Kranken über die Stiegen trugen. Zur Kirche fuhren sie mit einem Einspänner. Dort wohnte Bruckner dem Meßopfer völlig erdentrückt bei und beschenkte beim Weggehen die vor der Tür stehenden Bettler reichlich. Dann fuhren sie zum Rathauspark, wo er sich mit Füttern der Vögel vergnügte und sich an ihrem Gesang erfreute. Kurz bevor Bruckner zum Sommeraufenthalt in die Heimat abreiste, empfing er das künstlerisch ausgeführte Diplom eines *Ehrenbürgers von Linz*.

Am 26. Juli traf der Meister – zum letztenmal – in seinem geliebten *Steyr* ein, wo er am 4. September im Stadtpfarrhof in aller Stille seinen *70. Geburtstag* feierte. Die geplanten Festlichkeiten mußten, auf Wunsch des aus Wien zur Pflege des Meisters hier weilenden Arztes, abgesagt werden. Wie anders aber stand es jetzt doch um Bruckners Kunst als vor zehn Jahren, da er nur als heimische Größe anerkannt und in Vöcklabruck Geburtstag feierte. Über 200 Glückwunschdepeschen und Briefe aus allen Richtungen langten ein, und die *gesamte Presse* feierte den Tag in *Festartikeln*. Der *Wiener »Schubert-Bund«* und die *»Steyrer Liedertafel«* ernannten ihn zum *Ehrenmitgliede*, und sogar der *»Wiener Tonkünstler-Verein«*, mit *Brahms* an der Spitze, beglückwünschte ihn.

Im September lag Bruckner in *Steyr* wieder *schwer krank* darnieder. Bei einem Strauß-Bankett verbreiteten sich damals in Wien alarmierende Gerüchte über sein Befinden. Der Meister selbst war sich seines ernsten Zustandes wohl bewußt und äußerte einem Besucher gegenüber: »Ich habe auf Erden meine Schuldigkeit getan; ich tat, was ich konnte, und nur eins möchte ich mir noch wünschen: *wäre mir doch gegönnt, meine neunte Symphonie zu vollenden!* Drei Sätze sind nahezu fertig, das Adagio ist fast zu Ende komponiert, bleibt nur mehr der vierte Satz übrig. Der Tod wird mir hoffentlich die Feder nicht früher aus der Hand nehmen.«

Unerwartet trat gegen Ende September rasche Besserung ein, so daß der Meister die Reise nach Wien unternehmen konnte. Am *29. Oktober* begann er sogar wieder seine *Vorlesungen* an der *Universität*. Etwas vor 6 Uhr abends – wir folgen hier der Schilderung eines Hörers in der »Linzer Montagspost« vom 5. November 1894 – schritt er, von seiner Haushälterin »Kathi« und einem seiner jungen Freunde gestützt, langsam und mühselig über die große Treppe. Oftmals hielt er inne, um ausreichend Atem zu schöpfen, dabei seinen breiten, schwarzen Schlapphut vom Kopfe nehmend. Im Gange vor dem Hörsaal hatte sich schon eine größere Anzahl Schüler eingefunden, welche den geliebten Lehrer ehrerbietig begrüßte. Im Hörsaal, als Bruckner Überrock und Hut abgelegt hatte, sah man erst die Spuren der Krankheit. Wer ihn seit einigen Jahren nicht gesehen hatte, dem fiel auf, wie sehr er gealtert aussah. Insbesondere die Wangen und Lippen waren infolge des Fehlens der Zähne eingefallen, der früher so wuchtige Schädel erschien bedeutend kleiner, dagegen die Nase größer und schärfer. Das Auge jedoch glänzte noch wie einst so freundlich, so gütig und so geistvoll. Das akademische Viertel benützte er, um einige Bemerkungen über seine Krankheit zu machen. – »Wenn nur die Atemnot nicht wäre«, meinte er, »dann wäre ich ein gemachter Mann. Die Schwellung der Füße ist jetzt schon viel besser, auch habe ich wenig Wasser mehr im Bauch, so daß ich es gar nicht wüßte, wenn's nicht der Doktor gesagt hätte; was liegt aber daran, besser im Bauch als im Kopf«, wobei er mit der Hand auf die Stirne deutete und in ein recht fröhliches Lachen ausbrach. Mittlerweile war das akademische Viertel abgelaufen und Bruckner bestieg das Podium, um seine Vorlesung zu beginnen. Als er oben stand wie ein *verklärter Genius*, brauste ein Sturm des Beifallklatschens und Prositrufens durch den Saal. Endlich gelangte der Meister zu Wort und sprach tiefgefühlte, herzliche Worte des Dankes und der Liebe, wie sie nur dieser edlen und gütigen Künstlerseele entquellen konnten, an seine Zuhörer. Er sprach unter anderem: »Ich begrüße Sie auf das herzlichste. Ich hab' nichts auf der Welt als Sie, meine lieben akademischen Bürger, und das Komponieren. Wir haben immer miteinander harmoniert; seit dem Jahre 1875, wo ich an die Universität berufen worden bin, habe ich mich mit den akademischen Bürgern, der akademischen Jugend, die ich so liebe und verehre, gut vertragen. Und Sie haben mich auch immer unterstützt und verehrt. Das hat damals auch der hochselige Professor *Exner* gesagt, als ich promoviert wurde. Ich habe an ihm einen großen Freund und Gönner verloren, der mir immer wohlgesinnt war und den ich ungemein betrauere, ebenso wie den auch vor nicht langer Zeit verstorbenen Professor *Stefan.* Gerade diese beiden Gönner mußten mir entrissen werden. Ich widme diese Worte den beiden Männern als Zeichen der Dankbarkeit und Verehrung und bitte Sie, meine Herren, sich von den Sitzen zu erheben.«

Nach diesem Akt der Pietät ging Bruckner auf den eigentlichen Gegenstand seines Vortrages, die Harmonielehre, über, wobei er zu Beginn seiner Darlegungen erwähnte, daß er es hier mit der Harmonie im eigentlichen Sinne zu tun habe und nicht mit der Harmonie im gewöhnlichen Sinne des Wortes. »Die Harmonie zwischen mir und meinen Hörern ist niemals getrübt worden, unsere Dissonanzen lösen sich immer selbst auf – – –.« Mit gespannter Aufmerksamkeit folgte das Auditorium den weiteren Ausführungen, in welchen sich die ganze eigenartige Natur des Meisters offenbarte.

Bruckners Gesundheitszustand gestattete ihm nur noch wenige Vorlesungen; am 12. November stand er *zum letzten Male* vor seinen Hörern, freilich ohne es zu ahnen.

Kurz darauf vollendete Bruckner seine *IX. Symphonie* am *30. November 1894* mit dem Adagio, denn das Finale fertigzustellen war ihm nicht mehr gegönnt.

Die ersten Entwürfe zum ersten Satz reichen wohl in den Sommer 1887 zurück, da Teile eines Partiturentwurfes das Datum 21. September 1887 tragen. Im Frühjahr 1889 besuchte Bruckners erwählter Biograph *August Göllerich* den Meister in seiner Wohnung. Bruckner spielte mit ihm Teile des ersten Satzes der »Neunten«, und zwar den Diskant. Der Meister legte darauf seinem Freunde noch ein zweites Thema vor und fragte ihn, ob ihm dieses oder das ursprüngliche, in die Oktave herabstürzende Thema mit der Triole im vierten Takt besser gefalle. Göllerich entschied sich sofort für das ursprüngliche, wuchtige Thema mit der Triole, worauf Bruckner erwiderte: »Na, 'n Herrn Göllerich zulieb soll's so bleiben!« Bruckner sprach dann über die Tonart d-Moll, in der die Symphonie steht, und sagte lächelnd und mit der Zunge schnalzend: »Das is halt so viel a schöne Tonart!« Trotzdem äußerte er ein andermal: »Jetzt verdrießt's mi wirkli, daß mir's Thema zu meiner neuen Sinfonie grad in d-Moll eing'falln is', weil d'Leut sagn wer'n: natürli', die ›Neunte‹ von Bruckner muaß mit der ›Neunten‹ von Beethoven in der gleichen Tonart stehn. Aber zruckziagn oder a nur transponiern kann i's Thema nimma, weil's mir eben gar so g'fallt und es sich grad in d-Moll so guat macht.« Die Partitur des ersten Satzes wurde Ende April 1891 begonnen und am 14. Oktober 1892 fertiggestellt. Das *Scherzo* wurde am 27. Februar 1893 vollendet. Das *Adagio* ist am *30. November 1894* beendet worden. Ein früher entstandenes Trio mit Solo-Viola hat Bruckner wieder verworfen.

Nach den Erfahrungen mit den zuletzt im Druck erschienenen Werken schien es dem Meister geraten, das Manuskript vor seinen allzu revisionistisch gesinnten Wiener Freunden in Sicherheit zu bringen. Er bat Dr. *Karl Muck* (nach dessen Mitteilung an den Verfasser), die Handschrift der fertigen Sätze der *IX. Symphonie* nach Berlin mitzunehmen, »damit nix g'schiacht d'ran«.

IX. Symphonie, d-Moll

An Erhabenheit und Weihe übertrifft die *Neunte* alle ihre Vorgängerinnen. Wenn Schopenhauer die Künste als »Abbild einer Idee«, die *Musik* aber als »Idee an sich« bezeichnet, so erscheint uns der Schwanengesang Bruckners als die Idee vom *Jenseits*, von der Gottheit.

Bei Beginn des reich gegliederten ersten Satzes fühlt man sich vom Dämmerlicht eines gotischen Domes umfangen*.

Über dem vom Streichertremolo 18 Takte lang ausgehaltenen Orgelpunkt auf der Tonika zeichnen acht Hörner unisono das erste Thema, das mit seinem Willen zu gotischer Hochstrebigkeit schon den Formwillen des ganzen Satzes vorausnimmt.

---

* Ernst Kurth erblickte in der Musik dieses Werkes »das schwebende Weltgefühl eines fernvergangenen Zeitalters der Gotik, das nicht nur in den Formelementen mit ihrem Streckungswillen, ihrer sturzhaften Steile und Zackigkeit, sondern auch im Hinwenden dieser Klangwelt an Daseinsüberwindung und Aufgehen in Gott gipfelt«. Zur Zeit der Entstehung des Werkes zeigte der Meister tatsächlich besonderes Interesse für die Formen des altehrwürdigen Stephansdomes, den von außen und innen zu betrachten er nicht müde wurde.

Plötzlich durchbricht ein Lichtstrahl (Ces-Dur) mit überirdischem Glanze das Dunkel; eine Vision weist dem Verzückten Ziel und Weg zur Erreichung des Höchsten. Hier zeigt sich uns Bruckner wieder als *Mystiker*, hier berührt sich seine Kunst mit dem Schaffen eines Rembrandt; in dieser Ausweichung nach Ces gewährt uns die Harmonik das gleiche Gefühl befreiender Erleuchtung, wie etwa der Lichtzauber in Rembrandts »Verkündigung an die Hirten«.

Mit dem in die Terz emporsteigenden Hornmotiv des Anfanges erinnert sich Bruckner einer seiner größeren Jugendschöpfungen, der *»Missa solemnis«*, wo dasselbe Motiv in b-Moll dem Kyrie zugrunde liegt. »So klopft der Tod an die Pforten« – das möchten wir hier aus diesem Motiv erkennen.

Der Quintschritt wieder gemahnt an das Hauptthema der IV. Symphonie, und die Ces-Dur-Stelle wiederum könnte als Rückschau auf das Hauptthema der »Siebenten« (besonders seine Gestaltung in der Durchführung) gedeutet werden. Im Adagio-Schlußteil werden solche Rückerinnerungen an frühere Werke ganz deutlich erkennbar.

Eine harmonisch überaus kühne Weiterentwicklung, mit ihren zackigen Gebilden, deren Oktavmotive schon das Hauptthema vorbereiten, führt in großzügiger Steigerung zum grandiosen *Hauptthema*, dessen energische Oktavenabstürze und Triolenmotive uns den mit überirdischer Kraft erfüllten Kämpfer für das Höchste darstellen. Dem abstürzenden Unisono des ersten Teiles folgt der in harten, diatonischen Stufenschritten aufsteigende, kadenzierende Nachsatz.

Das Hauptthema ist hier, ähnlich wie im Finale der »Vierten«, das Ergebnis einer ungeheuren Vorentwicklung, die Lösung gewaltigster linearer und harmonischer Spannungen, im Wesen daher gänzlich verschieden von dem Hauptthema der Klassiker, das ein Gegebenes ist, während es hier ein *Gewordenes*, ein aus übermächtigen »atmosphärischen« Spannungen Ausgeworfenes ist. Es übertürmt den hochgestreckten Kolossalbau. Alle vorangegangenen Motive aber enthielten bereits den Willen zu diesem Thema eingeboren. Anstatt mit dem Hauptthema, sagte Kurth, beginnt der Satz »mit dessen absolutem Formwillen«.

Auf dem Orgelpunkt D leiten dann Pizzikatogänge der Streicher, in welche kurze Septmotive der Holzbläser als Nachklänge des Hauptthemas hineinklingen, zu der regelrecht auf der

Dominante beginnenden *Gesanggruppe.* Voll Sehnsucht erhebt sich der innige Gesang der ersten Violinen zu echt Brucknerschem brünstigen Gebete.

Das Thema hat in früheren Werken des Meisters kein Analogon; es ist eine völlig neue Art der Gesangmelodie, welche durch die umrankende Violinfigur erst ihren Reiz, ihren Charakter erhält. Ist der weitere Verlauf mit der Umkehrung des Themas erfüllt, so führt eine weitere Steigerungswelle zu einem ekstatischen Jubel in C-Dur, worauf als dritte Entwicklungswelle neuerlich der A-Dur-Teil ansetzt. Der ganze Entwicklungsverlauf zeigt wieder den Formwillen des ganzen Satzes, das Streben nach aufwärts, besonders in dem Rankenwerk der ursprünglichen Mittelstimme und in der Umkehrung des eigentlichen Gesanges der ersten Geigenstimme.

Aus dieser mit staunenswerter Polyphonie erfüllten Gesanggruppe führt ein ruhiger Teil, in welchem das eckige Doppelquartmotiv der gedämpften Hörner besonders charakteristisch ist, in spannungsvoller Vorbereitung zur *Schlußgruppe,* die in ihrer Ruhe in uns jenes erhabene Gefühl weckt, das uns der Anblick des Meeres bietet. Majestätisch senken sich Gegenmotive der Hörner hinein. Von diesen Offenbarungen der Gottheit beglückt, stimmt die Seele über dem wogenden Thema der Schlußgruppe einen überaus innigen Gesang in Ges-Dur an, wie ein solcher auch mitten in der Schlußgruppe der V. Symphonie auftrat.

Dieses dritte Thema unterscheidet sich von denen früherer Sätze besonders durch die überaus erhabene, ins Übersinnliche hinaus ragende Stimmung. In einer einzigen großen Welle mit mehreren Höhepunkten baut es sich auf. Seine Elemente zeigen ebenso wie die der ersten Symphonie-Entwicklung den Streckungswillen, besonders in den eckigen Motiven der Bässe und in den bald hinzutretenden Achtelfiguren, die direkt aus dem Geranke des zweiten Themas abgeleitet sind. Das Sturzhafte der Violinhauptfigur und der Bläserthemen sowie der aus der Violinmelodie gebildete Gesang der ersten Geigen (Ges-Dur-Stelle) vollenden das Bild des Formwillens, der schon die vorhergehenden Entwicklungen erfüllte. Die Verwandtschaft aller Gebilde scheint auf. Außerdem tritt hier wieder eine harmonische Konstellation wie zu Beginn des Satzes ein, die Wendung d-Moll-Ges-Dur.

In göttlichem Frieden schließt die Exposition in der parallelen Dur-Tonart: *alles Weitere ist Durchführung.* Die Reprise wird von der Durchführung gänzlich aufgesogen, ja deren *Höhepunkt* ist der *Schluß des Satzes.*

Die Durchführung beginnt ungemein spannend mit dem ersten Teil der Einleitung, wobei düstere Klänge der Streicher untermalen. Aus dieser furchtbaren Finsternis erhebt sich strahlend der zweite Teil der Einleitung, der nach einer Wiederholung des ersten Teiles den ersten Höhepunkt der Entwicklung bringt. Der Gesang, welcher inmitten der Schlußgruppe aufgetreten ist, erfährt hier eine Erweiterung, worauf sich eine Verarbeitung des ersten Fortleitungsmotivs anschließt.

In ähnlicher Weise wie in der Exposition führt das zweite Fortleitungsmotiv mit den Oktavsprüngen in großer Steigerung zum Hauptthema, das dann eine Erweiterung erfährt. Bei »Langsamer« beginnt die Verarbeitung des Hauptthemas, indem es in den Blasinstrumenten verkürzt, umgekehrt und in Engführung auftritt, während die Streicher ein aus dem ersten Teil der Einleitung gebildetes Marschthema durchführen. Formell ist hier der Anfang der *Reprise.* In unerhörten Steigerungen wird wieder ein zweiter Höhepunkt erreicht, der den ersten an Intensität übertrifft. Plötzlich bricht das ganze Orchester ab. In einer Generalpause löst sich, wie so oft bei Bruckner, die Spannung. Ein Orgelpunkt auf der Dominante leitet, mit den vergrößerten Triolen des Hauptthemas stark an gewisse Stellen des Adagios der V. Symphonie erinnernd, zur Reprise des Gesangthemas, das nach der Regel auf der Tonika eintritt.

Nochmals versuchen tröstende Stimmen den Enttäuschten – die schmerzliche Überleitung zeugt von seinem vergeblichen Ringen – aufzurichten; es friedet sich sein Schmerz im Glauben an eine höhere Macht, und mit diesem Glauben im Herzen tritt er abermals den feindlichen Mächten entgegen. Die Reprise der Schlußgruppe verläuft in erbittertem Kampf, der zu einem weiteren Höhepunkt führt. Schmerzliche Harmonien der Holzbläser, der Streicher und schließlich der Blechbläser künden sein neuerliches Zurücksinken. Dann setzt auf dem Orgelpunkt der Dominante die *Koda* ein. Teile des Hauptthemas bilden den motivischen Bestand derselben, bis in den Bläsern der zweite Teil des Hauptthemas, der nur in der Exposition auftrat, choralartig eintritt.

Den erschütternden Schluß und Höhepunkt bildet der zweite Teil der Einleitung in furchtbarstem Kampfe.

In einigen Symphonien und besonders in der »Neunten« verteilt Bruckner die *Steigerung auf mehrere Etappen.* Der Kunst des Dirigenten ist es da anheimgestellt, die Steigerung in diesem Sinne zu gestalten und die zwischen die Höhepunkte eingeschobenen ruhigeren Teile und Episoden in *der* Weise zu bringen, daß sie nicht trennen, sondern *von Höhe zu Höhe führen. Leo Funtek* vergleicht diese Teile mit einem Gratweg, der auf einen Gipfel führt. »Von hier geht es wieder abwärts, vielleicht über eine Hochebene, bis zur nächsten, mächtigeren Höhe; nach weiterem Auf- und Abstieg erklimmen wir den dritten, den gewaltigsten Bergriesen, unser Ziel.«

Der erste Satz der »Neunten« unterscheidet sich mehrfach von den übrigen ersten Sätzen. Eine so *große Gegensätzlichkeit* des Hauptthemas und des Gesangthemas ist sonst nur in den *Finale-Sätzen* zu treffen; auch hat das *Hauptthema* ganz den Charakter eines *Finale-Hauptthemas* (man vergleiche es nur mit dem der IV. Symphonie). Auch die ausgesprochene *Kampftendenz* ist sonst nur in den Finalesätzen zu treffen; dagegen *fehlt* im ersten Satz der versöhnende und *verklärende Schluß* des Finales. Diesen treffen wir erst im Adagio an. Der Aufbau des ersten Satzes ist ein vollkommen regelmäßiger, ebenso die Wahl der Tonarten.

Schema:

Exposition
Einleitung A B C
d-Moll, A-Dur, d-Moll

Durchführung — Reprise — Koda
Einl. B A Einl. + A B C A Einl.
d-Moll, D-Dur, h-Moll, d-Moll

In der Durchführung dieses Satzes ist wieder die Überleitungskunst, die Amalgamisierung der Themen aller drei Gruppen zu bewundern. Die Gemeinsamkeit der Hauptthemen wird hier offenbar, obwohl sie zunächst stark gegensätzlich erschienen. Dem vollkommen klaren Sonatenaufbau der Exposition folgen die weiteren Teile, die ausgesprochen entwicklungsdynamischen Prinzipien unterworfen sind. Der Reprisenbeginn ist von beiden Seiten überschwemmt, einerseits von der Durchführung, anderseits von den hier schon sehr bald auftretenden Anzeichen des katastrophalen Endes. Der Satz ist wohl eines der größten Formwunder der gesamten Musik und eine der wunderbarsten Tonvisionen aller Zeiten.

Wie im Quintett und in der VIII. Symphonie, so steht auch in diesem Werk *das Scherzo* an zweiter Stelle; ist doch nach den gewaltigen Erschütterungen des ersten Satzes eine Aufrichtung nötig. Sie wird hier gründlich besorgt. Dieses Scherzo ist wohl überhaupt *einer der genialsten Sätze,* sicher das genialste Scherzo Bruckners. Mit diesem Satz steht er als ein *völlig Neuer* vor uns. Gerade von dem im Leben so naiven Bruckner hätte niemand einen so geist- und lebensprühenden Satz erwartet, wie wir ihn in diesem Werk eines siebzigjährigen, todkranken Mannes vor uns haben. Wohl erleben wir auch hier Tanz – grimmigen *Toten-Tanz* –, im Trio aber Tänze entkörperter Wesen, denen jede Erdenschwere fehlt. Gleich der prickelnde erste Akkord fesselt unwiderstehlich. Die Gelehrten haben sich über sein Wesen die Köpfe zerbrochen, und doch ist er kein neues Gebilde, sondern schon als *erster* Tristan-Akkord allgemein bekannt. (Man lege im ersten Tristan-Akkord den Baßton eine Oktav höher, so entsteht der erste Akkord dieses Scherzos: h dis f gis = e gis b cis.) Eine besondere Rolle ist in dem nun folgenden neckischen Frage-und-Antwort-Spiel dem während 40 Takten durchaus festgehaltenen cis, als Leitton von d-Moll, zugeteilt. Ein wahrer Hexensabbat *wohlklingendster (!) Dissonanzen* führt endlich zur Haupttonart d-Moll, in welcher ein stampfendes Motiv für kurze Zeit auf der »wohlgegründeten Erde« Fuß faßt.

Ähnlich wuchtet auch noch ein im übermäßigen Dreiklang aufstampfendes Motiv einher, dann meldet sich im Mittelteil – wie wäre es bei Bruckner anders möglich! – sogar eine gemütvolle oberösterreichische Tanzweise.

Der Scherzo-Hauptteil ist ganz klar dreiteilig gegliedert, wobei der Mittelteil, wiewohl seine Hauptmotive die des ersten Teiles sind, durch Zutritt neuartiger Nebenmelodien deutlich abgehoben ist. Durch alle Teile ist auch hier der formdynamische Grundzug des Werkes, Streckungswille und Weitendrang, an vielen Motiven erkenntlich, ebenso wie deren Zusammenhang mit dem ersten Satz. Alles aber ist sozusagen ins Transzendente übertragen. Ganz voll »Leichtigkeit und Helle« im Sinne Nietzsches ist das beschleunigte *Trio* in Fis-Dur.

Dem Hauptteil schließt sich ein ganz eigentümlich harmonisiertes Thema an, welches bei seiner Wiederholung von Flötenfiguren umflattert wird.

Diesem zauberhaft klingenden Alternativ folgt nun wieder der Hauptteil. Bruckner war sich der Kühnheiten dieses Satzes voll bewußt. »Wann s' Das erleb'n, werd'n sie sich giften* – aber da hör' i schon nix mehr davon, da bin i schon im Grab«, meinte er einst mit Beziehung auf seine Feinde.

Im *Trio* sind die stark gegensätzlichen Themen in rondoartigem Wechsel, mit starkem Hervortreten des ruhigeren Themas siebenteilig aneinandergereiht. Das ganze ein märchenhaftes Luftgebilde, eine Fata Morgana!

War schon der erste Satz in seiner Einleitung und Schlußgruppe von *transzendentalen Stimmungen* durchweht, so ist *das Adagio* eine letzte Auseinandersetzung, ein von *Rückschau und Vorahnung* sehnsüchtig bewegtes, nochmaliges und endgültiges Erflehen und Ertrotzen des Sieges und der Verklärung. Zufolge seines geistigen Inhaltes ist dieses *Adagio* nicht der »langsame Satz«, wie ihn die »Form« vorschreibt, sondern das wirklich vollkommen abschließende *Finale* der Symphonie und des ganzen Brucknerschen Lebenswerkes. Schon das Hauptthema dieses Satzes ist von den übrigen ersten Adagiothemen grundverschieden; am ehesten hat es Charakterähnlichkeit mit dem der *ersten* Symphonie. Der Schlußsatz der Neunten hat ein *Hauptthema,* das im Gegensatz zur erhabenen Größe fast aller anderen Adagiothemen mehrfachen Charakter hat. Es führt durch *Kampf* und *Schmerz* zu *Sieg* und *Verklärung. Sieg* und *Verklärung* ist jedoch nur *vorausgeahnt.*

Wehmütige Sekundenschritte der Bässe führen weiter zu einer Verarbeitung des das Thema beginnenden Nonsprunges als Kampfelement, der, wenn er in den Bässen auftritt, furchtbar drohend sich aufrichtet. Erschütternde Aufschreie des vollen Orchesters künden die Not eines mit dem Tode Ringenden.

Die Fortleitung des sich nach und nach beruhigenden Teiles bilden weihevolle, von gebändigtem Schmerz erfüllte, absteigende Sexthamonien der Hörner und Tuben, von welcher Stelle Bruckner sagte, sie sei sein »*Abschied vom Leben*«.

Da legt sich im wundervollen *Seitenthema* überirdischer Trost

---

* ärgern

auf das wunde Herz, und in dem zweiten Seitengedanken scheint die Phantasie des Sterbenden in seligen Höhen zu weilen.

Dann tritt wieder alles Leid, aller Kampf der Welt vor die Seele des aus süßen Träumen Erwachenden. Die Umkehrung des ersten Hauptmotivs erfährt eine kampfartige Durchführung. Wenn dann das Motiv in seiner Urform wieder in den Bässen auftritt, legt sich eine wundersam beruhigende Melodie darüber, die jedoch einen neuerlichen furchtbaren Schmerzensausbruch nicht zu verhindern vermag. Abermals erfolgt Ermattung. Die seligen Träume (zweites Seitenthema) verklären das Antlitz des Dulders mit einem schmerzlichen Lächeln; doch auch Bilder der Lebenspein, überstandener Seelenqualen peinigen den Ringenden. Die schmerzvoll chromatisch sich aufwärts stemmenden Teile des Hauptthemas erfahren eine kurze Verarbeitung. Wieder frieden sich die Gesichte; einen kurzen Augenblick lang scheint dem Dulder sogar die Herrlichkeit des Himmels offenbart zu werden.

Tiefe Erschöpfung äußert sich in der folgenden Überleitung mit dem Hauptmotiv im Baß. In dem dann in Vergrößerung eintretenden ersten Seitenthema, welches nun reich figuriert ist, scheint bereits ein sanftes Ende heranzunahen; doch nochmals erwacht die Lebenskraft zum letzten und furchtbarsten Ringen, das mit einer in höchster Kraft abbrechenden, furchtbaren Dissonanz nunmehr zu Ende ist.

Mit den folgenden mysteriösen Klängen entschwebt eine schwergeprüfte Seele ins Jenseits. Das Thema des *Adagios* der *VIII. Symphonie* und eine Tuben-Stelle aus dem Finale der *VII. Symphonie* leiten den Verklärungsteil ein, der mit dem *Hauptthema der VII. Symphonie* endet.

Formell kann man diesen Satz bis Buchstaben E als Sonaten-Exposition betrachten. Alles Weitere nähert sich der Rondoform an, ist aber ganz von dem Entwicklungsgedanken, der hier *der* der Auflösung ist, durchsetzt. Hier gehen die musikalischen Gedanken besonders des »Abschieds vom Leben« und des Gesangthemas völlig ineinander auf, und dies ist symbolisch für den seelischen Inhalt dieser in die Urauflösung hinauswehenden Musik. Auch hier ist, wie in den vorangehenden Sätzen, der Streckungs- und Weitungsgedanke durchgeführt, ein Weitendrang, der in die *Alleinheit* mündet.

Rein äußerlich stellt sich der Aufbau des Satzes wie folgt dar:

A	B	A	B	A	B	Koda
(E-Dur)	(As-Dur)	(E-Dur)	(As-Dur)		(E-Dur)	

Bruckner selbst sagte über diesen Satz: »Es soll das Schönste sein, was ich geschrieben. Es ergreift mich jedesmal, wenn ich's spiele.« Gewiß ist es der *ergreifendste* Satz des Meisters, nach welchem eine wie immer geartete Musik nur abschwächend wirken müßte. Zwar führte Bruckner bis zum letzten Tage seines Lebens den Stift, um seine »Neunte« mit einem *Finale* zu Ende zu führen. Die umfangreichen Skizzen lassen erkennen, daß der Meister auch dieses Werk mit einem *rein instrumentalen Finale* abschließen wollte.

Doch hatte er in trüben Stunden Ahnungen, daß er den Satz nicht mehr werde vollenden können. So äußerte er gelegentlich seinen Freunden gegenüber: »Meine früheren Symphonien habe ich diesem und jenem edlen Kunstfreunde gewidmet, die letzte, neunte, soll nun *dem lieben Gott geweiht sein* – wenn er's annimmt«, setzte wehmütig lächelnd der innig fromme Greis hinzu – »und damit das unvollendete Werk einen Abschluß erhalte, möge man nach meinem Tode hierauf mein Tedeum aufführen, das ja für diesen heiligen Zweck besonders paßt. Verraten doch die von mir gleich auf dem Titelblatt beigesetzten Buchstaben O. A. M. D. G. (Omnia ad majorem Dei gloriam), daß ich gerade auch diese Komposition aus meinem innersten Herzen heraus *Gott* dem Herrn zugedacht hatte!«

In den Skizzen des Finales, die ein Hauptthema, ein Fugenthema und einen Choral enthalten, treten gegen Ende auch die das Tedeum einleitenden Streicherfiguren auf. Wie ungeheuer Bruckner mit der Gestaltung dieses Satzes rang, beweist die *fünffache* Fassung desselben. Einmal treten in diesen Skizzen alle Themen gleichzeitig übereinandergebaut auf wie im Finale der »Achten«.

Die *Instrumentation* der Symphonie ist eine außerordentlich farbenprächtige. Auch hier sind die Holzbläser *dreifach* besetzt und im Adagio werden das 5. bis 8. Horn durch vier *Tuben* ersetzt, die dem Satz die besondere Weihe geben. Obzwar die Streicher grundlegend und vorherrschend sind, treten die Blechbläserharmonien häufig in großer Selbständigkeit hervor.

Die orgelhafte Dynamik und Gegensätzlichkeit ist auch hier beibehalten, obgleich die Gegenüberstellung der reinen Orchesterfarben nicht so häufig ist, wie etwa in der Fünften und Siebenten. Der Klang des Bruckner-Orchesters unterscheidet sich auch hier wesentlich von der zur Konvention gewordenen Klangmischung der nachwagnerischen Instrumentation und ist eben nur Bruckner eigen.

Mit der IX. Symphonie hatte sich der Meister selbst das schönste Geburtstagsgeschenk beschert; aber auch die Wiener Körperschaften rüsteten sich zur *Feier des 70. Geburtsfestes.* In dem *Gesellschaftskonzert* vom *4. November* kam unter *W. Gericke* die *f-Moll-Messe* zur *Wiederholung,* während die *Philharmoniker* unter *Hans Richter* sich der neu revidierten und im Druck erschienenen, seit 1876 nicht gespielten *II. Symphonie* annahmen. Über diese Aufführung am *25. November 1894* waren die meisten Zeitungen des Lobes voll; nur *Hanslick* und einige andere Feinde des Meisters *schwiegen;* dafür trat *Richard Heuberger,* der sich wohl Sporen verdienen wollte, in die Bresche. Er tut den weisen Ausspruch: »Neben der klar umrissenen Musik anderer Meister sehen Brucknersche Werke wie *Musikdämpfe* aus.« Die Symphonie hat ihm »überhaupt nur den Eindruck der *Trostlosigkeit* hinterlassen«, dagegen erkennt er an, daß die Instrumentation zu dem Allerprächtigsten gehöre, was wir kennen.

Nach den Anstrengungen und Aufregungen dieser Festlichkeiten warf die Krankheit Bruckner wieder nieder; die Ärzte hatten bereits alle Hoffnungen aufgegeben, und Bruder *Ignaz* wurde telegrafisch herbeigerufen. Wie ein Wunder erschien es allen, daß sich Bruckner am 8. Dezember, dem »Fest der unbefleckten Empfängnis«, plötzlich erholte. Der Meister schrieb dies seiner Beichte und der Anrufung der Fürbitte des seligen Bischofs *Rudigier* zu. So konnte er das Weihnachtsfest doch wieder in *Klosterneuburg* feiern. Trotz des Verbotes der Ärzte spielte er bei den Hochämtern die Orgel. Bei dem Nachspiel am Stephanstag machte er am Schluß einen Fehltritt im Pedal... Eine scharfe Dissonanz endete damit sein *letztes* »musikalisches Opfer« für seinen »lieben Gott«.

Eine großgedachte Bruckner-Feier des »Akademischen Wagner-Vereines« Ende Dezember mußte wegen einer schweren Rippenfellentzündung, die nach des Meisters Rückkehr eintrat, unterbleiben. Damals trat an die Stelle des ihn bisher behandelnden Arztes Dr. *Weißmayr* ein Assistent Leopold von Schrötters, Dr. *Richard Heller*, der ihm fortan bis ans Ende ärztliche Hilfe leistete. Doch überwand er im Laufe des Jahres 1895, dank seiner physisch riesenhaften Natur, noch einmal die Krisen des leider unheilbaren chronischen Herzleidens.

Schon im Herbst hatte Professor Leopold Schrötter, der, wenn es gefährlich wurde, mit einem seiner Assistenten selbst an Bruckners Krankenlager kam, den Plan gefaßt, für ihn eine Wohnung ausfindig zu machen, die ihm ermöglichte, ohne Treppensteigen das Freie zu erreichen. Freund Meißner gelang es, eine solche im oberen Belvedere, im sogenannten »Kustodenstöckl«, neben dem kaiserlichen Schloß Belvedere zu finden. Durch die Vermittlung der Erzherzogin Valerie wurde der Kaiser veranlaßt, diese Räume dem kranken Meister ehrenhalber zur Verfügung zu stellen. Am 5. Juli fand die Übersiedlung statt, und Bruckner fühlte sich in der neuen Wohnung, die stets im Auftrag des Kaisers mit Blumen aus den kaiserlichen Gärtnereien geschmückt wurde, recht wohl. Da er weder zu Ostern noch im Sommer in seine liebe Heimat reisen konnte, war ihm der herrliche Park, den er ohne Mühe erreichen konnte, eine wahre Wohltat und ein Ersatz für den Sommeraufenthalt in Oberösterreich.

Der Sommer verlief, ohne daß sich Rückfälle einstellten, und im Herbst und Winter befand er sich ziemlich wohl. Die Ärzte mußten jedoch jede Aufregung von ihm fernhalten, so daß in diesem Jahre von einer Bruckner-Aufführung in Wien Abstand genommen werden mußte. Nur von auswärts drangen Aufführungsberichte in seine Einsamkeit. Zum erstenmal erklang die *II. Symphonie* in einem Konzert des *»Orchestervereines«* in *München*. In *Graz* brachte am *10. Februar E. W. Degner* und in Hamburg im selben Monat *G. Mahler* die *»Dritte«*. *Berlin* erlebte am *4. März* eine Aufführung der allerdings durch *F. Weingartner* verstümmelten *IV. Symphonie* durch die *Königliche Kapelle*, und in *Warnsdorf* wurde das *Tedeum* zweimal aufgeführt.

Wie Kluger berichtet, nahm der Meister diese Nachrichten meist nur mit einem wehmütigen Lächeln entgegen, ohne darauf ein Wort zu sagen. Dies war ein Zeichen des rapiden Verfalls seiner geistigen Kräfte, während seine robuste Physis zäh am Leben festhielt.

Täglich unternahm er morgens, wenn die Alleen noch wenig belebt waren, Spaziergänge. Dem Stammpublikum des Gartens war Bruckner in seinem schwarzen, bis hinauf zugeknöpften Überrock, dem weichen schwarzen Hut und dem Stock mit Silbergriff wohlbekannt, und die Bank, auf welcher er am liebsten ausruhte, hieß bald das »Bruckner-Bankerl«.

Hier sagte er seinem Liebling, dem jungen Chorherrn *Josef Kluger* aus *Klosterneuburg,* ganz unvermittelt: »Für die IX. ist gesorgt«, ohne Näheres darüber auszuführen. Dem Begleiter war das aufgefallen, da Bruckner schon seit Weihnachten 1894 eine merkwürdige *Teilnahmslosigkeit* gegen alles, was seine Werke betraf, gezeigt hatte.

Bei einem früheren Besuch *Hans Richters* hatte Bruckner die Besorgnis ausgesprochen, daß es ihm vielleicht nicht mehr gelingen werde, das *Finale* der *Neunten,* das er im Mai 1895 begonnen hatte, vollenden zu können. Da brachte ihn Richter auf den Gedanken, falls dies nicht mehr möglich sei, so möge er den Satz mit seinem *Tedeum* abschließen. Die in den Finale-Skizzen schon in der Durchführung auftauchenden Motive aus dem Tedeum und die von dem Einleitungsmotiv der Streicher aus dem Tedeum umrahmte Choralstelle vor der nicht mehr skizzierten Koda des ursprünglich rein instrumental gedachten Finales lassen ersehen, daß der Meister, nachdem er die Unmöglichkeit der Vollendung des Satzes erkannt hatte, sozusagen einen *Notschluß* mit dem Tedeum anfügen wollte, wobei die früher auftretenden Tedeum-Motive den Eintritt desselben organisch herbeiführen sollten.

Am *15. Oktober 1895* hatte *Schreyer* in *Linz,* am *15. November Hagen* in *Dresden* die *IV. Symphonie* aufgeführt. Als dann im Dezember Bruckner benachrichtigt wurde, daß am *18. Dezember drei* seiner Werke in *drei* verschiedenen Städten *(V. in Budapest* unter *F. Löwe; VII. in Frankfurt* unter *Rottenberger; VIII. in Dresden* unter *Nicodé)* aufgeführt worden waren, fühlte er sich doch wieder wahrhaft erquickt.

Im Jahre 1895 trat in der Leitung der »*Gesellschaftskonzerte*« ein Wechsel ein. *Richard v. Perger,* der neue Dirigent, der auch nicht gerade zu den Verehrern Bruckners gehörte, wurde gelegentlich seines Besuches bei *Brahms* von diesem befragt, ob er sich denn wohl schon bei *Bruckner* vorgestellt habe. Als Perger dies verneinte, mahnte ihn Brahms ernsthaft: »Sie müssen auch baldigst zu Bruckner gehen, und ich glaube, daß es auch Ihre Sache wäre, gleich im ersten Jahre eines seiner Chorwerke aufzuführen.« Perger sah sich dadurch veranlaßt, gleich für das erste Konzert am 12. Jänner 1896 das *Tedeum* anzusetzen und Bruckner davon persönlich zu verständigen. Der Meister empfing den ihm als »Brahmsianer« bekannten Herrn etwas zurückhaltend. Von all dem Lächerlichen, was man ihm über das Wesen Bruckners erzählt hatte, gesteht Perger, so gut wie nichts vorgefunden zu haben. »Ich fühlte mich«, erzählte er, »bald sehr, sehr klein, und aufrichtige Ehrfurcht erfüllte mich während des sich lebhaft entwickelnden Gespräches.« – »Nun also«, hub Bruckner an, »mein Tedeum woll'n S' machen? Gut. Aber lieber wär's mir, Sie möchten eine von den Messen singen lassen!« Perger bat um einen Aufschub für die folgende Saison. »O mein Gott!« klagte Bruckner, »da leb' ich ja nimmermehr! Sie wissen's ja – mein Herz – es geht nimmermehr! Und zuviel Ärger hab' ich auch. Schaun S', da ziehen s' in ein paar Zeitungen immer so scharf über mich los, das tut mir weh. – Ich hab' ja den Herren nix getan; warum schimpfen s' denn alleweil? Sie sollen mich ruhig schreiben lassen!« – und die sonst munter und lebhaft blickenden Augen des Greises wurden naß. »Da tat es *einen Fall* in meinem Innern«, versicherte v. Perger, »und im stillen bereute ich tief jedes voreilige und abfällige Wort, das ich wohl zu früheren Zeiten über seine Werke geäußert haben mochte.« Auch bei Brahms scheint es damals einen solchen »Fall« getan zu haben, auch er dürfte nun doch anderer Meinung über seinen Kollegen geworden sein.

Von den übrigen Feinden des Meisters hüllte sich wenigstens *Hanslick* in tiefes Schweigen, während *Max Kalbeck* es übers Herz brachte, nach der glänzenden Aufführung der *IV. Symphonie* am *5. Jänner 1896* durch die Philharmoniker dem todkranken Meister die Freude durch eine Kritik zu vergällen, die wir heute freilich nur mitleidig belächeln können. Er nennt das jugendfrische Werk »ein Produkt phantastischer Willkür, Überschwenglichkeit und Ichsucht; eine verzückte Schwelgerei in unklaren Gefühlen, die mit fixen Ideen abwechselnde Gedankenflucht« eine *»reine Torheit«*. Romantisch seien darin die »ewigen Verlegenheitstremolos, Rettungstonleitern, Angstpausen, Notsequenzen, Verzweiflungsfanfaren, das große Tschingdarassasa, Schnedderengteng und Bum-Bum«. Noch schlechter kommt allerdings Richard Strauss' im selben Konzerte aufgeführter »Till Eulenspiegel« weg, den Kalbeck als »raffinierte Narrheit« abtut.

Zum letzten Male hörte Bruckner ein eigenes Werk am *12. Jänner 1896* in einem *Gesellschaftskonzert* unter Richard v. Perger. In einem Tragsessel brachte man den bis zum Skelett abgemagerten Meister an sein Lieblingsplätzchen in der ersten Parterreloge. Zum *letzten Male* umbrauste ihn nach dem *»Tedeum«* ein unbeschreiblicher Beifallsjubel; es war einer der letzten freudigen Momente in dem sich zu Ende neigenden dornenvollen und arbeitsreichen Lebenslauf des Meisters.

Das überhaupt *letzte Konzert,* welches Bruckner besuchte, war ein außerordentliches der Philharmoniker, in welchem auf Verlangen *Richard Strauss' »Till Eulenspiegel«* wiederholt wurde und Wagners *»Liebesmahl der Apostel«* den großartigen Schluß bildete. So empfing Bruckner den musikalischen Abschiedsgruß von seinem über alles verehrten Meister *Wagner.*

Nach dem Konzert drückte Bruckner noch Hans Richter den Dank für den großen Kunstgenuß aus. Bruckners Verehrer, die den gebrochenen Mann damals sahen, befürchteten jetzt, daß seine Tage gezählt seien.

An die Vollendung des *Finales* der »Neunten« war nun nicht mehr zu denken, noch weniger an die Ausführung einer *Oper,* deren Libretto die Schriftstellerin *Gertrud Bollé-Hellmund* mit Rücksicht auf Bruckners Forderungen, »à la Lohengrin, romantisch, religiös-mysteriös und besonders frei von allem Unreinen«, verfaßt hatte. Die Dichtung betitelte sich *»Astra«* und war *Richard Voß'* Novelle »Die Toteninsel« entnommen. Die Unterhandlungen Bruckners mit der Librettistin fallen in die Jahre 1893 bis 1895. Auch früher schon tauchten Opernpläne auf; so trug sich Bruckner kurze Zeit mit der Absicht, eine Oper *»Ekkehard«* nach Scheffels gleichnamiger Dichtung zu schreiben. Dieser Stoff enthielt eben jene Bedingungen, ohne welche er sich zur Komposition einer Oper überhaupt nicht hätte entschließen können: eine *Jagdszene* und eine *Kirchenszene* mit *Orgelspiel.*

Mit Rücksicht auf diese Wünsche hat für ihn auch ein begeisterter Verehrer und Freund, Dr. Franz Schaumann, ein Libretto mit dem Titel: *»Die Bürgerreuth«* verfaßt. Diese Dichtung enthielt jedoch eine Szene, welche Bruckner aus religiösen Gründen nicht gelten lasse wollte.

Von Jugend auf streng religiös erzogen, war Bruckner in

Gewissensfragen geradezu *skrupulös;* erst die Ablegung der *Beichte* vermochte ihn wieder zu beruhigen. In seinen täglichen Gebeten, die besonders abends umfangreich waren, spielte der *Rosenkranz* als Andacht zur Mutter Gottes eine Hauptrolle. Streng hielt er auch, solange er noch gesund war, die gebotenen Fasttage. In den letzten Monaten steigerte sich sein Gebetseifer bis zu Erscheinungen religiösen Wahnes.

Wiederholt empfing er während seiner langen Krankheit die Tröstungen seiner Religion und die Sterbesakramente, zuletzt durch den Kaplan des Belvedere-Schlosses, Pater Heribert Witsch.

Ein gütiges Geschick bewahrte Bruckner jedoch vor der Nacht des Wahnsinnes. Kurz vor Beginn der Festspiele in Bayreuth war dorthin die Kunde gedrungen, Bruckner liege im Sterben. Bruckner war Anfang Juli ganz plötzlich an einer schweren Lungenentzündung mit schrecklicher Atemnot erkrankt, so daß ihn Schrötter bereits aufgegeben hatte. Die Riesennatur des Patienten überwand plötzlich in den Krisentagen vom 9. bis 16. Juli nochmals die drohende Gefahr, und Dr. Heller, der ihn damals täglich dreimal besuchte, konnte am 17. Juli eine bedeutende Besserung feststellen. Mittag, als auch Prof. Schrötter zur Visite kam, erwartete ihn der Meister schon außer Bett. An diesem Tage wurden mit vieler List die letzten photographischen Aufnahmen des Meisters gemacht: Bruckner im Krankenbett und Abschied von Prof. Schrötter. Die nächsten Monate brachten nur noch ein letztes Aufflackern seiner Lebenskraft. Zeitweilig konnte er sich sogar ins Freie begeben und Arbeiten am Finale der letzten Symphonie weiterführen.

Obgleich er von Tag zu Tag kindischer und verworrener wurde, wollte er sich von seinen Arbeiten nicht trennen. Manchmal war er wieder so heiter, daß er in Anwesenheit des Arztes heimatliche Volkstänze (»Landler«) mit zitternden Händen aufspielte. Als man ihm am Sonntag, dem 19. Juli, wegen starken Regens und empfindlicher Kälte den von ihm verlangten Kirchenbesuch verweigerte, glaubte er, man wolle ihn seiner Freiheit berauben. Als der Arzt kam, bat er diesen inständig, ihm ein Zeugnis auszustellen, daß er immer *frei* sei. Dr. Heller schrieb dann folgende Zeilen in dreifacher Ausfertigung, um den Kranken zu beruhigen: »Nachdem Herr Prof. Dr. Anton Bruckner sich bis in sein hohes Alter um die Kunst hochverdient gemacht hat, soll er immer seine volle Freiheit (sobald er genesen ist) haben und überhaupt sein ganzes Leben voll und voll genießen.«

Die letzten Worte »voll und voll genießen« hatte Bruckner selbst mit Nachdruck diktiert. Die Freude über dieses »unschätzbare Dokument« bekundete der Meister durch Umarmung und Kuß. Schließlich versprach er dem Arzt, für ihn einen *Choral* zu komponieren, womit er auch am folgenden Tag begann. Leider ist diese Skizze bis heute nicht aufgefunden worden.

Da Dr. Heller, der selbst musikalisch war und daher die Bedeutung seines Patienten ermessen konnte, für seine Besuche kein Honorar nahm, trug ihm Bruckner einmal sein Orgel-Harmonium als Geschenk an. Dr. Heller hatte aber das Gefühl, ein solches historisches Stück nicht annehmen zu dürfen, und dankte mit dem Bemerken, es würde vielleicht doch noch eine Zeit kommen, wo Bruckner es brauchen könne.

Durch dieses Vorkommnis scheint sich Bruckner erst bewußt geworden zu sein, daß ja eigentlich Prof. Schrötter, der sich bei normalem Verlauf der Krankheit durch seine Assistenten vertreten ließ, den ersten Anspruch auf ein solches Geschenk habe. Bei einem seiner nächsten Besuche bat ihn der Meister, ihm das Harmonium als Andenken geben zu dürfen, und schrieb dann einen Brief zur Bekräftigung dieses Entschlusses, in welchem er Schrötter als Hochedlen Meister und Gönner anredet.

Im August fühlte sich Bruckner wieder verhältnismäßig wohl. Er wurde während des Urlaubes Dr. Hellers vom 15. August bis 15. September von Dr. Sorgo behandelt und erging sich noch häufig im Freien. Selbst an sonnigen Herbsttagen saß er noch stundenlang auf seinem Lieblingsplätzchen. Von den Bäumen fiel Blatt um Blatt; auch auf Bruckners Seele mag dieses Sterben der Natur schwer gefallen sein. Der *Sonntagmorgen* des 11. Oktober 1896 bricht an und findet den sich besonders wohl fühlenden Meister am Klavier bei den Skizzen des Schlußsatzes der »Neunten«. Draußen weht rauher Herbstwind; der Arzt rät vom geplanten Spaziergange ab. Auch nach Mittag ist der Meister noch guter Dinge; um 3¼ Uhr überkommt ihn plötzlich ein Kältegefühl. Er verlangt heißen Tee. Eine Wärterin und sein Freund, Anton Meißner, bringen den Meister zu Bett, während Frau Kathi den Tee zubereitet. Nachdem er das warme Getränk mit Behagen geschlürft und man ihn über seinen Wunsch auf die linke Seite gewendet hatte, *atmet Bruckner noch zweimal tief auf und – stirbt.*

Tiefes Weh durchbebt die Herzen derer, die dem Künstler nahegestanden, dumpfe Ahnung von der Bedeutung des Augenblickes auch jene, die zu ihm und seiner Kunst noch kein klares Verhältnis hatten finden können. Die gesamte *Presse* brachte *Nachrufe* von größtenteils *würdiger Haltung;* nur *Richard Heuberger* fühlte sich veranlaßt, dem toten Meister in den offenen Sarg Ratschläge zu legen, wie er es hätte machen sollen, damit er nicht zeitlebens ein »Mann der Sehnsucht« geblieben wäre. Gleich in zwei Blättern (*»Neue Freie Presse«* und *»Neues Wiener Tagblatt«*) legte er der Welt ein *fertiges Urteil* über Bruckner vor, das seinen Werken die Lebensfähigkeit abspricht.

An der auf Kosten der Stadt Wien veranstalteten großartigen Leichenfeier am 14. Oktober, 3 Uhr nachmittags, nahm nicht nur das offizielle Wien, sondern im Bewußtsein der Bedeutung des Dahingeschiedenen auch *das Volk* teil. Bei der *Mittwoch, den 14. Oktober 1896,* vor dem Trauerhause vollzogenen Einsegnung der Leiche sang der *»Akademische Gesangverein«* den *Mittelsatz* aus dem *»Germanenzug«*, das wundervolle *»In Odins Hallen ist es licht«*. In der Karlskirche erklangen Schuberts *»Litanei«*, vom *»Singverein«* vorgetragen, und die Klänge des *Adagios* der *»Siebenten«*, von *F. Löwe* für Bläserchor eingerichtet, dem Meister als letzter musikalischer Gruß Wiens nach. Die Kirche war bis auf das letzte Plätzchen von den offiziell teilnehmenden Vereinen und Persönlichkeiten besetzt. Unter den musikalischen Honoratioren vermißte man jedoch *Johannes Brahms* und *Hugo Wolf.* Letzterer wurde von einem Polizisten am Eintritt verhindert, weil er nicht Mitglied eines der teilnehmenden Vereine war. Wolf selbst berichtet darüber in seiner Weise an Heinrich Potpeschnigg: »Zu Bruckners Leichenfeier wurde ich in die Karlskirche nicht vorgelassen, weil ich mich nicht als Mitglied des Singvereins legitimieren konnte. Ist das nicht heiter? Dafür aber war der philharmonische Pöbel vollzählig vertreten, da es ein Gratiskonzert – Adagio der VII. Symphonie – in der Kirche gab.« Vorher hatte er ihm geschrieben: »Die Leute haben heute noch keine Ahnung von der Bedeutung dessen, dem sie morgen das letzte Geleite geben...«

Brahms, selbst schon schwer krank, erwartet den Zug vor der Kirche. Als einer der Teilnehmer ihn einlud, das Gotteshaus zu betreten, schüttelte er wehmütig das Haupt und rang nach Atem. Einzelne abgerissene Worte, wie »Greift an! Bald mein Sarg«, verschwanden in dem grauen Barte, dann wankte der müde Mann heim... (R. Specht).

Einem Wunsche Bruckners gemäß wurde sein von Professor Paltauf injizierter Leichnam nach *St. Florian* überführt, wo er in der Gruft *unter der großen Orgel*, von der sein Ruhm ausgegangen war, die letzte Ruhestätte fand. Wie er im Leben und in der Kunst *abseits* von der großen Heerstraße stand, so sollten auch seine sterblichen Überreste *dem Alltag entrückt* in der stillen Gruft des Klosters, unter der großen Orgel, von der er ausgegangen, ruhen.

»Hic evolvit
Hic requievit« (Prälat Dr. Vinzenz Hartl)

Zeittafel

1824	2. März: Friedrich Smetana geboren.
	7. Mai: Ludwig van Beethovens 9. Sinfonie in Wien uraufgeführt.
	4. September: Joseph Anton Bruckner als Sohn des Lehrers Anton Bruckner und dessen Ehefrau Therese geb. Helm in Ansfelden/Oberösterreich geboren.
	16. September: Ludwig XVIII. gestorben. Karl X. wird König von Frankreich.
1825	25. Oktober: Johann Strauß (Sohn) geboren.
	1. Dezember: Zar Alexander I. gestorben. Sein Bruder Nikolaus I. wird Nachfolger.
	In Großbritannien fährt die erste Eisenbahn von Stockton nach Darlington.
1826	Carl Maria von Weber: »Oberon«.
	5. Juni: Weber in London gestorben.
1827	17. Februar: Johann Heinrich Pestalozzi gestorben.
	26. März: Ludwig van Beethoven in Wien gestorben.
	20. Oktober: Britisch-französisch-russischer Seesieg von Navarino über die türkische Flotte.
	Franz Schubert: »Die Winterreise«.
1828/29	Russisch-türkischer Krieg.
1828	9. September: Leo Tolstoi geboren.
	19. November: Franz Schubert in Wien gestorben.
	Niccolò Paganini wird »Kaiserlicher Kammervirtuose« am österreichischen Hof.
	Franz Schubert: 7. (9.) Sinfonie.
1829	14. September: Friede von Adrianopel zwischen Rußland und der Türkei.
	Honoré Balzac beginnt mit der Arbeit an der »Comédie humaine«.
	Johann Wolfgang von Goethe vollendet »Wilhelm Meisters Wanderjahre«.
	Gioacchino Rossini: »Wilhelm Tell«.
1830/31	Polnische Revolution.
1830	3. Februar: Die Unabhängigkeit Griechenlands wird von Frankreich, Großbritannien und Rußland anerkannt.
	26. Juni: Georg IV. von Großbritannien gestorben. Sein Bruder Wilhelm IV. wird König.

26. Juli: »Juli-Revolution« in Frankreich.
2. August: König Karl X. dankt ab und flieht nach Großbritannien.
9. August: Louis Philippe, Herzog von Orléans, wird »König der Franzosen« (»Bürgerkönig«).
25. August: Revolution in Brüssel.
4. Oktober/18. November: Belgien erklärt seine Unabhängigkeit.
22./29. November: Aufstand in Warschau.
Frankreich erobert Algerien.
Der erste Personenzug verkehrt zwischen Liverpool und Manchester.
François Auber: »Fra Diavolo«.
Hector Berlioz: »Symphonie fantastique« (1. Fassung).

1831 4. Juni: Leopold von Sachsen-Coburg wird zum König von Belgien gewählt.
29. Juni: Reichsfreiherr Karl vom und zum Stein gestorben.
26. Juli/15.November: Auf der Konferenz von London wird Belgiens Unabhängigkeit und Neutralität garantiert.
8. September: Niederwerfung des polnischen Aufstands durch russische Truppen.
14. November: Georg Wilhelm Friedrich Hegel gestorben.
Vincenzo Bellini: »Norma«.
Giacomo Meyerbeer: »Robert der Teufel«.

1832 22. März: Johann Wolfgang von Goethe gestorben.
27.–30. Mai: Hambacher Fest.
22. Juli: Napoleons Sohn, Herzog von Reichstadt und »König von Rom«, in Schönbrunn gestorben.
9. Dezember: Hector Berlioz' »Symphonie fantastique« (2. Fassung) in Paris uraufgeführt.
Gaetano Donizetti: »Der Liebestrank«.
Gioacchino Rossini: »Stabat Mater« (Neufassung 1841/42).

1833 Februar: Otto von Wittelsbach wird als Otto I. König von Griechenland.
7. Mai: Johannes Brahms in Hamburg geboren.
Oktober: Beistandspakt Österreich-Preußen-Rußland.
12. November: Alexander Borodin geboren.
Abschaffung der Sklaverei im Britischen Empire.
Felix Mendelssohn-Bartholdys »Italienische Sinfonie« in London uraufgeführt.

1834 1. Januar: Der Deutsche Zollverein tritt in Kraft.
22. April: »Quadrupelallianz« zwischen Frankreich, Großbritannien, Spanien und Portugal.
Robert Schumann: »Études symphoniques«.

1835–1836 *Bruckner lebt bei seinem Vetter Johann Baptist Weiß in Hörsching. Erster Unterricht in Orgelspiel und Generalbaß.*

1835	9. Januar: Camille Saint-Saëns geboren.
	2. März: Kaiser Franz I. von Österreich gestorben. Ferdinand I. wird Nachfolger.
	8. April: Tod Wilhelm von Humboldts.
	24. September: Vincenzo Bellini gestorben.
	7. Dezember: Zwischen Nürnberg und Fürth verkehrt die erste deutsche Eisenbahn.
	Gaetano Donizetti: »Lucia di Lammermoor«.
	Robert Schumann: »Carnaval«.
1836	*Bruckner kehrt nach Ansfelden zurück.*
	Michail Glinka: »Leben für den Zaren«.
	Giacomo Meyerbeer: »Die Hugenotten«.
1837–1840	*Bruckner Sängerknabe in St. Florian.*
1837	*7. Juni: Tod des Vaters.*
	20. Juni: Wilhelm IV. von Großbritannien gestorben. Königin Victoria besteigt den britischen Thron.
	Louis Jacques Mandé Daguerre erfindet sein photographisches Verfahren (»Daguerreotypie«), Samuel Morse den Schreibtelegraphen.
	Hector Berlioz: »Requiem«.
	Albert Lortzing: »Zar und Zimmermann«.
1838	17. Mai: Charles Maurice de Talleyrand gestorben.
	25. Oktober: Georges Bizet geboren.
	Der Astronom Friedrich Wilhelm Bessel bestimmt erstmals die Entfernung eines Fixsterns von der Sonne.
	Hector Berlioz: »Benvenuto Cellini«.
	Robert Schumann: »Kreisleriana«, »Kinderszenen«.
1839–1841	Orientalische Krise.
1839	21. März: Modest Mussorgski geboren.
	19. April: Teilung Luxemburgs. Bestätigung der belgischen Neutralität; Festlegung der Grenzen.
1840–1841	*Bruckner besucht die Präparandie (Lehrerseminar) in Linz.*
1840	2. April: Émile Zola geboren.
	7. Mai: Peter Iljitsch Tschaikowsky geboren.
	27. Mai: Niccolò Paganini gestorben.
	7. Juni: König Friedrich Wilhelm III. von Preußen gestorben. Sein Sohn Friedrich Wilhelm IV. wird Nachfolger.
	15. Juli: 1. »Londoner Konvention« (»Juliusvertrag«). Verständigung zwischen Großbritannien, Österreich, Preußen und Rußland in der Nahost-Frage (Schutz der Türkei).
	In Großbritannien erscheint die erste Briefmarke der Welt.
1841–1843	*Bruckner Schulgehilfe in Windberg bei Freistadt.*
1841	18. Januar: Emanuel Chabrier geboren.
	31. März: Robert Schumanns 1. Sinfonie in Leipzig erstaufgeführt.

	13./15. Juli: 2. »Londoner Konvention« (»Meerengenvertrag«). Abkommen über die Dardanellen-Durchfahrt. Ende der Orientalischen Krise. 8. September: Anton Dvořák geboren.
1842	15. März: Tod Luigi Cherubinis. 23. März: Stendhal (Henri Beyle) gestorben. 12. Mai: Jules Massenet geboren. Großbritannien nimmt Hongkong in Besitz. Albert Lortzing: »Der Wildschütz«. Felix Mendelssohn-Bartholdy: Sinfonie Nr. 3 (»Schottische Sinfonie«). Giuseppe Verdi: »Nabucco«. Richard Wagner: »Rienzi«.
1843–1845	*Tätigkeit als Schulgehilfe in Kronstorf bei Steyr.*
1843	2. Januar: Richard Wagners »Fliegender Holländer« in Dresden uraufgeführt. 7. Juni: Friedrich Hölderlin gestorben. 15. Juni: Edvard Grieg geboren. Gaetano Donizetti: »Don Pasquale«.
1844	18. März: Nikolai Rimski-Korsakow geboren. 15. Oktober: Friedrich Nietzsche geboren. Weberaufstand in Schlesien. Felix Mendelssohn-Bartholdy: Violinkonzert.
1845–1856	*Bruckner arbeitet als Lehrer in St. Florian.*
1845	12. Mai: Gabriel Fauré geboren. Albert Lortzing: »Undine«. Robert Schumann: Klavierkonzert a-Moll. Richard Wagner: »Tannhäuser«.
1846	Beginn des dänisch-deutschen Konflikts um Schleswig. Le Verrier entdeckt den Planeten Neptun. Hector Berlioz: »Fausts Verdammung«. Albert Lortzing: »Der Waffenschmied«. Robert Schumann: 2. Sinfonie.
1847	11. Juni: Polarforscher John Franklin auf einer Expedition gestorben. Suche nach der Nordwest-Passage im Nördlichen Eismeer gescheitert. Juni/Dezember: Der »Bund der Kommunisten« tagt in London. 4. November: Felix Mendelssohn-Bartholdy gestorben. Sonderbundskrieg in der Schweiz. In Kalifornien wird Gold entdeckt. Friedrich von Flotow: »Martha«. Giuseppe Verdi: »Macbeth«.
1848	*Ernennung zum provisorischen Stiftsorganisten von St. Florian.* Februar: »Kommunistisches Manifest« von Karl Marx und Friedrich Engels erschienen.

21./22. Februar: Aufstand in Krakau.
22.–24. Februar: Februarrevolution in Frankreich. »Bürgerkönig« Louis Philippe dankt ab. Ausrufung der Republik.
März: Aufstände in Wien und Berlin.
18. März: Erhebungen in Italien gegen die österreichische Herrschaft.
Unruhen in München.
20. März: König Ludwig I. von Bayern dankt ab zugunsten seines Sohnes Maximilian II.
22. März: Aufruhr in Venedig.
24. März: Sardinien-Piemont erklärt Österreich den Krieg.
April: Aufstände in Baden.
8. April: Gaetano Donizetti gestorben.
25. April: Verkündigung der Konstitution in Österreich.
15./19. Mai: Aufständische wollen die Wiener Hofburg stürmen.
18. Mai: Deutsche Nationalversammlung in Frankfurt am Main eröffnet.
12.–16. Juni: Tschechischer Pfingstaufstand in Prag.
23.–26. Juni: Pariser Juniaufstand der Arbeiter.
6./9. August: Österreich gewinnt die oberitalienischen Gebiete zurück.
August/September: Der 1. Allgemeine Deutsche Arbeiterkongreß tagt in Berlin.
28. September: Beginn des ungarischen Aufstands.
6./7. Oktober–31. Oktober/1. November: Erneute Erhebung in Wien.
4. November: Die deutsche Nationalversammlung beschließt eine Verfassung.
2. Dezember: Der österreichische Kaiser Ferdinand I. dankt ab. Sein Nachfolger wird Franz Joseph I.
5. Dezember: König Friedrich Wilhelm IV. von Preußen löst die preußische Nationalversammlung auf und oktroyiert eine Verfassung.
10. Dezember: Louis Napoleon zum Präsidenten der Französischen Republik gewählt.
27. Dezember: »Grundrechte des deutschen Volkes« verkündet.
Robert Schumann: »Album für die Jugend«.
Johann Strauß: »Radetzky-Marsch«.

1849 4. März: Kaiser Franz Joseph I. erläßt ein Grundgesetz für Österreich (»Märzverfassung«).
11. März: Abschluß der Arbeit am Requiem.
28. März: In Frankfurt wird die deutsche Reichsverfassung angenommen. Friedrich Wilhelm IV. von Preußen zum deutschen Kaiser gewählt.

	April: Wiederaufleben des dänisch-deutschen Konflikts.
	14. April: Unabhängigkeitserklärung Ungarns.
	28. April: Der preußische König lehnt die Kaiserwürde ab und verwirft die Reichsverfassung.
	Mai: Aufstand in Dresden. Unruhen in der Pfalz und in Baden.
	10. Juli: Waffenstillstand zwischen Preußen und Dänemark.
	13. August: Ungarischer Aufstand niedergeschlagen.
	24. August: Mit der Kapitulation Venedigs sind die Auseinandersetzungen in der Lombardei und in Venetien zugunsten Österreichs beendet.
	13. September: Bruckners Requiem in der Stiftskirche von St. Florian uraufgeführt.
	25. September: Johann Strauß (Vater) in Wien gestorben.
	17. Oktober: Frédéric Chopin gestorben.
	Franz Liszt: »Tasso«, 1. Konzert für Klavier und Orchester.
1850–1851	*Bruckner besucht einen verbesserten Präparandenkurs (Fortbildungskurs) in Linz.*
1850	2. Juli: Friede von Berlin zwischen Preußen und Dänemark.
	2. August: 1. »Londoner Protokoll«. Frankreich, Großbritannien, Norwegen, Österreich, Preußen, Rußland und Schweden sprechen sich für die Integrität Dänemarks aus.
	18. August: Honoré Balzac gestorben.
	29. November: Vertrag von Olmütz zwischen Österreich und Preußen (»Olmützer Punktation«). Wiederherstellung des Deutschen Bundes.
	Erstes Untersee-Kabel von Dover nach Calais.
	Franz Liszt: »Bergsinfonie«, »Prometheus«.
	Richard Wagner: »Lohengrin«.
1851	*Ernennung zum definitiven Stiftsorganisten.*
	21. Januar: Albert Lortzing gestorben.
	1. Mai: Eröffnung der 1. Weltausstellung in London.
	2. Dezember: Staatsstreich Louis Napoleons in Frankreich.
	Giuseppe Verdi: »Rigoletto«.
1852	8. Mai: 2. »Londoner Protokoll«. Endgültige Lösung der schleswig-holsteinischen Frage. Integrität Dänemarks anerkannt.
	1. Dezember: Louis Napoleon wird als Napoleon III. »Kaiser der Franzosen«. Beginn des »Zweiten Kaiserreichs«.
1853–1856	Krimkrieg zwischen Rußland und der Türkei.
1853	4. Oktober: Die Türkei erklärt Rußland den Krieg.
	Giuseppe Verdi: »Der Troubadour«.
1854	28. März: Frankreich und Großbritannien treten in den Krieg gegen Rußland ein.
	24. April: Heirat zwischen Kaiser Franz Joseph und Elisabeth in der Wiener Augustinerkirche.

3. Juli: Leos Janáček geboren.
13. Juli: Der Deutsche Bundestag verbietet die Arbeitervereine.
8. August: Vollendung der Missa solemnis, b-Moll.
20. August: Friedrich von Schelling gestorben.
1. September: Engelbert Humperdinck geboren.
14. September: In der Stiftskirche von St. Florian wird Bruckners Missa solemnis uraufgeführt.
9. Oktober: Orgelprüfung bei Hofkapellmeister Ignaz Aßmayr in Wien.
2. Dezember: Österreich schließt sich der antirussischen Allianz an, Preußen bleibt neutral.
Heinrich Goebel erfindet die elektrische Glühbirne.
Franz Liszt: »Les Préludes«.

1855 *18. Januar: Prüfung für das Lehramt an Hauptschulen (Höheren Schulen) in Linz.*
2. März: Nikolaus I. von Rußland gestorben. Sein Sohn Alexander II. wird Zar.
Juli: Bruckner wird Schüler bei dem Musiktheoretiker Simon Sechter in Wien.
11. November: Sören Kierkegaard gestorben.
13. November 1855/26. Januar 1856: Probespiel und Konkursprüfung für die Domorganistenstelle in Linz.
Weltausstellung in Paris.

1856–1868 *Bruckner als Domorganist in Linz tätig.*

1856 17. Februar: Heinrich Heine gestorben.
30. März: Friede von Paris. Ende des Krimkriegs. Rußland verliert die Donaumündung. Neutralisierung des Schwarzen Meeres. Territorialbestand und Unabhängigkeit der Türkei werden garantiert.
6. Mai: Sigmund Freud geboren.
29. Juli: Robert Schumann gestorben.

1857–1861 Erste Weltwirtschaftskrise.

1857 15. Februar: Michail Glinka gestorben.
Franz Liszt: »Faust-Sinfonie«, »Dante-Sinfonie«, Klavierkonzert Nr. 2.
Giuseppe Verdi: »Simone Boccanegra«.

1858–1861 *Wiederholte Reisen zu Simon Sechter nach Wien.*

1858 8. März: Ruggiero Leoncavallo geboren.
1. September: Auflösung der »East India Company«. Indien geht als Vizekönigreich an die britische Krone über.
22. Dezember: Giacomo Puccini geboren.
Jacques Offenbach: »Orpheus in der Unterwelt«.

1859 Italienischer Krieg.
Januar/Herbst: Gründung des »Deutschen Nationalvereins«.

	23. April: Österreichisches Ultimatum an Sardinien-Piemont.
	6. Mai: Alexander von Humboldt gestorben.
	4./24. Juni: Österreichische Niederlagen bei Magenta und Solferino.
	11. Juni: Clemens Fürst von Metternich in Wien gestorben.
	8./11. Juli: Waffenstillstand und Präliminarfriede von Villafranca zwischen Frankreich und Österreich.
	22. Oktober: Louis Spohr gestorben.
	10. November: Friede von Zürich zwischen Frankreich, Österreich und Sardinien. Österreich muß die Lombardei an Sardinien-Piemont abtreten.
	Charles Darwin: »Die Entstehung der Arten«.
	Giuseppe Verdi: »Ein Maskenball«.
1860/61	Italienische Einigung.
1860	13. März: Hugo Wolf geboren.
	29. Mai: Geburt Isaac Albéniz'.
	7. Juli: Gustav Mahler in Kalischt/Böhmen geboren.
	11. November: Tod der Mutter.
	21. September: Arthur Schopenhauer gestorben.
	20. Oktober: Österreichisches Staatsgrundgesetz (»Oktoberdiplom«) vom Kaiser erlassen.
1861–1865	Nordamerikanischer Bürgerkrieg (»Sezessionskrieg«).
1861–1863	*Studien bei Otto Kitzler in Formenlehre und Instrumentation.*
1861	2. Januar: Friedrich Wilhelm IV. von Preußen gestorben. Wilhelm I., seit 1858 Regent, wird preußischer König.
	19. Februar: Bauernbefreiung (Aufhebung der Leibeigenschaft) in Rußland.
	14./17. März: Proklamation des Königreichs Italien. Viktor Emanuel (Vittorio Emanuele) II. wird König.
	November: Maturitätsprüfung (Abschlußprüfung) am Konservatorium in Wien.
	Gründung des rumänischen Staates.
	Johann Philipp Reis erfindet das Telefon.
1862–1864	*Die (nachgelassene) Sinfonie d-Moll entsteht.*
1862	15. Mai: Arthur Schnitzler in Wien geboren.
	22. August: Claude Debussy geboren.
	22. September: Der Präsident der USA, Abraham Lincoln, erklärt die Sklaven für frei (endgültige Abschaffung der Sklaverei 1865).
	23. September: Otto von Bismarck wird preußischer Ministerpräsident.
	22. Oktober: Gründung des »Deutschen Reformvereins« in Frankfurt am Main.
	Giuseppe Verdi: »Die Macht des Schicksals«.

1863	*g-Moll-Ouvertüre, f-Moll-Sinfonie, 112. Psalm.*
	22. Januar: polnischer Aufstand.
	8. Februar: Alvenslebensche Militärkonvention zwischen Preußen und Rußland zur Niederschlagung des Aufstands in Polen.
	17. August–1. September: Fürstentag in Frankfurt.
	September: Bruckner beim Musikfest in München.
	7. Dezember: Pietro Mascagni geboren.
	13. Dezember: Friedrich Hebbel in Wien gestorben.
	Wiederaufleben des Konflikts um Schleswig-Holstein.
	Ferdinand Lassalle gründet den »Allgemeinen Deutschen Arbeiterverein«.
1864	1. Februar–1. August: Deutsch-dänischer Krieg.
	Der österreichische Erzherzog Maximilian wird als Kaiser von Mexiko eingesetzt.
	10. April: Eugen d'Albert geboren.
	2. Mai: Giacomo Meyerbeer gestorben.
	11. Juni: Richard Strauss geboren.
	22. August: »Genfer Konvention« auf Anregung Henri Dunants abgeschlossen. Gründung des Roten Kreuzes.
	28. September: In London konstituiert sich die Erste Sozialistische Internationale.
	30. Oktober: Friede von Wien. Dänemark muß Schleswig, Holstein und Lauenburg an Österreich und Preußen abtreten.
	20. November: Uraufführung der d-Moll-Messe im Linzer Dom.
	Jacques Offenbach: »Die schöne Helena«.
1865–1866	*Bruckner schreibt die 1. Sinfonie, c-Moll.*
1865	Ende des »Sezessionskriegs« in Nordamerika.
	15. April: Abraham Lincoln, Präsident der USA, in Washington ermordet.
	Mai/Juni: Bruckner in München bei der Uraufführung von Richard Wagners »Tristan und Isolde«. Bekanntschaft mit Wagner.
	10. August: Alexander Glasunow geboren.
	1. Oktober: Geburt von Paul Dukas.
	8. Dezember: Jean Sibelius geboren.
	Giacomo Meyerbeer: »Die Afrikanerin«.
1866	*e-Moll-Messe.*
	1. April: Ferruccio Busoni geboren.
	14. Juni: Preußen tritt aus dem Deutschen Bund aus.
	15. Juni–26. Juli: Preußisch-österreichischer Krieg.
	3. Juli: Schlacht bei Königgrätz. Sieg Preußens.
	26. Juli: Vorfriede von Nikolsburg, abgeschlossen durch Bismarck gegen den Willen des preußischen Königs.
	18. August: Gründung des Norddeutschen Bundes unter Führung Preußens.

	23. August: Friede von Prag zwischen Österreich und Preußen. Österreich verliert Venetien und scheidet aus dem deutschen Reichsverband aus. Das erste Transatlantikkabel wird in Betrieb genommen. Friedrich Smetana: »Die verkaufte Braut«.
1867–1868	*Bruckner komponiert die f-Moll-Messe.*
1867	*Nervenkrankheit. Kuraufenthalt in Bad Kreuzen.* 30. März: Die USA kaufen Alaska von Rußland. April: »Luxemburg-Krise«. Durch Bismarcks Eingreifen wird Frankreich am Erwerb des Großherzogtums gehindert. 11. Mai: Der Londoner Vertrag erklärt Luxemburg zum neutralen Staat. 8. Juni: Kaiser Franz Joseph I. von Österreich zum König von Ungarn gekrönt. Österreichisch-ungarischer Ausgleich. Bildung der »Doppelmonarchie«. Ungarn werden Sonderrechte zugestanden. 19. Juni: Kaiser Maximilian von Mexiko in Querétaro erschossen. Mexiko wird Republik. 27. August: Umberto Giordano geboren. 10. September: Simon Sechter gestorben. Werner von Siemens entdeckt das dynamoelektrische Prinzip, Alfred Nobel erfindet das Dynamit. Der erste Band von Karl Marx' »Kapital« erscheint. Franz Liszt: »Krönungsmesse«. Giuseppe Verdi: »Don Carlos«.
1868	28. Januar: Adalbert Stifter gestorben. *9. Mai: Uraufführung der 1. Sinfonie im Linzer Redoutensaal.* *6. Juli/1. Oktober: Bruckner wird Professor für Harmonielehre, Kontrapunkt und Orgelspiel am Konservatorium in Wien. Bruckner übersiedelt nach Wien. Ernennung zum exspektierenden Organisten (Anwärter auf das Organistenamt) an der Hofkapelle.* 13. November: Gioacchino Rossini gestorben. Deutsches Zollparlament. Staatsstreich in Spanien. Königin Isabella II. wird gestürzt. Richard Wagner: »Die Meistersinger von Nürnberg«.
1869/70	Erstes Vatikanisches Konzil.
1869	8. März: Hector Berlioz gestorben. *Mai: Erfolgreiche Orgelkonzerte in Nancy und Paris.* 5. Mai: Hans Pfitzner geboren. 7.–9. August: Wilhelm Liebknecht und August Bebel gründen in Eisenach die deutsche »Sozialdemokratische Arbeiterpartei«. *29. September: Bruckners e-Moll-Messe wird auf dem freien Domplatz in Linz uraufgeführt.* 17. November: Eröffnung des Suez-Kanals nach zehnjähriger Bauzeit.

	Johannes Brahms: »Ein deutsches Requiem«.
	Richard Wagner: »Das Rheingold«.
1870–1874	*Bruckner als Hilfslehrer für Klavier- und Orgelspiel an der Lehrerinnenbildungsanstalt St. Anna in Wien tätig.*
1870/71	Deutsch-französischer Krieg.
1870	22. April: Wladimir Iljitsch Uljanow (Lenin) geboren.
	30. April: Geburt von Franz Lehár.
	13. Juli: »Emser Depesche« Bismarcks.
	19. Juli: Frankreich erklärt Preußen den Krieg.
	August: Orgelkonzerte in London.
	1. September: Schlacht bei Sedan. Kaiser Napoleon III. gerät in deutsche Gefangenschaft.
	4. September: Ausrufung der Französischen Republik (»Dritte Republik«).
	20. September: Italienische Truppen besetzen Rom. Der Kirchenstaat kommt an Italien.
	Heinrich Schliemann beginnt mit den Ausgrabungen in Troja.
	Richard Wagner: »Die Walküre«.
1871–1872	*Entstehung der 2. Sinfonie, c-Moll.*
1871	18. Januar: Gründung des Deutschen Reiches. Wilhelm I. in Versailles zum deutschen Kaiser proklamiert. Bismarck wird Reichskanzler.
	26. Februar: Vorfriede von Versailles zwischen dem Deutschen Reich und Frankreich. Das Elsaß und Lothringen werden an das Deutsche Reich abgetreten.
	15. März–28. Mai: Aufstand der Pariser Kommune.
	10. Mai: Friede von Frankfurt am Main. Frankreich muß Kriegsentschädigung zahlen und den Verzicht auf Elsaß-Lothringen bestätigen.
	13. Mai: Daniel François Auber gestorben.
	Charles Darwin: »Die Abstammung des Menschen«.
1872	6. Januar: Alexander Skrjabin geboren.
	21. Januar: Franz Grillparzer in Wien gestorben.
	16. Juni: Bruckners f-Moll-Messe wird in der Wiener Augustinerkirche uraufgeführt.
	September: Kaiser Franz Joseph von Österreich-Ungarn und Zar Alexander in Berlin bei Kaiser Wilhelm I. (»Dreikaiserverständigung«).
1873/74	Industriekrise (»Gründerkrise«).
1873	*Die Urfassung der 3. Sinfonie in d-Moll entsteht. Widmung an Richard Wagner.*
	9. Januar: Napoleon III. von Frankreich im englischen Exil gestorben.
	19. März: Max Reger geboren.
	1. April: Sergej Rachmaninow geboren.

	6. Juni/22. Oktober: »Schönbrunner Konvention« und »Dreikaiser-Abkommen«. Konsultativpakt zwischen dem Deutschen Reich, Österreich-Ungarn und Rußland.
	August/September: Aufenthalt in Karlsbad und Marienbad. Besuch bei Richard Wagner in Bayreuth.
	26. Oktober: Uraufführung der 2. Sinfonie unter Bruckners Leitung.
	Friedrich Nietzsche: »Unzeitgemäße Betrachtungen« (1873–76).
	Johann Strauß: »Die Fledermaus«.
1874	*Entstehung der 4. Sinfonie, Es-Dur (Urfassung).*
	1. Februar: Hugo von Hofmannsthal geboren.
	28. April: Geburt von Karl Kraus.
	13. September: Arnold Schönberg geboren.
	20. Oktober: Charles Ives geboren.
	Edvard Grieg: »Peer-Gynt-Suiten« (1874–76).
	Modest Mussorgski: »Boris Godunow«.
	Friedrich Smetana: »Mein Vaterland« (1874–79).
	Giuseppe Verdi: »Messa da Requiem«.
1875–1878	Balkankrise.
1875	*Arbeit an der 5. Sinfonie, B-Dur.*
	Aufstand in Bosnien, in der Herzegowina und in Bulgarien gegen die türkische Herrschaft.
	7. März: Maurice Ravel geboren.
	April/Mai: »Krieg-in-Sicht-Krise«. Spannungen zwischen dem Deutschen Reich und Frankreich.
	22.–27. Mai: »Allgemeiner Deutscher Arbeiterverein« und »Sozialdemokratische Arbeiterpartei« schließen sich in Gotha zur »Sozialistischen Arbeiterpartei Deutschlands« zusammen (seit 1891 »Sozialdemokratische Partei Deutschlands«).
	Juni: Bruckner wird Vizearchivar und substituierender Singlehrer an der Hofkapelle.
	3. Juni: Georges Bizet gestorben.
	18. November: Beginn der Tätigkeit als Lektor für Harmonielehre und Kontrapunkt an der Wiener Universität.
	25. November: Antrittsvorlesung Bruckners.
	Georges Bizet: »Carmen«.
1876	Juli: Serbien und Montenegro erklären der Türkei den Krieg.
	23. November: Manuel de Falla geboren.
	Nikolaus Ottos Viertaktmotor wird patentiert.
	Friedrich Nietzsche: »Menschliches, Allzumenschliches«.
	Eröffnung des Wagner-Festspielhauses in Bayreuth. Der »Ring des Nibelungen« wird uraufgeführt. Bruckner in Bayreuth.
	Johannes Brahms: 1. Sinfonie.
1877/78	Russisch-türkischer Krieg.

1877	*16. Dezember: Uraufführung der umgearbeiteten 3. Sinfonie unter Leitung Bruckners in Wien.*
	Thomas Alva Edison erfindet den Phonographen.
	Johannes Brahms: 2. Sinfonie.
1878	Österreich-Ungarn besetzt Bosnien und die Herzegowina.
	9. Januar: Viktor Emanuel (Vittorio Emanuele) II. gestorben. Humbert (Umberto) I. folgt auf den italienischen Thron.
	19. Januar: Bruckner wird wirkliches Mitglied der Hofkapelle.
	13. Juli: Friede von Berlin. Ausgleich zwischen Österreich-Ungarn, Großbritannien und Rußland. Umgestaltung der Friedensbedingungen von Santo Stefano (3. März). Unabhängigkeit Rumäniens, Serbiens und Montenegros bestätigt. Bulgarien wird autonomes, der Türkei tributpflichtiges Fürstentum. Gebietsgewinne für Rußland. Bosnien und die Herzegowina werden von Österreich-Ungarn verwaltet.
	Oktober: »Sozialistengesetz« in Deutschland. Verbot sozialistischer Vereinigungen, Versammlungen und publizistischer Aktivitäten.
	Zypern kommt unter britische Verwaltung.
	Peter Iljitsch Tschaikowsky: 4. Sinfonie.
1879–1881	*Entstehung der 6. Sinfonie, A-Dur.*
1879	*Streichquintett F-Dur.*
	9. Juli: Ottorino Respighi geboren.
	15. August: Verletzender Brief Zar Alexanders II. an den deutschen Kaiser Wilhelm I. (»Briefohrfeige«).
	7. Oktober: »Zweibund«. Geheimes Verteidigungsbündnis zwischen dem Deutschen Reich und Österreich-Ungarn.
	21. Dezember: Jossif Wissarionowitsch Dschugaschwili (Stalin) geboren.
	Peter Iljitsch Tschaikowsky: »Eugen Onegin«.
1880/81	Burenaufstand (Erster Südafrikanischer Krieg).
1880	3. Juli: Regelung der Marokkofrage auf der Internationalen Konferenz von Madrid.
	August/September: Reise nach Oberammergau und in die Schweiz.
	5. Oktober: Jacques Offenbach gestorben.
1881–1883	*Arbeit an der 7. Sinfonie, Es-Dur.*
1881	9. Februar: Feodor M. Dostojewski gestorben.
	20. Februar: Uraufführung der 4. Sinfonie unter Hans Richter.
	13. März: Zar Alexander II. bei einem Attentat getötet. Nachfolger auf dem russischen Thron wird sein Sohn Alexander III.
	25. März: Béla Bartók geboren.
	28. März: Modest Mussorgski gestorben.
	18. Juni: »Dreikaiservertrag«. Geheimes Neutralitätsabkommen zwischen dem Deutschen Reich, Österreich-Ungarn und Rußland auf drei Jahre.

18. November: Uraufführung des Streichquintetts im Akademischen Wagner-Verein.
In Berlin-Lichterfelde fährt die erste elektrische Straßenbahn.
Jacques Offenbach: »Hoffmanns Erzählungen«.

1882 20. Mai: »Dreibund«. Geheimes Verteidigungsbündnis zwischen dem Deutschen Reich, Österreich-Ungarn und Italien.
17. Juni: Igor Strawinsky geboren.
16. Dezember: Zoltán Kodály geboren.
Britische Truppen besetzen Ägypten.
Robert Koch entdeckt den Tuberkel-Bazillus.
Bruckner reist zur Uraufführung von Wagners »Parsifal« nach Bayreuth.

1883–1884 *Bruckners Tedeum entsteht.*

1883 24. Januar: Friedrich von Flotow geboren.
11. Februar: Die Mittelsätze der 6. Sinfonie werden unter Wilhelm Jahn in Wien uraufgeführt.
13. Februar: Tod Richard Wagners in Venedig.
14. März: Karl Marx in London gestorben.
30. Oktober: Rumänien schließt sich dem deutsch-österreichischen »Zweibund« an.
3. Dezember: Geburt von Anton Webern in Wien.
22. Dezember: Edgar Varèse geboren.
Friedrich Nietzsche: »Also sprach Zarathustra« (1883–85).
Johannes Brahms: 3. Sinfonie.

1884–1887 *Arbeit an der 8. Sinfonie, c-Moll (Urfassung).*

1884 Frühjahr: In Deutschland schließen sich die »Nationalliberale Partei« und die »Liberale Vereinigung« zur »Deutschen Freisinnigen Partei« zusammen.
12. Mai: Friedrich Smetana gestorben.
4. September: Feier von Bruckners 60. Geburtstag in Vöcklabruck.
30. Dezember: Uraufführung der 7. Sinfonie in Leipzig unter Arthur Nikisch.
Der »Dreikaiservertrag« wird um weitere drei Jahre verlängert.

1885/86 Bulgarische Krise. Unruhen auf dem Balkan. Russische Intervention in Bulgarien.

1885 9. Februar: Alban Berg in Wien geboren.
10. März: Hermann Levi erringt mit der Aufführung der 7. Sinfonie in München einen triumphalen Erfolg.
2. Mai: Uraufführung des Tedeums (mit Klavierbegleitung) im Wagner-Verein unter Leitung Bruckners.
10. Mai: Ferdinand Hiller gestorben.
6. Dezember: Aufführung der 3. Sinfonie durch Anton Seidl in New York.

Erste Kraftwagen (Benz) und Krafträder (Daimler) werden gebaut.
Johann Strauß: »Der Zigeunerbaron«.

1886 *10. Januar: Erste Aufführung des Tedeums unter Hans Richter.*
25. Januar: Wilhelm Furtwängler geboren.
21. März: Hans Richter führt in Wien Bruckners 7. Sinfonie auf.
9. Juli: Verleihung des Franz-Joseph-Ordens. Bruckner erhält vom Kaiser eine Personal-Zulage bewilligt.
31. Juli: Franz Liszt gestorben. Bruckner reist zum Begräbnis nach Bayreuth.
7. August: Bruckner anwesend bei der Aufführung des Tedeums in München unter Hermann Levi.
Friedrich Nietzsche: »Jenseits von Gut und Böse«.
Richard Strauss: »Macbeth«.

1887 Der »Dreikaiservertrag« wird nicht verlängert.
12. Februar: Mittelmeerabkommen zwischen Großbritannien und Italien.
20. Februar: Erneuerung des »Dreibundes«. Deutsch-italienischer Separatvertrag.
28. Februar: Alexander Borodin gestorben.
24. März: Österreich-Ungarn tritt dem Mittelmeerabkommen bei.
18. Juni: »Rückversicherungsvertrag«. Geheimes Neutralitätsabkommen zwischen dem Deutschen Reich und Rußland auf drei Jahre.
12./16. Dezember: »Orient-Dreibund« zwischen Großbritannien, Italien und Österreich-Ungarn.
Rudolf Hertz entdeckt die elektromagnetischen Wellen.
Claude Debussy: »Printemps« (Neufassung 1908).
Richard Strauss: »Aus Italien«.
Giuseppe Verdi: »Othello«.

1888 *22. Januar: Bruckner-Konzert in Wien unter Hans Richter.*
9. März: Tod des deutschen Kaisers Wilhelm I.
15. Juni: Kaiser Friedrich III. nach 99tägiger Regierungszeit gestorben. Wilhelm II. folgt auf den Thron.
Gründung der »Deutschen Kolonialgesellschaft«.
Grönland-Durchquerung Fridtjof Nansens.
Friedrich Nietzsche: »Der Antichrist«, »Ecce homo«.
Richard Strauss: »Don Juan«.
Peter Iljitsch Tschaikowsky: 5. Sinfonie.

1889 30. Januar: Der österreichische Kronprinz Rudolf und Marie von Vetsera werden in Mayerling erschossen aufgefunden.
20. April: Adolf Hitler geboren.
Gründung der Zweiten Internationale in Paris.
Kolonialverträge zwischen dem Deutschen Reich, Frankreich und den USA (1889/90).

	Gustave Eiffel errichtet den Eiffelturm für die Pariser Weltausstellung.
	César Franck: Sinfonie d-Moll.
	Gustav Mahler: 1. Sinfonie.
	Richard Strauss: »Tod und Verklärung«.
1890	20. März: Kaiser Wilhelm II. erzwingt den Rücktritt Bismarcks.
	Der deutsch-russische »Rückversicherungsvertrag« wird nicht erneuert.
	1. Juli: Das bisher unter deutscher Schutzherrschaft stehende Sultanat Sansibar kommt an Großbritannien im Tausch gegen Helgoland, das dem Deutschen Reich zugeschlagen wird (»Helgoland-Sansibar-Vertrag«).
	12. Juli 1890–15. Januar 1891: Bruckner wegen Krankheit vom Lehrdienst am Konservatorium beurlaubt.
	30. Oktober: Der oberösterreichische Landtag spricht Bruckner ein Ehrengehalt zu.
	8. Dezember: Bohuslav Martinu geboren.
	21. Dezember: Erste Aufführung der 3. Sinfonie (endgültige Fassung) unter Hans Richter.
	26. Dezember: Heinrich Schliemann gestorben.
	Aufhebung des »Sozialistengesetzes« in Deutschland.
	Alexander Borodin: »Fürst Igor« (bearbeitet von Rimski-Korsakow und Glasunow).
	Claude Debussy: »Suite bergamasque« (1890–1905).
	Pietro Mascagni: »Cavalleria rusticana«.
	Peter Iljitsch Tschaikowsky: »Pique Dame«.
1891–1894	Bau der Transsibirischen Eisenbahn.
1891–1894	*Arbeit an der 9. Sinfonie (1.–3. Satz).*
1891	*15. Januar: Bruckner als Professor des Konservatoriums pensioniert.*
	16. Januar: Léo Delibes gestorben.
	23. April: Serge Prokofieff geboren.
	6. Mai: Weitere Erneuerung des »Dreibund«-Vertrags zwischen dem Deutschen Reich, Österreich-Ungarn und Italien.
	31. Mai: Bruckner in Berlin bei der Aufführung des Tedeums durch Siegfried Ochs.
	7. November: Promotion zum Ehrendoktor der Wiener Universität.
	13. Dezember: Uraufführung der 1. Sinfonie in endgültiger Fassung unter Hans Richter.
1892	*Letzter Besuch in Bayreuth.*
	10. März: Arthur Honegger geboren.
	18. August: Militärkonvention (Beistandspakt) zwischen Frankreich und Rußland.

4. September: Darius Milhaud geboren.
Oktober: Wegen zunehmender Krankheit gibt Bruckner den Dienst an der Hofkapelle auf.
15. November: Uraufführung des 150. Psalms unter Wilhelm Gericke.
18. Dezember: Uraufführung der 8. Sinfonie (umgearbeitete Fassung) unter Hans Richter.
Claude Debussy: »Prélude à l'après-midi d'un faune«, Pelléas et Mélisande« (1892–1902).
Ruggiero Leoncavallo: »Der Bajazzo«.
Gustav Mahler komponiert seine 2. und 3. Sinfonie.

1893 *Schwere Krankheit.*
8. Oktober: Uraufführung des Chorwerkes »Helgoland«.
18. Oktober: Charles Gounod gestorben.
6. November: Peter Iljitsch Tschaikowsky gestorben.
Polfahrt Fridtjof Nansens (bis 1896).
Anton Dvořák: 9. (5.) Sinfonie (»Aus der Neuen Welt«).
Engelbert Humperdinck: »Hänsel und Gretel«.
Giacomo Puccini: »Manon Lescaut«.
Peter Iljitsch Tschaikowsky: 6. Sinfonie.
Giuseppe Verdi: »Falstaff«.

1894–1899/1906/Dreyfus-Affäre in Frankreich.

1894/95 Chinesisch-japanischer Krieg.

1894 *Januar: Reise nach Berlin. Bruckner besucht Aufführungen der 7. Sinfonie, des Tedeums und des Streichquintetts.*
4. Januar: Der »Zweibund« Frankreich-Rußland tritt in Kraft.
8. April: Uraufführung der 5. Sinfonie in Graz unter Franz Schalk.
11. Juli: Bruckner zum Ehrenbürger von Linz ernannt.
4. September: Feier des 70. Geburtstages in Steyr.
13. September: Alexis Emanuel Chabrier gestorben.
1. November: Tod des Zaren Alexander III. Sein Sohn Nikolaus II. folgt auf den Thron.
12. November: Letzte Vorlesung an der Universität.
Aussöhnung zwischen dem deutschen Kaiser Wilhelm II. und Bismarck.
In Frankreich findet das erste Automobilrennen statt.
Louis Lumière konstruiert einen Kinematographen.

1895 *Arbeit am Finale der 9. Sinfonie.*
21. Mai: Franz von Suppé in Wien gestorben.
4. Juli: Bruckner übersiedelt in das Belvedere beim Schloß Schönbrunn.
10. Juli: Carl Orff geboren.
16. November: Geburt Paul Hindemiths.
13. Dezember: Gustav Mahlers 2. Sinfonie uraufgeführt.

Wilhelm Conrad Röntgen entdeckt die nach ihm benannte elektromagnetische Strahlung.
Richard Strauss: »Till Eulenspiegel«.

1896 3. Januar: »Krüger-Depesche« Kaiser Wilhelms II. Spannungen zwischen Großbritannien und dem Deutschen Reich.
12. Januar: Bruckner wohnt zum letztenmal der Aufführung eines seiner Werke (Tedeum) bei.
9. August: Otto Lilienthal bei einem Gleitflug tödlich verunglückt.
11. Oktober: Anton Bruckner in Wien gestorben.
Begräbnis in St. Florian.
Italienisch-abessinischer Krieg. Abessinien wird unabhängig.
Alfred Nobel stiftet den Nobelpreis.
Die Ersten Olympischen Spiele der Neuzeit, angeregt durch Pierre de Coubertin, werden in Athen abgehalten.
Umberto Giordano: »André Chénier«.
Giacomo Puccini: »La Bohème«.
Richard Strauss: »Also sprach Zarathustra«.

Bibliographie

1. Briefe, Dokumente

Gesammelte Briefe. Hg. v. F. Gräflinger. Regensburg 1924.
Gesammelte Briefe. Neue Folge. Hg. v. M. Auer. Regensburg 1924.
Zehn Briefe von Anton Bruckner. Hg. v. F. v. Lepel. Berlin 1953.
Orel, A., Bruckner-Brevier. Briefe, Dokumente, Berichte. Wien 1953.
Schwanzara, E. (Hg.), Anton Bruckner. Vorlesungen über Harmonielehre und Kontrapunkt an der Universität Wien. Wien 1950.
Lach, R., Die Bruckner-Akten des Wiener Universitäts-Archives. Wien 1926.

2. Zeitschriften

Bruckner-Blätter. Mitteilungen der Internationalen Brucknergesellschaft. Augsburg 1 (1929) ff.
Brucknerland. Mitteilungen des Brucknerbundes für Oberösterreich. Linz 1 (1971) ff.
Chord and Discord. Official Journal of the Bruckner Society of America. New York 1 (1933) ff.

3. Literatur

Abendroth, W., Deutsche Musik der Zeitenwende. Eine kulturphilosophische Persönlichkeitsstudie über Anton Bruckner und Hans Pfitzner. Hamburg 1937.
Abendroth, W., Die Symphonien Anton Bruckners. Berlin 1940.
Abendroth, W., Vier Meister der Musik. Bruckner, Mahler, Reger, Pfitzner. München 1952.
Abendroth, W., Bruckner. Eine Bildbiographie. (= Kindlers klassische Bildbiographien. 5). München 1958.

Literaturhinweise bringen unter anderem auch die oben genannten Werke von Blume (Kassel/Basel 1952), Fischer (Salzburg 1974), Grebe (Reinbek 1972), Langevin (Lausanne 1977), Martinotti (Parma 1973), Newlin (New York 1978, Nowak (Linz 1973), Watson (London 1975) sowie der Band »Anton Bruckner« (Roma/Torino 1967).

Antonicek, T. (Hg.), Anton Bruckner und die Wiener Hofmusikkapelle. Graz 1979.
Armbruster, E. T. A., Erstdruck oder »Originalfassung«? Leipzig 1946.
Armbruster, E. T. A., Verhängnisvoll entscheidende Sechzehntel-Streicherfiguren Anton Bruckners. Ein Versuch ihrer Deutung. Leipzig 1950.
Armbruster, T., Anton Bruckner und Leipzig. Ein Tatsachenbericht über die Entstehung und Gründung der Leipziger Bruckner-Gemeinschaft. Leipzig 1937.
Auer, M., Anton Bruckner als Kirchenmusiker. Regensburg 1927.
Bachmann, L. G., Bruckner. Der Roman der Sinfonie. Paderborn [8]1946.
Barford, P., Bruckner Symphonien. (= BBC Music Guides). London 1978.
Bayer, J., Anton Bruckner in Steyr. Steyr 1956.
Benary, P., Anton Bruckner. Leipzig 1956.
Blume, F., Anton Bruckner. In: Die Musik in Geschichte und Gegenwart. Allgem. Enzyklopädie der Musik. Bd. 2. Kassel/Basel 1952, Sp. 341-382.
Bobo, R. P., Scoring for the Wagner Tuben by Richard Wagner, Anton Bruckner, and Richard Strauss. Diss. 1971. Ann Arbor. Mich. 1972.
Bonus – Malus. Internationales Brucknerfest Linz 1977 im Spiegel der Kritik. Linz 1977.
Anton Bruckner. Wissenschaftliche und künstlerische Betrachtung zu den Originalfassungen. Hg. v. d. Internationalen Bruckner-Gesellschaft. Wien 1937.
Anton Bruckner. Simposium. Genova 1958.
Anton Bruckner. (= L' Approdo musicale. 24). Roma/Torino 1967.
Anton Bruckner in Lehre und Forschung. Symposium zu Bruckners 150. Geburtstag in Linz. (= Veröffentlichungen der Arbeitsgemeinschaft der Musikerzieher Österreichs. 7). Regensburg 1976.
Brunner, F., Dr. Anton Bruckner. Ein Lebensbild. Linz 1895.
Bushler, D. M., Development in the First Movements of Bruckner's Symphonies. Diss. 1975. Ann Arbor, Mich. 1976.
Daninger, J., Anton Bruckner. Wien 1924.
Decsey, E., Bruckner. Versuch eines Lebens. Berlin 1920.
Doernberg, E., The Life and Symphonies of Anton Bruckner. With a Foreword by R. Simpson. London 1960. Dt. Ausg. u. d. T. Anton Bruckner. München/Wien 1963.
Dohnert, M., Anton Bruckner. Versuch einer Deutung. Leipzig 1958.
Duse, U., Musica e cultura. Quattro diagnosi. (= Saggi. N. S. 2). Padova 1967.
Eckstein, F., Erinnerungen an Anton Bruckner. Wien 1924.
In Ehrfurcht vor den Manen eines Großen. Zum 75. Todestag Anton Bruckners. Gedenkschrift. Linz 1971.
Engel, G., The Life of Anton Bruckner. New York 1931.
Fischer, H. C., Anton Bruckner. Sein Leben. Eine Dokumentation. Salzburg 1974

Fischer, W., Die Entwicklungsgeschichte der Fuge Bruckners. Wien 1924.
Funtek, L., Bruckneriana. Leipzig 1910.
Furtwängler, W., Johannes Brahms. Anton Bruckner. Leipzig 1942.
Gerstenberg, W., Anton Bruckner. In: Neue deutsche Biographie. Hg. v. d. Historischen Kommission bei der Bayerischen Akademie der Wissenschaften. Bd. 2. Berlin 1953, S. 649–652.
Göllerich, A., Anton Bruckner. Ein Lebens- und Schaffensbild. 4 Bde. Bde. 2–4 hg. v. M. Auer. (= Deutsche Musikbücherei. 36–39). Regensburg 1922–1936. Nachdr. Regensburg 1974.
Gräflinger, F., Anton Bruckner. Bausteine zu seiner Lebensgeschichte. München 1911.
Gräflinger, F., Anton Bruckner. Sein Leben und seine Werke. Regensburg 1921.
Gräflinger, F., Anton Bruckner. Berlin 1927.
Gräflinger, F., Liebes und Heiteres um Anton Bruckner. Wien 1948.
Grasberger, F. (Hg.), Bruckner-Studien. Festschrift L. Nowak. Wien 1964.
Grasberger, F. (Hg.), Anton Bruckner zum 150. Geburtstag. Ausstellung. (= Biblos-Schriften. 79). Wien 1974.
Grasberger, F. (Hg.), Anton Bruckner zwischen Wagnis und Sicherheit. Eine Ausstellung. Linz 1977.
Grasberger, F. (Hg.), Bruckner-Symposion, Linz 1977. Linz 1978.
Grasberger, R., Werkverzeichnis Anton Bruckner. (= Publikationen des Instituts für Österreichische Musikdokumentation. 7). Tutzing 1977.
Grebe, K., Anton Bruckner in Selbstzeugnissen und Bilddokumenten. (= Rowohlts Monographien. 190). Reinbek 1972, 31.–34. Tsd. 1981.
Griesbacher, P., Bruckners Te Deum. Regensburg 1919.
Gruber, J., Meine Erinnerungen an Dr. Anton Bruckner. Einsiedeln 1929.
Grüninger, F., Anton Bruckner. Augsburg 1930.
Grüninger, F., Der Ehrfürchtige. Anton Bruckners Leben dem Volk erzählt. Freiburg 1935.
Grüninger, F., Wege zu Anton Bruckner. Erinnerungsblätter zu seinem 40. Todestag. Karlsruhe 1936.
Grüninger, F., Anton Bruckner. Der metaphysische Kern seiner Persönlichkeit und seiner Werke. Augsburg 1949.
Grüninger, F., Der Meister von Sankt Florian. Wege zu Anton Bruckner. Augsburg 1950.
Grunsky, H. A., Bruckners Symphonien. Berlin 1908.
Grunsky, H. A., Das Formproblem in Anton Bruckners Symphonien. Augsburg 1929.
Grunsky, H. A., Formenwelt und Sinngefüge in den Bruckner-Symphonien. 2 Bde. 1931.
Grunsky, K. (Hg.), Brucknerfestbuch. Stuttgart 1921.
Grunsky, K., Anton Bruckner. Stuttgart 1922.

Grunsky, K., Fragen der Bruckner-Auffassung. Stuttgart 1936.
Haas, R., Anton Bruckner. (= Die großen Meister der Musik). Potsdam 1934.
Halm, A., Die Symphonie Anton Bruckners. München ²1923.
Hebenstreit, J., Anton Bruckner. (= Große Männergestalten). Dülmen 1937.
Hollnsteiner, J., Das Stift St. Florian und Anton Bruckner. Bilder zur deutschen Kultur- und Kunstgeschichte. Leipzig 1940.
Hruby, C., Meine Erinnerungen an Anton Bruckner. Wien 1901.
Huschke, K., Johannes Brahms, Anton Bruckner und Hugo Wolf. Pritzwalk 1928.
Kirsch, W., Studien zum Vokalstil der mittleren und späten Schaffensperioden Anton Bruckners. Diss. Frankfurt a. M. 1958.
Klose, F., Meine Lehrjahre bei Anton Bruckner. Regensburg 1927.
Knab, A., Bruckners V. Symphonie. Thematische Analyse. Wien 1922.
Knapp, A., Anton Bruckner. Zum Verständnis seiner Persönlichkeit und seiner Werke. Düsseldorf 1921.
Kobald, K. (Hg.) In memoriam Anton Bruckner. Festschrift zum 100. Geburtstag Anton Bruckners. Leipzig 1924.
Kobald, K., In memoriam Anton Bruckner. Wien 1942.
Köberle, A., Bach, Beethoven, Bruckner als Symbolgestalten des Glaubens. Berlin 1936.
König, W., Anton Bruckner als Chormeister. Linz 1936.
Korte, W. F., Bruckner und Brahms. Die spätromantische Lösung der autonomen Konzeption. Tutzing 1963.
Kraus, F. v., Begegnungen mit Anton Bruckner, Johannes Brahms, Cosima Wagner. Aus den Lebenserinnerungen (1870–1937) zusammengestellt und ergänzt v. F. V. Kraus. Wien 1960.
Krohn, I., Anton Bruckners Symphonien. Untersuchungen über Formenbau und Stimmungsgehalt. 3 Bde. Helsinki 1955–1957.
Krüger, J., Schlichte Erinnerungen an Anton Bruckner. Wien 1910.
Kurth, E., Bruckner. 2 Bde. Berlin 1925/26.
Lach, R., Bruckners Bedeutung im deutschen Geistesleben. München 1935.
Lancelot, M., Anton Bruckner. L' Homme et son oeuvre. (= Musiciens de tous les temps. 13). Paris 1964.
Lang, O., Anton Bruckner. München 1924.
Langevin, P.-G., Le Siècle de Bruckner. (= Revue musicale. 298/299). Paris 1975.
Langevin, P.-G., Anton Bruckner. Apogée de la symphonie. Lausanne 1977.
Laßl, J., Das kleine Brucknerbuch. Salzburg 1965.
Laux, K., Anton Bruckner. Leben und Werk. (= Breitkopf und Härtels kleine Musikerbiographien. 11). Leipzig/Wiesbaden 1947.
Loerke, O., Anton Bruckner. Ein Charakterbild. Berlin 1938. Weitere Ausg. (= Bibliothek Suhrkamp. 39). Berlin/Frankfurt a. M. 1957.

Louis, R., Anton Bruckner. München [3]1918.
Lucka, E., Das Brausen der Berge. Zum 100. Geburtstag Anton Bruckners. Berlin 1924.
Machabey, A., La Vie et l'oeuvre d'Anton Bruckner. Paris 1945.
Martinotti, S., Anton Bruckner. Pref. di L. Rognoni. Parma 1973.
Mathews, T. K., The Masses of Anton Bruckner. A Comparative Analysis. Diss. 1974. Ann Arbor, Mich. 1975.
Morold, M., Anton Bruckner. Leipzig 1912.
Morold, M. (Hg.), Bruckner-Fest 1919, Wien 1919.
Münch, F., La Musique réligieuse de Bruckner. Paris 1928.
Neill, E. D. R./Martinotti, S., Guida alla settima sinfonia di Anton Bruckner. (= Collana di guide specializzate). Genova 1960.
Newlin, D., Bruckner, Mahler, Schönberg. Aus d. Engl. übertr. v. C. Nemeth u. H. Zelzer. Wien 1954.
Newlin, D., Bruckner, Mahler, Schönberg. New York [2]1947. Rev. ed. New York 1978.
Niemann, W., Anton Bruckner. 5. Symphonie. Leipzig 1907.
Nowak, L., Te Deum laudamus. Gedanken zur Musik Anton Bruckners. Wien 1947.
Nowak, L. (Hg.), Anton Bruckner und Linz. Ausstellung. Wien 1964.
Nowak, L., Anton Bruckner. Musik und Leben. Wien/München 1964. Neuausg. Linz 1973.
Nowak, L., Das Geburtshaus Anton Bruckners. Führer durch die Schauräume. (= Kataloge des Oberösterreichischen Landesmuseums. 88). Linz 1975.
Oberleithner, M. v., Meine Erinnerungen an Anton Bruckner. Regensburg 1933.
Ochs, S., Anton Bruckner. Te Deum. Stuttgart 1896.
Oeser, F., Die Klangstruktur der Bruckner-Symphonie. Leipzig 1939.
Orel, A., Unbekannte Frühwerke Anton Bruckners. Wien 1921.
Orel, A., Anton Bruckner. Wien 1925.
Orel, A., Anton Bruckner. Entwürfe und Skizzen zur IX. Symphonie. Wien 1934.
Orel, A., Anton Bruckner 1824–1896. Sein Leben in Bildern. Leipzig 1936.
Orel, A., Ein Harmonielehrekolleg bei Anton Bruckner. (= Wiener Musikbücher. 1). Berlin 1940.
Orel, A., Bruckner. Ein österreichischer Meister der Tonkunst. (= Bücher der Heimat. 8). Altötting 1946.
Ott, A. (Hg.), Festschrift zum XII. Internationalen Brucknerfest, München 1954, anläßlich des 130. Geburtstages von Anton Bruckner. München 1954.
Perl, C. J., Christliche Musik und Anton Bruckner. Leipzig/Straßburg/Zürich 1937.
Poppen, H. M., Anton Bruckner. (= Heidelberger Vorträge. 2). Heidelberg 1947.

Quoika, R., Die Orgelwelt um Anton Bruckner. Blicke in die Orgelgeschichte Alt-Österreichs. Ludwigsburg 1966.
Rappaport, L., Anton Bruckner. Moskau 1963.
Redlich, H. F., Bruckner und Mahler. (= The Master Musicians). London/New York 1955. Weitere Ausg. London 1963.
Refardt, E., Johannes Brahms, Anton Bruckner, Hugo Wolf. Drei Wiener Meister des 19. Jahrhunderts. Ihr Leben und Werk in kurzen Biographien. Basel 1949.
Reich, W. (Hg.), Anton Bruckner. Ein Bild seiner Persönlichkeit. (= Sammlung Klosterberg. N. F. 6). Basel 1953.
Rietsch, H., Dr. Anton Bruckner. Berlin 1898.
Rietsch, H., Anton Bruckner. 9. Symphonie. Leipzig ²1906.
Röthig, C. C. Studien zur Systematik des Schaffens von Anton Bruckner auf der Grundlage zeitgenössischer Berichte und autographer Entwürfe. (= Göttinger musikwissenschaftliche Arbeiten. 9). Kassel 1978.
Schenk, E., Um Bruckners Persönlichkeit. Wien 1951.
Schiske, K., Zur Dissonanzverwendung in den Symphonien Anton Bruckners. Diss. Wien 1940.
Schönzeler, H.-H., Bruckner. Engl. Ausg. London 1970. Dt. Ausg. Wien 1974.
Scholz, H. G., Die Form der reifen Messen Anton Bruckners. Berlin 1961.
Schulten, W., Über die Bedeutung der St. Florianer-Jahre Anton Bruckners (1845–55). (= Beiträge zur Anton-Bruckner-Forschung. 1). Aachen 1960.
Schwebsch, E., Anton Bruckner. Kassel o. J.
Schwebsch, E., Anton Bruckner. Ein Beitrag zur Erkenntnis von Entwicklungen in der Musik. Stuttgart 1921.
Schwebsch, E., Anton Bruckners VI. Symphonie A-dur. Stuttgart 1953.
Simpson, R., The Essence of Bruckner. An Essay towards the Understanding of His Music. London 1968.
Singer, K., Bruckner als Kirchenkomponist. Stuttgart 1923.
Singer, K., Bruckners Chormusik. Stuttgart/Berlin 1924.
Steinitzer, M., Was weißt du von Bruckner? Leipzig 1931.
Sullivan, C. F., The D Minor and F Minor Masses of Anton Bruckner as the Culmination of the Viennese Classical Mass Tradition. Diss. 1972. Ann Arbor 1974.
Tessmer, H., Anton Bruckner. Regensburg 1922.
Tröller, J., Anton Bruckner. 3. Sinfonie d-Moll. (= Meisterwerke der Musik. 13). München 1976.
Unger, H., Anton Bruckner und seine VII. Symphonie. Bonn 1944.
Vassenhove, L. v., Anton Bruckner. Neuchâtel 1942.
Wagner, M., Die Melodien Bruckners in systematischer Ordnung. Ein Beitrag zur Melodiegeschichte des 19. Jahrhunderts. Diss. Wien 1970.
Watson, D., Bruckner. (= The Master Musicians Series). London 1975.
Wessely, O. (Hg.), Bruckner-Studien. Festgabe der Österreichischen Akademie der Wissenschaften zum 150. Geburtstag von Anton Bruck-

ner. (= Sitzungsberichte. Österreichische Akademie der Wissenschaften. Phil.-hist. Kl. 300.- Veröffentlichungen der Kommission für Musikforschung. 16). Wien 1975.
Westarp, A., Antoine Bruckner. L' Homme et l'oeuvre. Paris 1912.
Wetz, R., Anton Bruckner. Leipzig 1923.
Wickenhauser, R., Bruckners Symphonien. 3 Bde. Leipzig 1926/27.
Winterberger, H., Anton Bruckner in seiner Zeit. Linz 1964.
Wiora, W., Anton Bruckner oder Über das Ewige in der Musik. Freiburg i. Br. 1948.
Wiora, W., Anton Bruckner. In: Heimpel, H./Heuss, T./Reifenberg, B. (Hg.), Die großen Deutschen. Bd. 4. Berlin 1961, S. 60–70.
Wirgenhauser, R., Anton Bruckners Symphonien. Ihr Werden, ihr Wesen. 3 Bde. Leipzig 1927.
Wohlfahrt, F., Anton Bruckners sinfonisches Werk. Stil- und Formerläuterung. Leipzig 1943.
Wolff, W., Anton Bruckner. Genie und Einfalt. Zürich 1948.
Wünschmann, T., Anton Bruckners Weg als Symphoniker. (= Beiträge zur Musikreflexion. 4). Steinfeld 1976.
Wünschmann, T., Zur Partitur der 4. Symphonie Anton Bruckners in der Fassung von 1874. Vaduz 1979.
Zentner, W., Anton Bruckner. München 1946.

Verzeichnis der Werke

in der Reihenfolge ihrer Entstehung

1. Pange lingua, C-Dur, gem. Chor (1835?, verbessert 1891).
2. Präludien für die Orgel (um 1836).
3. Orgelpräludium, Es-Dur, Zwei-Viertel-Takt (um 1837).
4. Messe in C-Dur, für Solostimme, Chor und zwei Hörner (um 1842).
5. Tafellied, Männerchor (1843).
6. Libera, F-Dur (um 1843).
7. Tantum ergo, D-Dur (1843).
8. Choralmesse für den Gründonnerstag, gem. Chor (1844).
9. Vergißmeinnicht, Kantate für Soli, gem. Chor und Klavier (1845).

St. Florian (1845–1855)

10. Herz-Jesu-Lied, gem. Chor mit Orgel (um 1845).
11. »O du liebes Jesukind«, für eine Singstimme mit Orgel (um 1845).
12. Das Lied vom deutschen Vaterland, Männerchor (um 1845).
13. Zwei Asperges me, gem. Chor mit Orgel (um 1845).
14. Ständchen, Männerchor (um 1846).
15. Fünf Tantum ergo, Es-, C-, B-, As- und D-Dur, für gem. Chor, Nr. 5 mit Orgel (1846).
16. Zwei Orgelstücke, d-Moll (um 1846).
17. Festlied, Männerchor (um 1846).
18. Vorspiel und Fuge, c-Moll für Orgel (1847).
19. Choral: Dir, Herr, Dir will ich mich ergeben, gem. Chor (um 1847).
20. Der Lehrerstand, Männerchor (um 1847).
21. Aequale, für drei Posaunen (1847).
22. Requiem, d-Moll, für Soli, gem. Chor und Orchester (1848/49).
23. Choral: »In jener letzten der Nächte« (1848).
24. Sternschnuppen, Männerchor (um 1848).
25. Tantum ergo, A-Dur, gem. Chor mit Orgel (um 1848).
26. Lancier-Quadrille, für Klavier zweihändig (um 1850).
27. Steiermärker, für Klavier (um 1850).
28. Frühlingslied, für eine Singstimme und Klavier (1851).
29. Zwei Motti, für Männerchor (1851).
30. Das edle Herz, Männerchor (um 1851).

31. Entsagen, Kantate für Soli, gem. Chor und Orgel (um 1851).
32. Zwei Totenlieder, für gem. Chor (1852).
33. Die Geburt, Männerchor (1852).
34. Magnificat, für Soli, gem. Chor und Orchester (1852).
35. Kantate: »Auf, Brüder, auf zur frohen Feier« (1852).
36. Der 114. Psalm, für fünfstimmigen gem. Chor und drei Posaunen (1852).
37. Der 22. Psalm, für gem. Chor und Klavier (1852).
38. Drei Stücke für Klavier zu vier Händen (1852, 1853, 1854).
39. Tantum ergo, B-Dur, für gem. Chor, 2 Violinen, 2 Trompeten und Orgel (um 1854).
40. Vor Arneths Grab, Männerchor (1854).
41. Liberia, f-Moll, für gem. Chor (1854).
42. Missa solemnis, b-Moll, für Soli, gem. Chor und Orchester (1854).
43. Quadrille, für Klavier zu vier Händen (um 1854).
44. Kantate: »Auf, Brüder, auf, die Saiten zur Hand«, für Soli, gem. Chor, Orchester (1855).
45. Festgesang: »St. Jodok sproß aus edlem Stamm«, für Soli, gem. Chor, Klavier (1855).
46. »Des Dankes Wort sei mir gegönnt«, Männerchor mit Tenor- und Baßsolo.

Linz (1856–1869)

47. Klavierstück, Es-Dur (um 1856).
48. Ave Maria, für gem. Chor und Orgel (1856).
49. Amaranths Waldeslieder, für eine Singstimme und Klavier (um 1858).
50. Der 146. Psalm, für Soli, gem. Chor und Orchester (um 1860).
51. Am Grabe, Männerchor (1861).
52. Ave Maria, siebenstimmiger gem. Chor (1861).
53. Afferentur, gem. Chor mit drei Posaunen und Orgel (1861).
54. Fuge, d-Moll, für Orgel (1861).
55. »Du bist wie eine Blume«, gem. Soloquartett (1862).
56. Das edle Herz, gem. Chor (um 1862).
57. Der Abendhimmel, Männerquartett (um 1862).
58. Festkantate, gem. Chor, Soli und Blasorchester (1862).
59. Apollomarsch, für Militärmusik (um 1862).
60. Marsch, d-Moll, für Orchester (um 1862).
61. Drei Orchestersätze (um 1862).
62. Ouvertüre, g-Moll, für Orchester (1863).
63. Symphonie, f-Moll (1863).
64. Der 112. Psalm für gem. Chor und Orchester (1863).
65. Germanenzug, Männerchor mit Blasorchester (1863).
66. Stille Betrachtung an einem Herbstabend, für Klavier (1863).
67. Symphonie, d-Moll, Nr. 0 (1864, revid. 1869).

68. Um Mitternacht, Männerchor mit Altsolo und Klavier (1864).
69. Herbstlied, Männerchor mit zwei Sopransoli und Klavier (1864).
70. Messe Nr. 1, d-Moll, für Soli, gem. Chor und Orchester (1864).
71. Trauungslied, Männerchor mit Orgel (1865).
72. Marsch, Es-Dur, für Militärmusik (1865).
73. Abendklänge, Stück für Violine und Klavier (1866).
74. Der Abendhimmel, Männerchor (1866).
75. »O könnt' ich dich beglücken«, Männerchor mit Soli (1866).
76. Vaterländisches Weinlied, Männerchor (1866).
77. I. Symphonie, c-Moll (erste Fassung 1865/66, zweite Fassung 1890/91).
78. Messe Nr. 2, e-Moll, für achtstimmigen gemischten Chor und Blasorchester (erste Fassung 1866, zweite Fassung 1882).
79. Große Messe, Nr. 3, f-Moll, für Soli, gemischten Chor und Orchester (1867, 1868, revidiert 1876).
80. Inveni David, Männerchor mit vier Posaunen (1868).
81. Fantasie für Klavier zu zwei Händen (1868).
82. Motto, für gemischten Chor (1868).
83. Pange lingua, phrygisch, gemischter Chor (1868).
84. Hymnus St. Angeli custodem: »Jam lucis«, gemischter Chor (1868).
85. Asperges me, gemischter Chor (um 1868).
86. Erinnerung, Klavierstück zu zwei Händen (um 1868).
87. Im April, für eine Singstimme und Klavier (um 1868).
88. »Mein Herz und deine Stimme«, für eine Singstimme und Klavier (um 1868?).
89. Herbstkummer, für eine Singstimme und Klavier (um 1868).
90. Motto für die Liedertafel Sierning (?).

Wien (1869–1896)

91. Locus iste, gemischter Chor (1869).
92. Mitternacht, Männerchor mit Tenorsolo und Klavierbegleitung (1870).
93. II. Symphonie, c-Moll (erste Fassung 1871/72, zweite Fassung 1875/76, dritte Fassung 1877).
94. III. Symphonie, d-Moll (erste Fassung 1873, zweite Fassung 1876/77, dritte Fassung 1888/89).
95. IV. Symphonie, Es-Dur (erste Fassung 1874, zweite Fassung 1878 bis 1880, dritte Fassung [nur Finale] 1880).
96. V. Symphonie, B-Dur (1875 bis 1877).
97. Das hohe Lied, Männerchor mit Soli und Bläserbegleitung (1876).
98. Trösterin Musik (Nachruf), Männerchor mit Orgel (1877).
99. Abendzauber, Männerchor mit Jodlerstimmen und Hornquartett (1878).
100. Tota pulchra, Tenorsolo, gemischter Chor mit Orgel (1878).

101. »Zwei Herzen haben sich gefunden«, Männerchor (1878).
102. Streichquintett (1879).
103. Intermezzo zum Streichquintett (1879).
104. Os justi, gemischter Chor (1879).
105. VI. Symphonie, A-Dur (1879 bis 1881).
106. Sängerbund, Männerchor (1882).
107. Ave Maria, für Alt und Orgel (1882).
108. Tedeum, für Soli, gemischten Chor, Orgel und Orchester (1881, 1883/84).
109. VII. Symphonie, E-Dur (1881 bis 1883).
110. Christus factus est, I., sechsstimmiger gemischter Chor mit Streichorchester (?).
111. Christus factus est, II., gemischter Chor (1884).
112. Salvum fac, gemischter Chor (1884).
113. Präludium C-Dur für Harmonium (1884).
114. Ecce sacerdos, gemischter Chor mit drei Posaunen und Orgel (1885).
115. Virga Jesse, gemischter Chor (1885).
116. Um Mitternacht, Männerchor mit Tenorsolo (1886).
117. VIII. Symphonie, c-Moll (erste Fassung 1884 bis 1887, zweite Fassung 1889/90)
118. Träumen und Wachen, Männerchor mit Tenorsolo (1890).
119. Vexilla regis, gemischter Chor (1892).
120. Das deutsche Lied, Männerchor mit Bläserbegleitung (1892).
121. Der 150. Psalm, gemischter Chor mit Sopransolo und Orchester (1892).
122. Helgoland, Männerchor mit Orchester (1893).
123. IX. Symphonie, d-Moll ([1887] 1891 bis 1894).

Entwürfe

Domine ad Adjuvandum (1835).
Liedentwurf (St. Florian).
Duett: Wie des Bächleins Silberquelle (St. Florian).
Missa ex g-Moll pro Quadragesima (1846?).
Missa in Es (um 1846).
Männerchorfragment (um 1846).
Symphonie, B-Dur, Skizze zum ersten Satz (1869).
Requiem, Fragment, d-Moll (1875).

Choral-Begleitungen

Inveni David (1879).
Veni Sancte Spiritus (?)
Ave Regina coelorum (1887).

Litanei, für gemischten Chor mit Blechbläsern (um 1844).
Salve Regina (1844).
Requiem, für Männerchor und Orgel (1845).
Litanei (um 1856).
Zigeunerwaldlied, Männerchor (1863).

Discographie

Stand Mai 1982

Sinfonien (9) und Sinfonie d-Moll »Nullte«
Barenboim/Chicago Symphony Orchestra
DG 2740 253 (12 LP)
Haitink/Concertgebouw Orchestra Amsterdam
Philips 6717 002 (12 LP)

Sinfonien (9)
Jochum/Berliner Philharmoniker, Sinfonie-Orchester des Bayerischen Rundfunks
DG 2740 136 (11 LP)
Jochum/Staatskapelle Dresden
EMI (11 LP) Herbst 1982
Karajan/Berliner Philharmoniker
DG 2740 264 (Juni 1982)
Masur/Gewandhausorchester Leipzig
Ariola 301587–467 SQ

EINZELAUFNAHMEN

Sinfonie d-Moll »Nullte« (Linzer Fassung 1865/66)
Barenboim/Chicago Symphony Orchestra
DG 2531 319
Gelmini/Nürnberger Symphoniker
Colosseum 0558
Haitink/Concertgebouw Orchestra Amsterdam
Philips 5802 724
Märzendorfer/ORF Sinfonie-Orchester
Classical Excellence (USA) 11022

Sinfonie Nr. 1 c-Moll (Linzer Originalfassung 1865)
Abbado/Wiener Philharmoniker
Decca 6.41387
Haitink/Concertgebouw Orchestra Amsterdam
Philips (USA) 6500 439

Jochum/Staatskapelle Dresden
EMI 1C 063–03 716
Masur/Gewandhausorchester Leipzig
Ariola 300032–445 SQ
Neumann/Gewandhausorchester Leipzig
Telefunken 6.41177
Wand/Kölner Rundfunk-Sinfonie-Orchester
EMI 1C 065–99 937
(Wiener Fassung 1890/91)

Sinfonie Nr. 2 c-Moll (Linzer Originalfassung)
Giulini/Wiener Symphoniker
EMI 1C 063–02 633 SQ
Masur/Gewandhausorchester Leipzig
Ariola 300032–445 SQ

Sinfonie Nr. 2 c-Moll (2. Fassung 1877)
Haitink/Concertgebouw Orchestra Amsterdam
Philips (USA) 802 912
Jochum/Staatskapelle Dresden
EMI 1C 063–43 097
Melles/ORF Sinfonie-Orchester
Classical Excellence (USA) 11003
Stein/Wiener Philharmoniker
Decca SXL 6681 (TIS)
Wand/Kölner Rundfunk-Sinfonie-Orchester
EMI 1C 065–99 938
(ungekürzte Fassung 1871–77)

Sinfonie Nr. 3 d-Moll
Böhm/Wiener Philharmoniker
Decca 6.41456
Haitink/Concertgebouw Orchestra Amsterdam
Philips (USA) 835 217
Jochum/Sinfonie-Orchester des Bayerischen Rundfunks
DG 2535 265
Jochum/Staatskapelle Dresden
EMI 1C 063–03 598
Karajan/Berliner Philharmoniker
DG 2532 007 (Digital)
Knappertsbusch/Wiener Philharmoniker
Decca ECS 553 (TIS)
Masur/Gewandhausorchester Leipzig
Ariola 300032–445 SQ
Schuricht/Wiener Philharmoniker
Seraphim (USA) 600090 (EMI ASD)

Szell/Cleveland Orchestra
CBS 61072
Wand/Kölner Rundfunk-Sinfonie-Orchester
EMI 1C 065–99 923

Sinfonie Nr. 4 Es-Dur (Romantische) 1874
Barenboim/Chicago Symphony Orchestra
DG 2530 336
Böhm/Staatskapelle Dresden
EMI 1C 137–53 508/13
Böhm/Wiener Philharmoniker
Decca 6.35384
Furtwängler/Wiener Philharmoniker
DG 2740 201
Haitink/Concertgebouw Orchestra Amsterdam
Philips 6527 101/6768 159
Hollreiser/Bamberger Symphoniker
Turnabout (USA) 34107
Horvath/ORF Sinfonie-Orchester
Classical Excellence (USA) 11040/41
Jochum/Berliner Philharmoniker
DG 2535 111
Karajan/Berliner Philharmoniker
EMI 1C 065–02 414 SQ/1C 137–54 095/99
Karajan/Berliner Philharmoniker
DG 2530 674
Kertész/London Symphony Orchestra
Decca 6.42565
Klemperer/Philharmonia Orchestra
EMI 1C 037–00 593
Klemperer/Wiener Symphoniker
Intercord 120 925
Konwitschny/Gewandhausorchester Leipzig
Ariola 201987–250
Kubelik/Sinfonie-Orchester des Bayerischen Rundfunks
CBS 35915 (Digital)
Masur/Gewandhausorchester Leipzig
Ariola 27913 SQ
Metha/Los Angeles Philharmonic
Decca SXL 6489 (TIS)
Ormandy/Philadelphia Orchestra
CBS 61631
Solti/Chicago Symphony Orchestra
Decca 6.42709 (Digital)
Tennstedt/Berliner Philharmoniker
EMI (Herbst 1982)

Wand/Kölner Rundfunk-Sinfonie-Orchester
EMI 1C 065–99 738
Walter/Columbia Symphony Orchestra
Odyssey (USA) Y 32981
Zsoltay/Süddeutsche Philharmoniker Stuttgart
Intercord 120 872

Sinfonie Nr. 5 B-Dur (Linzer Originalfassung)
Barenboim/Chicago Symphony Orchestra
DG 2707 113
Böhm/Sächsische Staatskapelle Dresden
EMI 1C 137–53 508/13
Haitink/Concertgebouw Orchestra Amsterdam
Philips (USA) 6700 055
Jochum/Sinfonie-Orchester des Bayerischen Rundfunks
DG 2726 074
Karajan/Berliner Philharmoniker
DG 2707 101
Kempe/Münchner Philharmoniker
Bellaphon 22526
Knappertsbusch/Wiener Philharmoniker
Movimento Musica 02 008
Knappertsbusch/Münchner Philharmoniker
Decca ECS 530 (TIS)
Maazel/Wiener Philharmoniker
Decca SXL 6686–7 (TIS)
Masur/Gewandhausorchester Leipzig
Ariola 25413 SQ
Ormandy/Philadelphia Orchestra
CBS 61818
Solti/Chicago Symphony Orchestra
Decca 6.35562 (Digital)
Wand/Kölner Rundfunk-Sinfonie-Orchester
EMI 1C 153–99 670/71

Sinfonie Nr. 6 A-Dur (Linzer Originalfassung)
Barenboim/Chicago Symphony Orchestra
DG 2531 043
Haitink/Concertgebouw Orchestra Amsterdam
Philips (USA) 6500 164
Jochum/Sinfonie-Orchester des Bayerischen Rundfunks
DG 139 136 (IMS)
Jochum/Staatskapelle Dresden
EMI 1C 063–03 958
Karajan/Berliner Philharmoniker
DG 2531 295

Masur/Gewandhausorchester Leipzig
Ariola 300639–440
Solti/Chicago Symphony Orchestra
Decca 6.42555
Stein/Wiener Philharmoniker
Decca SXL 6682 (TIS)
Wand/Kölner Rundfunk-Sinfonie-Orchester
EMI 1C 065–99 672
Zsoltay/Süddeutsche Philharmoniker, Stuttgart
Intercord 120 873/185 812

Sinfonie Nr. 7 E-Dur (Linzer Originalfassung 1881/83)
Barenboim/Chicago Symphony Orchestra
DG 2707 116
Böhm/Wiener Philharmoniker
DG 2740 179
Furtwängler/Berliner Philharmoniker
DG 2535 161/2740 201/2543 038/2721 202
Furtwängler/Berliner Philharmoniker
EMI 1C 147–29 229/30
Haitink/Concertgebouw Orchestra Amsterdam
Philips 6768 159
Jochum/Staatskapelle Dresden
EMI 1C 157–03 776/77
Jochum/Berliner Philharmoniker
DG 2726 054
Karajan/Berliner Philharmoniker
DG 2707 102
Karajan/Berliner Philharmoniker
EMI 1C 165–02 467/68
Masur/Gewandhausorchester Leipzig
Ariola 27913
Ormandy/Philadelphia Orchestra
RCA 2641 079
Rosbaud/Sinfonie Orchester des SWF
Fono FSM 34083
Solti/Wiener Philharmoniker
Decca 6.35166
Walter/Columbia Symphony Orchestra
Odyssey (USA) Y 235 238
Wand/Kölner Rundfunk-Sinfonie-Orchester
EMI 1C 153–99 877/78

Sinfonie Nr. 8 c-Moll
Masur/Gewandhausorchester Leipzig
Ariola 300639–440 SQ (Originalfassung)

– 2. Fassung
Barenboim/Chicago Symphony Orchestra
DG 2741 007 (Digital)
Böhm/Wiener Philharmoniker
DG 2727 011
Furtwängler/Berliner Philharmoniker
EMI 1C 147–29 231/32
Furtwängler/Wiener Philharmoniker
DG 2740 201
Jochum/Berliner Philharmoniker
DG 2726 077
Jochum/Staatskapelle Dresden
EMI 1C 157–03 402/03
Karajan/Berliner Philharmoniker
DG 2707 085
Kempe/Tonhalle-Orchester Zürich
Tudor 74003/04 Q
Metha/Los Angeles Philharmonic
London (USA) 2237
Solti/Wiener Philharmoniker
Decca 6.35169
Wand/Kölner Rundfunk-Sinfonie-Orchester
EMI 1C 153–99 853/54

Sinfonie Nr. 9 d-Moll
Barenboim/Chicago Symphony Orchestra
DG 2530 639
Bernstein/New York Philharmonic
CBS 61646
Furtwängler/Berliner Philharmoniker
DG 2740 201
Giulini/Chicago Symphony Orchestra
EMI 1C 063–02 885 SQ
Haitink/Concertgebouw Orchestra Amsterdam
Philips 6768 159
Jochum/Berliner Philharmoniker
DG 2535 173
Jochum/Staatskapelle Dresden
EMI 1C 063–43 197
Karajan/Berliner Philharmoniker
DG 2530 828
(Aufnahme aus der Berliner Philharmonie)
Karajan/Berliner Philharmoniker
DG 2535 342
Keilberth/Philharmonisches Staatsorchester Hamburg
Telefunken 6.41149

Masur/Gewandhausorchester Leipzig
Ariola 27914 SQ
Metha/Wiener Philharmoniker
Decca SXL 6202 (TIS)
Roshdestwensky/Großes Rundfunk-Sinfonie-Orchester der UdSSR
Ariola 25924
Schuricht/Wiener Philharmoniker
Seraphim (USA) 60047 (EMI ASD)
Wand/Kölner Rundfunk-Sinfonie-Orchester
EMI 1C 065–99 804
Walter/Columbia Symphony Orchestra
Odyssey (USA) Y 35220

Messe Nr. 0 C-Dur
Riedelbauch/Ruß/Riedelbauch/Nürnberger Symphoniker
Colosseum 0548

Messe Nr. 1–3
Jochum/Mathis, Stader, Schiml, Hellmann, Wagner, Ochman, Haefliger, Holm, Ridderbusch, Borg, Lagger
Sinfonie-Orchester des Bayerischen Rundfunks/Berliner Philharmoniker – Chor des Bayerischen Rundfunks/Chor der Deutschen Oper Berlin
DG 2720 054 (5 LP)
(+ 150. Psalm, Te Deum etc.)

EINZELAUFNAHMEN

Messe Nr. 1 d-Moll
Jochum/Sinfonie-Orchester des Bayerischen Rundfunks
DG 2530 314

Messe Nr. 2 e-Moll
Forster/Berliner Philharmoniker
EMI 1C 047–01 142
Gillesberger/Orchester der Wiener Staatsoper
Christophorus 75824
Metha/Wiener Philharmoniker
Decca 6.42935
Melles/ORF Sinfonie-Orchester
Classical Excellence (USA) 11024
Norrington/Schütz Choir of London
Argo ZRG 710 (TIS)
Rilling/Bach-Collegium Stuttgart
Bärenreiter 1330
Wormsbächer/Philharmonisches Staatsorchester Hamburg
Telefunken 6.41297

Messe Nr. 3 f-Moll
Barenboim/Harper, Reynolds, Tear, Rintzler/New Philharmonia Orchestra
EMI 1C 063–02 318
Celebidache/Danco, Hoefggen, Kmentt, Guthrie/Orchestra Sinfonica e Coro di Roma della RAI
Melodram 214
Forster/Lorengar, Ludwig, Traxel, Berry/Berliner Symphoniker
EMI 1C 047–28 962
Jochum/Stader, Hellmann, Heafliger, Borg/Sinfonie-Orchester des Bayerischen Rundfunks
DG 138 829

Missa solemnis B-Dur
Günther/Höfer, Günther, Robens, Scheer/BRT-Sinfonie Orchester Brüssel
Garnet 40170

Requiem d-Moll
Beuerle/Wehrung, Laurich, Melzer, Reich/Instrumentalensemble W. Keltsch
J. Stauda Verlag JSV 658231
Ermert/Giebel, Schaer, Tripp, Schortemeier/Siegerland Orchester
Fono FSM 53552
Günther/Scholl, Günther, Feyerabend-Schäfer, Jaeger/Rheinisches Sinfonie-Orchester
Garnet 40104

Te Deum C-Dur
Barenboim/Norman, Minton, Rendall, Ramey/Chicago Symphony Orchestra
DG 2741 007
Barenboim/Pashley, Finnilä, Tear, Garrard/New Philharmonia Orchestra
EMI 1C 037–01 991
Forster/Giebel, Höffgen, Traxl, Frick/Berliner Philharmoniker
EMI 1C 047–01 142
Helbich/Wieland, Schreckenbach, Janzen, Langshaw/Bach-Orchester Bremen
Mdg J 1064/65 (EMI ASD)
Janigro/Rinaldi, Zilio, Serge, Rovetta/Orchester des Angelicum Mailand
Mixtur 6132
Jochum/Stader, Wagner, Haefliger, Lagger/Berliner Philharmoniker
DG 2740 136/2727 011/139 399
Karajan/Tomowa-Sintow, Baltsa, Schreier, Dam/Berliner Philharmoniker
DG 2530 704

Klemperer/Harper, Baker, Lewis, Nowakowski/BBC Symphony Orchestra
Melodram 214
Metha/Blegen, Lilowa, Ahnsjö, Meven/Wiener Philharmoniker
Decca 6.42395
Stephani/Spreckelsen, Ankersen, Kraus, Moll/Philharmonia Hungarica
Telefunken 6.42037
Walter/Yeend, Lipton, Lloyd, Harrell/New York Philharmonic
Odyssey (USA) Y 2–35238

Psalm 146 A-Dur
Riedelbauch/Ruß, Wendt, Stricker, Nimsgern/Nürnberger Symphoniker
Colosseum 0548

Psalm 150 C-Dur
Barenboim/Welting/Chicago Symphony Orchestra
DG 2707 116
Jochum/Stader/Berliner Philharmoniker
DG 139 399

Aequale für 4 Posaunen
Posaunenensemble P. Schreckenberger
RBM 3036 (Musikproduktion, Mannheim)

Afferentur regi virgines (Offertorium)
Coro Polifonico Italiano
Mixtur 6132
Guest/St. John's College Choir
Argo ZRG 760
Jochum/Chor des Bayerischen Rundfunks
DG 2720 054
Reichel/Zürcher Bach-Kantorei
Fono FSM 53 229
Zanotelli/Philharmonisches Vocalensemble Stuttgart
Callig 30477

Motetten:
Asperges me
Breitschaft/Limburger Domsingknaben
Fono FSM 53 118

Ave Maria
Aachener Domchor
Mixtur 575
Altnöder/Kieler Knabenchor
Musica Viva 301052

Arndt/Berliner Händelchor
DG 2535 609
Bader/Chor der St.-Hedwigs-Kathedrale Berlin
Ariola 202180–366
Bader/Philharmonisches Vocalensemble Stuttgart
Callig 30406
Bradshaw/Saltarello-Chor London
Mixtur 1009
Breitschaft/Limburger Domsingknaben
Fono FSM 53 118
Gillesberger/Akademie-Kammerchor Wien
Christophorus 75824
Gillesberger/Wiener Sängerknaben
RCA VL 30781
Günther/Rheinische Singgemeinschaft
Garnet 40170
Jochum/Chor des Bayerischen Rundfunks
DG 2720 054
John Alldis Choir
Argo ZRG 710 (TIS)
Lippe/Chor der St.-Hedwigs-Kathedrale Berlin
Telefunken 6.41316
Matkowitz/Heinrich-Schütz-Kreis Berlin
Pape NC 3
Pernoud/La Psalette Genf
Mixtur 3044
Pitz/New Philharmonia Choir London
EMI 1C 037–30 954
Reichel/Zürcher Bach-Kantorei
Fono FSM 53229
Schweizer/Motettenchor Pforzheim
Da camera 94048
Wilhelm/Stuttgarter Hymnus-Chorknaben
Intercord 160 801
Zanotelli/Philharmonisches Vocalensemble Stuttgart
Callig 30477

Ave regina coelorum
Pernoud/La Psalette Genf
Mixtur 3044

Christus factus est
Beringer/Windsbacher Knabenchor
Bellaphon 680 05 001
Bradshaw/Saltarello-Choir London
Mixtur 1009

Breitschaft/Limburger Domsingknaben
Fono FSM 53118
Gönnewein/Süddeutscher Madrigalchor Stuttgart
Stauda JSV 656013
Hahn/St. Jakobschor Rothenburg
Pelikan 40620
Hellmann/Bach-Chor Mainz
Callig 30469
Jochum/Chor des Bayerischen Rundfunks
DG 2720 054
John Alldis Choir
Argo ZRG 710 (TIS)
Pernoud/La Psalette Genf
Mixtur 3044
Reichel/Zürcher Bach-Kantorei
Fono FSM 53229
Rilling/Figuralchor der Gedächtniskirche Stuttgart
Intercord 185815
Schweizer/Motettenchor Pforzheim
Da camera 94048
Zantonelli/Philharmonisches Vocalensemble Stuttgart
Callig 30477

Ecce sacerdos magnus
Günther/Rheinische Singgemeinschaft
Garnet 40107
Jochum/Chor des Bayerischen Rundfunks
DG 2720 054
Guest/St. John's College Choir
Argo ZRG 760/D 112D3 (TIS)
Reichel/Zürcher Bach-Kantorei
Fono FSM 53229
Zanotelli/Philharmonisches Vocalensemble Stuttgart
Callig 30477

Hostias (für Kinderchor, Orgel und Bläser)
Günther/Rheinischer Kinder- und Jugendchor
Garnet 40107

Iam lucis
Breitschaft/Limburger Domsingknaben
Fono FSM 53118

Inveni David
Guest/St. John's College Choir
Argo ZRG 760 (TIS)

Zanotelli/Philharmonisches Vocalensemble Stuttgart
Callig 30477

Libera me, Domine
Zanotelli/Philharmonisches Vocalensemble Stuttgart
Callig 30477

Locus iste a Deo factus est
Altnöder/Kieler Knabenchor
Musica viva 301052
Beringer/Windsbacher Knabenchor
Bellaphon 68005001
Bradshaw/Saltarello-Chor London
Mixtur 1009
Coro Polifonico Italiano
Mixtur 6132
Gillesberger/Akademie-Kammerchor Wien
Christophorus 75824
Gillesberger/Wiener Sängerknaben
RCA VL 30781
Günther/Rheinische Singgemeinschaft
Garnet 40107
Hahn/St. Jakobschor Rothenburg
Pelikan 40620
Hellmann/Bach-Chor Mainz
Callig 30469
Itai/Israel Kibbutz Chor
Pick-Records 70129
Jochum/Chor des Bayerischen Rundfunks
DG 2720 054
John Alldis Choir
Argo ZRG 523 (TIS)
Reichel/Zürcher Bach-Kantorei
Fono FSM 53229
Zanotelli/Philharmonisches Vocalensemble Stuttgart
Callig 30477

Os iusti meditabitur sapientiam
Beringer/Windsbacher Knabenchor
Bellaphon 68005001
Bradshaw/Saltarello-Chor London
Mixtur 1009
Breitschaft/Limburger Domsingknaben
Fono FSM 53118
Chiminelli/Coro Polifonico L. Marenzio Darfo
Mixtur 610

Gillesberger/Wiener Sängerknaben
RCA VL 30781
Gönnenwein/Süddeutscher Madrigalchor Stuttgart
Stauda JSV 656013
Günther/Rheinische Singgemeinschaft
Garnet 40107
Hahn/St. Jakobschor Rothenburg
Pelikan 40620
Harrassowitz/Bachchor St. Lorenz, Nürnberg
Fono FSM 53130
Hellmann/Bach-Chor Mainz
Callig 30469
Jochum/Chor des Bayerischen Rundfunks
DG 2720 054
Pernoud/La Psalette Genf
Mixtur 3044
Reichel/Zürcher Bach-Kantorei
Fono FSM 53229
Rilling/Gächinger Kantorei Stuttgart
Intercord 185815
Schweizer/Motettenchor Pforzheim
Da camera 94048
Zanotelli/Philharmonisches Vocalensemble Stuttgart
Callig 30477

Pange lingua gloriosi
Breitschaft/Limburger Chorsingknaben
Fono FSM 53118
Coro Polifonico Italiano
Mixtur 6132
Günther/Rheinische Singgemeinschaft
Garnet 40107
Guest/St. John's College Choir
Argo ZRG 760 (TIS)
Jochum/Chor des Bayerischen Rundfunks
DG 2720 054
Reichel/Zürcher Bach-Kantorei
Fono FSM 53229
Zanotelli/Philharmonisches Vocalensemble Stuttgart
Callig 30477

Tantum ergo
Breitschaft/Limburger Domsingknaben
Fono FSM 53118

Günther/Rheinische Singgemeinschaft
Garnet 40107
Hahn/St. Jakobschor Rothenburg
Pelikan 40620
Wilhelm/Stuttgarter Hymnus-Chorknaben
Intercord 185815

Tota pulchra es Maria
Jochum/Chor der Deutschen Oper Berlin
2720 054
Pernoud/La Psalette Genf
Mixtur 3044
Reichel/Zürcher Bach-Kantorei
Fono FSM 53229
Zanotelli/Philharmonisches Vocalensemble Stuttgart
Callig 30477

Vexilla regis
Breitschaft/Limburger Chorsingknaben
Fono FSM 53118
Coro Polifonico Italiano
Mixtur 6132
Jochum/Chor des Bayerischen Rundfunks
DG 2720 054
Reichel/Zürcher Bach-Kontorei
Fono FSM 53229
Zanotelli/Philharmonisches Vocalensemble Stuttgart
Callig 30477

Virga Jesse floruit
Bradshaw/Saltarello-Chor London
Mixtur 1009
Coro Polifonico Italiano
Mixtur 6132
Gillesberger/Wiener Sängerknaben
RCA VL 30781
Hellmann/Bach-Chor Mainz
Callig 30469
Jochum/Chor des Bayerischen Rundfunks
DG 2720 054
John Alldis Choir
Argo ZRG 523 (TIS)
Reichel/Zürcher Bach-Kantorei
Fono FSM 53229
Zanotelli/Philharmonisches Vocalensemble Stuttgart
Callig 30477

Erinnerung, As-Dur für Klavier
Demus
Intercord 180812

Fuge, d-Moll ABWV 54 für Orgel (1861)
Dorfmüller
MDG G 1020/21 (Musikprod. Dabringhaus & Grimm [EMI ASD]
Haselböck
Fono FSM 33107
Kempe/Münchener Philharmoniker
Bellaphon 22739
Knitl
Pelikan 40615
Kropfreiter
Mixtur 2123
Lohmann
RBM 3004 (RBM Musikprod. Mannheim)
Ruegenberg
Garnet 40107

Helgoland, für Männerchor und Orchester
Barenboim/Chicago Symphony Orchestra
DG 2707 116
Morris/Symphonica of London
Peters (USA) 043

Intermezzo (zum Streichquintett)
Alberni-Quartett
Mixtur 1046
Keller-Quartett
Da camera 92707/08
Vienna Philharmonic Quintett
Decca SSD 490 (TIS)

Präludienbuch für Harmonium

3 Präludien
Haselböck
Da camera 93001

Präludien für Orgel
Lohmann
RBM 3004 (Musikprod. Mannheim)

ABWV 2, Es-Dur (1836)
Haselböck
Fono FSM 33107
Kropfreiter
Mixtur 2376

ABWV 3, Es-Dur (1837)
Haselböck
Fono FSM 33107
Kropfreiter
Mixtur 2376
Ruegenberg
Garnet 40107

ABWV 113, C-Dur (1884)
Aker
Mixtur 313–14
Haselböck
Fono FSM 33107
Horn
Christophorus 73904
Kropfreiter
Mixtur 2097

Quintett für Streicher F-Dur (1879)
Aronowitz/Amadeus-Quartett
DG 2733 010
Kammermusiker Zürich
Pelikan 40562
Santiago/Melos-Quartett
Intercord 160806
Schmid/Keller-Quartett
Da camera 92707/08
Vienna Philharmonic Quintett
Decca SDD 490 (TIS)

Streichquartett, c-Moll (1862)
Keller-Quartett
Da camera 92707/08

Stücke für Orgel, ABWV 16, d-Moll

Vorspiel/Nachspiel (1846)
Dorfmüller
Mdg 1020/21

Haselböck
  Fono FSM 33107
Kropfreiter
  Mixtur 2123
Lohmann
  RBM 3004

Nr. 1, Vorspiel, d-Moll
Knitl
  Pelikan 40615
Wachowski
  AGK 30211 (A.-G.-Kühl Verlag)

Trösterin Musik (für Männerchor und Orgel)
Günther/Männergesangverein Concordia Hamm
  Garnet 40107

Um Mitternacht (für Altsolo, Männerchor und Klavier)
Günther/Günther/Männergesangverein Concordia Hamm
  Garnet 40107

Vorspiel und Fuge c-Moll für Orgel (1847)
Haselböck
  Fono FSM 33107
Kaufmann
  Fono FSM A 122
Kropfreiter
  Mixtur 2097
Lohmann
  RBM 3004

Personenregister